四部要籍選刊

蔣鵬翔 主編

阮刻尚書注疏

一

（清）阮元 校刻

浙江大學出版社

傳古樓據上海圖書館
館藏清嘉慶刻本影印
原書版框高一七一毫
米寬一二二毫米

阮刻尚書注疏出版説明

蔣鵬翔　周煦陽　合撰

《附釋音尚書注疏》二十卷，題孔氏傳，唐陸德明音義，孔穎達（領銜）疏，清嘉慶二十年江西南昌府學刻本。因其校刊主事者爲時任江西巡撫的著名學者阮元，故一般稱之爲阮刻《尚書注疏》，屬阮刻《十三經注疏》之一〔一〕。

《尚書》是我國最早的政事史料彙編，基本内容是虞、夏、商、周君王的文告和君臣的談話記録〔二〕。它是儒家經典中篇卷、文字問題最多的一種，從西漢至北宋，新本迭出而舊本屢佚，原始字體也因改寫爲通行字體而失傳。擇要言之，該書曾出現過四個篇卷系統、五種字體類型，紛繁複雜，於斯幾極。

現在確知的第一個《尚書》傳本系統是伏生今文本，以隸書書寫。《漢書儒林傳》記曰：『伏生，濟南人也，故爲秦博士。孝文時，求能治《尚書》者，天下亡有，聞伏生治之，欲召。

時伏生年九十餘，老不能行，於是詔太常，使掌故朝錯往受之。秦時禁《書》，伏生壁藏之，其後大兵起，流亡。漢定，伏生求其《書》，亡數十篇，獨得二十九篇，即以教於齊、魯之間。齊學者由此頗能言《尚書》。山東大師亡不涉《尚書》以教。伏生教濟南張生及歐陽生。』根據劉起釪《尚書學史》的解釋〔三〕，朝錯（鼂錯）在伏生處抄得《尚書》二十八篇（伏生所傳止二十八篇，《儒林傳》所以稱二十九篇，是因爲加入了漢武帝時民間進獻之《泰誓》一篇的緣故），入藏漢王朝之秘府，這就是後來幾次用以校其他《尚書》傳本的『中秘本』。朝錯只是抄錄遞藏經籍本文，未能傳承伏生的學問，真正受業於伏生，解釋《尚書》經文章句而成一家之學的是濟南的張生和歐陽生兩人。歐陽生於漢武帝建元五年立爲五經博士，其學大顯於世，宣帝時又增立大小夏侯兩家，此即今文『三家』，而歐陽氏學仍爲其主幹，故東漢靈帝熹平四年始刻太學石經，《尚書》即用歐陽家經文（校記存大小夏侯兩家異文），成爲當時的定本。熹平石經原石至唐初已毀滅殆盡，全文拓本也早已失傳，其中《尚書》現存一千零二十六字，分屬二十三篇〔四〕。

歐陽生事伏生，授倪寬。……寬授歐陽生子，世世相傳，至曾孫高子陽，爲博士（《漢書·儒林傳》)。建元五年，置五經博士(《漢書·武帝紀》)。贊曰：自武帝立五經博士，……初，《書》唯有歐陽，……至孝宣世，復立大小夏侯《尚書》。(《漢書·儒林傳贊》)

> 張生授夏侯都尉，都尉授族子始昌，始昌傳族子勝，爲大夏侯氏學；勝傳從兄子建，建別爲小夏侯氏學。三家皆立博士。(《後漢書·儒林列傳》)

第二個系統是西漢古文本。漢惠帝四年除挾書律，古書舊籍逐漸重現於世，其中有用戰國東方六國文字書寫者，時人艱於識讀，概稱『古文』。據記載，西漢古文本曾有孔氏家傳本、中古文本、河間獻王本、張霸僞造『百兩篇』本等多種記載，而以孔氏家傳本爲代表。

> 孔氏有古文《尚書》，孔安國以今文字讀之，因以起其家逸《書》，得十餘篇，蓋《尚書》茲多於是矣。遭巫蠱，未立於學官。(《漢書·儒林傳》)

孔氏家傳有先世用古文抄寫的《尚書》，孔安國取與今文《尚書》對讀並進行整理(歐陽生的學生倪寬也曾向他學習今文《尚書》)，將這種難以識讀的古文改寫爲當時通行的隸書(今文)。孔氏家傳本可能與傳說中孔子舊宅牆壁中發現的『孔壁本』、西漢末年劉向校書所用的皇家收藏的『中古文本』有密切的關係，但目前尚未見史料對此關係作出確切的說明，不過根據《漢書·藝文志》的記載，孔安國曾用孔壁本對比今文本，發現其在今文本二十九篇之外，又多出十六篇。

第三個系統是東漢古文本。所謂東漢古文本，一般指杜林所傳的漆書古文本。杜林在西州得漆書古文《尚書》一卷，然後以其字體爲樣本，將當時通行的今文二十九篇本改寫成古文，在改寫過程中，又將《盤庚》、《泰誓》各析爲三篇，從《顧命》中析出《康王之誥》一篇，於是變爲三十四篇，而其實質與二十九篇今文本相同，並未新增篇章，不過變化字體而已。此本賈逵、馬融、鄭玄等人皆曾作注，影響極大，魏齊王正始二年，以古、篆、隸三種字體刻立石經，其中《尚書》即用東漢古文本。

上述三個系統的版本均已亡佚，唯一完整流傳至今的是東晋初年豫章內史梅賾進獻的孔傳本《古文尚書》。

> 江左中興，元帝時，豫章內史枚賾（梅賾）奏上孔傳《古文尚書》，亡《舜典》一篇，購不能得，乃取王肅注《堯典》從『慎徽五典』以下，分爲《舜典》篇以續之。……近唯崇古文，馬、鄭、王注遂廢，今以孔氏爲正，其《舜典》一篇仍用王肅本。（《經典釋文·序録》）

孔傳本共五十八篇，包括西漢傳下来的今文三十三篇（伏生所傳本爲二十八篇，此本分其《堯典》下半爲《舜典》，《皋陶謨》下半爲《益稷》，《顧命》下半爲《康王之誥》，《盤庚》分爲三篇，故得三十三篇）和僞撰古文二十五篇，每篇皆有『孔氏傳』並附書序，又有用西漢孔安國口吻寫成的序文一篇，冠於全書卷首。除篇章增加之外，此本的另一個重要變化是開始用隸古定字體書寫經文。所謂隸古定，即指以隸書筆法轉寫古文字形（現代古文字考釋稱爲『隸定』）。之所以要用這種奇怪的字體，是因爲作者欲藉以彰顯該書的古老不凡，與後世通行文字傳録者有别，陸德明就因此相信它是『真古文』，並爲之作《音義》，孔穎達奉唐太宗之命主持編撰《五經正義》時亦以此本爲基礎，所以《經典釋文》、《尚書正義》的經文本來都是隸古定字體。

不過這種怪字畢竟難以識讀，故天寶三年唐玄宗又詔令衛包改經文『古文』（隸古）爲『今文』（楷書），成『今文尚書』（漢之今文爲隸書，唐之今文爲楷書），文宗開成二年刻石經，其《尚書》即此種『今文』本。宋太祖開寶五年，李昉根據通行楷書本校定《經典釋文·尚書音義》，删去大多數與隸古字有關的内容。此後，隸古字及原本《尚書音義》失傳，今文孔傳本的面貌則完全定型，流傳至今。

孔傳本之真僞是經學史上一大公案。宋之吴棫、朱熹，元之趙孟頫、吴澄，明之梅鷟，清之閻若璩、惠棟，皆對此問題之發明有所貢獻，其中以閻氏《尚書古文疏證》一書影響最大，故梁啓超《清代學術概論》第五節『閻若璩和胡渭』許之爲『思想界之一大解放』，劉起釪《尚書學史》第八章第二節第二小節徑題爲『閻若璩的疑辨終於推翻僞古文』。此後僞撰者之身份雖猶衆説紛紜，而孔傳本作僞之説則成定讞矣。

然而上古典籍之真僞，並不是非黑即白的簡單判斷。陳寅恪先生曾云：『古文《尚書》，絕非一人可杜撰，大致是根據秦火以後所傳零星斷簡的典籍，采取有關《尚書》部分所編纂而成，所以我們要探索僞《書》的來源，研究其所用資料的可靠性，方能慎下結論，不可武斷的説它是全部杜撰的。』〔五〕與其真僞相比，更值得注意的是孔傳本何以取代此前的諸多版本，成爲唯一完整流傳至今的本子。

魏晉經學能突破漢儒藩籬，廣采博收，又使神秘化的今文經學轉爲哲理化，又比古文經學更注意於訓注的詳審、經義的闡明，而且能更通達地表述經義，這就構成了魏晉經學的特色，使這幾部重要經注一直傳到現代。這部『孔氏傳』《古文尚書》就是魏晉經學中傑出的一部。

這部僞孔氏《古文尚書》總結和承襲了漢代經學的全部成就，益以魏和西晉以來各種經説，着重把古文家所推崇的聖道王功貫串在全書經文和傳注中，同時加進了自己時代所需要的東西，主要表現为下列兩方面：（一）特别强調維持封建綱常，有助於本朝瀕危的政權不被人奪取。（二）編造一脈相承的聖道，對儒家哲學理論作用甚大。

由於這部《尚書》在樹立儒學道德説教中有着如此重大作用，加之這部《尚書》不像西漢今文經學漫無邊際的神秘而空疏的雜説，也不像東漢古文家如衛、賈等人故意和今文家立異而造作的古《尚書》説，而能對每章每句都加以梳理、條析，用簡潔的文字做到每句都有解釋，幾乎達到當時『今譯』的地步，這在《尚書》學上是一個超越以前一切著述的最優異的成就，因此人們樂於接受。孔穎達《尚書正義序》説此書『其辭富而備，其義弘而雅，故復而不厭，久而愈亮』，道出了當時人們對此書的讚美之情。大家一方面高興於它經文的完整，一方面喜歡它訓注的明晰與釋義的弘雅，就把它看成是漢代出於孔壁的真古文和孔安國的真注釋，再經過王朝的提倡，它很快被立於學官，作爲國定課本傳習，於是這部出於東晉初年的冒牌《古文尚書》，就取得《書經》的正統地位，一直傳到近代〔六〕。

上述文字闡述孔傳本《尚書》的學術價值甚爲明晰，本書影印的《尚書注疏》就是在孔傳本的基礎上編撰而成，故不避辭繁，鈔録於右。

阮元校刻《尚書注疏》的底本是其家藏十行本，傅增湘《校金刊本尚書注疏跋》云：『《書疏》自來傳世者以十行本爲最古，然其版多出覆刊，又經正德修補，差失滋多，以致注、疏錯雜紛亂，爲世訾謷』[七]，所指即此本，關於其源流、性質的考釋可參看張麗娟《宋代經書注疏刊刻研究》第六章『建陽坊刻十行注疏本及其他宋刻注疏本』。

清嘉慶初年，阮元設詁經精舍，延請學者分任校勘《十三經注疏》之事，其中德清貢生徐養原負責校勘《尚書注疏》，成《尚書注疏校勘記》。嘉慶二十年阮元主持重刊《宋本十三經注疏》，由武寧貢生盧宣旬選錄部分《尚書注疏校勘記》附刻於正文各卷之末。據喻遂生統計：『阮校單行本《尚書校勘記》共收校記三三九七條，盧宣旬選入阮刻本一千七百零四條。……阮校的内容，主要可分爲校版本異同和校底本正誤兩類，盧氏大量録入了前者，而有些影響閱讀的校正訛誤的校記反未選入，這不能不説是阮刻本的一個缺陷。』[八]然與盧氏的檢擇失當相比，更可惋惜的是當時所用參校諸本中關鍵版本的缺失。

《尚書注疏校勘記序》所列參校版本爲：唐石經、宋臨安石經、古本（《七經孟子考文》所引）、岳本（清乾隆武英殿翻刻相臺岳氏本）、葛本（明永懷堂刻本）、宋板注疏合刻本（《七經孟子考文》所引）、閩本（明嘉靖李元陽刻本）、明監本（明萬曆北京國子監刻本）、毛本（明汲古閣刻本）。其中經、注、疏之刻本，校勘者得以利用的除用作底本的元刻明修十行本和《七經孟子考文》所引校記外，就只有明代諸叢書本了。縱觀當時五經注疏校勘者所見版本之年代，《周易》用傳校宋刻單疏本、傳校注疏合刊宋刻八行本，《毛詩》用宋刻十三行小字經注本，《禮記》用惠棟傳校宋刻七十卷本，《左傳》用《春秋經傳集解》宋刻殘本、北宋刻小字本殘本、南宋淳熙時刻小字本、南宋相臺岳氏本（當時以爲宋刻，實係元刊）、宋纂圖本以及《春秋正義》南宋慶元間吴興沈中賓刊注疏合刻本，四經可用校勘材料都比《尚書》要優裕得多[九]。由於文獻條件的限制，阮刻《尚書注疏》的校勘質量未愜人意，故喻遂生在《尚書正義點校札記》中列舉了大量阮刻漏校、誤校的例子，黄懷信《尚書正義校點前言》也不無得意地説：『這次校勘，所據校之舊本凡一十一種，參考前人校勘成果凡一十四家。另外，一些引文還查校了原書。總之材料不可謂不多，但最終之校記卻不如阮多。主要原因，是底本較好。』[十]

徐養原校勘《尚書注疏》時遺漏舊本甚夥，其中最可惜的是《尚書正義》宋刻單疏本和《尚書正義》宋兩浙東路茶鹽司刻經注疏合刊本，前者保留了未經經注竄亂的唐疏原貌，後者則爲《尚書》經注疏合刊之祖本，皆《尚書》版本系統中至關重要者。此外，《附釋文尚書注疏》宋魏縣尉宅刻九行本、《尚書注疏》金刻十三行本等具有較高校勘價值的善本也未及利用〔十一〕。阮刻校勘欠佳，當時經眼舊本太少無疑是主要原因之一，然而細辨所遺各本之出處，卻又情有可原。宋刻單疏本藏於日本宫内廳書陵部，宋兩浙東路茶鹽司刻本至清光緒時始由楊守敬帶回中土，這兩個本子徐養原當然都看不到，宋魏縣尉宅刻本藏於故宫〔十二〕，傅增湘所見金刻本『舊出清内閣大庫』，也非民間校書所得見者〔十三〕，因此阮校成書時未能參考上述善本之失，實由當時客觀條件限制所致，若以歷史的眼光看待此問題，自當於古人懷有理解之同情，不會妄加疵議，更何況在古籍整理過程中能夠方便地利用文物性善本並不是産出高質量學術成果的充分條件，新中国成立以後的同類著作也已經多次證明了這一點。

上述版本中，《尚書正義》宋刻單疏本今有一九二九年日本大阪每日新聞社影印本及翻印日本印本的《四部叢刊三編》本，《尚書正義》宋兩浙東路茶鹽司刻本有《古逸叢書三編》、《中華再造善本》影印本，《附釋文尚書注疏》宋魏縣尉宅刻本有一九八九年臺北『故宫博物院』影印本，《尚書注疏》金刻本有《中華再造善本》影印本，民間學者都已不難看到，倒是影印清嘉慶阮刻原書的出版物較爲少見。從文物屬性的角度考量上述舊本與阮刻本，其間差距自然判若雲泥，但後者亦有其自身獨特價值：其一，阮刻本合刊經注疏文與校勘記，正文恪守底本面目，校記羅列衆本異同，其體例之謹嚴，前所未有；其二，阮刻本代表了清代校理經籍的較高水平，是研究清人校勘理論與實踐的第一手材料；其三，阮刻成書近兩百年，傳播廣而影響巨，至今絶大多數相關研究仍以之爲立論基礎，欲與同道展開對話，也必須熟讀阮刻本。

此次影印，取上海圖書館藏清嘉慶阮刻本的早期印本爲底本，掃描付梓，或可在一定程度上緩解坊間宋本易見清本難求的困窘。與過去同類印本相比，本書出處分明，影印清晰，既便閲讀，亦堪信用，希望能得到廣大讀者的理解與支持。

注

［一］本文爲湖南省哲學社會科學基金立項資助項目『古籍影印出版的技術探討與前景展望』（項目編號：12YBA0C7）研究成果。

［二］關於《尚書》的定義，衆説紛紜，以周秉鈞《尚書注譯》（嶽麓書社二〇〇一年版）『前言』所述較爲簡明，今用其説。

［三］劉起釪《尚書學史》，中華書局一九八九年版，第六九頁。

［四］劉起釪《尚書與歷代石經》，《史學史研究》一九八三年第三期。

［五］轉引自俞大維《懷念陳寅恪先生》，文載《陳寅恪印象》，學林出版社一九九七年版。

［六］劉起釪《尚書學史》第一九七至一九九頁。

［七］傅增湘《藏園群書題記》，上海古籍出版社一九八九年版，第一一頁。

［八］喻遂生《尚書正義點校札記》，文載《西南師範大學學報（人文社會科學版）》第二八卷第四期。

［九］十三經中的另外八經，其地位、影響與五經差異明顯，討論其參校版本之衆寡又另當别論。

［十］黄懷信整理《尚書正義》，上海古籍出版社二〇〇七年版。

［十一］傅增湘《校金刊本尚書注疏跋》稱宋魏縣尉宅刻九行本『寫刻俱精，附陸氏釋文，當爲十行本所從出』，以此金刻十三行本校明北監本，『各卷匡繆拾遺，指不勝屈。』

［十二］《天禄琳琅書目》僅於正編卷五著録元刻《尚書注疏》一部，不見宋刻，則此本在清嘉慶二年以前或未入藏内府（嘉慶二年彭元瑞等奉敕撰《天禄琳琅書目後編》，仍未載此刻），其流傳經歷待考。

［十三］《鐵琴銅劍樓藏書目録》卷二著録之《尚書注疏》金刊本，與傅增湘所見者行款相同而卷帙較爲完整，此本卷端鈐『平陽汪氏藏書印』朱文長方印，係汪士鐘舊藏。汪氏又與阮元交好，曾獲贈聯云：『萬卷圖書皆善本，一樓金石是精摹。』則此金刻本實爲當時諸種珍本中最有可能爲校經人利用者，然校勘記中未載此本，大概這難得的機會也終於錯過了。

尚書注疏目錄

一

二

卷六

夏書

卷七

卷八

商書

卷九

本册目録

重栞宋本尚書注疏附挍勘記

嘉慶二十年江西南昌府學開雕

太子少保江西巡撫兼提督揚州阮元審定　武寧縣貢生盧宣旬校

欽定四庫全書總目　尚書正義

舊本題漢孔安國傳其書至晉豫章內史梅賾始奏於朝唐貞觀十六年孔穎達等爲之疏永徽四年長孫無忌等又加刊定孔傳之依託自朱子以來遞有論辯至

國朝閻若璩作尚書古文疏證其事愈明其灼然可據者梅鷟尚書考異攻其注禹貢瀍水出河南北山一條積石山在金城西南羌中一條地名皆在安國後朱彝尊經義考攻其注書序東海駒驪扶餘馯貊之屬一條謂駒

驪王朱蒙至漢元帝建昭二年始建國安國武帝時人亦不及見若璩則攻其注泰誓雖有周親不如仁人與所注論語相反又安國傳有湯誓而注論語予小子履一節乃以爲墨子所引湯誓之文（案安國論語注今佚此條乃何晏集解所引）皆證佐分明更無疑義至若璩謂定從孔傳以孔穎達之故則不盡然考漢書藝文志敘古文尚書但稱安國獻之遭巫蠱事未立於學官不云作傳而經典釋文敘錄乃稱藝文志云安國獻尚書傳遭巫蠱事未立於學官

始增入一傳字以證實其事又稱今以孔氏
爲正則定從孔傳者乃陸德明非自穎達惟
德明於舜典下注云孔氏傳亡舜典一篇時
以王肅注頗類孔氏故取王注從慎徽五典
以下爲舜典以續孔傳又云曰若稽古帝舜
曰重華協于帝十二字是姚方興所上孔氏
傳本無阮孝緒七錄亦云方興本或此下更
有濬哲文明温恭允塞玄德升聞乃命以位
凡二十八字異聊出之於王注無施也則開
皇中雖增入此文尚未增入孔傳中故德明

云爾今本二十八字當爲穎達增入耳梅賾之時去古未遠其傳實據王肅之注而附益以舊訓故釋文稱王肅亦注今文所解大與古文相類或肅私見孔傳而祕之乎此雖以末爲本未免倒置亦足見其根據古義非盡無稽矣穎達之疏晁公武讀書志謂因梁費甝疏廣之然穎達原序稱爲正義者蔡大寶巢猗費甝顧彪劉焯劉炫六家而以劉焯劉炫最爲詳雅其書實因二劉非因費氏公武或以經典釋文所列義疏僅甝一家故云然

歟朱子語錄謂五經疏周禮最好詩禮記次之易書爲下其言良允然名物訓故究賴之以有考亦何可輕也

尚書正義序

國子祭酒上護軍曲阜縣開國子臣孔穎達奉

勑撰

夫書者人君辭誥之典右史記言之策古之正者事揔萬機發號出令義非一揆或設教以馭下或展禮以事上或宣威以肅震曜或敷和而散風雨得之則百度惟貞失之則千里斯謬樞機之發榮辱之生絲綸之動不可不慎所以辭

不苟出君舉必書欲其昭法誡慎言行也其泉源所漸基於出震之君黼藻斯彰郁乎如雲之后勳華揖讓而典謨起湯武革命而誓誥興先君宣父生於周末有至德而無至位修聖道以顯聖人芟煩亂而翦浮辭舉宏綱而撮機要上斷唐虞下終秦魯時經五代書總百篇採翡翠之羽毛拔犀象之牙角罄荆山之石所得者連城窮漢水之濱所求者

照乘巍巍蕩蕩無得而稱郁郁紛紛於
斯爲盛斯乃前言往行足以垂法將來
者也曁乎七雄已戰五精未聚儒雅與
深穽同埋經典共積薪俱燎漢氏大濟
區宇廣求遺逸採古文於金石得今書
於齊魯其文則歐陽夏侯二家之所說
蔡邕碑石刻之古文則兩漢亦所不行
安國注之寔遭巫蠱遂寢而不用歷及
魏晉方始稍興故馬鄭諸儒莫覩其學

所注經傳時或異同晉世皇甫謐獨得
其書載於帝紀其後傳授乃可詳焉但
古文經雖然早出晚始得行其辭富而
備其義弘而雅故復而不厭久而愈亮
江左學者咸悉祖焉近至隋初始流河
朔其爲正義者蔡大寶巢猗費甝顧彪
劉焯劉炫等其諸公旨趣多或因循怗。
釋注文義皆淺略惟劉焯劉炫最爲詳
雅然焯乃織綜經文穿鑿孔穴詭其新

見異彼前儒非險而更爲險無義而更
生義竊以古人言詁惟在達情雖復時
或取象不必辭皆有意若其言必託數
經悉對文斯乃鼓怒浪於平流震驚飆
於靜樹使教者煩而多惑學者勞而少
功過猶不及良爲此也炫嫌焯之煩雜
就而刪焉雖復微稍省要又好改張前
義義更太略辭又過華雖爲文筆之善
乃非開獎之路義既無義文又非文欲

使後生若爲領袖此乃炫之所失未爲
得也今奉
明勑考定是非謹罄庸愚竭所聞見覽
古人之傳記質近代之異同存其是而
去其非削其煩而增其簡此亦非敢臆
說必據舊聞謹與朝散大夫行太學博
士臣王德韶前四門助教臣李子雲等
謹共銓敘至十六年又奉
勑與前修疏人及通直郎行四門博士

驍騎尉臣朱長才給事郎守四門博士
上騎都尉臣蘇德融登仕郎守太學助
教雲騎尉臣隨德素儒林郎守四門助
教雲騎尉臣王士雄等對
勑使趙弘智覆更詳審爲之正義凡二
十卷庶對揚於聖範冀有益於童稚略
陳其事敘之云爾

尚書正義序終

南昌盧氏宣旬校正

清嘉慶二十年重刊
用文選樓藏本校定

江西鹽法道胡稷栞

尚書注疏挍勘記序

自梅頤獻孔傳而漢之眞古文與今文皆亡乃梅本又有今文古文之別新唐書蓺文志云天寶三載詔集賢學士衞包改古文從今文說者謂今文從此始古文從此絕殊不知衞包以前未嘗無今文衞包以後又別有古文也隋書經籍志有古文尚書十五卷今字尚書十四卷又顧彪今文尚書音一卷是隋以前已有今文矣葢變古文爲今文實自范甯始甯自爲集注成一家言後之傳寫孔傳者從而效之此所以有今文也六朝之儒傳古文者多傳今文者少今文自顧彪而外不少概見李巡徐邈陸德明皆爲古文作音孔穎達正

義出於二劉蓋亦用古文本如塗之爲斁云之爲員是也然
疏內不數數覯殆爲後人竄改如陳鄂等之於釋文歟然則
衞包之改古從今乃改陸孔而從范顧非倡始爲之也乃若
天寶既改古文其舊本藏書府民間不復有之更經喪亂即
書府所藏亦不可問矣開成初鄭覃進石經悉用今文前此
張參之壁經後此長興之板本廣政之石本當無不用今文
者乃後周顯德六年郭忠恕獨校古文尚書上之上距天寶
三載已三百餘年不知郭氏從何而得其本宋初仍不甚行
至呂大防得於宋次道王仲至家而晁公武取以刻石薛季
宣據以作訓然後大顯今按釋文序錄云尚書之字本爲隸

古既是隸寫古文則不全爲古字今宋齊舊本及徐李等音所有古字蓋亦無幾穿鑿之徒務欲立異依傍字部改變經文疑惑後生不可寫用是所謂古文不過如周禮漢書略有古體及假借通用之字而已晁氏讀書志云陸德明獨存一二於釋文此正與古字無幾之説相合若連篇累牘悉是奇字則陸氏豈得或釋或不釋哉晁氏又云以古文尚書校釋文雖小有異同而大體相類夫釋文所存僅止一二就此一二之中復小有異同則全經不合者必十之九其爲贋本無疑然觀陸氏之言則穿鑿立異自古而然不獨郭氏也元於尚書注疏舊有按本兹以各本授德淸貢生徐養原按之并

及釋文元復定其是非且考其顛末著於簡首阮元記

引據各本目錄

唐石經 用衞包所改之今文後來注疏本俱出於此

宋臨安石經 今所存者起禹貢之半至允征之半又起大誓末至酒誥之半

古本 見山井鼎七經孟子考文乃日本足利學所藏書寫本也物觀序以爲唐以前物其經皆古文然字體太奇閒參俗體多不足信

岳本 宋岳珂用廖氏世綵堂本重加按勘所謂相臺本也世甚重之今考其書多詳於音讀句逗而略於字句異同又往往據疏以改注不知疏中所述經傳不必盡依元文也然合二十三家參訂用力甚勤固當優於諸家元本未見今所據者 武英殿翻刻本也

葛本 即永懷堂本與閩刻注疏本相類而譌字較多○已上三種皆單注本

宋板 見七經孟子考文左傳考文載黃唐禮記跋云本司舊刊易書周禮正經注疏萃見一書便於披繹它經獨闕紹興辛亥遂取毛詩禮記疏義如前三經編彙精加讎正蓋注疏合刻起於南北宋之間而易書周禮先刻當在北宋之末也此本或即黃跋所稱者自盤庚以下爲九卷泰誓以下爲十卷洪範以下爲十一卷旅獒以下爲十二卷康誥以下爲十三卷召誥以下爲十四卷多士以下爲十五卷君奭以下爲十六卷立政以下爲十七卷顧命以下爲十八卷君牙以下爲十九卷文侯之命以下爲二十卷其中缺葉爲後人所補者則謂之補

宋十行本 案他本注疏每半葉九行此獨十行故世謂之十行本溯其源蓋即岳珂九經三傳沿革例所謂建本有音釋注疏是也修板至明正德間止亦即山井鼎所謂正德本是也記中偁正德本據考文而言其中譌字雖多無臆改之失考文所引宋板多與之合

閩本 明嘉靖時李元陽刻於閩中即考文所謂嘉靖本也記中亦與考文所引並載以見此詳彼略云

明監本 神廟時所刊毛本從此出

毛本　汲古閣刻今挍正義以此爲據○已上七種皆注疏合刻本

釋文　陸德明本據古文作音義自陳鄂改用今文流傳至今陸氏已非其舊矣其注中所載別本或尚屬元文今仍歸之

六經正誤　宋毛居正撰多辨偏旁之疑似惟所載監本興國本建本可以考宋本之異同自不可廢

尚書纂傳　元王天與撰注語略有刊落疏則僅載十之一二其中有臆改處不足盡憑

石經考文提要　乾隆五十六年　命刊立石經工部尚書彭元瑞因著此書其所據自逼行各本外有宋本九經南宋巾箱本宋本附釋音尚書注疏宋本纂圖互注尚書岳珂本元本尚書注疏至善堂九經本

九經誤字　顧炎武撰以唐石經正監本之誤又金石文字記舉唐石經誤字

七經孟子考文　山井鼎撰物觀補遺以古本宋板挍明刻之訛閒有辨論別爲古文考一卷列尚書之前殊嫌肬贅

十三經正字　嘉善浦鏜撰

羣書拾補　餘姚盧文弨輯

附釋音尚書注疏卷第一

國子祭酒上護軍曲阜縣開國子臣孔穎達等奉

勑撰

尚書序

釋文此孔氏所作述尚書起之時代并敘爲注之由故相承講之今依舊爲音

疏 正義曰道本沖寂非有名言既形以道生物物由名舉則凡諸經史因物立名物有本形形從事著聖賢闡教事顯於言言愜羣心書而示法既書有法因號曰書後人見其久遠自於上世尚者上也言此上代以來之書故曰尚書且言者意之聲書者言之記是故存言以聲意立書以記言故易曰書不盡言言不盡意是言者意之筌蹄書言相生者也書者舒也書緯璿璣鈐云書者如也則書者寫其言如其意情得展舒也又劉熙釋名云書者庶也以記庶物又爲著言事得彰著五經六籍皆是筆書此獨稱書者以彼五經者非是君口出言卽書爲法所書之事各有云爲遂以所爲別立其稱稱以事立故不名書至於此書者本書君事事雖有別正是君言言而見書因而立號以此之故名異諸部但諸部之書隨事立名名以

事舉要名立之後亦是筆書故百氏六經摠曰書也論識所謂題意别名各自載耳昭二年左傳曰晉韓起適魯觀書於太史氏見易象與魯春秋此摠名書也序者言序述尚書起存亡注說之由序爲尚書而作故曰尚書序周頌曰繼序思不忘毛傳云序者緒也則緒述其事使理相胥續若繭之抽緒但易有序卦子夏作詩序孔子亦作尚書序故孔君因此作序名也鄭玄謂之贊者以序不分散避其序名故謂之贊贊者明也佐也佐成序義明以注解故也安國以孔子之序分附篇端故已之摠述亦謂之序事不煩重義無所嫌故也

古者伏犧氏之王天下也始畫八卦造書契以代結繩之政由是文籍生焉。伏犧氏伏古作虙犧本又作羲亦作戲辭皮反說文云賈侍中說此犧非古字張揖字詁云羲古字戲今字一號包羲氏三皇之最先風姓母曰華胥以木德王即太皞也王于況反畫乎麥反卦俱賣反契苦計反書者文字契者刻木而書其側故曰書契也一云以書契約其事也鄭玄云以書書木邊言其事刻其木謂之書契也結繩易繫辭上。上古結繩以治後世聖人易之以書契文文

字也籍籍書

疏古者至生焉○正義曰代結繩者言前世之政用結繩今有書契以代之則伏犧時始有文字以書事故曰由是文籍生焉自今本昔曰古古者以聖德伏物教人取犧牲故曰伏犧字或作宓犧音亦同律歷志曰結作網罟以取犧牲故曰伏犧或曰包犧言取犧而包之顧氏讀包爲庖取其犧牲以供庖廚顧氏又引帝王世紀云伏犧母曰華胥有巨人跡出於雷澤華胥以足履之有娠生伏犧於成紀蛇身人首月令云其帝太昊繫辭云古者包犧氏之王天下也是直變包言伏耳則伏犧是皇言王天下者以皇與帝王據跡爲優劣通亦爲王故禮運云昔者先王亦謂上代爲王但自下言之則以上身爲王據王身於下謂之王天下也知伏犧始畫八卦者以繫辭云包犧氏之王天下也後乃云始畫八卦以通神明之德以類萬物之情故知之也知時造書契以代結繩之政者亦以繫辭云上古結繩而治後世聖人易之以書契蓋取諸夬是造書契可以代結繩也彼直言後世聖人知是伏犧者以理比況而知何則八卦畫萬物之象文字書百事之名故繫辭曰仰則觀象於天俯則觀法於地觀鳥獸之文與地之宜近取諸身遠取諸物始畫八卦是萬象見於卦然畫亦書也與卦相類故知書契亦伏犧時也由此孔意正欲須言伏犧時有書契本不取於八卦今

云八卦者明書卦相類據繫辭有畫八卦之成文而言明伏
犧造書契也言結繩者當如鄭注云爲約事大大其繩事小
小其繩王肅亦曰結繩識其政事是也言書契者鄭云書之
於木刻其側爲契各持其一後以相考合若結繩之爲治孔
無明說義或當然說文云文者物象之本也籍者借也借此
簡書以記録政事故曰籍蓋取諸夬夬者決也言文籍所以
決斷宣揚王政是以夬繇曰揚于王庭繫辭云包犧氏之王
天下又云作結繩而爲罔罟蓋取諸離彼謂結罔罟之繩與
結爲政之繩異也若然尚書緯及孝經讖皆云三皇無文字
又班固馬融鄭玄王肅諸儒皆以爲文籍初自五帝亦云三
皇未有文字與此說不同何也又蒼頡造書出於世本蒼頡
豈伏犧時乎且繫辭云黃帝堯舜爲九事之目末乃云上古
結繩以治後世聖人易之以書契是後世聖人即黃帝堯舜
何得爲伏犧哉孔何所據而更與繫辭相反如此不同者藝
文志曰仲尼沒而微言絕七十子喪而大義乖況遭秦焚書
之後羣言競出其緯文鄙近不出聖人前賢共疑有所不取
通人考正僞起哀平則孔君之時未有此緯何可引以爲難
乎其馬鄭諸儒以據文立說見後世聖人在九事之科便謂
書起五帝自所見有異亦不可難孔也而繫辭云後世聖人
在九事之下者有以而然案彼文先歷說伏犧神農蓋取下

乃云黃帝堯舜垂衣裳而天下治蓋取諸乾坤是黃帝堯舜之事也又舟楫取渙服牛取隨重門取豫臼杵取小過弧矢取睽此五者時無所繫在黃帝堯舜時以否皆可以通也至於宮室葬與書契皆先言上古古者乃言後世聖人易之則别起事之端不指黃帝堯舜時以此葬事云古者不云上古而云易之以棺槨棺槨自殷湯而然非是彼時之驗則上古結繩何廢伏犧前也其蒼頡則說者不同故世本云蒼頡作書司馬遷班固韋誕宋忠傅玄皆云蒼頡黃帝之史官也崔瑗曹植蔡邕索靖皆直云古之王也徐整云在神農黃帝之間譙周云在炎帝之世衞氏云當在庖犧蒼帝之世慎到云在庖犧之前張揖云蒼頡爲帝王生於禪通之紀廣雅曰自開闢至獲麟二百七十六萬歲分爲十紀則大率一紀二十七萬六千年十紀者九頭一也五龍二也攝提三也合雒四也連通五也序命六也循飛七也因提八也禪通九也流訖十也如揖此言則蒼頡在獲麟前二十七萬六千餘年是說蒼頡其年代莫能有定亦不可以難孔也然紀自燧人而下揖以爲自開闢而設又伏犧前六紀後三紀亦爲據張揖慎到徐整等說亦不可以年斷其流訖之紀似自黃帝爲始耳又依易緯通卦驗燧人在伏犧前表計寘其刻曰蒼牙通靈昌之成孔演命明道經鄭玄注云刻謂刻石而記識之據此

伏犧前已有文字矣又陰陽書稱天老對黃帝云鳳皇之象首戴德背負仁頸荷義膺抱信足履政尾繫武又山海經云鳳皇首文曰德背文曰義翼文曰順膺文曰仁腹文曰信又易繫辭云河出圖洛出書聖人則之是文字與天地並興焉又韓詩外傳稱古封太山禪梁甫者萬餘人仲尼觀焉不能盡識又管子書稱管仲對齊桓公曰古之封太山者七十二家夷吾所識十二而已首有無懷氏封太山禪云云其登封者皆刻石紀號但遠者字有彫毀故不可識則夷吾所不識者六十家又在無懷氏前孔子觀而不識又多於夷吾是文字在伏犧之前已自久遠何怪伏犧而有書契乎如此者蓋文字在三皇之前未用之教世至伏犧乃用造書契以代結繩之政是教世之用猶燧人有火中古用以燔黍捭豚後聖乃修其利相似文字理本有之用否隨世而漸也若然惟繫辭至神農始有噬嗑與益則伏犧時其卦未重當無雜卦而得有取諸夬者此自鄭玄等說耳案說卦曰昔者聖人幽贊於神明而生蓍繫辭曰天生神物聖人則之則伏犧用蓍而筮矣故鄭注說卦亦曰昔者聖人謂伏犧文王也繫辭又曰十有八變而成卦是言爻皆三歸奇爲三變十八變則六爻明矣則筮皆六爻伏犧有筮則有六爻何爲不重而怪有夬卦乎

伏犧神農黃帝之

書謂之三墳，言大道也。少昊、顓頊、高辛、唐虞之書謂之五典，言常道也。○少，詩照反。昊，胡老反。少昊金天氏，名摯，字青陽，一曰玄囂，己姓，黃帝之子，母曰女節，以金德王，五帝之最先。顓，音專。頊，許玉反。顓頊高陽氏，姬姓，黃帝之孫，昌意之子，母曰景僕，謂之女樞，以水德王，五帝之二也。高辛，帝嚳也，姬姓，嚳，口毒反，母曰不見，以木德王，五帝之三也。唐，帝堯也，姓伊耆氏，堯初爲唐侯，後爲天子，都陶，故號陶唐氏，帝嚳之子，帝摯之弟，母曰慶都，以火德王，五帝之四也。虞，帝舜也，姓姚氏，國號有虞，顓頊六世孫，瞽瞍之子，母曰握登，以土德王，五帝之五也。先儒解三皇五帝與孔子同，並見發題。

〔疏〕伏犧至常道也○正義曰：墳，大也，以所論三皇之事，其道至大，故曰言大道也。以典者常也，言五帝之道可以百代常行，故曰言常道也。此三皇五帝或舉德號，或舉地名，或直指其人，言及便稱，不爲義例。顧氏引帝王世紀云：神農母曰女登，有神龍首感女登而生炎帝，人身牛首。黃帝母曰附寶，見大電光繞北斗樞星，附寶感而懷孕，二十四月而生黃帝，日角龍顏。少昊金天氏，母曰女節，有星如虹下流，意感而生少昊。顓頊母曰景僕，昌意正妃，謂之女樞，有星貫月如虹，感女樞於幽房之宫而生顓頊堯母曰慶都觀河遇赤龍晻然陰風感而有孕十四月而生堯又云舜母曰握登見大虹感而生舜此言謂之三墳謂之五典者因左傳有三墳五典之文故指而謂之然五帝之書皆謂之典則虞書皐陶謨益稷之屬亦應稱典所以别立名者若主論帝德則以典爲名其臣下所爲隨義立稱其三墳直云言大道也五典直云言常道也不訓墳典之名者以墳大典常常訓可知故略之也常道所以與大道爲異者以帝者公平天下其道可以常行故以典言之而皇優於帝其道不但可常行而已又更大於常故言墳也此爲對例耳雖少有優劣皆是大道並可常行故禮運云以大道之行爲五帝時也然帝號同天名所莫加優而稱皇者以皇是美大之名言大於帝也故後代措廟立主尊之曰皇生者莫敢稱焉而士庶祖父稱曰皇者以取美名可以通稱故也案左傳上有三墳五典不言墳是三皇之書典是五帝之書孔知然者案今堯典舜典是二帝二典推此二典而上則五帝當五典是五典爲五帝之書今三墳之書在五典之上數與三皇相當墳又大名與皇義相類故云三皇之書爲三墳孔君必知三皇有書者案周禮小史職掌三皇五帝之書是其明文也鄭玄亦云其書即三墳五典但鄭玄以三皇無文或據後録定孔君以爲書者記當時之事不可以

在後追録君當時無書後代何以得知其道也此亦孔君所
據三皇有文字之驗耳鄭玄注中候依運斗樞以伏犧女媧
神農爲三皇又云五帝坐帝鴻金天高陽高辛唐虞氏知不
爾者孔君既不依緯不可以緯難之又易興作之條不見有
女媧何以輙數又鄭玄云女媧修伏犧之道無改作則已上
修舊者衆豈皆爲皇乎既不數女媧不可不取黃帝以充三
皇耳又鄭玄數五帝何以六人或爲之說云德協五帝座不
限多少故六人亦名五帝若六帝何有五座而皇指大帝所
謂耀魄寳止一而已本自無三皇何云三皇豈可三皇數人
五帝數座二文舛互自相乖阻也其諸儒說三皇或數燧人
或數祝融以配犧農者其五帝皆自軒轅不數少昊斯亦非
矣何燧人說者以爲伏犧之前據易曰帝出於震震東方其
帝太昊又云古者包犧氏之王天下也言古者制作莫先於
伏犧何以燧人厠在前乎又祝融及顓頊以下火官之號金
天已上百官之號以其徵五經無云祝融爲皇者縱有不過
如共工氏共工有水瑞乃與犧農軒摯相類尚云霸其九州
祝融本無此瑞何可數之乎左傳曰少昊之立鳳鳥適至於
月令又在秋享食所謂白帝之室者也何爲獨非帝乎故孔
君以黃帝上數爲皇少昊爲五帝之首耳若然案今世本帝
繫及大戴禮五帝德并家語宰我問太史公五帝本紀皆以

黄帝爲五帝此乃史籍明文而孔君不從之者孟軻曰信書不如其無書吾於武成取二三策而已言書以漸染之濫也孟軻已然況後之說者乎又帝繫本紀家語五帝德皆云少昊卽黄帝子青陽是也顓頊黄帝孫昌意子帝嚳高辛氏爲黄帝曾孫玄囂孫僑極子堯爲帝嚳子舜爲顓頊七世孫此等之書說五帝而以黄帝爲首者原由世本經於暴秦爲儒者所亂家語則王肅多私定大戴禮本紀出於世本以此而同蓋以少昊而下皆出黄帝故不得不先說黄帝因此謬爲五帝耳亦由繫辭以黄帝與堯舜同事故儒者共數之焉孔君今者意以月令春曰太昊夏曰炎帝中央曰黄帝依次以爲三皇又依繫辭先包犧氏王沒神農氏作又沒黄帝氏作亦文相次皆著作見於易此三皇之明文也月令秋曰少昊冬曰顓頊自此爲五帝然黄帝是皇今言帝不云皇者以皇亦帝也別其美名耳太昊爲皇月令亦曰其帝太昊易曰帝出於震是也又軒轅之稱黄帝猶神農之云炎帝神農於月令爲炎帝不怪炎帝爲皇何怪軒轅稱帝而梁主云書起軒轅同以燧人爲皇其五帝自黄帝至堯而止知帝不可以過五故曰舜非三王亦非五帝與三王爲四代而已其言與詩之爲體不雅則風除皇已下不王則帝何有非王非帝以爲何人乎典謨皆云帝曰非帝如何

至于夏商

周之書雖設教不倫雅誥奥義其歸一揆○夏禹天下號也以金德王三王之最先商湯天下號亦號殷以水德王三王之二也周文王武王有天下號也以木德王三王之三也誥故報反告也示也至于至一揆○正義曰奥烏報反深也揆葵癸反度也

【疏】既皇書稱墳帝書稱典除皇與帝墳典之外以次累陳故言至于夏商周三代之書雖復當時所設之教與皇及帝墳典之等不相倫類要其言皆是雅正辭誥有深奥之義其所歸趣與墳典一揆明雖事異墳典而理趣終同故所以同入尚書共爲世教也孔君之意以墳典亦是尚書故此因墳典而及三代下云討論墳典斷自唐虞以下是墳典亦是尚書之內而小史偏掌之者以其遠代故也此既言墳典不依外文連類解八索九丘而言三代之書厠於其間者孔意以墳典是尚書丘索是尚書外物欲先說尚書事訖然後及其外物故先言之也夏商周之書皆訓誥誓命之事言設教者以此訓誥誓命即爲教而設故云設教也言不倫者倫類也三代戰爭不與皇帝等類若然五帝稱典三王劣而不倫不得稱典則三代非典不可常行何以垂法乎然三王世澆不如上代故隨事立名雖篇不目典理實是典故曰雅誥奥義其歸一揆即爲典之謂也然

三王之書惟無典謨以外訓誥誓命歌貢征範類猶有八獨言誥者以别而言之其類有八文從要約一誥兼焉何者以此八事皆有言以誥示故總謂之誥又言奥義者指其言謂之誥論其理謂之義故以義配焉言其歸一揆見三代自歸於一亦與墳典爲一揆者況喻之義假譬人射莫不皆發志揆度於的猶如聖人立教亦同揆度於至理故云一揆**是故歷代寶之以爲大訓**〔疏〕正義曰顧命云越玉五重陳寶即以赤刀大訓在西序是寶之以爲大訓之文彼注以典謨爲之與此相當要六藝皆是此直爲書者指而言之故彼注亦然也彼直周時寶之此知歷代者以墳典久遠周尚寶之前代可知故言歷代耳**八卦之說謂之八索求其義也九州之志謂之九丘丘聚也言九州所有土地所生風氣所宜皆聚此書也**○八索所白反下同求也徐音素本或作素〔疏〕八卦至此書也○正義曰以墳典因外文而知其丘索與墳典文連故連而說之故總引傳文以充足己意且爲於下見與墳典但被黜削故說而以爲首引言爲論八卦事

義之說者其書謂之八索其論九州之事所有志記者其書謂之九丘所以名丘者以丘聚也言於九州當有土地所生之物風氣所宜之事莫不皆聚見於此書故謂之九丘焉然八卦言之說九州言之志不同者以八卦交互相說其理九州當州有所志識以此而不同此索謂求索亦爲搜索以易八卦爲主故易曰八卦成列象在其中矣因而重之爻在其中矣又曰八卦相盪是六十四卦三百八十四爻皆出於八卦就八卦而求其理則萬有一千五百二十策天下之事得故謂之索非一索再索而已此索於左傳亦或謂之索說有不同皆後人失其眞理妄穿鑿耳其九丘取名於聚義多如山丘故爲聚左傳或謂之九區得爲說當九州之區域義亦通也又言九州所有此一句與下爲揔卽土地所生風氣所宜是所有也言土地所生卽其動物植物大率土之所生不出此二者又云風氣所宜者亦與土地所生大同何者以九州各有土地有生與不生由風氣所宜與不宜此亦職方禹貢之類别而言之土地所生若禹貢之厥貢厥篚也風氣所宜若職方其畜宜若干其民若干男若干女是也上墳典及索不别訓之以可知故略之丘訓既難又須别言九州所宜已下故先訓之於下結義故云皆聚此書也

春秋左氏傳曰楚左史倚

相能讀三墳五典八索九丘。即謂上世帝王遺書也。左史，史官，左右。倚，於綺反。劉琴綺反。相，息亮反。倚相，楚靈王時史官也。

【疏】春秋至遺書也。正義曰：以上因有外文言墳典丘索，而謂之故引成文以證結之。此昭十二年左傳，楚靈王見倚相趨過，告右尹子革，以此辭知倚相是其名字。蓋爲太史而主記左動之事，謂之左史。不然，或楚俗與諸國不同，官多以左右爲名，或別有此左史乎？彼子革荅王云：倚相臣問祈招之詩而不知，若問遠焉，其焉能知之？彼以爲倚相不能讀之，此云能者，以此據左傳成文，因王言而引之，假不能讀，事亦無妨。況子革欲開諫王之路，倚相未必不能讀也。言此墳典丘索，即此書是謂上世帝王遺餘之書也。以楚王論時已在三王之末，故云遺書。其丘索知是前事，亦不知在何代，故直揔言帝王耳。

先君孔子生於周末，覩史籍之煩文，懼覽之者不一，遂乃定禮樂，明舊章，刪詩爲三百篇，約史記而修春秋，讚易道以黜八索，述職方以

除九丘○刪，色姦反

疏 先君至九丘○正義曰：既結申帝王遺書，欲言孔子就而刊定。孔子世家云安國是孔子十一世孫，而上尊先祖，故曰先君。穀梁以爲魯襄公二十一年冬十一月庚子孔子生，左傳哀公十六年夏四月己丑孔子卒，計以周靈王時生，敬王時卒，故爲周末。上云文籍，下云滅先代典籍，此言史籍。籍者，古書之大名，由文而有籍，謂之文籍；因史所書，謂之史籍；可以爲常，故曰典籍。義亦相通也。但上因書契而言文，下傷秦滅道以稱典，於此言史者，不但義通上下，又以此史籍不必是先王正史，是後代好事者作，以此懼其不一，故曰蓋有不知而作之者，我無是也。先言定禮樂者，欲明孔子欲反於聖道以歸於一，故先言其舊行可從者。修而不改曰定，就而減削曰刪，準依其事曰約，因而佐成曰贊，顯而明之曰述，各從義理而言。獨禮樂不改者，以禮樂聖人制作，已無貴位，故因而定之。又云明舊章者，即禮樂詩易春秋是也。以易道職方與黜八索除九丘相對，其約史記以刪詩書爲偶，其定禮樂文孤，故以明舊章配之，作文之體也。易亦是聖人所作，不言定者，以易非如禮樂人之行事，不須云定，又因而爲作十翼，故云贊耳。易文在下者，亦爲黜八索與除九丘相近故也，爲文之便，不爲義例。孔子之修六藝，年月孔無明說。論語曰：吾自衛反魯，然後樂正雅頌各得其所則孔子以魯哀公十一年反魯爲大夫十二年孟子卒孔子弔則致仕時年七十以後脩述也詩有序三百一十一篇全者三百五篇云三百者亦舉全數計職方在周禮夏官亦武帝時出於山巖屋壁即藏祕府世人莫見以孔君爲武帝博士於祕府而見爲知必黜八索除九丘者以三墳五典本有八今序只有二典而已其三典三墳今乃寂寞明其除去既墳典書內之正尚有去者況書外乎故知丘索亦黜除也黜與除其義一也黜退不用而除去之必云贊易道以黜者以不有所與孰有所廢故也職方即周禮也上已云定禮樂即職方在其內別云述之以爲除九丘舉其類者以言之則云述書以定而不改即是遵述更有書以述之

討論墳典斷自唐虞以下訖于周芟夷煩亂翦截浮辭舉其宏綱撮其機要足以垂世立教典謨訓誥誓命之文凡百篇○斷丁亂反訖居乙反又許乙反芟色咸反翦咨淺反撮七活反機本又作幾典凡十五篇正典二攝十三三十一篇亡謨莫胡反凡三篇正二攝一訓凡十六篇正二篇亡攝十四三篇亡誥凡三十八篇正

八攝三十十八篇亡誓市制反凡十篇正八攝二討論
十篇亡命凡十八篇正十二三篇亡攝六四篇亡【疏】至百
篇○正義曰言孔子既懼覽之者不一不但刪詩約史定禮
贊易有所黜除而已又討整論理此三墳五典并三代之書
也論語曰世叔討論之鄭以討論爲整理孔君既取彼文義
亦當然以書是亂物故就而整理之若然墳典周公制禮使
小史掌之而孔子除之者蓋隨世不同亦可孔子之時墳典
已雜亂故因去之左傳曰芟夷蘊崇之又曰俘翦惟命詩曰
海外有截此孔君所取之文也芟夷者據全代全篇似草隨
次皆芟使平夷若自帝嚳已上三典三墳是芟夷之文自夏
至周雖有所留全篇去之而多者即芟夷也翦截者就代就
篇辭有浮者翦截而去之去而少者爲翦截也舉其宏綱即
上芟夷煩亂也撮其機要即上翦截浮辭也且宏綱云舉是
據篇代大者言之機要云撮爲就篇代之內而撮出之耳宏
大也綱者網之索舉大綱則衆目隨之機者機關撮取其機
關之要者斷自唐虞以下者孔無明說書緯以爲帝嚳以上
朴略難傳唐虞已來煥炳可法又禪讓之首至周五代一意
故耳孔義或然典即堯典舜典謨即大禹謨皋陶謨訓即伊
訓高宗之訓誥即湯誥大誥誓即甘誓湯誓命即畢命顧命
之等是也說者以書體例有十此六者之外尚有征貢歌範

四者并之則十矣若益稷盤庚單言附於十事之例今孔不言者不但舉其機約亦自從貢歌範非君出言之名六者可以兼之此云凡百篇據序而數故耳或云百二篇者誤有所由以前漢之時有東萊張霸僞造尚書百兩篇而爲緯者附之因此鄭云異者其在大司徒大僕正乎此事爲不經也鄭作書論依尚書緯云孔子求書得黃帝玄孫帝魁之書迄於秦穆公凡三千二百四十篇斷遠取近定可以爲世法者百二十篇以百二篇爲尚書十八篇爲中候以爲去三千一百二十篇以上取黃帝玄孫以爲不可依用今所考覈尚書首自舜之末年以禪於禹上録舜之得用之事由堯以爲堯典下取舜禪之後以爲舜讓得人故史體例別而不必君言若禹貢全非君言而禹身事受禪之後無入夏書之言是舜史自録成一法後代因之耳

所以恢弘至道示人主以軌範也帝王之制坦然明白可舉而行三千之徒並受其義○恢苦回反大也坦土管反

【疏】所以至其義○正義曰此論孔子正理羣經已畢揔而結之故爲此言家語及史記皆云孔子弟子三千人故云三千之徒也

及秦始皇滅先代

典籍焚書坑儒天下學士逃難解散我先人用藏其家書于屋壁○始皇名政二十六年初并六國自號始皇帝焚書詩在始皇之三十四年坑儒在三十五年坑苦庚反難乃旦反解音蟹

【疏】及秦至屋壁○正義曰言孔子既定此書後雖曰明白反遭秦始皇滅除之依秦本紀云秦王正二十六年平定天下尊爲皇帝不復立謚以爲初并天下故號始皇爲滅先代典籍故云坑儒焚書以卽位三十四年因置酒於咸陽宮丞相李斯奏請天下敢有藏詩書百家語者悉詣守尉親燒之有敢偶語詩書者棄市令下三十日不燒黥爲城旦制曰可是焚書也三十五年始皇以方士盧生求仙藥不得以爲誹謗諸生連相告引四百六十餘人皆坑之咸陽是坑儒也又衛宏古文奇字序云秦改古文以爲篆隸國人多誹謗秦患天下不從而召諸生至者皆拜爲郎凡七百人又密令冬月種瓜於驪山硎谷之中溫處瓜實乃使人上書曰瓜冬有實有詔天下博士諸生說之人人各異則皆使往視之而爲伏機諸生方相論難因發機從上塡之以土皆終命也我先人用藏其家書于屋壁者史記孔子世家云孔子生鯉字伯魚魚生伋字子思思生白字子上上生求字子家

家生箕字子京京生穿字子高高生愼愼爲魏相愼生鮒鮒爲陳涉博士鮒弟子襄襄爲惠帝博士長沙太守襄生中中生武武生延陵及安國安國爲武帝博士臨淮太守家語序云子襄以秦法峻急壁中藏其家書是安國祖藏之**漢室龍興開設學校旁求儒雅以闡大猷濟南伏生年過九十失其本經口以傳授裁二十餘篇以其上古之書謂之尚書百篇之義世莫得聞**○校戶教反詩箋云鄭國謂學爲校闡尺善反大也明也濟子禮反郡名也伏生名勝過古臥反後同傳直專反下傳之同二十餘篇即馬鄭所注二十九篇也【疏】漢室至得聞○正義曰將言所藏之書得之所由故本之也言龍興者以易龍能變化故比之聖人九五飛龍在天猶聖人在天子之位故謂之龍興也言學校者校學之一名也故鄭詩序云子衿刺學校廢左傳云然明請毀鄉校是也漢書云惠帝除挾書之律立學興教招聘名士文景以後儒者更衆至武帝尤甚故云旁求儒雅詩小雅曰匪先民是程匪大猷是經彼注云猷道也大道即先王六籍是也伏生

名勝爲秦二世博士儒林傳云孝文帝時求能治尚書者天下無有聞伏生治之欲名時伏生年已九十有餘老不能行於是詔太常使掌故臣。晁錯往受之得二十九篇卽以教於齊魯之間是年過九十也案史記秦時焚書伏生壁藏之其後兵火起流。漢定天下伏生求其書亡數十篇獨得二十九篇以教于齊魯之間則伏生壁內得二十九篇而云失其本經口以傳授者蓋伏生初實壁內得之以教齊魯傳教既久誦文則熟至其末年因其習誦或亦目暗至年九十晁錯往受之時不執經而口授之故也又言裁二十餘篇者意在傷亡爲少之文勢何者以數法隨所近而言之若欲多之當云得三十篇今裁二十餘篇言裁亦意以爲少之辭又二十九篇自是計卷若計篇則三十四去泰誓猶有三十一案史記及儒林傳皆云伏生獨得二十九篇以教齊魯則今之泰誓非初伏生所得案馬融云泰誓後得鄭玄書論亦云民間得泰誓別錄曰武帝末民有得泰誓書於壁內者獻之與博士使讀說之數月皆起傳以教人則泰誓非伏生所傳而言二十九篇者以司馬遷在武帝之世見泰誓出而得行入於伏生所傳內故爲史揔之并云伏生所出不復曲別分析云民間所得其實得時不與伏生所傳同也但伏生雖無此一。篇而書傳有八百諸侯俱至孟津白魚入舟之事與泰誓事同

不知爲伏生先爲此說不知爲是泰誓出後後人加增此語
案王充論衡及後漢史獻帝建安十四年黄門侍郎房宏等
說云宣帝泰和元年河内女子有壞老子屋得古文泰誓三
篇論衡又云以掘地所得者今史漢書皆云伏生傳二十九
篇則司馬遷時已得泰誓以并歸於伏生不得云宣帝時始
出也則云宣帝時女子所得亦不可信或者爾時重得之故
於後亦據而言之史記云伏生得二十九篇武帝記載今文
泰誓末篇由此劉向之作别録班固爲儒林傳不分明因同
於史記而劉向云武帝末得之泰誓理當是一而古今文不
同者即馬融所云吾見書傳多矣凡諸所引今之泰誓皆無
此言而古文皆有則古文爲眞亦復何疑但於先有張霸之
徒僞造泰誓以藏壁中故後得而惑世也亦可今之泰誓百
篇之外若周書之例以於時實有觀兵之誓但不録入尚書
故古文泰誓曰皇天震怒命我文考肅將天威大勳未集肆
予小子發以爾友邦冢君觀政於商是也又云以其上古之
書謂之尚書者此文繼在伏生之下則言以其上古之書謂
之尚書此伏生意也若以伏生指解尚書之名名已先有有
則當云名之尚書既言以其上古之書今先云以其則伏生
意之所加則知尚字乃伏生所加也以尚解上則尚訓爲上
上者下所慕尚故義得爲通也孔君既陳伏生此義於下更

無是非明卽用伏生之說故書此而論之馬融雖不見孔君此說理自然同故曰上古有虞氏之書故曰尚書是也王肅曰上所言史所書故曰尚書鄭氏云尚者上也尊而重之若天書然故曰尚書一家以尚與書相將則上名不正出於伏生鄭玄依書緯以尚字是孔子所加故書贊曰孔子乃尊而命之曰尚書璿璣鈐云因而謂之書加尚以尊之又曰書務以天言之鄭玄溺於書緯之說何有人言而須繫之於天乎且孔君親見伏生不容不悉自云伏生以其上古之書謂之尚書何云孔子加也王肅云上所言史所書則尚字與書俱有無先後旣直云尚何以明上之所言書者以筆畫記之辭羣書皆是何知書要責史所爲也此其不若前儒之說密耳云上古者亦無指定之目自伏生言之則於漢世仰遵前代自周已上皆是馬融云有虞氏爲書之初耳若易歷三世則伏犧爲上古文王爲中古孔子爲下古禮運鄭玄以先王食腥與易上古結繩同時爲上古神農爲中古五帝爲下古其不相對則無例耳且太之與上爲義不異禮以唐虞爲太古以下有三代冠而推之爲然是爲不定則但今世已上仰之已古便爲上古耳以書是本名尚是伏生所加故諸引書直云書曰若有配代而言則曰夏書無言尚書者

至魯共王好治宮室壞孔

子舊宅以廣其居於壁中得先人所藏古文虞夏商周之書及傳論語孝經皆科斗文字王又升孔子堂聞金石絲竹之音乃不壞宅

○共音恭亦作龔又作恭共王漢景帝之子名餘好呼報反下好古同壞音怪下同字林作㲉云公壞反毀也傳謂春秋也一云周易十翼非經謂之傳論如字又音倫科苦禾反科斗蟲名蝦蟆子書形似之

【疏】至魯至壞宅○正義曰欲云得百篇之由故序其事漢景帝之子名餘封於魯爲王死諡曰共存日以居於魯近孔子宅好治宫室故欲裒益乃壞孔子舊宅以增廣其居於所壞壁內得安國先人所藏古文虞夏商周之書及傳論語孝經皆是科斗文字王雖得此書猶壞不止又升孔子廟堂聞金鍾石磬絲琴竹管之音以懼其神異乃止不復敢壞宅也上言藏家書於屋壁此亦屋壁內得書也亦得及傳論語孝經等不從約云得尚書而煩文言虞夏商周之書者以壁內所得上有題目虞夏商周書其序直云書序皆無尚字故其目錄亦然故不云尚書而言虞夏商周之書安國亦以此知尚字是伏生所加惟此壁

內所無則書本無尚字明矣凡書非經則謂之傳言及傳論語孝經正謂論語孝經是傳也漢武帝謂東方朔云傳曰時然後言人不厭其言又漢東平王劉雲與其太師策書云傳曰陳力就列不能者止又成帝賜翟方進策書云傳曰高而不危所以長守貴也是漢世通謂論語孝經爲傳也以論語孝經非先王之書是孔子所傳說故謂之傳所以異於先王之書也上已云壞孔子舊宅又云乃不壞宅者初王意欲壞之已壞其屋壁聞八音之聲乃止餘者不壞明知已壞者亦不敢居故云乃不壞宅耳

悉以書還孔氏科斗書廢已久時人無能知者以所聞伏生之書考論文義定其可知者爲隸古定更以竹簡寫之增多伏生二十五篇伏生又以舜典合於堯典益稷合於皋陶謨盤庚三篇合爲一康王之誥合於顧命復出此篇并序凡五十九篇爲四十

六卷其餘錯亂摩滅弗可復知悉上送官藏
之書府以待能者。隸音麗謂用隸書寫古文二十五篇謂虞書大禹謨夏書五子之
歌胤征商書仲虺之誥湯誥伊訓太甲三篇咸有一德說命
三篇周書泰誓三篇武成旅獒微子之命蔡仲之命周官君
陳畢命君牙冏命合舊音閤又如字下同皐音高本又作咎
陶音遙本又作繇盤步干反本又作般復扶又反下同五十
九篇即今所行五十八篇其一是百篇之序謂虞書汩作九
共九篇槀飫夏書帝告釐沃湯征汝鳩汝方商書夏社疑至
臣扈典寶明居肆命徂后沃丁咸乂四篇伊陟原命仲丁河
亶甲祖乙高宗之訓周書分器旅巢命歸禾嘉禾成王政將
蒲姑賄肅慎之命亳姑凡四十二篇亡上時掌反

疏

悉以至能者。正義曰既云王不壞宅以懼神靈因還其
書已前所得言悉以書還孔氏則上傳論語孝經等皆還之
故言悉也科斗書古文也所謂蒼頡本體周所用之以今所
不識是古人所爲故名古文形多頭麤尾細狀腹團圓似水
蟲之科斗故曰科斗也以古文經秦不用故云廢已久矣時
人無能知識者孔君以人無能知識之故已欲傳之故以所
聞伏生之書比校起發考論古文之義考文而云義者以上

下事義推考其文故云義也定其可知者就古文內定可知
識者爲隸古定不言就伏生之書而云以其所聞者明用伏
生書外亦考之故云可知者謂并伏生書外有可知不徒伏
生書內而已言隸古者正謂就古文體而從隸定之存古爲
可慕以隸爲可識故曰隸古以雖隸而猶古由此故謂孔君
所傳爲古文也古文者蒼頡舊體周世所用之文字案班固
漢志及許氏說文書本有六體一曰指事上下二曰象形日
月三曰形聲江河四曰會意武信五曰轉注考老六曰假借
令長此造字之本也自蒼頡以至今字體雖變此本皆同古
今不易也自蒼頡以至周宣皆蒼頡之體未聞其異宣王紀
其史籀始有大篆十五篇號曰篆籀惟篆與蒼頡二體而已
衛恒曰蒼頡造書觀於鳥跡因而遂滋則謂之字字有六義
其文至於三代不改及秦用篆書焚燒先代典籍古文絕矣
許慎說文言自秦有八體一曰大篆二曰小篆三曰刻符四
曰蟲書五曰摹印六曰署書七曰殳書八曰隸書亡新居攝
以應制作改定古文使甄豐校定時有六書一曰古文孔子
壁內書也二曰奇字卽古字有異者三曰篆書卽小篆下杜
人程邈所作也四曰佐書秦隸書也五曰繆篆所以摹印也
六曰鳥蟲書所以書幡信也由此而論卽秦罷古文而有八
體非古文矣以至亡新六書并八體亦用書之六體以造其

字其亡新六書於秦八體用其小篆蟲書摹印隸書去其大
篆刻符殳書署書而加以古文與奇字其刻符及署書蓋同
摹印殳書同於繆篆大篆正古文之别以摹古故乃用古文
與奇字而不用大篆也是孔子壁內古文卽蒼頡之體故鄭
玄云書初出屋壁皆周時象形文字今所謂科斗書以形言
之爲科斗指體卽周之古文鄭玄知者若於周時秦世所有
至漢猶當識之不得云無能知者又亡新古文亦云卽孔氏
壁內古文是其證也或以古文卽大篆非也何者八體六書
自大篆與古文不同又秦有大篆若大篆是古文不得云古
文遂絶以此知大篆非古文也六書古文與蟲書本别則蟲
書非科斗書也鄭玄云周之象形文字者揔指六書象科斗
之形不謂六書之內一曰象形也又云更以竹簡寫之明留
其壁內之本也顧氏云策長二尺四寸簡長一尺二寸會多
伏生二十五篇者以壁內古文篇題殊别故知以舜典合於
堯典益稷合於皐陶謨伏生之本亦壁內古文而合之者蓋
以老而口授之時因誦而連之故殊耳其盤庚本當同卷故
有并也康王之誥以一時之事連誦而同卷當以王出在應
門之內爲篇首及以王若曰庶邦亦誤矣以伏生本二十八
篇盤庚出二篇加舜典益稷康王之誥凡五篇爲三十三篇
加所增二十五篇爲五十八加序一篇爲五十九篇云復出

此篇幷序凡五十九篇此云爲四十六卷者謂除序也下云定五十八篇既畢不更云卷數明四十六卷故爾又伏生二十九卷而序在外故知然矣此云四十六卷者不見安國明說蓋以同序者同卷異序者異卷故五十八篇爲四十六卷何者五十八篇內有太甲盤庚說命泰誓皆三篇共卷減其八又大禹謨皐陶謨益稷又三篇同序共卷其康誥酒誥梓材亦三篇同序共卷則又減四通前十二以五十八減十二非四十六卷而何其康王之誥乃與顧命別卷以別序故也其餘錯亂摩滅五十八篇外四十二篇也以不可復知亦上送官其可知者已用竹簡寫得其本亦俱送入府故在祕府得有古文也以後生可畏或賢聖閒出故須藏之以待能整理讀之者

承詔爲五十九篇作傳於是遂研精覃思博考經籍採摭羣言以立訓傳約文申義敷暢厥旨庶幾有補於將來。爲于僞反覃徒南反深也思息嗣反採本又作采摭之石反一音之若反敷芳夫反暢丑亮反

【疏】承詔至將來。正義曰安國時爲武帝博士孔君考正古文之日帝之所知亦既定訖當以聞於帝帝令注解

故云承詔為五十九篇作傳以注者多言曰傳傳者傳通故也以傳名出自丘明賓牟賈對孔子曰史失其傳又喪服儒者皆云子夏作傳是傳名久矣但大率秦漢之際多名為傳於後儒者以其傳多或有改之別云注解者仍有同者以當時之意耳說者為例云前漢稱傳於後皆稱注誤矣何者馬融王肅亦稱注名為傳傳何有例乎以聖道弘深當須詳悉於是研覈精審覃靜思慮以求其理冀免乖違既顧察經文又取證於外故須廣博推考羣經六籍又捃拾採摭羣書之言以此文證造立訓解為之作傳明不率爾雖復廣證亦不煩多為傳直約省文令得申盡其義明文要義通不假煩多也以此得申故能偏布通暢書之旨意是辭達而已不求於煩既義暢而文要則觀者曉悟故云庶幾有所補益於將來讀之者得悟而有益也敷布也厥其也庶幸也幾冀也爾雅有訓既云經籍又稱羣言者經籍五經是也羣言子史是也以書與經籍理相因通故云博考子史時有所須故云採摭耳案孔君此傳辭旨不多是約文也要文無不解是申義也其義既申故云敷暢其義之旨趣耳考其此注不但言少書之為言多須詁訓而孔君為例一訓之後重訓者少此亦約文也

書序序所以為作者之意昭然義見宜相

附近故引之各冠其篇首定五十八篇既畢會國有巫蠱事經籍道息用不復以聞傳之子孫以貽後代若好古博雅君子與我同志亦所不隱也。爲于僞反又如字見賢遍反冠工亂反巫蠱漢武帝末征和中江充造蠱敗戾太子故經籍道息焉巫音無蠱音古貽以之反

疏 書序至隱也。正義曰孔君既言已立傳之意又當斟酌所宜而書序雖名爲序不是總陳書意汎論乃篇篇各序作意但作序者不敢厠於正經故謙而聚於下而注述者不可代作者之謙須從利益而欲分之從便云序序所以當篇爲作此書之意則是當篇作意觀序而昭然意義顯見既義見由序宜各與其本篇相從附近不宜聚於一處故每篇引而分之各冠加於篇首令意昭見序既分散損其一篇故定五十八篇然此本承詔而作作畢當以上奏聞知但會值國家有巫蠱之事好愛經籍之道滅息假奏亦不能行用爲此之故不復以此傳奏聞亦以既傳成不得聞上惟自傳於已之子孫以遺與後世之人使行之亦不敢望後世必行故云若後世

有好愛古道廣博學問志懷雅正如此之君子冀能與我同於慕古之志以行我道我道得此人流行亦所以傳不隱蔽是弘道由人也言巫蠱者王制曰執左道以亂政者殺鄭玄注云左道謂巫蠱之屬以非正道故謂之左道以蠱皆巫之所行故云巫蠱蠱者揔名左傳云惑蠱其君則蠱者怪惑之名指體則藥毒害人者是若行符厭俗之爲魅令人蠱惑夭年傷性皆是也依漢書此時武帝末年上已年老淫惑鬼神崇信巫術由此姦人江充因而行詐先於太子宫埋桐人告上云太子宫有蠱氣上信之使江充治之於太子宫果得桐人太子知己不爲此以江充故爲陷己因而殺之而帝不知太子實心謂江充言爲實即詔丞相劉屈氂發三輔兵討之太子看長安因與鬭不勝而出走奔湖關自殺此即巫蠱事也言不隱者不謂恐隱藏己道以己道人所不知懼其幽隱人能行之使顯爲不隱蔽耳易曰謙謙君子仁者好謙而孔君自作揄揚云君子知己者亦意在教世欲令人覩此言知己傳是深遠因而有所曉寤令之有益故不可以苟謙也亦猶孔子曰何有於我哉

附釋音尚書注疏卷第一　　江西鹽法道胡稷栞

尚書注疏挍勘記卷一　　阮元撰盧宣旬摘錄

尚書正義序

國子祭酒上護軍曲阜縣開國子臣孔穎達奉勑撰 按七經孟子考文所据宋板此行在尚書正義卷第一之下蓋唐時北宋時單疏別行序文當列正義第一卷之首今序文既別爲一篇遂移此行於序題下耳閩本達下有等字按此行若如宋板則達下宜有等字以正義非一人所作故也若在序題下則不當有等字序云先君宣父此孔氏之詞非他人所得通用

古之正者 案正當作王

怙釋注文 浦鏜云怙疑詁字誤○按怙疑帖字誤

謹其銓敍 按銓應作詮

尚書注疏卷第一

國子祭酒上護軍曲阜縣開國子臣孔穎達等奉勑撰　宋本首有尚書正義卷第一七字達下無等字正義下或作注疏參差不一勅字提頭凡三行記之下同此

尚書序　足利古本作古文尚書序

言序述尚書起　閩本明監本同宋本起下有記字浦鏜云記疑訖字誤按訖字是也

作結繩而爲罔罟　閩本明監本同宋本罔作網

易繫辭上　按上當作云

循飛七也　宋本正德本同毛本飛作蜚

流訖十也　宋本正德本同毛本流訖改作疏仡案此本流訖下誤作涜訖山井鼎曰史記三皇本紀輒此及上條與宋板同但循作脩

背文曰義翼文曰順　浦鏜云翼背字互誤禮誤順○按順字不誤浦云非也毛詩左傳正

義及周禮疏引並可證惟埤雅引作翼文曰禮王念孫云順字與下膺文曰仁腹文曰信為韻若作禮則失其韻矣

與孔子同 按子當作君

言及便稱 宋本同案便稱二字當倒

案左傳上有三墳五典 宋本上作止是也

案周禮小史職掌三皇五帝之書 下同 浦鏜云外誤小是也

又云五帝坐 案坐當作座

何燧人說者以為伏犧之前 浦鏜云何疑又字誤

僑極子 浦鏜云蟜誤僑

舜非三王 皇宋板十行閩本俱作王

曰非帝如也宋本閩本明監本如下俱有何字案有者是

此索於左傳亦或謂之索也宋本下索字作素按素字是

八索陸氏曰索所白反徐音素本或作素

懼覽之者不一岳本之者作者之顏師古匡謬正俗曰孔安國古文尚書序云先君孔子生於周末覩史籍之煩文懼覽者之不一遂乃定禮樂明舊章覽者謂習讀之人猶言學者爾蓋思後之讀史籍者以其煩文不能專一將生異說故刪定之凡此數句文對旨明甚爲易曉然後之學者輒改之字居者字上云覽之者不一雖大意不失而顛倒本文語更凡淺又不屬對亦爲妄矣今有晉宋時書不被改者往往而在皆云覽者之不一

穀梁以爲魯襄公二十一年冬十一月庚子孔子生浦鏜云十月誤十一月許宗彥曰公羊釋文云一本作十一月則穀梁亦有作十一月者

詩有序三百一十一篇浦鏜云有序字當誤倒○按或序下脫者字

全者三百五篇浦鏜云全當今字誤下當脫存字○按全謂辭義俱存也非誤

於秘府而見爲閩本明監本同案爲當作焉

別云述之以爲除九印浦鏜云之疑者字誤

更有書以述之浦鏜云更上疑脫非字

足以垂世立教文選李善注本無立字

使小史掌之浦鏜云外誤小是也

而禹身事受禪之後無入夏書之言浦鏜云理誤言從後堯典下疏校許宗彥曰事乃自字之誤言禹所言皆在受禪以前入於虞書自受禪後更無入夏書之言也下堯典下疏同此義

所以恢宏至道示人主以軌範也文選李善本無主字

反遭秦始皇滅除之浦鏜云反當及字誤○按當又字誤

悉詣守尉親燒之宋本監本親作雜是也

又衛宏古文奇字序云段玉裁云師古注儒林傳引此作衛宏詔定古文官書

於是詔太常使掌故臣鼂錯往受之監本無臣字浦鏜云臣字衍是也

其後兵火起流案流下當有亡字

使讀說之按文選注讀作讚

但伏生雖無此一篇宋本一作三按一字非也

宣帝泰和元年宋本閩本同毛本泰和作本始案所改是也

爲隷古定更以竹簡寫之匡謬正俗曰言以孔氏壁中科斗文字依旁伏生口傳授者考挍改定之易科斗以隷古字定訖更別以竹簡寫之非復本文也近代淺學乃改隷古定爲隷古字非也按直云隷古卽是隷

古字於理可知無所關少定者爲定訛耳今先代舊本皆爲隸古定不爲古字也

益稷合於皐陶謨 陸氏曰皐本作咎陶本作繇

盤庚三篇合爲一 陸氏曰盤本又作般○按周禮司勳注作般庚說詳段玉裁尚書撰異

其餘錯亂摩滅 山井鼎曰古本後人旁記云異本摩作磨按磨字說文所無

弗可復知 弗文選李善本作不

曾多伏生二十五篇者 閩本同毛本曾作增案增字是也

及以王若曰庶邦亦誤矣 浦鏜云及當乃字誤

亦壁內古文而合者者 毛本下者字作也

傳子孫孫 諸本俱作傳之子孫

宜各以其本篇相從附近 閩本明監本同毛本宜上有此序二字案有者是也

卽詔丞相劉屈氂閩本同明監本毛本氂作犛按氂字非也

太子看長安因與闕毛本看作釋因作因案所改是也監本因作國闕作開並誤

奔湖闕自殺宋本明監本閩本同毛本闕作遂山井鼎曰作遂似是○按湖地名也作湖闕者殆因壺闕而誤

會昌縣知縣候補知州曾暉春栞

附釋音尚書注疏卷第二

孔穎達疏

堯典第一

○釋文凡十六篇十一篇亡五篇見存 疏 古文尚書堯典第一○正義曰檢古本并石經直言堯典第一無古文尚書以孔君從隷古仍號古文故後人因而題於此以別伏生所出大小夏侯及歐陽所傳爲今文故也堯典第一篇之名當與衆篇相次第訓爲次也於次第之內而處一故曰堯典第一以此第一者以五帝之末接三王之初典策既備因機成務交代揖讓以垂無爲故爲第一也然書者理由舜史勒成一家可以爲法上取堯事下終禪禹以至舜終皆爲舜史所錄其堯舜之典多陳行事之狀其言寡矣禹貢即全非君言準之後代不應入書此其一體之異以此禹之身事於禪後無入夏書之理自甘誓已下皆多言辭則古史所書於是乎始知五子之歌亦非上言典書草創以義而錄但致言有本名隨其事檢其此體爲例有十一曰典二曰謨三曰貢四曰歌五曰誓六曰誥七曰訓八曰命九曰征十曰範堯典舜典二篇典也大禹謨皐陶謨二篇謨也禹貢一篇貢也五子之歌一篇歌也甘誓泰

誓三篇湯誓牧誓費誓泰誓八篇誓也仲虺之誥湯誥大誥康誥酒誥召誥洛誥康王之誥八篇誥也伊訓一篇訓也說命三篇微子之命蔡仲之命顧命畢命冏命文侯之命九篇命也胤征一篇征也洪範一篇範也此各隨事而言益稷亦謨也因其人稱言以別之其太甲咸有一德伊尹訓道王亦訓之類盤庚亦誥也故王肅云不言誥何也取其徒而立功非但錄其誥高宗肜日與訓序連文亦訓辭可知也西伯戡黎云祖伊恐奔告于受亦誥也武成云識其政事亦誥也旅獒戒王亦訓也金縢自爲一體祝亦誥辭也梓材酒誥分出亦誥也多士以王命誥自然誥也無逸戒王亦訓也君奭周公誥召公亦誥也多方周官上誥於下亦誥也君陳君牙與畢命之類亦命也呂刑陳刑告王亦誥也書篇之名因事而立既無體例隨便爲文其百篇次第於序孔鄭不同孔以湯誓在夏社前於百篇爲第二十六鄭以爲在臣扈後第二十九孔以咸有一德次太甲後第四十鄭以爲在湯誥後第三十二孔以蔡仲之命次君奭後第八十三鄭以爲在費誓前第九十六孔以周官在立政後第八十八鄭以爲在立政前第八十六孔以費誓在文侯之命後第九十九鄭以爲在呂刑前第九十七不同者孔依壁內篇次及序爲文鄭依賈氏所奏別錄爲次孔未入學官以此不同考論次第孔義是也

虞書

〔疏〕正義曰堯典雖曰唐事本以虞史所錄末言舜登庸由堯故追堯作典非唐史所錄故謂之虞書也鄭玄云舜之美事在於堯時是也案馬融鄭玄王肅別錄題皆曰虞夏書以虞夏同科雖虞事亦連夏此直言虞書本無尚書之題也案鄭序以爲虞夏書二十篇商書四十篇周書四十篇贊云三科之條五家之教是虞夏同科也其孔於禹貢註云禹之王以是功故爲夏書之首則虞夏別題也以上爲虞書則十六篇又帝告釐沃湯征汝鳩汝方於鄭玄爲商書而孔并於胤征之下或以爲夏事猶西伯戡黎則夏書九篇商書三十五篇此與鄭異也或孔因帝告以下五篇卞并註於夏夏書不廢猶商書乎別文所引皆云虞書曰夏書曰無并言虞夏書者又伏生雖有一虞夏傳以外亦有虞傳夏傳此其所以宜別也此孔依虞夏各別而存之莊八年左傳云夏書曰皋陶邁種德僖二十四年左傳引夏書曰地平天成二十七年引夏書賦納以言襄二十六年引夏書曰與其殺不辜寧失不經皆在大禹謨皋陶謨當云虞書而云夏書者以事關禹故引爲夏書若洪範以爲周書以箕子至周商人所陳而傳引之即曰商書也案壁內所得孔爲傳者凡五十八篇爲四十六卷三十三篇與鄭註同二十五篇增多鄭註也其二十五篇者大禹謨一五子之歌二胤征三仲虺

之誥四湯誥五伊訓六太甲三篇九咸有一德十說命三篇十三泰誓三篇十六武成十七旅獒十八微子之命十九蔡仲之命二十周官二十一君陳二十二畢命二十三君牙二十四冏命二十五但孔君所傳值巫蠱不行以終前漢諸儒知孔本有五十八篇不見孔傳遂有張霸之徒於鄭註之外僞造尚書凡二十四篇以足鄭註三十四篇爲五十八篇其數雖與孔同其篇有異孔則於伏生所傳二十九篇內無古文泰誓除序尚二十八篇分出舜典益稷盤庚二篇康王之誥爲三十三增二十五篇爲五十八篇鄭玄則於伏生二十九篇之內分出盤庚二篇康王之誥又泰誓三篇爲三十四篇更增益僞書二十四篇爲五十八所增益二十四篇者則鄭註書序舜典一汨作二九共九篇十一大禹謨十二益稷十三五子之歌十四胤征十五湯誥十六咸有一德十七典寶十八伊訓十九肆命二十原命二十一武成二十二旅獒二十三冏命二十四以此二十四爲十六卷以九共九篇共卷除八篇故爲十六故藝文志劉向別錄云五十八篇藝文志又云孔安國者孔子後也悉得其書以古文又多十六篇篇卽卷也卽是僞書二十四篇也劉向作別錄班固作藝文志並云此言不見孔傳也劉歆作三統歷論武王伐紂引今文泰誓云丙午逮師又引武成越若來三月五日甲子咸劉

商王受並不與孔同亦不見孔傳也後漢初賈逵奏尚書疏云流爲烏是與孔亦異也馬融書序云經傳所引泰誓泰誓並無此文又云逸十六篇絕無師說是融亦不見也服虔杜預註左傳亂其紀綱並云夏桀時服虔杜預皆不見也鄭玄亦不見之故註書序舜典云入麓伐木註五子之歌云避亂於洛汭註胤征云胤征臣名又註禹貢引胤征云厥匪玄黃昭我周王又註咸有一德云伊陟臣扈曰又註典寶引伊訓云載孚在亳又曰征是三朡又註旅獒云獒讀曰豪謂是遒豪之長又古文有仲虺之誥太甲說命等見在而云亡其汨作典寶之等一十三篇見亡而云已逸是不見古文也案伏生所傳三十四篇者謂之今文則夏侯勝夏侯建歐陽和伯等三家所傳及後漢末蔡邕所勒石經是也孔所傳者膠東庸生劉歆賈逵馬融等所傳是也鄭玄書贊云我先師棘子下生安國亦好此學衛賈馬二三君子之業則雅才好博既宣之矣又云歐陽氏失其本義今疾此蔽冒猶復疑惑未悛是鄭意師祖孔學傳授膠東庸生劉歆賈逵馬融等學而賤夏侯歐陽等何意鄭註尚書亡逸並與孔異篇數並與三家同又劉歆賈逵馬融之等並傳孔學云十六篇逸與安國不同者良由孔註之後其書散逸傳註不行以庸生賈馬之等惟傳孔學經文三十三篇故鄭與三家同以爲古文而鄭承

其後所註皆同賈逵馬融之學題曰古文尚書篇與夏侯等同而經字多異夏侯等書宅嵎夷爲宅嵎鐵昧谷曰柳谷心腹腎腸曰憂腎陽劓刵劅剠云臏宮劓割頭庶剠是鄭註不同也三家之學傳孔業者漢書儒林傳云安國傳都尉朝子俊俊傳膠東庸生生傳清河胡常常傳徐敖敖傳王璜及塗惲惲傳河南桑欽至後漢初衛賈馬亦傳孔學故書贊云自世祖興後漢衛賈馬二三君子之業是也所得傳者三十三篇古經亦無其五十八篇及傳說絕無傳者至晉世王肅註書始似竊見孔傳故註亂其紀綱爲夏太康時又晉書皇甫謐傳云姑子外弟梁柳邊得古文尚書故作帝王世紀往往載孔傳五十八篇之書晉書又云晉太保公鄭沖以古文授扶風蘇愉愉字休預預授天水梁柳柳字洪季即謐之外弟也季授城陽臧曹曹字彥始始授郡守子汝南梅賾賾字仲真又爲豫章內史遂於前晉奏上其書而施行焉時已亡失舜典一篇晉末范甯爲解時已不得焉至齊蕭鸞建武四年姚方興於大航頭得而獻之議者以爲孔安國之所註也值方興有罪事亦隨寢至隋開皇二年購慕遺典乃得其篇焉然孔註之後歷及後漢之末無人傳說至晉之初猶得存者雖不列學官散在民間事雖久遠故得猶存

孔氏傳 傳即註也以傳述爲義舊說漢已前稱傳

疏 正義曰以

註者多門故云其氏以別衆家或當時自題孔氏亦可以後人辨之

昔在帝堯聰明文思光宅天下言聖德之遠著。○昔古也堯唐帝名馬融云謚也翼善傳聖曰堯聰千公反思息嗣反又如字下同著張慮反**將遜于位讓于虞舜**遜遁也老使攝遂禪之。○遁本作遯徒遜反退也避也遂禪音時戰反讓也授也**作堯典**

〔疏〕昔在至堯典。○正義曰此序鄭玄馬融王肅並云孔子所作孔義或然詩書理不應異夫子爲書作序不作詩序者此自或作或否無義例也鄭知孔子作者依緯文而知也安國既以同序爲卷檢此百篇凡有六十三序序其九十六篇明居咸有一德立政無逸不序所由直云咎單作明居伊尹作咸有一德周公作立政周公作無逸六十三序者若汩作九共九篇稾飫十一篇共序其咸乂四篇同序其大禹謨皐陶謨益稷夏社疑至臣扈伊訓肆命徂后太甲三篇盤庚三篇說命三篇泰誓三篇康誥酒誥梓材二十四篇皆三篇同序其帝告釐沃汝鳩汝方伊陟原命高宗肜日高宗之訓八篇皆共卷類同故同序同序而別篇者三十三篇通明居無逸等四篇爲三十七篇加六十三即百篇也序者以序

別行辭爲形勢言昔日在於帝號堯之時也此堯身智無不
知聰也神無不見明也以此聰明之神智足可以經緯天地
卽文也又神智之運深微於機謀卽思也聰明文思卽其聖
性行之於外無不備知故此德充滿居止於天下而遠著於
既如此政化有成天道沖盈功成者退以此故將遜遁避於
帝位以此禪其有聖德之虞舜史序其事而作堯典之篇言昔
在者鄭玄云書以堯爲始獨云昔在使若無先之典然也詩
云自古在昔言在昔者自下本上之辭言昔在者從上自下
爲稱故曰使若無先之者據代有先之而書無所先故云昔
也言帝者天之一名所以名帝帝者諦也言天蕩然無心忘
於物我言公平通遠舉事審諦故謂之帝也五帝道同於此
亦能審諦故取其名若然聖人皆能同天故曰大人大人者
與天地合其德卽三王亦大人不得稱帝者以三王雖實聖
人內德同天而外隨時運不得盡其聖用逐迹爲名故謂之
爲王禮運曰大道之行天下爲公卽帝也大道既隱各親其
親卽王也則聖德無大於天三皇優於帝豈過乎天哉然則
三皇亦不能過天但遂同天之名以爲優劣五帝有爲而同
天三皇無爲而同天立名以爲優劣耳但有爲無爲亦逐多
少以爲分三王亦順帝之則而不盡故不得名帝然天之與
帝義爲一也人主可得稱帝不可得稱天者以天隨體而立

名人主不可同天之體也無由稱稱天者以天德立號王者可以同其德焉所以可稱於帝故繼天則謂之天子其號謂之帝不得云帝子也言堯者孔無明解案下傳云虞氏舜名然堯舜相配爲義既舜爲名則堯亦名也以此而言禹湯亦名於下都無所解而放勳重華文命注隨其事而解其文以爲義不爲堯舜及禹之名據此似堯舜及禹與湯相類名則俱名不應殊異案鄭以下亦云虞氏舜名與孔傳不殊及鄭注中候云重華舜名則舜不得有二名鄭注禮記云舜之言充是以舜爲號謚之名則下注云舜名亦號謚之名也推此則孔君亦然何以知之既湯類堯舜當爲名而孔注論語曰予小子履云履是殷湯名是湯名履而湯非名也又此不云堯舜是名則堯及舜禹非名於是明矣既非名而放勳重華文命蓋以爲三王之名同於鄭立矣鄭知名者以帝繫云禹名文命以上類之亦名若然名本題情記意必有義者蓋運命相符名與運接所以異於凡平或說以其有義皆以爲字古代尚質若名之不顯何以著字必不獲已以爲非名非字可也譙周以堯爲號皇甫謐以放勳重華文命爲名案謚法翼善傳聖曰堯仁義盛明曰舜是堯舜謚也故馬融亦云謚也又曰淵源流通曰禹雲行雨施曰湯則禹湯亦是謚法而馬融云禹湯不在謚法故疑之將由謚法或本不同故有致異

亦可本無禹湯爲謚後來所加故或本曰除虐去殘曰湯足以異也檀弓曰死謚周道也周書謚法周公所作而得有堯舜禹湯者以周法死後乃追故謂之爲謚謚者累也累其行而號也隨其行以名之則死謚猶生號因上世之生號陳之爲死謚明上代生死同稱上世質非至善至惡無號故與周異以此堯舜或云號或云謚也若然湯名履而王侯世本湯名天乙者安國意蓋以湯受命之王依殷法以乙日生名天乙至將爲王又改名爲履故二名也亦可安國不信世本無天乙之名皇甫謐巧欲傳會云以乙日生故名履字天乙又云祖乙亦云乙日生復名乙引易緯孔子所謂天之錫命故可同名既以天乙爲字何云同名乎斯又妄矣號之曰堯者釋名以爲其尊高堯堯然物莫之先故謂之堯也謚法云翼善傳聖曰堯堯者以天下之生善因善欲禪之故二八顯升所謂爲翼能傳位於聖人天下爲公此所以出衆而高也言聰明者據人近驗則聽遠爲聰見微爲明若離婁之視明也師曠之聽聰也以耳目之聞見喻聖人之智慧兼知天下之事故在於聞見而已故以聰明言之智之所用用於天地經緯天地謂之文故以聰明之用爲文須當其理故又云思而會理也經云欽明此爲聰明者彼方陳行事故美其敬此序其聖性故稱其聰隨事而變文下舜典直云聞之聰明不

云文思者此將言堯用故云文思彼要云舜德故直云聰明亦自此而可知也言光宅者經傳云光充也不訓宅者可知也不於此訓光者從經爲正也下將遜于位傳云遜遁者以經無遜字故在序訓之○傳言聖德之遠著○正義曰聖德解聰明文思遠著解光宅天下○傳老使至禪之○正義曰老使攝者解將遜于位云遂禪之者解讓于虞舜也以己年老故遜之使攝之後功成而禪禪卽讓也言攝者納於大麓是也禪者汝陟帝位是也雖舜受而攝之而堯以爲禪或云汝陟帝位爲攝因卽直言爲讓故云遂也鄭玄云堯尊如故舜攝其事是也

堯典

言堯可爲百代常行之道

【疏】堯典○正義曰序已云作堯典而重言此者此是經之篇目不可因序有名略其舊題故諸篇皆重言本目而就目解之稱典者以道可百代常行若堯舜禪讓聖賢禹湯傳授子孫卽是堯舜之道不可常行但惟德是與非賢不授授賢之事道可常行但後王德劣不能及古耳然經之與典俱訓爲常名典不名經者以經是總名包殷周以上皆可爲後代常法故以經爲名典者經中之別特指堯舜之德於常行之內道最爲優故名典不名經也其太宰六典及司寇三典者自由當代常行與此別矣

曰若稽古帝堯 若順稽考也能順考古道而行之者帝堯○

曰放勳欽明文思安安勳功欽敬也言堯放上世之功化而以敬明文思之四德安天下之當安者。○放方往反注同徐云鄭王如字勳許云反功也馬云放勳堯名皇甫謐同一云放勳堯字欽明文思馬云威儀表備謂之欽照臨四方謂之明經緯天地謂之文道德純備謂之思允恭克讓光被四表格于上下允信克能光充格至也既有四德又信恭能讓故其名聞充溢四外至于天地。○被皮寄反徐扶義反聞音問本亦作問溢音逸

〖疏〗曰若至上下。○正義曰史將述堯之美故爲題目之辭曰能順考校古道而行之者是帝堯也又申其順考古道之事曰此帝堯能放效上世之功而施其教化心意恆敬智慧甚明發舉則有文謀思慮則能通敏以此四德安天下之當安者在於己身則有此四德其於外接物又能信實恭勤善能謙讓恭則人不敢侮讓則人莫與爭由此爲下所服名譽著聞聖德美名充滿被溢於四方之外又至于上天下地言其日月所照霜露所墜莫不聞其聲名被其恩澤此即稽古之事也。○傳若順至帝堯。○正義曰若順釋言文詩稱考卜惟王洪範考卜之事謂之稽疑是稽爲考經傳常訓也爾雅一訓一也孔所以約文故數字俱訓其末以一也結

之又巳經訓者後傳多不重訓顯見可知則徑言其義皆務在省文故也言順考古道者古人之道非無得失施之當時又有可否考其事之是非知其宜於今世乃順而行之言其行可否順是不順非也考古者自己之前無遠近之限但事有可取皆考而順之今古既異時政必殊古事雖不得盡行又不可頓除古法故說命曰事不師古以克永世匪說攸聞是後世爲治當師古法雖則聖人必須順古若空欲追遠不知考擇居今行古更致禍災若宋襄慕義師敗身傷徐偃行仁國亡家滅斯乃不考之失故美其能順考也鄭玄信緯訓稽爲同訓古爲天言能順天而行之與之同功論語稱惟堯則天詩美文王順帝之則然則聖人之道莫不同天合德豈待同天之語然後得同之哉書爲世教當因之人事以人繫天於義無取且古之爲天經無此訓高貴鄉公皆以鄭爲長非篤論也○傳勳功至安者○正義曰勳功欽敬釋詁文此經述上稽古之事放效上世之功即是考於古道也經言放勳放其功而已傳兼言化者據其勳業謂之功指其教人則爲化功之與化所從言之異耳鄭玄云敬事節用謂之欽照臨四方謂之明經緯天地謂之文慮深通敏謂之思孔無明說當與之同四者皆在身之德故謂之四德凡是臣人王者皆須安之故廣言安天下之當安者所安者則下文九族百

姓萬邦是也其敬明文思爲此次者顧氏云隨便而言無義例也知者此先聰後明舜典云明四目達四聰先明後聰故知無例也今考舜典云濬哲文明又先文後明與此不類知顧氏爲得也○傳允信至天地○正義曰允信格至釋詁文克能光充釋言文在身爲德施之曰行鄭玄云不懈於位曰恭惟賢尚善曰讓恭讓是施行之名上言堯德此言堯行故傳以文次言之言堯既有敬明文思之四德又信實恭勤善能推讓下人愛其恭讓傳其德音故其名遠聞旁行則充溢四方上下則至于天地持身能恭與人能讓自己及物故先恭後讓恭言信讓言克交互其文耳皆言信實能爲也傳以溢解被言其饒多盈溢故被及之也表裏內外相對之言故以表爲外向不○向上至有所限旁行四方無復限極故四表言被上下言至四外者以其無限自內言之言其至於遠處正謂四方之外畔者當如爾雅所謂四海四荒之地也先四表後上下者人之聲名宜先及於人後被四表是人先知之故先言至人後言至于上下言至於天地喻其聲聞遠耳禮運稱聖人爲政能使天降膏露地出醴泉是名聞遠達使天地効靈是亦格于上下之事

克明俊德以親九族能明俊德之士任用之以睦高祖玄孫之親○九族上自高祖下至玄孫凡九族馬鄭同

九族既睦平章百姓既巳也百姓百官言化九族而平和章明百姓昭明協和萬邦黎民於變時雍昭亦明也協合黎衆時是雍和也言天下衆民皆變化化上是以風俗大和○黎力兮反

〔疏〕克明至時雍○正義曰言堯能名聞廣遠由其委任賢哲故復陳之言堯之爲君也能尊明俊德之士使之助已施化以此賢臣之化先令親其九族之親九族蒙化已親睦矣又使之和協顯明於百官之族姓百姓蒙化皆有禮儀昭然而明顯矣又使之合會調和天下之萬國其萬國之衆人於是變化從上是以風俗大和能使九族敦睦百姓顯明萬邦和睦是安天下之當安者也○傳能明至之親○正義曰鄭玄云俊德賢才兼人者然則俊德謂有德又能明俊德之士者謂命爲大官賜之厚祿用其才智使之高顯也以其有德故任用之以此賢臣之化親睦高祖玄孫之親上至高祖下及玄孫是爲九族同出高曾皆當親之故言之親也禮記喪服小記云親親以三爲五以五爲九又異義夏侯歐陽等以爲九族者父族四母族三妻族二皆據異姓有服鄭玄駮云異姓之服不過緦麻言不廢昏又昬禮請期云惟是三族之不虞恐其廢昏明非外族也是鄭與孔同九族謂帝之九族百姓謂

百官族姓萬邦謂天下衆民自内及外從高至卑以爲遠近之次也知九族非民之九族者以先親九族次及百姓百姓是羣臣弟子不宜越百姓而先下民若是民之九族則九族既睦民已和矣下句不當復言協和萬邦以此知帝之九族也堯不自親九族而待臣使之親者此言用臣法耳豈有聖人在上疏其骨肉者乎若以堯自能親不待臣化則化萬邦百姓堯豈不能化之而待臣化之也且言親九族者非徒使帝親之亦使臣親之帝亦令其自相親愛故須臣子之化也○傳既已至章明○正義曰既已義同故訓既爲已經傳之言百姓或指天下百姓此下句乃有黎民故知百姓卽百官也百官謂之百姓者隱八年左傳云天子建德因生以賜姓謂建立有德以爲公卿因其所生之地而賜之以爲其姓令其收斂族親自爲宗主明王者任賢不任親故以百姓言之周官篇云唐虞稽古建官惟百大禹謨云率百官若帝之初是唐虞之世經文皆稱百官而禮記明堂位云有虞氏之官五十後世所記不合經也平章與百姓共文非九族之事傳以此經之事文勢相因先化九族乃化百官故云化九族而平和章明謂九族與百官皆須導之以德義平理之使之協和教之以禮法章顯之使之明著○傳昭亦至大和○正義曰釋詁以昭爲光光明義同經已有明故云昭亦明也釋詁

以協爲和和合義同故訓協爲合也黎衆時是釋詁文雍和釋訓文堯民之變明其變惡從善人之所和惟風俗耳故知謂天下衆人皆變化化上是以風俗大和人俗大和即是太平之事也此經三事相類古史交互立文以親言既睦平章言昭明協和言時雍睦即親也章即明也雍即和也各自變文以類相對平九族使之親平百姓使之明正謂使從順禮義恩情和合故於萬邦變言協和明以親九族平章百姓亦是協和之也但九族宜相親睦百姓宜明禮義萬邦宜盡和協各因所宜爲文其實相通也民言於變謂從上化則九族既睦百姓昭明亦是變上故得睦得明也

乃命羲和欽若昊天厤象日月星辰敬授人時。重黎之後羲氏和氏世掌天地四時之官故堯命之使敬順昊天昊天言元氣廣大星四方中星辰日月所會厤象其分節敬記天時以授人也此舉其目下別序之○羲和馬云羲氏掌天官和氏掌地官四子掌四時昊胡老反重直龍反少昊之後黎高陽之後日月所會謂日月交會於十二次也寅曰析木卯曰大火辰曰壽星巳曰鶉尾午曰鶉火未曰鶉首申曰實沈酉曰大梁戌曰降婁亥曰娵訾子曰玄枵丑曰星紀

分命羲仲宅嵎夷曰暘

谷宅居也東表之地稱嵎夷暘明也日出於谷而天下明故稱暘谷暘谷嵎夷一也羲仲居治東方之官○嵎音隅馬曰嵎海嵎也夷萊夷也尚書考靈耀及史記作禺銕暘音陽谷工木反又音欲下同馬云暘谷海嵎夷之地名日出於谷本或作日出於陽谷陽衍字

寅賓出日平秩東作寅敬賓導秩序也歲起於東而始就耕謂之東作東方之官敬導出日平均次序東作之事以務農也○寅徐以眞反又音夷下同賓如字徐音殯馬云從也出尺遂反又如字註同平如字馬作苹普庚反云使也下皆放此秩如字

日中星鳥日中謂春分之日鳥南方朱鳥七宿殷正也春分之昏鳥星畢見以正仲春之氣節轉以推季孟則可知○中貞仲反又如字殷於勤反馬鄭云中也宿音秀下同見賢遍反下同

以殷仲春

厥民析鳥獸孶尾冬寒無事並入室處春事既起丁壯就功厥其也言其民老壯分析乳化曰孶交接曰尾○析星歷反孶音字乳儒付反說文云人及鳥生子曰乳獸曰產

申命羲叔宅南交申重也南交言夏與春交舉一隅以見之此居治南方之官○重直用反

平秩南訛敬致訛化也掌夏之

官平敘南方化育之事敬行其教以致其功四時同之亦舉一隅○訛五和反日永星火以正仲夏永長也謂夏至之日火蒼龍之中星舉中則七星見可知以正仲夏之氣節季孟亦可知厥民因鳥獸希革因謂老弱因就在田之丁壯以助農也夏時鳥獸毛羽希少改易革改也分命和仲宅西曰昧谷昧冥也日入於谷而天下冥故曰昧谷昧谷曰西則嵎夷東可知此居治西方之官掌秋天之政也○昧武內反冥莫定反寅餞納日平秩西成餞送也日出言導日入言送因事之宜秋西方萬物成平序其政助成物○餞賤衍反馬云滅也滅猶沒也宵中星虛以殷仲秋宵夜也春言日秋言夜互相備虛玄武之中星亦言七星皆以秋分日見以正三秋厥民夷鳥獸毛毨夷平也老壯在田與夏平也毨理也毛更生整理○毛毨下先典反說文云仲秋鳥獸毛盛可選取以爲器用也申命和叔宅朔方曰幽都平在朔易北稱朔亦稱方言一方則三方見矣北稱幽則南稱明從可知也都謂所聚也

易謂歲改易於北方平均在察其政以順天常上摠言羲和敬順昊天此分別仲叔各有所掌○別音彼列反下同**曰短星昴以正仲冬**日短冬至之日昴白虎之中星亦以七星並見以正冬之三節**厥民隩鳥獸氄毛**隩室也民改歲入此室處以辟風寒鳥獸皆生耎毳細毛以自溫焉○隩於六反馬云煖也氄如勇反徐又音而充反馬云溫柔貌辟音避耎如兗反本或作濡音儒毳尺銳反**帝曰咨汝羲暨和朞三百有六旬有六日以閏月定四時成歲**咨嗟暨與也匝四時曰朞一歲十二月月三十日正三百六十日除小月六爲六日是爲一歲有餘十二日未盈三歲足得一月則置閏焉以定四時之氣節成一歲之歷象○暨其器反朞居其反下同旬似遵反十日爲旬匝子合反**允釐百工庶績咸熙**允信釐治工官績功咸皆熙廣也言定四時成歲歷以告時授事則能信治百官衆功皆廣歎其善○釐力之反熙許其反興也〔疏〕乃命至咸熙○正義曰上言能明俊德又述能明之事堯之聖德美政如上所陳但聖不必獨理必須賢輔堯以須臣之故乃命有俊明

之人羲氏和氏敬順昊天之命歷此法象其日之甲乙月之
大小昏明遞中之星日月所會之辰定其所行之數以爲一
歲之歷乃依此歷敬授下人以天時之早晚其總爲一歲之
歷其分有四時之異既舉總目更別序之堯於羲和之内乃
分別命其羲氏而字仲者令居治東方嵎夷之地也日所出
處名曰暘明之谷於此處所主之職使羲仲主治之既主東
方之事而日出於東方令此羲仲恭敬導引將出之日平均
次序東方耕作之事使彼下民務勤種植於日晝夜中分刻
漏正等天星朱鳥南方七宿合昏畢見以此天之時候調正
仲春之氣節此時農事已起不居室内其時之民宜分析適
野老弱居室丁壯就功於時鳥獸皆孕胎卵孳尾匹合又就
所分羲氏之内重命其羲氏而字叔者使之居治南方之職
又於天分南方與東交立夏以至立秋時之事皆主之均平
次序南方化育之事敬行其教以致其功於日正長晝漏最
多天星大火東方七宿合昏畢見以此天時之候調正仲夏
之氣節於時苗稼已殖農事尤煩其時之民老弱因丁壯
就在田野於時鳥獸羽毛希少變改寒時又分命和氏而字
仲者居治西方日所入處名曰昧冥之谷於此處所主之職
使和仲主治之既主西方之事而日入在於西方令此和仲
恭敬從送既入之日平均次序西方成物之事使彼下民務

勤收斂於晝夜中分漏刻正等天星之虛北方七宿合昬畢見以此天時之候調正仲秋之氣節於時禾苗秀實農事未閑其時之民與夏齊平盡在田野於時鳥獸毛羽更生已稍整治又重命和氏而字叔者令居治北方名曰幽都之地於此處所主之職使和叔主治之平均視察北方歲改之事於日正短晝漏最少天星之昴西方七宿合昬畢見以此天時之候調正仲冬之氣節於時禾稼已入農事閑暇其時之人皆處深隩之室鳥獸皆生耎毳細毛以自溫煖此是羲和敬天授人之實事也羲和所掌如是故帝堯乃述而歎之曰咨嗟汝羲仲羲叔與和仲和叔一朞之間三百有六旬有六日分爲十二月則餘日不盡令氣朔參差若以閏月補闕令氣朔得正定四時之氣節成一歲之歷象是汝之美可歎也又以此歲歷告時授事信能和治百官使之衆功皆廣也歎美羲和能敬天之節衆功皆廣則是風俗大和○傳重黎至序之○正義曰楚語云少昊氏之衰九黎亂德人神雜擾不可方物顓頊受之乃命南正重司天以屬神火正黎司地以屬民使復舊常無相侵瀆其後三苗復九黎之惡堯復育重黎之後不忘舊者使復典之以至于夏商據此文則自堯及商無他姓也堯育重黎之後是此羲和可知是羲和爲重黎之後世掌天地之官文所出也呂刑先重後黎此文先羲後和

揚子法言云羲近重和近黎是羲承重而和承黎矣呂刑稱
乃命重黎與此命羲和爲一事也故呂刑傳云重即羲黎
即和也羲和雖別爲氏族而出自重黎故呂刑以重黎言之
鄭語云爲高辛氏火正則高辛亦命重黎故呂刑鄭玄於此注云
高辛氏世命重爲南正司天黎爲火正司地據世掌之文用
楚語爲說也楚世家云重黎爲帝嚳火正能光融天下帝嚳
命曰祝融共工氏作亂帝使重黎誅之而不盡帝乃以庚
寅日誅重黎而以其弟吳回爲重黎復居火正爲祝融案昭
二十九年左傳稱少昊氏有子曰重顓頊氏有子曰黎則重
黎二人各出一帝而史記并以重黎爲楚國之祖吳回爲重
黎以重黎爲官號此乃史記之謬故束晳譏馬遷并兩人以
爲一謂此是也左傳稱重爲句芒黎爲祝融不言何帝使爲
此官但黎是顓頊之子其爲祝融必在顓頊之世重雖少昊
之胄而與黎同命明使重爲句芒亦是顓頊時也祝融火官
可得稱爲火正句芒木官不應號爲南正且木不王天火不
主地而外轉稱顓頊命南正司天火正司地者蓋使木官兼
掌天火官兼掌地南爲陽位故掌天謂之南正黎稱本官故
掌地猶爲火正鄭答趙商云先師以來皆云火掌爲地當云
黎爲北正孔無明說未必然也昭十七年左傳郯子稱少昊
氏以烏名官自顓頊已來乃命以民事句芒祝融皆以人事

名官明此當顓頊之時也傳言少昊氏有四叔當爲後代子孫非親子也何則傳稱共工氏有子曰句龍共工氏在顓頊之前多歷年代豈復共工氏之子至顓頊時乎明知少昊四叔亦非親子高辛所命重黎或是重黎子孫未必一人能歷二代又高辛前命後誅當是異人何有罪而誅不容列在祀典明是重黎之後世以重黎爲號所誅重黎是有功重黎之子孫也吕刑說羲和之事猶尚謂之重黎況彼尚近重黎何故不得稱之以此知異世重黎號同人別顓頊命重司天黎司地羲氏掌天和氏掌地其實重黎羲和通掌之也此云乃命羲和欽若昊天是羲和二氏共掌天地之事以乾坤相配天地相成運立施化者天資生成物者地天之功成其見在地故下言日中星鳥之類是天事也平秩東作之類是地事也各分掌其時非別職矣案楚語云重司天以屬神黎言地以屬人天地既別人神又姝而云通掌之者外傳之文說吕刑之義以爲少昊之衰天地相通人神雜擾顓頊乃命重黎分而異之以解絕地天通之言故云各有所掌天地相通人神雜擾見其能離絕天地變異人神耳非即別掌之下文別序所掌則羲主春夏和主秋冬俱掌天時明其共職彼又言至于夏商世掌天地胤征云羲和湎淫廢時亂日不知日食羲和同罪明其世掌天地共職可知顓頊命掌天地惟重黎

二人堯命羲和則仲叔四人者以羲和二氏賢者旣多且後代稱之故分掌其職事四人各職一時兼職方岳以有四岳故用四人顓頊之命重黎惟司天地主岳以否不可得知設令亦主方岳蓋重黎二人分主東西也馬融鄭玄皆以此命羲和者命爲天地之官下云分命申命爲四時之職天地之與四時於周則冢宰司徒之屬六卿是也孔言此舉其目下別序之則惟命四人無六官也下傳云四岳卽羲和四子舜典傳稱禹益六人新命有職與四岳十二牧凡爲二十二人然新命之六人禹命爲百揆契作司徒伯夷爲秩宗皋陶爲士垂作共工亦禹契之輩卽是卿官卿官之外別有四岳四岳非卿官也孔意以羲和非是卿官別掌天地但天地行於四時四時位在四方平秩四時之人因主方岳之事猶自別有卿官分掌諸職左傳稱少昊氏以鳥名官五鳩氏卽周世之卿官也五鳩之外別有鳳鳥氏歷正也班在五鳩之上是上代以來皆重歷數故知堯於卿官之外別命羲和掌天地也於時羲和似尊於諸卿後世以來稍益卑賤周禮太史掌正歲年以序事卽古羲和之任也桓十七年左傳云日官居卿以底日猶尚尊其所掌周之卿官明是堯時重之故特言乃命羲和此乃命羲和重述克明俊德之事得致雍和所由已上論堯聖性此說堯之任賢據堯身而言用臣故云乃命

非時雍之後方始命之使敬順昊天昊天者混元之氣昊然
廣大故謂之昊天天也釋天云春爲蒼天夏爲昊天秋爲旻天
冬爲上天毛詩傳云尊而君之則稱皇天元氣廣大則稱昊
天仁覆閔下則稱旻天自上降監則稱上天據遠視之蒼蒼
然則稱蒼天爾雅四時異名詩傳卽隨事立稱鄭玄讀爾雅
云春爲昊天夏爲蒼天故駁異義云春氣博施故以廣大言
之夏氣高明故以遠言之秋氣或生或殺故以閔下言之冬
氣閉藏而清察故以監下言之皇天者尊而號之也六籍之
中諸稱天者以情所求言之耳非必於其時稱之然此言堯
敬大四天故以廣大言之星四方中星者二十八宿布在四
方隨天轉運更互在南方每月各有中者月令每月昏旦惟
舉一星之中若使每日視之卽諸宿每日昏旦莫不常中中
則人皆見之故以中星表宿四方中星揔謂二十八宿也或
以書傳云主春者張昏中可以種穀主夏者火昏中可以種
黍主秋者虛昏中可以種麥主冬者昴昏中可以收斂皆云
上告天子下賦臣人天子南面而視四方星之中知人緩急
故曰敬授人時謂此四方中星如書傳之說孔於虛昴諸星
木無取中之事用書傳爲孔說非其旨矣辰日月所會者昭
七年左傳士文伯對晉侯之辭也日行遲月行疾每月之朔
月行及日而與之會其必在宿分二十八宿是日月所會之

處辰時也集會有時故謂之辰日月所會與四方中星俱是二十八宿舉其人月所見以星言之論其日月所會以辰言之其實一物故星辰共文益稷稱古人之象日月星辰共爲一象由其實同故也日月與星天之三光四時變化以此爲政故命羲和令以算術推步累歷其所行法象其所在具有分數節候參差不等敬記此天時以爲歷而授人此言星辰共爲一物周禮大宗伯云實柴祀日月星辰鄭玄云星謂五緯辰謂日月所會十二次者以星辰爲二者五緯與二十八宿俱是天星天之神祇禮無不祭故鄭玄隨事而分之以此敬授人時無取五緯之義故鄭玄於此注亦以星辰爲一觀文爲說也然則五星與日月皆別行不與二十八宿同爲不動也○傳宅居至之官○正義曰宅居釋言文禹貢青州云嵎夷既略青州在東界外之畔爲表故云東表之地稱嵎夷也陰陽相對陰闇而陽明也故以暘爲明谷無陰陽之異以日出於谷而天下皆明故謂日出之處爲暘谷冬南夏北不常厥處但日由空道似行自谷故以谷言之非實有深谷而日從谷之出也據日所出謂之暘谷指其地名卽稱嵎夷故云暘谷嵎夷一也又解居者居其官不居其地故云羲仲居治東方之官此言分命者上云乃命羲和摠舉其目就乃命之內分其職掌使羲主春夏和主秋冬分一歲而別掌之故

言分命就義和之內又重分之故於夏變言申命既命仲而復命叔是其重命之也所命無伯季者蓋時無伯季或有而不賢則外傳稱堯育重黎之後不忘舊者使復典之明仲叔能守舊業故命之也此義和掌序天地兼知人事因主四時而分主四方故擧東表之地以明所擧之域地東擧嵎夷之名明分三方皆宜有地名此爲其始故特詳擧其文義仲居治東方之官居在帝都而遙統領之王肅云皆居京師而統之亦有時述職是其事也以春位在東因治於東方其實本主四方春政故於和仲之下云此居治西方之官掌秋天之政明此掌春天之政孔以經事詳故就下文而互發之○傳寅敬至務農○正義曰寅敬釋詁文賓者主行導引故賓爲導也釋詁以秩爲常常卽次第有序故秩爲序也一歲之事在東則耕作在南則化育在西則成熟在北則改易故以方名配歲事爲文言順天時氣以勸課人務也春則生物秋則成物日之出也物始生長人當順其生長致力耕耘日之入也物皆成熟人當順其成熟致力收斂東方之官當恭敬導引日出平秩東作之事使人耕耘西方之官當恭敬從送日入平秩西成之事使人收斂日之出入自是其常但由日出入故物有生成雖氣能生物而非人不就勤於耕稼是導引之勤於收藏是從送之冬夏之文無此類者南北二方非日

所出入平秩南訛亦是導日之事平在朔易亦是送日之事
依此春秋而共爲賓餞故冬夏二時無此一句勸課下民皆
使致力是敬導之平均次序即是授人田里各有疆場是平
均之也耕種收斂使不失其次序王者以農爲重經主於農
事寅賓出日爲平秩設文故并解之也言敬導出日者正謂
平秩次序東作之事以務農也鄭以作爲生計秋言西成春
宜言東生但四時之功皆須作力不可不言力作直說生成
明此以歲事初起特言東作以見四時亦當力作故孔以耕
作解之○鄭玄云寅賓出日謂春分朝日又以寅餞納日謂秋
分夕日也○傳日中至可知○正義曰其仲春仲秋冬至夏
至馬融云古制刻漏晝夜百刻晝長六十刻夜短四十刻晝
短四十刻夜長六十刻晝中五十刻夜亦五十刻融之此言
據日出見爲說天之晝夜以日出入爲分人之晝夜以昏明
爲限日未出前二刻半爲明日入後二刻半爲昏損夜五刻
以裨於晝則晝多於夜復校五刻古今歷術與太史所候皆
云夏至之晝六十五刻夜三十五刻冬至之晝四十五刻夜
五十五刻春分秋分之晝五十五刻夜四十五刻此其不易
之法也然今太史細候之法則校常法半刻也從春分至于
夏至晝暫長增九刻半夏至至于秋分所減亦如之從秋分
至于冬至晝暫短減十刻半從冬至至于春分其增亦如之

又於每氣之閒增減刻數有多有少不可通而爲率漢初未
能審知率九日增減一刻和帝時待詔霍融始請改之鄭注
書緯考靈曜仍云九日增減一刻猶尚未覺誤也鄭注此云
日長者日見之漏五十五刻日短者日見之漏四十五刻與
歷不同故王肅難云知日見之漏減晝漏五刻不意馬融爲
傳已減之矣因馬融所減而又減之故日長爲五十五刻因
以冬至反之取其夏至夜刻以爲冬至晝短此其所以誤耳
鳥南方朱鳥七宿者在天成象星作鳥形曲禮說軍陳象天
之行前朱雀後玄武左青龍右白虎雀即鳥也武謂龜甲捍
禦故變文玄武焉是天星有龍虎鳥龜之形也四方皆有七
宿各成一形東方成龍形西方成虎形皆南首而北尾南方
成鳥形北方成龜形皆西首而東尾以南方之宿象鳥故言
鳥謂朱鳥七宿也此經舉宿爲文不類春言星鳥總舉七宿
夏言星火獨指房心虛昴惟舉一宿文不同者互相通也釋
言以殷爲中中正義同故殷爲正也此經冬夏言正春秋言
殷者其義同春分之昏觀鳥星畢見以正仲春之氣節計仲
春日在奎婁而入於酉地則初昏之時井鬼在午柳星張在
巳軫翼在辰是朱鳥七宿皆得見也春有三月此經直云仲
春故傳辨之云既正仲春轉以推季孟之月則事亦可知也
天道左旋日體右行故星見之方與四時相逆春則南方見

夏則東方見秋則北方見冬則西方見此則勢自當然而書
緯爲文生說言春夏相與交秋冬相與互謂之母成子子助
母斯假妄之談耳馬融鄭玄以爲星鳥星火謂正在南方春
分之昏七星中仲夏之昏心星中秋分之昏虛星中冬至之
昏昴星中皆舉正中之星不爲一方盡見此其與孔異也至
于舉仲月以統一時亦與孔同王肅亦以星鳥之屬爲昏中
之星其要異者以所宅爲孟月日中日永爲仲月星鳥星火
爲季月以殷以正皆總三時之月讀仲爲中言各正三月之
中氣也以馬融鄭玄之言不合天象星火之屬仲月未中故
爲每時皆歷陳三月言日以正仲春以正春之三月中氣若
正春之三月中當言以正春中不應言以正仲春王氏之說
非文勢也孔氏直取畢見稍爲迂闊比諸王馬於理最優○
傳冬寒至曰尾○正義曰厥其釋言文其人老弱在室丁壯
適野是老壯分析也孳字古今同耳字訓愛也產生爲乳胎
孕爲化孕產必愛之故乳化曰孳鳥獸皆以尾交接故交接
曰尾計當先尾後孳隨便言之○傳申重至之官○正義曰
申重釋詁文此官既主四時亦主方面經言南交謂南方與
東方交傳言夏與春交見其時方皆掌之春盡之日與立夏
之初時相交也東方之南南方之東位相交也言羲叔所掌
與羲仲相交際也四時皆舉仲月之候嫌其不統季孟於此

言交明四時皆然故傳言舉一隅以見之春上無冬不得見其交接至是夏與春交故此言之○傳訛化至一隅○正義曰訛化釋言文禾苗秀穗化成子實亦胎生乳化之類故掌夏之官平序南方化育之事謂勸課民耘耨使苗得秀實敬行其教以致其功謂敬行平秩之教以致化育之功農功一歲終乃畢敬行四時皆同於此言之見四時皆然故云亦舉一隅也夏日農功尤急故就此言之○傳永長至可知○正義曰永長釋詁文夏至之日日最長故知謂夏至之日計七宿房在其中但房心連體心統其名左傳言火中火一見詩稱七月流火皆指房心爲火故曰火蒼龍之中星特舉一星與鳥不類故云舉中則七星見可知計仲夏日在東井而入於酉地卽初昏之時角亢在午氐房心在巳尾箕在辰是東方七宿皆得見也○傳因謂至革改○正義曰春既分析在外今日因往就之故言因謂老弱因就在田之丁壯以務農也鳥獸冬毛最多春猶未脫故至夏始毛羽希少改易往前革謂變革故爲改也傳之訓字或先或後無義例也○傳昧冥至之政○正義曰釋言云晦冥也冥是暗故昧爲冥也谷者日所行之道日入於谷而天下皆冥故謂日入之處爲昧谷非實有谷而日入也此經春秋相對春不言東但舉昧谷曰西則嵎夷東可知然則東言嵎夷則西亦有地明矣闕其文所

以互見之傳於春言東方之官不言掌春夏言掌夏之官不言南方此言居治西方之官掌秋天之政互文明四時皆同也○傳餞送至成物也○正義曰送行飲酒謂之餞故餞爲送欲人從而送之是其從後之稱因其欲出導而引之因其萬物成熟平序其秋天之政未成則耘耨既熟則收斂助天成物以此而從送入日也納入義同故傳以入解納○傳宵夜至三秋○正義曰宵夜釋言文舍人曰宵陽氣消也三時皆言日惟秋言夜故傳辨之云春言日秋言夜互相備也互者明也明日中宵亦中宵中日亦中因此而推之足知日永則宵短日短則宵長皆以此而備知也正於此時變文者以春之與秋日夜皆等春言出日卽以日言之秋云納日卽以夜言之亦事之宜也北方七宿則虛爲中故虛爲玄武之中星計仲秋日在角亢而入于酉地初昏之時斗牛在午女虛危在巳室壁在辰舉虛中星言之亦言七星皆以秋分之日昏時並見以正秋之三月○傳夷平至整理○正義曰釋詁云夷平易也俱訓爲易是夷得爲平秋禾未熟農事猶煩故老壯在田與夏平也毨者毛羽美悅之狀故爲理也夏時毛羽希少今則毛羽復生夏改而少秋更生多故言更生整理○傳北稱至所掌○正義曰釋訓云朔北方也舍人曰朔盡

也北方萬物盡故言朔也李巡曰萬物盡於北方蘇而復生
故言北方是北稱朔也羲和主四方之官四時皆應言方於
此言方者即三方皆見矣春爲歲首故舉地名夏與春交故
言南交秋言西以見嵎夷當爲東冬言方以見三時皆有方
古史要約其文互相發見也幽之與明文恒相對北既稱幽
則南當稱明從此可知故於夏無文經冬言幽都夏當云明
都傳不言都者從可知也鄭云夏不言曰明都三字摩滅也
伏生所誦與壁中舊本竝無此字非摩滅也王肅以夏無明
都避敬致然即幽足見明闕文相避如蕭之言義可通矣都
謂所聚者揔言此方是萬物所聚之處非指都邑聚居也易
謂歲改易於北方者人則三時在野冬入隩室物則三時生
長冬入囷倉是人之與物皆改易也王肅云改易者謹約蓋
藏循行積聚引詩嗟我婦子曰爲改歲入此室處王肅言人
物皆易孔意亦當然也釋詁云在察也舍人曰在見物之察
是在爲察義故言平均在察其政以順天常以在察須與平
均連言不復訓在爲察故舜典之傳別更訓之三時皆言平
秩此獨言平在者以三時乃役力田野當次序之冬則物皆
藏入須省察之故異其文秋日物成就故傳言助成物冬日
蓋藏天之常道故言順天常因明東作南訛亦是助生物類
常道也上揔言羲和敬順昊天此分別仲叔各有所掌明此

四時之節卽順天之政實恐人以敬順昊天直是歷象日月
嫌仲叔所掌非順天之事故重明之○傳隩室至溫焉○正
義曰釋宮云西南隅謂之隩孫炎云室中隱隩之處也隩是
室內之名故以隩爲室也物生皆盡野功成畢是歲改矣以
天氣改歲故入此室處以避風寒天氣旣至故鳥獸皆生耎
毳細毛以自溫焉經言氄毛謂附肉細毛故以耎毳解之○
傳咨嗟至歷象○正義曰咨嗟暨與皆釋詁文也迺四時曰
朞朞卽迺也故王肅云朞四時是也然古時眞歷遭戰國及
秦而亡漢存六歷雖詳於五紀之論皆秦漢之際假託爲之
實不得正要有梗槩之言周天三百六十五度四分度之一
而日日行一度則一朞三百六十五日四分日之一今考靈
曜乾鑿度諸緯皆然此言三百六十六日者王肅云四分日
之一又入六日之內舉全數以言之故云三百六十六日也
傳又解所以須置閏之意皆據大率以言之云一歲十二月
月三十日正三百六十日也除小月六又爲六日今經云三
百六十六日故云餘十二日不成朞以一月不整三十日今
一年餘十二日故未至盈滿三歲足得一月則置閏也以時
分於歲故云氣節謂二十四氣時月之節歲揔於時故云歷
象日月星辰敬授人時以相配成也六歷諸緯與周髀皆云
日行一度月行十三度十九分度之七爲每月二十九日過

半日之於法分爲日九百四十分日之四百九十九即月有二十九日半強爲十二月六大之外有日分三百四十八是除小月無六日又大歲三百六十六日小歲三百五十五日則一歲所餘無十二日今言十二日者皆以大率據整而計之其實一歲所餘正十一日弱也以爲十九年七閏十九年年十一日則二百九日其七月四大三小猶二百七日況無四大乎爲每年十一日弱分明矣所以弱者以四分日之一於九百四十分則一分爲二百三十五分少於小月餘分三百四十八以二百三十五減三百四十八不盡一百一十三是四分日之一餘矣皆以五日爲率其小月雖爲歲一日殘分所減猶餘一百三則實餘尚無六日就六日抽一日爲九百四十分減其一百一十三分不盡八百二十七分以不爲抽者五日并三百六十日外之五日爲十日其餘九百四十分日之八百二十七爲每歲之實餘今十九年年十日得整一日一百九十又以十九乘每八百二十七分得一萬五千七百一十三以日法九百四十除之得十六日以并一百九十日爲二百六日不盡六百七十三分爲日餘今爲閏月得七每月二十九日七月爲二百三日又每四百九十九分以七乘之得三千四百九十三以日法九百四十分除之得三日以二百三日亦爲二百六日不盡亦六百七十三爲日餘亦相

當矣所以無閏時不定歲不成者若以閏無三年差一月則以正月爲二月每月皆差九年差三月卽以春爲夏若十七年差六月卽四時相反時何由定歲何得成乎故須置閏以定四時故左傳云履端於始序則不愆舉正於中民則不惑歸餘於終事則不悖是也先王以重閏焉王肅云斗之所建是爲中氣日月所在斗指兩辰之閒無中氣故以爲閏也○傳允信至其善○正義曰釋訓云鬼之爲言歸也鄉飲酒義云春之爲言蠢也然則釋訓之例有以聲相近而訓其義者釐治工官皆以聲近爲訓他皆放此類也績功咸皆釋詁文熙廣周語文此經文義承成歲之下傳以文勢次之言定歷授事能使衆功皆廣歎其善謂帝歎義和之功也

帝曰疇咨若時登庸疇誰庸用也誰能咸熙庶績順是事者將登用之○疇直由反

放齊曰胤子朱啓明帝曰吁嚚訟可乎放齊臣名胤國子爵朱名啓開也吁疑怪之辭言不忠信爲嚚又好爭訟可乎言不可○放方往反註同胤引信反馬云嗣也吁況于反徐往付反一音于嚚魚巾反訟才用反馬本作庸好呼報反下註同爭鬬也

帝曰疇咨若予采采事也復求誰能順我事者○予音餘又羊汝

反采七在反馬云官也復扶又反

驩兜曰都共工方鳩僝功驩兜臣名都於歎美之辭共工官稱鳩聚僝見也歎共工能方方聚見其功○驩呼端反兜丁侯反共音恭注同僝仕簡反徐音撰馬云具也於音烏稱尺證反

帝曰吁靜言庸違象恭滔天靜謀滔漫也言共工自爲謀言起用行事而違背之貌象恭敬而心傲很若漫天言不可用○滔吐刀反漫末旦反下同又末寒反背音佩傲五報反下同很恨懇反

帝曰咨四岳四岳即上羲和之四子分掌四岳之諸侯故稱焉

湯湯洪水方割湯湯流貌洪大割害也言大水方方爲害○湯音傷洪音戶工反

蕩蕩懷山襄陵浩浩滔天蕩蕩言之奔突有所滌除懷包襄上也包山上陵浩浩盛大若漫天○浩胡老反滌大歷反上時掌反

下民其咨有能俾乂俾使乂治也言民咨嗟憂愁病水困苦故問四岳有能治者將使之○俾必爾反

僉曰於鯀哉僉皆也鯀崇伯之名朝臣舉之○僉七廉反又七劍反於音烏鯀故本反馬云禹父也朝直遙反

帝曰吁

咈哉方命圮族凡言吁者皆非帝意咈戾圮毁族類也言鯀性很戾好此方名命而行事輒毁敗善類。咈扶弗反忿戾也方如字馬云方放也徐云鄭王音放圮音皮美反戾音力計反岳曰异哉試可乃已异已也退也言餘人盡已唯鯀可試無成乃退。异徐云鄭音異孔王音怡帝曰往欽哉勑鯀往治水命使敬其事堯知其性很戾圮族未明其所能而據衆言可試故遂用之九載績用弗成載年也三考九年功用不成則放退之

疏帝曰疇咨若予至九載績用弗成。正義曰史又序堯事堯任羲和衆功已廣及其末年羣官有闕復求賢人欲任用之帝曰誰乎咨嗟人之難得也有人能順此咸熙庶績之事者我將登而用之有臣放齊者對帝曰有胤國子爵之君其名曰朱其人心志開達性識明悟言此人可登用也帝疑怪歎之曰吁此人既頑且嚚又好爭訟豈可用乎言不可也史又記堯復求人帝曰誰乎咨嗟嗟人之難得也今有人能順我事者否乎言有卽欲用之也有臣驩兜者對帝曰嗚呼歎有人之大賢也帝臣共工之官者此人於所在之方能立事業聚見其功言此人可用也帝亦疑怪之曰吁此人自作謀計之言及起用行事

而背違之貌象恭敬而心傲很若漫天言此人不可用也頻
頻求人無當帝意於是洪水爲災求人治之帝曰咨嗟湯湯
災之大也呼掌岳之官而告以須人之意汝四岳等今湯湯
流行之水所在方方爲害又其勢奔突蕩蕩然滌除在地之
物包裹高山乘上丘陵浩浩盛大勢若漫天在下之人其皆
咨嗟困病其水矣有能治者將使治之羣臣皆曰嗚呼歎其
有人之能惟鯀堪能治之帝又疑怪之曰吁其人心很戾哉
好此方直之名命而行事輒毁敗善類言其不可使也朝臣
已共薦舉四岳又復然之岳曰帝若謂鯀爲不可餘人悉皆
已哉言不及鯀也惟鯀一人試之可也試若無功乃黜退之
言洪水必須速治餘人不復及鯀故勸帝用之帝以羣臣固
請不得已而用之乃告勑鯀曰汝往治水當敬其事哉鯀治
水九載已經三考而功用不成言帝實知人而朝無賢臣致
使水害未除待舜乃治此經三言求人未必一時之事但歷
言朝臣不賢爲求舜張本故也○傳疇誰至用之○正義曰
疇誰釋詁文庸聲近用故爲用也馬融以羲和爲卿官堯之
末年皆以老死庶績多闕故求賢順四時之職欲用以代羲
和孔於下傳云四岳即上羲和之四子帝就羲和求賢則所
求者别代他官不代羲氏和氏孔以羲和掌天地之官正在
敬順昊天告時授事而已其施政者乃是百官之事非復羲

和之職但羲和告時授事流行百官使百官庶績咸熙今云咸熙庶績順是事者指謂求代百官之闕非求代羲和也此經文承庶績之下而言順是事者故孔以文勢求之此言誰能咸熙庶績順是事者將登用之蓋求卿士用任也計堯即位至洪水之時六十餘年百官有闕皆應求代求得賢者則史亦不錄不當帝意乃始錄之爲求舜張本故惟帝求一人放齊以一人對之非六十餘年止求一人也堯以聖德在位庶績咸熙蓋應久矣此繼咸熙之下非知早晚求之史自歷序其事不必與治水同時也計四岳職掌天地當是朝臣之首下文求治水者帝咨四岳此不言咨四岳者帝求賢者固當博訪朝臣但史以有岳對者言咨四岳此不言咨者但此無岳對故不言耳○傳放齊至不可○正義曰以放齊舉人對帝故知臣名爲名爲字不可得知傳言名者辯此是爲臣之名號耳未必是臣之名也夏王仲康之時胤侯命掌六師顧命陳寶有胤之舞衣故知古有胤國胤既是國自然子爲爵朱爲名也馬融鄭玄以爲帝之胤子曰朱也求官而薦太子太子下愚以爲啓明揆之人情必不然矣啓之爲開書傳通訓言此人心志開解而明達吁者必有所嫌而爲此聲故以爲疑怪之辭僖二十四年左傳曰口不道忠信之言爲嚚是言不忠信爲嚚也其人心既頑嚚又好爭訟此實不可而

帝云可乎故吁聲而反之可乎言不可也唐堯聖明之主應
任賢哲放齊聖朝之臣當非庸品人有善惡無容不知稱嚚
訟以爲啓明舉愚臣以對聖帝何哉將以知人不易人不易
知密意深心固難照察胤子矯飾容貌但以惑人放齊內少
鑒明未能圓備謂其實可任用故承意舉之以帝堯之聖乃
知其嚚訟之事放齊所不知也驩兜薦舉共工以爲比周之
惡謂之四凶投之遠裔放齊舉胤子不爲凶人者胤子雖有
嚚訟之失不至滔天之罪放齊謂之實賢非是苟爲阿比驩
兜則志不在公私相朋黨共工行背其言心反於貌其罪並
深俱被流放其意異於放齊舉胤子故也○傳采事至事者
正義曰采事釋詁文上已求順時不得其人故復求順我事
者順時順事其義一也史以上承庶績之下故言順時謂順
是庶績之事此不可復同前文故變言順我帝事其意亦如
前經當求卿士之任也順我事之下亦宜有登用之言上文
已具故於此略之○傳驩兜至其功○正義曰驩兜亦舉人
對帝故知臣名都於釋詁文於卽鳴字歎之辭也將言共工
之善故先嘆美之舜典命垂作共工知共工是官稱鄭以爲
其人名氏未聞先祖居此官故以官氏也計稱人對帝不應
舉先世官名孔直云官稱則其人於時居此官也時見居官
則是已被任用復舉之者帝求順事之人欲置之上位以爲

大臣所欲尊於共工故舉之也鳩聚釋詁文僝然見之狀故
爲見歎共工能方方聚見其功謂每於所在之方皆能聚集
善事以見其功言可用也若能共工實有見功則是可任用
之人帝言其庸違滔天不可任者共工言是行非貌恭心很
取人之功以爲己功其人非無見功但功非已有左傳說驩
兜云醜類惡物是與比周天下之人謂之渾敦言驩兜以共
工比周妄相薦舉[illegible]所言見功非其實功也○傳靜謀至可
用○正義曰靜謀釋詁文滔者漫浸之名浸必漫其上故滔
爲漫也共工險僞之人自爲謀慮之言皆合於道及起用行
事而背違之言其語是而行非也貌象恭敬而心傲很其侮
上陵下若水漫天言貌恭而心很也行與言違貌恭心反乃
是大佞之人不可任用也明君聖主莫先於堯求賢審官王
政所急乃有放齊之不識是非驩兜之朋黨惡物共工之巧
言令色崇伯之敗善亂常聖人之朝不才總萃雖曰難之何
其甚也此等諸人才實中品亦雖行有不善未爲大惡故能
仕於聖代致位大官以帝堯之末洪水爲災欲責非常之功
非復常人所及自非聖舜登庸大禹致力則滔天之害未或
可平以舜禹之成功見此徒之多罪勳業既謝愆釁自生爲
聖所誅其咎益大且虞史欲盛彰舜德歸過前人春秋史克
以宣公比堯辭頗增甚知此等並非下愚未有大惡其爲不

善惟帝所知將言求舜以見帝之知人耳○傳四岳至稱焉
正義曰上列羲和所掌云宅嵎夷朔方言四子居治四方主
於外事岳者四方之大山今王朝大臣皆號稱四岳是與羲
和所掌其事爲一以此知四岳卽上羲和之四子也又解謂
之岳者以其分掌四岳之諸侯故稱焉舜典稱巡守至于岱
宗肆覲東后周官說巡守之禮云諸侯各朝於方岳之下是
四方諸侯分屬四岳也計堯在位六十餘年乃命羲和蓋應
早矣若使成八見命至此近將百歲故馬鄭以爲羲和皆死
孔以爲四岳卽是羲和至今仍得在者以羲和世掌天地自
當父子相承不必仲叔之身皆悉在也書傳雖出自伏生其
常聞諸先達虞傳雖說舜典之四岳尚有羲伯和伯是仲叔
子孫世掌岳事也○傳湯湯至爲害○正義曰湯湯波動之
狀故爲流貌洪大釋詁文刀害爲割故割爲害也言大水方
方爲害謂其徧害四方也○傳蕩蕩至漫天○正義曰蕩蕩
廣平之貌言水勢奔突有所滌除謂平地之水除地上之物
爲水漂流無所復見蕩然惟有水耳懷藏包裹之義故懷爲
包也釋言以襄爲駕駕乘牛馬皆車在其上故襄爲上也包
山謂遶其傍上陵謂乘其上平地已皆蕩蕩又復遶山上陵
故爲盛大之勢摠言浩浩盛大若漫天然也天者無上之物
漫者加陵之辭甚其盛大故云若漫天也○傳俾使乂治也

正義曰俾使乂治釋詁文○傳僉皆至舉之○正義曰僉皆釋詁文周語云有崇伯鯀卽鯀是崇君伯爵故云鯀崇伯之名帝以岳爲朝臣之首故特言四岳其實求能治者普問朝臣不言岳對而云皆曰乃衆人舉之非獨四岳故言朝臣舉之○傳凡言至善類○正義曰自上以來三經求人所舉者帝言其惡而辭皆稱吁故知凡言吁者皆非帝之所當意也咈者相乖詭之意故爲戾也圮毀釋詁文左氏稱非我族類其心必異族類義同故族爲類也言鯀性很戾多乖異衆人好此方直之名內有姦回之志命而行事輒毀敗善類何則心性很戾違衆用已知善不從故云毀敗善類詩稱貪人敗類與此同鄭王以方爲放謂放棄教命易坤卦六二直方大是直方之事爲人之美名此經云方故依經爲說○傳异已已○退也○正義曰异聲近已故爲已也已訓爲止是停住之意故爲退也○傳勑鯀至用之○正義曰傳解鯀非帝所意而命使之者堯知其性很戾圮族未明其所能夫管氏之好奢尚僭竊贊霸圖陳平之盜嫂受金彌諸帝業然則人有性雖不善才堪立功者而衆皆據之言鯀可試冀或有益故遂用之孔之此說據迹立言必其盡理而論未是聖人之實何則禹稱帝德廣運乃聖乃神夫以聖神之資聰明之鑒既知鯀性很戾何故使之治水者馬融云堯以大聖知時運當然

人力所不能治下民其咨亦當憂勞屈己之是從人之非遂用於鯀李顒云堯雖獨明於上衆多不達於下故不得不副倒懸之望以供一切之求耳○傳載年至退之○正義曰釋天云載歲也夏曰歲商曰祀周曰年唐虞曰載李巡云各自紀事示不相襲也孫炎曰歲取歲星行一次也祀取四時祭祀一訖也年取禾穀一熟也載取萬物終而更始是載者年之別名故以載爲年也舜典云三載考績三考黜陟幽明是三考九年也功用不成水害不息故放退之謂退使不復治水至明年得舜乃殛之羽山周禮太宰職云歲終則令百官各正其治而詔王廢置三年則大計羣吏之治而誅賞然則考課功績必在歲終此言功用不成是九年歲終三考也下云朕在位七十載而求得虞舜歷試三載即數登用之年至七十二年爲三載即知七十載者與此異年此時堯在位六十九年鯀初治水之時堯在位六十一年若然鯀既無功早應黜廢而待九年無成始退之者水爲大災天之常運而百官不悟謂鯀能治水及遣往治非無小益下人見其有益謂鯀實能治之日復一日以終三考三考無成衆人乃服然後退之故至九年祭法云鯀障洪水而殛死禹能脩鯀之功然則禹之大功顧亦因鯀是治水有益之驗但不能成功故誅殛之耳若然災以運來時不可距假使興禹未必能治何以

治水之功不成而便殛鯀者以鯀性傲很帝所素知又治水無功法須貶黜先有很戾之惡復加無功之罪所以殛之羽山以示其罪若然禹既聖人當知洪水時未可治何以不諫父者梁主以爲舜之怨慕由己之私鯀之治水乃爲國事上令必行非禹能止時又年小不可干政也

帝曰咨四岳朕在位七十載堯年十六以唐侯升爲天子在位七十年則時年八十六老將求代○朕直錦反馬云我也**汝能庸命巽朕位**巽順也言四岳能用帝命故欲使順行帝位之事○巽音遜馬云讓也**岳曰否德忝帝位**否不忝辱也辭不堪○否方久反又音鄙忝他簟反**曰明明揚側陋**堯知子不肖有禪位之志故明舉明人在側陋者廣求賢也○肖音笑說文云肖骨肉相似也不似其先故曰不肖**師錫帝曰有鰥在下曰虞舜**師衆錫與也無妻曰鰥虞氏舜名在下民之中衆臣知舜聖賢恥己不若故不舉乃不獲己而言之○錫星歷反鰥故頑反虞虞舜虞氏舜名也馬云舜謚也舜死後賢臣錄之臣子爲諱故變名言謚**帝曰俞予聞如何**俞然也然其所舉言我亦聞之其德

行如何。○俞，羊朱反。行，下孟反。下「其行」同。

岳曰：瞽子，父頑，母嚚，象傲，無目曰瞽。舜父有目不能分別好惡，故時人謂之瞽，配字曰瞍。瞍，無目之稱。心不則德義之經爲頑。象，舜弟之字。傲慢不友。言並惡。○瞽音古。傲，五報反。瞍，素后反。稱，尺證反，又如字。**克諧以孝，烝烝乂，不格姦。**諧，和。烝，進也。言能以至孝和諧頑嚚昏傲，使進進以善自治，不至於姦惡。○諧，戶皆反。烝，之承反。姦，古顔反。

帝曰：我其試哉！言欲試舜，觀其行迹。**女于時，觀厥刑于二女。**女，妻。刑，法也。堯於是以二女妻舜，觀其法度接二女，以治家觀治國。○女音而據反。妻音千計反。

釐降二女于嬀汭，嬪于虞。降，下。嬪，婦也。舜爲匹夫，能以義理下帝女之心於所居嬀水之汭，使行婦道於虞氏。○嬀音居危反。汭音如銳反，水之內也。杜預注《左傳》云：「水之隈曲曰汭。」嬪音毗人反。

帝曰：欽哉！歎舜能脩已行敬以安人，則其所能者大矣。

（疏）帝曰咨四至欽哉○正義曰：帝以鯀功不成，又已年老，求得授位明聖代禦天災，故咨嗟，汝四岳等：「我在天子之位七十載矣。」言已年老，不堪在位。汝等

四岳之內有能用我之命使之順我帝位之事言欲讓位與
之也四岳對帝曰我等四岳皆不有用命之德若使順行帝
事即辱於帝位言已不堪也帝又言曰汝當明白舉其明德
之人於僻隱鄙陋之處何必在位之臣乃舉之也於是朝廷
衆臣乃與帝之明人曰有無妻之鰥夫在下民之內其名曰
虞舜言側陋之處有此賢人帝曰然我亦聞之其德行如何
四岳又對帝曰其人愚瞽之子其父頑母嚚其弟字象性又
傲慢家有三惡其人能諧和以至孝之行使此頑嚚傲慢者
皆進進於善以自治不至於姦惡言能調和惡人是爲賢也
帝曰其行如此當可任用我其名而試之哉欲配女與試之
也即以女妻舜於是欲觀其居家治否也舜能以義理下二
女之心於嬀水之汭使行婦道於虞氏帝歎曰此舜能敬其
事哉歎其善治家知其可以治國故下篇言其授以官位而
歷試諸難○傳堯年至求代○正義曰徧檢今之書傳無堯
即位之年孔氏博考羣書作爲此傳言堯年十六以唐侯升
爲天子必當有所案據未知出何書計十六爲天子其歲稱
元年在位七十載應年八十五孔云八十六者史記諸書皆
言堯帝嚳之子帝摯之弟嚳崩摯立摯崩乃傳位於堯然則
堯以弟代兄蓋踰年改元據其改元年則七十載數其立年
故八十六下句求人巽位是老將求代也此經文承績用不

成之下計治水之事於時最急不求治水之人而先求代己
者堯以身既年老臣無可任治水之事非己所能故求人代
己令代者自治是虞史盛美舜功言堯不能治水以大事付
舜美舜能消大災成堯美也○傳巽順至之事○正義曰巽
順易說卦文帝呼四岳言汝能庸命四岳自謙言己否德故
知汝四岳言四岳能用帝命故帝欲使之順行帝位之事將
使攝也在位之臣四岳為長故讓位於四岳也○傳否不至
不堪○正義曰否。古今不字忝辱釋言文己身不德恐辱帝
位自辭不堪岳為羣臣之首自度既不堪意以為在位之臣
皆亦不堪由是自辭而已不薦餘人故帝使之明舉側陋之
處○傳堯知至求賢○正義曰此經曰上無帝以可知而省
文也傳解四岳既辭而復言此者堯知子不肖不堪為主有
禪位與人之志故令四岳明舉明人於其在側陋者欲使廣
求賢也鄭注雜記云肖似也言不如人也史記五帝本紀云
堯知子丹朱之不肖不足授天下於是權授舜授舜則天下
得其利而丹朱病授丹朱則天下病而丹朱得其利堯曰終
不以天下之病而利一人而卒授舜以天下是堯知子不肖
而禪舜之意也文王世子論舉賢之法云或以事舉或以言
揚揚亦舉也故以舉解揚經之揚字在於二明之下言進舉
字於兩明之中經於明中宜有揚字言明舉明人於側陋之

處明下有揚故上闕揚文傳進舉於明上互文以足之也側陋者僻側淺陋之處意言不問貴賤有人則舉是令朝臣廣求賢人也堯知有舜而朝臣不舉故令廣求賢以啓之臣亦以堯知側陋有人故不得不舉舜耳此言堯知子不肖有志禪位然則自有賢子必不禪人授賢爰自上代堯舜而已非堯舜獨可彼皆不然將以子不肖時無聖者乃運值汙隆非聖有優劣而緯候之書附會其事乃云河洛之符名字之錄何其妄且俗也○傳師衆至言之○正義曰師衆錫與釋詁文無妻曰鰥釋名云愁悒不寐目恒鰥鰥然故鰥字從魚魚目恒不閉王制云老而無妻曰鰥舜於時年未三十而謂之鰥者書傳稱孔子對子張曰舜父頑母嚚無室家之端故謂之鰥鰥者無妻之名不拘老少少者無妻可以更娶老者即不復更娶謂之天民之窮故禮舉老者耳詩云何草不玄何人不鰥暫離室家尚謂之鰥不獨老而無妻始稱鰥矣書傳以舜年尚少爲之說耳虞氏舜名者舜之爲虞猶禹之爲夏外傳稱禹氏曰有夏則此舜氏曰有虞顓頊已來地爲國號而舜有天下號曰有虞氏是地名也王肅云虞地名也皇甫謐云堯以二女妻舜封之於虞今河東太陽山西虞地是也然則舜居虞地以虞爲氏堯封之虞爲諸侯及王天下遂爲天子之號故從微至著常稱虞氏舜爲生號之名前已具釋

傳又解衆人以舜與帝則衆人盡知有舜但舜在下人之中未有官位衆臣德不及之而位居其上雖知舜實聖賢而恥已不若故不舉之以帝令舉及側陋意謂帝知有舜乃不獲已而言之耳知然者正以初不薦舉至此始言明是恥已不若故不早舉舜實聖人而連言賢者對則事有優劣散即語亦相通舜謂禹曰惟汝賢是言聖德稱賢也傳以師爲衆臣爲朝臣之衆或亦通及吏人王肅云古者將舉大事訊羣吏訊萬人堯將讓位咨四岳使問羣臣衆舉側陋衆皆願與舜堯計事之大者莫過禪讓必應博詢吏人非獨在位王氏之言得其實矣鄭以師爲諸侯之師帝咨四岳徧訪羣臣安得諸侯之師獨對帝也○傳僉然至如何○正義曰僉然釋言文然其所舉言我亦聞也其德行如何恐所聞不審故詳問之堯知有舜不召取禪之而訪四岳令衆舉薦者以舜在卑賤未有名聞率暴禪之則下人不服故鄭玄六藝論云若堯知命在舜舜知命在禹猶求於羣臣舉於側陋上下交讓務在服人孔子曰人可使由之不可使知之此之謂也是解堯使人舉舜之意也○傳無目至並惡○正義曰周禮樂官有瞽矇之職以其無目使眂瞭相之是無目曰瞽又解稱瞽之意舜父有目但不能識别好惡與無目者同故時人謂之瞽配字曰瞍瞍亦無目之稱故或謂之爲瞽瞍詩云矇瞍奏公

是瞍爲瞽類大禹謨云祗載見瞽瞍是相配之文史記云舜父瞽瞍盲以爲瞽瞍是名身實無目也孔不然者以經說舜德行美其能養惡人父自名瞍何須言之若實無目卽是身有固疾非善惡之事輒言舜是盲人之子意欲何所見乎論語云未見顔色而言謂之瞽則言瞽者非謂無目史記又說瞽瞍使舜上廩從下縱火焚廩使舜穿井下土實井若其身自能然不得謂之無目明以不識善惡故稱瞽耳心不則德義之經爲頑僖二十四年左傳文象舜弟之字以字表象是人之名號其爲名字未可詳也釋訓云善兄弟爲友孟子說象與父母共謀殺舜是傲慢不友言舜父母與弟並皆惡也此經光指舜身因言瞽子又稱父頑者欲極其惡故文重也

○傳諧和至于姦惡○正義曰諧和烝進釋詁文上歷言三惡此美舜能養之言舜能和之以至孝之行和頑嚚昏傲使皆進進於善道以善自治不至于姦惡以下愚難變化令慕善是舜之美行故以此對堯案孟子及史記稱瞽瞍縱火焚廩舜以兩笠自扞而下以土實井舜從旁空井出象與父母共分財物舜之大孝升聞天朝堯妻之二女三惡尚謀殺舜爲姦之大莫甚於此而言不至姦者此三人性實下愚動權刑網非舜養之久被刑戮猶尚有心殺舜餘事何所不爲舜以權謀自免厄難使瞽無殺子之愆象無害兄之罪不至於

姦惡於此益驗終令瞽亦允若象封有鼻是不至於姦惡也○傳言欲至行迹○正義曰下言妻舜以女觀其治家是試舜觀其行迹也馬鄭王本說此經皆無帝曰當時庸生之徒漏之也鄭玄云試以爲臣之事王肅云試之以官鄭王皆以舜典合於此篇故指歷試之事充此試哉之言孔據古今別卷此言試哉正謂以女試之既善於治家別更試以難事與此異也○傳女妻至治國○正義曰左傳稱宋雍氏女於鄭莊公晉伐驪戎驪戎男女以驪姬以女妻人謂之女故云女妻也刑法釋詁文此已下皆史述堯事非復堯語言女于時謂妻舜於是故傳倒文以曉民堯於是以二女妻舜必妻之者舜家有三惡身爲匹夫忽納帝女難以和協觀其施法度於二女以法治家觀治國將使治國故先使治家敵夫曰妻不得有二女言女于時者總言之耳二女之中當有貴賤長幼劉向列女傳云二女長曰娥皇次曰女英舜既升爲天子娥皇爲后女英爲妃然則初適舜時即娥皇爲妻鄭不言妻者不告其父不序其正又注禮記云舜不告而娶不立正妃此則鄭自所說未有書傳云然案世本堯是黃帝玄孫舜是黃帝八代之孫計堯女於舜之曾祖爲四從姊妹以之爲妻於義不可世本之言未可據信或者古道質故也○傳降下至虞氏○正義曰降下釋詁文周禮九嬪之職掌婦學之法

嬪是婦之别名故以嬪爲婦釐降未能以義理下之則女意初時不下故傳解之言舜爲匹夫帝女下嫁以貴適賤必自驕矜故美舜能以義理下帝女尊亢之心於所居嬀汭使之服行婦道於虞氏虞與嬀汭爲一地見其心下乃行婦道故分爲二文言匹夫者士大夫已上則有妾媵庶人無妾媵惟夫妻相匹其名既定雖單亦通謂之匹夫匹婦嬀水在河東虞鄉縣歷山西西流至蒲坂縣南入於河舜居其旁周武王賜陳胡公之姓爲嬀爲舜居嬀水故也舜仕堯朝不家在於京師而令二女歸虞者蓋舜以大孝示法使妻歸事於其親以帝之賢女事頑嚚舅姑美其能行婦道故云嬪於虞

○傳歎舜至大矣○正義曰二女行婦道乃由舜之敬故帝言欽哉歎能脩己行敬以安民也能脩己及安人則是所能者大故歎之論語云脩己以安百姓堯舜其猶病諸傳意出於彼也

江西鹽法道胡稷棐

尚書注疏挍勘記卷二

阮元撰盧宣旬摘錄

尚書注疏卷第二

古本作尚書卷第一古文尚書堯典第一虞書孔氏傳宋板作尚書正義卷第二國子祭酒上護軍曲阜縣開國子臣孔穎達奉勑撰古文尚書堯典第一○按釋文題曰堯典第一卷之一虞書孔氏傳唐石經二典爲安國序同卷無尚書卷第一五字自第二卷以後乃始有之每篇篇名上俱無古文尚書四字岳本亦無古文尚書四字餘俱與古本同按卷數當依釋文記於篇數之下其篇名上當依正義及足利古本加古文尚書四字首行題尚書卷第幾係後人所增可刪安國序當依唐石經與二典同卷

堯典第一

泰誓八篇誓也　泰當作秦

取其徒而立功　徒當作徙

與畢命之類　宋本同毛本命誤作公

本無尚書之題也浦鏜云尚當夏字誤按浦挍是也

莊八年左傳云夏書曰閩本明監本同宋本毛本云作引案引字是也

肆命二十宋本肆命作伊陟○按鄭注本無伊陟宋板并是

泰誓並無此文宋本無泰誓二字按無泰誓二字則謂漢之大誓經傳未有引之者也若有泰誓二字則謂經傳所引泰誓皆不見於漢之泰誓也二義並通據泰誓疏引馬序云吾見書傳多矣所引泰誓而不在泰誓者甚多則此處宜有泰誓二字

我先師棘子下生安國亦好此學按子字衍文

宅嵎夷爲宅嵎鐵宋本鐵作峓○按段玉裁云嵎鐵即禺銕銕者古文鐵字鐵者鐵之譌體也廣韻六脂云嵎峓山名書作嵎夷集韻云嵎銕東表之地又十二齊亦有銕字引字林云鐵名然則夷銕峓三字通用

心腹腎腸曰憂腎陽 孫志祖云憂腎陽三字乃優賢揚之訛優賢揚歷語見魏志管寧傳及左思魏都賦又隸釋載漢成陽令唐扶頌亦有優賢颺歷之文

購募遺典 宋本閩本明監本募作慕

言聖德之遠著 古本下有也字案古本句末有也字者甚多不可勝載顏氏家訓書證篇曰也是語已及助句之辭河北經傳悉略此字有不可無者如伯也執殳於旅也語之類儻削此文頗成廢闕又有俗學聞經傳中時須也字輒以意加之每不得所益誠可笑是此字已經後人任意增損今不悉挍

但遂同天之名 宋本同毛本遂作逐閩本初亦作遂後改逐案逐是也

三皇無爲而同天 岳本閩本明監本同毛本皇作王

堯典

能順考古道而行之者帝堯 古本能上有言字堯下有也字

惟賢尚善曰讓岳本惟作推案推字是也閩本以下並不誤

向不向上岳本宋本不作下案下字是也閩本以下並不誤

皆變化化上岳本閩本纂傳同毛本下化字作從又古本化下有今字按今或是令字之誤

是以風俗大和纂傳大作太按大字釋文不作音當讀如字纂傳毖非

昭然而明顯矣岳本宋本昭作照閩本以下同

然則俊德謂有德又宋本又作人是也

故知謂天下衆人皆變化化上宋本閩本同毛本化作從山井鼎曰作化與注合○按疏釋經云其萬國之衆人於是變化從上雖此句從字諸本皆同無作化者

敬授人時古本人作民注同按唐以前引此句未有不作民者疏云敬授下人以天時之早晚下人猶下民也知孔疏所據之本猶作民字後人因疏作人并經傳改之自開成石經以後沿譌至今舜典食哉惟時傳曰惟當敬授民

時此未經改竄者

世掌天地四時之官史記集解無四時二字按疏意似亦無此二字

日出於谷而天下明。陸氏曰本或作日出於陽谷陽衍字按史記集解有暘字

平秩南訛按史記便程南譌集解引孔安國曰譌化也索隱曰爲依字讀孔安國强讀爲訛字正義亦云爲音于僞反然則史文及注皆當作爲今作譌非也至孔本經傳亦皆當作爲若經文本是訛字可得云安國强讀耶又羣經音辨人部云僞化也音訛書平秩南僞蓋古文僞譌通用漢書王莽傳亦作南僞。按今本史記爲作譌者妄依衞包所改尚書說詳段玉裁撰異

四時同之纂傳時作方

寅餞納日按餞納羣經音辨作淺內。補釋文挍勘記段玉裁云餞本是淺字開寶依唐石經改爲餞餞安得訓爲滅也案羣經音義水部云淺送也滅也書寅淺內日

西方萬物成　成上古本有咸字

助成物　古本作助成萬物也宋本岳本作助成物也

毛更生整理　古本毛下有羽字

北稱幽則南稱明　宋本則作都按則字非也

鳥獸皆生而毳細毛以自溫焉　岳本閩本明監本毛本而作耎與陸氏曰耎如兗反本或作濡音儒是作而字誤也又宋板無焉字與疏標題不合

帝曰咨汝羲暨和　汝古本作女下皆同

朞三百有六旬　唐石經纂傳朞俱作期纂傳注同

匝四時曰朞　古本宋本匝俱作迊按迊匝並俗帀字

釐治　古本治作理下治百官同

於時苗稼已殖 宋板已作以按已以古多通用

其後三苗復九黎之惡 宋本閩本同毛本惡作德按作惡與國語楚語異

揚子法言云 監本同閩本揚从木作楊按楊子雲之楊从木不从才說詳段玉裁尙書撰異閩本亦從木是也

據世掌之文 宋本據作是

火掌爲地 按詩檜風正義引鄭志作火當爲地

何有罪而誅 補鏜云何疑旣字誤許宗彥云何字絕句

黎言地以屬人 閩本同毛本言作司案所改是也

推舉一星之中 宋本推作惟

而日從谷之出也 宋本閩本纂傳並同毛本之作以

特言東作　宋本同岳本閩本毛本特作時案作特非也

以此而從送入日也　閩本明監本同毛本入日作日入案入日誤倒也

互者明也　岳本者作著案著字是也閩本亦誤作者

斗牛在午　閩本明監本同毛本牛作女

故重明之　浦鏜云此下當脫日短至三節傳疏內有西方七宿則昴爲中故昴爲白虎之中星計仲冬日在斗入於申酉地則初昏之時奎婁在午胃昴在巳畢觜參在辰四十五字餘無攷

周天二百六十五度四分度之一　宋本二作三三字是也閩本以下皆不誤

有日分三百四十八　宋本同毛本日作餘按餘字是也

雖爲歲日殘分所減　閩本明監本同毛本日作月

以二百三日亦爲二百六日　按以字下疑脫并字

蕩蕩言之奔突閩本同毛本之作水是也

有能治者將使之古本作有能治者將使治也

方命圮族按羣經音辨匚部云匚放也甫妄切書匚命圮族

好此方名毛氏曰比作此誤○按纂傳作比與毛說合又爾雅釋詁覆壞圮毀也疏引此傳正作比孫志祖云疏兩言好此方直之名亦皆當改爲比岳本亦誤作此

异已也退也古本作异已也已退也宋板岳本史記正義俱作异已已退也纂傳與今本同按今本之誤甚明纂傳疑後人妄改

無成乃退古本作無成成功乃退也

帝曰疇咨若予至九載績用弗成宋板作帝曰疇咨至弗成

鯀治水九載九下宋板空一字

其常聞諸先達 宋板常作當

蕩然惟有水耳 宋板蕩然作蕩蕩然是也

年取千穀一孰也 宋本閩本同毛本禾作米按説文年字從禾千聲故義取禾孰也

顧亦因繇 宋板顧作頗

心不則德義之經爲頑 古本則作測岳本此句下有口不道忠信之言爲嚚九字按前嚚訟傳云言不忠信爲嚚傳例一訓不重出岳本恐非

否古今不字 浦鏜云當作否否不古今字盧文弨云當作否古文不字○按浦義爲長此釋傳否不也又前疏云華字古今同耳亦此例

令其在側陋者 宋板令作今

人可使由之 宋板同毛本人作民

此經光指舜身宋本光作先是也

孔據古今别卷按今字當作文

故傳創文以曉民浦鏜云民恐明誤當屬下句是也

尚書校勘記卷二

會昌縣知縣候補知州曾暉春栞

附釋音尚書注疏卷第三

舜典第二○釋文王氏注相承云梅賾上孔氏傳古文尚書云舜典一篇時以王肅注頗類孔氏故取王注從謹徽五典以下爲舜典以續孔傳徐仙民亦音此本今依舊音之

虞書

孔氏傳　孔穎達疏

虞舜側微爲庶人故微賤堯聞之聰明將使嗣位歷試諸難嗣繼也試以治民之難事○難乃丹反作舜典舜典典之義與堯同

【疏】虞舜至舜典○正義曰虞舜所居側陋身又微賤堯聞之有聰明聖德將使之繼已帝位歷試於諸所難爲之事史述其事故作舜典○傳爲庶人故微賤○正義曰此云側微卽堯典側陋也不在朝廷謂之側其人貧賤謂之微居處褊隘故言陋此指解微故云爲庶人故微賤也帝繫云顓頊生窮蟬窮蟬生敬康敬康生句芒句芒生蟜牛蟜牛生瞽瞍瞽瞍生舜昭八年左傳云自幕至于瞽瞍無違命似其繼世相傳當有國土孔言爲庶人者堯典云有鰥在下此云虞舜側微必

是爲庶人矣蓋至瞽瞍始失國也。傳嗣繼至難事。正義曰嗣繼釋詁文經所云愼徽五典納于百揆賓于四門皆是試以治民之難事也

曰若稽古帝舜亦言其順考古道而行之**曰重華協于帝**華謂文德言其光文重合於堯俱聖明。曰若稽古帝舜曰重華協于帝此十二字是姚方興所上孔氏傳本無阮孝緒七錄亦云然方興本或此下更有濬哲文明溫恭允塞玄德升聞乃命以位此二十八字異聊出之於王注無施也

濬哲文明溫恭允塞濬深哲智也舜有深智文明溫恭之德信允塞上下

玄德升聞乃命以位玄謂幽潛潛行道德升聞天朝遂見徽用〔疏〕曰若至以位。正義曰昔東晉之初豫章內史梅賾上孔氏傳猶闕舜典自此乃命以位已上二十八字世所不傳多用王范之注補之而皆以愼徽已下爲舜典之初至齊蕭鸞建武四年吳興姚方興於大航頭得孔氏傳古文舜典亦類太康中書乃表上之事未施行方興以罪致戮至隋開皇初購求遺典始得之史將錄舜之美故爲題目之辭曰能順而考案古道而行之者是爲帝舜也又申其順考古道之事曰此舜能繼堯重其文德之光華用此德合於帝堯與堯俱聖明也此

舜性有深沈智慧文章明鑒温和之色恭遜之容由名聞遠達信能充實上下潛行道德聞天朝堯乃徵用命之以位而試之也。傳濬深至上下。正義曰濬深哲智皆釋言文舍人曰濬下之深也哲大智也舜有深智言其智之深所知不淺近也經緯天地曰文照臨四方曰明詩云温温恭人言其色温而貌恭也舜既有深遠之智又有文明温恭之德信能充實上下也詩毛傳訓塞爲實言能充滿天地之間堯典所謂格于上下是也不言四表者以四表外無限極非可實滿故不言之堯舜道同德亦如一史官錯互爲文故與上篇相類是其所合於堯也。傳玄謂至徵用。正義曰老子云玄之又玄衆妙之門則玄者微妙之名故云玄謂幽潛也舜在畎畝之間潛行道德顯彰於外升聞天朝天朝者天子之朝也從下而上謂之爲升天子聞之故遂見徵用

慎徽五典五典克從徽美也五典五常之教父義母慈兄友弟恭子孝舜慎美篤行斯道舉八元使布之於四方五教能從無違命。徽許韋反王云美馬云善也從才容反八元左傳高辛氏有才子八人伯奮仲堪叔獻季仲伯虎仲熊叔豹。**納于百揆百揆時敘**揆度也度百事揔百官納舜於此官舜舉八凱使揆度百事百事時敘無廢事業。揆音葵癸反凱

音開在反左傳高陽氏有才子八人蒼舒隤敳檮戭大臨尨降庭堅仲容叔達齊聖廣淵明允篤誠天下之民謂之八凱

賓于四門四門穆穆穆穆美也四門四方之門舜流四凶族四方諸侯來朝者舜賓迎之皆有美德無凶人○朝直遙反

納于大麓烈風雷雨弗迷麓錄也納舜使大錄萬機之政陰陽和風雨時各以其節不有迷錯愆伏明舜之德合於天○麓音鹿王云錄也馬鄭云山足也愆音起虔反

帝曰格汝舜詢事考言乃言厎可績三載汝陟帝位格來詢謀乃汝厎致陟升也堯呼舜曰來汝所謀事我考汝言汝言致可以立功三年矣三載考績故命使升帝位將禪之○詢音荀厎音之履反王云致也馬云定也本或作痓非

舜讓于德弗嗣辭讓於德不堪不能嗣成帝位

【疏】慎徽至弗嗣○正義曰此承乃命以位之下言命之以位試之以事也堯使舜慎美篤行五常之教而五常之教皆能順從而行之無違命也又納於百官之事命揆度行之而百事所揆度者於是皆得次序無廢事也又命使賓迎諸侯於四門而來入者穆穆然皆有美德無凶人也又納於大官揔

緫萬機之政而陰陽和風雨時烈風雷雨不有迷惑錯謬明舜之德德合於天天人和協其功成矣帝堯乃謂之曰來汝舜有所謀之事我考驗汝舜之所言汝言致可以立功於今三年汝功已成汝可升處帝位告以此言欲禪之也舜辭讓於德言已德不堪嗣成帝也○傳徽美至違命○正義曰釋詁云徽善也善亦美也此五典與下文五品五教其事一也一家之內品有五謂父母兄弟子也教此五者各以一事教父以義教母以慈教兄以友教弟以恭教子以孝是爲五教也五者皆可常行謂之五典是五者可爲一事所從言之異耳文十八年左傳曰昔高辛氏有才子八人伯奮仲堪叔獻季仲伯虎仲熊叔豹季貍忠肅恭懿宣慈惠和天下之民謂之八元舜臣堯舉八元使布五教于四方父義母慈兄友弟恭子孝以此知五典是五常之教謂此父義之等五事也皋陶謨云天敘有典自我五典五惇哉惇厚也行此五典須厚行之篤亦厚也言舜謹慎美善篤行斯道舉八元使布之於四方命教天下之民以此五教能使天下皆順從之無違逆舜之命也左傳又云故虞書數舜之功曰慎徽五典五典克從無違教也父母於子並宜爲慈今分之者以父主教訓母主撫養撫養在於恩愛故以慈爲名教訓愛而加嚴故以義爲稱義者宜也理也教之以義方使得事理之宜故爲義也釋

訓云善兄弟爲友則兄弟之恩俱名爲友今云兄友弟恭者以其同志曰友友是相愛之名但兄弟相愛乃有長幼故分其弟使之爲恭恭敬於兄而兄友愛之○傳揆度至事業○正義曰揆度釋言文百揆者言百事皆度之國事散在諸官故度百事爲揔百官也周官云唐虞稽古建官惟百內有百揆四岳則百揆爲官名故云納舜於此官也文十八年左傳云昔高陽氏有才子八人蒼舒隤敳檮戭大臨尨降庭堅仲容叔達齊聖廣淵明允篤誠天下之民謂之八凱舜臣堯舉八凱使主后土以揆百事莫不時敘地平天成又云虞書數舜之功曰納于百揆百揆時敘無廢事業也是言百官於是得其次敘皆無廢事業舜既臣堯乃舉元凱主后土布五教同時爲之史官立文自以人事外內爲次故孔先言八元若左傳據所出代之先後故先舉八凱堯既得舜庶事委之舜既臣堯在無不統非五典克從之後方始納於百揆百揆時敘之後方始賓于四門四門穆穆謂流四凶流放四凶最在於前矣洪範云鯀則殛死禹乃嗣興是先誅鯀而後用禹明此言三事皆同時爲之但言百揆時敘故言納于百揆其實納于百揆初得即然由舜既居百揆故得舉用二八若徧居一職不得分使元凱○傳穆穆美至凶人○正義曰穆穆美也釋詁文四門四方之門謂四方諸侯來朝者從四門而入

文十八年左傳歷言四凶之行乃云舜臣堯流四凶族渾敦窮奇檮杌饕餮投諸四裔以禦螭魅又曰虞書數舜之功曰賓于四門四門穆穆無凶人也是言皆有美德無凶人也案驗四凶之族皆是王朝之臣舜流王朝之臣而言諸侯無凶人者以外見內諸侯無凶人則于朝必無矣鄭玄以賓爲擯謂舜爲上擯以迎諸侯今孔不爲擯者則謂舜旣錄攝事無不統以諸侯爲賓舜主其禮迎而待之非謂身爲擯也○傳麓錄至於天○正義曰麓聲近錄故爲錄也皐陶謨云一日二日萬幾言天下之事事之微者有萬喻其多無數也納舜使大錄萬機之政還是納於百揆揆度百事大錄萬機總是一事不爲異也但此言德合于天故以大錄言耳論語稱孔子曰迅雷風烈必變書傳稱越常之使久矣天之無烈風淫雨則烈風是猛疾之風非善風也經言烈風雷雨弗迷言舜居大錄之時陰陽和風雨時無此猛烈之風又雷雨各以其節不有迷錯愆伏也迷錯者應有而無應無而有也昭四年左傳云冬無愆陽夏無伏陰無愆伏者無冬溫夏寒也舜錄大政天時如此此明舜之德合於天也此文與上三事亦同時也上爲變人此爲動天故最後言之以爲功成之驗王肅云堯得舜任之事無不統自愼徽五典以下是也其言合孔意

○傳格來至禪之○正義曰格來釋言文詢謀陟升釋詁文

厎聲近致故爲致也經傳言汝多呼爲乃知乃汝義同凡事之始必先謀之後爲之堯呼舜曰來汝舜呼使前而與之言也汝所謀事我考汝言汝所爲之事皆副汝所謀致可以立功於今三年矣從徵得至此爲三年也君之馭臣必三年考績考既有功故使升帝位將禪之也鯀三考乃退此一考使升者鯀待三考冀其有成無成功乃黜爲緩刑之義舜既有成更無所待故一考即升之且大聖之事不可以常法論也若然禹貢兖州作十有三載乃同是禹治兖州之水乃積十有三年此始三年已言地平天成者祭法云鯀障洪水而殛死禹能修鯀之功先儒馬融等皆以爲鯀既九年又加此三年爲十二年惟兖州未得盡平至明年乃畢八州已平一州未畢足以爲成功也

正月上日受終于文祖上日朔日也終謂堯終帝位之事文祖者堯文德之祖廟○正音政又音征王云文祖廟名馬云文祖天也天爲文萬物之祖故曰文祖

在璿璣玉衡以齊七政在察也璿美玉璣衡玉者正天文之器可運轉者七政日月五星各異政舜察天文齊七政以審已當天心與否○璿音旋

肆類于上帝堯不聽舜讓使之攝位舜察天文考齊七政而當天心故行其事肆遂也類謂攝位

事類遂以攝告天及五帝。王云上帝天也。馬云上帝太一神在紫微宮天之最尊者。**禋于六宗**精意以享謂之禋宗尊也所尊祭者其祀有六謂四時也寒暑也日也月也星也水旱也祭亦以攝告。禋音因王云絜祀也馬云精意以享也六宗王云四時寒暑日月星水旱也馬云天地四時也**望于山川徧于羣神**九州名山大川五岳四瀆之屬皆一時望祭之羣神謂丘陵墳衍古之聖賢皆祭之。墳扶云反衍音演

輯五瑞既月乃日覲四岳羣牧班瑞于羣后輯斂既盡覲見班還后君也舜斂公侯伯子男之瑞圭璧盡以正月中乃日日見四岳及九州牧監還五瑞於諸侯與之正始。輯徐音集王云合馬云斂也瑞垂僞反信也牧牧養之牧徐音目

【疏】正月至羣后。正義曰舜既讓而不許乃以堯禪之明年正月上日受堯終帝位之事於堯文祖之廟雖受堯命猶不自安又以璿爲璣以玉爲衡者是爲王者正天文之器也乃復察此璿璣玉衡以齊整天之日月五星七曜之政觀其齊與不齊齊則受之是也不齊則受之非也見七政皆齊知已受爲是遂行爲帝之事而以告攝事類祭於上帝祭昊天及五帝也又禋祭於六宗等尊卑之神望

祭於名山大川五岳四瀆而又徧祭於山川丘陵墳衍古之
聖賢之羣神以告巳之受禪也告祭既畢乃斂公侯伯子男
五等之瑞玉其圭與璧悉斂取之盡以正月之中乃日月見
四岳及羣牧既而更班所斂五瑞於五等之羣后而與之更
始見已受堯之禪行天子之事也○傳上日至祖廟○正義
曰月之始日謂之朔日每月皆有朔日此是正月之朔故云
上日言一歲日之上也下云元日亦然鄭玄以爲帝王易代
莫不改正堯正建丑舜正建子此時未改堯正故云正月上
日即位乃改堯正故云月正元日故以異文先儒王肅等以
爲惟殷周改正易民視聽自夏已上皆以建寅爲正此篇二
文不同史異辭耳孔意亦然下云歲二月傳云既班瑞之明
月以此爲建寅之月也受終者堯爲天子於此事終而授與
舜故知終謂堯終帝位之事終言堯終舜始也禮有大事行
之於廟況此是事之大者知文祖者堯文德之祖廟也且下
云歸格于藝祖藝文義同知文祖是廟者咸有一德云七世
之廟可以觀德則天子七廟其來自遠堯之文祖蓋是堯始
祖之廟不知爲誰也帝繫及世本皆云黄帝生玄囂玄囂生
僑極僑極生帝嚳帝嚳生堯即如彼言黄帝爲堯之高祖黄
帝以上不知復祭何人充此七數況彼二書未必可信堯之
文祖不可強言○傳在察至與否○正義曰在察釋詁文說

文云璿美玉也玉是大名璿是玉之別稱璣衡俱以玉飾但
史之立文不可以玉璣玉衡一指玉體一指玉名猶左傳云
瓊弁玉纓所以變其文傳以璿言玉名故云美玉其實玉衡
亦美玉也易賁卦彖云觀乎天文以察時變日月星宿運行
於天是爲天之文也璣衡者璣爲轉運衡爲橫簫運璣使動
於下以衡望之是王者正天文之器漢世以來謂之渾天儀
者是也馬融云渾天儀可旋轉故曰璣衡其橫簫所以視星
宿也以璿爲璣以玉爲衡蓋貴天象也蔡邕云玉衡長八尺
孔徑一寸下端望之以視星辰蓋懸璣以象天而衡望之轉
璣窺衡以知星宿是其說也七政其政有七於璣衡察之必
在天者知七政謂日月與五星也木曰歲星火曰熒惑星土
曰鎮星金曰太白星水曰辰星易繫辭云天垂象見吉凶聖
人象之此日月五星有吉凶之象因其變動爲占七者各自
異政故爲七政得失由政故稱政也舜既受終乃察璣衡是
舜察天文齊七政以審已之受禪當天心與否也馬融云日
月星皆以璿璣玉衡度知其盈縮進退失政所在聖人謙讓
猶不自安視璿璣玉衡以驗齊日月五星行度知其政是與
否重審已之事也上天之體不可得知測天之事見於經者
唯有此璿璣玉衡一事而已蔡邕天文志云言天體者有三
家一曰周髀二曰宣夜三曰渾天宣夜絕無師說周髀術數

具在考驗天象多所違失故史官不用惟渾天者近得其情今史所用候臺銅儀則其法也虞喜云宣明也夜幽也幽明之數其術兼之故曰宣夜但絕無師說不知其狀如何周髀之術以爲天似覆盆蓋以斗極爲中中高而四邊下日月旁行遶之日近而見之爲晝日遠而不見爲夜渾天者以爲地在其中天周其外日月初登於天後入於地晝則日在地上夜則日入地下王蕃渾天說曰天之形狀似鳥卵天包地外猶卵之裹黃圓如彈丸故曰渾天言其形體渾渾然也其術以爲天半覆地上半在地下其天居地上見有一百八十二度半強地下亦然北極出地上三十六度南極入地下亦三十六度而嵩高正當天之中極南五十五度當嵩高之上又其南十二度爲夏至之日道又其南二十四度爲春秋分之日道又其南二十四度爲冬至之日道南下去地三十一度而已是夏至日北去極六十七度春秋分去極九十一度冬至去極一百一十五度此其大率也其南北極持其兩端其天與日月星宿斜而迴轉此必古有其法遭秦而滅楊子法言云或問渾天曰落下閎營之鮮于妄人度之耿中丞象之幾乎幾乎莫之能違也是楊雄之意以渾天而問之也閎與妄人武帝時人宣帝時司農中丞耿壽昌始鑄銅爲之象史官施用焉後漢張衡作靈憲以說其狀蔡邕鄭玄陸績吳時

王蕃晉世姜岌張衡葛洪皆論渾天之義並以渾說爲長江南宋元嘉年皮延宗又作是渾天論太史丞錢樂鑄銅作渾天儀傳於齊梁周平江陵遷其器於長安今在太史書矣衡長八尺璣徑八尺圓周二丈五尺強轉而望之有其法也○傳堯不至五帝○正義曰傳以既受終事又察璣衡方始祭於羣神是舜察天文考齊七政知已攝位而當於天心故行其天子之事也祭法云有而下者祭百神徧祭羣神是天子事也肆是縱緩之言此因前事而行後事故以肆爲遂也類謂攝位事類既知攝當天心遂以攝位事類告天帝也此類與下禋望相次當爲祭名詩云是類是禡周禮肆師云類造上帝王制云天子將出類乎上帝所言類者皆是祭天之事言以事類而祭也周禮小宗伯云天地之大裁類社稷則爲位是類之爲祭所及者廣而傳云類謂攝位事類者以攝位而告祭故類爲祭名周禮司服云王祀昊天上帝則服大裘而冕祀五帝亦如之是昊天外更有五帝上帝可以兼之故以告天及五帝也鄭玄篤信讖緯以爲昊天上帝謂天皇大帝北辰之星也五帝謂靈威仰等太微宮中有五帝座星是也如鄭之言天神有六也家語云季康子問五帝之名孔子曰天有五行金木水火土分時化育以成萬物其神謂之五帝王肅云五行之神助天理物者也孔意亦當然矣此經惟

有祭天不言祭地及社稷必皆祭之但史略文耳○傳精意至攝告○正義曰國語云精意以享禋也釋詁云禋祭也孫炎曰禋絜敬之祭也周禮大宗伯云以禋祀祀昊天上帝以實柴祀日月星辰以槱燎祀司中司命風師雨師鄭云禋之言煙周人尚臭煙氣之臭聞者也鄭以禋祀之文在燎柴之上故以禋爲此解耳而洛誥云秬鬯二卣曰明禋又曰禋于文王武王又曰王賓殺禋咸格經傳之文此類多矣非燔柴祭之也知禋是精誠絜敬之名耳宗之爲尊常訓也名曰六宗明是所尊祭者有六但不知六者爲何神耳祭法云埋少牢於太昭祭時相近於坎壇祭寒暑王宮祭日夜明祭月幽禜祭星雩禜祭水旱也據此言六宗彼祭六神故傳以彼六神謂此六宗必謂彼之所祭是此六宗者彼文上有祭天祭地下有山谷丘陵此此六宗之文在上帝之下山川之上二者次第相類故知是此六宗王肅亦引彼文乃云禋于六宗此之謂矣鄭玄注彼云四時謂陰陽之神也然則陰陽寒暑水旱各自有神此言禋于六宗則六宗常禮也禮無此文不知以何時祀之鄭以彼皆爲所禱之祭則不可用鄭玄注以解此傳也漢世以來說六宗者多矣歐陽及大小夏侯說尚書皆云所祭者六上不謂天下不謂地旁不謂四方在六者之間助陰陽變化實一而名六宗矣孔光劉歆以六宗謂乾坤

六子水火雷風山澤也賈逵以爲六宗者天宗三日月星也地宗三河海岱也馬融云萬物非天不覆非地不載非春不生非夏不長非秋不收非冬不藏此其謂六也鄭玄以六宗言禋與祭天同名則六者皆是天之神祇謂星辰司中司命風師雨師星謂五緯星辰謂日月所會十二次也司中司命文昌第五第四星也風師箕也雨師畢也晉初幽州秀才張髦上表云臣謂禋于六宗祀祖考所尊者六三昭三穆是也司馬彪又上表云歷難諸家及自言已意天宗者日月星辰寒暑之屬也地宗社稷五祀之屬也四方之宗四時五帝之屬惟王肅據家語六宗與孔同各言其志未知孰是司馬彪續漢書云安帝元初六年立六宗祠於洛陽城西北亥地祀比大社魏亦因之晉初荀顗定新祀以六宗之神諸說不同廢之摯虞駮之謂宜依舊近代以來皆不立六宗之祠也○傳九州至祭之○正義曰望於山川大總之語故知九州之內所有名山大川五岳四瀆之屬皆一時望祭之也王制云名山大川不以封山川大乃有名是名大互言之耳釋山云泰山爲東嶽華山爲西嶽霍山爲南嶽恒山爲北嶽嵩高山爲中嶽白虎通云岳者何捔也捔考功德也應劭風俗通云岳者捔考功德黜陟也然則四方方有一大山天子巡守至其下捔考諸侯功德而黜陟之故謂之岳釋水云江河淮濟

爲四瀆四瀆者發源注海者也釋名云瀆獨也各獨出其水而入海也岳岳是名山瀆是大川故先言名山大川又舉岳瀆以見之岳瀆之外猶有名山大川故言之屬以包之周禮大司樂云四鎭五嶽崩令去樂鄭云四鎭山之重大者謂揚州之會稽山青州之沂山幽州醫無閭山冀州之霍山是五岳之外名山也周禮職方氏每州云其川其浸若雍州云其川涇汭其浸渭洛如此之類是四瀆之外大川也言徧于羣神則神無不徧故羣神謂上陵墳衍古之聖賢皆祭之周禮大司樂云凡六樂者一變而致川澤之示再變而致山林之示三變而致丘陵之示四變而致墳衍之示鄭玄大司徒注云積石曰山竹木曰林注瀆曰川水鍾曰澤土高曰丘大阜曰陵水崖曰墳下平曰衍此傳舉上陵墳衍則林澤亦包之矣古之聖賢謂祭法所云在祀典者黃帝顓頊句龍之類皆祭之也○傳輯斂至正始○正義曰覲見后君釋詁文釋言云輯合也輯是合聚之義故爲斂也日月食盡謂之既是既爲盡也釋言云班賦也孫炎曰謂布與也輯是斂聚班爲散布故爲還也下云班瑞于羣后則知輯者從羣后而斂之故云舜斂公侯伯子男之瑞圭璧也周禮典瑞云公執桓圭侯執信圭伯執躬圭子執穀璧男執蒲璧是圭璧爲五等之瑞諸侯執之以爲王者瑞信故稱瑞也舜以朔日受終於文祖又

徧祭羣神及斂五瑞則入月以多日矣盡以正月中謂從斂瑞以後至月末也乃日日見四岳及九州牧監舜初攝位當發號出令日日見之與之言也州牧各監一州諸侯故言監也更復還五瑞於諸侯者此瑞本受於堯斂而又還之若言舜新付之改爲舜臣與之正新君之始也

歲二月東巡守至于岱宗柴

諸侯爲天子守土故稱守巡行之既班瑞之明月乃順春東巡岱宗泰山爲四岳所宗燔柴祭天告至○巡似遵反徐養純反守時救反本或作狩岱音代泰山也柴士皆反爾雅祭天曰燔柴馬曰祭時積柴加牲其上而燔之行下孟反燔扶袁反又扶云反

望秩于山川

東岳諸侯竟內名山大川如其秩次望祭之謂五岳牲禮視三公四瀆視諸侯其餘視伯子男○瀆徒木反

肆覲東后

遂見東方之國君

協時月正日同律度量衡

合四時之氣節月之大小日之甲乙使齊一也律法制及尺丈斛斗斤兩皆均同○同律王云同齊也律六律也馬云律法也鄭云陰呂陽律也度如字丈尺也量力尚反斗斛也衡稱也

修五禮五玉

修吉凶賓軍嘉之禮五等諸侯執其玉

三帛二生一死贄

三帛諸侯世子執纁公之孤執玄附庸之君執黃二生卿執羔大夫執鴈一死士執雉玉帛生死所以爲贄以見之○贄音至本又作摯纁許云反如五器卒乃復卒終復還也器謂圭璧如五器禮終則還之三帛生死則否○復扶又反下同還音旋五月南巡守至于南岳如岱禮南岳衡山自東岳南巡五月至八月西巡守至于西岳如初西岳華山初謂岱宗○華戶化反華山在弘農十有一月朔巡守至于北岳如西禮北岳恒山○有如字徐于救反如西禮方興本同馬本作如初歸格于藝祖用特巡守四岳然後歸告至文祖之廟藝文也言祖則考著特一牛○藝魚世反馬王云禰也五載一巡守羣后四朝各會朝于方岳之下凡四處故曰四朝將說敷奏之事故申言之堯舜同道舜攝則然堯又可知○四朝馬王皆云四面朝於方岳之下鄭云四朝四季朝京師也朝音直遙反註同敷奏以言明試以功車服以庸敷陳奏進也諸侯四朝各使陳

進治禮之言，明試其言，以要其功。功成則賜車服以表顯其能用。○敷音孚

疏

歲二月至以庸

正義曰：舜既班瑞羣后，即以其歲二月東行巡省守土之諸侯，至於岱宗之岳，燔柴告至，又望而以秩次祭於其方岳山川。柴望既畢，遂以禮見東方諸侯諸國之君，於此諸國協其四時氣節、月之大小，正其日之甲乙，使之齊一，均同其國之法制度之丈尺、量之斛斗、衡之斤兩，皆使齊同，無輕重大小。又修五禮吉凶賓軍嘉之禮，修五玉公侯伯子男所執之圭璧也；又修三帛諸侯世子、公之孤、附庸之君所執玄纁黃之帛也；又修二生卿所執羔、大夫所執鴈也；又修一死士所執雉也。自五玉至於一死，皆蒙上修文，摠言所用玉帛生死皆爲贄以見天子也。其贄之內，如五玉之器，禮終乃復還之；其帛與生死則不還也。東岳禮畢，即向衡山，五月南巡守至于南岳之下，柴望以下一如岱宗之禮。南岳禮畢，即向華山，八月西巡守至于西岳之下，其禮如初時如岱宗所行。西岳禮畢，即向恒山，朔北也，十有一月北巡守至于北岳之下，一如西岳之禮。巡守既周，乃歸京師，藝文也，至於文祖之廟，用特牛之牲設祭以告巡守歸至也。從是以後，每五載一巡守，其巡守之年，諸侯羣后四方各朝天子於方岳之下。其朝之時，各使自陳進其所以治化之言，天子明試其言以考其功，功成有驗則賜之

車服以表顯其有功能用事。傳諸侯至告至。正義曰王者所爲巡守者以諸侯自專一國威福在己恐其擁遏上命澤不下流故時自巡行問民疾苦孟子稱晏子對齊景公云天子適諸侯曰巡守巡守者巡所守也是言天子巡守主謂巡行諸侯故言諸侯爲天子守土故稱守而往巡行之定四年左傳祝鮀言衛國取相土之東都以會王之東蒐是徵之名也王者因巡諸侯或亦獵以教戰其守皆作狩白虎通云王者所以巡狩者也。巡者循也狩者收也爲天子循收養人彼因名以附說不如晏子之言得其本也正月班瑞二月卽行故云既班瑞之明月乃順春東巡春位在東故順春也爾雅泰山爲東岳此巡守至於岱岱之與泰其山有二名也風俗通云泰山山之尊者一曰岱宗岱始也宗長也萬物之始陰陽交代故爲五岳之長是解岱卽泰山爲四岳之宗稱岱宗也郊特牲云天子適四方先柴是燔柴爲祭天告至也

○傳東岳至子男。○正義曰四時各至其方岳望祭其方岳山川故云東岳諸侯境内名山大川如其秩次望祭之也言秩次而祭知徧於羣神故云五岳牲禮視三公四瀆視諸侯其餘視伯子男也其尊卑所視王制及書傳之文牲禮二字孔增之也諸侯五等三公爲上等諸侯爲中等伯子男爲下等則所言諸侯惟謂侯爵者耳其言所視蓋視其祭祀祭五

岳如祭三公之禮祭四瀆如祭諸侯之禮祭山川如祭伯子男之禮公侯伯子男尊卑既有等級其祭禮必不同但古典亡滅不可復知鄭玄注書傳云所視者謂其牲幣粢盛籩豆爵獻之數案五等諸侯適天子皆膳用太牢禮諸侯祭皆用太牢無上下之别又大行人云上公九獻侯伯七獻子男五獻掌客上公饔餼九牢飧五牢侯伯饔餼七牢飧四牢子男饔餼五牢飧三牢又上公豆四十侯伯三十二子男二十四並伯與侯同又鄭注禮器四望五獻據此諸文與孔傳王制不同者掌客行人自是周法孔與王制先代之禮必知然者以周禮侯與伯同公羊及左氏傳皆以公為上伯子男為下是其異也○傳合四至均同○正義曰上篇巳訓協為合故注即以合言之也他皆倣此周禮太史云正歲年須告朔於邦國則節氣晦朔皆天子須之循恐諸侯國異或不齊同故因巡守而合和之節是月初氣是月半也世本云容成作歷大撓作甲子二人皆黄帝之臣蓋自黄帝已來始用甲子紀日每六十日而甲子一周史記稱紂為長夜之飲忘其日辰恐諸侯或有此之類故須合日之甲乙也時也月也日也三者皆當勘檢諸國使齊一也律者候氣之管而度量衡三者法制皆出於律故云律法制也度有丈尺量有斛斗衡有斤兩皆取法於律故孔解律為法制即云及尺丈斛斗斤兩皆

均同之漢書律厤志云度量衡出於黃鍾之律也度者分寸尺丈引所以度長短也本起於黃鍾之管長以子穀秬黍中者以一黍之廣度之千二百黍爲一分十分爲寸十寸爲尺十尺爲丈十丈爲引而五度審矣量謂龠合升斗斛所以量多少也本起於黃鍾之龠以子穀秬黍中者千有二百實一龠十龠爲合十合爲升十升爲斗十斗爲斛而五量嘉矣權者銖兩斤鈞石所以稱物知輕重也本起於黃鍾之龠一龠容千二百黍重十二銖兩之爲兩十六兩爲斤三十斤爲鈞四鈞爲石而五權謹矣權衡一物衡平也權重也稱上謂之衡稱錘謂之權所從言之異耳如彼志文也是度量衡本起於律也時月言協日言正度量衡言同者以時月須與他月和合故言協日有正與不正故言正度量衡俱是明之所用恐不齊同故言同因事宜而變名耳○傳修吉至其玉○正義曰周禮大宗伯云以吉禮事邦國之鬼神示以凶禮哀邦國之憂以賓禮親邦國以軍禮同邦國以嘉禮親萬民之昏姻知五禮謂此也帝王之名既異古今之禮或殊而以周之五禮爲此五禮者以帝王相承事有損益後代之禮亦當是前代禮也且歷驗此經亦有五事此篇類於上帝吉禮也如喪考妣凶禮也羣后四朝賓禮也大禹謨云汝徂征軍禮也堯典云女于時嘉禮也五禮之事並見於經知與後世不異也此云五

玉即上文五瑞故知五等諸侯執其玉也鄭玄云執之曰瑞陳列曰玉○傳諸侯至執黃○正義曰周禮典命云凡諸侯之適子誓於天子攝其君則下其君之禮一等未誓則以皮帛繼子男之下公之孤四命以皮帛眡小國之君是諸侯世子公之孤執帛也附庸雖則無文而爲南面之君是一國之主春秋時附庸之君適魯皆稱來朝未有爵命不得執玉則亦繼小國之君同執帛也經言三帛必有三色所云纁玄黃者孔時或有所據未知出何書也王肅云三帛纁玄黃也附庸與諸侯之適子公之孤執皮帛其執之色未詳聞或曰孤執玄諸侯之適子執纁附庸執黃王肅之注尚書其言多同孔傳周禮孤與世子皆執皮帛鄭玄云皮帛者束帛而表之以皮爲之飾皮虎豹皮也此三帛不言皮蓋于時未以皮爲飾○傳卿執至執雉○正義曰此皆大宗伯文也鄭玄曰羔小羊取其羣而不失其類也鴈取其候時而行也雉取其守介死不失節也曲禮云飾羔鴈者以繢謂衣之以布而又畫之雉執之無飾士相見之禮卿大夫飾贄以布不言繢此諸侯之臣與天子之臣異也鄭之此言論周之禮耳虞時每事猶質羔鴈不必有飾○傳玉帛至見之○正義曰曲禮云贄諸侯圭卿羔大夫鴈士雉雉不可生知一死是雉二生是羔鴈也鄭玄云贄之言至所執以自至也自五玉以下蒙上修

文者執之使有常也若不言贄則不知所用故言贄以結上
又見玉帛生死皆所以爲贄以見君與自相見其贄同也○
傳卒終至則否○正義曰卒終釋詁文釋言云還復返也是
還復同義故爲還也五器文在贄下則是贄內之物周禮大
宗伯云以玉作五器知器謂圭璧卽五玉是也如若也言諸
侯贄之內若是五器禮終乃還之如三帛生死則不還也聘
義云以圭璋聘重禮也巳聘而還圭璋此輕財而重禮之義
也聘義主於說聘其朝禮亦然周禮司儀云諸公相見爲賓
還圭如將幣之儀是圭璧皆還之也士相見禮言大夫以下
見國君之禮云若他邦之人則使擯者還其贄巳臣皆不還
其贄是三帛生死則否○傳南岳至月至○正義曰釋山云
河南華河東岱河北恒江南衡李巡云華西岳華山也岱東
岳泰山也恒北岳恒山也衡南岳衡山也郭璞云恒山一名
常山避漢文帝諱釋山又云泰山爲東岳華山爲西岳霍山
爲南岳恒山爲北岳岱之與泰衡之與霍皆一山而有兩名
也張揖云天柱謂之霍山漢書地理志云天柱在廬江灊縣
則霍山在江北而與江南衡爲一者郭璞爾雅注云霍山今
在廬江灊縣灊水出焉別名天柱山漢武帝以衡山遼曠故
移其神於此今其彼土俗人皆呼之爲南岳南岳本自以兩
山爲名非從近來也而學者多以霍山不得爲南岳又云漢

武帝來始乃名之卽如此言謂武帝在爾雅前乎斯不然矣是解衡霍二名之由也書傳多云五岳以嵩高爲中岳此云四岳者明巡守至於四岳故也風俗通云泰山山之尊者一曰岱宗岱始也宗長也萬物之始陰陽交代故爲五岳之長王者受命恒封禪之衡山一名霍山言萬物霍然大也華變也萬物變由西方也恒常也萬物伏北方有常也二月至於岱宗不指岳名者巡守之始故詳其文三時言岳名一明岱亦是岳因事宜而互相見也四巡之後乃云歸格則是一出而周四岳故知自東岳而卽南行以五月至也王者順天道以行人事故四時之月各當其時之中故以仲月至其岳上去歲二月東巡守以二月始發者此四時巡守之月皆以至岳爲文東巡以二月至非發時也但舜以正月有事二月卽發行耳鄭玄以爲每岳禮畢而歸仲月乃復更去若如鄭言當於東巡之下卽言歸格後以如初包之何當北巡之後始言歸乎且若來而復去計程不得周徧此事不必然也其經南云如岱禮西云如初北云如西禮者見四時之禮皆同互文以明耳不巡中岳者蓋近京師有事必聞不慮枉滯且諸侯分配四方無屬中岳故不須巡之也○朔巡守○正義曰釋訓云朔北方也故堯典及此與禹貢皆以朔言北史變文耳○傳巡守至一牛○正義曰此承四巡之下是巡守既徧然

後歸也以上受終在文祖之廟知此以告至文祖之廟才藝文德其義相通故藝爲文也文祖藝祖史變文耳王制說巡守之禮云歸格于祖禰用特此不言禰故傳推之言祖則考著考近於祖舉尊以及卑也特者獨也故爲一牛此惟言文祖故云一牛徧告諸廟廟用一牛故鄭注彼云祖下及禰皆一牛也此時舜始攝位未自立廟故知告堯之文祖也○傳各會至可知○正義曰此揔說巡守之事而言羣后四朝是言四方諸侯各自會朝於方岳之下凡四處別朝故云四朝上文肆覲東后是爲一朝四岳禮同四朝見矣計此不宜須重言之爲將說敷奏之事敷奏因朝而爲故申言之申重也此是巡守大法文在舜攝位之時嫌堯本不然故云堯舜同道舜攝則然堯又可知也堯法已然舜無增改而言此以美舜者道同於堯足以爲美故史錄之○傳敷陳至能用○正義曰敷者布散之言與陳設義同故爲陳也奏是進上之語故爲進也諸侯四處來朝每朝之處舜各使陳進其治理之言令自說已之治政既得其言乃依其言明試之以要其功以如其言卽功實成則賜之車服以表顯其人有才能可用也人以車服爲榮故天子之賞諸侯皆以車服賜之覲禮云天子賜侯氏以車服是也

肇十有二州 肇始也禹治水之後舜分冀州爲幽州并州分青州爲營

州始置十二州○肇音兆十有二州謂冀兖青徐荆楊豫梁雍并幽營也**封十有二山濬川**封大也每州之名山殊大者以爲其州之鎮有流川則深之使通利○濬荀俊反**象以典刑**象法也法用常刑用不越法**流宥五刑**宥寬也以流放之法寬五刑○宥音又馬云宥二宥也**鞭作官刑**以作爲治官事之刑**扑作教刑**扑榎楚也不勤道業則撻之○扑普卜反徐敷卜反榎皆雅反**金作贖刑**金黃金誤而入刑出金以贖罪○贖石欲反徐音樹**眚災肆赦怙終賊刑**眚過災害肆緩賊殺也過而有害當緩赦之怙姦自終當刑殺之○眚所景反怙音戶**欽哉欽哉惟刑之恤哉**舜陳典刑之義勑天下使敬之憂欲得中○恤峻律反憂也**流共工于幽洲**象恭滔天足以惑世故流放之幽洲北裔水中可居者曰州○共音恭左傳少皡氏有不才子毁信廢忠崇飾惡言靖僭庸回服讒蒐慝以誣盛德天下之民謂之窮奇杜預云卽共工裔以制反**放驩兜于崇山**黨於共工罪惡同崇山南裔○驩呼端反兜丁侯反左傳

帝鴻氏有不才子掩義隱賊好行凶德醜類惡物頑嚚不友是與比周天下之民謂之渾敦杜預云卽驩兜也帝鴻黃帝也

竄三苗于三危三苗國名縉雲氏之後爲諸侯號饕餮三危西裔○竄七亂反三苗馬王云國名也縉雲氏之後爲諸侯蓋饕餮也左傳縉雲氏有不才子貪于飲食冒于貨賄侵欲崇侈不可盈厭聚斂積實不知紀極不念孤寡不恤窮匱天下之民以比三凶謂之饕餮杜預云縉雲黃帝時官名非帝子孫故以比三凶也貪財曰饕貪食曰餮縉音晉饕土刀反餮他節反

殛鯀于羽山方命圮族績用不成殛竄放流皆誅也異其文述作之體羽山東裔在海中○殛紀力反鯀故本反左傳顓頊氏有不才子不可教訓不知話言告之則頑舍之則嚚傲狠明德以亂天常天下之民謂之檮杌杜預云卽鯀也檮杌凶頑無儔匹之貌

四罪而天下咸服皆服舜用刑當其罪故作者先敘典刑而連引四罪明皆徵用所行於此揔見之

【疏】肇十至咸服○正義曰史言舜既攝位出行巡守復分置州域重慎刑罰於禹治水後始分置十有二州每州以一大山爲鎮殊大者十有二山深其州內之川使水通利又留意於民詳其罪罰依法用其常刑使罪各當刑不越法用流放之法寬

宥五刑五刑雖有犯者或以恩減降不使身服其罪所以流放宥之五刑之外更有鞭作治官事之刑有扑作師儒教訓之刑其有意善功惡則令出金贖罪之刑若過誤爲害原情非故者則緩縱而赦放之若怙恃姦詐終行不改者則賊殺而刑罪之舜慎刑如此又設言以誡百官曰敬之哉敬之哉推此刑罰之事最須憂念之哉令勤念刑罰不使枉濫也又言舜非於攝位之後方始重慎刑罪初於登用之日即用刑當其罪流徙共工於北裔之幽州放逐驩兜於南裔之崇山竄三苗于西裔之三危誅殛伯鯀于東裔之羽山行此四罪各得其實而天下皆服從之○傳肇始至二州○正義曰肇始釋詁文禹貢治水之時猶爲九州今始爲十二州知禹治水之後也禹之治水通鯀九載爲作十有三載則舜攝位元年九州始畢當是二年之後以境界太遠始別置之知分冀州爲幽州并州者以王者廢置理必相沿周禮職方氏九州之名有幽并無徐梁周立州名必因於古知舜時當有幽并職方幽并山川於禹貢皆冀州之域知分冀州之域爲之也爾雅釋地九州之名於禹貢無梁青而有幽營云燕曰幽州齊曰營州孫炎以爾雅之文與職方禹貢並皆不同疑是殷制則營州亦有所因知舜時亦有營州齊即青州之地知分青州爲之於此居攝之時始置十有二州蓋終舜之世常然

宣三年左傳云昔夏之方有德也貢金九牧則禹登王位還
置九州其名蓋如禹貢其境界不可知也○傳封大至通利
正義曰釋詁云冢大也舍人曰冢封之大也定四年左傳云
封豕長蛇相對是封為大也周禮職方氏每州皆云其山鎮
曰某山揚州會稽荊州衡山豫州華山雍州嶽山冀州霍山
并州恒山幽州醫無閭青州沂山兗州岱山是周時九州之
內最大之山舜時十有二山事亦然也州內雖有多山取其
最高大者以為其州之鎮特舉其名是殊大之也其有川無
大無小皆當深之故云濬川有流川則深之使通利也職方
氏每州皆云其川其浸亦舉其州內大川但令小大俱通不
復舉其大者故直云濬之而已○傳象法至越法○正義曰
易繫辭云象也者象此者也又曰天垂象聖人則之是象為
倣法故為法也五刑雖有常法所犯未必當條皆須原其本
情然後斷決或情有差降俱被重科或意有不同失出失入
皆是違其常法故令依法用其常刑用之使不越法也○傳
宥寬至五刑○正義曰寬宥周語文流謂徙之遠方放使生
活以流放之法寬縱五刑也此惟解以流宥之刑而不解宥
寬之意鄭玄云其輕者或流放之四罪是也王肅云謂君不
忍刑殺宥之以遠方然則知此是據狀合刑而情差可恕全
赦則太輕致刑即太重不忍依例刑殺故完全其體宥之遠

方應刑不刑是寬縱之也上言典刑此言五刑者其法是常其數則五象以典刑謂其刑之也流宥五刑謂其遠縱之也流言五刑則典刑亦五其文互以相見王肅云言宥五刑則正五刑見矣是言二文相通之意也典刑是其身流宥離其鄉流放致罪爲輕此鞭爲故次典刑之下先言流宥鞭扑雖輕猶虧其體比於出金贖罪又爲輕且呂刑五罰雖主贖五刑其鞭扑之罪亦容輸贖故後言之此正刑五與流宥鞭扑俱有常法典字可以統之故發首言典刑也○傳以鞭至之刑○正義曰此有鞭刑則用鞭久矣周禮滌狼氏誓大夫曰敢不關鞭五百左傳有鞭徒人費圉人犖是也子玉使鞭七人衛侯鞭師曹三百日來亦皆施用大隨造律方使廢之治官事之刑者言若於官事不治則鞭之蓋量狀加之未必有定數也○傳扑榎至撻之○正義曰學記云榎楚二物以收其威鄭玄云榎楷也楚荊也二物可以扑撻犯禮者知扑是榎楚也既言以收其威知不勤道業則撻之益稷云撻以記之又大射鄉射皆云司馬搢扑則扑亦官刑惟言作教刑者官刑鞭扑俱用教刑惟扑而已故屬扑於教其實官刑亦當用扑蓋重者鞭之輕者撻之○傳金黃至贖罪○正義曰此以金爲黃金呂刑其罰百鍰傳爲黃鐵俱是贖罪而金鐵不同者古之金銀銅鐵揔號爲金別之四名耳釋器云黃金謂

之濫白金謂之銀是黃金白銀俱名金也周禮考工記攻金之工築氏爲削冶氏爲殺矢鳧氏爲鍾㮚氏爲量段氏爲鎛桃氏爲劒其所爲者有銅有鐵是銅鐵俱名爲金則鐵名亦包銅矣此傳黃金吕刑黃鐵皆是今之銅也古之贖罪者皆用銅漢始改用黃金但少其斤兩令與銅相敵故鄭玄駁異義言贖死罪千鍰鍰六兩大半兩爲四百一十六斤十兩六半兩銅與金贖死罪金三斤爲價相依附是古贖罪皆用銅也實謂銅而謂之金鐵知傳之所言謂銅爲金鐵耳漢及後魏贖罪皆用黃金後魏以金難得合金一兩收絹十匹今律乃復依古死罪贖銅一百二十斤於古稱爲三百六十斤孔以鍰爲六兩計千鍰爲三百七十五斤今贖輕於古也誤而入罪出金以贖卽律過失殺傷人各依其狀以贖論是也吕刑所言疑赦乃罰者卽今律疑罪各從其實以贖論是也疑謂虛實之證等是非之理均或事涉疑似旁無證見或雖有證見事非疑似如此之類言皆爲疑罪疑而罰贖吕刑已用言誤而輸贖於文不顯故此傳指言誤而入罪以解此贖鞭扑加於人身可云扑作教刑金非加人之物而言金作贖刑出金之與受扑俱是人之所患故得指其所出以爲刑名○刑傳告過至殺之○正義曰春秋言肆眚者皆謂緩縱過失之人是肆爰緩也眚爰過也公羊傳云害物曰災是爲害也宣

二年左傳晉侯殺趙盾使鉏麑賊之是賊爲殺也此經二句
承上典刑之下摠言用刑之罪○過而有害雖據狀合罪而原
心非故如此者當緩赦之小則恕之大則宥之上言流宥贖
刑是也怙恃姦詐欺罔時人以此自終無心改悔如此者當
刑殺之小者刑之大者殺之上言典刑及鞭扑皆是也經言
賊刑傳云刑殺不順經文者隨便言之○傳舜陳至得中○
正義曰此經二句舜之言也不言舜曰以可知而略之舜既
制此典刑又陳典刑之義以勑天下百官使敬之哉敬之哉
惟刑之憂哉憂念此刑恐有濫失欲使得中也○傳象恭至
曰洲○正義曰堯典言共工之行云靜言庸違象恭滔天言
貌象恭敬傲狠漫天足以疑惑世人故流放也左傳說此事
言投諸四裔釋地云燕曰幽州知北裔也水中可居者曰洲
釋水文李巡曰四方有水中央高獨可居故曰洲天地之勢
四邊有水鄒衍書說九州之外有瀛海環之是九州居水內
故以州爲名共在一洲之上分之爲九耳州取水內爲名故
引爾雅解州也投之四裔裔訓遠也當在九州之外而言於
幽州者在州境之北邊也禹貢羽山在徐州三危在雍州故
知北裔在幽州下三者所居皆言山名此共工所處不近大
山故舉州言之此流四凶在治水前於時未作十有二州則
無幽州之名而云幽州者史據後定言之○傳黨於至南裔

正義曰共工象恭滔天而驩兜薦之是黨於共工罪惡同故放之也左傳說此事云流四凶族投諸四裔則四方方各有一人幽州在北裔雍州三危在西裔徐州羽山在東裔三方既明知崇山在南裔也禹貢無崇山不知其處蓋在衡嶺之南也○傳三苗至西裔○正義曰昭元年左傳說自古諸侯不用王命者虞有三苗夏有觀扈知三苗是國其國以三苗爲名非三國也杜預言三苗地闕不知其處三凶皆是王臣則三苗亦應是諸夏之國入仕王朝者也文十八年左傳言縉雲氏有不才子貪于飲食冒于貨賄侵欲崇侈不可盈厭聚斂積實不知紀極不分孤寡不恤窮匱天下之民以比三凶謂之饕餮即此三苗是也知其然者以左傳說此事言舜臣堯流四凶族渾敦窮奇檮杌饕餮投諸四裔以禦螭魅謂此驩兜共工三苗與鯀也雖知彼言四凶此等四人但名不同莫知孰是惟當驗其行跡以別其人左傳說窮奇之行云靖譖庸回堯典言共工之行云靜言庸違其事既同知窮奇是共工也左傳說渾敦之行云醜類惡物是與比周堯典言驩兜薦舉共工與惡比周知渾敦是驩兜也左傳說檮杌之行言不可教訓不知話言傲狠明德以亂天常堯典言鯀之行云咈哉方命圮族其事既同知檮杌是鯀也惟三苗之行堯典無文鄭玄具引左傳之文乃云命驩兜舉共工則驩兜

爲渾敦也共工爲窮奇也鯀爲檮杌也而三苗爲饕餮亦可知是先儒以書傳相考知三苗是饕餮也禹貢雍州言三危既宅三苗丕敘知三危是西裔也○傳方命至海中○正義曰方命圮族是其本性績用不成試而無功二者俱是其罪故並言之釋言云殛誅也傳稱流四凶族者皆是流而謂之殛竄放流皆誅者流者移其居處若水流然罪之正名故先言也放者使之自活竄者投棄之名殛者誅責之稱俱是流徙異其文述作之體也四者之次蓋以罪重者先共工滔天爲罪之最大驩兜與之同惡故以次之祭法以鯀障洪水故列諸祀典功雖不就爲罪最輕故後言之禹貢徐州云蒙羽其藝是羽山爲東裔也漢書地理志羽山在東海郡祝其縣西南海水漸及故言在海中也○傳皆服至見之○正義曰此四罪者徵用之初卽流之也舜以微賤超升上宰初來之時天下未服既行四罪故天下皆服舜用刑得當其罪也自象以典刑以下徵用而卽行之於此居攝之後追論成功之狀故作者先敘典刑言舜重刑之事而連引四罪述其刑當之驗明此諸事皆是徵用之時所行於此揔見之也知此等諸事皆徵用所行者洪範云鯀則殛死禹乃嗣興僖三十三年左傳云舜之罪也殛鯀其舉也興禹襄二十一年左傳云鯀殛而禹興此三者皆言殛鯀而後用禹爲治水是徵用時

事四罪在治水之前明是徵用所行也又下云禹讓稷契皐陶帝因追美三人之功所言稷播百穀契敷五教皐陶作士皆是徵用時事皐陶所行五刑有服五流有宅即是象以典刑流宥五刑此爲徵用時事足可明矣而鄭玄以爲禹治水事畢乃流四凶故王肅難鄭言若待禹治水功成而後以鯀爲無功殛之是爲舜用人子之功而流放其父則禹之勤勞適足使父致殛爲舜失五典克從之義禹陷三千莫大之罪進退無據亦甚迂哉

二十有八載帝乃殂落殂落死也堯年十六即位七十載求禪試舜三載自正月上日至崩二十八載堯死壽一百一十七歲○殂才枯反

百姓如喪考妣考妣父母言百官感德思慕○喪如字又息浪反妣必履反父曰考母曰妣

三載四海遏密八音遏絕密靜也八音金石絲竹匏土革木四夷絕音三年則華夏可知言盛德恩化所及者遠○遏安葛反或音謁八音謂金鍾也石磬也絲琴瑟也竹箎笛也匏笙也土塤也革鼓也木柷敔也匏白交反

【疏】二十至八音○正義曰舜受終之後攝天子之事二十有八載帝堯乃死百官感德思慕如喪考妣三載之內四海之人蠻夷戎狄皆絕靜八音而不復作樂是堯盛德恩化

所及者遠也○傳殂落至七歲○正義曰殂落死也釋詁文李巡曰殂落堯死之稱郭璞曰古死尊卑同稱故書堯曰殂落舜曰陟方乃死謂之殂殂落者蓋殂爲往也言人命盡而往落者若草木葉落也堯以十六即位明年乃爲元年七十載求禪求禪之時八十六也試舜三年自正月上日至崩二十八載揔計其數凡壽一百一十七歲案堯典求禪之年即得舜而試之求禪試舜共在一年也更得二年即爲歷試三年故下傳云歷試二年與攝位二十八年合得爲三十在位故王肅云徵用三載其一在徵用之年其餘二載與攝位二十八年凡三十歲也故孔傳云歷試二年明其一年在徵用之限以此計之准有一百一十六歲不得有七蓋誤爲七也○傳考妣至思慕○正義曰曲禮云生曰父母死曰考妣鄭玄云考成也言其德行之成也妣之言媲也媲於考也喪服爲父爲君同服斬衰檀弓說事君之禮云服勤至死方喪三年鄭玄云方喪資於事父凡此以義爲制義重則恩輕其情異於父如喪考妣言百官感德情同父母思慕深也諸經傳言百姓或爲百官或爲萬民知此百姓是百官者以喪服庶民爲天子齊衰三月畿外之民無服不得如考妣故知百官也○傳遏絕至者遠○正義曰密靜釋詁文遏止絕之義故爲絕也周禮太師云播之以八音金石土革絲木匏竹鄭云金

鍾鎛也石磬也土塤也革鼓鼗也絲琴瑟也木柷敔也匏笙也竹管簫也傳言八音與彼次不同者隨便言耳釋地云九夷八狄七戎六蠻謂之四海夷狄尚絕音三年則華夏內國可知也喪服諸侯之大夫爲天子正服繐衰既葬除之今能使四夷三載絕音言堯有盛德恩化所及遠也

月正元日舜格于文祖 月正正月元日上日也舜服堯喪三年畢將即政故復至文祖廟告○復扶又反

詢于四岳闢四門 詢謀也謀政治於四岳開闢四方之門未開者廣致衆賢○闢婢亦反徐甫亦反

明四目達四聰 廣視聽於四方使天下無壅塞

咨十有二牧曰食哉惟時 咨亦謀也所重在於民食惟當敬授民時

柔遠能邇惇德允元 柔安邇近敦厚也元善之長言當安遠乃能安近厚行德信使足長善○惇音敦長張丈反下同

而難任人蠻夷率服 任佞難拒也佞人斥遠之則忠信昭於四夷皆相率而來服○難音乃旦反任音壬又音而鴆反

［疏］月正至率服○正義曰自此已下言舜眞爲天子命百官授職之事舜既除堯喪以明年之月正元日舜至於

文祖之廟告已將卽正位爲天子也告廟既訖乃謀政治於四岳之官所謀開四方之門大爲仕路致衆賢也明四方之目使爲已遠視四方也達四方之聦使爲已遠聽聞四方也恐遠方有所擁塞令爲已悉聞見之既謀於四岳又別勑州牧咨十有二牧曰人君最所重者在於民之食哉惟當敬授民之天時無失其農要爲政務在安民當安彼遠人則能安近人耳遠人不安則近亦不安欲令遠近皆安之也又當厚行德信而使足爲善長欲令諸侯皆厚行其德爲民之師長而難拒佞人斥遠之使不干朝政如是則誠信昭於四夷自然蠻夷皆相率而來服也○傳月正至廟告○正義曰正訓長也月正言月之最長正月長於諸月月正還是正月也上日日之最上元日日之最長元日還是上日王肅云月正元日猶言正月上日變文耳禮云令月吉日又變文言吉月令辰此之類也知舜服堯喪三年畢將卽政者以堯存且攝其位堯崩謙而不居孟子云堯崩三年喪畢舜避丹朱於南河之南天下諸侯朝覲者不之堯子而之舜獄訟者不之堯子而之舜謳歌者不之堯子而謳歌舜曰天也然後之中國踐天子位既言然矣此文又承三載之下故知舜服堯喪三年畢將欲卽政復至文祖廟告前以攝位告今以卽政告也此猶是堯之文祖自此以後舜當自立文祖之廟堯之文祖當

還於丹朱之國也○傳詢謀至衆賢○正義曰詢謀釋詁文闢訓開開四方之門謂開仕路引賢人也論語云從我於陳蔡者皆不及門也門者行之所由故以門言仕路以堯舜之聖求賢久矣今更言開門是開其未開者謂多設取士之科以此廣致衆賢也○傳廣視至壅塞○正義曰聰謂耳聞之也既云明四目不云聰四耳者目視苦其不明耳聽貴其及遠明謂所見博達謂聽至遠二者互以相見故傳揔申其意廣視聽於四方使天下無壅塞天子之聞見在下必由近臣四岳親近之官故與謀此事也○傳咨亦至民時○正義曰咨謀釋詁文以上帝曰咨上連帝曰故爲咨嗟此則上有詢于四岳言咨十有二牧故爲謀也立君所以牧民民生在於粒食是君之所重論語云所重民食謂年穀也種殖收斂及時乃穫故惟當敬授民時○傳柔安至長善○正義曰柔安邇近惇厚皆釋詁文元善之長易文言也安近不能安遠遠人或來擾亂雖欲安近近亦不安人君爲政若其不能安近但戒使之柔遠故能安近言當安彼遠人乃能安近欲令遠言皆安也○王肅云能安遠者先能安近知不然者以牧在遠方故據遠近之惇德者令人君厚行德也允元者信使足爲長善也言人君厚行德之與信使足爲善長民必效之爲善而行也○傳任佞至來服○正義曰任佞釋詁文孫炎云似

可任之佞也論語說爲邦之法云遠佞人佞人殆故以難距佞人爲斥遠之令不干朝政朝無佞人則忠信昭於四夷皆相率而來服也舉蠻夷而戎狄亦見矣

舜曰咨四岳有能奮庸熙帝之載奮起庸功載事也訪羣臣有能起發其功廣堯之事者言舜曰以別堯○奮弗運反**使宅百揆亮采惠疇**亮信惠順也求其人使居百揆之官信立其功順其事者誰乎**僉曰伯禹作司空**四岳同辭而對禹代鯀爲宗伯入爲天子司空治洪水有成功言可用之**帝曰俞咨禹汝平水土惟時懋哉**然其所舉稱禹前功以命之懋勉也惟居是百揆勉行之○俞以朱反懋音茂王云勉也馬云美也**禹拜稽首讓于稷契暨皐陶**居稷官者棄也契皐陶二臣名稽首首至地○稽音啓稽首首至地臣事君之禮契息列反陶音遙**帝曰俞汝往哉**然其所推之賢不許其讓敕使往宅百揆

【疏】舜曰至往哉○正義曰舜本以百揆攝位今既即政故求置其官曰咨嗟四岳等汝於羣臣之內有能起發其功廣大帝堯之事者我欲使之

居百揆之官在官而信立其功於事能順者其是誰乎四岳
皆曰伯禹作司空有成功惟此人可用帝曰然然其所舉得
人也乃咨嗟勑禹汝本平水土實有成功惟當居是百揆而
勉力行哉禹拜稽首讓于稷契與皋陶帝曰然然其所讓實
賢也汝但往居此職不許其讓也○傳奮起至別堯○正義
曰奮是起動之意故爲起也釋詁云庸勞也勞亦功也鄭玄
云載行也王肅云載成也孔以載爲事也各自以意訓耳舜
受堯禪當繼行其道行之在於任臣百揆臣之最貴求能起
發其功廣大帝堯之事者欲任之舜既即位可以稱帝而言
舜曰者承堯事下言舜曰以別堯於此一別以下稱帝也○
傳亮信至誰乎○正義曰亮信釋詁文惠順釋言文上云舜
納於百揆百揆是官名故求其人使居百揆之官居官則當
信立其功能順其事者誰乎此官任重當統羣職繼堯之功
故歷言所順而後始問誰乎異於餘官先言疇也○傳四岳
至用之○正義曰僉訓爲皆故云四岳皆同辭而對也國語
云有崇伯鯀堯殛之於羽山賈逵云崇國名伯爵也禹代鯀
爲崇伯入爲天子司空以其伯爵故稱伯禹言人之賢而舉
其爲官知禹治洪水自成功言可用也○傳然其至行之○
正義曰禹平水土往前之事嫌其今復命之令平水土故云
稱禹前功以命之懋勉釋詁文○傳居稷至首至地○正義

曰下文帝述三人遂變稷爲棄故解之居稷官者棄也獨稱官者出自禹意耳不必著義鄭云時天下賴后稷之功故以官名通稱或當然也經因稷契名單共文言暨皐陶爲文勢耳三人爲此次者蓋以官尊卑爲先後也周禮太祝辨九拜一曰稽首稽首爲敬之極故爲首至地稽首是拜内之別名爲拜乃稽首故云拜稽首也

帝曰棄黎民阻飢汝后稷播時百穀阻難播布也衆人之難在於饑汝后稷布種是百穀以濟之美其前功以勉之○阻莊呂反王云難也播波左反

疏 帝曰棄至百穀○正義曰帝因禹讓三人而官不轉各述其功以勸之帝呼稷曰棄往者洪水之時衆民之難難在於飢汝君爲此稷之官教民布種是百穀以濟活之言我知汝功當勉之○傳阻難至勉之○正義曰阻難釋詁文播是分散之義故爲布也王肅云播敷也堯遭洪水民不粒食故衆民之難在於飢也稷是五穀之長立官主此稷事后訓君也帝言汝君此稷官布種是百穀以濟救之追美其功以勸勉之上文讓於稷稷契益稷云暨稷呂刑云稷降播種國語云稷爲天官單名爲稷尊而君之稱爲后稷故詩傳孝經皆以后稷爲言非官稱后也

帝曰契百姓不親五品不遜五品

謂五常遜順也**汝作司徒敬敷五教在寬**布五常之教務在寬所以得人心亦美其前功

【疏】帝曰契至在寬○正義曰帝又呼契曰往者天下百姓不相親睦家內尊卑五品不能和順汝作司徒之官謹敬布其五常之教務在於寬故使五典克從是汝之功宜當勉之○傳五品至順也○正義曰品謂品秩一家之內尊卑之差卽父母兄弟子是也教之義慈友恭孝此事可常行乃爲五常耳傳上云五典克從卽此五品能順上傳以解五典爲五常又解此以同之故云五品謂五常其實五常據教爲言不據品也遜順常訓也不順謂不義不慈不友不恭不孝也○傳布五至前功○正義曰文十八年左傳云布五教於四方父義母慈兄友弟恭子孝是布五常之教也論語云寬則得衆故務在寬所以得民心也治不遜之罪宜峻法以繩之而貴其務在寬者此五品不遜自是禮教不行風俗未淳耳未有殺害之罪故教之務在於寬若其不孝不恭其人至於逆亂而後治之於事不得寬也

帝曰皋陶蠻夷猾夏寇賊姦宄猾亂也夏華夏羣行攻刼曰寇殺人曰賊在外曰姦在內曰宄言無教所致○猾戶八反寇苦豆反宄音軌**汝作士五刑有**

服士理官也五刑墨劓剕宫大辟服從也言得輕重之中正○劓魚器反截鼻也剕扶味反刖足也大辟婢亦反死刑也五服三就既從五刑謂服罪也行刑當就三處大罪於原野大夫於朝士於市○處昌慮反朝直遙反五流有宅五宅三居謂不忍加刑則流放之若四凶者五刑之流各有所居五居之差有三等之居大罪四裔次九州之外次千里之外惟明克允言皋陶能明信五刑施之遠近蠻夷猾夏使咸信服無敢犯者因禹讓三臣故歷述之

疏帝曰皋陶至克允　正義曰帝呼皋陶曰往者蠻夷戎狄猾亂華夏又有強寇劫賊外姦內宄者爲害甚大汝作士官治之皆能審得其情致之五刑之罪受罪者皆有服從之心言輕重得中悉無怨恨也五刑有服從者於三處就而殺之其有不忍刑其身者則斷爲五刑而流放之五刑之流各有所居處五刑所居於三處居之所以輕重罪得其宜受罪無怨者惟汝識見之明能使之信服故姦邪之人無敢更犯是汝之功宜當勉之因禹之讓以次誡之○傳猾亂至之致○正義曰猾者狡猾相亂故猾爲亂也夏訓大也中國有文章光華禮義之大定十年左傳云裔不謀夏夷不亂華是中國爲華夏也寇者衆聚爲之賊者殺害之稱

故羣行攻刼曰寇殺人曰賊成十七年左傳云亂在外爲姦在內爲宄是在外曰姦在內曰宄也寇賊姦宄皆是作亂害物之名也蠻夷猾夏與兵犯邊害大故先言之寇賊姦宄皆國內之害小故後言之管子曰倉廩實知禮節衣食足知榮辱讓生於有餘爭生於不足往者洪水爲災下民飢困內有寇賊爲害外則四夷犯邊皆言無教之致也唐堯之聖協和萬邦不應末年頓至於此蓋少有其事辭頗增甚歸功於人作與奪之勢耳○傳士理至中正○正義曰士即周禮司寇之屬有士師鄉士等皆以士爲官名鄭玄云士察也主察獄訟之事月令云命大理昭十四年左傳云叔魚攝理是謂獄官爲理官也準呂刑文知五刑謂墨劓剕宮大辟也人心服罪是順從之義故爲從也所以服者言得輕重之中正也呂刑云咸庶中正是也○傳既從至於市○正義曰經言五服謂皋陶所斷五刑皆服其罪傳既訓服爲從故云既從五刑謂服罪也行刑當就三處惟謂大辟罪耳魯語云刑五而已無有隱者大刑用甲兵次刑斧鉞中刑刀鋸其次鑽笮薄刑鞭扑以威民故大者陳之原野小者致之市朝五刑三次是無隱也孔用彼爲說故以三就爲原野與朝市也國語賈逵注云用兵甲者諸侯逆命征討之刑也大夫已上於朝士已下於市傳雖不言已上已下爲義亦當然也國語云五刑者

謂甲兵也斧鉞也刀鋸也鑽笮也鞭扑也與呂刑之五刑異
也所言三次即此三就是也惟死罪當分就處所其墨劓剕
宫無常處可就也馬鄭王三家皆以三就爲原野也市朝也
甸師氏也案刑於甸師氏者王之同族刑於隱者不與國人
慮兄弟耳非所刑之正處此言正刑不當數甸師也又市朝
異所不得合以爲一且皆國語之文其義不可通也○傳謂
不至之外○正義曰此五流有宅即流宥五刑也當在五刑
而流放之故知謂不忍加刑則流放之若四凶也鄭玄云舜
不刑此四人者以爲堯臣不忍刑之王肅云謂在八議之辟
君不忍殺宥之以遠八議者周禮小司寇所云議親議故議
賢議能議貴議賓議勤是也以君恩不忍殺罪重不可全赦
故流之也五刑之流各有所居謂徙置有處也五居之差有
三等之居量其罪狀爲遠近之差也四裔最遠在四海之表
故大罪四裔謂不犯死罪也故周禮調人職云父之讐辟諸
海外即與四裔爲一也次九州之外即王制云入學不率教
者屏之遠方西方曰棘東方曰寄注云偪寄於夷狄也與此
九州之外同也次千里之外者即調人職云兄弟之讐辟諸
千里之外也立政云中國之外不同者言中國者據罪人所
居之國定千里也據其遠近其實一也周禮與王制既有三
處之别故約以爲言鄭玄云三處者自九州之外至於四海

三分其地遠近若周之夷鎮蕃也然罪有輕重不同豈五百里之校乎不可從也○傳言皐至述之○正義曰惟明謂皐陶之明克允謂受罪者信服故王肅云惟明其罪能使之信服是信施於彼也但彼人信服由皐陶有信故傳言皐陶能明信五刑施之遠近蠻夷使咸信服主言信者見其皐陶有信故彼信之也

帝曰疇若予工

僉曰垂哉問誰能順我百工事者朝臣舉垂垂臣名○垂如字徐音睡〔疏〕傳問誰至臣名○正義曰考工記云國有六職百工與居一焉工即百工故云問誰能順我百工事者直言帝曰無所偏咨故知僉曰是朝臣共舉垂也

帝曰俞咨垂汝共工共謂供其職事○共音恭〔疏〕傳共謂供其職事○正義曰堯典傳云共工官稱郎彼以共工二字爲官名上云疇若予工單舉工名今命此人云汝作共工明是帝謂此人堪供此職非是呼此官名爲共工也其官或以共工爲名要帝意言共謂供此職也

垂拜稽首讓于殳斨暨伯與殳斨伯與二臣名○斨七良反與音餘

帝曰俞往哉汝諧汝能諧和此官

帝曰疇若予上下草木鳥獸僉

曰益哉上謂山下謂澤順謂施其政教取之有時用之有節言伯益能之。益皐陶子也〔疏〕傳上謂至能之。正義曰言上下草木鳥獸則上之與下各有草木鳥獸卽周禮山虞澤虞之官各掌其教知上謂山下謂澤也順其草木鳥獸之宜明是施其政教取之有時用之有節也馬鄭王本皆爲禹曰益哉是字相近而彼誤耳帝曰俞咨益汝作朕虞虞掌山澤之官〔疏〕作朕虞。正義曰此官以虞爲名帝言作我虞耳朕非官名也鄭玄云言朕虞重鳥獸草木漢書王莽自稱爲予立予虞之官則莽謂此官名爲朕虞其義必不然也益拜稽首讓于朱虎熊羆帝曰俞往哉汝諧朱虎熊羆二臣名垂益所讓四人皆在元凱之中。羆彼皮反〔疏〕傳朱虎至之中正義曰知垂。所讓四人皆在元凱之中者以文十八年左傳入元之內有伯虎仲熊卽此朱虎熊羆是也虎熊在元凱之內明殳斨伯與亦在其內但不知彼誰當之耳益是皐陶之子皐陶卽庭堅也益在八凱之內垂則不可知也傳不在伯夷夔龍之下爲此言者以伯夷姜姓不在元凱之內夔龍亦不可知惟言此四人耳傳雖言殳斨伯與亦難知也帝曰咨

四岳有能典朕三禮僉曰伯夷三禮天地人之禮伯夷臣名姜
姓〔疏〕傳三禮至姜姓○正義曰此時秩宗卽周禮之宗伯
也其職云掌天神人鬼地祇之禮雖三者併爲吉禮
要言三禮者是天地人之事故知三禮是天地人之禮上文
舜之巡守言修五禮此云典朕三禮各有其事則五禮皆據
其所施於三處五禮所施於天地人耳言三足以包五故舉
三以言之鄭語云姜伯夷之後也伯夷能禮於神以佐堯是
伯夷爲姜姓也此經不言疇者訪其有
能是問誰可知上文已具此略之也帝曰俞咨伯汝
作秩宗秩序宗尊也主郊廟之官〔疏〕傳秩序至之官○正義曰堯典
傳已訓秩爲序此復訓者此爲
官名須辨官名之義故詳之也宗之爲尊常訓也主郊廟之
官掌序鬼神尊卑故以秩宗爲名郊謂祭天南郊祭地北郊
廟謂祭先祖卽周禮所謂
天神人鬼地祇之禮是也夙夜惟寅直哉惟清夙早
也言早夜敬思其職典禮施政教
使正直而清明○寅如字徐音夷〔疏〕傳夙早也言早夜敬
思其職典禮施政教
使正直而清明○正義曰夙早釋詁文早夜敬服其職謂侵
早已起深夜乃臥謹敬其職事也典禮之官施行教化使正

直而清明正直不枉曲也清明不暗昧也伯拜稽首讓于夔龍夔龍二臣名。夔音求龜反帝曰俞往欽哉然其賢不許讓帝曰夔命汝典樂教冑子冑長也。謂元子以下至卿大夫子弟以歌詩蹈之舞之教長國子中和祗庸孝友。冑直又反王云冑子國子也馬云冑長也教長天下之子弟直而溫寬而栗教之。正直而溫和寬弘而能莊栗。莊栗戰栗也剛而無虐簡而無傲剛失之虐簡失之傲教之以防其失詩言志歌永言謂詩言志以導之歌詠其義以長其言。永徐音詠又如字聲依永律和聲聲謂五聲宮商角徵羽律謂六律六呂十二月之音氣言當依聲律以和樂八音克諧無相奪倫神人以和倫理也八音能諧理不錯奪則神人咸和命夔使勉之夔曰於予擊石拊石百獸率舞石磬也磬音之清者拊亦擊也舉清者和則其餘皆從矣樂感百獸使相率而舞則神人和可知。於如字或音烏而絕

句者非拊音撫徐音府

【疏】帝曰夔至率舞○正義曰帝因伯夷所讓隨才而任用之帝呼夔曰我令命女典掌樂事當以詩樂教訓世適長子使此長子正直而溫和寬弘而莊栗剛毅而不苛虐簡易而不傲慢教之詩樂所以然者詩言人之志意歌詠其義以長其言樂聲依此長歌爲節律呂和此長歌爲聲八音皆能和諧無令相奪道理如此則神人以此和矣夔荅舜曰嗚呼我擊其石磬拊其石磬諸音莫不和諧百獸相率而舞樂之所感如此是人神既已和矣○傳胄長至孝友○正義曰說文云胄胤也釋詁云胤繼也繼父世者惟長子耳故以胄爲長也謂元子已下至卿大夫子弟者王制云樂正崇四術立四教王太子王子羣后之太子卿大夫元士之適子皆造焉是下至卿大夫也不言元士士卑故略之彼鄭注云王子王之庶子也此傳兼言弟者蓋指太子之弟耳或孔意公卿大夫之弟亦教之國子以適爲主故言胄子也命典樂之官使教胄子下句又言詩歌之事是令夔以歌詩蹈之舞之教此適長曰子也周禮大司樂云以樂德教國子中和祇庸孝友鄭云中猶忠也和剛柔適也祇敬也庸有常也善父母曰孝善兄弟曰友是言樂官用樂教之使成此六德也樂記又云樂在宗廟之中君臣上下同聽之則莫不和敬在族黨鄉里之中長幼同聽之則莫不和順在

閨門之內父子兄弟同聽之則莫不和親是樂之感人能成忠和祇庸孝友之六德也○傳教之至莊栗○正義曰此直而溫與下三句皆使夔教胄子令性行當然故傳發首言教之也正直者失於太嚴故令正直而溫和寬弘者失於緩慢故令寬弘而莊栗謂矜莊嚴栗栗者謹敬也○傳剛失至其失○正義曰剛彊之失入於苛虐故令人剛而無虐簡易之失入於傲慢故令簡而無傲剛簡是其本性教之使無虐傲是言教之以防其失也由此而言之上二句亦直寬是其本性直失於不溫寬失於不栗故教之使溫栗也直寬剛簡即皋陶所謀之九德也九德而獨舉此四事者人之大體故特言之○傳謂詩至其言○正義曰作詩者自言己志則詩是言志之書習之可以生長志意故教其詩言志以導胄子之志使開悟也作詩者直言不足以申意故長歌之教令歌詠其詩之義以長其言謂聲長續之定本經作永字明訓永為長也○傳聲謂至和樂○正義曰周禮太師云文之以五聲宮商角徵羽言五聲之清濁有五品分之為五聲也又太師掌六律六呂以合陰陽之聲陽聲黃鐘太蔟姑洗蕤賓夷則無射陰聲大呂應鐘南呂林鐘仲呂夾鐘是六律六呂之名也漢書律曆志云律有十二陽六為律陰六為呂是陰律名同亦名呂也鄭玄云律述氣也同助陰宣氣與之同也又云

呂旅也言旅助陽宣氣也志又云律黃帝之所作也黃帝使伶倫氏自大夏之西崑崙之陰取竹於嶰谷之中各生其竅厚薄均者斷兩節之間吹之以爲黃鐘之宮制十二篇以聽鳳皇之鳴其雄聲爲六雌鳴亦六以比黃鐘之宮是爲律之本言律之所作如此聖人之作律也既以出音又以候氣布十二律於十二月之位氣至則律應是六律六呂述十二月之音氣也聲依永者謂五聲依附長言而爲之其聲未和乃用此律呂調和其五聲使應於節奏也。傳倫理至勉之。正義曰倫之爲理常訓也八音能諧相應和也各自守分不相奪道理是言理不錯亂相奪也如此則神人咸和矣帝言此者命夔使勉之也大司樂云大合樂以致鬼神示以和邦國以諧萬民以安賓客以說遠人是神人和也。傳石磬至可知。正義曰樂器惟磬以石爲之故云石磬也八音之音石磬最清故知磬是音之聲清者磬必擊以鳴之故云拊亦擊之重其文者擊有大小擊是大擊拊是小擊音聲濁者粗清者精精則難和樂清者和則其餘皆從矣商頌云依我磬聲是言磬聲清諸音來依之百獸率舞即大司樂云以作動物益稷云鳥獸蹌蹌是也人神易感鳥獸難感百獸相率而舞則神人和可知也夔言此者以帝戒之云神人以和欲使勉力感神人也乃荅帝云百獸率舞則神人以和言帝德及

鳥獸也

帝曰：龍，朕堲讒說殄行，震驚朕師。堲疾殄絕震動也。言我疾讒說絕君子之行而動驚我衆，欲遏絕之。○堲，徐在力反。讒，切韻仕咸反。說，如字，註同，徐失銳反。殄，切韻徒典反。行，下孟反，註同。

命汝作納言，夙夜出納朕命，惟允。納言，喉舌之官，聽下言納於上，受上言宣於下，必以信。○喉音侯。

疏 帝曰龍至惟允。○正義曰：帝呼龍曰：龍，我憎疾人爲讒佞之說，絕君子之行而動驚我衆人，欲遏之，故命汝作納言之官，從早至夜出納我之教命，惟以誠信，每事皆信，則讒言自絕。命龍使勉之。○傳堲疾至絕之。○正義曰：堲聲近疾，故爲疾也。殄，絕；震，動，皆《釋詁》文。讒人以善爲惡，以惡爲善，故言我疾讒說絕君子之行。衆人畏其讒口，故爲讒也。動驚我衆，欲遏止之。○傳納言至以信。○正義曰：《詩》美仲山甫爲王之喉舌。喉舌者，宣出王命，如王咽喉口舌，故納言爲喉舌之官也。此官主聽下言納於上，故以納言爲名，亦主受上言宣於下，故言出朕命。納言不納於下，朕命有出無入，官名納言，云出納朕命，互相見也。必以信者，不妄傳下言，不妄宣帝命，出納皆以信也。

帝曰：咨！汝二十有二人，禹、垂、益、伯夷、夔、龍六人新命有職，四

岳十二牧凡二十二人特勑命之**欽哉惟時亮天功**各敬其職惟是乃能信立天下之功

〔疏〕帝曰咨至天功。正義曰帝既命用衆官乃揔戒勑之曰咨嗟汝新命六人及四岳十二牧凡二十有二人汝各當敬其職事哉惟是汝等敬事則信實能立天下之功天下之功成在於汝可得不敬之哉。傳禹垂至命之正義曰傳以此文揔結上事據上文詢於四岳咨十有二牧及新命六官等適滿二十二人謂此也其稷契皋陶殳斨伯與朱虎熊羆七人仍舊故不須勑命之岳牧亦應是舊而勑命之者岳牧外內之官常所咨詢故亦勑之鄭玄云自咨十有二牧至帝曰龍皆月正元日格於文祖所勑命也案經格於文祖之後方始詢於四岳咨十二州牧未必一日之內即得行此諸事傳既不說或歷日命授乃揔勑之未必即是元日之事也鄭以爲二十二人數殳斨伯與朱虎熊羆不數四岳彼四人者直被讓而已不言居官何故勑使敬之也岳牧俱是帝所咨詢何以勑牧不勑岳也必非經旨故孔說不然

三載考績三考黜陟幽明三年有成故以考功九歲則能否幽明有別黜退其幽者升進其明者。黜丑律反**庶績咸熙分北三苗**考績法明衆功皆廣三苗

幽闇君臣善否分北流之不令相從善惡明。北如字又音佩令力呈反【疏】三載至三苗。正義曰自此以下史述舜事非帝語也言帝命羣官之後經三載乃考其功績經三考則九載黜陟幽明明者升之闇者退之羣官懼黜思升各敬其事故得衆功皆廣前流四凶時三苗之君竄之西裔更紹其嗣不滅其國舜卽政之後三苗復不從化是闇當黜之其君臣有善有惡舜復分北流其三苗北背也善留惡去使分背也。傳三年至明者。正義曰三年一閏天道成人亦可以成功故以三年考校其功之成否也九年三考則人之能否可知幽明有別黜退其幽者或奪其官爵或徙之遠方升進其明者或益其土地或進其爵位也。傳考績至惡明。正義曰考績法明人皆自勵故得衆功皆廣也分北三苗卽是黜幽之事故於考績之下言其流之分謂別之云北者言相背必善惡不同故知三苗幽闇宜黜其君臣乃有善否分背流之不令相從俱從之則善從惡俱不從則惡從善言善惡不使相從言舜之黜陟善惡明也鄭玄以爲流四凶者卿爲伯子大夫爲男降其位耳猶爲國君故以三苗爲西裔諸侯猶爲惡乃復分北流之謂分北西裔之三苗也孔傳竄三苗爲誅也其身無復官爵必非黜陟之限其所分北非彼竄者王肅云三苗之民有赦宥者復不從化不令相從分

北流之王肅意彼赦宥者復繼爲國君至不復從化故分
北流之禹繼鯀爲崇伯三苗未必絕後傳意或如肅言舜
生三十徵庸言其始見試用二十在位歷試二年攝位二十八年〔疏〕
傳歷試至八年。正義曰上云乃言厎可績三載則歷試當
三年云二年者其一即是徵用之年已在上句三十之數故
惟有二年耳受終居攝尚在臣位故五十載陟方乃
歷試并爲三十在位謂在臣位也
死方道也舜即位五十年升道南方巡守死於蒼梧之野
而葬焉三十徵庸三十在位服喪三年其一在三十之
數爲天子五十年〔疏〕傳方道至十二歲。正義曰論語云
凡壽百一十二歲可謂仁之方也巳孔註亦以方爲道
常訓也舜即位五十年從格於文祖之後數之升道謂乘道
而行也天子之行必是巡其所守之國故通以巡守爲名未
必以仲夏之月巡守南岳也檀弓云舜葬蒼梧之野是舜死
蒼梧之野因而葬焉孔以月正元日在三載遏密之下又孟
子云舜服堯三年喪畢避堯之子故服喪三年三年之喪二
十五月而畢其一年即在三十在位之數惟有二年是舜年
六十二爲天子五十年是舜凡壽百一十二歲也大禹謨云
帝曰朕宅帝位三十有三載乃求禪禹孟子云舜薦禹於天

子卞七年是在位五十年其文明矣鄭玄讀此經云舜生三十謂生三十年也登庸二十謂歷試二十年在位五十載陟方乃死謂攝位至死爲五十年舜年一百歲也史記云舜年三十堯舉用之年五十攝行天子事年五十八堯崩年六十一而踐天子位三十九年崩皆謬耳

帝釐下土方設居方言舜理四方諸侯各設其官居其方。釐力之反馬云賜也理也下土絕句讀至方字絕句

別生分類生姓也別其姓族分其類使相從。別彼列反分方云反徐扶問反

作汩作汩治作興也言其治民之功興故爲汩作之篇亡。汩音骨

九共九篇槀飫槀勞也飫賜也凡十一篇皆亡。共音恭王巳勇反法也馬同

槀苦報反飫於據反槀飫亦書篇名也汩作等十一篇同此序其文皆亡而序與百篇之序同編故存今馬鄭之徒百篇之序揔爲一卷孔以各冠其篇首而亡篇之序即隨其次篇居見存者之間衆家經文並盡此唯王注本下更有汩作九共故逸故亦作古

【疏】帝釐至槀飫。正義曰此序也孔以書序序所以爲作者之意宜相附近故引之各冠其篇首其經亡者以序附於本篇次而爲之傳故此序在此也帝舜治理下土諸侯之事爲各於其方置設其官居其所在

之方而統治之又爲民別其姓族之生分別異類各使相從作汨作篇又作九共九篇又作槀飫之篇凡十一篇皆亡○傳言舜至其方○正義曰在虞書知帝是舜也下土對天子之辭故云理四方諸侯各爲其官居其方不知若爲設之凡此三篇之序亦既不見其經闇射無以可中孔氏爲傳復順其文爲其傳耳是非不可知也他皆倣此○傳汨治至篇亡正義曰汨之爲治無正訓也作是起義故爲興也言其治民之功興以意言之耳○傳槀勞飫賜也○正義曰左傳言槁師者以師枯槁用酒食勞之是槀得爲勞也襄二十六年左傳云將賞爲之加膳加膳則飫賜是飫得爲賜也亦不知勞賜之何所謂也

附釋音尚書注疏卷第三

江西鹽法道胡稷栞

尚書注疏挍勘記卷三

阮元撰盧宣旬摘錄

尚書注疏卷第三 宋板同古本作古文尚書舜典第二虞書孔氏傳山井鼎曰古本分爲十三卷卷內有數篇每篇篇題同此宋板卷數同今本其所分少有不同今詳記之見其牴牾耳但宋板篇題虞書孔氏傳之類或有或無注疏或作正義之等參差不一又舜典以下無古文尚書四字應以古本爲正也○按十行本堯典上亦無古文尚書四字每篇題孔氏傳下各有孔穎達疏四字未知宋板如是否

舜典第二 虞書 按舜典傳乃姚方興所上梅頤本無詳見正義及釋文此亦有關古本異同故識之

似其繼世相傳 宋板似作以

曰若稽古帝舜曰重華協于帝 陸氏曰此十二字是姚方興所上孔氏傳本無阮孝緒七錄亦云然方興本或此下更有濬哲文明溫恭允塞元德升聞乃命以位凡二十八字○按方興奏上孔傳不容遽有異本疑經文濬哲以下十六字及傳三十六字又後人所加明鄭曉謂舜典孔傳乃劉光伯僞撰托名姚方興細按方興之

事見釋文序錄不可誣也惟濬哲以下十六字或劉氏所增耳或問陸氏著釋文時已知世有劉光伯乎曰隋文帝得舜典在開皇二年壬寅陸氏著書在癸卯較後一年時南北雖未混一陸氏或遙聞其說而筆之於書也

信允塞上下 古本作充塞四表至于上下也岳本作信充塞上下按古本四表與疏說不合允字作充則是也纂傳亦誤作允

豫章內史梅賾 纂傳賾作頤

聞天朝 閩本明監本毛本聞上有升字

詩毛傳訓塞爲實 實監本誤作貴

叔豹 [補]案釋文豹下有季貍二字此誤脫也

格汝舜 汝古本作女

不能嗣成帝位 纂傳成作承

是五者司爲一事　岳本司作同

自我五典五惇哉　宋板同毛本自作勑按勑字是也

檮戭　毛本禱改作檮非也

傳麓錄至於天　閩本明監本同毛本天作大非也

書傳稱越常之使久矣　閩本同毛本常作裳案說文常是裳之正字詩小雅蓼蕭周頌譜及臣工三正義皆引作常

玉者正天文之器　岳本閩本纂傳玉作王是也

以審已當天心與否　古本作以政察已當天心與否也

王云上帝天也　注　山井鼎曰此以下二十二字釋文混入于星也　古本星下有辰字

輯五瑞按輯古文作揖見漢書倪寬傳注

班瑞于羣后古本瑞上有五字

是爲主者正天文之器也閩本主作王按作王是也毛本作玉尤誤

乃日月見四岳及羣牧岳本日月作日日按日日是也毛本不誤

今史所用候臺銅儀宋板今作令

猶卵之裏黃毛本裏作裹按陳師凱曰晉志及孔疏裏字皆作裹取包裹之義是裏字誤也

又其南十二度爲夏至之日道宋板閩本纂傳同毛本二作三

耻中丞象之毛本耻作耿是也

王藩毛本藩作蕃是也

江南宋元嘉年浦鏜云中誤年□按玉海卷四引亦作年

今在太史書矣　盧文弨云書當作署○按當作臺

衡長八尺　此下纂傳有孔徑一寸四字按正義前引蔡邕云玉衡長八尺孔徑一寸蔡氏集傳因錢樂銅儀亦衡長八尺遂肊增此四字而纂傳承其誤

有而下者祭百神　岳本而作天是也閩本以下皆不誤

而傳之類謂攝位事類者　盧文弨云之當作云是也

禋之言禋　閩本明監本同毛本下禋字作烟是也

幽禜　纂傳禜作宗與記合下同○按依說文當作禜

司馬彪又上表云　盧文弨云云字疑衍○按疏中往往有小注下文歷難諸家及自言已意九字疑是小注否則云字當在已意下

東岳諸侯竟內名山大川　岳本閩本纂傳同毛本竟作境按竟境正俗字

二生 按儀禮士昏記疏引尚書云三帛二生一死贄宋單疏本生作牲考風俗通山澤篇及劉昭注補後漢書祭祀志上引此經俱作二牲是漢世經文如此孔傳古本蓋亦作牲賈疏所引尙存其舊今經及賈疏俱作生古本遂湮矣○按史記封禪書漢書郊祀志並作牲

各使陳進治禮之言 古本閩本明監本同興國本禮作理毛本亦作理案正義各使自陳進其治化之言是作禮者誤也

白虎通云王者所以巡狩者也 盧文弨浦鏜皆云也當作何是也

謂其牲幣粢盛籩豆爵獻之數 毛本幣作帛

兩銖之爲兩 宋板閩本同毛本無銖字山井鼎曰漢元文無銖

以軍禮同邦國 宋板同毛本作固按作同是也

上去歲二月東巡守 毛本去作云去字誤也

此事不必然也盧文弨云不必疑倒○按下云莽謂此官名爲朕虞其義必不然也語勢正同

肇十有二州肇唐石經作肈後竝同不悉校

每州之名山殊大者古本者作之按疏云特舉其名是殊大之也則作之爲是

以作爲治官事之刑閩本明監本同毛本作作鞭案鞭字是也

惟刑之恤哉匡謬正俗曰惟辭也蓋語之發端書云惟三月哉生魄惟十有三祀王訪于箕子之類是也古文皆惟字今文尚書易爲維音義並同

流共工于幽洲按說文無洲字水中之地本只作州後人加水相沿已久惟此句不可作洲觀孔疏直以十二州之幽州釋之則孔氏所据之經作州與孟子同若作洲則似別有一地名爲幽洲矣孔傳云水中可居者曰州此葢汎釋州字之義顧不於肇十有二州釋之而釋之於此亦不可解

水中可居者曰州閩本同岳本州作洲當是岳本誤下幽州同

每州以一大山爲鎭 宋板州上亦有一字閩本明監本並無毛本州上有一字大上無

正義曰寬宥周語文 浦鏜云宥寬字誤倒

此鞭爲 毛本此作比爲下有重字是也

周禮滌狼氏 閩本同毛本滌作條案周禮條狼氏杜子春云條讀爲滌器之滌因改而爲滌此正義例也作條誤

大隨造律 山井鼎曰隨恐隋誤○按此說非也唐人書隋字多作隨歐陽詢書皇甫誕諸碑可証

治氏爲殺矢 案治當作冶閩本亦誤

梟氏爲重 岳本重作量案量字是也閩本明監本並誤

呂刑已用言 岳本用作明是也閩本明監本並誤

是肆爰緩也眚爰過也 岳本爰並作爲是也閩本明監本並誤

總言用刑之罪岳本罪作要是也閩本明監本並誤

共在一洲之上宋板同毛本洲作州

堯死壽一百一十七歲古本岳本宋板死作凡岳本宋板無上一字纂傳歲作載

若其不能安近按若疑當作苦

欲令遠言皆安也案言當作近與下據遠言之互易而譌也

故據遠近之宋板纂傳近作言按言字是也與上互誤

禹代鯀爲宗伯岳本宗作崇是也閩本亦誤

爲拜乃稽首纂傳爲作禹是也

帝曰棄棄唐石經作弃後並同

言無教所致古本作无教之致也岳本作言無教之致

有士師卿士等　浦鏜云鄉誤卿

議能議貴　閩本議能下有議功二字案所補是也

攷傳言皋陶能明信五刑　宋板攷作故按攷非也

知垂所讓四人　按垂下脫益字

深夜乃臥　宋板深夜作夜深

謂元子以下至卿大夫子弟　古本謂上有子字元作天弟下有也字按釋文王云胄子國子也馬云胄長也教長天下之子弟如馬氏說則教胄二字連文子字單出謂教長此子也如王氏說則教字單出胄子二字連文謂教此國子也孔傳云教長國子國子二字取諸王教長二字取之馬則孔意亦教胄連文子字單出也上文所謂胄長也者乃長養之長非長幼之長當從古本謂上加子字為是然以疏考之則孔穎達時已譌脫矣又按胄無長義馬本本未必作胄說文𠫓部育字注云養子使作善也虞書曰教育子然則古書作育馬本亦必

作育故訓作長長卽養也陸氏未經注明偶失檢耳僞孔於文則從王於義則從馬殊爲牽率後人誤解長字妄刪子字職此之由

剛失之虐簡失之傲 兩之字古本岳本宋板纂傳俱作入岳本考證曰正義云剛彊之失入於苛虐簡易之失入於傲慢謂過於剛簡則入虐傲知元本兩入字最得解若如諸本作失之則似剛簡卽虐傲矣於義未洽

歌咏其義以長其言 纂傳咏作永按永則與長其言意複矣孔疏申傳意云定本經作永字明訓永爲長正恐人誤認傳之咏字爲釋經之永也

聲依永 永古本作詠按古本此句作詠上句不作詠葢字有虛實動靜之別定本當皆作永耳

我令命女典掌樂事 岳本令作今是也

各生其竅厚薄均者 按各字疑衍或谷字之誤

述十二月之音氣也　宋板無述字

卽疾　毛本卽作堲是也

汝各當敬其職事哉　汝宋板作等屬上句

成王在於汝　宋板王作主毛本作之

九歲　歲古本作載

分北流之　古本分上有並字北作背按疏意似亦作背

舜薦禹於天子十七年　毛本十作十有是也閩本亦誤

稾飫　唐石經稾从木岳本閩本明監本同注疏同〇按稾卽枯槁字也今注疏本作稾从禾非也

各爲其官　盧文弨云爲依注是設字

左傳言槁師者　閩本同毛本槁作犒

止

附釋音尚書注疏卷第四

大禹謨第三 ○釋文徐云本虞書總爲一卷凡十二卷今依七志七録爲十三卷

虞書　孔氏傳　孔穎達疏

臯陶矢厥謨矢陳也○臯音高陶音遥禹成厥功陳其成功帝舜申之申重也重美二子之言○重直用反作大禹臯陶謨大禹謀九功臯陶謀九德○謨亦作謩益稷篇凡三

疏臯陶至益稷○正義曰臯陶爲帝舜陳其謀禹爲帝舜陳已成所治水之功帝舜因其所陳從而重美之史録其辭作大禹臯陶二篇之謨又作益稷之篇凡三篇也篇先大禹序先言臯陶者臯陶之篇臯陶自先發端禹乃然而問之臯陶言在禹先故序先言臯陶其此篇以功大爲先故先禹也益稷之篇亦是禹之所陳因臯陶之言而禹論益稷在臯陶謨後故後其篇○傳矢陳也○正義曰矢陳釋詁文○傳陳其成功正義曰此是謨篇禹成其功陳其言耳蒙上矢文故傳明之言陳其成功也序成在厥上傳成在下者序順上句傳從便

文故倒也○傳申重至之言○正義曰申重釋詁文大禹謨云帝曰俞地平天成時乃功又帝曰皋陶惟茲臣庶罔或于予正時乃功懋哉益稷云迪朕德時乃功皆是重美二子之言也○傳大禹至九德○正義曰二篇皆是謨也序以一謨惣二篇故傳明之大禹治水能致九功而言謨以其序有謨文故云謨也○傳凡三篇○正義曰益稷亦大禹所謀不言謨者禹謀言及益稷非是益稷爲謀不得言益稷謨也其篇雖有夔曰夔言樂和本非謀慮不得謂之夔謨

大禹謨

禹稱大大其功謨謀也

疏 傳禹稱至謀也○正義曰餘文單稱禹而此獨加大者故解之禹與皋陶同爲舜謀而禹功實大禹與皋陶不等史加大其功使異於皋陶於此獨加大字與皋陶竝言故也謨謀釋詁文此三篇皆是舜史所錄上取堯事下錄禹功善於堯之知已又美所禪得人故包括上下以爲虞書其事以類相從非由事之先後若其不然上篇已言舜死於此豈死後言乎此篇已言禪禹下篇豈受禪後乎明史以類聚爲文計此三篇禹謨最在後以禹功大故進之於先孟子稱舜薦禹於天十有七年則禹攝一十七年舜陟方乃死不知禹征有苗在攝幾年史述禹之行事不必以攝位之年卽征苗民也

曰若稽古大禹 順考古道而言之 曰

文命敷於四海祇承于帝言其外布文德教命內則敬承堯舜○文命孔云文德教命也先儒云文命禹名

〔疏〕曰若至于帝○正義曰史將錄禹之事故爲題目之辭曰能順而考案古道而言之者是大功之禹也此禹能以文德教命布陳於四海又能敬承堯舜外布四海內承二帝言其道周備○傳順考至言之○正義曰典是常行謨是言語故傳於典云行之於謨云言之皆是順考古道也○傳言其至堯舜○正義曰敷於四海即敷此文命故言外布文德教命也四海舉其遠地故傳以外內言之祇訓敬也禹承堯舜二帝故云敬承堯舜傳不訓祇而直言敬以易知而略之

曰后克艱厥后臣克艱厥臣政乃乂黎民敏德敏疾也能知爲君難爲臣不易則其政治而衆民皆疾修德○易以豉反治直吏反

帝曰俞允若茲嘉言罔攸伏野無遺賢萬邦咸寧攸所也善言無所伏言必用如此則賢才在位天下安寧○俞羊朱反攸音由徐以帚反

稽于衆舍己從人不虐無告不廢困窮惟帝時

克帝謂堯也舜因嘉言無所伏遂稱堯德以成其義考衆從人矜孤愍窮凡人所輕聖人所重○舍音捨告故毒反矜居陵反

疏曰后至時克○正義曰禹爲帝舜謀曰君能重難其爲君之事臣能重難其爲臣之職則上之政教乃治則下之衆民皆化而疾修其德而帝曰然信能如此君臣皆能自難竝願善以輔已則下之善言無所隱伏在野無遺逸之賢賢人盡用則萬國皆安寧也爲人上者考於衆言觀其是非舍已之非從人之是不苟虐鰥寡孤獨無所告者必哀矜之不廢棄困苦貧窮無所依者必愍念之惟帝堯於是能爲此行餘人所不能言克艱之不易也○傳敏疾至修德○正義曰許愼說文云敏疾也是相傳爲訓爲君難爲臣不易論語文能知爲君難爲臣不易則相當謹愼恪勤求賢自輔故其政自然治矣見善則用知賢必進衆民各自舉則皆疾修德矣此經上不言禹者承上禹事以可知而略之○傳攸所至下安○正義曰攸所釋言文善言無所伏者言其必用之也言之善者必出賢人之口但言之易行之難或有人不賢而言可用也故嘉言與賢異其文也如此用善言任賢才在位則天下安○傳帝謂至所重○正義曰舜稱爲帝故知帝謂堯也舜因嘉言無所伏以爲堯乃能然故遂稱堯德以成其義此禹言之義以堯之聖智無所不能惟言其

考衆從人矜孤愍窮以爲堯之美者此是凡人所輕聖人所重不虐不廢皆謂矜撫愍念之互相通也王制云少而無父謂之孤老而無子謂之獨老而無妻謂之鰥老而無夫謂之寡此四者天民之窮而無告者故此無告是彼四者彼四者而此惟言孤者四者皆孤也言孤足以揔之言困窮謂貧無資財也

益曰都帝德廣運乃聖乃神乃武乃文益因舜言又美堯也廣謂所覆者大運謂所及者遠聖無所不通神妙無方文經天地武定禍亂

皇天眷命奄有四海爲天下君眷視奄同也言堯有此德故爲天所命所以勉舜也○眷居倦反奄於檢反

【疏】益曰至下君○正義曰益承帝言歎美堯德曰嗚呼帝堯之德廣大運行乃聖而無所不通乃神而微妙無方乃武能克定禍亂乃文能經緯天地以此爲大天顧視而命之使同有四海之內爲天下之君○傳益因至禍亂○正義曰廣者闊之義故爲所覆者大運者動之言故爲所及者遠洪範云睿作聖言通知衆事故爲無所不通案易曰神者妙萬物而爲言也又曰神妙無方此言神道微妙無可比方不知其所以然易又云陰陽不測之謂神謚法云經緯天地曰文克定禍亂曰武經傳文武倒

者經取韻句傳以文重故也○傳眷視至勉舜○正義曰詩云乃眷西顧謂視而迴首說文亦以眷爲視奄同釋言文益因帝言盛稱堯善者亦勸勉舜冀之必及堯也

禹曰惠迪吉從逆凶惟影響 迪道也順道吉從逆凶吉凶之報若影之隨形響之應聲言不虛○迪徒力反響許丈反

益曰吁戒哉儆戒無虞罔失法度 先吁後戒欲使聽者精其言虞度也無億度謂無形戒於無形備慎深秉法守度言有恆○吁況俱反度徒布反虞度徒洛反

罔遊于逸罔淫于樂 淫過也遊逸過樂敗德之原富貴所忽故特以爲戒○樂音洛

任賢勿貳去邪勿疑疑謀勿成百志惟熙 一意任賢果於去邪疑則勿行道義所存於心日以廣矣○去起呂反熙火其反

罔違道以干百姓之譽 干求也失道求名古人賤之

罔咈百姓以從己之欲 咈戾也專欲難成犯衆與禍故戒之○咈扶弗反戾連弟反

無怠無荒四夷來王 言天子常戒慎無怠惰荒廢則四夷

歸往之○怠音待惰徒臥反

〔疏〕禹曰至來王○正義曰禹因益言謀及世事言人順道則吉從逆則凶吉凶之報惟若影之隨形響之應聲言其無不報也益聞禹語驚懼而言曰吁誠如此言宜誠慎之哉所誠者當儆誠其心無億度之事謂忽然而有當誠慎之無失其守法度使行必有恒無違常也無遊縱於逸豫無過耽於戲樂當誠慎之以保已也任用賢人勿有二心逐去回邪勿有疑惑所疑之謀勿成用之如是則百種志意惟益廣也無違越正道以求百姓之譽無反戾百姓以從已心之欲常行此事無怠惰荒廢則四夷之國皆來歸往之此亦所以勸勉舜也○傳迪道也○正義曰釋詁文○傳先吁至有恒○正義曰堯典傳云吁疑怪之辭此無可怪聞善驚而爲聲耳先吁後戒者驚其言之美然後設戒辭欲使聽者精審其言虞度釋詁文無億度者謂不有此事無心億度之曲禮云凡爲人子者聽於無聲視於無形戒於無形見之事言備慎深也安不忘危治不忘亂是其慎無形也法度當執守之故以秉法守度解不失言有恒也○傳淫過至爲戒○正義曰淫者過度之意故爲過也遊逸謂縱體樂謂適心縱體在於逸遊適心在於淫恣故以遊逸過樂爲文二者敗德之源富貴所忽故特以爲戒○傳干求至賤之○正義曰干求釋言文失道求名謂曲取人情苟悅

衆意古人賤之○傳咈戾至戒之○正義曰堯典已訓咈爲戾彼謂戾朋儕此謂戾在下故詳其文耳專欲難成犯衆興禍襄十年左傳文　禹曰於帝念哉德惟善政政在養民歎而言念重其言爲政以德則民懷之　水火金木土穀惟修言養民之本在先修六府　正德利用厚生惟和正德以率下利用以阜財厚生以養民三者和所謂善政　九功惟敘九敘惟歌言六府三事之功有次敘皆可歌樂乃德政之致○樂音洛　戒之用休董之用威勸之以九歌俾勿壞休美董督也言善政之道美以戒之威以督之歌以勸之使政勿壞在此三者而已○俾必爾反壞乎怪反　帝曰俞地平天成六府三事允治萬世永賴時乃功水土治曰平五行敘曰成因禹陳九功而歎美之言是汝之功明衆臣不及

［疏］禹曰至乃功○正義曰禹因益言又獻謀於帝曰嗚呼帝當念之哉言所謂德者惟是善於政也政之所爲在於養民養民者使水火金木土

穀此六事惟當修治之正身之德利民之用厚民之生此三事惟當諧和之修和六府三事九者皆就有功九功惟使皆有次敘九事次敘惟使皆可歌樂此乃德之所致是德能爲善政之道終當不得怠情但人雖爲善或寡令終故當戒勑之念用美道使民慕美道行善又督察之用威罰言其不善當獲罪勸勉之以九歌之辭但人君善政先致九歌成辭自勸勉也用此事使此善政勿有敗壞之時勸帝使長爲善也帝荅禹曰汝之所言爲然汝治水土使地平天成六府三事信皆治理萬代長所恃賴是汝之功也歸功于禹明衆臣不及○傳歎而至懷之○正義曰於歎辭歎而言念自重其言欲使帝念之此史以類相從共爲篇耳非是一時之事不使念益言也禹謨以九功爲重知重其言者九功之言也○傳言養至六府○正義曰下文帝言六府即此經六物也六者民之所資民非此不生故言養民之本在先修六府也府者藏財之處六者貨財所聚故稱六府襄二十七年左傳云天生五材民竝用之即是水火金木土民用此自資也彼惟五材此兼以穀爲六府者穀之於民尤急穀是土之所生故於土下言之也此言五行與洪範之次不同者洪範以生數爲次此以相剋爲次便文耳六府是民之急先有六府乃可施教故先言六府後言三事也○傳正德至善政○正義曰正

德者自正其德居上位者正已以治民故所以率下人利用
者謂在上節儉不爲糜費以利而用使財物殷阜利民之用
爲民興利除害使不匱乏故所以阜財阜財謂財豐大也厚
生謂薄征徭輕賦稅不奪農時令民生計溫厚衣食豐足故
所以養民也三者和謂德行正財用利生資厚立君所以養
民人君若能如此則爲君之道備矣故謂善政結上德惟善
政之言此三者之次人君自正乃能正下故以正德爲先利
用然後厚生故後言厚生厚生謂財用足禮讓行也○傳言
六至之致○正義曰上六下三即是六府三事此摠云九功
知六府三事之功爲九功惟敘者即上惟修惟和爲次序事
皆有敘民必歌樂君德故九敘皆可歌樂乃人君德政之致
也言下民必有歌樂乃爲善政之驗所謂和樂興而頌聲作
也○傳休美至而已○正義曰休美釋詁文又云董督正也
是董爲督也此戒之董之勸之皆謂人君自戒勸欲使善政
勿壞在此三事而已文七年左傳云晉郤缺言於趙宣子引
此一經乃言九功之德皆可歌也謂之九歌若吾子之德莫
可歌也其誰來之盍使睦者歌吾子乎言九功之德皆可歌
者若水能灌溉火能烹飪金能斷割木能興作土能生殖穀
能養育古之歌詠各述其功猶如漢魏已來樂府之歌事歌
其功用是舊有成辭人君修治六府以自勸勉使民歌詠之

三事亦然○傳水土至不及○正義曰釋詁云平成也是平成義同天地文異而分之耳天之不成由地之不平故先言地平本之於地以及天也禹平水土故水土治曰平五行之神佐天治物繫之於天故五行敘曰成洪範云鯀陻洪水汩陳其五行彝倫攸斁禹治洪水彝倫攸敘是禹命五行敘也帝因禹陳九功而歎美之指言是汝之功明衆臣不及

帝曰格汝禹朕宅帝位三十有三載耄期倦于勤汝惟不怠摠朕師八十九十曰耄百年曰期頤言已年老厭倦萬機汝不懈怠於位稱摠我衆欲使攝○格庚白反朕直錦反耄莫報反倦其卷反頤以之反厭於豔反解于賣反

禹曰朕德罔克民不依臯陶邁種德德乃降黎民懷之邁行種布降下懷歸也言己無德民所不能依臯陶布行其德下治於民民歸服之○種章用反降江巷反

帝念哉念茲在茲釋茲在茲茲此釋廢也念此人在此功廢此人在此罪言不可誣

名言茲在茲允出茲在茲惟帝念功名言

此事必在此義信出此心亦在此義〔疏〕帝曰格至念功○
言皋陶之德以義爲主所宜念之　正義曰此舜言將
禪禹帝呼禹曰來汝禹我居帝位已三十有三載在耄期之
間厭倦於勤勞汝惟在官不懈怠可代我居帝位揔領我衆
禹讓之曰我德實無所能民必不依就我也言已不堪揔攝衆
也皋陶行布於德德乃下洽於民衆皆歸服之可令皋陶攝
也我所言者帝當念之哉凡念愛此人在此功勞知有功乃
用之釋廢此人在此罪釁知有罪乃廢之言進人退人不可
誣也名目言談此事必在此事之義而名言之若信實出見
此心必在此心之義而出見之言已名言其口出見其心以見
舉皋陶皆在此義不有虛妄帝當念録其功以禪之言皋陶
堪攝位也○傳八十至使攝○正義曰八十九十曰耄百年
曰期頤曲禮文也如舜典之傳計舜年六十三即政至今九
十五矣年在耄期之間故並言之鄭云期要也頤養也不知
衣服食味孝子要盡養之道而已孔意當然○傳邁行至服
之○正義曰邁行降下釋言文又云懷來也來亦歸也種物
必布於地故爲布也○傳茲此至可誣○正義曰茲此釋詁
文釋爲舍義故爲廢也禹之此意欲令帝念皋陶下云惟帝
念功念是念功知廢是廢罪言念廢必依其實不可誣罔也
○傳名言至念之○正義曰名言謂已發於口信出謂始發

於心皆據欲舉皋陶必先念慮於心而後宣之於口先言名言者已對帝讓皋陶即是名言之事故先言其意然後本其心故後言信出以義爲主者言已讓皋陶事非虛妄以義爲尚帝曰皋陶惟茲臣庶罔或干予正或有也無有干我正言順命汝作士明于五刑以弼五教期于予治弼輔期當也歎其能以刑輔教當於治體○治音稚當丁浪反又如字刑期于無刑民協于中時乃功懋哉雖或行刑以殺止殺終無犯者刑期於無所刑民皆命於大中之道是汝之功勉之○懋音茂皋陶曰帝德罔愆臨下以簡御眾以寬愆過也善則歸君人臣之義○愆音牽罰弗及嗣賞延于世嗣亦世俱謂子延及也父子罪不相及而及其賞道德之政宥過無大刑故無小過誤所犯雖大必宥不忌故犯雖小必刑○宥音又罪疑惟輕功疑惟重刑疑附輕賞疑從重忠厚之至與其殺不辜寧

失不經好生之德洽于民心茲用不犯于有司辜罪經常司主也臯陶因帝勉已遂稱帝之德所以明民不犯上也寧失不常之罪不枉不辜之善仁愛之道○辜音孤好呼報反**帝曰俾予從欲以治四方風動惟乃之休**使我從心所欲而政以治民動順上命若草應風是汝能明刑之美【疏】帝曰臯陶至之休○正義曰帝以禹讓臯陶故述而美之帝呼之曰臯陶惟此羣臣衆庶皆無敢有干犯我正道者由汝作士官明曉於五刑以輔成五教當於我之治體用刑期於無刑以殺止殺使民合於中正之道令人每事得中是汝之功當勉之哉臯陶以帝美已歸美於君曰民合於中者由帝德純善無有過失臨臣下以簡御衆庶以優寬罰人不及後嗣賞人延於來世宥過失者無大雖大亦有之刑其故犯者無小雖小必刑之罪有疑者雖重從輕罪之功有疑者雖輕從重賞之與其殺不辜非罪之人寧失不經不常之罪以等枉殺無罪寧妄免有罪也由是故帝之好生之德下洽於民心民服帝德如此故用是不犯於有司言民之無刑非己力也帝又述之曰使我從心所欲而爲政以大治四方之民從我化如風之動草惟汝

用刑之美言已知其有功也○傳弼輔至治體○正義曰書傳稱左輔右弼是弼亦輔也期要是相當之帝故爲當也傳言當於治體言皐陶用刑輕重得中於治體與正相當也○傳雖或至勉之○正義曰言皐陶或行刑乃是以殺止殺爲罪必將被刑民終無犯者要使人無犯法是期於無所用刑刑無所用此期爲限與前經期義別而論語所謂勝殘去殺矣民皆合於大中言舉動每事得中不犯法憲是合大中卽洪範所謂皇極是也○傳愆過至之義○正義曰愆過釋言文坊記云善則稱君過則稱已則民作忠是善則稱君人君之義也臨下據其在上御衆斥其治民簡易寬大亦不異也論語云居敬而行簡以臨其民不亦可乎是臨下宜以簡也又曰寬則得衆居上不寬吾何以觀之哉是御衆宜以寬也○傳嗣亦至及也○正義曰嗣謂繼父世謂後肖故俱謂子也延訓長以長及物故延爲及也○傳辜罪至之道○正義曰辜罪釋詁文經常司主常訓也皐陶因帝勉已遂稱帝之德所以明民不犯上者自由帝化使然非已力也不常之罪者謂罪大非尋常小罪也枉殺無罪妄免有罪二者皆失必不得民心寧妄免大罪不枉殺無罪以好生之心故也大罪尚赦小罪可知欲極言不可枉殺不辜寧放有罪故也故言非常大罪以對之耳寧失不經與殺不辜相對故爲放赦罪

人原帝之意等殺無罪寧放有罪傳言帝德之善寧失有罪不枉殺無罪是仁愛之道各爲文勢故經傳倒也治謂沾漬優渥治於民心言潤澤多也

帝曰來禹降水儆予成允成功惟汝賢水性流下故曰下水儆戒也能成聲教之信成治水之功言禹最賢重美之○儆居領反重直用反克勤于邦克儉于家不自滿假惟汝賢滿謂盈實假大也言禹惡衣薄食卑其宮室而盡力爲民執心謙沖不自盈大○假工雅反盡津忍反爲于僞反汝惟不矜天下莫與汝爭能汝惟不伐天下莫與汝爭功自賢曰矜自功曰伐言禹推善讓人而不失其能不有其勞而不失其功所以能絕衆人予懋乃德嘉乃丕績天之歷數在汝躬汝終陟元后丕大也歷數謂天道元大也大君天子舜善禹有治水之大功言天道在汝身汝終當升爲天子○丕普悲反人心惟危道心惟微惟精惟一允執厥中危則

難安微則難明故戒以精一信執其中

無稽之言勿聽弗詢之謀勿庸無考無信驗不詢專獨終必無成故戒勿聽用○聽徐天定反

可愛非君可畏非民衆非元后何戴后非衆罔與守邦民以君爲命故可愛君失道民叛之故可畏言衆戴君以自存君恃衆以守國相須而立

欽哉愼乃有位敬修其可願四海困窮天祿永終有位天子位可願謂道德之美困窮謂天民之無告者言爲天子勤此三者則天之祿籍長終汝身

惟口出好興戎朕言不再好謂賞善戎謂伐惡言口榮辱之主慮而宣之成於一也○出如字徐尺遂反好如字徐許到反

【疏】帝曰來至不再○正義曰帝不許禹讓呼之曰來禹下流之水儆戒於我我恐不能治之汝能成聲教之信能成治水之功惟汝之賢汝能勤勞於國謂盡力於溝洫能節儉於家謂薄飮食卑宮室常執謙沖不自滿溢誇大惟汝之賢也又申美之汝惟不自矜誇故天下莫敢與汝爭能汝惟不自稱伐故天下莫敢與汝爭功美功之大也我

今勉汝之德善汝大功天之歷運之數帝位當在汝身汝終當升此大君之位宜代我爲天子因戒以爲君之法民心惟甚危險道心惟甚幽微危則難安微則難明汝當精心惟當一意信執其中正之道乃得人安而道明耳又爲人君不當妄受用人語無可考驗之言勿聽受之不是詢衆之謀勿信用之言民所愛者豈非人君乎民以君爲命故愛君也言君可畏者豈非民乎君失道則民叛之故畏民也衆非大君而何所奉戴無君則民亂故愛君也君非衆人無以守國無人則國亡故畏民也君民相須如此當宜敬之哉謹慎汝所有之位守天子之位勿使失也敬修其可願之事謂道德之美人所願也養彼四海困窮之民使皆得存立則天之祿籍長終汝身矣又告禹惟口之所言出好事興戎兵非善思慮無以出口我言不可再發令禹受其言也○傳水性至美之○正義曰降水洪水也水性下流故曰下水禹以治水之事徼戒於予益稷云予創若時娶于塗山辛壬癸甲啓呱呱而泣予弗子惟荒度土功之事雖文在下篇實是欲禪前事故帝述而言之禹貢言治水功成云朔南暨聲教故知成允是成聲教之信成功是成治水之功也前已言地平天成是汝功今復說治水之事言禹最賢重美之也禹實聖人美其賢者其性爲聖其功爲賢猶易繫辭云可久則賢人之德可大則

賢人之業亦是聖人之事○傳滿謂至盈大○正義曰滿以
器喻故爲盈實也假大釋詁文言已無所不知是爲自滿言
已無所不能是爲自大禹實不自滿大故爲賢也論語美禹
之功德云惡衣服菲飲食卑宮室而盡力乎溝洫故傳引彼
惡衣薄食卑其宮室是儉於家盡力爲民是勤於邦上言其
功此言其德故再云惟汝賢○傳自賢至衆人○正義曰自
言已賢曰矜自言已功曰伐論語云願無伐善詩云矜其車
甲矜與伐俱是誇義以經有爭能爭功故別解之耳弗矜莫
與汝爭能卽矜者矜其能也賢能大同小異故自賢解矜老
子云夫惟不爭故天下莫能與之爭是故不矜伐而不失其
功能此所以能絕異於衆人也○傳丕大至天子○正義曰
丕大釋詁文歷數謂天歷運之數帝王易姓而興故言歷數
謂天道鄭玄以歷數在汝身謂有圖籙之名孔無讖緯之說
義必不然當以大功既立衆望歸之卽是天道在身釋詁元
訓爲首首是體之大也易曰大君有命是大君謂天子也○
傳危則至其中○正義曰居位則治民治民必須明道故戒
之以人心惟危道心惟微道者經也物所從之路也因言人
心遂云道心人心惟萬慮之主道心爲衆道之本立君所以
安人人心危則難安安民必須明道道心微則難明將欲明
道必須精心將欲安民必須一意故以戒精心一意又當信

執其中然後可得明道以安民耳○傳無考至聽用○正義曰爲人之君不當妄用人言故又戒之無可考按之言謂無信驗不詢於衆人之謀謂專獨用意言無信驗是虛妄之言獨爲謀慮是偏見之說二者終必無成故戒令勿聽用也言謂率意爲語謀謂豫計前事故互文也○傳民以至而立○正義曰百人無主不散則亂故民以君爲命君尊民畏之嫌其不愛故言愛也民賤君怨之嫌其不畏故言畏也○傳有位至汝身○正義曰上云汝終陟元后命升天位知其慎汝有位慎天子位也道德人之可顧知可顧者是道德之美也惟言四海困窮不結言民之意必謂四海之內困窮之民令天子撫育之故知如王制所云孤獨鰥寡此四者天民之窮而無告者此是困窮者也言爲天子當慎天位修道德養窮民勤此三者則天之祿籍長終汝身祿謂福祿籍謂名籍言享大福保大名也○傳好謂至於一○正義曰昭二十八年左傳云慶賞刑威曰君君出言有賞有刑出好謂愛人而出好言故爲賞善與戎謂疾人而動甲兵故謂伐惡易繫辭曰言語者君子之樞機樞機之發榮辱之主必當慮之於心然後宣之於口故成之於一而不可再帝言我命汝升天位者是慮而宣之此言故不可再

禹曰枚卜功臣惟吉之從枚謂歷卜之而

從其吉此禹讓之志。枚音梅帝曰禹官占惟先蔽志昆命于元龜帝王立卜占之官故曰官占蔽斷昆後也官占之法先斷人志後命於元龜言志定然後卜。蔽必世反徐甫世反斷丁亂反朕志先定詢謀僉同鬼神其依龜筮協從卜不習吉習因也然已謀之於心謀及卜筮四者合從卜不因吉無所枚卜。僉七潛反禹拜稽首固辭再辭曰固帝曰毋惟汝諧言毋所以禁其辭禹有大功德故能諧和元后之任。禁今鴆反又音金

【疏】禹曰至汝諧。正義曰禹以讓而不許更請帝曰每以一枚歷卜功臣惟吉之人從而受之帝曰禹卜官之占惟能先斷人志後乃命其大龜我授汝之志先以定矣又詢於衆人其謀又皆同美矣我後謀及鬼神加之卜筮鬼神其依我矣龜筮復合從矣卜法不得因前之吉更復卜之不須復卜也禹猶拜而後稽首固辭帝曰毋毋者禁止其辭也惟汝能諧和此元后之任汝宜受之。傳枚謂至之志。正義曰周禮有銜枚氏所銜之物狀如箸今人數物云一枚兩枚則枚是籌之名也枚卜謂人人以次歷申卜之似老枚數

然然請卜不請筮者舉動也○傳帝王至後卜○正義曰占是卜人之占而云官占者帝王立卜筮之官故曰官占洪範稽疑云擇建立卜筮人是帝王立卜筮之官周禮司寇斷獄爲蔽獄是蔽爲斷也昆後釋言文官占之法先斷人志後命元龜言志定然後卜也洪範云汝則有大疑謀及乃心謀乃卿士謀及庶人是先斷人志乃云謀及卜筮是後命元龜元龜謂大龜也○傳習因至枚上○正義曰表記云卜筮不相襲鄭云襲因也然則習與襲同重衣謂之襲習是後因前故爲因也朕志先定言已謀之於心龜筮協從是謀及卜筮經言詢謀僉同謂謀及卿士庶人謀皆同心鬼神其依卽是龜筮之事卜筮通鬼神之意故言鬼神其依龜筮協從謂卜得吉是依從也志先定也謀僉同也鬼神依也龜筮從也四者合從然後命汝卜法不得因吉無所復枚卜也如帝此言既謀既卜方始命禹仍請枚卜者帝與朝臣私謀私卜將欲命禹禹不預謀故不在更請卜也○傳言毋至之任○正義曰說文云毋止之也其字從女內有一畫象有姦之者禁止令勿姦也古人言毋猶今人言莫是言毋者所以禁其辭令勿辭

正月朔旦受命于神宗受舜終事之命神宗文祖之宗廟言神尊之○正音政徐音征**率百官若帝之**

初順舜初攝帝位故事奉行之（疏）正月至之初。○正義曰：舜卽政三十三年，命禹代己，禹辭不獲免，乃以明年正月朔旦受終事之命於舜神靈之宗廟，揔率百官，順帝之初攝故事，言與舜受禪之初，其事悉皆同也。此年舜卽政三十四年，九十六也。○傳「受舜至尊之」。○正義曰：舜典說舜之初受終于文祖，此言若帝之初，知受命卽是舜終事之命也。神宗猶彼文祖，故云文祖之宗廟。文祖言祖有文德，神宗言神而尊之，名異而實同。神宗當舜之始祖。案帝嚳云：黃帝生昌意，昌意生顓頊，顓頊生窮蟬，窮蟬生敬康，敬康生句芒，句芒生蟜牛，蟜牛生瞽瞍，瞽瞍生舜。卽是舜有七廟，黃帝爲始祖，其顓頊與窮蟬爲二祧，敬康、句芒、蟜牛、瞽瞍爲親廟，則文祖爲黃帝、顓頊之等也。○傳「順舜至行之」。○正義曰：若不得爲如也。舜典巡守之事言如初者，皆言如，不言若，知此若爲順也。順舜初攝帝位故事而盡行之，其奉行者，當如舜典在璿璣以下、班瑞羣后以上也。其巡守非率百官之事，舜尚自爲陟方，禹攝帝位，未得巡守。此是舜史所錄，以爲虞書，故言順帝之初，奉行帝之事，故自美禪之得人也。

帝曰：咨禹，惟時有苗弗率，三苗之民數干王誅，率，循；徂，往也。不循帝道，言亂逆，命禹討之。○數音朔。汝徂征。禹乃會羣后誓于師曰濟濟有衆咸聽朕命會諸侯共伐有苗軍旅曰誓濟濟衆盛之貌○濟子禮反蠢茲有苗昏迷不恭蠢動昏闇也言其所以宜討之○蠢春允反侮慢自賢反道敗德狎侮先王輕慢典教反正道敗德義○侮亡甫反慢亡諫反君子在野小人在位廢仁賢任姦佞民棄不保天降之咎言民叛天災之○咎其九反肆予以爾衆士奉辭罰罪肆故也辭謂不恭罪謂侮慢以下事爾尚一乃心力其克有勳尚庶幾一汝心力以從我命

[疏]帝曰咨至有勳○正義曰史言禹雖攝位帝尊如故時有苗國不順帝曰咨嗟汝禹惟時有苗之國不循帝道汝往征之禹得帝命乃會羣臣諸侯告誓於衆曰濟濟美盛之有衆皆聽從我命今蠢蠢然動而不遜者是此有苗之君昏闇迷惑不恭敬王命侮慢衆常自以爲賢反戾正道敗壞德義君子在野小人在位由此民棄叛之不保其有衆上天降之殃咎故我以爾衆士奉此譴責之辭伐彼有罪之國汝等庶幾同心盡力以從我命

其必能有大功勳不可懈惰○傳三苗至討之○正義曰呂刑稱苗民作五虐之刑皇帝遏絕苗民無世在下謂堯初誅三苗舜典云竄三苗于三危謂舜居攝之時投竄之也舜典又云庶績咸熙分北三苗謂舜即位之後往徙三苗也今復不率命命禹徂征是三苗之民數千王誅之事禹率衆征之猶尚逆命即三苗是諸侯之君而謂之民者以其頑愚號之爲民呂刑云苗民弗用靈是謂爲民也呂刑稱堯誅三苗云無世在下而得有苗國歷代常存者無世在下謂誅殺者絕後世耳蓋不滅其國又立其近親紹其先祖鯀既殛死於羽山禹乃代爲崇伯三苗亦竄其身而存其國故舜時有被宥者復不從化更分北流之下傳云三苗之國左洞庭右彭蠡其國在南方蓋分北之時使爲南國君今復不率帝道率循徂往皆釋詁文不循帝道言其亂逆以其亂逆故命禹討之案舜典皆言舜受終之後萬事皆舜主之舜自巡守不稟堯命此言若帝之初其事亦應同矣而此言命禹征苗舜復陟方乃死與舜受堯禪事不同者以題曰虞書即舜史所錄明其詳於舜事略於堯禹也○傳會諸至之貌○正義曰軍衆曰誓曲禮文也隱八年穀梁傳曰誥誓不及五帝盟詛不及三王交質不及二伯二伯謂齊桓公晉文公也不及者言於時未有也據此文五帝之世有誓周禮立司盟之官三王之

卌有盟也左傳云平王與鄭交質二伯之前有質也穀梁傳漢初始作◦不見經文妄言之耳美軍衆而言濟濟知是衆盛之貌○傳蠢動至討之○正義曰蠢動釋詁文釋訓云蠢不遜也郭璞云蠢動為惡不謙遜也日入為昏是為闇也動為惡而闇於事言其所以宜討之○傳狎侮至德義○正義曰侮謂輕人身慢謂忽言語故為狎侮先王輕慢與教侮慢義同因有二字而分釋之論語云狎大人侮聖人之言則狎侮為異旅獒云狎侮君子則狎侮意亦同鄭玄云狎慣忽也慣見而忽之是侮之義傳取狎侮連言之慢先王典教自謂已賢不知先王訓教之道者物所由之路德謂自得於心反正道從邪徑敗德義毀正行也○傳廢仁賢任姦佞○正義曰雖則下愚之君皆云好賢疾佞非知賢而廢之知佞而任之但愚人所好必同於民賢求其心佞從其欲以賢為惡謂佞為善故仁賢見廢姦佞被任此則民◦迷之狀也○傳肆故至下事○正義曰肆故釋詁文所奉之辭即所伐之罪但天子責其不恭數其身罪因其文異而分之○傳尚庶至我命○正義曰釋言云庶幾尚也反以相解故尚為庶幾

三旬苗民逆命旬十日也以師臨之一月不服責舜不先有文誥之命威讓之辭而便憚之以威脅之以兵所以生辭○誥古報反憚徒旦反一音丹末◦反脅許業

反益贊于禹曰惟德動天無遠弗居贊佐居至也益以此義佐禹欲其修德致遠○居音戒滿招損謙受益時乃天道自滿者人損之自謙者人益之是天之常道帝初于歷山往于田日號泣于旻天于父母仁覆愍下謂之旻天言舜初耕于歷山之時爲父母所疾日號泣于旻天及父母克已自責不責於人○田本或作畋號戶高反旻武巾反負罪引慝祗載見瞽瞍夔夔齋慄瞽亦允若慝惡載事也夔夔悚懼之貌言舜負罪引惡敬以事見于父悚懼齋莊父亦信順之言能以至誠感頑父○慝他則反見賢遍反瞽音古瞍素后反夔求龜反齋側皆反至諴感神矧茲有苗諴和矧況也至和感神況有苗乎言易感○諴音咸矧失忍反易以豉反禹拜昌言曰俞班師振旅昌當也以益言爲當故拜受而然之遂還師兵入曰振旅言整衆○當丁浪反下同還經典皆音旋帝乃誕敷文德遠人不服

大布文德以來之○誕音但

舞干羽于兩階干楯羽翳也皆舞者所執修闡文教舞文舞于賓主階間抑武事○階徐音皆楯食允反翳於計反闡尺善反

七旬有苗格討而不服不討自來明御之者必有道三苗之國左洞庭右彭蠡在荒服之例去京師二千五百里也○洞徒弄反蠡音禮

疏

三旬至苗格○正義曰禹既誓於衆而以師臨苗經二旬苗民逆帝命不肯服罪益乃進謀以佐於禹曰惟是有德能動上天苟能修德無有遠而不至因言行德之事自滿者招其損謙虛者受其益是乃天之常道欲禹修德謙虛以來苗既說其理又言其驗帝乃初耕於歷山之時爲父母所疾往至于田日號泣于旻天於父母乃自負其罪自引其惡恭敬以事見父瞽瞍夔夔然悚懼齋莊戰慄不敢言已無罪舜謙如此雖瞽瞍之頑愚亦能信順帝至和之德尚能感于冥神況此有苗乎言其苗易感於瞽瞍禹拜益受之當言曰然然益語也遂還師整衆而歸帝舜乃大布文德舞干羽于兩階之間七旬而有苗自服來至言主聖臣賢御之有道也○傳旬十至生辭○正義曰堯典云三百有六旬是知旬十日也以師臨之一月不服者責舜不先有文告之命威讓之辭而便御之以威脅之以兵所以有苗得生辭也傳知然者昭十三

年左傳論征伐之事云告之以文辭董之以武師是用兵者先告不服然後伐之今經無先告之文而有逆命之事故知責舜不先有文告之命而卽脅之以兵其文告之命威讓之辭國語亦有其事夫以大舜足達用兵之道而不爲文告之命使之得生辭者有苗數干王誅逆者難以言服故憚之以威武任其生辭待其有辭爲之振旅彼若師退而服我復更有何求爲退而又不降復往必無辭說不恭而征之有辭而捨之正是柔服之道也若先告以辭未必卽得從命不從而後行師必將大加殺戮不以文誥感德自來固是大聖之遠謀也○傳贊佐至致遠○正義曰禮有贊佐是助祭之人故贊爲佐也屆至也釋詁文經云惟德動天天遠而難動德能動遠又言無遠不屆乃據人言德動遠人無不至也益以此義佐禹欲脩德致遠使有苗自來也德之動天經傳多矣禮運云聖人順民天不愛其道也不愛其寶故天降膏露地出醴泉如此之類皆德動之也○傳自滿至常道○正義曰自以爲滿人必損之自謙受物人必益之易謙卦彖曰天道虧盈而益謙地道變盈而流謙鬼神害盈而福謙人道惡盈而好謙是滿招損謙受益爲天道之常也益言此者欲令禹脩德息師持謙以待有苗○傳仁覆至責於人○正義曰仁覆愍下謂之旻天詩毛傳文也旻愍也求天愍已故呼曰旻天

書傳言舜耕於歷山鄭玄云歷山在河東是耕於歷山之時爲父母所疾故往於田日號泣于旻天何爲。然也孟子曰怨慕也長息問於公明高曰舜往于田則予既聞命矣號泣于旻天及父母則吾不知矣公明高曰非爾所知也我竭力耕田供爲子職而已父母不愛我何哉大孝終身慕父母五十而慕者予於大舜見之矣言舜之號泣怨慕者克己自責不責於人也○傳慝惡至頑父○正義曰慝之爲惡常訓耳舜典已訓載爲事以非常訓故詳其文夔夔與齋慄共文故以爲悚懼之貌自負其罪引惡歸己事瞽同耳丁寧深言之敬以事見於父者謂恭敬自因事務須見父恭敬以見夔夔然悚懼齋慄是見時之貌父亦信順之者謂當以事見之時順帝意不悖怒也言能以至誠感頑父者言感使當時暫以順耳不能使每事信順變爲善人故孟子說舜既被堯徵用堯妻之以二女瞽瞍猶與象欲謀殺舜而分其財物是下愚之性終不可改但舜善養之使不至于姦惡而已○傳誠和至易感○正義曰諴亦咸也咸訓爲皆皆能相從亦和之義也劉況釋言文上言德能動天次言帝能感瞽天以玄遠難感瞽以頑愚難感言苗民近於天而智於瞽故言感天感瞽以況之天是神也覆動上天言至和尚能感天神而況於有苗乎言有苗易感神覆動天而不覆言瞽者以瞽難感猶是人類

天神事與人隔感天難於感瞽故舉難者以見之其實天與
瞽俱言難感以況有苗易於彼二者○傳昌當至整衆○正
義曰昌當也釋詁文禹以益言爲當拜舜而已即還還不請
者春秋襄十九年晉士匄帥師侵齊聞齊侯卒乃還公羊傳
曰大夫○以君命出進退在大夫是言進退由將不須請也
或可當時請帝乃還文不具耳兵入曰振旅釋天文與春秋
二傳皆有此文振整也言整衆而還○傳遠人至來之○正
義曰遠人不服文德以來之論語文也益贊於禹使脩德而
帝自誕敷者言君臣同心大布者多設文德之教君臣共行
之也○傳干楯至武事○正義曰釋言云干扞也孫炎曰干
楯自蔽扞也以楯爲人扞通以干爲楯名故干扞爲楯釋言又
云纛翳也郭璞云舞者持以自蔽翳也故明堂位云朱干玉
戚以舞大武戚斧也是武舞執斧執楯詩云左手執籥右手
秉翟是文舞執籥故干羽皆舞者所執修闡文教不復征伐
故舞文德之舞於賓主階間言帝抑武事也經云舞干羽即
亦舞武也傳惟言舞文者以據器言之則有武有文俱用以
爲舞而不用於敵故教爲文也○傳討而至百里○正義曰
御之必有道者不恭而往征得辭而振旅而御之以道史記
吳起對魏武侯云昔三苗氏左洞庭右彭蠡德義不修而禹
滅之此言來服則是不滅吳起言滅者以武侯恃險言滅以

懼之辯士之說說不必皆依實也知在荒服之例者以其地驗之爲然禹貢五服甸侯綏要荒荒最在外王畿面五百里其外四服又每服五百里是去京師爲二千五百里

皐陶謨第四

虞書　孔氏傳　孔穎達疏

皐陶謨 謨謀也皐陶爲帝舜謀。○爲于僞反〔疏〕傳謨謀至舜謀。○正義曰孔以此篇惟與禹言嫌其不對帝舜故言爲帝舜謀將言爲帝舜謀故又訓謨爲謀以詳其文

曰若稽古皐陶 亦順考古道以言之夫典謨聖帝所以立治之本皆師法古道以成不易之則。○夫音扶治直吏反下同 **曰允迪厥德謨明弼諧** 迪蹈厥其也其古人也言人君當信蹈行古人之德謀廣聰明以輔諧其政。○蹈徒報反 **禹曰俞如何** 然其言問所以行 **皐陶曰都慎厥身修思永** 歎美之重也慎修其身思爲長久之道。○身修絕句 **惇敘九族庶**

明勵翼邇可遠在茲言慎修其身厚次敘九族則衆庶皆明其教而自勉勵翼戴上命近可推而遠者在此道○惇切韻都昆反

禹拜昌言曰俞以皋陶言爲當故拜受而然之○當丁浪反下同

〔疏〕曰若至曰俞○正義曰史將言皋陶之能謀故爲題目之辭曰能順而考案古道而言之者是皋陶也其爲帝謀曰爲人君者當信實蹈行古人之德而謀廣其聰明之性以輔諧己之政事則善矣禹曰然然其謀是也此當如何行之皋陶曰嗚呼重其事而歎美之行上謀者當謹慎其己身而修治人之事思爲久長之道又厚次敘九族之親而不遺棄則衆人皆明曉上意而各自勉勵翼戴上命行之於近而可推而至遠者在此道也禹乃拜受其當理之言曰然美其言而拜受之○傳亦順至之則○正義曰二謨其目正同故云亦順考古道以言也堯舜考古以行謂之爲典大禹皋陶考古以言謂之爲謨典謨之文不同其目皆云考古故傳明言其意夫典謨聖帝所以立治之本雖言行有異皆是考法古道以成不易之則故史皆以稽古爲端目但君則行之臣則言之以尊卑不同故典謨名異禹亦爲君而云謨者禹在舜時未爲君也顧氏亦同此解皋陶德劣於禹禹皆是考古以言故得同其題目但禹能敷于四

海祇承于帝皐陶不能然故此下更無别辯耳○傳迪蹈至其政○正義曰釋詁云迪道也聲借爲導導音與蹈同故迪又爲蹈也其德卽其上稽古故曰其古人也而臣爲君謀故云言人君當信蹈行古人之德謂蹈履依行之也謀廣聰明聰明者自是已性又當受納人言使多所聞見以博大此聰明以輔弼和諧其政經惟言明傳亦有聰者以耳目同是所用故以聰明言之此曰上不言皐陶爲謨曰上不言禹鄭玄云以皐陶下屬爲句則稽古之下無人名與上三篇不類甚矣○傳歎美至之道○正義曰案傳之言以修爲上讀顧氏亦同也○傳言愼至此道○正義曰自身以外九族爲近故愼修其身又厚次敘九族猶堯之爲政先以親九族也人君旣能如此則衆庶皆明其教而各自勉勵翼戴上命昭九年左傳説晉叔向言翼戴天子故以爲翼戴上命言如鳥之羽翼而奉戴之王者率已以化物親親以及遠故從近可推而至于遠者在修已身親九族之道王肅云以衆賢明爲砥礪爲羽翼鄭云厲作也以衆賢明作輔翼之臣與孔不同

皐陶曰都在知人在安民歎修身親親之道在知人所信任在能安民

禹曰吁咸若時惟帝其難之言帝堯亦以知人安民爲難故

曰吁知人則哲能官人安民則惠黎民懷之哲智也無所不知故能官人惠愛也愛則民歸之能哲而惠何憂乎驩兜佞人亂眞堯憂其敗政故流放之何遷乎有苗何畏乎巧言令色孔壬孔甚也巧言靜言庸違令色象恭滔天禹言有苗驩兜之徒甚佞如此堯畏其亂政故遷放之〔疏〕皐陶曰都在至孔壬。正義曰皐陶以禹然其言更述修身親親之道歎而言曰人君行此道者在於知人善惡擇善而信任之在於能安下民爲政以安定之也禹聞此言乃驚而言曰吁人君皆如是能知人能安民惟帝堯猶其難之況餘人乎知人善惡則爲大智能用官得其人矣能安下民則爲惠政衆民皆歸之矣此甚不易也若帝堯能智而惠則當朝無姦佞何憂懼於驩兜之佞而流放之何須遷徙於有苗之君何所畏懼於彼巧言令色爲甚佞之人三凶見惡帝堯方始去之是知人之難。傳哲智至歸之。正義曰哲智釋言文舍人曰哲大智也無所不知知人之善惡是能官人惠愛釋詁文君愛民則民歸之。傳孔甚至放之。正義曰孔甚釋詁文上句既言驩兜有苗則此巧言令色共工之行也故以堯與共工之事解之巧言靜言庸違也令色象恭滔天也孔王之文在三人之下揔上三人皆甚佞也苗言其名巧言令色言其行令其文首尾互相見故傳通言之禹言有苗驩兜之徒甚佞如此堯畏其亂政故遷放之傳不言共工故云之徒以包之遷與憂畏亦互相承言畏之而憂乃遷之也四凶惟言三者馬融云禹為父隱故不言鯀也

皋陶曰都亦行有九德言人性行有九德以考察眞僞則可知○行下孟反注性行行正直之行同**亦言其人○有德乃言曰載采采**載行采事也稱其人有德必言其所行某事某事以為驗

【疏】皋陶至采采○正義曰禹既言知人為難皋陶又言行之有術故言曰嗚呼人性雖則難知亦當考察其所行有九種之德人欲稱薦人者不直言可用而已亦當言其人有德問其德之狀乃言曰其德之所行某事某事以所行之事為九德之驗如此則可知也○傳言人至可知○正義曰言人性行有九德下文所云是也如此九者考察其眞僞則人之善惡皆可知矣然則皋陶之賢不及帝堯遠矣皋陶知有此術帝堯無容不知而有四凶在朝禹言帝難之者堯朝之有四凶晦迹以顯舜爾禹言惟帝難之說彼甚佞因其成敗以示教法欲開皋陶之志

故舉大事以爲戒非是此實甚使堯不能知也顧氏亦云堯實不以此爲難今云難者俯同流俗之稱也○傳載行至爲驗○正義曰載者運行之義故爲行也此謂薦舉人者稱其人有德欲使在上用之必須言其所行之事云見此人常行其某事某事由此所行之事以爲有德之驗論語云如有所譽者其有所試矣是言試之於事乃可知其德

禹曰何問九德品例臯陶曰寬而栗性寬弘而能莊栗柔而立和柔而能立事愿而恭愨愿而恭恪○愿音願愨切韻苦角反恪苦各反亂而敬亂治也有治而能謹敬擾而毅擾順也致果爲毅○擾而小反徐音饒毅五既反直而溫行正直而氣溫和簡而廉性簡大而有廉隅剛而塞剛斷而實塞○斷丁亂反彊而義無所屈撓動必合義○撓女孝反彰厥有常吉哉彰明吉善也明九德之常以擇人而官之則政之善

〔疏〕禹曰至吉哉○正義曰臯陶既言其九德禹乃問其品例曰何謂也臯陶曰人性有寬弘而能莊栗也和柔而能立事也愨愿而能恭恪也治理而能謹敬也和順而能果毅也正直而能溫和也簡大而有廉隅也剛

斷而能實塞也強勁而合道義也人性不同有此九德人君明其九德所有之常以此擇人而官之則爲政之善哉○傳性寬至莊栗○正義曰此九德之文舜典云寬而栗直而温與此正同彼云剛而無虐簡而無傲與此小異彼言剛失之虐此言剛斷而能實塞實塞亦是不爲虐彼言簡失之傲此言簡大而有廉隅廉隅亦是不爲傲也九德皆人性也鄭玄云凡人之性有異有其上者不必有下有其下者不必有上上下相協乃成其德是言上下以相對各令以相對兼而有之乃爲一德此二者雖是本性亦可以長短自矯寛弘者失於緩慢故性寬弘而能矜莊嚴栗乃成一德九者皆然也○傳慤愿而恭恪○正義曰愿者慤謹良善之名謹愿者失於遲鈍貌或不恭故慤愿而能恭恪乃爲德○傳亂治至謹敬正義曰亂治釋詁文有能治者謂才高於人也堪撥煩理劇者也負才輕物人之常性故有治而能謹敬乃爲德也愿言恭治云敬者恭在貌敬在心愿者遲鈍外失於儀故言恭以表貌治者輕物内失於心故稱敬以顯情恭與敬其事亦通愿其貌恭而心敬也○傳擾順至爲毅○正義曰周禮大宰云以擾萬民鄭玄云擾猶馴也司徒云安擾邦國鄭云擾亦安也擾是安馴之義故爲順也致果爲毅宣二年左傳文彼文以殺敵爲果致果爲毅謂能致果敢殺敵之心是爲強毅

也和順者失於不斷故順而能決乃為德也○傳性簡至廉
隅○正義曰簡者寬大率略之名志遠者遺近務大者輕細
弘大者失于不謹細行者不修廉隅故簡大而有廉隅乃為
德也○傳剛斷至實塞○正義曰塞訓實也剛而能斷失於
空疏必性剛正而內充實乃為德也○傳無所至合義○正
義曰強直自立無所屈撓或任情違理失於事宜動合道義
乃為德也鄭注論語云剛謂強志不屈撓即剛強義同此剛
強異者剛是性也強是志也當官而行無所避忌剛也執己
所是不為衆撓強也剛強相近鄭連言之寬謂度量寬弘柔
謂性行和柔擾謂事理擾順三者相類即洪範云柔克也愿
謂容貌恭正亂謂剛柔治理直謂身行正直三者相類即洪
範云正直也簡謂器量凝簡剛謂事理剛斷強謂性行堅強
三者相類即洪範云剛克也而九德之次從柔而至剛也惟
擾而毅在愿亂之下耳其洪範三德先人事而後天地與此
不同○傳彰明至之善○正義曰彰明吉善常訓也此句言
用人之義所言九德謂彼人常能然者若暫能為之未成為
德故人君取士必明其九德之常知其人常能行之然後以
此九者之法擇人而官之則為政之善也明謂人君明知之
王肅云明其有常則善也言有德當有恒也其意亦言彼能
有常人君能明之也鄭云人能明其德所行使有常則成善

人矣其意謂彼人自明之與孔異也

日宣三德夙夜浚明有家

三德九德之中有其三宣布夙早浚須也卿大夫稱家言能日日布行三德早夜思之須明行之可以爲卿大夫○浚息俊反馬云大也

日嚴祗敬六德亮采有邦

有國諸侯日日嚴敬其身敬行六德以信治政事則可以爲諸侯○嚴如字馬徐魚檢反

翕受敷施九德咸事俊乂在官

翕合也能合受三六之德而用之以布施政教使九德之人皆用事謂天子如此則俊德治能之士竝在官○翕許及反俊乂馬云千人曰俊百人曰乂

百僚師師百工惟時

僚工皆官也師師相師法百官皆是言政無非○僚本又作寮

撫于五辰庶績其凝

凝成也言百官皆撫順五行之時衆功皆成○撫方武反凝魚陵反馬云定也

〔疏〕日宣至其凝○正義曰皐陶既陳人有九德宜擇而官之此又言官之所宜若人能日日宣布三德早夜思念而須明行之此人可以爲卿大夫使有家也若日日嚴敬其身又能敬行六德信能治理其事此人可以爲諸侯使有國也然後撫以天子之任合受有家有國三六之德而用之

布施政教使九德之人皆得用事事各盡其能無所遺棄則天下俊德治能之士並在官矣皆隨賢才任職百官各師其師轉相教誨則百官推皆是矣無有非者以此撫順五行之時以化天下之民則衆功其皆成矣結上知人安民之意○傳三德至大夫○正義曰此文承九德之下故知三德是九德之內課有其三也周語云宣布哲人之令德宣以布義故爲布也夙早釋詁文又云須待也此經之意謂夜思之明旦行之須爲待之意故浚爲須也大夫受采邑賜氏族立宗廟世不絕祀故稱家位不虛受非賢臣不可言能日日布行三德早夜思之待明行之如此念德不懈怠者乃可以爲大夫也以士卑故言不及也計有一德二德卽可以爲士也鄭以三德六德皆亂而敬以下之文經無此意也○傳有國至諸侯○正義曰天子分地建國諸侯專爲已有故有國謂諸侯也祇亦爲敬敬有二文上謂敬身下謂撤德嚴則敬之狀也故言日日嚴敬其身敬行六德以信治政事則可以爲諸侯也諸侯大夫皆言日日者言人之行德不可暫時捨也臣當行君之令故早夜思之君是出令者故言敬身行德此文以小至大揔以天子之事故先大夫而後諸侯○傳翕合至在官○正義曰翕合釋詁文以文承三德六德之下故言合受三六之德而用之以此人爲官令其布施政教使此九德之

人皆居官用事謂天子也任之所能大夫所行三德或在諸侯六德之內但并此三六之德旣充九數故言九德皆用事謂用爲大夫用爲諸侯使之治民事也大夫諸侯當身自行之故言日宣日嚴天子當任人使行之故言合受而用之其實天子亦備九德故能任用三德六德也則俊德治能之士並在官矣乂訓爲治故云治能馬王鄭皆云才德過千人爲俊百人爲乂○傳僚工至無非○正義曰僚官釋詁文工官常訓也師師謂相師法也○傳凝成至皆成○正義曰鄭玄亦云凝成也王肅云凝猶定也皆以意訓耳文承百工之下撫于五辰還是百工撫之故云百官皆撫順五行之時則衆功皆成也五行之時卽四時也禮運曰播五行於四時土寄王四季故爲五行之時也所撫順者堯典敬授民時平秩東作之類是也

無教逸欲有邦不爲逸豫貪欲之教是有國者之常

兢兢業業一日二日萬幾兢兢戒愼業業危懼幾微也言當戒懼萬事之微○兢居凌反業如字徐五荅反幾徐音機

無曠庶官天工人其代之曠空也位非其人爲空官言人代天理官不可以天官私非其才

天敘有典勑我五典五惇

哉天次敘人之常性各有分義當勑正我五常之敘使合于五厚厚天下○有典馬本作五典分扶問反

天秩有禮自我五禮有庸哉庸常自用也天次秩有禮當用我公侯伯子男五等之禮以接之使有常○有庸馬本作五庸

同寅協恭和衷哉衷善也以五禮正諸侯使同敬合恭而和善○衷音中

天命有德五服五章哉五服天子諸侯卿大夫士之服也尊卑彩章各異所以命有德

天討有罪五刑五用哉言天以五刑討五罪用五刑宜必當

政事懋哉懋哉言敘典秩禮命德討罰無非天意者故人君居天官聽政治事不可以不自勉

【疏】無敎至懋哉○正義曰皐陶既言用人之法又戒以居官之事上之所爲下必效之無敎在下爲逸豫貪欲之事是有國之常道也爲人君當兢兢然戒愼業業然危懼言當戒愼一日二日之間而有萬種幾微之事皆須親自知之不得自爲逸豫也萬幾事多不可獨治當立官以佐己無得空廢衆官使才非其任此官乃是天官人其代天治之不可以天之官而用非其人又言典禮德刑皆從天出天次敘人倫使有常性故人君爲

政當勑正我父母兄弟子五常之敘敎之使五者皆惇厚哉
天又次敘爵命使有禮法故人君爲政當奉用我公侯伯子
男五等之禮接之使五者皆有常哉接以常禮當使同敬合
恭而和善哉天又命用有九德使之居官當承天意爲五等
之服使五者尊卑彰明哉天又討治有罪使之絕惡當承天
意爲五等之刑使五者輕重用法哉典禮德刑無非天意人
君居天官聽治政事當須勉之哉○傳不爲至之常○正義
曰毋者禁戒之辭人君身爲逸欲下則效之是以禁人君使
不自爲耳不爲逸豫貪欲之教是有國者之常也此文主於
天子天子謂天下爲國詩云生此王國之類是也○傳兢兢
至之微○正義曰辟訓云兢兢戒也業業危也戒必慎危必
懼傳言慎懼以足之易繫辭云幾者動之微故幾爲微也一
日二日之間微者乃有萬事言當戒慎萬事之微微者尚有
萬則大事必多矣且微者難察察則勞神以言不可逸耳馬
王皆云一日二日猶日日也○傳曠空至其才○正義曰曠
之爲空常訓也位非其人所職不治是爲空官天不自治立
君乃治之君不獨治爲臣以佐之下典禮德刑無非天意者
天意既然人君當順天是言人當代天治官官則天之官居
天之官代天爲治苟非其人不堪此任人不可以天之官而
私非其才王肅云天不自下治之故人代天居之不可不得

其人也○傳天次至天下○正義曰天敘有典有此五典勑父義母慈兄友弟恭子孝是也五者人之常性自然而有但人性有多少耳天次敘人之常性使之各有分義義宜也今此義慈友恭孝各有定分合於事宜此皆出天然是爲天次敘之天意既然人君當順天之意勑正我五常之敎使合於五者皆厚以敎天下之民也五常之敎人君爲之故言我也五敎徧於海內故以天下言之○傳庸常至有常○正義曰庸常釋詁文又云由自也由是用故自爲用也天次敘有禮謂使賤事貴卑承尊是天道使之然也天意既然人君當順天意用我公侯伯子男五等之禮以接之使之貴賤有常也此文主於天子天子至於諸侯車旗衣服國家禮儀饗食燕好饔餼飧牢禮各有次秩以接之上言天敘此云天秩者敘謂定其倫次秩謂制其差等義亦相通上云勑此言自我者五等以敎下民須勑戒之五禮以接諸侯當用我意故文不同也上言五惇此言五庸者五典施於近親欲其恩厚五禮施于臣下欲其有常故文異也王肅云五禮謂王公卿大夫士鄭玄云五禮天子也諸侯也卿大夫也士也庶民也此無文可據各以意說耳○傳衷善至和善○正義曰衷之爲善常訓也故左傳云天誘其衷說者皆以衷爲善此文承五禮之下禮尚恭敬故以五禮正諸侯使同敬合恭而和善也

鄭玄以爲幷上之。禮共有此事五典室家之內務在相親非復言以恭敬恭敬惟爲五禮而已孔言是也○傳五服至有德○正義曰益稷云以五采彰施於五色作服汝明是天子諸侯卿大夫士之服也其尊卑采章各異於彼傳具之天命有德使之居位命有貴賤之倫位有上下之異不得不立名以此等之象物以彰之先王制爲五服所以表貴賤也服有等差所以別尊卑也

天聰明自我民聰明言天因民而降之福民所歸者天命之天視聽人君之行用民爲聰明

天明畏自我民明威。天明可畏亦用民成其威民所叛者天討之是天明可畏之效○畏如字徐音威馬本作威

達于上下敬哉有土言天所賞罰惟善惡所在不避貴賤有土之君不可不敬懼

皐陶曰朕言惠可厎行其所陳九德以下之言順於古道可致行

禹曰俞乃言厎可績然其所陳從而美之曰用汝言致可以立功

皐陶曰予未有知思曰贊贊襄哉言我未有所知未能思致於善徒亦贊奏上古行事而言之因禹美之承以謙辭言之序○知如字

徐音智思如字徐音息吏反襄息羊反上也馬云因也案爾雅作儴因也如羊反【疏】天聰至襄哉○正義曰此承上懋哉以下言所勉之者以天之聰明視聽觀人有德用我民以爲耳目之聰明察人言善者天意歸賞之又天之明德可畏天威者用我民言惡而叛之因討而伐之成其明威天所賞罰達於上下不避貴賤故須敬哉有土之君皋陶旣陳此戒欲其言入之故曰我之此言順於古道可致行不可忽也禹卽受之曰然汝言用而致可以立功重其言以深戒帝皋陶乃承之以謙曰我未有所知未能思致於善我所言曰徒贊奏上古所行而言之哉非已知思而所自能是其謙也○傳言天至聰明○正義曰皇天無心以百姓之心爲心此經大意言民之所欲天必從之聰明謂聞見也天之所聞見用民之所聞見也然則聰明直是見聞之義其言未有善惡以下言明威是天降之禍知此聰明是天降之福此卽泰誓所云天聽自我民聽天視自我民視故民所歸者天命之大而言之民所歸就天命之爲天子也小而言之雖公卿大夫之任亦爲民所歸向乃得居之此文主於天子故言天視聽人君之行用民爲聰明戒天子使順民心受天之福也○傳言天至敬懼○正義曰上句有賞罰故言天所賞罰不避貴賤此之達於上下言天子亦不免也喪服鄭玄注云天子諸

侯及卿大夫有地者皆曰君即此有土可兼大夫以上但此文本意賓主於天子戒天子不可不敬懼也○傳言我至之序○正義曰皐陶目言可致行禹言致可績此承而爲謙知其目言未有所知未能思致於善也思字屬上句王肅云贊贊猶贊奏也顯氏云襄上也謂贊奏上古行事而言之也經云曰者謂我上之所言也傳不訓襄爲上已從襄陵而釋之故二劉並以襄爲因若必爲因孔傳無容不訓其意言進習上古行事因贊成其辭而言之也傳雖不訓襄字其義當如王說皐陶慮忽之自云言順可行因禹美之即承謙辭一揚一抑言之次序也鄭玄云贊明也襄之言暢言我未有所知所思徒贊明帝德暢我忠言而已謙也

附釋音尚書注疏卷第四

大清嘉慶二十年重刊宋本十三經注疏附校勘記

江西鹽法道胡稷栞

尚書注疏挍勘記　卷四

阮元撰盧宣旬摘錄

尚書注疏卷第四　宋板同古本作尚書卷第二古文尚書大禹謨第三虞書孔氏傳○案宋板標題皆低二字與十行本不同又或題注疏或題正義參差互見以後惟出題正義者

大禹謨第三　虞書

皐陶矢厥謨　陸氏曰矢本又作夫盧文弨云隋天文志枉矢舊本竝作枉夫

天下安寧　古本寧下有也字岳本無寧字按岳本與疏合

傳攸所至下安　安下宋板有寧字山井鼎曰當作攸所至安寧○按今本正與岳本傳合

惟影響　顏氏家訓書證篇曰尚書曰惟景響周禮云土圭測景景朝景夕孟子曰圖景失形莊子曰罔兩問景如此等字皆當爲光景之景凡陰景者因光而生故即爲景淮南子呼爲景柱廣雅云晷柱挂景竝是也至晉世葛洪字苑傍始加彡音於景反而世間輒改治尚書周禮莊孟從葛洪字甚爲失矣

儆戒無虞 按朱子曰儆與警同古文作敬開元改今文

言天子常我愼 毛本我作戒是也

或寡令終 或下宋板空一字

厭倦萬機 機岳本作幾

信出謂始發於心 宋板閩本明監本同毛本信作言下言出同○案毛本下言出言字似挩去人傍

民皆命於大中之道 毛本命作合是也

俾予從欲以治 諸本同毛本欲誤作教

刑無所用 浦鏜云四字疑在下與前經期義别之下○按下云此期爲限與前經期義别而論語所謂勝殘去殺矣三句當是疏內小注

帝曰來禹降水儆予 石經考文提要云坊本作洚水沿蔡沈集傳○按蔡傳云洚水洪水也古文作降而纂傳引朱子則曰降水洪水也古文作洚與蔡傳相反蓋蔡氏用師說而誤倒其文也薛氏古文訓正作洚

民叛之 古本叛作畔監本誤作判

百人無主 宋板同毛本人作姓

惟先蔽志 孫志祖云左傳哀十八年引夏書官占惟能蔽志釋文云尚書能作克克亦能也孔疏則云夏書大禹謨之篇也惟彼能作先耳此則陸氏所見本與今異孔氏所見本與今同頗疑釋文近得其眞與先字後人以意改也○按既言昆則不必言先故知陸氏爲得也但孔疏云惟能先斷人志先字上仍有能字則孔氏所見本未必不作克左傳疏先字疑本是克字後人反据誤本尚書改之

然請卜不請筮者 宋板然下空一字

故言順帝之初 宋板閩本明監本同毛本言上脫故字

奉行帝之事故　浦鏜云故事誤倒

數干王誅　纂傳誅作法是也

不循帝道　纂傳帝作常是也

命禹討之　纂傳禹作汝

民棄不保　岳本棄作弃

言民叛天灾之　古本叛下有之字

奉辭罰罪　宋板岳本閩本纂傳本同唐石經罰作伐明監本毛本因之古本及蔡傳並作伐案伐字是也又辭古本作𤔲罪古本作辠皆古今字

此則氏迷之狀也　案氏當昬之譌毛本正作昬

夔夔齋慄　唐石經岳本閩本葛本纂傳同明監本毛本齋作齊葛本注亦作齊按釋文云齊側皆反明不作齋

蓋陸氏据古文而石經則從今文也

往至于田宋板往下空一字

恭敬以事見父瞽瞍宋板事下空一字

何爲然也宋板然上有其字是也

事瞽同耳宋本瞽作勢是也

覆動上天許宗彦云當作覆上動天

神覆動天許宗彦曰神字衍○按神疑作祇

皐陶謨第四　虞書

夫典謨岳本無夫字按釋文云夫音扶明有夫字岳本誤脱也

俊人亂眞古本眞作德按德古作悳形近之譌

亦言其人有德　唐石經無人字與史記夏本紀同○按石經元刻本有人字唐元度覆定乃刪人字重刻今注疏本則沿襲別本也唐石經磨去重刻者多同於今此獨異於今本也

必言其所行某事某事以爲驗　史記集解作必言其所行事因事以爲驗

彼言剛失之虐　宋板之作入與舜典傳古本合下之傲放此

是爲强貌也　毛本貌作毅是也閩本亦誤

翕和也　毛本和作合是也閩本亦誤

百僚師師　陸氏曰僚本又作寮○按依說文當作寮俗省作寮假借作僚

庶績其凝　按羣經音辨冰尚書古文凝字然則此經其凝古文作其冰

故稱家　家上纂傳有有字

謂天子也任之所能　浦鏜云也疑各字譌之疑其字譌是也

堯典敬授民時　宋板堯上有卽字是也

自我五禮有庸哉　古本有作五按疏云上言五惇此言五庸疑孔氏所見本亦作五庸與馬本同○按古本多竄取釋文正義爲之此其證也

五服五章哉　章古本作彰

尊卑彩章各異　岳本纂傳彩作采○按采彩古今字

鄭元以爲并上之禮　浦鏜云之當典字誤

自我民明威　威古本作畏山井鼎曰古字通用王應麟曰古文天明畏自我民明畏今文下畏字作威葢衛包所改當從古○按王所云古文卽宋次道家本也多不足據

徒亦贊奏上古行事而言之　宋板無而字

非已知思而所自能　宋板閩本同毛本思作天

襄之言暢盧文弨云王伯厚鄭注尚書言暢作言揚注本合○按鄭注尚書乃惠棟所輯託名王伯厚者一作暢下暢亦作揚毛本作揚似與王所見

暢我忠言而已宋板同毛本暢作揚

尚書注疏挍勘記卷四終

會昌縣知縣候補知州曾暉春栞

附釋音尚書注疏卷第五

益稷第五

夏書　孔氏傳　孔穎達疏

益稷禹稱其人因以名篇疏傳禹稱至名篇○正義曰禹言暨益暨稷是禹稱其二人二人佐禹有功因以此二人名篇既美大禹亦所以彰此二人之功也禹先言暨益故益在稷上馬鄭王所據書序此篇名爲棄稷棄稷一人不宜言名又言官是彼誤耳又合此篇於皋陶謨謂其別有棄稷之篇皆由不見古文妄爲說耳

帝曰來禹汝亦昌言因皋陶謨九德故呼禹使亦陳當言○當丁浪反本亦作讜當湯反李登聲類云讜言善言也禹拜曰都帝予何言予思日孜孜拜而歎辭不言欲使帝重皋陶所陳言己思日孜孜不怠奉承臣功而已○思徐如字又息吏反孜孜音茲皋陶曰吁如何問所以孜孜之事禹曰洪水滔天浩浩懷山

襄陵下民昬墊言天下民昬瞀墊溺皆困水災○浩戸老反墊丁念反瞀音務一音茂本
或作務溺乃歷反予乘四載隨山刊木所載者四謂水乘舟陸乘車泥乘輴
山乘樏隨行九州之山林刊槎其木開通道路以治水也○乘音繩刊苦安反輴丑倫反漢書作橇如淳音蕝以板置泥
上服虔云木橇形如木箕擿行泥上尸子云澤行乘蕝蕝音子絕反樏力追反史記作橋徐音丘遙反漢書作梮九足反
行下孟反槎士雅反下同說文云衺斫又莊下反暨益奏庶鮮食奏謂進於民鳥獸新
殺曰鮮與益槎木獲鳥獸民以進食○暨其器反鮮徐音仙馬云鮮生也予決九川距四
海濬畎澮距川距至也決九州名川通之至海一畎之閒廣尺深尺曰畎方百里之閒廣二尋
深二仞曰澮澮畎深之至川亦入海○畎工犬反澮故外反廣光浪反深尸鴆反暨稷播奏庶
艱食鮮食艱難也衆難得食處則與稷教民播種之決川有魚鱉使民鮮食之○艱工閒反馬本作
根云根生之食謂百穀處昌慮反鱉必滅反懋遷有無化居化易也居謂所宜居積者

勉勸天下徙有之無魚鹽徙山林木徙川澤交易其所居積○懋音茂鹽余廉反**烝民乃粒萬邦作乂**米食曰粒言天下由此爲治本○烝之承反粒音立治直吏反下同○**皐陶曰俞師汝昌言**言禹功甚當可師法○當丁浪反

【疏】帝曰來至汝昌言○正義曰皐陶既爲帝謀帝又呼禹進之曰來禹汝亦宜陳其當言禹拜曰嗚乎帝皐陶之言既已美矣我更何所言我之所思者每日孜孜勤於臣職而已皐陶怪禹不言故謂之曰吁問其所以孜孜之事如何禹曰往者洪水漫天浩浩然盛大包山上陵下民昏惑沈溺皆困水災我乘舟車輴樏等四種之載隨其所往之山槎木通道而治之與益所進於人者惟有槎木所獲衆鳥獸鮮肉爲食也我又通決九州名川通之至於四海深其畎澮以至於川水漸除矣與稷播種五穀進於衆人難得食處乃決水所得魚鱉鮮肉爲食也人既皆得食矣又勸勉天下徙有之無交易其所居積於是天下衆人乃皆得米粒之食萬國由此爲治理之政我所言孜孜者在此也皐陶曰然可以爲師法者是汝之當言○傳因皐至當言○正義曰上篇皐陶謀九德此帝呼禹令亦陳當言亦者亦皐陶也明上篇皐陶雖與益相應其言亦對帝也上傳云皐陶爲帝舜謀者

以此而知也○傳拜而至而已○正義曰既已拜而歎必有所美復辭而不言是知欲使帝重皐陶所陳言已無以加也王肅云帝在上皐陶陳謀於下已備矣我復何所言乎是也既無所言故言已思惟日孜孜不敢怠惰奉成臣職而已孜孜者勉功不怠之意○傳言天下至水災○正義曰昏者眩惑之意故言昏瞀墊是下濕之名故爲溺也言天下之人遭此大水精神昏瞀迷惑無有所知又苦沈溺皆困此水災也鄭云昏沒也墊陷也禹言洪水之時人有沒陷之害○傳所載至治水○正義曰史記河渠書云夏書曰禹湮洪水十三年三過家不入門陸行載車水行載舟泥行蹈橇音蕝山行卽橋丘遙反徐廣曰橋一作輂几玉反輂直轅車也尸子云山行乘樏泥行乘蕝子絶反漢書溝洫志云泥行乘毳山行則梮居足反毳行如箕擿行泥上如淳云毳謂以板置泥上以通行路也慎子云爲毳者患塗之泥也應劭云梮或作樏爲人所牽引也如淳云梮謂以鐵如錐頭長半寸施之履下以上山不蹉跌也韋昭云梮木器也如今轝牀人轝以行也此經惟言四載傳言所載者四同彼史記之說古書尸子慎子之徒有此言也輴與毳爲一樏與梮轝爲一古篆變形字體改易說者不同未知孰是禹之施功本爲治水此經乃云隨山刊木刊木爲治水治水偏於九州故云隨行九州之山

林襄二十五年左傳云井堙木刊刊是除木之義也毛傳云
除木曰槎故曰刊槎其木開通道路以治水○傳奏至進食
正義曰黎民阻飢爲人治水故知奏謂進食於人也禮有鮮
魚腊以其新殺鮮淨故名爲鮮是鳥獸新殺曰鮮魚鼈新殺
亦曰鮮也此承山下故爲鳥獸下承水後故爲魚鼈其新殺
之意同也既言刊木乃進鮮食食是除木所得故言與益槎
木獲鳥獸人以進食○傳距至入海○正義曰距者相抵
之名故爲至也非是名川不能至海故決九州之名川通之
至海也考工記云匠人爲溝洫耜廣五寸二耜爲耦一耦之
伐廣尺深尺謂之畎田首倍之廣二尺深二尺謂之遂九夫
爲井井閒廣四尺深四尺謂之溝方十里爲成成閒廣八尺
深八尺謂之洫方百里爲同同閒廣二尋深二仞謂之澮是
畎遂溝洫澮皆通水之道也以小注大故從畎遂溝洫乃以
入澮澮入於川川入於海是畎內之水亦入海也惟言畎澮
舉大小而略其餘也先言決川至海後言濬畎至川者川既
入海然後澮得入川故先言川也○傳艱難至鮮食之○正
義曰艱難也釋詁文禹主治水稷主教播種水害漸除則有
可耕之地難得食處先須教導以救之故云衆難得食處則
與稷教人播種之易得食處人必自能得之意在救人難危
之厄故舉難得食處以言之於時雖漸播種得穀猶少人食

未足故決川有魚鼈使人鮮食之言食魚以助穀也鄭玄云與稷教人種澤物菜蔬艱戹之食稷功在於種穀不主種菜蔬也言后稷種菜蔬艱戹之食傳記未有此言也○傳化易至居積○正義曰變化是改易之義故化爲易也居謂所宜居積者近水者居魚鹽近山者居林木也勉勸天下徙有之無者謂徙我所有往彼無鄉取彼所有以濟我之所無魚鹽徙山林木徙川澤交易其所宜居積言此遷者謂將物去不得空取彼物也王肅云易居者不得空去當滿而去當滿而來也○傳米食至治本○正義曰說文云粒糂也今人謂飯爲米糂遺餘之飯謂之一粒兩粒是米食曰粒言是用米爲食之名也人非穀不生政由穀而就言天下由此穀爲治政之本也君子之道以謙虛爲德禹盛言己功者爲臣之法當孜孜不怠自言己之勤苦所以勉勸人臣非自伐也

禹曰都帝慎乃在位帝曰俞然禹言受其戒**禹曰安汝止惟幾惟康其弼直**言慎在位當先安好惡所止念慮幾微以保其安其輔臣必用直人○好惡上呼報反下烏路反又並如字**惟動丕應徯志**徯待也帝先安所止動則天下大應之順命以待帝志○應應對之應徯胡啓反

以昭受上帝天其申命用休昭明也非但人應之又乃明受天之報施天又重命用美○施始豉反重直用反帝曰吁臣哉鄰哉鄰哉臣哉

禹曰俞鄰近也言君臣道近相須而成

疏禹曰都至曰俞○正義曰禹以皐陶然已因歎而戒帝曰嗚呼帝當謹慎汝所在之位帝受其戒曰然禹又戒帝曰若欲慎汝在位當須先安定汝心好惡所止念慮事之微細以保安其身其輔弼之臣必用正直之人若能如此惟帝所動則天下大應之以待帝志以明受天之布施於天其重命帝用美道也帝以禹言已重乃驚而言曰吁臣哉近哉臣當親近君也近哉臣哉君當親近臣也言君臣當相親近共成政道也禹應帝曰然言君臣宜相親近也○傳言慎至直人○正義曰此禹重戒帝覆上慎乃在位當先安好惡所止謂心之所止當止好不止惡言惡以刑好也大學云為人君止於仁為人臣止於敬好惡所止謂此類也傳意以上惟為念下惟為辭故云念慮幾微然後以保其好惡所安寧耳○傳徯待至帝志○正義曰徯待釋詁文帝先能自安所止心之所止止於好事其有舉動發號出令則天下大應之順命以待帝志謂靜以待命有命則從也○傳昭明至用美○正義

曰堯典已訓昭爲明此重訓詳之皇天無親惟德是輔人之所欲天必從之帝若能安所止非但人歸之又乃明受天之報施天下太平祚胙長遠是天之報施也天又重命用美謂四時和祥瑞臻之類也或當前後非一故傳言又也○傳鄰近至而成○正義曰周禮五家爲鄰取相近之義故鄰爲近也禹言君當好善帝言須得臣力再言鄰哉言君臣之道當相須而成鄭玄云臣哉汝當爲我鄰哉鄰哉汝當爲我臣哉反覆言此欲其志心入禹

帝曰臣作朕股肱耳目言大體若身○股音古肱古弘反**予欲左右有民汝翼**左右助也助我所有之民富而教之汝翼成我**予欲宣力四方汝爲**布力立治之功汝羣臣當爲之**予欲觀古人之象**欲觀示法象之服制○觀舊音官又官喚反**日月星辰山龍華蟲**日月星爲三辰華象草華蟲雉也畫三辰山龍華蟲於衣服旌旗○蟲直弓反**作會宗彝**會五采也以五采成此畫焉宗廟彝樽亦以山龍華蟲爲飾○會胡對反馬鄭作繪彝音夷馬同鄭云宗彝虎也**藻火粉米黼黻絺繡**

藻水草有文者火爲火字粉若粟冰米若聚米黼若斧形黻爲兩已相背葛之精者曰絺五色備曰繡○藻音早本又作薻粉米說文作黺黺徐米作絲首米黼音甫白與黑謂之黼黻音弗黑與青謂之黻絺徐勑私反又勑其反馬同鄭陟里反刺也繡音秀背音佩

以五采彰施于五色作服汝明天子服日月而下諸侯自龍袞而下至黼黻士服藻火大夫加粉米上得兼下下不得僭上以五采明施于五色作尊卑之服汝明制之○袞工本反僭子念反

予欲聞六律五聲八音在治忽以出納五言汝聽言欲以六律和聲音在察天下治理及忽怠者又以出納仁義禮智信五德之言施于民以成化汝當聽審之○出如字又尺遂反注同納如字又音內

予違汝弼汝無面從退有後言我違道汝當以義輔正我無得面從我違而退後有言我不可弼

欽四鄰庶頑讒說若不在時四近前後左右之臣勑使敬其職衆頑愚讒說之人若所行不在於是而爲非者當察之

侯以明之撻以記之當行射侯之禮

以明善惡之教笞撻不是者使記識其過○撻他末反又他達反笞勑疑反**書用識哉欲並生哉**書識其非欲使改悔與共並生**工以納言時而颺之**工樂官當誦詩以納諫當是正其義而颺道之○颺音揚**格則承之庸之否則威之**天下人能至于道則承用之任以官不從教則以刑威之○否方有反徐音鄙任汝鴆反

疏帝曰臣至威之○正義曰帝以禹然已言又說須臣之事作我股肱耳目言已動作視聽皆由臣也我欲助我所有之人使之家給人足汝當翼贊我也我欲布陳智力於天下四方爲立治之功汝等當與我爲之我欲觀示君臣上下以古人衣服之法象其日月星辰山龍華蟲作會合五采而畫之又畫山龍華蟲於宗廟彝罇其藻火粉米黼黻於絺葛而刺繡以五種之彩明施於五色制作衣服汝當爲我明其差等而制度之我欲聞知六律和五聲播之於八音以此音樂察其政治與忽怠者其樂音又以出納五德之言汝當爲我聽審之我有違道汝當以義輔成我汝無得知我違非而對面從我退而後更有言云我不可輔也既言其須臣之力乃揔勑之敬其職事哉汝在我前後左右四旁鄰近之臣也其衆類頑愚讒說之人若有

所行不在於是而爲非者汝當察之以法行射侯之禮知其善惡以明別之行有不是者又撻其身以記之書其過者以以識所以撻之書之者冀其改悔欲與並生活哉工樂之官以納諫言於上當是正其義而顯揚之使我自知得失也又揔言御下之法天下之人有能至於道者則當承受而進用之當任以官也不從教者則以刑罰威之當罪其身也此等皆汝臣之所爲○傳言大體若身○正義曰君爲元首臣爲股肱耳目大體如一身也足行手取耳聽目視身雖百體四者爲大故舉以爲言鄭玄云動作視聽皆由臣也○傳左右至成我○正義曰釋詁云左右助慮也同訓爲慮是左右得爲助也立君所以牧人人之自營生產人君當救之論語稱孔子適衛欲先富民而後教之故云助我所有之民欲富而教之也君子施教本爲養人故先云助人舉其重者以其爲人事重當須翼成故言汝翼次顯君施教化須臣爲之故言汝爲次明衣服上下標顯尊卑故云汝明次云六律五聲故云汝聽各隨事立文其實不異○傳布力至爲之○正義曰詩云四方于宣論語云陳力就列是布政用力故言布力立治之功汝羣臣當爲之○傳欲觀至服制○正義曰觀示法象之服制者謂欲申明古人法象之衣服垂示在下使觀之也易辭云黃帝堯舜垂衣裳而天下治象物制服蓋因黃

帝以還未知何代而具彩章舜言已欲觀古知在舜之前耳

○傳日月至旌旗○正義曰桓二年左傳云三辰旂旗昭其明也三辰謂此日月星也故日月星爲三辰辰卽時也三者皆是示人時節故並稱辰焉傳言此者以辰在星下揔上三事爲辰辰非別爲物也周禮大宗伯云實柴祀日月星辰鄭玄云星謂五緯也辰謂日月所會十二次也星辰異者彼鄭以偏祭天之諸神十二次也次亦當祭之故令辰與星別此云畫之於衣日月合宿之辰非有形容可畫且左傳云三辰卽日月星也周禮司常掌九旗之物惟日月爲常不言畫星蓋太常之上又畫星也穆天子傳稱天子葬盛姬畫日月七星蓋畫北斗也草木雖皆有華而草華爲美故云華象草華蟲雉也周禮司服有鷩冕鷩則雉焉雉五色象草華也月令五時皆云其蟲蟲是鳥獸之揔名也下云作服汝明知畫三辰山龍華蟲於衣服也又言旌旗者左傳言三辰旂旗周禮司常云日月爲常王者禮有沿革後因於前故知舜時三辰亦畫之於旌旗也下傳云天子服日月而下則三辰畫之於衣服又畫於旌旗也周禮司服云享先王則衮冕衮者卷也言龍首卷然以衮爲名則所畫自龍已下無日月星也郊特牲云祭之日王被衮冕以象天也又曰龍章而設日月以象天也鄭玄云謂有日月星辰之章設日月畫於衣服旌旗也

據此記文袞冕之服亦畫日月鄭注禮記言郊特牲所云謂
魯禮也要其文稱王被服袞冕非魯事也或當二代天子衣
上亦畫三辰自龍章爲首而使袞統名耳禮文殘缺不可得
詳但如孔解舜時天子之衣畫日月耳鄭玄亦以爲然王肅
以爲舜時三辰卽畫於旌旗不在衣也天子山龍華蟲耳○
傳會五至爲飾○正義曰會者合聚之名下云以五彩彰施
於五色作服知會謂五色也禮衣畫而裳繡五色備謂之繡
知畫亦備五色故云以五彩成此畫焉謂畫之於衣宗彝文
承作會之下故云宗廟彝樽亦以山龍華蟲爲飾知不以日
月星爲飾者孔以三辰之尊不宜施於器物也周禮有山罍
龍勺雞彝鳥彝以類言之知彝樽以山龍華蟲爲飾亦畫之
以爲飾也周禮彝器所云犧象雞鳥者鄭玄皆爲畫飾與孔
意同也周禮彝器無山龍華蟲爲飾者帝王革易所尚不同
故有異也○傳藻水至曰繡○正義曰詩云魚在在藻是藻
爲水草草類多矣獨取此草者謂此草有文故也火爲火字
謂刺繡爲火字也考工記云火以圜鄭司農云謂圜形似火
也鄭玄云形如半環然記是後人所作何必能得其眞今之
服章繡爲火字者如孔所說也粉若粟冰者粉之在粟其狀
如冰米若聚米者刺繡爲文類聚米形也黼若斧形考工記
云白與黑謂之黼釋器云斧謂之黼孫炎云黼文如斧形蓋

半白半黑似斧刃白而身黑黻謂兩己相背謂刺繡爲己字兩己字相背也考工記云黑與青謂之黻刺繡爲兩己字以青黑線繡也詩葛覃云爲絺爲綌是絺用葛也玉藻云浴用二巾上絺下綌曲禮云爲天子削瓜者副之巾以絺爲國君者華之巾以綌皆以絺貴而綌賤是絺精而綌麤故葛之精者曰絺五色備謂之繡考工記文也計此所陳皆述祭服祭服玄纁爲之後代無用絺者蓋於時仍質暑月染絺爲纁而纁之以爲祭服孔以華象草華蟲雉則合華蟲爲一周禮鄭玄注亦然則以日月星辰山龍華蟲六章畫於衣也藻火粉米黼黻六章繡於裳也天之大數不過十二故王者制作皆以十二象天也顧氏取先儒等說以爲日月星取其照臨山取能興雲雨龍取變化無方華取文章雉取耿介顧氏雖以華蟲爲二其取象則同又云藻取有文火取炎上粉取絜白米取能養黼取能斷黻取善惡相背鄭玄云會讀爲繪宗彝謂宗廟之鬱鬯樽也故虞夏以上蓋取虎彝蜼彝而已粉米白米也絺讀爲黹黹紩也自日月至黼黻凡十二章天子以飾祭服凡畫者爲繪刺者爲繡此繡與繪各有六衣用繪裳用繡至周而變之以三辰爲旂旗謂龍爲袞宗彝爲毳或損益上下更其等差鄭意以華蟲爲一粉米爲一加宗彝謂虎蜼也周禮宗廟彝器有虎彝蜼彝故以宗彝爲虎蜼也此經

所云凡十二章日也月也星也山也龍也華蟲也六者畫以作繪施於衣也宗彝也藻也火也粉米也黼也黻也此六者紩以爲繡施之於裳也鄭玄云至周而變易之損益上下更其等差周禮司服之注具引此文乃云此古天子冕服十二章也王者相變至周而以日月星畫於旌旗冕服九章登龍於山登火於宗彝尊其神明也九章初一曰龍次二曰山次三曰華蟲次四曰火次五曰宗彝皆畫以爲繢次六曰藻次七曰粉米次八曰黼次九曰黻皆以絺爲繡則衮之衣五章裳四章凡九也鷩畫以雉謂華蟲也其衣三章裳四章凡七也毳畫虎蜼謂宗彝也其衣三章裳二章凡五也是鄭以冕服之名皆取章首爲義衮冕九章以龍爲首龍首卷然故以衮爲名鷩冕七章華蟲爲首華蟲卽鷩雉也毳冕五章虎蜼爲首虎蜼毛淺毳是亂毛故以毳爲名如鄭此解配文甚便於絺繡之義摠爲消帖但解宗彝爲虎蜼取理太迴未知所說誰得經旨○傳天子至制之○正義曰此言作服汝明故傳辨其等差天子服日月而下十二章諸侯自龍衮而下至黼黻八章再言而下明天子諸侯皆至黼黻也士服藻火二章大夫加粉米四章孔注上篇五服謂天子諸侯卿大夫士則卿與大夫不同當加之以黼黻爲六章孔略而不言孔意蓋以周禮制諸侯有三等之服此諸侯同八章者上古樸質諸侯

俱南面之尊故合三爲一等且禮諸侯多同爲一等故雜記云天子九虞諸侯七虞左傳云天子七月而葬諸侯五月而葬是也孔以此經上句日月星辰山龍華蟲尊者在上下句藻火粉米黼黻尊者在下黼黻尊於粉米粉米尊於藻火故從上以尊卑差之士服藻火大夫加以粉米并藻火爲四章馬融不見孔傳其注亦以爲然以古有此言相傳爲說也蓋以衣在上爲陽陽統於上故所尊在先裳在下爲陰陰統於下故衣所重在後詩稱玄衮及黼顧命云麻冕黼裳當以黼爲裳故首舉黼以言其事如孔說也天子諸侯下至黼黻大夫粉米兼服藻火是上得兼下也士不得服粉米大夫不得服黼黻是下不得僭上也訓彰爲明以五種之彩明施於五色作尊卑之服汝當分明制之令其勿使僭濫也鄭玄云性曰采施曰色以本性施於繒帛故云以五采施於五色也鄭云作服者此十二章爲五服天子備有焉公自山龍而下侯伯自華蟲而下子男自藻火而下卿大夫自粉米而下亦是以意說也此云作服推據衣服所以經有宗彝及孔云旌旗亦以山龍華蟲爲飾者但此雖以服爲主上既云古人之象則法象分在器物皆悉明之非止衣服而已旌旗器物皆是彩飾被服以明尊卑故揔云作服以結之○傳言欲至審之○正義曰此經大意令臣審聽樂音察世之治否以報君也金

石絲竹匏土革木八物各出其音謂之八音八音之聲皆有清濁聖人差之以爲五品宫商角徵羽謂之五聲五聲高下各有所準則聖人制爲六律與五聲相均作樂者以律均聲聲從器出帝言我欲以六律和彼五聲八音以此樂之音聲察世之治否詩序云治世之音安以樂其政和亂世之音怨以怒其政乖此則聽聲知政之道也言今聽作樂若其音安樂和平則時政辨治而修理也若其音怨怒乖離則時政忽慢而怠惰也是用樂之聲音察天下治理及忽怠者也知其治理則保以修之知其忽怠則改以修之此治理忽怠人君所願聞也又樂之感人使和易調暢若樂云合度則言必得理以此樂音出納仁義禮智信五德之言乃君之發言合彼五德施之於人可以成其教化是出五言也人之五言合彼五德歸之於君可以成諷諫是納五言也君言可以利民民言可以益君是言之善惡由樂音而知也此言之善惡亦人君之所願聞也政之理忽言之善惡皆是上所願聞欲令察知以告已得守善而改惡故帝令臣汝當爲我聽審之也六律六吕當有十二惟言六律者鄭玄云舉陽陰從可知也傳以五言爲五德之言者漢書律歷志稱五聲播於五常則角爲仁商爲義徵爲禮羽爲智宫爲信志之所稱必有舊説也言五聲與五德相協此論樂事而云出納五言知是出納五

德之言也樂音和則五德之言得其理音不和則五德之言違其度故亦以樂音察五言也帝之此言自說臣之大法於舜所聽使聽韶樂也襄二十九年左傳吳季札見舞韶樂而歎曰德至矣哉大矣如天之無不幬也如地之無不載也然則韶樂盡善盡美有理無忽而幷言忽者韶樂自美取樂採人歌爲曲若其怠忽則音辭亦有焉故常使聽察之也。傳四近至察之。正義曰冏命云惟予一人無良實賴左右前後有位之士匡其不及知四近謂前後左右四者近君之臣勑使敬其職也更欲告以此下之辭故勑之衆頑愚讒說之人若有所行不在於是而爲非者當察之知其非乃撻之書之此與以下發端也庶頑讒說謂朝廷之臣格則承之乃謂天下之人舜之朝廷當無讒說之人故設爲大法戒愼之耳四近之臣普謂近君之臣耳無常人也鄭玄以四近爲左輔右弼前疑後承惟伏生書傳有此言文王世子云有師保有疑承以外經傳無此官也。傳當行至其過。正義曰禮射皆張侯射之知侯以明之當行射侯之禮以明善惡之教射禮有序賓以賢詢衆擇善之義是可以明善惡也笞撻不是者使記識其過謂過輕者也大罪刑殺之矣古之射侯之土無以言之案周禮司裘云王大射則供虎侯熊侯豹侯設其鵠諸侯則供熊侯豹侯卿大夫則供麋侯皆設其鵠鄭玄注云

虎九十弓即方一丈八尺熊七十弓方一丈四尺豹麋五十
弓方一丈鄭又引梓人爲侯廣與崇方三分其廣而鵠居一
焉則丈八之侯鵠方六尺丈四之侯鵠方四尺六寸大半寸
一丈之侯鵠方三尺三寸少半寸此皆大射之侯也射人云
王以六耦射三侯五正諸侯以四耦射二侯三正孤卿大夫
以三耦射一侯二正士以三耦射豹侯二正鄭玄注云五正
者五采中朱次白次蒼次黃玄居外三正者去玄黃二正者
去白蒼而畫以朱綠此賓射之侯也鄭以賓射三侯步數高
廣與大射侯同正大如鵠司裘及射人所云諸侯者謂圻內
諸侯若圻外諸侯則儀禮大射云大侯九十弓熊侯七十弓
豹侯五十弓皆以三耦其賓射則無文若天子已下之燕射
案鄉射記云天子熊侯白質諸侯麋侯赤質大夫布侯畫以
虎豹士布侯畫以鹿豕熊侯已下同五十弓即侯身高一丈
君臣共射之○傳書識至並生○正義曰書識其非亦是小
過者也欲並生哉摠上三者侯以明之撻以記之書用識哉
皆是欲其改悔與無過之人共並生也○傳工樂至道之○
正義曰禮通謂樂官爲工知工是樂官則周禮大師瞽矇之
類也樂官掌頌詩言以納諫以詩之義理或微人君聽之若
有不悟當正其義而揚道之揚舉也舉而道向君也○傳天
下至威之○正義曰言承之用之則此人未在官也故言謂

天下民必也能至於道卽賢者故承用之而任以官也否謂不從教者則以刑威之而罪其身也臣過必小故撻之書之人罪或大故以刑威之

禹曰俞哉帝光天之下至于海隅蒼生光天之下至于海隅蒼蒼然生草木言所及廣遠萬邦黎獻共惟帝臣惟帝時舉敷納以言明庶。以功車服以庸獻賢也萬國衆賢共爲帝臣帝舉是而用之使陳布其言明之皆以功大小爲差以車服旌其能用之誰敢不讓敢不敬應上惟賢是用則下皆敬應上命而讓善。應應對之應帝不時敷同日奏罔功帝用臣不是則遠近布同而日進於無功以賢愚並位優劣共流故

無若丹朱傲惟慢遊是好丹朱堯子舉以戒之。傲五報反字又作奡好呼報反傲虐是作罔晝夜頟頟傲戲而爲虐無晝夜常頟頟肆惡無休息。傲五羔反徐五報反注同頟五客反罔水行舟朋淫于家用殄厥

世朋羣也丹朱習於無水陸地行舟言無度羣淫於家妻妾亂用是絕其世不得嗣○殄徒見反予創若時娶于塗山辛壬癸甲創懲也塗山國名懲丹朱之惡辛日娶妻至于甲日復往治水不以私害公○娶促住反復扶又反啓呱呱而泣予弗子惟荒度土功啓禹子也禹治水過門不入聞啓泣聲不暇子名之以大治度水土之功故○呱音孤予如字鄭將吏反度徒洛反弼成五服至于五千州十有二師五服侯甸綏要荒服也服五百里四方相距爲方五千里治洪水輔成之一州用三萬人功九州二十七萬庸○至于五千馬云面五千里爲方萬里鄭云五服已五千又弼成爲萬里州十有二師二千五百人爲師鄭云師長也要一遙反外薄四海咸建五長薄迫也言至海諸侯五國立賢者一人爲方伯謂之五長以相統治以奬帝室○薄蒲各反徐扶各反長丁丈反五長衆官之長各迪有功苗頑弗即工帝其念哉九州五長各蹈爲有功惟三苗頑凶不得就官善惡分別○別彼列反

帝曰迪朕德時乃功惟敘言天下蹈行我德是汝治水之功有次序敢不念乎

【疏】禹曰至惟敘○正義曰禹既得帝言乃荅帝曰然既帝之任臣又言當擇人充滿大天之下旁至四海之隅蒼蒼然生草木之處皆是帝德所及其內有萬國衆賢皆共爲帝臣言其可用者甚衆也帝當猶是衆賢之內舉而用之其舉用之法各使陳布其言納受之以其言之所能從其所能而驗試之明顯衆人所能當以功之大小既知有功乃賜之以車服以表其功有能用帝以此法用人即在下之人知官不妄授必用度才能而使之如此誰敢不讓有德敢不敬應帝命而推先善人也若帝用臣不是不宜試驗不知臧否則羣臣遠近徧布同心而日進無功之人既戒帝擇人又勸帝自勤無若丹朱之傲惟慢藝之遊是其所好傲戲而爲虐是其所爲爲此惡事不問晝夜而額額然恒爲之無休息又無水而陸地行舟羣朋淫泆於室家之內用此之故絕其世嗣不得居位我本創丹朱之惡若是也故娶於塗山之國歷辛壬癸甲四日而即往治水其後過門不入聞啓呱呱而泣我不暇入而子名之惟以大治度水土之功故也水土既平乃輔成五服四面相距至于五千里州十有二師共治水之時所役人功每州用十有二師各用三萬人也自京師外

洎及四海其間諸侯五國皆立一長迭相統領以此諸侯各
蹈行所職並爲有功惟有三苗頑凶不能就官我以供勤之
故得使災消沒帝念此事哉不可不自勤也帝咨禹曰天下
之人皆蹈行我德是汝治水之功惟有次敘故也受其戒而
美其功也○傳光天至廣遠○正義曰堯典之序訓光爲充
即此亦爲充言充滿大天之下也據其方面即四隅爲遠至
于海隅舉極遠之處言帝境所及廣遠其內多賢人也○傳
獻賢至用之○正義曰釋言云獻聖也賢是聖之次臣德不
宜言聖故爲賢也萬國衆賢共爲帝臣言求臣之處多也帝
舉是衆賢而用之使陳布其言令其自說己之所能聽其言
而納受之依其言而考試之顯明衆臣皆以功大小爲差然
後賜車服以旌別其人功能事用是舉賢用人之法也舜典
云敷奏以言明試以功奏試二字與此異者彼言施於諸侯
其人見爲國君故令奏言試功此謂方始擢用故言納庶納
謂受取之庶謂在羣衆○傳帝用至流故○正義曰帝用臣
不是不以言考功在下知帝不分別善惡則無遠近徧布同
心日日進於无功之人由其賢愚並位優劣共流故也敷是
布之義故言遠近布同同心妄舉也○傳丹朱堯子○正義
曰漢書律歷志云堯讓舜使子朱處於丹淵爲諸侯則朱是
名丹是國也○傳傲戲至休息○正義曰詩美衛武公云善

戲謔兮不爲虐兮丹朱反之故傲戲而爲虐也頟頟是不休
息之意肆謂縱恣也晝夜常頟頟然縱恣爲惡無休息時也
傳朋羣至得嗣○正義曰朋輩與羣聚義同故朋爲羣也聖
人作車以行陸作舟以行水丹朱乃習於無水而陸地行舟
言其所爲惡事無節度也此乃稟受惡性習惡事也鄭玄云
丹朱見洪水時人乘舟今水已治猶居舟中頟頟使人推行
之案下句云予創若時乃勤治水則丹朱行舟之時水尚未
除非効洪水之時人乘舟也羣淫於家言羣聚妻妾恣意淫
之無男女之別故言妻妾亂也用是之惡故絕其世位不得
嗣父也此用殄厥世一句禹既見世絕今始言之以明行惡
之驗此句非禹所創創之者創其行之惡耳○傳創懲至害
公○正義曰創與懲皆是見惡自止之意故云創懲也哀七
年左傳云禹會諸侯於塗山杜預云塗山在壽春縣東北塗
山國名蓋近彼山也娶于塗山言其所娶之國耳非就妻家
見妻也懲丹朱之惡故不可不勤故辛日娶妻至于甲日復
往治水孔云復往則已嘗治水而輟事成昏也鄭玄云登用
之年始娶于塗山氏三宿而爲帝所命治水鄭意娶後始受
帝命娶前未治水也然娶後始受帝命當云聞命即行不須
計辛之與甲日數多少當如孔說輟事成昏也此時禹父新
殛而得爲昏者鯀放而未死不妨禹娶且治水四年兗州始

畢禹娶不必在殛鯀之年也○傳啟禹至功故○正義曰啟禹子世本文也孟子稱禹治水三過其門而不入是至門而聞啟泣聲不暇如人父子名爲已子而愛念之以其爲大治度水土之功故也訓荒爲大治謂去其水度謂量其功故治度連言之○傳五服至萬庸○正義曰據禹貢所云五服之名數知五服卽甸侯綏要荒服也彼五服每服五百里四面相距爲方五千里也王肅云五千里者直方之數若其廻邪委曲動有倍加之較是直路五千里也治洪水輔成之者謂每服之內爲其小數定其差品各有所掌是禹輔成之也周禮大司馬法二千五百人爲師每州十有二師通計之一州用三萬人功摠計九州用二十七萬庸庸亦功也州境既有濶狹用功必有多少例言三萬人者大都通率爲然惟言用三萬人者不知用功日數多少治水四年乃畢用功蓋多矣不知用幾日也鄭玄云輔五服而成之至于面方各五千里四面相距爲方萬里九州州立十二人爲諸侯師以佐牧堯初制五服服各五百里要服之內方四千里曰九州其外荒服曰四海此禹所受地記書曰崑崙山東南地方五千里名曰神州者禹弼五服之殘數亦每服者合五百里故有萬里之界萬國之封焉猶用要服之內爲九州州更方七千里七七四十九得方千里者四十九其一以爲圻內餘四十八八

州分而各有六春秋傳曰禹朝羣臣于會稽執玉帛者萬國言執玉帛者則九州之內諸侯也其制特置牧以諸侯賢者爲之師蓋百國一師州十有二師則州千二百國也八州凡九千六百國其餘四百國在圻內與王制之法準之八州通率封公侯百里之國者一伯七十里之國二子男五十里之國四方百里者三封國七十有畸至于圻內則子男而已鄭云禹弼成五服面各五千里王肅禹貢之注已難之矣傳稱萬盈數也萬國舉盈數而言非謂其數滿萬也詩桓曰綏萬邦烝民曰揉此萬邦豈周之建國復有萬乎天地之勢平原者甚少山川所在不啻居半豈以不食之地亦封建國乎王圻千里封五十里之國四百則圻內盡以封人王城宮室無建立之處言不顧實何至此也百國一師不出典記自造此語何以可從禹朝羣臣于會稽魯語文也執玉帛者萬國左傳文也採合二事亦爲謬矣

○傳薄迫至帝室○正義曰釋言云逼迫也薄者逼近之義故云迫也外迫四海言從京師而至于四海也釋地云九夷八狄七戎六蠻謂之四海謂九州之外也王制云五國以爲屬屬有長此建五長亦如彼文故云諸侯五國立賢者一人爲方伯謂之五長以相統治欲以共獎帝室故也僖元年公羊傳曰上無天子下無方伯方伯謂周禮九命作伯者也王制云千里之外設方伯方伯一

爲之長謂周禮八命作牧者也傳言五國立一人爲方伯直是五國之長耳與彼異也以其是當方之長故傳以方伯言之○傳九州至分別○正義曰蹈爲有功之長言蹈履典法持之有功惟三苗頑凶不得就官謂舜分北三苗之時苗君有罪不得就其諸侯國君之官而被流於遠方也言九州五長各蹈爲有功則海內諸侯皆有功矣惟有三苗不得就官以見天下大治而惡者少耳頑則不得就官言善惡分別也

皋陶方祗厥敘方施象刑惟明

方四方禹五服既成故皋陶敬行其九德考績之次序於四方又施其法刑皆明白史因禹功重美之○重直用反

疏

皋陶至惟明○正義曰此經史述爲文非帝言也史以禹成五服帝念禹功故因美皋陶言禹既弼成五服故皋陶於其四方敬行九德考績之法有次敘也又於四方施其刑法惟明白也由禹有此大功故史重美之也○傳方四方至美之○正義曰皋陶爲帝所任徧及天下故方爲四方也天下蹈行帝德水土既治亦由刑法彰明若使水害不息皋陶法無所施若無皋陶以刑人亦未能奉法天下蹈行帝德二臣共有其功故史因帝歸功於禹兼記皋陶之功舜典與大禹謨已美皋陶故言重美之也傳言考績之次敘者皋陶所言九德依德以考其功績亦是

刑法之事故乖言也鄭云歸美於二臣則以此經爲帝語此文上無所由下無所結形勢非語辭也故傳以爲史因記之

夔曰戛擊鳴球搏拊琴瑟以詠祖考來格戛擊柷敔所以作止樂搏拊以韋爲之實之以糠所以節樂球玉磬此舜廟堂之樂民悅其化神歆其祀禮備樂和故以祖考來至明之。夔求龜反戛居八反徐古八反馬云櫟也球音求搏音博拊音撫柷尺叔反所以作樂敔魚呂反所以止樂糠音康

虞賓在位羣后德讓丹朱爲王者後故稱賓言與諸侯助祭班爵同推先有德

下管鼗鼓合止柷敔堂下樂也上下合止樂各有柷敔明球弦鍾籥各自互見。鼗音桃合如字徐音閤籥余若反互音護見賢遍反下見細器同

笙鏞以閒鳥獸蹌蹌鏞大鍾閒迭也吹笙擊鍾鳥獸化德相率而舞蹌蹌然。鏞音庸閒閒側之閒鳥獸孔以爲自舞也馬云鳥獸筍簴也蹌七羊反舞貌說文作蹡云鳥獸求食聲迭直結反

簫韶九成鳳皇來儀韶舜樂名言簫見細器之備雄曰鳳雌曰皇靈鳥也儀有容儀備樂九奏而致鳳皇則餘鳥獸不待九而

率舞○韶時昭反

夔曰於予擊石拊石百獸率舞庶尹允諧尹正也衆正官之長信皆和諧言神人治始於任賢立政以禮治成以樂所以太平○於予並如字

疏夔曰至允諧○正義曰皐陶大禹爲帝設謀大聖納其昌言天下以之致治功成道洽禮備樂和史述夔言繼之於後夔曰在舜廟堂之上戛敔擊柷鳴球玉之磬擊搏拊鼓琴瑟以詠詩章樂音和協感致幽冥祖考之神來至矣虞之賓客丹朱者在於臣位與羣君諸侯以德相讓此堂上之樂所感深矣又於堂下吹竹管擊鼗鼓合樂用柷止樂用敔吹笙擊鍾以次迭作鳥獸相率而舞其容蹌蹌然堂下之樂感亦深矣簫韶之樂作之九成以致鳳皇來而有容儀也夔又曰嗚呼歎舜樂之美我大擊其石磬小拊其石磬百獸相率而舞鳥獸感德如此衆正官長信皆和諧矣言舜致教平而樂音和君聖臣賢謀爲成功所致也○傳戛擊至明之○正義曰戛擊是作用之名非樂器也故以戛擊爲柷敔柷敔之狀經典無文漢初已來學者相傳皆云柷如漆桶中有椎柄動而擊其旁也敔狀如伏虎背上有刻戛之以爲聲也樂之初擊柷以作之樂之將末戛敔以止之故云所以作止樂雙解之釋樂云所以鼓柷謂之止所以鼓敔謂之籈郭璞云柷如漆

桶方二尺四寸深一尺八寸中有椎柄連底挏之令左右擊
止者其椎名也敔如伏虎背上有二十七鉏鋙刻以木長一
尺櫟之籈者其名也是言擊柷之椎名爲止戛敔之木名爲
籈戛即櫟也漢禮器制度及白虎通馬融鄭玄李巡其說皆
爲然也惟郭璞爲詳據見作樂器而言之搏拊形如鼓以韋
爲之實之以糠擊之以節樂漢初相傳爲然也釋器云球玉也
鳴球謂擊球使鳴樂器惟磬用玉故球爲玉磬商頌云依我
磬聲磬亦玉磬也鄭玄云磬懸也而以合堂上之樂玉磬和
尊之也然則鄭以球玉之磬懸于堂下尊之故進之使在上
耳此舜廟堂之樂謂廟內堂上之樂言祖考來格知在廟內
下云下管知此在堂上也馬融見其言祖考遂言此是舜除
瞽瞍之喪祭宗廟之樂亦不知舜父之喪在何時也但此論
韶樂必在即政後耳此說樂音之和而云祖考來格者聖王
先成於人然後致力於神言人悅其化神歆其祀禮備樂和
所以祖考來至明矣以祖考來至明樂之和諧也詩稱神之
格思不可度思而云祖考來至者王肅云祖考來至者見其
光輝也蓋如漢書郊祀志稱武帝郊祭天祠上有美光也此
經文次以柷敔是樂之始終故先言戛擊其球與搏拊琴瑟
皆當彈擊故使鳴冠於球上使下共蒙之也鄭玄以戛擊鳴
球三者皆揔下樂櫟擊此四器也樂器惟敔當櫟耳四器不

樂鄭言非也○傳丹朱至有德○正義曰微子之命云作賓于王家詩頌微子之來謂之有客是王者之後爲時王所賓也故知虞賓謂丹朱爲王者後故稱賓也王者立二代之後而獨言丹朱者蓋高辛氏之後無文而言故惟指丹朱也王者之後尊於羣后故殊言在位羣后亦在位也後言德讓丹朱亦以德讓矣故言與諸侯助祭年爵同者推先有德也二王之後並爲上公亦有與丹朱爵同故丹朱亦讓也丹朱之性下愚堯不能化此言有德者猶上云瞽亦允若暫能然也○傳堂下至互見○正義曰經言下管知是堂下樂也敔當戞之柷當擊之上言戞擊此言柷敔其事是一故云上下合止樂各有柷敔也言堂下堂上合樂各以柷止樂各以敔也上言作用此言器名兩相備也上下皆有柷敔兩見其文明球絃鐘籥上下樂器不同各自更互見也絃謂琴瑟鐘鏞也籥管也琴瑟在堂鐘籥在庭上下之器各别不得兩見其名各自更互見之依大射禮鐘磬在庭今鳴球於廟堂之上者案郊特牲云歌者在上貴人聲也左傳云歌鐘二肆則堂上有鐘明磬亦在堂上故漢魏已來登歌皆有鐘磬燕禮大射堂上無鐘磬者諸侯樂不備也○傳鏞大至蹌蹌然○正義曰釋樂云大鐘謂之鏞李巡曰大鐘音聲大鏞大也孫炎曰鏞深長之聲釋詁云間代也孫炎曰間厠之代也釋言云遞

迭也李巡曰遞者更迭間厠相代之義故間爲迭也吹笙擊
鐘更迭而作鳥獸化德相率而舞蹌蹌然下云百獸率舞知
此蹌蹌然亦是舞也禮云凡行容愓愓大夫濟濟士蹌蹌是
爲行動之貌故爲舞也○傳韶舜至率舞○正義曰韶是舜
樂經傳多矣但餘文不言簫簫乃樂器非樂名簫是樂器之
小者言簫見細器之備謂作樂之時小大之器皆備也釋鳥
云鶠鳳其雌皇是此鳥雄曰鳳雌曰皇禮運云麟鳳龜龍謂
之四靈是鳳皇爲神靈之鳥也易漸卦上九鴻漸于陸其羽
可用爲儀是儀爲有容儀也成謂樂曲成也鄭云成猶終也
每曲一終必變更奏故經言九成傳言九奏周禮謂之九變
其實一也言簫見細器之備備樂九奏而致鳳皇則其餘鳥
獸不待九而率舞也尊者體盤靈瑞難致故九成之下始言
鳳皇來儀鳥獸蹌蹌乃在上句傳據此文言鳥獸易來鳳皇
難致故云鳥獸不待九也樂之作也依上下遞奏間合而後
曲成神物之來上下共致非堂上堂下別有所感以祖考尊
神配堂上之樂鳥獸賤物故配堂下之樂揔上下之樂言九
成致奉尊異靈瑞故別言爾非堂上之樂獨致神來堂下之
樂偏令獸舞也鄭玄注周禮具引此文乃云此其在於宗廟
九奏効應也是言祖考來格百獸率舞皆是九奏之事也大
司樂云凡六樂者六變而致象物及天神鄭玄云象物有象

在天所謂四靈者彼謂大蜡之祭作樂以致其神此謂鳳皇身至故九奏也○傳尹正至太平○正義曰尹正釋言文衆正官之長謂每職之首周官所謂唐虞稽古建官惟百是也信皆和諧言職事修理也上云祖考來格此言衆正官治言神人洽樂音和也此篇初說用臣之法末言樂音之和言其始用任賢立政以禮治成以樂所以得致太平解史錄虁言之意

帝庸作歌曰勑天之命惟時惟幾用庶尹允諧之政故作歌以戒安不忘危勑正也奉正天命以臨民惟在順時惟在慎微乃歌曰股肱喜哉元首起哉百工熙哉元首君也股肱之臣喜樂盡忠君之治功乃起百官之業乃廣○樂音洛盡津忍反皐陶拜手稽首颺言曰念哉大言而疾曰颺承歌以戒帝○颺音揚率作興事慎乃憲欽哉憲法也天子率臣下爲起治之事當慎汝法度敬其職屢省乃成欽哉屢數也當數顧省汝成功敬終以善無懈息○屢力具反省悉井反數色角反懈佳賣反乃賡載歌曰元首明哉股肱

良哉庶事康哉賡續載成也帝歌歸美股肱義未足故續歌先君後臣衆事乃安以成其義○賡加孟反劉皆行反說文以爲古續字又歌曰元首叢脞哉股肱惰哉萬事墮哉叢脞細碎無大略君如此則臣懈惰萬事墮廢其功不成歌以申戒○叢太公反脞倉果反徐音鎖馬云叢揔也脞小也惰徒臥反墮許規反帝拜曰俞往欽哉拜受其歌戒羣臣自今以往敬其職事哉

【疏】帝庸至往欽哉○正義曰帝既得夔言用此庶尹允諧之政故乃作歌自戒將歌而先爲言曰人君奉正天命以臨下民惟當在於順時惟當在於慎微既爲此言乃歌曰股肱之臣喜樂其事哉元首之君政化乃起哉百官事業乃得廣大哉言君之善政由臣也皐陶拜手稽首颺聲大言曰帝當念是言哉率領臣下爲起政治之事慎汝天子法度而敬其職事哉又當數自顧省己之成功而敬終之哉乃續載帝歌曰會是元首之君能明哉則股肱之臣乃善哉衆事皆得安寧哉既言其美又戒其惡元首之君叢脞細碎哉則股肱之臣懈怠緩慢哉衆事悉皆墮廢哉言政之得失由君也帝拜而受之曰然然其所歌顯是也汝羣臣自今已往各敬其職事哉○傳用

庶至愼微。正義曰此承夔言之下既得夔言而歌故知帝
庸作歌者用庶尹允諧之政故作歌以自戒之安不忘危也
勑是正齊之意故爲正也言天。合。奉正天命以臨下民惟在
順時不妨農務也惟在愼微不忽細事也鄭玄以爲戒臣孔
以爲自戒者以正天之命是人君之事故也。傳元首至乃
廣。正義曰釋詁云元良首也僖三十三年左傳稱狄人歸
先軫之元則元與首各爲頭之別名此以元首共爲頭也君
臣大體猶如一身故元首君也股肱之臣喜樂盡忠謂樂行
君之化君之治功乃起言無變事業事業在於百官故衆功
皆起百官之業乃廣也。傳憲法至其識。正義曰憲法釋
詁文此言與事對上起哉天子率臣下爲起治之事言臣不
能獨使起也。傳屢數至懈怠。正義曰釋詁云屢數疾也
俱訓爲疾故屢爲數也顧省汝成功謂已有成功令數顧省
之敬終以善無懈怠也恐其情於已成功故以此爲戒。傳
賡續至其義。正義曰詩云西有長賡毛傳亦以賡爲續是相
傳有此訓也鄭玄以載爲始孔以載爲成各以意訓耳帝歌
歸美股肱義未足者非君之明爲臣不能盡力空責臣功是
其義未足以此續成帝歌必先君後臣衆事乃安故以此言
成其義也。傳叢脞至申戒。正義曰孔以叢脞爲細碎無
大略鄭以叢脞揔聚小小之事以亂大政皆是以意言耳君

無大略則不能任賢功不見知則臣皆懈惰萬事墮廢其功不成故又歌以重戒也庶事萬事爲義同而文變耳

附釋音尚書注疏卷第五

江西鹽法道胡稷栞

尚書注疏挍勘記卷五

阮元撰盧宣旬摘錄

益稷第五　虞書

又合此篇於皐陶謀 岳本謀作謨毛本同案謀字誤

因皐陶謨九德字 宋板岳本謨作謀毛本作謨纂傳亦是謨

使亦陳當言 古本當上有其字陸氏曰當本亦作讜

開通道路以治水也 古本也上有之字山井鼎曰崇禎本也字細書與釋文混非也○案監本誤同毛本亦然

澮畎深之 纂傳澮畎作畎澮

魚鹽徙山林木徙川澤 古本木上有竹字盧文弨云依疏當以林木徙川澤爲句不必增竹字

精神昏瞀迷或 毛本或作惑

意在救人難危之戹 宋板難作艱是也

故舉難得食處以言之 宋板同嘉靖本閩本食之作之食

順命以待帝志 古本宋板命上有天字

言惡以刑好也 閩本同毛本刑作形刑字誤也

藻火粉米 陸氏曰藻本又作藻米徐本作絲音米

汝當聽審之 纂傳聽審作審聽之古本作也

侯以明之 石經侯字偏寫于右

當誦詩以納諫 古本岳本宋板纂傳當作掌按當字非也

當是正其義而颺道之 古本纂傳道作導按釋文無音作導爲是之古本作也

否則威之 威古本作畏

書其過者以識宋板識下有哉字毛本作以識之

易辭云宋板易下有繫字是也

彼鄭以徧祭天之諸神十二次也次亦當祭之閩本明監本同毛本無也次二字○山井鼎曰似非宋板與崇禎本同

或當二代天子宋板二作三

若樂云合度岳本云作音是也閩本亦誤

若其怠忽宋板閩本同毛本其作有

古之射侯之士宋板士作事

熊侯已下同五十弓閩本明監本纂傳同毛本熊作諸

明庶以功庶古本作試按正義作庶又僖二十七年左傳引夏書曰賦納以言明試以功車服以庸疏云此古

文虞書益稷之篇古文作敷納以言明庶以功敷作賦庶作試師受不同古字改易耳○按王符潛夫論引亦作試正與左氏合

以車服旌其能用之　古本之作也

無若丹朱傲　釋文云傲五報反字又作奡說文夰部奡嫚也讀若傲則奡傲古字通徐鍇曰今文尚書作傲則作奡者古文也

傲虐是作　岳本傲作敖按傲倨也五報反敖遊也五羔反傳釋傲虐云傲戲而爲虐釋文音五羔反則當作敖明矣釋文又云徐五報反則與上文傲字無別唐石經及近刻皆沿其誤薛氏古文訓兩句俱作奡亦非也惟岳本得之

得使天災消沒　閩本明監本同毛本災上有天字

禹朝羣臣於會稽　浦鏜云魯語作禹致羣神于會稽之山注羣神謂主山川之君爲羣神之主故謂之神許宗彥曰鄭答張逸云欲明守土之祀故兼用外傳內傳語葢稱諸侯爲羣神明其守土之祀也

今書疏禮疏引鄭注均作羣臣當是淺人所改

直謂五國之長耳　宋板謂作是

班爵同　古本岳本宋板班作年與疏合○按纂傳作班與此同

言神人洽　古本岳本宋板洽作治

戛敔之木名爲籈　閩本同毛本木作本

鄭元以戛擊鳴球三者　按球衍文

丹朱亦以德讓矣　宋板纂傳矣作也

言九成致奉　案鳳誤作奉

言其始用任賢　宋板用作於

帝拜曰俞　古本無帝拜二字

天合奉正天命 宋板閩本同山井鼎曰不可解也○按天合當作人君明監本得之毛本正誤政

惟在愼微不忍細事也 案忍當作忽各本皆不誤

元良首也 毛本元良作元首案元良與釋詁合

傳憲法至其識 毛本識作職是也

令數顧省之 宋板同毛本令作今

西有長賡 孫志祖云詩作長庚

尚書注疏挍勘記卷五　　會昌縣知縣候補知州曾暉春栞

傳古樓景印

四部要籍選刊

蔣鵬翔 主編

阮刻尚書注疏

二

（清）阮元 校刻

浙江大學出版社

本册目録

附釋音尚書注疏卷第六

禹貢第一

夏書　孔氏傳　孔穎達疏

禹別九州分其圻界○別彼列反九州周公職錄云黃帝受命風后受圖割地布九州鄒子云中國為赤縣內有九州春秋說題辭云州之言殊也圻其依反

隨山濬川刊其木深其流○濬思俊反刊苦安反

任土作貢任其土地所有定其貢賦之差此堯時事而在夏書之首禹之王以是功○任而鴆反貢字或作贛王于況反

〔疏〕禹別至作貢○正義曰禹分別九州之界隨其所至之山刊除其木深大其川使得注海水害既除地復本性任其土地所有定其貢賦之差史錄其事以為禹貢之篇○傳分其圻界○正義曰詩傳云圻疆也分其疆界使有分限計九州之境當應舊定而云禹別者以堯遭洪水萬事改新此為作貢生文故言禹別耳○傳刊其木深其流○正義曰經言隨山刊木序以較略為文直云隨山不云隨山為何事故傳明之隨山刊其木也濬

川深其流也隨山本爲濬川故連言之○傳任其至是功○正義曰九州之土物產各異任其土地所有以定貢賦之差既任其所有亦因其肥瘠多少不同制爲差品鄭玄云任土謂定其肥磽之所生是言用肥瘠多少爲差也賦者自上稅下之名謂治田出穀故經定其差等謂之厥賦貢者從下獻上之稱謂以所出之穀市其土地所生異物獻其所有謂之厥貢雖以所賦之物爲貢用賦物不盡有也亦有全不用賦物直隨地所有採取以爲貢者此之所貢卽與周禮太宰九貢不殊但周禮分之爲九耳其賦與周禮九賦全異彼賦謂口率出錢不言作賦而言作貢者取下供上之義也諸序皆言作某篇此序不言作禹貢者以發首言禹句末言貢篇名足以顯矣百篇之序此類有三微子作誥父師少師不言作微子仲虺作誥不言作仲虺之誥與此篇皆爲理足而略之也又解篇在此之意此治水是堯末時事而在夏書之首禹之得王天下以是治水之功故以爲夏書之首此篇史述時事非得是應對言語當是水土既治史卽錄此篇其初必在虞書之內蓋夏史抽入夏書或仲尼始退其第事不可知也

禹貢

禹制九州貢法

〔疏〕禹貢○正義曰此篇史述爲文發首奠高山大川言禹治九州之水水害既除定山川次秩與諸州爲引序自導岍至嶓冢條說所治之山言

其首尾相及也自導弱水至導洛條說所治之水言其發源注海也自九州攸同至成賦中邦揔言水土既平貢賦得常之事也錫土姓三句論天子於土地布行德教之事也自五百里甸服至二百里流揔言四海之內量其遠近分爲五服之事也自東漸于海以下揔結禹功成受錫之事也○傳禹制九州貢法○正義曰禹制貢法故以禹貢名篇貢賦之法其來久矣治水之後更復改新言此篇貢法是禹所制非禹始爲貢也

禹敷土隨山刊木洪水汎溢禹布治九州之土隨行山林斬木通道○敷芳無反馬云分也汎敷劒反行下孟反**奠高山**奠定也高山五岳大川四瀆定其差秩

大川祀禮所視○奠田遍反瀆音獨下同

〔疏〕禹敷至大川○正義曰言禹分布治此九州之土其治之也隨行所至之山除木通道決流其水水土既平乃定其高山大川謂定其次秩尊卑使知祀祀禮所視言禹治其山川使復常也○傳洪水至通道○正義曰詩傳云汎汎流也汎汎是水流之貌洪水流而汎溢浸壞民居故禹分布治之知者文十八年左傳云舉八凱使主后土則伯益之輩佐禹多矣禹必身行九州規謀設法乃使佐已之人分布治之於時平地盡爲流潦鮮有陸行之路故將欲治水隨行山林斬木通道鄭云必隨州中之

山而登之除木爲道以望觀所當治者則規其形而度其功焉是言禹登山之意也孟子曰禹三過門不入其家門猶三過之則其餘所歷多矣來而復往非止一處故言分布治之○傳奠定至所祀○正義曰禮定器於地通名爲奠是奠爲定也山之高者莫高於岳川之大者莫大於瀆故言高山五岳謂嵩岱衡華恒也大川四瀆謂江河淮濟也此舉高大爲言卑小亦定之矣舜典云望秩於山川故言定其差秩定其大小次敘也定其祀禮所祀謂王制所云五岳視三公四瀆視諸侯其餘視伯子男往者洪水滔天山則爲水所包川則水皆汎溢祭祀禮廢今始定之以見水土平復舊制也經云荊岐既旅蔡蒙旅平九山刊旅是次秩既定故旅祭之

冀州既載 堯所都也先施貢賦役載於書

○冀居器反州九州名義見爾雅音載如字載載於書也馬同鄭韋昭云載事也

〔疏〕冀州○正義曰九州之次以治爲先後以水性下流當從下而泄故治水皆從下爲始冀州帝都於九州近北故首從冀起而東南次兖而東南次青而南次徐而南次揚從揚而西次荊從荊而北次豫從豫而西次梁從梁而北次雍雍地最高故在後也自兖已下皆準地之形勢從下向高從東向西青徐揚三州並爲東偏雍州高於豫州豫州高於青徐雍豫之水從青徐而入海也梁

高於荆。荆高於揚。梁荆之水。從揚而入海也。兖州在冀州東南冀兖二州之水各自東北入海也冀州之水不經兖州以冀是帝都河爲大患故先從冀起而次治兖若使冀州之水東入兖州水無去處治之無益雖是帝都不得先也此經大體每州之始先言山川後言平地青州梁州先山後川徐州雍州先川後山兖揚荆豫有川無山揚豫不言平地冀州田賦之下始言恒衛既從史以大畧爲文不爲例也每州之下言水路相通通向帝都之道言禹每州事了入朝以白帝也○傳堯所至至書○正義曰史傳皆云堯都平陽五子之歌曰惟彼陶唐有此冀方是冀州堯所都也諸州冀爲其先治水先從冀起爲諸州之首記其役功之法既載者言先施貢賦役載於書也謂計人多少賦功配役載於書籍然後徵而用之以治水也冀州如此則餘州亦然故於此特記之也王肅云言已賦功屬役載於書籍傳意當然鄭云載之言事事謂作徒役也禹知所當治水又知用徒之數則書於策以告帝徵役而治之惟解載字爲異其意亦同孔也

壺口治梁及岐壺口在冀州梁岐在雍州從東循山治水而西○壺音胡馬云壺口山名治如字岐其宜反雍於用反後州名同

【疏】傳壺口至而西○正義曰史記稱高祖入咸陽蕭何先收圖籍則秦焚詩書圖

籍皆在孔君去漢初七八十年耳身爲武帝博士必當具見圖籍其山川所在必是驗實而知壺口在冀州梁岐在雍州當時疆界爲然也此於冀州之分言及雍州之山者從東循山治水而西故也鄭云於此言治梁及岐者蓋治水從下起以襄水害易也班固作漢書地理志據前漢郡縣言山川所在志云壺口在河東北屈縣東南應劭云已有南屈故稱北屈梁山在左馮翊夏陽縣西北岐山在右扶風美陽縣西北然則壺口西至梁山梁山西至岐山從東而向西言之也經於壺口之下言治者孔意蓋云欲見上下皆治也

既修太原至于岳陽

高平曰太原今以爲郡名岳太岳在太原西南山南曰陽○岳字又作嶽太岳山名陽山南曰陽水北亦曰陽

疏 傳高平至曰陽○正義曰太原原之大者漢書以爲郡名傳欲省文故云高平曰太原今以爲郡名即晉陽縣是也釋地云廣平曰原高平曰陸孔以太原地高故言高平其地高而廣也下文導山云壺口雷首至于太岳知此岳即太岳也屬河東郡在太原西南也地理志河東彘縣東有霍太山此彘縣周厲王所奔順帝改爲永安縣周禮職方氏冀州其山鎮曰霍山即此太岳是也山南見日故山南曰陽此說循理平地言從太原至岳山之南故云岳陽也

覃懷厎績

至于衡漳覃懷近河地名漳水橫流入河從覃懷致功至橫漳○覃徒南反厎之履反衡如字橫也馬云水名漳音章近附近之近

疏傳覃懷至衡漳○正義曰地理志河內郡有懷縣在河之北蓋覃懷二字共爲一地故云近河地名衡即古橫字漳水橫流入河故云橫漳漳在懷北五百餘里從覃懷致功而北至橫漳也地理志云清漳水出上黨沾縣大黽谷東北至渤海阜城縣入河過郡五行千六百八十里此沾縣因水爲名志又云沾水出壺關志又云濁漳水出長子縣東至鄴縣入清漳鄭玄亦云橫漳漳水橫流王肅云衡漳二水名

厥土惟白壤無塊曰壤水去土復其性色白而壤○壤若丈反馬云天性和美也塊苦對反

疏傳無塊至而壤○正義曰九章筭術穿地四爲壤五壤爲息土則壤是土和緩之名故云無塊曰壤此土本色爲然水去土復其性色白而壤雍州色黃而壤豫州直言壤不言其色蓋州內之土不純一色故不得言色也

厥賦惟上上錯賦謂土地所生以供天子上上第一錯雜○雜出第二之賦○上如字賦第一錯倉各反馬云地有上下相錯通率第一供音恭

疏傳賦謂至之賦○正義曰以文承厥土之下序云任土作貢又賦者稅斂之名往者洪水爲災民皆墊溺

九州賦稅蓋亦不行水災既除土復本性以作貢賦之差故云賦謂土地所生以供天子謂稅穀以供天子鄭玄云此州入穀不貢是也因九州差爲九等上上是第一也交錯是間雜之義故錯爲雜也顧氏云上上之下卽次上中故云雜出第二之賦也孟子稱稅什一爲正輕之於堯舜爲大貊小貊重之於堯舜爲大桀小桀則此時亦什一稅俱什一而得爲九等差者人功有強弱收穫有多少傳以荆州田第八賦第三爲人功修也雍州田第一賦第六爲人功少也是據人功多少總計以定差此州以上上爲正而雜爲次等言出上上時多而上中時少也多者爲正少者爲雜故云第一此州言上上錯者少在正下故先言上上而後言錯豫州言錯上中者少在正上故先言錯而後言上中揚州云下上上錯不言錯下上上者以本設九等分三品爲之上中下下上本是異品故變文言下上上錯也梁州云下中三錯者梁州之賦凡有三等其出下中時多故以下中爲正上有下上下有下下三等雜出故言三錯是明雜有下上下下可知也此九等所較無多諸州相準爲等級耳此計大率所得非上科定也但治水據田責其什一隨土豐瘠是上之任土而下所獻自有差降卽以差等爲上之定賦也然一升一降不可常同冀州自出第二與豫州同時則無第一之賦豫州與冀州等一同時

則無第二之賦或容如此事不可恒鄭玄云賦之差一井上上出九夫稅下下出一夫稅通率九州一井稅五夫如鄭此言上上出稅九倍多於下下鄭詩箋云井稅一夫其田百畝若上上一井稅一夫則下下九井乃出一夫稅太少矣若下下井稅一夫則上上全入官矣豈容輕重頓至是乎

厥田惟中中田之高下肥瘠九州之中爲第五。中丁仲反又如字中馬云土地有高下肥符非反瘠在亦反

【疏】傳田之至第五。正義曰鄭玄云田著高下之等者當爲水害備也則鄭謂地形高下爲九等也王肅云言其土地各有肥瘠則肅定其肥瘠以爲九等也如鄭之義高處地瘠出物既少不得爲上如肅之義肥處地下水害所傷出物既少不得爲上故孔云高下肥瘠共相參對以爲九等上言敷土此言厥田田土異者鄭玄云地當陰陽之中能吐生萬物者曰土據人功作力競得而田之則謂之田田土異名義當然也

恒衛既從大陸既作二水已治從其故道大陸之地已可耕作。從才容反

【疏】傳二水至耕作。正義曰二水汎溢漫流已治從其故道故今已可耕作也青州濰淄其道與此恒衛既從同是從故道也荆州雲土夢作乂與此大陸既作同是水治可耕作也其文不同史異辭耳無義例也壺口

與雍州之山連文故傳言壺口在冀州此無所嫌故不言在冀州以下皆如此也地理志云恒水出常山上曲陽縣東入滱水衛水出常山靈壽縣東北入滹沲大陸在鉅鹿縣北釋地十藪云晉有大陸孫炎等皆云今鉅鹿縣北廣河澤也郭璞云廣河猶大陸以地名言之近爲是也春秋魏獻子畋于大陸焚焉還卒于甯杜氏春秋說云嫌鉅鹿絶遠以爲汲郡修武縣吳澤也甯郎修武也然此二澤相去甚遠所以得爲大陸者以爾雅廣平曰陸但廣而平者則名大陸故異所而同名焉然此一澤地形卑下得以廣平爲陸者澤雖卑下旁帶廣平之地故統名爲故大陸澤名廣河以旁近大陸故也

島夷皮服海曲謂之島居島之夷還服其皮明水害除。島當老反馬云島夷北夷國

疏傳海曲至害除。正義曰孔讀鳥爲島島是海中之山九章筭術所云海島邈絶不可踐量是也傳云海曲謂之島謂其海曲有山夷居其上此居島之夷常衣鳥獸之皮爲遭洪水衣食不足今還得衣其皮服以明水害除也鄭玄云鳥夷東方之民搏食鳥獸者也王肅云鳥夷東北夷國名也與孔不同

夾右碣石入于河碣石海畔山禹夾行此山之右而入河逆上此州帝都不說境界以餘州所至則可知先賦後田亦殊於餘州不言貢篚亦差於餘州

○夾音協註同帶也碣其列反韋
昭其逝反上時掌反篚方尾反〔疏〕傳碣石至餘州○正義曰地理志碣石山
在北平驪城縣西南是碣石爲海畔山也鄭云戰國策碣石
在九門縣今屬常山郡蓋別有碣石與此名同今驗九門無
此山也下文導河入于海傳云入于渤海渤海之郡當以此
海爲名計渤海北距碣石五百餘里河入海處遠在碣石之
南禹行碣石不得入于河也蓋遠行通水之處北盡冀州之
境然後南迴入河而逆上也夾右者孔云夾行此山之右則
行碣石山西南行人河在碣石之右故云夾右也顧氏亦云
山西曰右鄭玄云禹由碣石山西北行盡冀州之境還從山
東南行入河鄭以北行則東爲右南行西爲右故夾山兩旁
山常居右與孔異也梁州傳云浮東渡河而還帝都白所治
也則入河逆上爲還都白所治也禹之治水必每州巡行度
其形勢計其人功施設規模指授方略令人分布並作還都
白帝所治於時帝都近河故於每州之下皆言浮水達河記
禹還都之道也冀兖徐荊豫梁雍州各自言河惟青揚二州
不言河耳兖州云浮于濟漯達于河故青州直云達于濟徐
州云浮于淮泗達于河故揚州云達于淮泗皆記禹入河之
道也王肅云凡每州之下說諸治水者禹功主於治水故詳
記其所治之州往還所乘涉之水名肅雖不言還都白帝亦

謂爲治水故浮水也鄭玄以爲治水既畢更復行之觀地肥瘠定貢賦上下其意與孔異也八州皆言境界而此獨無故解之此州帝都不說境界以餘州所至則可知也兖州云濟河自東河以東也豫州云荆河自南河以南也雍州云西河自西河以西也明東河之西西河之東南河之北是冀州之境也馬鄭皆云冀州不書其界者時帝都之使若廣大然文既局以州名復何以見其廣大是妄說也又解餘州先田後賦此州先賦後田亦如境界殊於餘州也言殊者當爲田賦以收穫爲差田以肥瘠爲等若田在賦上則賦宜從田田美則宜賦重無以見人功修否故令賦先於田也以見賦由人功此州既見此理餘州從而可知皆令賦在田下欲見賦從田出爲此故殊於餘州也鄭玄云此州入穀不貢下云五百里甸服傳云爲天子服治田是田入穀故不獻貢篚差異於餘州也甸服止方千里冀之北土境界甚遥遠都之國必有貢篚舉大畧而言也

濟河惟兖州東南據濟西北距河。○濟子禮反下同兖悅轉反

疏兖州。○傳東南至距河。○正義曰此下八州發首言山川者皆謂境界所及也據謂跨之距至也濟河之間相去路近兖州之境跨濟而過東南越濟水西北至東河也李巡注爾雅解州名云兩河間其氣清性相近故曰冀冀近也濟河間其

氣專。體性信謙故云兗兗信也淮海間其氣寬舒稟性安徐故曰徐徐舒也江南其氣燥勁厥性輕揚故曰揚揚輕也荆州其氣燥剛稟性彊梁故曰荆荆彊也河南其性安舒厥性寬豫故曰豫豫舒也河西其氣蔽壅受性急凶故云雍雍壅也爾雅九州無梁清故李巡不釋所言未必得其本也

九河既道河水分爲九道在此州界平原以北是。九河徒駭一太史二馬頰三覆釜四胡蘇五簡六絜七鉤盤八鬲津九出爾雅〔疏〕傳河水至北是。正義曰河自大陸之北敷爲九河謂大陸在冀州嫌九河亦在冀州故云在此州界也河從大陸東畔北行而東北入海冀州之東境至河之西畔水分大河東爲九道故知在兗州界平原以北是也釋水載九河之名云徒駭太史馬頰覆釜胡蘇簡絜鉤盤鬲津李巡曰徒駭禹疏九河以徒衆起故云徒駭太史禹大使徒衆通其水道故曰太史馬頰河勢上廣下狹狀如馬頰也覆釜水中多渚往往而處形如覆釜胡蘇其水下流故曰胡蘇胡下也蘇流也簡大也河水深而大也絜言河水多山石治之苦絜絜苦也鉤盤言河水曲如鉤屈折如盤也鬲津河水狹小可鬲以爲津也孫炎曰徒駭禹疏九河用功雖廣衆懼不成故曰徒駭胡蘇水流多散胡蘇然其餘同李巡郭璞云徒駭今在成平東光縣今有胡蘇亭覆釜

之名同李巡餘名皆云其義未詳計禹陳九河云復其故道則名應先有不宜徒駭太史因禹立名此郭氏所以未詳也或九河雖舊有名至禹治水更別立名卽爾雅所云是也漢書溝洫志成帝時河隄都尉許商上書曰古記九河之名有徒駭胡蘇鬲津今見在成平東光鬲縣界中自鬲津以北至徒駭其間相去二百餘里是知九河所在徒駭最北鬲津最南蓋徒駭是河之本道東出分爲八枝也許商上言三河下言三縣則徒駭在成平胡蘇在東光鬲津在鬲縣其餘不復知也爾雅九河之次從北而南旣知三河之處則其餘六者太史馬頰覆釜在東光之北成平之南簡絜鉤盤在東光之南鬲縣之北也其河塡塞時有故道鄭玄云周時齊桓公塞之同爲一河今河間弓高以東至平原鬲津往往有其遺處春秋緯寶乾圖云移河爲界在齊呂塡閼八流以自廣鄭玄蓋據此文爲齊桓公塞之也言閼八流拓境則塞其東流八枝并使歸於徒駭也

雷夏旣澤灉沮會同雷夏澤名灉沮二水會同此澤。灉徐音邕王於用反沮七餘反〔疏〕傳雷夏至此澤。正義曰洪水之時高原亦水澤不爲澤雷夏旣澤高地水盡此復爲澤也於澤之下言灉沮會同謂二水會合而同入此澤也地理志云雷澤在濟陰城陽縣西北

桑土旣

三一四

蠶是降丘宅土地高曰丘大水去民下丘居平土就桑蠶。蠶在南反〔疏〕桑土至宅土。正義曰宜桑之土既得桑養蠶矣洪水之時民居丘土於是得下丘陵居平土矣。傳地高至桑蠶。正義曰釋丘云非人爲之丘孫炎曰地性自然也是地高曰丘也降丘宅土與既蠶連文知下丘居平土就桑蠶也計下丘居土諸處皆然獨於此州言之者鄭玄云此州寡於山而夾川兩大流之閒遭洪水其民尤困水害既除於是下丘居土以其免於厄尤喜故記之厥土黑墳色黑而墳起。墳扶粉反後同韋昭音勃僨反起也馬云有膏肥也厥草惟繇厥木惟條繇茂條長也。繇音遙馬云抽也〔疏〕傳繇茂條長也。正義曰繇是茂之貌條是長之體言草茂而木長也九州惟此州與徐揚三州言草木者三州偏宜之也宜草木則地美矣而田非上者爲土下濕故也厥田惟中下田第六厥賦貞貞正也州第九賦正與九相當〔疏〕傳貞正至相當。正義曰周易彖象皆以貞爲正也諸州賦無下下貞即下下爲第九也此州治水最在後畢州爲第九成功其賦亦爲第九列賦於九州之差與第九州相當故變文爲貞見此意也作十有

三載乃同治水十三年乃有賦法與他州同。載馬鄭本作年［疏］傳治水至州同。正義曰
作者役功作務謂治水也治水十三年乃有賦法始得貢賦
與他州同也他州十二年此州十三年比於他州最在後也
堯典言鯀治水九載績用不成然後堯命得舜舜乃舉禹治
水三載功成堯即禪舜此言十三載者并鯀九載數之祭法
云禹能脩鯀之功明鯀已加功而禹因之也此言十三載者
記其治水之年言其水害除耳非言十三年內皆是禹之治
水施功也馬融曰禹治水三年八州平故堯以爲功而禪舜
是十二年而八州平十三年而兖州平兖州平在舜受終之
年也厥貢漆絲厥篚織文地宜漆林又宜桑蠶織文錦綺之屬盛之篚篚而貢焉。
漆音七盛音成［疏］傳地宜至貢焉。正義曰任土作貢此州貢漆
知地宜漆林也周禮載師云漆林之征故以漆
林言之綺是織繒之有文者是綾錦之別名故云錦綺之屬
皆是織而有文者也篚是入貢之時盛在於篚故云盛之篚
篚而貢焉鄭玄云貢者百功之府受而藏之其實於篚者入
於女功故以貢篚別之歷檢篚之所盛皆供衣服之用入於
女功如鄭言矣檿絲中琴瑟之絃亦是女功所爲也織貝鄭
玄以爲織如貝文傳謂織爲細紵貝爲水物則貝非服飾所

須蓋恐其損缺故以筐篚盛之也諸州無厥篚者其諸州無入篚之物故不貢也漢世陳留襄邑縣置服官使制作衣服是兗州綾錦美也

浮于濟漯達于河

順流曰浮濟漯兩水名因水入水曰達○漯天沓反篇韻作他合反〔疏〕傳順流至曰達○正義曰地理志云漯水出東郡東武陽縣至樂安千乘縣入海過郡三行千二十里其濟則下文具矣是濟漯爲二水名也言因水入水曰達當謂從水入水不須舍舟而陸行也揚州云沿于江海達于淮泗傳云沿江入海自海入淮自淮入泗是言水路相通得乘舟經達也案青州云浮于汶達于濟經言濟會于汶浮汶則達濟也此云浮于濟漯達于河從漯入濟自濟入河徐州云浮于淮泗達于河蓋以徐州北接青州既浮淮泗當浮汶入濟以達于河也

海岱惟青州

○東北據海西南距岱○岱音代泰山也〔疏〕青州○傳東北至距岱○正義曰海非可越而言據者東萊東境之縣浮海入海曲之間青州之境非至海畔而已故言據也漢末有公孫度者竊據遼東自號青州刺史越海收東萊諸郡堯時青州當越海而有遼東也舜爲十二州分青州爲營州營州即遼東也

嵎夷既略濰淄其道

嵎夷地名用功少曰略濰淄二水復

其故道○嵎音隅濰音惟本亦作惟又作維淄側其反【疏】傳嵎夷至故道○正義曰嵎夷地名即堯典宅嵎夷是也嵎夷萊夷和夷爲地名淮夷爲水名島夷爲狄名皆觀文爲說也略是簡易之義故用功少爲略也地理志云濰水出琅邪箕屋山北至都昌縣入海過郡三行五百二十里淄水出泰山萊蕪縣原山東北至千乘博昌縣入海。

厥土白墳海濱廣斥濱涯也言復其斥鹵○濱必人反斥徐音尺說文云東方謂之斥西方謂之鹵鄭云斥謂地鹹鹵涯魚佳反【疏】傳濱涯至斥鹵○正義曰濱涯常訓也說文云鹵鹹地也東方謂之斥西方謂之鹵海畔迥闊地皆斥鹵故云廣斥言水害除復舊性也

厥田惟上下厥賦中上田第三賦第四

厥貢鹽絺海物惟錯絺細葛錯雜非一種○鹽餘占反絺勑其反種章勇反

岱畎絲枲鈆松怪石畎谷也怪異好石似王者岱山之谷出此五物皆貢之○畎工犬反徐本作畎谷枲思似反鈆寅專反字從㕣㕣音以選反怪如字怪石碔砆之屬【疏】傳畎谷至貢之○正義曰釋水云水注川曰谿注谿曰谷谷是兩山之閒流水之道畎言畎去水故言谷也怪

石奇怪之石故云好石似玉也枲麻也鉛錫也岱山之谷有此五物美於他方所有故貢之也萊夷作牧萊夷地名可以放牧○萊音來牧牧養之牧徐音目一音茂註同厥篚檿絲檿桑蠶絲中琴瑟弦○檿烏簟反山桑也〔疏〕傳檿桑至瑟弦○正義曰釋木云檿桑山桑郭璞曰柘屬也檿絲是蠶食檿桑所得絲韌中琴瑟弦也

浮于汶達于濟〔疏〕浮于汶○正義曰地理志云汶水出泰山萊蕪縣原山西南入濟也

海岱及淮惟徐州東至海北至岱南及淮○汶音問

淮沂其乂蒙羽其藝二水已治二山已可種藝○沂魚依反水名藝魚世反〔疏〕徐州○傳二水至種藝○正義曰乂訓治也故云二水已治地理志云沂水出泰山蓋縣臨樂子山南至下邳入泗過郡五行六百里淮出桐柏山發源遠矣於此州言之者淮水至此而大爲害尤甚喜得其治故於此記之地理志云蒙山在泰山蒙陰縣西南羽山在東海祝其縣南詩云藝之荏菽故藝爲種也

大野既豬東原底平大野澤名水所停曰豬東原致功而平言可耕○豬張魚反馬云水所停止深者曰豬劉東胡反〔疏〕傳大野至

可耕○正義曰地理志云大野澤在山陽鉅野縣北鉅卽大也檀弓云汚其宮而豬焉又澤名孟豬停水處也故云水所停曰豬往前漫溢今得豬水爲澤也東原郡今之東平郡也致功而地平言其可耕也

厥土赤埴墳草木漸包

土黏曰埴漸進長包叢生○埴市力反鄭作戠徐鄭王皆讀曰熾韋昭音試漸如字本又作蔪字林才冉反草之相包裹也包必茅反字或作苞非叢生也馬云相包裹也黏女占反長丁丈反叢才公反

疏傳土黏至叢生○正義曰戠埴音義同考工記用土爲瓦謂之搏埴之工是埴謂黏土故土黏曰埴易漸卦彖云漸進也釋言云苞稹也孫炎曰物叢生曰苞齊人名曰稹郭璞曰今人呼叢緻者爲稹漸苞謂長進叢生言其美也

厥田惟上中厥賦中中

田第二賦第五

厥貢惟土五色

王者封五色土爲社建諸侯則各割其方色土與之使立社燾以黃土苴以白茅茅取其潔黃取王者覆四方○燾徒報反覆也苴子餘反包裹也

疏傳王者至四方○正義曰傳解貢土之意王者封五色土以爲社若封建諸侯則各割其方色土與之使歸國立社其土燾以黃土燾覆也四方各依其方色皆以黃土覆之其割土與之時苴以白茅用白

茅裹土與之必用白茅者取其潔淸也易稱藉用白茅茅色白而潔美韓詩外傳云天子社廣五丈東方靑南方赤西方白北方黑上冒以黃土將封諸侯各取其方色土苴以白茅以爲社明有土謹敬潔淸也蔡邕獨斷云天子大社以五色土爲壇皇子封爲王者授之大社之土以所封之方色苴以白茅使之歸國以立社謂之茅社是必古書有此說故先儒之言皆同也

羽畎夏翟嶧陽孤桐夏翟翟雉名羽中旌旄羽山之谷有之孤特也嶧山之陽特生桐中琴瑟○夏行雅反翟徒歷反嶧音亦一音夕〈疏〉傳夏翟至琴瑟○正義曰釋鳥云翟山雉此言夏翟則夏翟共爲雉名周禮立夏采之官取此名也周禮司常云全羽爲旞析羽爲旌用此羽爲之故云羽中旌旄也地理志云東海下邳縣西有葛嶧山卽此山也

泗濱浮磬淮夷蠙珠暨魚泗水涯水中見石可以爲磬蠙珠珠名淮夷二水出蠙珠及美魚○泗音四水名淮夷鄭云淮水之夷民也馬云淮夷二水名孔傳云淮夷之水本亦有作淮夷二水也蠙音蒲邊反徐扶堅反字又作蚍韋昭薄迷反蚌也暨其器反見賢遍反〈疏〉傳泗水至美魚○正義曰泗水旁山而過石爲泗水之涯石在水旁水中見石似若水中浮然此石

可以爲磬故謂之浮磬也貢石而言磬者此石宜爲磬猶如砥礪然也蠙是蚌之别名此蚌出珠遂以蠙爲珠名蠙之與魚皆是水物而以淮夷冠之知淮夷是二水之名淮即四瀆之淮也夷蓋小水後來竭涸不復有其處耳王肅亦以淮夷爲水名鄭玄以爲淮水之上夷民獻此珠與魚也地理志泗水出濟陰乘氏縣東南至臨淮睢陵縣入淮行千一百一十里也

厥篚玄纖縞 玄黑繒縞白繒纖細也纖在中明二物皆當細○纖息廉反縞古老反徐古到反繒似陵反

疏 傳玄黑至當細○正義曰篚之所盛例是衣服之用此單言玄玄必有質玄是黑色之别名故知玄是黑繒也史記稱高祖爲義帝發喪諸侯皆縞素是縞爲白繒也

浮于淮泗達于河。 ○河如字說文作菏工可反云水出山陽湖陵南

淮海惟揚州 北揚淮南距海

彭蠡既豬陽鳥攸居 彭蠡澤名隨陽之鳥鴻鴈之屬冬月所居於此澤○蠡音禮張勃吳録云今名洞庭湖案今在九江郡界

疏 揚州○傳彭蠡至此澤○正義曰彭蠡是江漢合處下云導漾水南入于江東匯爲彭蠡是也日之行也夏至漸南冬至漸北鴻鴈之屬九月而南正月而北左思蜀都賦所云木落南翔冰泮北徂是也日

陽也此鳥南北與日進退隨陽之鳥故
稱陽鳥冬月所居於此彭蠡之澤也**三江既入震澤**
厎定震澤吳南大湖名言三江已入致定爲震澤○三江
韋昭云謂吳松江錢唐江也吳地記云松江東北行
七十里得三江口東北入海爲婁江東南入海爲東江并松
江爲三江○震澤吳都太湖厎之履反致也史記音致大湖
音太【疏】傳震澤至震澤○正義曰地理志云會稽吳縣故
湖【疏】周泰伯所封國也具區在西古文以爲震澤是吳
南大湖名蓋縣治居澤之東北故孔傳言南志言西大澤畜
水南方名之曰湖三江既入此湖也治水致功今江入此澤
故致定爲震澤也下傳云自彭蠡江分爲三入震澤遂爲北
江而入海是孔意江從彭蠡而分爲三又共入震澤從震澤
復分爲三乃入海鄭云三江分於彭蠡爲三孔東入海其意
言三江既入入海耳不入震澤也又案周禮職方揚州藪曰
具區浸曰五湖五湖卽震澤若如志云具區卽震澤則浸藪
爲一案餘州浸藪皆異而揚州同者蓋揚州浸藪同處論其
水謂之浸指**篠簜既敷**篠竹箭簜大竹水去已布生○
其澤謂之藪篠西了反簜徒黨反或作簜他
莽【疏】傳篠竹箭簜大竹○正義曰釋草云篠竹箭郭璞云
反【疏】別二名也又云簜竹李巡曰竹節相去一丈曰簜孫

炎曰竹闊節者曰簜郭璞云竹別名是篠爲小竹簜爲大竹厥草惟夭厥木惟喬少長曰夭喬高也○夭於嬌反馬云長也〔疏〕傳少長曰夭喬高也○正義曰夭是少長之貌詩曰桃之夭夭是也喬高釋詁文詩曰南有喬木是也喬其嬌反徐音驕少詩照反長丁丈反厥土惟塗泥地泉濕厥田惟下下厥賦下上。錯田第九賦第七雜出第六厥貢惟金三品金銀銅也〔疏〕傳金銀銅也○正義曰金既總名而云三品黃金以下惟有白銀與銅耳故爲金銀銅也釋器云黃金謂之璗其美者謂之鏐白金謂之銀其美者謂之鐐郭璞曰此皆道金銀之別名及其美者也鏐即紫磨金也鄭玄以爲金三品者銅三色也瑤琨篠簜瑤琨皆美玉○瑤音遙琨音昆美石也馬本作瓚韋昭音貫〔疏〕傳瑤琨皆美玉○正義曰美石似玉者也玉石其質相類美惡別名也王肅云瑤琨美石次玉者也齒革羽毛惟木齒革牙革犀皮羽鳥羽毛旄牛尾木楩梓豫章○犀細兮反旄音毛楩音楩又婢善反〔疏〕傳齒象至豫章○正義曰詩云元龜象齒知齒是象牙也說文云齒口斷骨也牙牡齒也隱五年左傳云齒牙骨角牙齒小別統而名之齒亦牙也考工記犀甲七屬兕甲六屬宣二年左傳云犀兕尚多棄甲則那是甲之所用犀革爲上革之所美莫過於犀知革是犀皮也說文云獸皮治去其毛爲革革與皮去毛爲異耳說文云羽鳥長毛也知羽是鳥羽南方之鳥孔雀翡翠之屬其羽可以爲飾故貢之也說文云犛西南夷長旄牛也此犛牛之尾可爲旌旗之飾經傳通謂之旄牧誓云右秉白旄詩云建旐設旄皆謂此牛之尾故知毛是旄牛尾也直云惟木不言木名故言楩梓豫章此三者是揚州美木故傳舉以言之所貢之木不止於此

島夷卉服南海島夷草服葛越○卉徐許貴反**疏**傳南海至葛越○正義曰上傳海曲謂之島知此島夷是南海島上之夷也釋草云卉草舍人曰凡百草一名卉知卉服是草服葛越也葛越南方布名用葛爲之左思吳都賦云蕉葛升越弱於羅紈是也冀州云島夷皮服是夷自服皮皮非所貢也此言島夷卉服亦非所貢也此與萊夷作牧並在貢篚之間古史立文不次也鄭玄云此州下濕故衣草服貢其服者以給天子之官與孔異也

厥篚織貝織細紵貝水物**疏**傳織細至水物○正義曰傳以貝非織物而云織貝則貝織異物織是織而爲之揚州紵之所出此物又

以篚盛之爲衣服之用知是細紵謂細紵布也釋魚之篇貝有居陸居水此州下濕故云水物釋魚有玄貝貽貝餘泜黃白文餘泉白黃文當貢此有文之貝以爲器物之飾也鄭玄云貝錦名詩云萋兮斐兮成是貝錦凡爲織者先染其絲乃織之則文成矣禮記曰土不衣織與孔異也

厥包橘柚錫貢

小曰橘大曰柚其所包裹而致者錫命乃貢言不常○橘均必反柚由究反裹音果

〔疏〕傳小曰至不常○正義曰橘柚二果其種本別以實相比則柚大橘小故云小曰橘大曰柚猶詩傳云大曰鴻小曰鴈亦別種也此物必須裹送故云其所包裹而送之以須之有時故待錫命乃貢言不常也文在篚下以不常故耳荊州納錫大龜豫州錫貢磬錯皆爲非常並在篚下荊州言包傳云橘柚也文在篚上者荊州橘柚爲善以其常貢此州則不常也王肅云橘與柚錫其命而後貢之不常入當繼荊州乏○無也鄭云有錫則貢之此州有錫而貢之或時無則不貢錫所以柔金也周禮考工記云攻金之工築執金錫之齊故也

沿于江海達于淮泗

順流而下曰沿沿江入海自海入淮自淮入泗○沿悅專反鄭本作松松當爲沿馬本作均云均平

〔疏〕傳順流至入泗○正義曰文十年左傳云沿漢泝江泝是逆沿是順

故順流而下曰沿沿江入海順也自海入淮自淮入泗逆也

荆及衡陽惟荆州

北據荆山南及衡山之陽

〔疏〕荆州○傳北據至之陽○正義曰此州北界至荆山之北故言據也南及衡山之陽其境過衡山也以衡是大山其南無復有名山大川可以爲記故言陽見其南至山南也

江漢朝宗于海

二水經此州而入海有似於朝百川以海爲宗宗尊也○朝直遥反

〔疏〕傳二水至宗尊也○正義曰周禮大宗伯諸侯見天子之禮春見曰朝夏見曰宗鄭云朝猶朝也欲其來之早也宗尊也欲其尊王也朝宗是人事之名水無性識非有此義以海水大而江漢小以小就大似諸侯歸於天子假人事而言之也詩云沔彼流水朝宗於海毛傳云水猶有所朝宗朝宗是假人事而言水也老子云滄海所以能爲百谷王者以其下之是百川以海爲宗鄭云江水漢水其流遄疾又合爲一共赴海也猶諸侯之同心尊天子而朝事之荆楚之域國有道則後服國無道則先彊故記其水之義以著人臣之禮

九江孔殷

江於此州界分爲九道甚得地勢之中○九江潯陽地記云一曰烏白江二曰蚌江三曰烏江四曰嘉靡江五曰畎江六曰源江七曰累江八曰提江九曰箘江張須元緣江圖云一曰

三里江二曰五州江三曰嘉靡江四曰烏土江五曰白蚌江六曰白烏江七曰箘江八曰沙提江九曰廩江參差隨水長短或百里或五十里始於鄂陵終於江口會于桑落洲【疏】太康地記曰九江劉歆以爲湖漢九水入彭蠡澤也

傳江於至之中○正義曰傳以江是此水大名九江謂大江分而爲九猶大河分爲九河故言江於此州之界分爲九道訓孔爲甚殷爲中言甚得地勢之中也鄭云殷猶多也九江從山谿所出其孔衆多言治之難也地理志九江在今廬江潯陽縣南皆東合爲大江如鄭此意九江各自別源其源非大江也下流合於大江耳然則江以南水無大小俗人皆呼爲江或從江分出或從外合來故孔鄭各爲別解應劭注地理志云江自潯陽分爲九道符於孔說潯陽記有九江之名一曰烏江二曰蚌江三曰烏白江四曰嘉靡江五曰畎江六曰源江七曰廩江八曰提江九曰箘江雖名起近代義或當然

沱潛既道 沱江別名潛水名皆復其故道○沱徒河反潛捷廉反馬云沱湖也其中泉出而不流者謂之潛

【疏】傳沱江至故道○正義曰下文泯山導江東別爲沱是沱爲江之別名也經無潛之本源直云水名釋水云水自江出爲沱漢爲潛鄭注此既引爾雅乃云今南郡枝江縣有沱水其尾入江耳首不於江出也華容有

夏水首出江尾入沔蓋此所謂沱也潛則未聞象類此解荆州之沱潛發源此州若如鄭言此水南流不入荆州界非此潛也此下梁州注云二水亦謂自江漢出者地理志在今蜀郡郫縣江沱及漢中安陽皆有沱水潛水其尾入江漢耳首不於此出江源有鄗江首出江南至犍爲武陽又入江豈沱之類與潛蓋漢西出嶓冢東南至巴郡江州入江行二千七百六十里此解梁州之沱潛也郭璞爾雅音義云沱水自蜀郡都水縣揃山與江別而更流璞又云有水從漢中沔陽縣南流至梓潼漢壽入大穴中通峒山下西南潛出一名沔水舊俗云即禹貢潛也郭璞此言亦解梁州沱潛與鄭又異然地理志及鄭皆以荆梁二州各有沱潛又郭氏所解沱潛惟據梁州不言荆州之沱潛而孔梁州注云沱潛發源此州入荆州以二州沱潛爲一者然彼州山水古今不可移易孔爲武帝博士地理志無容不知蓋以水從江漢出者皆曰沱潛但地勢西高東下雖於梁州合流還從荆州分出猶如濟水入河還從河出故孔舉大略爲發源梁州耳

雲土夢作乂 雲夢之澤在江南其中有平土丘水去可爲耕作畎畝之治○雲徐本作云夢亡弄反一音武仲反徐莫公反治直吏反

【疏】傳雲夢至之治○正義曰昭三年左傳楚子與鄭伯田于江南之夢是雲夢之澤在江南

也地理志南郡華容縣南有雲夢澤杜預云南郡枝江縣西有雲夢城江夏安陸縣亦有雲夢或曰南郡華容縣東南有巴丘湖江南之夢雲夢一澤而每處有名者司馬相如子虛賦云雲夢者方八九百里則此澤跨江南北每處名存焉定四年左傳稱楚昭王寢于雲中則此澤亦得單稱雲單稱夢經之土字在二字之間蓋史文兼上下也此澤既大其內有平土有高丘水○可爲耕作畎畝之治

厥土惟塗泥厥田惟下中厥賦上下田第八賦第三人功修

厥貢羽毛齒革惟金三品土所出與揚州同

〖疏〗傳土所至州同○正義曰與揚州同而揚州先齒革此州先羽毛者蓋以善者爲先由此而言之諸州貢物多種其次第皆以當州貴者爲先也

杶榦栝柏榦柘也柏葉松身曰栝○杶勑倫反徐勑荀反木名又作櫄榦本又作幹故旦反栝古活反馬云白栝也栢章夜反

〖疏〗○傳榦柘至曰栝○正義曰榦爲弓榦考工記云弓人取榦之道也以柘爲上知此榦是柘也釋木云栝柏葉松身陸機毛詩義疏云杶樗栲漆相似如一則杶似樗漆也杶栝柏皆木名也以其所施多矣柘木惟用爲弓榦弓榦莫若柘木故舉其用也

礪砥砮

丹砥細於礪皆磨石也砮石中矢鏃丹朱類○礪力世反砥音脂徐之履反韋昭音旨砮音奴韋昭乃固反磨末佐反鏃子木反一音七木反【疏】傳砥細至朱類○正義曰砥以細密爲名礪以麁糲爲稱故砥細於礪皆磨石也鄭云礪磨刀刃石也精者曰砥魯語曰肅慎氏貢楛矢石砮賈逵云砮矢鏃之石也故曰砮石中矢鏃丹者丹砂故云朱類王肅云丹可以爲采

惟箘簵楛三邦厎貢厥名箘簵美竹楛中矢榦三物皆出雲夢之澤近澤三國常致貢之其名天下稱善○箘求隕反韋昭一名聆風簵音路楛音戶馬云木名可以爲箭毛詩草木疏云葉如荊而赤莖似蓍近附近之近【疏】傳箘簵至稱善○正義曰箘簵美竹當時之名猶然鄭云箘簵聆風也竹有二名或大小異也箘簵是兩種竹也肅慎氏貢楛矢知楛中矢榦三物皆出雲夢之澤當時驗之猶然經言三邦厎貢知近澤三國致此貢也文續厥名則其物特有美名故云其名天下稱善鄭玄以厥名下屬包匭菁茅

包橘柚【疏】傳橘柚○正義曰包下言匭菁茅說文云匚受物之器象形也凡匚之屬皆從匚匱匣之字皆從匚匭亦從匚故匭是匣也菁茅既以匭盛非所包之物明包必有裹也此州所出與揚州同揚州厥包橘柚知此包是

橘柚也王肅云揚州厥包橘柚從省而可知也

匭菁茅匭匣也菁以爲菹茅以縮酒○匭音軌菁子丁反徐音精馬同鄭云茅有毛刺曰菁茅匣胡甲反又音甲菹切韻側魚反縮所六反

【疏】傳匭匣也菁以爲菹茅以縮酒○正義曰匭是匱之別名匱之小者菁茅所盛不須大匱故用匣也周禮醢人有菁菹鹿臡故知菁以爲菹鄭云菁蔓菁也蔓菁處處皆有而令此州貢者蓋以其味善也僖四年左傳齊桓公責楚云爾貢包茅不入王祭不供無以縮酒是茅以縮酒也郊特牲云縮酒用茅明酌也鄭注云以茅縮酒也周禮甸師云祭祀供蕭茅鄭興云蕭字或爲莤莤讀爲縮束茅立之祭前沃酒其上酒滲下若神飲之故謂之縮杜預解左傳用鄭興之說未知誰同孔旨特令此州貢茅茅當異於諸處杜預云茅之爲異未審也或云茅有三脊案史記齊桓公欲封禪管仲覩其不可窮以辭因設以無然之事云古之封禪江淮之間三脊茅以爲藉此乃懼桓公耳非荊州所有也鄭玄以菁茅爲一物匭猶纏結也菁茅之有毛刺者重之故既包裹而又纏結也

厥篚玄纁璣組此州染玄纁色善故貢之璣珠類生於水組綬類○纁許云反璣其依反又音機馬同說文云珠不圓也字書云小珠也玉篇渠依居沂二反組音祖馬云組文也

〔疏〕傳此州至組類○正義曰釋器云三染謂之纁李巡云三染其色已成爲絳纁絳一名也考工記云三入爲纁五入爲緅七入爲緇鄭云纁者三入而成又再染以黑則爲緅又再染以黑則爲緇玄色在緅緇之間其六人者是染玄纁之法也此州染玄纁色善故令貢之說文云璣珠不圓者故爲珠類玉藻說佩玉所懸者皆云組綬是組綬相類之物也

九江納錫大龜 尺二寸曰大龜出於九江水中龜不常用錫命而納之○馬云納入也

〔疏〕傳尺二至納之○正義曰史記龜策傳云龜千歲滿尺二寸漢書食貨志云元龜距冉長尺二寸故以尺二寸爲大龜冠以九江知出九江水中也文在篚下而言納錫是言龜不常用故錫命乃納之言此大龜錫命乃貢之也

浮于江沱潛漢。逾于洛至于南河 逾越也河在冀州南東流故越洛而至南河○江沱潛漢四水名本或作潛于漢非逾羊朱反

〔疏〕浮于江沱潛漢○正義曰浮此四水乃得至洛本或潛下有于誤耳

荆河惟豫州 西南至荆山北距河水

伊洛瀍澗既入于河 伊出陸渾山洛出上洛山澗出沔池山瀍出河南北山四水合流而入河○瀍直然反澗故晏反渾音魂

又胡囯胡昆二反沔亡淺反又亡忍反下同陸渾沔池二縣屬河南郡〔疏〕豫州○傳伊出至入河○正義曰地理志云伊水出弘農盧氏縣冡熊耳山東北入洛洛水出弘農上洛縣冡領山東北至鞏縣入河瀍水出河南穀城縣潛亭北東南入洛澗水出弘農新安縣東南入洛志與傳異者熊耳山在陸渾縣西冡領山在上洛縣境之内沔池在新安縣西穀城潛亭北此卽是河南境内之北山也志詳而傳略所據小異耳伊瀍澗三水入洛合流而入河言其不復爲害也

滎波既豬 滎澤波水已成遏豬○滎戶扃反滎澤也波如字馬本又播滎播澤名遏烏葛反

〔疏〕傳滎澤至遏豬○正義曰沇水入河而溢爲滎滎是澤名洪水之時此澤水大動成波浪此澤其時波水已成遏豬言壅遏而爲豬畜水而成澤不濫溢也鄭云今塞爲平地滎陽民猶謂其處爲滎澤在其縣東言在滎澤縣之東也馬鄭王本皆作滎播謂此澤名滎播春秋閔二年衛侯及狄人戰于滎澤不名播也鄭玄謂衛狄戰在此地杜預云此滎澤當在河北以衛敗方始渡河戰處必在河北蓋此澤跨河南北多而得名耳

導菏澤被孟豬 菏澤在胡陵孟豬澤名在菏東北水流溢覆被之○導音道下同菏徐音柯又士可反註同韋胡阿反被皮寄反徐扶義

反註同豬張魚反又音諸左傳及爾雅皆作孟諸宋藪澤也【疏】傳菏澤至被之○正義曰地理志山陽郡有胡陵縣不言其縣有菏澤也又云菏澤在濟陰定陶縣東孟豬在梁國睢陽縣東北以今地驗之則胡陵在睢陽之東定陶在睢陽之北其水皆下流溢東北被孟豬也然郡縣之名隨代變易古之胡陵當在睢陽之西北故得東出被孟豬也於此作孟豬左傳爾雅作孟諸周禮作望諸聲轉字異正是一地也

厥土惟壤下土墳壚 高者壤下者壚壚疏○壚音盧說文黑剛土也

厥田惟中上厥賦錯上中 田第四賦第二又雜出第一

厥貢漆枲絺紵厥篚纖纊 纊細綿○絺勑其反紵直呂反纊音曠綿綿切韻武延反【疏】傳纊細綿○正義曰禮喪大記候死者屬纊以俟絶氣卽纊是新綿耳纖是細故言細綿

錫貢磬錯 治玉石曰錯治磬錯【疏】傳治玉至磬錯○正義曰詩云沱山之石可以攻玉又曰可以爲錯磬有以玉爲之者故云治玉石曰錯謂治磬錯也

浮于洛達于河華陽黑水惟梁州 東據華山之南西距黑水○華胡化反又胡瓜

反〔疏〕梁州○傳東據至黑水○正義曰周禮職方氏豫州其山鎮曰華山在豫州界內此梁州之境東據華山之南不得其山故言陽也此山之西雍州之境也**岷嶓既藝沱潛既道**岷山嶓冢皆山名水去已可種藝沱潛發源此州入荊州○岷武巾反嶓音波徐甫河反韋音播〔疏〕傳岷山至荊州○正義曰漢制縣有羌夷曰道地理志云蜀郡有湔道岷山在西徼外江水所出也隴西郡西縣冢山西漢水所出是二者皆山名也于江潛出于漢二水發源此州而入荊州故荊州亦云沱潛既道**蔡蒙旅平和夷底績**蔡蒙二山名祭山曰旅平言治功畢和夷之地致功可藝○旅如字韋音盧和如字又作龢鄭云和讀曰洹治直吏反下同〔疏〕傳蔡蒙至可藝○正義曰地理志云蒙山在蜀郡青衣縣應劭云順帝改曰漢嘉縣蔡山不知所在論語云季氏旅於泰山是祭山曰旅也平者言其治水畢猶上既藝也和夷平地之名致功可藝藝與平互言耳**厥土青黎**色青黑而沃壤○黎鄭力兮反徐力私反馬云小疏也〔疏〕傳色青黑而沃壤○正義曰孔以黎爲黑故云色青黑其地沃壤言其美也王肅曰青黑色黎小疏也**厥田惟下上**

厥賦下中三錯田第七賦第八雜出第七第九三等〔疏〕傳田第至三等○正義曰傳以

既言下中復云三錯舉下中第八爲正上下取一故雜出第七第九與第八爲三也鄭云三錯者此州之地有當出下之賦

者少耳又有當出下上中下者差復益小與孔異也厥貢璆鐵銀鏤砮磬璆玉

名鏤剛鐵○璆音虯徐又居虯反又閭幼反馬同韋昭郭璞云紫磨金案郭注爾雅璆即紫磨金鐵天結反鏤婁豆反

〔疏〕傳璆玉至剛鐵○正義曰釋器云璆琳玉也郭璞云璆琳美玉之別名鏤者可以刻鏤故爲剛鐵也熊

羆狐貍織皮貢四獸之皮織金罽○熊音雄羆彼宜反如熊而黃貍力疑反罽紀例反〔疏〕

傳貢四至金罽○正義曰與織皮連文必不貢生獸故云貢四獸之皮釋言云氂罽也舍人曰氂謂毛罽也胡人續羊毛

作衣孫炎曰毛氂爲罽織毛而言皮者毛附於皮故以皮表毛耳西傾因桓是來浮

于潛逾于沔西傾山名桓水自西傾山南行因桓水是來浮于潛漢上曰沔○傾窺井反〔疏〕

傳西傾至曰沔○正義曰下文導山有西傾知是山名也地理志云西傾在隴西臨洮縣西南西傾在雍州自西傾山南

行因桓水是來浮於潛水也地理志云桓水出蜀郡蜀山西南行羌中入南海則初發西傾未有水也不知南行幾里得桓水也下傳云泉始出山爲漾水東南流爲沔水至漢中東行爲漢水是漢上曰沔

入于渭亂于河 越沔而北入渭浮東渡河而還帝都白所治正絕流曰亂○渭音謂

【疏】傳越沔至曰亂○正義曰計沔在渭南五百餘里故越沔陸行而北入渭渭水入河故浮渭而東帝都在河之東故渡河陸行而還帝都也以每州之下言入河之事河近帝都知是還都白所治也正絕流曰亂釋水文孫炎曰橫渡也

黑水西河惟雍州 西距黑水東據河龍門之河在冀州西○雍於用反

【疏】雍州○傳西距至州西○正義曰禹治豫州乃次梁州自東向西故言梁州之境先以華陽而後黑水從梁適雍自南向北故先黑水而後西河計雍州之境被荒服之外東不越河而西踰黑水王肅云西據黑水東距西河所言得其實也偏檢孔本皆云西距黑水東據河必是誤也又河在雍州之東而謂之西河者龍門之河在冀州西界故謂之西河王制云自東河至於西河千里而近是河相對而爲東西也

弱水既西 導之西流至於合黎

【疏】傳導之至合黎○正義曰諸水言既導此言既

西由地勢不同導之使西流也鄭云衆水皆東此水獨西故記其西下也**涇屬渭汭**屬逮也水北曰汭言治涇水入於渭○涇音經屬之蜀反汭本又作内同如銳反馬云入也逮音代【疏】傳屬逮至於渭○正義曰屬謂相連屬故訓爲逮逮及也言水相及詩毛傳云汭水涯也鄭云汭之言内也蓋以人皆南面望水則北爲汭也且涇水南入渭而名爲渭汭知水北曰汭言治涇水使之入渭亦是從故道也地理志云涇水出安定涇陽縣西岍頭山東南至馮翊陽陵縣入渭行千六百里**漆沮既從灃水攸同**漆沮之水已從入渭灃水所同同之於渭○沮七徐反灃芳弓反【疏】傳漆沮至於渭○正義曰詩云自土沮漆毛傳云沮水漆水也則漆沮本爲二水地理志云漆水出扶風漆縣西闞駰十三州志云漆水出漆縣西北岐山東入渭沮則不知所出蓋東入渭時已與漆合渭發源遠以渭爲主上云涇屬渭是矣故此言漆沮既從從已從於渭灃水所同亦同於渭以渭爲主故也地理志灃水出扶風鄠縣東南北過上林苑入渭也**荆岐既旅**已旅祭言治功畢此此荆在岐東非荆州之荆○治直吏反【疏】傳已旅至之荆○正義曰洪水之時祭祀禮廢已旅祭而言治功畢治水從下自東而西

先荆後岐荆在岐東嫌與上荆爲一故云非荆州之荆也地理志云禹貢北條荆山在馮翊懷德縣南南條荆山在南郡臨沮縣北彼是荆州之荆也

終南惇物至于鳥鼠○三山名言相望○終南山名漢書地理志一名太一山秦記云又名地肺惇物山名漢書云垂山也〔疏〕傳三山至相望○正義曰以荆岐單名此山復名故辯之云三山名也至於爲首尾之辭故言相望也此三山空舉山名不言治意蒙上既旅之文也地理志云扶風武功縣有太一山古文以爲終南垂山古文以爲惇物皆在縣東

原隰厎績至于豬野下濕曰隰豬野地名言皆致功〔疏〕傳下濕至致功○正義曰下濕曰隰釋地文地理志云豬野澤在武威縣東北有休屠澤古文以爲豬野澤鄭玄以爲詩云度其隰原即此原隰是也原隰幽地從此致功西至豬野之澤也

三危既宅三苗丕敘西裔之山已可居三苗之族大有次敘美禹之功○丕普悲反〔疏〕傳西裔至之功○正義曰左傳稱舜去四凶投之四裔舜典云竄三苗於三危是三危爲西裔之山也其山必是西裔未知山之所在地理志杜林以爲燉煌郡即古瓜州也昭九年左傳云先王居檮杌於四裔故允姓之姦居于瓜州

州杜預云允姓之祖與三苗俱放於三危瓜州今燉煌也鄭玄引地記書云三危之山在烏鼠之西南當岷山則在積石之西南地記乃妄書其言未必可信要知三危之山必在河之南也禹治水未已竄三苗水災既除彼得安定故云三危之山已可居三苗之族大有次敘記此事以美禹治之功也

厥土惟黃壤厥田惟上上厥賦中下田第一賦第六人功少

疏傳田第一至功少○正義曰此與荊州賦田升降皆較六等荊州升之極故云人功修此州降之極故云人功少其餘相較少者從此可知也王制云凡居民量地以致邑度地以居民地邑民居必參相得也則民當相準而得有人功修人功少者記言初置邑者可以量之而州境闊遠民居先定新遭洪水存亡不同故地勢有美惡人功有多少治水之後即爲此差在後隨人少多必得更立其等此非永定也

厥貢惟球琳琅玕球琳皆玉名琅玕石而似玉○球音求琳章音來金反琅音郎玕音干山海經云崐崘山有琅玕樹

疏傳球琳至似珠○正義曰釋地云西北之美者有崐崘虛之璆琳琅玕焉說者皆云球琳美玉名琅玕石而似珠者必相傳驗實有此言也

浮于積石至于龍

門西河積石山在金城西南河所經也沿河順流而北千里而東千里而南龍門山在河東之西界疏傳積石至西界○正義曰地理志云積石山在金城河關縣西南羌中河行塞外東北入塞內積石非河之源故云河所經也河從西來至此北流故禹沿河順流而北釋水云河千里一曲一直故千里而東千里而南至于龍門西河也地理志云龍門山在馮翊夏陽縣北此山當河之道禹鑿以通河東郡之西界也禹至此渡河而還都白帝也沿或誤爲治此說禹行不說治水也會于渭汭逆流曰會自渭北涯逆水西上○上時掌反疏傳逆流至西上○正義曰會合也人行逆流而水相向故逆流曰會從河入渭自渭北涯逆水西上言禹自帝訖從此而西上更入雍州界也諸州之末惟言還都之道此州事終言發都更去明諸州皆然也織皮崐崘析支渠搜西戎即敘織皮毛布有此四國在荒服之外流沙之內羌髳之屬皆就次敘美禹之功及戎狄也○崘會門反馬云崐崘在臨羌西析星歷反馬云析支在河關西搜所由反漢書志朔方郡有渠搜縣武紀云北發渠搜是也髳音謀又音毛西戎國名疏傳織皮至戎狄也○正義曰四國皆衣皮毛故以織皮冠之傳言織

皮毛布有此四國崐崘也析支也渠也搜也四國皆是戎狄
也末以西戎摠之此戎在荒服之外流沙之內牧誓云武王
伐紂有羌髳從之此是羌髳之屬禹皆就次敘美禹之功遠
及戎狄故記之也鄭玄云衣皮之民居此崐崘析支渠搜三
山之野者皆西戎也王肅云崐崘在臨羌西析支在河關西
西戎西域也王肅不言渠搜鄭併渠搜爲一孔傳不明或亦
以渠搜爲一通西戎爲四也鄭以崐崘爲山謂別有崐崘之
山非河所出者也所以孔意或是地名國號不必爲山也

導岍及岐至于荊山更理說所治山川首尾所在治山通水故以山名之三山皆在

雍州○導音道從首起也岍音牽字又作汧山名一名吳岳馬本作開 **疏** 導岍及岐○正義曰上文雍州說其
治水登山從下而上州境隔絕未得從通今更從上而下條
說所治之山本以通水舉其山相連屬言此山之傍所有水
害皆治訖也因冀州在北故自北爲始從此導岍至敷淺原
舊說以爲三條地理志云禹貢北條荊山在馮翊懷德縣南
南條荊山在南郡臨沮縣東北是舊有三條之說也故馬融
王肅皆爲三條導岍北條西傾中條嶓冢南條鄭玄以爲四
列導岍爲陰列西傾爲次陰列嶓冢爲次陽列岷山爲正陽
列鄭玄創爲此說孔亦當爲三條也岍與嶓冢言導西傾不

言導者史文有詳略以可知故省文也○傳更理至雍州○正義曰荆岐上已具矣而此復言之以山勢相連而州境隔絕更從上理說所治山川首尾所在揔解此下導山水之意也其實通水而文稱導山者導山本爲治水故以導山名之地理志云吳岳在扶風汧縣西古文以爲汧山岐山在美陽縣西北荆山在懷德縣三山皆在雍州**逾于河**此謂梁山龍門西河【疏】傳此謂至西河○正義曰逾于河謂山逾之也此處山勢相望越河而東故云此謂龍門西河言此處山不絕從此而渡河也**壺口雷首至于太岳**三山在冀州太岳上黨西【疏】傳三山至黨西○正義曰地理志云壺口在河東北屈縣東南雷首在河東蒲坂縣南太岳在河東彘縣東是三山在冀州以太岳東近上黨故云在上黨西也**厎柱析城至于王屋**此三山在冀州南河之北東行○厎之履反柱如字章知父反又知女反厎柱山名在河水中【疏】傳此三至東行○正義曰地理志云析城在河東濩澤縣西王屋在河東垣縣東北地理志不載厎柱厎柱在太陽關東析城之西從厎柱至王屋在冀州南河之北東行也**大行恒山至于碣石入于海**此二山連延東北接

碣石而入滄海百川經此衆山禹皆治之不可勝名〔疏〕傳此故以山言之○行戶剛反又如字滄音倉勝音升

二至言之○正義曰地理志云大行山在河內山陽縣西北恒山在常山上曲陽縣西北大行去恒山太遠恒山去碣石又遠故云此二山連延東北接碣石而入滄海言山傍之水皆入海山不入海也又解治水言山之意百川經此衆山禹皆治之川多不可勝名故以山言之也謂漳潞汾涑在壺口雷首大行經底柱析城濟出王屋淇近大行恒衞滹沲滱易近恒山碣石之等也

西傾朱圉鳥鼠 西傾朱圉在積石以東鳥鼠渭水所出在隴西之西三者雍州之南山○傾窺井反圉魚呂反〔疏〕傳西傾至南山○正義曰地理志云西傾在隴西臨洮縣西南朱圉在天水兾縣南言在積石以東見河所經也地理志云鳥鼠同穴山在隴西首陽縣西南渭水所出在隴西郡之西西是三者皆雍州之南山也

至于太華 相首尾而東○華如字又戶化反〔疏〕傳相首尾而東○正義曰地理志云太華在京兆華陰縣南鳥鼠東望太華太遠故云相首尾而東也

熊耳外方桐柏至于陪尾 四山相連東南在豫州界洛經熊耳伊經外方淮出桐柏經陪尾凡此皆先舉所施

功之山於上而後條列所治水於下互相備。陪音裴陪尾山名漢書作横尾列如字本或作别彼列反

【疏】傳四山至相備。正義曰地理志云熊耳山在弘農盧氏縣東伊水所出嵩高山在潁川嵩高縣古文以爲外方山桐柏山在南陽平氏縣東南横尾山在江夏安陸縣東北古文以爲陪尾山是四山接華山而相連東南皆在豫州界也凡舉山名皆爲治水故言水之所經洛出熊耳伊經外方淮出桐柏經陪尾導山本爲治水故云皆先舉所施功之山於上而後條列所治水於下互相備也

導嶓冢至于荊山

漾水出嶓冢在梁州經荊山荊山在荊州。漾羊尚反

【疏】傳漾水至荊州。正義曰下云嶓冢導漾梁州云岷嶓既藝是嶓冢在梁州也荊州以荊山爲名知荊山在荊州也

內方至于大別

內方大別二山名在荊州漢所經

【疏】傳內方至所經。正義曰地理志云章山在江夏竟陵縣東北古文以爲內方山地理志無大別鄭玄云大別在廬江安豐縣杜預解春秋云大别闕不知何處或曰大别在安豐縣西南左傳云吳既與楚夾漢然後楚乃濟漢而陳自小別至于大別然則二別近漢之名無緣得在安豐縣如預所言雖不知其處要與內方相接漢水所經必在荊州界也

岷山

之陽至于衡山岷山江所出在梁州衡山江所經在荆州（疏）傳岷山至荆州○正義曰其下云岷山導江梁州岷嶓既藝是岷山在梁州也地理志云衡山在長沙湘南縣東南上言衡陽惟荆州是江所經在荆州也

過九江至于敷淺原言衡山連延過九江接敷淺原言導從首起言陽從南敷淺原一名博陽山在揚州豫章界（疏）傳言衡至章界○正義曰衡即横也東西長今之人謂之爲嶺東行連延過九江之水而東接於敷淺原之山也經於岍及嶓冢言導岷山言陽故解之言導從首起言陽從南言岷山之南至敷淺原別以岷山爲首不與大別相接由江所經別記之耳以見岷非三條也地理志豫章歷陵縣南有博陽山古文以爲敷淺原

導弱水至于合黎合黎水名在流沙東○弱本或作溺合如字黎力兮反馬云地名（疏）導弱水○正義曰此下所導凡有九水大意亦自北爲始以弱水最在西北水又西流故先言之黑水雖在河南水從雍梁西界南入南海與諸水不相參涉故又次之四瀆江河爲大河在北故先言河也漢入於江故先漢後江其濟發源河北越河而南與淮俱爲四瀆故次濟次淮其渭與洛俱入于河故後言之計流水多矣此舉大者言耳凡此九水立文不

同弱水黑水流水不出于山文單故以水配其餘六水文與山連既繫於山不須言水積石山非河上源記施功之處故云導河積石言發首積石起也漾江先山後水淮渭洛先水後山皆是史文詳略無義例也又淮渭洛言自某山者皆是發源此山欲使異於導河故加自耳鄭玄云凡言導者發源於上未成流凡言自者亦發源於上未成流必其俱未成流何須別導與自河出崐崘發源甚遠豈至積石猶未成流而云導河也○傳合黎至沙○正義曰弱水得入合黎知合黎是水名顧氏云地說書合黎山名但此水出合黎因山爲名鄭玄亦以爲山名地理志張掖郡刪丹縣桑欽以爲導弱水自此西至酒泉合黎張掖郡又有居延澤在縣東北古文以爲流沙如志之言酒泉郡在張掖郡西居延屬張掖合黎在酒泉則流沙在合黎之東與此傳不合案經弱水西流水既至于合黎餘波入于流沙當如傳文合黎在流沙之東不得在其西也

餘波入于流沙弱水餘波西溢入流沙○溢音逸

導黑水至于三危入于南海黑水自北而南經三危過梁州入南海

疏傳黑水至南海○正義曰地理志益州郡計在蜀郡西南三千餘里故滇王國也武帝元封二年始開爲郡郡內有滇池縣縣有黑水祠

止言有其祠不知水之所在鄭云今中國無也傳之此言順經文耳案酈元水經黑水出張掖雞山南流至燉煌過三危山南流入于南海然張掖燉煌並在河北所以黑水得越河入南海者河自積石以西皆多伏流故黑水得越而南也

導河積石至于龍門施功發於積石至于龍門或鑿山或穿地以通流

【疏】傳施功至通流。正義曰河源不始於此記其施功處耳故言施功發于積石釋水云河千里一曲一直則河從積石北行又東乃南行至于龍門計應三千餘里龍門厎柱鑿山也其餘平地穿地也或鑿山或穿地以通流言自積石至海皆然也釋水云河出崐崘虛色白李巡曰崑崙山名虛山下地也郭璞云發源高處激湊故水色白潛流地中受渠衆多渾濁故水色黃漢書西域傳云河有兩源一出葱嶺一出于闐于闐在南山下其河北流與葱嶺河合東注蒲昌海蒲昌海一名鹽澤者去玉門陽關三百餘里廣袤三四百里其水停居冬夏不增減皆以爲潛行地下南出于積石爲中國河郭璞云其去崐崘里數遠近未得詳也

南至于華陰河自龍門南流至華山北至。東行

東至于厎柱厎柱山名河水分流包山而過山見水中若柱然在西虢之界。見賢遍反虢寡白反

又東至于孟津孟津地名在洛北都道所湊古今以爲津○孟津如字洛北地名湊七豆反

疏傳孟津至爲津○正義曰孟是地名津是渡處在孟地致津謂之孟津傳云地名謂孟爲地名耳杜預云孟津河內河陽縣南孟津也在洛陽城北都道所湊古今常以爲津武王渡之近世以來呼爲武濟

東過洛汭至于大伾洛汭洛入河處山再成曰伾至于大伾而北行○伾本或作岯音丕又皮鄙反徐扶眉反又敷眉反韋音嚭郭撫梅反字或作岯

疏傳洛汭至北行○正義曰洛汭洛入河處河南鞏縣東也釋山云再成英一成岯李巡曰山再重曰英一重曰岯傳云再成曰岯與爾雅不同蓋所見異也鄭玄云大岯在修武武德之界張揖云成皋縣山也漢書音義有臣瓚者以爲脩武武德無此山也成皋縣山又不一成今黎陽縣山臨河豈不是大岯乎瓚言當然

北過降水至于大陸降水水名入河大陸澤名○降如字鄭戶江反

疏傳降水至澤名○正義曰地理志云降水在信都縣案班固漢書以襄國爲信都在大陸之內或降水發源在此下尾至今之信都故得先過降水乃至大陸若其不爾則降水不可知也鄭以降讀爲降下江反聲轉爲共河內共縣淇水出焉東至

魏郡黎陽縣入河地近降水也周時國於此地者惡言降水改謂之共共此鄭曾聽不可從也

又北播爲九河○北分爲九河以殺其溢在兖州界○殺所界反溢字又作隘於賣反

同爲逆河入于海同合爲一大河名逆河而入於渤海皆禹所加功故敘之○渤蒲兀反

疏 傳同合至敘之○正義曰傳言九河將欲至海更同合爲一大河名爲逆河而入于渤海海也鄭玄云下尾合名爲逆河言相向迎受王肅云同逆一大河納之於海其意與孔同

嶓冢導漾東流爲漢泉始出山爲漾水東南流爲沔水至漢中東流爲漢水

疏 傳泉始至漢水○正義曰傳之此言當據時人之名爲說也地理志云漾水出隴西氐道縣至武都爲漢水不言中爲沔水孔知嶓冢之東漢水之西西而得爲沔水者以禹治梁州入帝都白所治云逾于沔入于渭是沔近于渭當梁州向冀州之路也應劭云沔水自江別至南郡華容縣爲夏水過江夏郡入江旣云江別明與此沔別也依地理志漢水之尾變爲夏水入是應劭所云沔水下尾亦與漢合乃入於江也

又東爲滄浪之水○別流在荊州○浪音郎

疏 傳別流在荊州○正義曰傳言別流似分爲異水案經首尾相

連不是分別當以名稱別流也又上在梁州故此云在荆州

過三澨至于大別三澨水名入漢大別山名○澨市制反南入于江觸山迴南入江○觸切韻尺玉反東匯澤爲彭蠡○匯迴也水東迴爲彭蠡大澤○匯徐胡罪反韋空爲反東爲北江入于海自彭蠡江分爲三入震澤遂爲北江而入海

〔疏〕傳自彭至入海○正義曰揚州云三江既入震澤底定孔爲三江既入入震澤也故言江自彭蠡分而爲三江復共入震澤出澤又分爲三此水遂爲北江而入于海鄭玄以爲三江既入入于海不入震澤也孔必知入震澤者以震澤屬揚州彭蠡在揚州之西界今從彭蠡有三江則震澤之西三江具矣今云三江既入繼以震澤底定故知三江入震澤矣今南入以大江不入震澤震澤之東別有松江等三江案職方揚州其川曰三江宜舉州内大川其松江等雖出震澤入海既近周禮不應捨岷山大江之名而記松江等小江之說山水同今變易故鄭云既知今亦當知古是古今同之驗也

岷山導江東別爲沱江東南流沱東行○沱唐河反

〔疏〕傳江東至東行○正義曰以上云浮于江沱潛漢其次自南而北江在沱南知江東南流

而沱東行又東至于澧。澧水名。澧音禮疏傳澧水名。正義曰鄭玄以此經自導弱水已下言過言會者皆是水名言至于者或山或澤皆非水名故以合黎爲山名澧爲陵名鄭玄云今長沙郡有澧陵縣其以陵名爲縣乎孔以合黎與澧皆爲水名弱水餘波入于流沙則本源入合黎矣合黎得容弱水知是水名楚辭曰濯余佩兮澧浦是澧亦爲水名過九江至于東陵江分爲九道在荊州東陵地名疏傳江分至地名。正義曰九江之水禹前先有其處禹今導江過歷九江之處非是別有九江之水東迆北會于匯。迆溢也東溢分流都共北會爲彭蠡。迆以爾反馬云靡也疏傳迆溢至彭蠡。正義曰迆言靡迆邪出之言故爲溢也東溢分流又都共聚合北會彭蠡言散流而復合也鄭云東迆者爲南江孔意或然至之與會史異文耳東爲中江入于海有北有中南可知疏傳有北有中南可知。正義曰地理志云南江從會稽吳縣南東入海中江從丹陽無湖縣西東至會稽陽羨縣東入海北江從會稽毗陵縣北入于海導沇水東流爲濟泉源爲沇流去爲濟在溫西北平地。沇音兗又以轉反

〔疏〕傳泉源至平地。正義曰地理志云濟水出河東垣縣王屋山東南至河內武德縣入河傳言在溫西北平地者濟水近在河內孔必驗而知之見今濟水所出在溫之西北七十餘里溫是古之舊縣故計溫言之

入于河溢爲滎濟水入河並流十數里而南截河又並流數里溢爲滎澤在敖倉東南。數色主反下同一本作十所〔疏〕傳濟水至東南。正義曰此皆目驗爲說也濟水既入于河與河相亂而知截河過者以河濁濟清南出還清故可知也

東出于陶丘北陶丘丘再成。陶音桃〔疏〕傳陶丘丘再成。正義曰釋丘云再成爲陶丘李巡曰再成其形再重也郭璞云今濟陰定陶城中有陶丘地理志云定陶縣西南有陶丘亭

又東至于菏菏澤之水**又東北會于汶**濟與汶合**又北東入于海**北折而東。折之設反

導淮自桐柏桐柏山在南陽之東〔疏〕傳桐柏至之東。正義曰地理志云桐柏山在南陽平氏縣東南淮水所出水經云出胎簪山東北過桐柏山胎簪蓋桐柏之傍小山傳言南陽郡之東也

東會于泗沂東入于海與泗沂二水合入海

疏 傳與泗至入海○正義曰地理志云沂水出泰山蓋縣南至下邳入泗泗水出濟陰乘氏縣至臨淮睢陵縣入淮乃沂水先入泗泗入淮耳以沂水入泗處去淮已近故連言之

導渭自鳥鼠同穴 鳥鼠共爲雌雄同穴處此山遂名山曰鳥鼠渭水出焉

疏 傳鳥鼠至出焉○正義曰釋鳥云鳥鼠同穴其鳥爲鵌其鼠爲鼵李巡曰鵌鼵鳥鼠之名共處一穴天性然也郭璞曰鼵如人家鼠而短尾鵌似鵽而小黃黑色穴入地三四尺鼠在內鳥在外今在隴西首陽縣有鳥鼠同穴山尚書孔傳云共爲雄雌張氏地理記云不爲牝牡璞並載此言未知誰得實也地理志云隴西首陽西南有鳥鼠同穴山渭水所出東至京兆北船司空縣入河過郡四行千八百七十里

東會于灃又東會于涇 灃水自南涇水自北而合○灃音豐

又東過漆沮入于河 漆沮二水名亦曰洛水出馮翊北○翊與職反

疏 傳漆沮至翊北○正義曰地理志云漆水出扶風漆縣依十三州記漆水在岐山東入渭則與漆沮不同矣此云會于涇又東過漆沮是漆沮在涇水之東故孔以爲洛水一名漆沮水經沮水出北地直路縣東入洛水又云鄭渠在太上皇陵東南濯水入焉俗謂之漆水又謂之

漆沮其水東流注於洛水志云出馮翊懷德縣東南入渭以水土驗之與毛詩古公自土沮漆者別也彼漆即扶風漆水也彼沮則未聞

導洛自熊耳在宜陽之西東北會于澗瀍會于河南城南又東會于伊合於洛陽之南又東北入于河合於鞏之東○鞏恭勇反縣名屬河南郡

九州攸同所同事在下四隩既宅四方之宅已可居○隩於六反玉篇於報反九州刊旅九川滌源九澤既陂九州名山與槎木通道而旅祭矣九州之川已滌除泉源無壅塞矣九州之澤已陂障無決溢矣○滌待歷反陂彼宜反槎仕雅反障章尚反

四海會同六府孔修四海之內會同京京師九州同風萬國共貫水火金木土穀甚修治言政化和○貫工喚反庶土交正厎慎財賦交俱也衆土俱得其正謂壤墳壚致所慎者財貨貢賦言取之有節不過度咸則三壤成賦中邦皆法壤田上中下大較三品成九州之賦明水害除○較音角

【疏】九州至中邦○正義曰昔堯遭

洪水道路阻絶今水土既治天下大同故揔叙之今九州所共同矣所同者四方之宅已盡可居矣九州之山刊槎其水旅祭之矣九州之川滌除泉源無壅塞矣九州之澤已皆陂障無決溢矣四海之内皆得會同京師無乖異矣六材之府甚修治矣言海内之人皆豐足矣水災已除天下衆土壤之屬俱得其正復本性故也民既豐足取之有藝致所重慎者惟財貨賦稅也慎之者皆法則其三品土壤準其地之肥瘠爲上中下三等以成其貢賦之法於中國美禹能治水土安海内於此總結之○傳所同事在下○正義曰九州所同與下爲目故言所同事在下四隩既宅已下皆是也其言九山九川九澤最是同之事矣○傳四方至可居○正義曰室隅爲隩隩是内也人之造宅爲居至其隩内遂以隩表宅故傳以隩爲宅以宅内可居言四方舊可居之處皆可居也○傳九州至溢矣○正義曰上文諸州有言山川澤者皆舉大言之所言不盡故於此復更揔之九山九川九澤言九州之内所有山川澤無大無小皆刊槎決除已訖其皆旅祭惟據名山大川言旅者往前大水旅祭禮廢已旅見已治也山非水體故以旅見治其實水亦旅矣發首云奠高山大川但是定位皆已旅祭也川言滌除泉源從其所出至其所入皆蕩除之無壅塞也澤言既陂往前濫溢今時水定或作陂以障

之使無決溢詩云彼澤之陂毛傳云陂澤障也○傳四海至化和○正義曰禮諸侯之見天子時見曰會殷見曰同此言四海會同乃謂官之與民皆得聚會京師非據諸侯之身朝天子也夷狄戎蠻謂之四海但天子之於夷狄不與華夏同風故知四海謂四海之內卽是九州之中乃有萬國萬國同其風化若物在縄索之貫故云九州同風萬國共貫大禹謨云水火金木土穀謂之六府皆修治者言政化和也由政化和平民不失業各得殖其資產故六府修治也○傳交俱至過度○正義曰交錯更互俱之義故交爲俱也洪水之時高下皆水土失本性今水災既除衆土俱得其正謂壤墳壚還復其壤墳壚之性也諸州之土青黎是色塗泥是濕土性之異惟有壤墳壚耳故舉三者以言也致所慎者財貨貢賦謹慎其事不使害人言取民有節什一而稅不過度也○傳皆法至害除○正義曰土壤各有肥瘠貢賦從地而出故分其土壤爲上中下計其肥瘠等級甚多但舉其大較定爲三品法則地之善惡以爲貢賦之差雖細分三品以爲九等人功修少當時小異要民之常稅必準其土故皆法三壤成九州之賦言得施賦法以明水害除也九州卽是中邦故傳以九州言之

錫土姓祗台德先不距朕行台我也天子建德因生以賜姓

謂有德之人生此地以此地名賜之姓以顯之王者常自以敬我德爲先則天下無距違我行者〔疏〕錫土至朕行。正義曰此此一經皆史美禹功言九州風俗既同可以施其教化天子惟當擇任其賢者相與共治之選有德之人賜與所生之土爲姓既能尊賢如是又天子立意常自以敬我德爲先則天下之民無有距違我天子所行者皆禹之使然故敘而美之。傳台我至行者。正義曰台我釋詁文天子建德因生以賜姓隱八年左傳文既引其文又解其義土地也謂有德之人生于此地天子以地名賜之姓以尊顯之周語稱帝嘉禹德賜姓曰姒祚四岳賜姓曰姜左傳稱周賜陳胡公之姓爲嬀皆是因生賜姓之事也臣蒙賜姓其人少矣此事是用賢大者故舉以爲言王者既能用賢又能謹敬其立意也常自以敬我德爲先則天下無有距違我天子之行者論語云上好禮則民莫敢不敬上好義則民莫敢不服上好信則民莫敢不用情王者自敬其德則民豈敢不敬之人皆敬之誰敢距違者聖人行而天下皆悅動而天下皆應用此道也、

五百里甸服

規方千里之內謂之甸服爲天子服治田去王城面五百里。甸田遍反爲于僞反〔疏〕五百里甸服。正義曰既言九州同風法壞成賦而四海之內路有遠近更敘弼成五服之事甸侯

綏要荒五服之名堯之舊制洪水既平之後禹乃爲之節文使賦役有恒職掌分定甸服去京師最近賦稅尤多故每於百里即爲一節侯服稍遠近者供役故二百里內各爲一節三百里外共爲一節綏要荒三服去京師益遠每服分而爲二內三百里爲一節外二百里爲一節以遠近有較故其任不等甸服入穀故發首言賦稅也賦令自送入官故三百里內每皆言納四百里五百里不言納者從上省文也於三百里言服者舉中以明上下皆是服王事也侯服以外貢不入穀侯主爲斥候二百里內徭役差多故各爲一名三百里外同是斥候故共爲一名自下皆先言三百里而後二百里舉大率爲差等也○傳規方至百里○正義曰先王規方千里以爲甸服周語文王制亦云千里之內曰甸鄭玄云服治田出穀稅也言甸者主治田故服名甸也

百里賦納緫甸服內之百里近王城者禾稾曰緫入之供飼國馬○納如字本又作內音同下如字緫音揔近附近之近稾故老反供音恭飼音嗣

疏 傳甸服至國馬○正義曰去王城五百里揔名甸服就其甸服內又細分之從內而出此爲其首故云甸服之內近王城者緫者緫下銍秸禾穗與稾緫皆送之故云禾稾曰緫入之供飼國馬周禮掌客待諸侯之禮有芻有禾此緫是也

二百里

納銍。銍刈謂禾穗。○銍，珍栗反。穗亦作穟，音遂。〔疏〕傳「銍刈謂禾穗」。○正義曰：劉熙釋名云：「銍，穫禾鐵也。」說文云：「銍，穫禾短鎌也。」詩云：「奄觀銍刈。」用銍刈者，謂禾穗也。禾穗用銍以刈，故以銍表禾穗也。三百里納秸服，秸，槀也。服槀役。○秸本或作稭，工八反。馬云：「去其穎。」音鞂。〔疏〕○傳「秸槀也服槀役」。○正義曰：郊特牲云「莞簟之安，而槀秸之設」，秸亦槀也，雙言之耳。去穗送槀，易於送穗，故為遠彌輕也。然計什一而得槀粟皆送，則秸服重於納銍，則乖近重遠輕之義。蓋納粟之外，斟酌納槀。服槀役者，解經服字。於此言服，明上下服皆並有所納之役也。四百里猶尚納粟，此當槀粟別納，非是徒納槀也。四百里粟，五百里米。所納精者少，麄者多。〔疏〕傳「所納至者多」。○正義曰：直納粟米為少，禾槀俱送為多。其於稅也，皆當什一，但所納有精麤，遠輕而近重耳。五百里侯服。甸服外之五百里。侯，候也。斥候而服事。〔疏〕傳「甸服至服事」。○正義曰：侯聲近候，故為候也。襄十八年左傳稱晉人伐齊，使司馬斥山澤之險，斥謂檢行之也。斥候謂檢行險阻，伺候盜賊。此五百里主為斥候而服事天子，故名侯服。因見諸言服者，皆是服事也。百里采，侯服內之百里，供王事而已。不

主一〔疏〕傳侯服至主一○正義曰采訓爲事此百里之內主供王事而已事謂役也有役則供不主於一故但言采

二百里男邦男任也任王者事○任而鍼反又而鴆反下同〔疏〕傳男任也任王者事○正義曰男聲近任故訓爲任任王者事任受其役此任有常殊於不主一也言邦者見上下皆是諸侯之國也

三百里諸侯三百里同爲王者斥候故合三爲一名○爲于僞反〔疏〕傳三百至一名○正義曰經言諸侯者三百里內同爲王者斥候在此內所主事同故合三百四百五百共爲一名言諸侯以示義耳

五百里綏服綏安也侯服外之五百里安服王者之政教○綏息遺反〔疏〕傳綏安至政教○正義曰綏安釋詁文要服去京師已遠王者以文教要束使服此綏服路近言王者政教以示不待要束言安服自服也周語云先王之制邦內甸服邦外侯服侯衛賓服夷蠻要服戎狄荒服○役賓服當此綏服韋昭云以文武侯衛爲安王賓之因以名服然則綏者據諸侯安王爲名賓者據王敬諸侯爲名故云先王之制則此服舊有二名

三百里揆文教揆度也度王者文教而行之三百里皆同○揆葵癸反度待洛反〔疏〕傳揆度至皆同○正

義曰釋詁訓揆爲度故雙言之以王者有文教此服諸侯揆
度王者政教而行之必自揆度恐其不合上耳卽是安服王
者之義

二百里奮武衛

文教外之二百里奮武衛天子所以安○奮方問反

疏傳文教至以安○正義曰旣言三百又言二百嫌是三百之
內以下二服文與此同故於此解之此是文教外之二百里
也由其心安王化奮武以衛天子所以名此服爲安也內文
而外武故先揆文教後言奮武衛所從言之異與安之義同
奮武衛天子是其安之驗也言服內諸
侯心安天子非言天子賴諸侯以安也

五百里要服

綏服外之五百里要束以文教○要一遙反束如字一音來

疏傳綏服至文教○正義曰要者約束之義上言揆文
教知要者要束以文教也綏服自揆天子文教恐其不稱上
旨此要服差遠已慢王化天子恐其不服乃以文教要服之
名爲要見其疎遠之義也

三百里夷

守平常之教事王者而已○馬云夷易也

二百里蔡

蔡法也法三百里而差簡○差初佳反又初賣反

疏傳蔡法至差簡○正義曰蔡之爲法無正訓也
上言三百里夷夷訓平也言守平常教耳此名爲蔡義簡於
夷故訓蔡爲法法則三百里者去京師彌遠差復簡易言其

不能守平常也。五百里荒服要服外之五百里，言荒又簡略。【疏】傳要服至簡略○正義曰：

服名荒者，王肅云政教荒忽，因其故俗而治之。傳言荒又簡略，亦當以爲荒忽，又簡略於要服之蔡也。三百里蠻以文德蠻來之，不制以法。【疏】傳以文至以法○正義曰：鄭云蠻者，聽從其俗，羈縻其人耳，故云蠻。蠻之言緡也，其意言蠻是緡也，緡是繩也，言蠻者以繩束物之名。揆度文教，論語稱遠人不服，則修文德以來之，故傳言以文德蠻來之，不制以國內之法強逼之。王肅云蠻，慢也，禮儀簡慢，與孔異。然甸侯綏要四服俱有三日之役，什一而稅，但二百里蔡者，稅微差簡。其荒服力役田稅並無，故鄭注云蔡之言殺，減殺其賦；荒服既不役作其人，又不賦其田事也。其侯綏等所出稅賦，各入本國，則亦有納總納銍之差，但此據天子立文耳。要服之內皆有文教，故孔於要服傳云要束以文教，則知已上皆有文教可知。獨於綏服三百里云揆文教者，以去京師旣遠，更無別供，又不近外邊，不爲武衞，其要服又要束始行文教，無事而能揆度文教而行者，惟有此三百里耳。奮武衞者，在國習學兵武，有事則征討夷狄，不於要服內奮武衞者，以要服逼近夷狄，要束始來，不可委以兵武。二百里流流移也，言政教隨其俗。凡五服相距

爲方五千里

疏

傳流移至千里。正義曰流如水流故云移也其俗流移無常故政教隨其俗任其去來不服蠻來之也凡五服之別各五百里是王城四面面別二千五百里四面相距爲方五千里也賈逵馬融以爲甸服之外百里至五百里米特有此數去王城千里其侯綏要荒服各五百里是面三千里相距爲方六千里鄭玄以爲五服服別五百里是堯之舊制及禹弼之每服之間更增五百里面別至于五千里相距爲方萬里司馬遷與孔意同王肅亦以爲然故肅注此云賈馬既失其實鄭玄尤不然矣禹之功在平治山川不在拓境廣土土地之廣三倍於堯而書傳無稱也則鄭玄創造難可據信漢之孝武疲弊中國甘心夷狄天下戶口至減太半然後僅開緣邊之郡而已禹方憂洪水三過其門不入未暇以征伐爲事且其所以爲服之名輕重顛倒遠近失所難得而通矣先王規方千里以爲甸服其餘均分之公侯伯子男使各有寰宇而使甸服之外諸侯入禾稾非其義也史遷之旨蓋得之矣是同於孔也若然周禮王畿之外別有九服服別五百里是爲方萬里復以何故三倍於堯又地理志言漢之土境東西九千三百二里南北萬三千三百六十八里驗其所言山川不出禹貢之域山川戴地古今必同而得里數異者堯與周漢其地一也尚書所言據其虛空鳥路方直而計之漢書所言乃謂著地人跡屈曲而量之所以數不同也故王肅上篇注云方五千里者直方之數若其迴邪委曲動有倍加之較是言經指直方之數漢據迴邪之道有九服五服其地雖同王者革易自相變改其法不改其地也鄭玄不言禹變堯法乃云地倍於堯故王肅所以難之王制云西不盡流沙東不盡東海南不盡衡山北不盡恒山凡四海之內斷長補短方三千里者彼自言不盡明未至遠界且王制漢世爲之不可與經合也

東漸于海西被于流沙朔南暨聲教漸入也被及也此言五服之外皆與王者聲教而朝見。漸子廉反被皮寄反朔朔北也與音預朝直遙反見賢遍反

訖于四海禹錫玄圭告厥成功玄天色禹功盡加於四海故堯賜玄圭以彰顯之言天功成。訖斤密反

【疏】東漸至成功。正義曰言五服之外又東漸入于海西被及于流沙其北與南雖在服外皆與聞天子威聲文教時來朝見是禹治水之功盡加于四海以禹功如是故帝賜以玄色之圭告其能成天之功也。傳漸入至朝見。正義曰漸是沾濕故爲入謂入海也覆被是遠及之辭故爲及也海多邪曲故言漸入流沙長遠故言被及皆是過之意也

五服之下乃說此事故言此五服之外皆與王者聲教而朝見言其聞風感德而來朝也鄭玄云南北不言所至容踰之此言西被於流沙流沙當是西境最遠者也而地理志以流沙爲張掖居延澤是也計三危在居延之西太遠矣志言非也○傳玄天至功成○正義曰義曰考工記天謂之玄是玄爲天色禹之蒙賜必是堯賜故史敘其事禹功盡加于四海故堯賜玄圭以彰顯之必以天色圭者言天功成也大禹謨舜美禹功云地平天成是天功成也

附釋音尚書注疏卷第六

南昌盧氏宣旬校正

清嘉慶二十年重栞
宋本文選樓藏本校

江西鹽法道胡稷栞

尚書注疏挍勘記卷六　阮元撰盧宣旬摘錄

尚書注疏卷第六　古本作尚書卷第三古文尚書禹貢第一夏書孔氏傳宋板作尚書正義卷第六

禹貢第一　夏書

任土作貢　古本貢下有作禹貢三字

定其貢賦之差　古本定上有以字賦下無之字按有以字與疏合無之字恐非

深大其川　宋板作深其大川

取下供上之義也　閩本明監本同毛本供作貢案供貢古通用字

浸壞民居　宋板閩本同毛本浸作漫

故言分佈治之之　宋板不重之字毛本次之字作也

冀州　唐石經別起一行每州皆然

傳堯所至至書 案至當作於毛本不誤

山南見曰 毛本曰作日是也

從覃懷致功至横漳 纂傳横作衡諸本皆作横案衡横古今字

錯雜 古本史記集解下俱有也字按此與海物惟錯傳錯雜小異此以雜訓錯彼則二字平讀

此州入穀不貢 宋板州作則盧文弨云則字非

豫州與冀州等一同 案等當作第閩本明監本並誤

今鉅鹿縣北廣河澤也 纂傳河作阿是也下廣河同

相去其遠 毛本其作甚是也

鳥夷皮服 臧琳曰孔傳海曲謂之島正義曰孔讀鳥爲島鄭元云鳥夷東方之民搏食鳥獸者也王肅云鳥夷東北夷國名也與孔不同據此知鄭王本皆作鳥夷孔傳雖讀鳥爲島然未改經字故正義本亦作鳥也史記夏本紀巽

州作鳥夷揚州作島夷葢因集解采孔傳後人遂私改漢書地理志冀州揚州皆作鳥夷羣經音辨鳥部云鳥海曲也當老切書鳥夷是北宋孔傳尚作鳥字○按唐石經已作島

碣石山在北平驪城縣西南 浦鏜云碣石山漢志作大揭石山北平上有右字按疏引漢志多脫誤諸本皆然未可擅改茲不悉按

還都白帝所知 案知當作治閩本亦誤知毛本不誤

濟河閒其氣專體性信謙質 宋板體上有質字毛本體作

河南其性安舒厥性寬豫 宋板閩本同毛本作其氣著密厥性安舒

在濟陰城縣縣西北 案上縣字當作陽毛本不誤

民居卬土 案土當作上閩本亦作土毛本不誤

而夾川兩大流之閒 纂傳川作於按川字非也

與徐揚三州 纂傳三作二是也

賦正與九相當 古本九下有州字

是十三年而八州平 案三當作二閩本亦作三毛本不誤

盛之篚篚而貢焉 案篚篚當作筐篚疏同

得乘舟經達也 宋板同毛本經作徑

東北至千乘博昌縣入海 纂傳海作泲與漢志合

岱畎絲枲 陸氏曰畎徐本作畎谷○按徐本蓋畎上無岱字畎下有谷字也傳曰畎谷也則徐本誤明矣○補釋文挍勘記段玉裁云此處釋文不可通不當一字爲二字也當云徐本作甽谷也說文曰甽古文也畎小篆文也谷下奪一也字

言可耕 宋板此下有作也二字

厥土赤埴墳草木漸包 陸氏曰漸本又作蔪○按說文蔪下云艸相蔪包也从艸斬聲引書草木蔪包蔪包者稹緻之皃僞孔以進長釋漸而或改蔪爲漸唐已前已如是

漸進長 進長二字史記集解倒按疏亦倒

謂之摶埴之工 監本同毛本摶作搏盧文弨云釋文元有兩音

出蠙珠及美魚 岳本無及字毛氏曰出蠙珠及美魚下多一字

達於河 諸本作河非也案說文菏字下水經濟水篇引並作達於菏古文尚書疏說云菏者澤名爲濟水所經又東至于菏者是在豫之東北卽徐之西北舟則自淮而泗自泗而菏然後由菏入濟以達於河此徐之貢道也

北揚淮 案揚當作據毛本不誤

錢塘江也 岳本也上有浦陽江三字此誤脫也

今江入此澤 閩本明監本同毛本作合案所改是也

地泉濕　古本濕作溫

厥田惟下下厥賦下上錯也　閩本上錯上更有上字按所補是

牙牡齒也　宋板牡作壯。按壯字不誤說文士部曰壯大也壯齒謂齒大者

凡爲織者　纂傳織作錦

當繼荆州乏無也　宋板同毛本乏作之

是沱爲江之別名也　按當作是沱爲江別之名也

直云水名　宋板直上有故字

在今蜀郡鄲縣　岳本鄲作郫案鄲字誤也

潛蓋漢西出嶓冢　漢西二字纂傳倒是也

沱水自蜀郡都水縣揃山與江別而更流　纂傳自作出　浦鏜云湔誤

擲

入太宂中　篆傳太作大是也

雲土夢作乂　陸氏曰雲徐本作云沈括筆談曰舊尚書禹貢云雲夢土作乂太宗皇帝時得古本尚書作雲上夢作乂詔改禹貢從古本○按筆談所謂太宗乃宋太宗也胡朏明禹貢錐指乃以爲唐太宗殆誤矣疏云經之土字在二字之間開成石經亦作雲土夢作乂則古本卽唐世通行本耳至宋初監本始倒土夢二字蓋据漢書地理志不知史記夏本紀夢字亦在土下

此澤旣大　宋板閩本明監本同毛本大作土

水可爲耕作畎畝之治　閩本同毛本水下有去字案有者是也

杶榦栝柏　陸氏曰榦本又作幹

弓人取榦之道也合　浦鏜云七誤也○按作七與攷工記

陸璣毛詩義疏云 璣閩本作機後竝同○按作機是也說詳爾雅挍勘記

菁蕒菁也 浦鏜云蔓誤蕒下同按浦挍是也

江淮之間三茅脊以爲藉 宋板閩本茅脊二字倒不誤

鄭云纁者 宋板纁上有染字

浮于江沱潛漢 陸氏曰江沱潛漢四水名本或作潛于漢非正義曰本或潛下有于誤耳

出宏農盧氏縣冢熊耳山 岳本冢作東冢字非也閩本亦誤

多而得名耳 浦鏜云多上脫但在河內四字從詩疏挍

下者壚壚疏 岳本宋本纂傳同古本下有也毛本作下者墳壚許宗彥云傳末疏字今本誤爲黑質白文○按史記集解孔安國曰壚疏也

壚音盧說文黑剛土也 十行本不誤按下九字乃陸氏音義非孔疏也今本旣誤以傳

末疏字爲黑質白文遂於音義之首妄加傳字閩本疏字雖已誤尚無傳字祇於墟上作圈蓋猶知其爲音義也

沱山之石 案沱當作佗毛本不誤

浮于洛達于河 唐石經脫達于二字

隴西郡西縣冢山西漢水所出 宋板縣下有嶓字閩本纂傳無嶓字亦有縣字毛本縣作嶓案所改是也

是二者皆山名于江 閩本同毛本于上有沱出二字案所補是也

差復益小 宋板小作少

織金罽 古本作織皮金罽也○按史記集解金作今

胡人續羊毛作衣 盧文弨云續當本是績字

桓水自西傾山南行 各本皆同毛本自誤是○按段玉裁挍本作桓水名自西傾山南行

皆云西距黑水 宋板同毛本距作據

涇屬渭汭 陸氏曰汭本又作內同

出安定涇陽縣西岍頭山 纂傳岍作笄案漢志作开師古注云开音苦見反

同之於渭 盧文弨云史記集解作同于渭也是

杜林以爲燉煌郡 宋板閩本纂傳同毛本燉作敦○按作敦煌與漢書地理志合唐人乃作燉見元和郡縣志

禹治水未已竄三苗 浦鏜云未下疑脱平字許宗彥云未字當在禹下治上

石而似玉 閩本葛本同岳本纂傳玉作珠萬歷本珠作玉毛氏本與古本宋板同按作玉誤也作珠與疏標目合初學記地部上琅玕石似珠也注云出尚書注此作珠之證古本珠下有者也二字史記集解作石名而似

珠者

太岳上黨西　古本史記集解岳下有在字與疏合

而後條列所治水於下　陸氏曰列本或作別

豫章歷陵縣南有博陽山　浦鏜云博陽漢志作傅易師古曰傅讀曰敷易古陽字朱長孺曰韻會敷古作旉隸作傅史世家傅錫庶民漢文傅納以言是也博陽山字當作傅敷轉爲傅傅轉爲博耳○按此或刊本之誤傳中博字疑亦當作傅但陸氏不爲音未可遽改

導弱水　陸氏曰弱本或作溺

傳合黎至沙　毛本沙下有東字

河自龍門南流至華山　古本史記集解華下有陰字

北至東行　古本岳本宋板史記集解纂傳至作而

山見水中若柱然　蔡傳柱上有底字

東過洛汭至于大伾　陸氏曰伾本又作岯。按段玉裁云東京賦底柱輟流鐔以大岯善注引東過大岯此正釋文又作之本也

一成岯　閩本明監本同毛本岯作伾

北過降水　降蔡氏作洚按此與大禹謨降水字同義異說文洚水不遵道一曰下也然則禹謨降字可作洚此降字必不可作洚也唐石經宋臨安石經亦俱作降知自古無作洚者

在大陸之內　閩本明監本同毛本內作南

北近降水也　宋板北作此

至漢中東流爲漢水　古本岳本流作行。按纂傳亦作流

分爲三　史記集解三下有道字

遂爲北江而入海岳本入上有南字古本入海作入于海也按史記集解纂傳俱與今本同

山水同今變易許宗彥曰同盖古字誤案宗彥說得之下云是古今同之驗也同上亦疑脫不字

又東至于澧案澧史記漢書俱作醴鄭氏以醴爲陵名亦不從水史記索隱曰騷人所歌濯余佩於醴浦明醴是水孔安國馬融解得其實又虞喜志林以醴是江沱之別流而醴字作澧也據此則以醴爲澧始於虞喜志林安國本作醴與馬鄭同耳

東迆北會于匯顧炎武曰石經及監本注疏皆同史記夏本紀亦作于匯今本作爲匯非石經考文提要云坊本作爲匯沿董鼎書傳

都其北會爲彭蠡岳本正嘉本監本同毛本其作共案其字誤也又古本無爲字與疏及史記集解合按經文于作爲傳中加爲字其誤一也

濟水在河東垣縣王屋山　宋板在作出

菏澤之水　古本菏作荷

與泗沂二水合入海　葛本泗誤作四岳本合入海作合入于海與疏標目不合纂傳作合而入海按史記集解與今本同

鳥鼠共爲雌雄　古本岳本宋板雌雄二字倒與史記集解合纂傳與今本同

漆沮二水名　按二當作一洛水一名漆沮可證也孫志祖云詩緜疏引孔安國云漆沮一名洛水漆沮爲一今作二水名誤也

沮水出北池直路縣　宋板同毛本池作地○按水經作地不作池

會同于京師　古本岳本宋板纂傳俱無于字

相與共治之　宋板無相字

祚四岳　毛本祚作胙案胙祚正俗字

去王城面五百里　古本里下有内字依史記集解增集解面作近閩本王誤玊

百里賦納總　陸氏曰納本又作内音同

銍刈謂禾穗　古本作所銍刈謂禾穗也按所字依史記集解增

安服王者之政教　古本岳本宋板俱無之字與疏及史記集解合

役賓服當此綏服　毛本役作彼役字誤也

以文武侯衛爲安　閩本明監本侯作敎

稅徵差簡　毛本徵作徵案徵字是也

不服蠻來之也　宋板同毛本服作復案復字是也

至減太半　毛本太作大太字非也

使各有寰宇浦鏜云寰國語作寧按詩頌殷武正義亦作寰當舊本作寰字也

別有九里毛本里作服案服字是也閩本亦誤

正義義曰考工記案義曰二字複衍

尚書注疏挍勘記卷六

會昌縣知縣候補知州曾暉春栞

附釋音尚書注疏卷第七

甘誓第二

夏書　孔氏傳　孔穎達疏

啓與有扈戰于甘之野作甘誓夏啓嗣禹位伐有扈之罪○啓禹子嗣禹爲天子也扈音戶有扈國名與夏同姓馬云姒姓之國爲無道者案京兆鄠縣卽有扈之國也甘有扈郊地名馬云南郊地也甘水名今在鄠縣西誓馬云軍旅曰誓會同曰誥【疏】啓與至甘誓○正義曰夏王啓之時諸侯有扈氏叛王命率衆親征之有扈氏發兵拒啓啓與戰于甘地之野將戰集將士而誓戒之史敘其事作甘誓○傳夏啓至之罪○正義曰孟子稱禹薦益於天七年禹崩之後益避啓於箕山之陰天下諸侯不歸益而歸啓曰吾君之子也啓遂卽天子位史記夏本紀稱啓立有扈氏不服故伐之蓋由自堯舜受禪相承啓獨見繼父以此不服故云夏啓嗣禹立伐有扈之罪言繼立者見其由嗣立故不服也

甘誓甘有扈郊地名將戰先誓【疏】甘誓○正義曰發首二句

敘其誓之由其王曰已下皆是誓之辭也曲禮云約信曰誓將與敵戰恐其損敗與將士設約示賞罰之信也將戰而誓是誓之大者禮將祭而號令齊百官亦謂之誓周禮大宰云祀五帝則掌百官之誓戒鄭玄云誓戒要之以刑重失禮也明堂云所謂各揚其職百官廢職服大刑是誓辭之略也彼亦是約信但小於戰之誓馬融云軍旅曰誓會同曰誥誥誓俱是號令之辭意小異耳○傳甘有至先誓○正義曰地理志扶風鄠縣古扈國夏啓所伐者也鄠扈音同未知何故改也啓伐有扈必將至其國乃出兵與啓戰故以甘爲有扈之郊地名馬融云甘有扈南郊地名計啓西行伐之當在東郊融則扶風人或當知其處也將戰先誓誓是臨戰時也甘誓牧誓費誓皆取誓地爲名湯誓舉其王號泰誓不言武誓者皆史官不同故立名有異耳泰誓未戰而誓故别爲之名泰誓自悔而誓非爲戰誓自約其心故舉其國名

大戰于甘乃召六卿天子六軍其將皆命卿○將子匠反**王曰嗟六事之人**各有軍事故曰六事**予誓告汝有扈氏威侮五行怠棄三正**五行之德王者相承所取法有扈與夏同姓恃親而不恭是則威虐侮慢五行怠惰棄廢

天地人之正道言亂常○侮亡甫反正如字徐音征馬云建子建丑建寅三正也惰徒卧反**天用勦絶其命**用其失道故勦截也截絶謂滅之○勦子六反玉篇子小反馬本作巢與玉篇切韻同**今予惟恭行天之罰**恭奉也言欲截絶之○罰音伐**左不攻于左汝不恭命**左車左左方主射絶之也治其職**右不攻于右汝不恭命**右車右勇力之士執戈矛以退敵**御非其馬之正汝不恭命**御以正馬爲政三者有失皆不奉我命○御魚慮反**用命賞于祖**天子親征必載遷廟之祖主行有功則賞祖主前示不專**弗用命戮于社**天子親征又載社主謂之社事不用命奔北者則戮之於社主前社主陰陰主殺親祖嚴社之義○戮音六北如字又音佩軍走曰北**予則孥戮汝**孥子也非但止汝身辱及汝子言恥累也○孥音奴累劣僞反

【疏】大戰至戮汝○正義曰史官自先敘其事啓與有扈大戰于甘之野將欲交戰乃名六卿令與衆士俱集王乃言曰嗟重其事故嗟歎而呼之汝六卿者各有軍事之人我設要誓之言

以勑告汝今有扈氏威虐侮慢五行之盛德怠情棄廢三才之正道上天用失道之故今欲截絕其命天既如此故我今惟奉行天之威罰不敢違天也我既奉天汝當奉我汝諸士衆在車左者不治理於車左之事是汝不奉我命在車右者不治理於車右之事是汝不奉我命御汝車者非其馬之正令馬進退違戾是汝不奉我命汝等若用我命我則賞之於祖主之前若不用我命則戮之於社主之前所戮者非但止汝身而已我則并殺汝子以戮辱汝汝等不可不用我命以求殺敵而戒之使齊力戰也○傳天子至命卿○正義曰將戰而召六卿明是卿為軍將也天子六軍其將皆命卿周禮夏官序文也鄭玄云夏亦然則三王同也經言大戰者鄭玄云天子之兵故曰大孔無明說蓋以六軍並行威震多大故稱大戰○傳各有至六事○正義曰卿為軍將故云乃召六卿及其誓之非六卿而已鄭玄云變六卿言六事之人者言軍吏下及士卒也下文戒左右與御是偏勑在軍之士步卒亦在其間六卿之身及所部之人各有軍事故六事之人為摠呼之辭○傳五行至亂帝○正義曰五行水火金木土也分行四時各有其德月令孟春三日太史謁於天子曰某日立春盛德在木夏云盛德在火秋云盛德在金冬云盛德在水此五行之德王者雖易姓相承其所取法同也言王者其所取法

而有扈氏獨侮慢之所以爲大罪也且五行在人爲仁義禮
智信威侮五行亦爲侮慢此五常而不行也有扈與夏同姓
恃親而不恭天子廢君臣之義失相親之恩五常之道盡矣
是威侮五行也無所畏忌作威虐而侮慢之故云威虐侮慢
易說卦云立天之道曰陰與陽立地之道曰柔與剛立人之
道曰仁與義物之爲大無大於此者周易謂之三才人生天
地之間莫不法天地而行事以此知怠惰棄廢天地人之正
道棄廢此道言亂常也孔馬鄭王與皇甫謐等皆言有扈與
夏同姓並依世本之文楚語云昭王使觀射父傳太子射父
辭之曰堯有丹朱舜有商均夏有觀扈周有管蔡是其恃親
而不恭也周語云帝嘉禹德賜姓曰姒禹始得姓有扈與夏
同姓則爲啓之兄弟如此者蓋禹未賜姓之前以姒爲姓故
禹之親屬舊已姓姒帝嘉其德又以姒姓顯揚之猶若伯夷
國語稱賜姓曰姜然伯夷是炎帝之後未賜姓之前先爲姜
姓與此同也故有扈以爲夏之同姓○傳用其至滅之○正
義曰天子用兵稱恭行天罰諸侯討有罪稱肅將王誅皆不
有所稟承不敢專也有扈既有大罪宜其絶滅故原天之意
言天用其失道之故欲截絶其命謂滅之也勦是斬斷之義
故爲截也○傳左車至其職○正義曰歷言左右及御此三
人在一車之上也故左爲車左則右爲車右明矣宣十二年

左傳云楚許伯御樂伯攝叔爲右以致晉師樂伯曰吾聞致
師者左射以菆攝叔曰吾聞致師者右入壘折馘執俘而還
是左方主射右主擊刺而御居中也御言正馬而左右不言
所職者以戰主殺敵左右用兵是戰之常事故略而不言御
惟主馬故特言之互相明也此謂凡常兵車甲士三人所主
皆如此耳若將之兵車則御者在左勇力之士在右將居鼓
下在中央主擊鼓與軍人爲節度成二年左傳說晉伐齊云
晉解張御郤克鄭丘緩爲右郤克傷於矢未絕鼓音曰余病
矣張侯曰自始合而矢貫余手及肘余折以御左輪朱殷豈
敢言病郤克傷於矢而鼓音未絕張侯爲御而血染左輪是
御在左而將居中也攻之爲治常訓也治其職者左當射人
右當擊刺是其所掌職事也◦傳御以至我命◦正義曰御
以正馬爲政言御之政事事在正馬故馬不正則罪之詩云
兩驂如手傳云進止如御者之手是爲馬之正也左右與御
三者有失言皆不奉我命以御在後故惣解之◦傳天子至
不專◦正義曰曾子問云孔子曰天子巡守以遷廟之主行
載於齊車言必有尊也巡守尚然征伐必也故云天子親征
必載遷廟之祖主行有功則賞祖主前示不專也周禮大司
馬云若師不功則厭而奉主車鄭玄云厭伏冠也奉猶送也
送主歸於廟與社亦是征伐戢主之事也◦傳天子至之義

○正義曰定四年左傳云君以軍行祓社釁鼓祝奉以從是天子親征又載社主行也郊特牲云惟爲社事單出里故以社事言之不用命奔北者則戮之於社主之前奔北謂背陳走也所以刑賞異處者社主陰陰主殺則祖主陽陽主生禮左宗廟右社稷是祖陽而社陰就祖賞就社殺親祖嚴社之義也大功大罪則在軍賞罰其偏敍諸勳乃至太祖賞耳○傳孥子至恥累也○正義曰詩云樂爾妻孥對妻別文是孥爲子也非但止辱汝身并及汝子亦殺言以恥惡累之湯誓云予則孥戮汝傳曰古之用刑父子兄弟罪不相及今云孥戮汝權以脅之使勿犯此亦然也

五子之歌第三

夏書　孔氏傳　孔穎達疏

太康失邦啓子也盤于遊田不恤民事爲羿所逐不得反國**昆弟五人須于洛汭作五子之歌**太康五弟與其母待太康於洛水之北怨其不反故作歌○五子名字書傳無聞仲康蓋其一也○須馬云止也汭如銳反本又作內音同【疏】太康至之歌○正義曰啓子太

康以遊畋棄民爲羿所逐失其邦國其未失國之前畋于洛水之表太康之弟更有昆弟五人從太康畋獵與其母待太康于洛水之北太康爲羿所距不得反國其弟五人即啓之五子並怨太康各自作歌史敘其事作五子之歌○傳太康至作歌○正義曰昆弟五人自有長幼故稱昆弟嫌是太康之昆弟故云太康之五弟

五子之歌啓之五子因以名篇

〔疏〕五子之歌○正義曰史述作歌之由先敘失國之事其一曰以下乃是歌辭此五子作歌五章每章各是一人之作辭相連接自爲終始初言皇祖有訓末則指怨太康必是五子之歌相顧從輕至甚其一其二蓋是昆弟之次或是作歌之次不可知也○傳啓之至名篇○正義曰直言五子不知謂誰故言啓之五子太康之弟敘怨作歌不言五弟而言五子者以其迷祖之訓故繫父以言之

太康尸位以逸豫尸主也主以尊位爲逸豫不勤○逸本又作佾豫本又作忬音同**滅厥德黎民咸貳**君喪其德則衆民皆二心矣○黎力兮反喪息浪反**乃盤遊無度**盤樂遊逸無法度○盤步干反本或作槃度如字樂如字**畋于有洛之表十旬弗反**洛水之表水之南十日曰旬田獵過

百日不還。○畋音田**有窮后羿因民弗忍距于河**有窮國名。羿，諸侯名。距太康於河，不得入國，遂廢之。○羿，五計反，徐胡細反。距音巨。**厥弟五人御其母以從**御，待也。言從畋。○從如字，或作才用反，非。**徯于洛之汭。五子咸怨，**待太康，怨其久畋失國。○徯，胡啓反。**述大禹之戒以作歌。**述，循也。歌以敘怨。

〔疏〕太康至作歌。○正義曰：天子之在天位，職當牧養兆民。太康主以尊位，用爲逸豫，滅其人君之德，衆人皆有二心。太康乃復愛樂遊逸，無有法度，畋獵於洛水之表，一出十旬不反。有窮國君其名曰羿，因民不能堪忍太康之惡，率衆距之于河，不得反國。太康初去之時，其弟五人待其母以從太康。太康畋于洛南，五弟待於洛北。太康久而不反，致使羿距於河。五子皆怨太康，追述大禹之戒以作歌，而各敘已怨之志也。其弟待母以從太康，太康初去卽然，待於洛水之北，以冀太康速反。羿旣距之，五子乃怨。史述太康之惡旣盡，然後言其作歌，故令羿距之文乃在母從之上，作文之勢當然也。○傳「尸主也」。○正義曰：釋詁文。○傳「有窮」至「廢之」。○正義曰：襄四年左傳曰：「夏之方衰也，后羿自鉏遷于窮石。」然則羿居窮石，故曰有窮國名窮是諸侯之國羿是其君之名也說文云羿帝嚳射官也賈逵云羿之先祖世爲先王射官故帝賜羿弓矢使司射淮南子云堯時十日並生堯使羿射九日而落之楚辭天問云羿焉彃日烏解羽歸藏易亦云羿彃十日說文云彃者射也此三者言雖不經。以取信要言帝嚳時有羿堯時亦有羿則羿是善射之號非復人之名字信如彼言則不知羿名爲何也夏都河北洛在河南距太康於河北不得入國遂廢太康耳羿猶立仲康不自立也。傳述循至敘怨。正義曰述循釋詁文循其所戒用作歌以敘怨也其一曰皇祖有訓其二曰訓有之是述大禹之戒也其三恨亡國都其四恨絕宗祀其五言追悔無及直是指怨太康非爲述祖戒也本述戒作歌因卽言及時事故言祖戒以揔之

其一曰皇祖有訓民可近不可下 皇君也君祖禹有訓戒近謂親之下謂失分。近附近之近分扶問反 民惟邦本本固邦寧 言人君當固民以安國

予視天下愚夫愚婦一能勝予 言能畏敬小民所以得衆心 一人三失怨豈在明不見是圖 三失過非一也不見是謀備其微。三如

字又息暫反見賢遍反

予臨兆民，懍乎若朽索之馭六馬。十萬曰億，十億曰兆，言多。懍，危貌。朽，腐也。腐索馭六馬，言危懼甚。○懍，力甚反。朽，許久反。馭，音御。腐，扶甫反。

爲人上者，柰何不敬？能敬則不驕，在上不驕則高而不危。

〔疏〕其一至不敬。○正義曰：我君祖大禹有訓戒之事，言民可親近，不可卑賤輕下，令其失分則人懷怨，則事上之心不固矣。民惟邦國之本，本固則邦寧。言在上不可使人怨也。我視天下之民，愚夫愚婦一能過勝我，安得不敬畏之也。所以畏其怨者，一人之身三度有失，凡所過失爲人所怨，豈在明著？大過皆由小事而起，言小事不防，易致大過，故於不見細微之時，當於是豫圖謀之，使人不怨也。我臨兆民之上，常畏人怨，懍懍乎危懼若腐索之馭六馬，索絕則馬逸，言危懼之甚。人之可畏如是，爲民上者柰何不敬慎乎？怨太康之不恤下民也。○傳皇君至失分。○正義曰：皇，君，釋詁文。述禹之戒，知君祖是禹，禹有訓也。民可近者，據君爲文，近謂親近之也。下謂卑下，輕忽之，失本分也。奪其農時，勞以橫役，是失分也。故下云予視天下愚夫愚婦一能勝予，是畏敬下民也。○傳言能至衆心。○正義曰：我視愚夫愚婦當能勝我身，是畏敬小民也。由能長㣲小民故以小民從命是得衆心也。傳三失至其微。正義曰顧氏云怨豈在明未必皆在明著之時必於未形之日思善道以自防衛之是備慎其微也。傳十萬至懼甚。正義曰古數十萬曰億十億曰兆言多也懍懍心懼之意故爲危貌朽腐常訓也腐索馭六馬索絶馬驚馬驚則逸言危懼甚也經傳之文惟此言六馬漢世此經不傳餘書多言駕四者春秋公羊說天子駕六毛詩說天子至大夫皆駕四許慎案王度記云天子駕六鄭玄以周禮校人養馬乘馬一師四圉四馬曰乘康王之誥云皆布乘黃朱以爲天子駕四漢世天子駕六非常法也然則此言馬多懼深故舉六以言之

其二曰訓有之內作色荒外作禽荒作爲也迷亂曰荒色女色禽鳥獸〔疏〕傳作爲至鳥獸。正義曰作爲釋言文昭元年左傳晉平公近女色過度惑以喪志老子云馳騁田獵令人心發狂好色好田則精神迷亂故迷亂曰荒女有美色男子悅之經傳通謂女人爲色獵則鳥獸竝取故以禽爲鳥獸也甘酒嗜音峻宇彫牆甘嗜無厭足峻高大彫飾畫。甘一音戶甘反嗜市志反峻思俊反牆慈羊反厭於鹽反又於豔反有一于此未或不亡此六

者棄德之君必有其一有一必亡況兼有乎**其三曰惟彼陶唐有此冀方**陶唐帝堯氏都冀州統天下四方〔疏〕傳陶唐至四方○正義曰世本云帝堯爲陶唐氏韋昭云陶唐皆國名猶湯稱殷商也案書傳皆言堯以唐侯升爲天子不言封於陶唐陶唐二字或共爲地名未必如昭言也以天子王有天下非獨冀州一方故以冀方爲都冀州統天下四方堯都平陽舜都蒲坂禹都安邑相去不盈二百皆在冀州自堯以來其都不出此地故舉陶唐以言之**今失厥道亂其紀綱乃厎滅亡**言失堯之道亂其法制自致滅亡○厎之履反**其四曰明明我祖萬邦之君有典有則貽厥子孫**君萬國爲天子典謂經籍則法貽遺也言仁及後世○貽以之反遺唯季反**關石和鈞王府則有荒墜厥緒覆宗絕祀**金鐵曰石供民器用通之使和平則官民足言古制存而太康失其業以取亡○覆芳服反供音恭〔疏〕其四至絕祀○正義曰有明明之德我祖大禹也以有明德爲萬邦之君謂爲天子也有治國之典有爲君之

法遺其後世之子孫使法則之又關通衡石之用使之和平
人既足用王之府藏則皆有矣典存國富宜以爲政今太康
荒廢墜失其業覆滅宗族斷絕祭祀言太康棄典法所以滅
宗祀也○傳君萬至後世○正義曰萬邦之君謂君統萬國
爲天子也典謂先王之典可憑據而行之故爲經籍則法以釋
詁文典謂先王舊典法謂當時所制其事不爲大異重言以
備文耳貽遺釋言文以典法遺子孫言仁恩及後世○傳金
鐵至取亡○正義曰關者通也名石而可通者惟衡量之器
耳律歷志云二十四銖爲兩十六兩爲斤三十斤爲鈞四鈞
爲石是石爲稱之最重以石而稱則爲重物故金鐵曰石言
絲緜止於斤兩金鐵乃至於石舉石而言之則止稱之物皆
通之也傳取金鐵重物以解言石之意非謂之所關通者惟金
鐵耳米粟則斗斛以量之布帛則丈尺以度之惟言關通權
衡則度量之物懋遷有無亦關通矣舉一以言之耳衡石所
稱之物以供民之器用其土或有或無通使和平也論語云
百姓足君孰與不足民既足用則官亦富饒故通之使和平
則官民皆定有典有法可依而行官民足可坐而守言古制
存而太康失其業所以亡也訓緒爲業費氏顧氏等意云通
金鐵於人官不禁障民得取之以供器用器既具所以上下
充足以金鐵皆從石而生則金鐵亦石之類也故漢書五行

志云石爲怪異入金不從革之條貫顧之義亦得通也

其五曰嗚呼曷歸予懷之悲曷何也言思而悲○曷戶割反**萬姓仇予予將疇依**仇怨也言當依誰以復國乎**鬱陶乎予心顏厚有忸怩**鬱陶言哀思也顏厚色愧忸怩心慙慙愧於仁人賢士○鬱音蔚陶音桃鬱陶憂思也忸女六反怩女姬反徐乃私反思息嗣反**弗愼厥德雖悔可追**言人君行已不愼其德以速滅敗雖欲改悔其可追及乎言無益○雖如字或作雖

【疏】其五至可追○正義曰嗚呼太康已覆滅矣我將何所依歸我以此故思之而悲太康爲惡毒徧天下姓皆共仇我我將誰依就乎鬱陶而哀思乎我之心也我以此故外貌顏厚而內情忸怩羞慙由太康不愼其德以致此見距雖欲改悔其可追及之乎事已往矣不可如何從首漸怨至此爲深皆是羿距時事也○傳仇怨至國乎○正義曰桓二年左傳云怨耦曰仇故爲怨也羿距於河不得復反乃思太康欲歸依之言當依誰以復國乎○傳鬱陶至賢士○正義曰孟子稱舜弟象見舜云思君正鬱陶鬱陶精神憤結積聚之意故爲哀思也詩云顏之厚矣羞愧之情見於面

貌似如面皮厚然故以顏厚爲色愧忸怩羞不能言心慙之狀小人不足以知得失故慙愧於仁人賢士

胤征第四

夏書　孔氏傳　孔穎達疏

羲和湎淫廢時亂日羲氏和氏世掌天地四時之官自唐虞至三代世職不絶承太康之後沈湎於酒過差非度廢天時亂甲乙○湎徐音緬面善反差初賣反又初佳反**胤往征之**

作胤征胤國之君受王命往征之○胤國名**胤征**奉辭罰罪曰征〔疏〕羲和至胤征○正義曰羲氏和氏世掌天地四時之官今乃沈湎于酒過差非度廢天時亂甲乙不以所掌爲意胤國之侯受王命往征之史敘其事作胤征○傳羲氏至甲乙○正義曰羲氏和氏世掌天地四時之官堯典所言是其事也羲和是重黎之後楚語稱堯育重黎之後使典天地以至于夏商是自唐虞至三代世職不絶故此時羲和仍掌時日以太康逸豫臣亦縱弛此承太康之後於今仍亦懈惰沈湎于酒過差非度廢天時亂甲乙是其罪也經云酒荒于厥邑惟言荒酒不言好色故訓

淫爲過言耽酒爲過差也聖人作歷數以紀天時不存歷數是廢天時也日以甲乙爲紀不知日食是亂甲乙也○傳奉辭罰罪○正義曰奉責讓之辭伐不恭之罪名之曰征征者正也伐之以正其罪

惟仲康肇位四海羿廢太康而立其弟仲康爲天子○肇音兆

胤侯命掌六師仲康命胤侯掌王六師爲大司馬

羲和廢厥職酒荒于厥邑舍其職官還其私邑以酒迷亂不修其業○舍音捨

胤后承王命徂征徂往也就其私邑往討之

【疏】惟仲康至徂征○正義曰惟仲康始即王位臨四海胤國之侯受王命爲大司馬掌六師於是有羲氏和氏廢其所掌之職縱酒荒迷亂于私邑胤國之君承王命往征之○傳羿廢至天子○正義曰以羿距太康於河於時必廢之也夏本紀云太康崩弟仲康立襄四年左傳云羿因夏民以代夏政則羿於其後篡天子之位仲康不能殺羿必是羿握其權知仲康之立是羿立之矣故云羿廢太康而立其弟仲康爲太子計五子之歌仲康當是其一仲康必賢於太康但形勢既衰政由羿耳羿在夏世爲一代大賊左傳稱羿既篡位寒浞殺之羿滅夏后相相子少康始滅浞復夏政計羿浞相承向有

百載爲夏亂甚矣而夏本紀云太康崩其弟仲康立仲康崩子相立相崩子少康立都不言羿浞之事是馬遷之說疎矣

告于衆曰嗟予有衆誓勑之聖有謨訓明徵定保徵證保安也聖人所謀之教訓爲世明證所以定國安家先王克謹天戒臣人克有常憲言君能愼戒臣能奉有常法百官修輔厥后惟明明修職輔君君臣俱明每歲孟春遒人以木鐸徇于路遒人宣令之官木鐸金鈴木舌所以振文教。遒在由反鐸待洛反鈴音令官師相規工執藝事以諫官衆衆官更相規闕百工各執其所治技藝以諫諫失常。藝本又作埶更音庚技其綺反其或不恭邦有常刑言百官廢職服大刑

【疏】告于至常刑。正義曰胤侯將征羲和告于所部之衆曰嗟乎我所有之衆人聖人有謨之訓所以爲世之明證可以定國安家其所謀者言先王能謹愼敬畏天戒臣人者能奉先王常法百官修常職輔其君君臣相與如是則君臣俱明惟爲明

君明臣言君當謹慎以畏天臣當守職以輔君也先王恐其
不然大開諫爭之路每歲孟春遒人之官以木鐸徇于道路
以號令臣下使在官之衆更相規闕百工雖賤令執其藝能
之事以諫上之失常其有違諫不恭謹者國家則有常刑○
傳徵證至安家○正義曰成八年左傳稱晉殺趙括欒郤爲
徵徵是證驗之義故爲證也能自保守是安定之義故爲安
也聖人將爲教訓必謀而後行故言所謀之教訓聖人之言
必有其驗故爲世之明證用聖人之謨訓必有成功故所以
定國安家○傳言君至常法○正義曰王者代天理官故稱
天戒臣人奉主法令故言常憲君當奉天臣當奉君言君能
戒慎天戒也臣能奉有常法奉行君法也此謂大臣下云百
官修輔謂衆臣○傳遒人至文教○正義曰以執木鐸徇于
路是宣令之事故言宣令之官周禮無此官惟小宰云正歲
帥理官之屬而觀治象之法徇以木鐸曰不用法者國有常
刑宣令之事略與此同此似別置其官非如周之小宰名曰
遒人不知其意蓋訓遒爲聚聚人而令之故以爲名也禮有
金鐸木鐸鐸是鈴也其體以金爲之明舌有金木之異知木
鐸是木舌也周禮教鼓人以金鐸通鼓大司馬教振旅兩司
馬執鐸明堂位云振木鐸於朝是武事振金鐸文事振木鐸
今云木鐸故云所以振文教也○傳官衆至失常○正義曰

相規相平等之辭故官衆謂衆官相規謂更相規闕平等有闕己尚相規見上之過諫之必矣百工各執其所治技藝以諫謂被遣作器工有奢儉若月令云無作淫巧以蕩上心見其淫巧不正當執之以諫諫失常也百工之職猶令進諫則百工以上不得不諫矣○傳言百至大刑○正義曰百官廢職服大刑明堂位文也顧氏云百官衆臣其有廢職懈怠不恭謹者國家當有常刑

惟時羲和顛覆厥德顛覆言反倒將陳羲和所犯故先舉孟春之令犯令之誅○覆芳服反倒丁老反

沈亂于酒畔官離次沈謂醉冥失次位也○離如字又力智反冥莫定反又亡丁反

俶擾天紀遐棄厥司俶始擾亂遐遠也紀謂時日司所主也○俶本又作俶亦作叔同尺六反擾而小反

乃季秋月朔辰弗集于房辰日月所會房所舍之次集合也不合卽日食可知

瞽奏鼓嗇夫馳庶人走凡日食天子伐鼓於社責上公瞽樂官樂官進鼓則伐之嗇夫主幣之官馳取幣禮天神衆人走供救日食之百役也○嗇音色馳車馬曰馳走步曰走供音恭

羲和尸厥官罔

聞知主其官而無聞知於日食之變異所以罪重昏迷于天象以干先王之誅闇錯天象言昏亂之甚干犯也政典曰先時者殺無赦政典夏后為政之典籍若周官六卿之治典先時謂歷象之法四時節氣弦望晦朔先天時則罪死無赦○先悉薦反又如字注先時先天同赦亦作赦治直吏反不及時者殺無赦不及謂歷象後天時雖治其官苟有先後之差則無赦況廢官乎○後胡豆反

疏惟時至無赦○正義曰言不諫尚有刑廢職懈怠是為大罪惟是羲和顛倒其奉上之德而沈没昏亂於酒違叛其所掌之官離其所居位次始亂天之紀綱遠棄所主之事乃季秋九月之朔日月當合於辰其日之辰日月不合於舍不得合辰謂日被月食日有食之禮有救日之法於是瞽人樂官進鼓而擊之嗇夫馳騁而取幣以禮天神庶人奔走供救日食之百役此為災異之大羣官促遽若此羲和主其官而不聞知日食是大罪也此羲和昏闇迷錯於天象以犯先王之誅此罪不可赦也故先王為政之典曰主歷之官為歷之法節氣先天時者殺無赦不及時者殺無赦失前失後尚猶合殺況乎不知日食其罪不可赦也況彼罪之大言已所以征也○

傳顛覆至之誅○正義曰顛覆言反倒謂人反倒也人當竪立今乃反倒猶臣當事君今乃廢職似人之反倒然言臣以事君爲德故言顛覆厥德胤侯將陳羲和之罪故先舉孟春之令犯令之誅舉輕以見重小事犯令猶有常刑況叛官離次爲大罪乎○傳沈謂至次位○正義曰没水謂之沈大醉冥然無所復知猶沈水然故謂醉爲沈○傳俶始至所主○正義曰俶始遐遠皆釋詁文擾謂煩亂故爲亂也洪範五紀五曰歷數歷數所以紀天時此言天紀謂時日此時日之事是羲和所司言棄其所主○傳辰日至可知○正義曰昭七年左傳曰晉侯問於士文伯曰何謂辰對曰日月之會是謂辰是辰爲日月之會日月俱右行於天日行遲月行疾日每日行一度月日行十三度十九分度之七計二十九日過半月已行天一周又逐及日而與日聚會謂此聚會爲辰一歲十二會故爲十二辰卽子丑寅卯之屬是也房謂室之房也故爲所舍之次計九月之朔日月當會於大火之次釋言云集會也會卽是合故爲合也日月當聚會共舍今言日月不合於舍則是日月可知也日食者月掩之也月體掩日日被月映卽不成共處故以不集言日食也或以爲房謂房星九月日月會于大火之次房心共爲大火言辰在房星事有似矣知不然者以集是止舍之處言其不集於舍故得以表日

食若言不集於房星似太遲太疾惟可見歷錯不得以表日
食也且日之所在星宿不見正可推算以知之非能舉目見
之君子愼疑寧當以日在之宿爲文以此知其必非房星也
○傳凡日至百役○正義曰文十五年左傳云日有食之天
子不舉伐鼓于社諸侯用幣于社伐鼓于朝杜預以爲伐鼓
于社責羣陰也此傳言責上公者郊特牲云社祭土而主陰
氣也君南嚮北墉下答陰之義也是言社主陰也日食陰侵
陽故杜預以爲責羣陰也昭二十九年左傳云封爲上公祀
爲貴神社稷五祀是尊是奉是社祭句龍爲上公之神也日
食臣侵君之象故傳以爲責上公亦當羣陰上公並責之也
周禮瞽矇之官掌作樂瞽爲樂官樂官用無目之人以其無
目於音聲審也詩云奏鼓簡簡謂伐鼓爲奏鼓知樂官進鼓
則伐之周禮太僕軍旅田役贊王鼓救日月亦如之鄭玄云
王通鼓佐擊其餘面則救日之時王或親鼓莊二十五年穀
梁傳曰天子救日置五麾陳五兵五鼓陳旣多皆樂人伐之
周禮無嗇夫之官禮云嗇夫承命告于天子鄭玄云嗇夫蓋
司空之屬也嗇夫主幣禮無其文此云嗇夫馳必馳走有所
取也左傳云諸侯用幣則天子亦當有用幣之處嗇夫必是
主幣之官馳取幣也社神尊於諸侯故諸侯用幣於社以請
救天子伐鼓于社必不用幣知嗇夫馳取幣禮天神庶人走

蓋是庶人在官者謂諸侯胥徒也其走必有事卿爲供救日食之百役也曾子問云諸侯從天子救日食各以方色與其兵周禮庭氏云救日之弓矢是救日必有多役庶人走供之鄭注庭氏云以救日爲太陽之弓救月爲太陰之弓救日以枉矢救月以恒矢其鼓則蓋用祭天之雷鼓也昭十七年夏六月甲戌朔日有食之左傳云季平子曰惟正月朔慝未作日有食之於是乎有伐鼓用幣禮也其餘則否太史曰在此月也當夏四月是謂孟夏如彼傳文惟夏四月有伐鼓用幣禮餘月則不然此以九月日食亦奏鼓用幣者顧氏云夏禮異於周禮也○傳政典至無赦○正義曰胤侯夏之卿士引政典而不言古典則當時之書知是夏后爲政之典籍也周禮太宰掌建邦之六典以佐王治邦國一曰治典二曰敎典三曰禮典四曰政典五曰刑典六曰事典若周官六卿之治典謂此也先時不及者謂此歷象之法四時節氣弦望晦朔不得先天時不得後天時四時時各九十日有餘分爲八節節各四十五日有餘也節氣者周天三百六十五日四分日之一四時分之均分爲十二月則月各得三十日十六分日之七以初爲節氣半爲中氣故一歲有二十四氣也計十二月每月二十九日彊半也以月初爲朔月盡爲晦當月之中日月相望故以月半爲望望去晦朔皆不滿十五日也又半

此望去晦朔之數名之曰弦弦者言其月光正半如弓弦也晦者月盡無月言其闇也朔者蘇也言月死而更蘇也先天時者所名之日在天時之先假令天之正時當以甲子爲朔今歷乃以癸亥爲朔是造歷先天時也若以乙丑爲朔是造歷後天時也後即是不及時也其氣望等皆亦如此

今予以爾有衆奉將天罰 將行也奉王命行王誅謂殺湎淫之身立其賢子弟 爾衆士同力王室尚弼予欽承天子威命 以天子威命督其士衆使用命 火炎崐岡玉石俱焚 山脊曰岡崐山出玉言火逸而害玉○崐音昆 天吏逸德烈于猛火 逸過也天王之吏爲過惡之德其傷害天下甚於火之害玉猛火烈矣又烈於火 殲厥渠魁脅從罔治 殲滅渠大魁帥也指謂羲和罪人之身其脅從距王師者皆無治○殲子廉反魁苦回反脅虛業反帥色類反 舊染汙俗咸與惟新 言其餘人久染汙俗本無惡心皆與更新一無所問○汙烏故反汙辱之汙又音烏涴泥著物也一音烏卧反 嗚呼威克厥

愛克厥威允罔功以愛勝威無以濟衆信無功

愛允濟歎能以威勝所愛則必有成功其爾衆士懋戒哉言當勉以用命戒以辟戮。懋音茂辟音避〈疏〉

今予至戒哉。正義曰羲和所犯如上故今我用汝所有之衆奉王命行天罰汝等衆士當同心盡力於王室庶幾輔我敬承天子之命使我伐必克之又恐兵威所及濫殺無辜故假喻以戒之火炎崑山之岡玉石俱被焚燒天王之吏爲過惡之德則酷烈甚於猛火宜誅惡存善不得濫殺滅其爲惡大帥罪止羲和之身其被迫脅而從距王師者皆無治責其罪久染汙穢之俗本無惡心皆與惟德更新一無所問又言將軍之法必有殺戮嗚呼重其事故歎而言之將軍威嚴能勝其愛心有罪者雖愛必誅信有成功若愛心勝其威嚴親愛者有罪不殺信無功矣言我雖愛汝有罪必殺其汝衆士宜勉力以戒慎哉勿違我命以取殺也。傳將行至予弟。正義曰將之爲行常訓也天欲加罪王者順天之罰則王誅也奉王命行王誅謂殺淫湎之身羲和之罪不及其嗣故知殺其身立其賢子弟楚語云重黎之後世掌天地四時之官至于夏商則此不滅其族故傳言此也。傳山脊至害玉。正義曰釋山云山脊曰岡孫炎曰長山之脊也以崑山出玉言火逸害玉喻誅惡害善也○傳逸過至於火○正義曰逸即佚也佚是淫縱之名故爲過也天王之吏言位貴而威高乘貴勢而遲毒心或眈眤而害良善故爲過惡之德其傷害天下甚於火之害玉猛火爲烈甚矣又復烈之於火言其害之深也○傳殲滅至無治○正義曰殲盡也釋詁文舍人曰殲衆之盡也衆皆死盡爲殲也渠大魁帥無正訓以上殲厥渠魁謂滅其元首故以渠爲大魁爲帥史傳因此謂賊之首領爲渠帥本原出於此

自契至于成湯八遷十四世凡八徙國都○契息列反殷之始祖八遷之書史唯見四**湯始居亳**契父帝嚳都亳湯自商丘遷焉故曰從先**從先王居**王居○亳旁各反徐扶各反嚳苦毒反**作帝告釐沃**告來居治沃土二篇皆亡○告工毒反釐力之反沃徐烏酷反此五亡篇舊解是夏書馬鄭之徒以爲商書兩義並通

【疏】自契至釐沃○正義曰自此已下皆商書也序本別卷與經不連孔以經序宜相附近引之各冠其篇首此篇經亡序存文無所託不可以無經之序爲卷之首本書在此故附此卷之末契是商之始祖故遠本之自契至于成湯凡八遷都至湯始往居亳從其先王帝嚳舊居當時湯有言告史序其事作帝告釐沃二篇

○傳十四至國都○正義曰周語曰玄王勤商十四世而興玄王謂契也勤殖功業十四世至湯而興爲天子也殷本紀云契生昭明昭明卒子相土立相土卒子昌若立昌若卒子曹圉立曹圉卒子冥立冥卒子振立振卒子微立微卒子報丁立報丁卒子報乙立報乙卒子報丙立報丙卒子主壬立主壬卒子主癸立主癸卒子天乙立天乙是爲成湯是也契至成湯十四世凡八遷國都者商頌云帝立子生商是契居商也世本云昭明居砥石左傳稱相土居商丘及今湯居亳事見經傳者有此四遷其餘四遷未詳聞也鄭玄云契本封商國在太華之陽皇甫謐云今上洛商是也襄九年左傳云陶唐氏之火正閼伯居商丘相土因之杜預云今梁國睢陽宋都是也其砥石先儒無言不知所在自契至湯諸侯之國而得數遷都者蓋以時王命之使遷至湯乃以商爲天下號則都雖數遷商名不改今湯遷亳乃作此篇若是諸侯遷都則不得史錄其事以爲商書之首文在湯征諸侯伊尹去亳之上是湯將欲爲王時事史以商有天下乃追錄初興并湯征與汝鳩汝方皆是伐桀前事後追錄之也○傳契父至王居○正義曰先王天子也自契已下皆是諸侯且文稱契至湯今云從先王居者必從契之先世天子所居也世本本紀皆云契是帝嚳子知先王是契父帝嚳帝嚳本居亳今湯往

從之譽實帝也言先王者對文論優劣則有皇與帝及王之別散文則雖皇與帝皆得言王也故禮運云昔者先王未有宮室乃謂上皇爲王是其類也孔言湯自商丘遷焉以相土之居商丘其文見於左傳因之言自商丘徙耳此言不必然也何則相土契之孫也自契至湯凡八遷若相土至湯都遂不改豈契至相土三世而七遷也相土至湯必更遷都但不知湯從何地而遷亳耳必不從商丘遷也鄭玄云亳今河南偃師縣有湯亭漢書音義臣瓚者云湯居亳今濟陰亳縣是也今亳有湯冢已氏有伊尹冢杜預云梁國蒙縣北有亳城城中有成湯冢其西又有伊尹冢皇甫謐云孟子稱湯居亳與葛爲鄰葛伯不祀湯使亳衆爲之耕葛即今梁國寧陵之葛鄉也若湯居偃師去寧陵八百餘里豈當使民爲之耕乎亳今梁國穀熟縣是也諸說不同未知孰是○傳告來至皆亡○正義曰經文既亡其義難明孔以意言耳所言帝告不知告誰序言從先王居或當告帝嚳也

湯征諸侯爲夏方伯得專征伐**葛伯不祀湯始征之**葛國伯爵也廢其土地山川及宗廟神祇皆不祀湯始伐之伐始於葛○祇巨支反

【疏】傳葛國至於葛○正義曰序言湯征諸侯知其人是葛國之君伯爵直云不祀文無指斥王制云山川神祇有

不舉者爲不敬不敬者君削以地宗廟有不順者爲不孝不孝者君黜以爵是言不祀必廢其土地山川之神祇及宗廟皆不祀故湯始征之湯伐諸侯伐始於葛仲虺之誥云初征自葛是也孟子云湯居亳與葛爲鄰葛伯不祀湯使人問之曰何爲不祀曰無以供犧牲也湯使遺之牛羊葛伯食之又不祀湯又使人問之曰何爲不祀曰無以供粢盛也湯使亳衆往爲之耕老弱饋食葛伯率其人要其酒食黍稻者劫而奪之不授者殺之有童子以黍肉餉殺而奪之書曰葛伯仇餉此之謂也是說伐始於葛之事也

作湯征述始征之義也亡

伊尹去亳適夏伊尹字氏湯進於桀〔疏〕傳伊尹至於桀○正義曰伊氏尹字故云字氏倒文以曉人也伊尹不得叛湯知湯貢之於桀必貢之者湯欲以誠輔桀冀其用賢以治不可匡輔乃始伐之此時未有伐桀之意故貢伊尹使輔之孫武兵書反間篇曰商之興也伊尹在夏周之興也呂牙在殷言使之爲反間也與此說殊

旣醜有夏復歸于亳醜惡其政不能用賢故退還○復扶又反

入自北門乃遇汝鳩汝方鳩方二人湯之賢臣不期而會曰遇〔疏〕傳鳩方至曰遇○正義曰伊尹與之言知是賢臣也不期而會

曰迥隱八年穀梁傳文也

作汝鳩汝方言所以醜夏而還之意二篇皆亡

附釋音尚書注疏卷第七

大清嘉慶二十年重栞

南昌府學藏板

江西鹽法道胡稷棻

尚書注疏挍勘記卷七

阮元撰盧宣旬摘錄

甘誓第二　夏書

夏啓嗣禹位　古本宋本位作立與疏同

故伐之　浦鏜云啟誤故

甘誓

明堂云　毛本同宋本云作位案位字是也

未知何故改也　閩本明監本同毛本故作時案時字是也

有扈氏威侮五行　古本威作畏

怠棄三正　唐石經棄作弃後並同

用其失道故　古本故下有也字

絕之也閩本葛本同岳本毛本絕之作攻治

執戈矛以退敵古本以上有爲字

御以正馬爲政古本政下有者也二字

有功則賞祖主前史記集解則作即

親祖嚴社之義纂傳義作意

言恥累也史記集解也作之

傳五行至亂帝案帝當作常形近之譌傳文可證

如此者蓋禹未賜姓之前閩本同毛本如作知案知字是也

五子之歌第三　夏書

五子之歌

以其迷祖之訓 閩本明監本毛本迷作述案述字是也

盤樂遊逸無法度 古本重樂字

有窮后羿 古本后上有之字

御待也 岳本閩本明監本毛本待作侍正義同案侍字是也

一出十旬不反 宋本十上有而字

言雖不經以取信 浦鏜云以字上當有難字

甘酒嗜音峻宇彫牆 宋臨安石經彫作雕孫志祖云玉篇口部引作酣酒嗜音

則止稱之物 宋本閩本同毛本止作所案所字是也

則官民皆定 閩本明監本毛本定作足案足字是也

其五曰嗚呼曷歸 按顏師古匡謬正俗云嗚呼歎辭也或嘉其美或傷其悲古文尚書悉爲於戲字今

文尚書悉爲嗚呼字段玉裁云古今二字互譌以蔡邕石經殘字皆作於戲知之石經系今文也

雖悔可追 陸氏曰雖如字或作雎○按雖雎古葢通用

姓皆其仇我也 閩本明監本毛本姓上有萬字案有者是

允征第四 夏書

允征

奉辭罰罪曰征 岳本葛本宋本閩本同按大禹謨奉辭伐罪宋本亦作罰

惟仲康肇位四海 古本仲作中注同

掌王六師爲大司馬 岳本宋本王作主古本作掌主也主六師爲大司馬也按當從之纂傳亦作掌王六師則其誤久矣

而立其弟仲康爲太子 宋本太作天與注合

政由并耳宋本政上有故字

官衆衆官古本岳本宋本上衆字作師與疏標目不合纂傳亦作官衆

百工之職宋本職作賤按職字非也

不及謂厤象後天時古本謂上有時字

殺無殺閩本明監本毛本下殺字作赦案赦字是也

謂此聚會爲辰之閩本明監本同宋本無謂字毛本此作之

則是日月可知也宋本閩本同毛本月作食

君南鄉北墉下毛本墉作牖按北牖之牖諸經正義多誤作墉或又誤爲牖

山脊曰岡宋本無曰字山井鼎曰無曰字爲是

或眦睚而害良善宋本眦睚二字倒按宋本是也

告來居洽沃土閩本葛本同岳本毛本洽作治案治字是也

湯使亳往爲之耕閩本同毛本亳下有衆字案有者是也

尚書挍勘記卷七

會昌縣知縣候補知州曾暉春栞

附釋音尚書注疏卷第八

湯誓第一 釋文凡三十四篇十七篇存

商書　　孔氏傳　　孔穎達疏

伊尹相湯伐桀升自陑 桀都安邑湯升道從陑出其不意陑在河曲之南○相息亮反湯如字馬云俗儒以湯爲謚或爲號號者似非其意言謚近之然不在謚法故無聞焉及禹俗儒以爲名帝系禹名文命王侯世本湯名天乙推此言之禹豈復非謚乎亦不在謚法故疑焉桀其列反夏之末天子升音昇陑音而

遂與桀戰于鳴條之野 地在安邑之西桀逆拒湯 **作湯誓**

【疏】伊尹至湯誓○正義曰伊尹以夏政醜惡志而歸湯輔相成湯與之伐桀升道從陑出其不意遂與桀戰于鳴條之野將戰而誓戒士衆史敘其事作湯誓○傳桀都至之南○正義曰此序湯自伐桀必言伊尹相湯者序其篇次自爲首尾以上云伊尹醜夏遂相成湯伐之故文次言伊尹也計太公之相武王猶如伊尹之相成湯泰誓不言太公相者

彼文無其次也且武王之時有周召之倫聖賢多矣湯稱伊尹云聿求元聖與之戮力伊尹稱惟尹躬暨湯咸有一德則伊尹相湯其功多於太公故特言伊尹相湯也桀都安邑相傳爲然即漢之河東郡安邑縣是也史記吳起對魏武侯云夏桀之居左河濟右太華伊闕在其南羊腸在其北修政不仁湯放之也地理志云上黨郡壺關縣有羊腸坂在安邑之北是桀都安邑必當然矣將明陑之所在故先言桀都安邑桀都在亳西當從東而往今乃升道從陑升者從下向上之名言陑當是山阜之地歷險迂路爲出不意故也陑在河曲之南蓋今潼關左右河曲在安邑西南從陑向北渡河乃東向安邑鳴條在安邑之西桀西出拒湯故戰于鳴條之野陑在河曲之南鳴條在安邑之西皆彼有其迹相傳云然湯以至聖伐暴當顯行用師而出其不意掩其不備者湯承禪代之後嘗爲桀臣慙而且懼故出其不意武王則三分天下有其二久不事紂紂有浮桀之罪地無險要之勢故顯然致罰以明天誅又慇懃誓衆與湯有異所以湯惟一誓武王有三

○傳地在至拒湯○正義曰鄭玄云鳴條南夷地名孟子云舜卒於鳴條東夷之地或云陳留平邱縣今有鳴條亭是也皇甫謐云伊訓曰造攻自鳴條朕哉自亳又曰夏師敗績乃伐三朡湯誥曰王歸自克夏至于亳三朡在定陶於義不得

在陳留與東夷也今安邑見有鳴條陌昆吾亭左氏以爲昆吾與桀同以乙卯日亡韋顧亦爾故詩曰韋顧既伐昆吾夏桀於左氏昆吾在衛乃在濮陽不得與桀異處同日而亡明昆吾亦來安邑欲以衛桀故同日亡而安邑有其亭也且吳起言險以指安邑安邑於此而言何得在南夷乎謚言是也

湯誓 戒誓湯士衆

〔疏〕湯誓○正義曰此經皆誓之辭也甘誓泰誓牧誓發首皆有序引別言其誓意記其誓處此與費誓惟記誓辭不言誓處者史非一人辭有詳略序以經文不具故備言之也

王曰格爾衆庶悉聽朕言 契始封商湯遂以爲天下號湯稱王則比桀於一夫○格庚白反

非台小子敢行稱亂有夏多罪天命殛之 稱舉也舉亂以諸侯伐天子非我小子敢行此事桀有昏德天命誅之今順天○台以之反下同殛居力反

今爾有衆汝曰我后不恤我衆舍我穡事而割正夏 汝汝有衆我后桀也正政也言奪民農功而爲割剝之政○恤荀律反舍音捨廢也

予惟聞汝衆言 不憂我衆之言 **夏氏有罪**

予畏上帝不敢不正不敢不正桀○罪誅之今汝其曰夏罪其如台今汝其復言桀惡其亦如我所聞之言○復扶又反夏王率遏衆力率割夏邑言桀君臣相率爲勞役之事以絶衆力謂廢農功相率割剝夏之邑居謂征賦重○遏於葛反徐音謁馬云止也有衆率怠弗協曰時日曷喪予及汝皆亡衆下相率爲怠惰不與上和合比桀於日曰是日何時喪我與汝俱亡欲殺身以喪桀○喪息浪反惰徒臥反夏德若茲今朕必往凶德如此我必往誅之爾尚輔予一人致天之罰予其大賚汝賚與也汝庶幾輔成我我大與汝爵賞○罰音伐賚力代反徐音來爾無不信朕不食言食盡其言僞不實爾不從誓言不用命予則孥戮汝罔有攸赦古之用刑父子兄弟罪不相及今云孥戮汝無有所赦權以脅之使勿犯

〔疏〕王曰至攸赦○正義曰商王成湯將與桀戰呼

其將士曰來汝在軍之衆庶悉聽我之誓言我伐夏者非我小子輒敢行此以臣伐君舉爲亂事乃由有夏君桀多有夏罪上天命我誅之桀既失君道我非復桀臣是以順天誅之由其多罪故也桀之罪狀汝盡知之今汝桀之所有之衆即汝輩是也汝等言曰我君夏桀不憂念我等衆人舍廢我稼穡之事奪我農功之業而爲割剝之政於夏邑斂我貨財我惟聞汝衆言夏氏既有此罪上天命我誅桀我畏上天之命不敢不正桀罪而誅之又質而審之今汝衆人其必言曰夏王之罪其實如我所言夏王非徒如此又與臣下相率遏絕衆力使不得事農又相率爲割剝之政於此夏邑使不得安居上下同惡民困益甚由是汝等相率怠惰不與在上和協比桀於日曰是日何時能喪君其可喪我與汝皆亡身殺之寧殺身以亡桀是其惡之甚夏王惡德如此今我必往誅之汝庶幾輔成我一人致行天之威罰我其大賞賜汝汝無得不信我語我終不食盡其言爲虛僞不實汝若不從我之誓言我則并殺汝子以戮汝身必無有所赦勸使勉力勿犯法也庶亦衆也古人有此重言猶云艱難也○傳契始至一夫○正義曰以湯於此稱王故本其號商之意契始封商湯遂以商爲天下之號鄭玄之說亦然惟王肅云相土居商丘湯取商爲號若取商丘爲號何以不名商丘而單名商也若八遷

國名商不改則此商猶是契商非相土之商也若八遷遷卽改名則相土至湯改名多矣相土旣非始祖又非受命何故用其所居之地以爲天下號名成湯之意復何取乎知其必不然也湯取契封商以天下爲天下之號周不取后稷封邰爲天下之號者契後八遷商名不改成湯以商受命故宜以商爲號后稷之後隨遷易名公劉爲豳大王爲周文王以周受命故當以周爲號二代不同理則然矣泰誓云獨夫受此湯稱爲王則比桀於一夫桀旣同於一夫故湯可稱王矣是言湯於伐桀之時始稱王也周書泰誓稱王則亦伐紂之時始稱王也鄭玄以文王生稱王亦謬也○傳稱舉至順天○正義曰稱舉釋言文常法以臣伐君則爲亂逆故舉亂謂以諸侯伐天子桀有昏德宣三年左傳文以有昏德天命誅之今乃順天行誅非復臣伐君也以此解衆人守常之意也○傳今汝至之言○正義曰如我者謂湯之自稱我也湯謂其衆云汝言桀之罪如我誓言所述也○傳言桀至賦重○正義曰此經與上舍我穡事而割正夏其意一也上言夏王之身此言君臣相率再言所以積桀之非也力施於農財供上賦故以止絕衆力謂廢農功割剝夏邑謂征賦重言以農時勞役又重斂其財致使民困而怨深賦斂重則民不安矣○傳衆下至喪桀○正義曰上旣馭之非道下亦不供其命故衆

下相率爲怠惰不與上和合不肯每事順從也比桀於日曰是日何時喪亡欲令早喪桀命也我與汝俱亡者民相謂之辭言並欲殺身以喪桀也所以比。於日者以日無喪之理猶云桀不可喪言喪之難也不避其難與汝俱亡欲殺身以喪桀疾之甚也鄭云桀見民欲叛乃自比於日曰是日何嘗喪乎日若喪亡我與汝亦皆喪亡引不亡之徵以脅恐下民也○傳食盡至不實○正義曰釋詁云食僞也孫炎曰食言之僞也哀二十五年左傳云孟武伯惡郭重曰何肥也公曰是食言多矣能無肥乎然則言而不行如食之消盡後終不行前言爲僞故通謂僞言爲食言故爾雅訓食爲僞也○傳古之至勿犯○正義曰昭二十年左傳引康誥曰父子兄弟罪不相及是古之用刑如是也既刑不相及必不殺其子權時以迫脅之使勿犯刑法耳不於甘誓解之者以夏啓承舜禹之後刑罰尚寬殷周以後其罪或相緣坐恐其實有孥戮故於此解之鄭玄云大罪不止其身又孥戮其子孫周禮云其奴男子入于罪隸女子入于舂槀鄭意以爲實戮其子故周禮注云奴謂從坐而沒入縣官者也孔以孥戮爲權脅之辭則周禮所云非從坐也鄭衆云謂坐爲盜賊而爲奴者輸於罪隸舂人槀人之官引此孥戮汝又引論語云箕子爲之奴或如衆言別有沒入非緣坐者也

湯既勝夏

欲遷其社不可湯承堯舜禪代之後順天應人逆取順守而有慙德故革命創制改正易服變置社稷而後世無及句龍者故不可而止○社后土之神禪時戰反應應對之應創初亮反正音征又音政句音鉤句龍共工之子爲后土

作夏社疑至臣扈言夏社不可遷之義疑至及臣扈三篇皆亡○扈音戶

【疏】湯既至臣扈○正義曰湯既伐而勝夏革命創制變置社稷欲遷其社無人可代句龍故不可而止於時有言議論其事故史敘之爲夏社疑至臣扈三篇皆亡○傳湯承至而止○正義曰傳解湯遷社之意湯承堯舜禪代之後已獨伐而取之雖復應天順人乃是逆取順守而有慙愧之德自恨不及古人故革命創制改正易服因變置社稷也易革卦彖曰湯武革命順乎天而應乎人下篇言湯以慙德大傳云改正朔易服色此其所得與民變革者也所以變革此事欲易人之視聽與之更新故於是之時變置社稷昭二十九年左傳云共工氏有子曰句龍爲后土后土爲社有烈山氏之子曰柱爲稷自夏已上祀之周棄亦爲稷自商已來祀之祭法云厲山氏之有天下也其子曰農能殖百穀夏之衰也周棄繼之故祀以爲稷共工氏之霸九州也其子曰后土能平九州故祀以爲社是言變置之事也魯語文與

祭法正同而云夏之興也周棄繼之興當爲衰字之誤耳湯于初時社稷俱欲改之周棄功多於柱卽令廢柱祀棄而上世治水土之臣其功無及句龍者故不可遷而止此序之次在湯誓之下云湯既勝夏下云夏師敗績湯遂從之是未及逐桀已爲此謀鄭玄等注此序乃在湯誓之上若在作誓之前不得云既勝夏也孟子曰犧牲既成粢盛既絜祭祀以時然而旱乾水溢則變置社稷鄭玄因此乃云湯伐桀之時大旱既置其禮祀明德以薦而猶旱至七年故更致社稷乃謂湯卽位之後七年大旱方始變之若實七年乃變何當繫之勝夏勝夏猶尚不可況在湯誓前乎且禮記云夏之衰也周棄繼之商興七年乃變安得以夏衰爲言也若商革夏命猶七年祀柱左傳亦不得斷爲自夏已上祀柱自商以來祀棄也由此而言孔稱改正朔而變置社稷所言得其旨也漢世儒者說社稷有二左傳說社祭句龍稷祭柱棄惟祭人神而已孝經說社爲土神稷爲穀神句龍柱棄是配食者也孔無明說而此經云遷社孔傳云無及句龍卽同賈逵馬融等說以社爲句龍也○傳言夏至皆亡○正義曰疑至與臣扈相類當是二臣名也蓋亦言其不可遷之意馬融云聖人不可自專復用二臣自明也

夏師敗績湯遂從之

大崩曰敗績從謂遂討之○績

子寂反從才容反

遂伐三朡俘厥寶玉

三朡國名桀走保之今定陶也桀自安邑東入山出太行東南涉河湯緩追之不迫遂奔南巢俘取也玉以禮神使無水旱之災故取而寶之○朡子公反俘音孚行戶剛反一音如字

疏傳三朡至寶之○正義曰湯伐三朡知是國名逐桀而伐其國知桀走保之也今定陶者相傳爲然安邑在洛陽西北定陶在洛陽東南孔跡其所往之路桀自安邑東入山出太行乃東南涉河往奔三朡湯緩追之不迫遂奔南巢俘取釋詁文桀必載寶而行棄於三朡取其寶玉取其所棄者也楚語云玉足以庇廕嘉穀使無水旱之災則寶之韋昭云玉禮神之玉也言用玉禮神神享其德使風雨調和可以庇廕嘉穀故取而寶之

誼伯仲伯作典寶

二臣作典寶一篇言國之常寶也亡○誼本或作義

仲虺之誥第二

湯歸自夏至于大坰

自三朡而還大坰地名○夏亥雅反坰故螢反徐欽螢反又古螢反

仲虺作誥

爲湯左相奚仲之後○虺許鬼反誥故報反相息亮反奚弦雞反

疏湯歸至作誥○正義曰湯歸自伐夏至于大坰之地其臣仲虺作誥以誥湯使錄其言作仲虺之誥上言遂伐三朡故傳言自三朡而還不言歸自三朡而言歸自夏者伐夏而遂逐桀於今方始旋歸以自夏告廟故序言自夏傳本其來處故云自三朡耳大坰地名未知所在當是定陶向亳之路所經湯在道而言予恐來世以台爲口實故仲虺至此地而作誥也序不言作仲虺之誥以理足文便故略之○傳爲湯至之後○正義曰定元年左傳云薛之皇祖奚仲居薛以爲夏車正仲虺居薛以爲湯左相是其事也

仲虺之誥

仲虺臣名以諸侯相天子會同曰誥

疏仲虺之誥○正義曰發首二句史述成湯之心次二句湯言已慙之意仲虺乃作誥以下皆勸湯之辭自曰嗚呼至用爽厥師言天以桀有罪命伐夏之事自簡賢輔勢至言足聽聞說湯在桀時怖懼之事自惟王弗邇聲色至厥惟舊哉言湯有德行加民民歸之事自佑賢輔德以下說天子之法當擢用賢良屏黜昏暴勸湯奉行此事不須以放桀爲惡康誥名誥之類一字足以爲文仲虺誥三字不得成文以之字足成其句畢命冏命不言之微子之命文侯之命言之與此同猶周禮司服言大裘而冕亦足句也○傳仲虺至曰誥○正義曰伯仲叔季人字之常仲虺必是其名或字仲而名虺古人

名或不可審知縱使是字亦得謂之爲名言是人之名號也左傳稱居薛爲湯左相是以諸侯相天子也周禮士師云以五戒先後刑罰一曰誓用之於軍旅二曰誥用之於會同是會同曰誥誥謂於會。之所設言以誥衆此惟誥湯一人而言會同者因解諸篇誥義且仲虺必對衆誥湯亦是會同曰誥

成湯放桀于南巢惟有慙德湯伐桀武功成故以爲號南巢地名有慙德慙德不及古。湯伐桀武功成故號成湯一云成謚也

曰予恐來世以台爲口實恐來世論道我放天子常不去口

仲虺乃作誥陳義誥湯可無慙

曰嗚呼惟天生民有欲無主乃亂民無君主則恣情欲必致禍亂惟天生聰明時乂言天生聰明是治民亂

有夏昏德民墜塗炭夏桀昏亂不恤下民民之危險若陷泥墜火無救之者

天乃錫王勇智表正萬邦纘禹舊服言天與王勇智應爲民主儀表天下法正萬國纘禹之功統其故服。纘子管反應應對之應

茲率

厥典奉若天命天意如此但當循其典法奉順天命而已無所慙【疏】成湯放桀于南巢○正義曰桀奔南巢湯縱而不迫故稱放也傳言南巢地名不知地之所在周書序有巢伯來朝傳云南方遠國鄭玄云巢南方之國世一見者桀之所奔蓋彼國也以其國在南故稱南耳傳并以南巢爲地名不能委知其處故未明言之

夏王有罪矯誣上天以布命于下言託天以行虐於民乃桀之大罪○矯居表反誣音無

帝用不臧式商受命用爽厥師天用桀無道故不善之式用爽明也用商受王命用明其衆言爲主也○臧作郎反

簡賢附勢寔繁有徒簡略也賢而無勢則略之不賢有勢則附之若是者繁多有徒衆無道之世所常○繁音煩

肇我邦于有夏若苗之有莠若粟之有秕始我商家國於夏世欲見翦除若莠生苗若秕在粟恐被鋤治簸颺○莠羊九反秕悲里反徐甫里反又必履反鋤仕魚反簸彼我反颺音揚

小大戰戰罔不懼于非辜矧予之德言足

聽聞言商家小大憂危恐其非罪見滅矧況也況我之道德善言足聽聞乎無道之惡有道自然理○惡烏路反

惟王不邇聲色不殖貨利邇近也不近聲樂言清簡不近女色言貞固殖生也不生資貨財利言不貪也既有聖德兼有此行○近附近之近行下孟反疏夏王至厥師○正義曰矯詐也誣加也夏王自有所欲詐加上天言天道須然不可不爾假此以布苛虐之命於天下以困苦下民上天用桀無道之故故不善之用使商家受此爲王之命以王天下用命商王明其所有之衆謂湯教之使修德行善以自安樂是明之也○傳式用爽明也○正義曰式用釋言文昭七年左傳云是以有精爽至於神明從爽以至於明則爽是明之始故爽爲明也經稱昧爽謂未大明也

德懋懋官功懋懋賞用人惟己改過不吝勉於德者則勉之以官勉於功者則勉之以賞用人之言若自己出有過則改無所吝惜所以能成王業

克寬克仁彰信兆民言湯寬仁之德明信於天下疏德懋懋至不吝○正義曰於德能勉力行之者王則勸勉之以官於功能勉力爲之者王則勸勉之以賞用人之言惟如己之所

出改悔過失無所悋惜美湯之行如此凡庸之主得人之言恥非己智雖知其善不肯遂從已有愆失恥於改過舉事雖覺其非不肯更悔是惜過不改故以此美湯也成湯之爲此行尚爲仲虺所稱歎凡人能勉者鮮矣

乃葛伯仇餉初征自葛東征西夷怨南征北狄怨葛伯遊行見農民之餉於田者殺其人奪其餉故謂之仇餉仇怨也湯爲是以不祀之罪伐之從此後遂征無道西夷北狄舉遠以言則近者著矣○仇音求餉式亮反

曰奚獨後予怨者辭也

攸徂之民室家相慶曰徯予后后來其蘇湯所往之民皆喜曰待我君來其可蘇息○徯胡啓反蘇字亦作穌

民之戴商厥惟舊哉舊謂初征自葛時

佑賢輔德顯忠遂良賢則助之德則輔之忠則顯之良則進之明王之道

兼弱攻昧取亂侮亡弱則兼之闇則攻之亂則取之有亡形則侮之言正義

推亡固存邦乃其昌有亡道則推而亡之有存道則輔而固之王者如此國乃昌盛○推土雷反

疏

乃葛伯仇餉○正義曰此言乃者却說已過之事亂征云乃季秋月朔其義亦然左傳稱怨耦曰仇謂彼人有負於我我心怨之是名爲仇也餉田之人不負葛伯葛伯奪其餉而殺之是葛伯以餉田之人爲已之仇言非所怨而妄殺故湯爲之報也孟子稱湯使亳衆往爲之耕有童子以黍肉餉葛伯奪而殺之則葛伯所殺殺亳人也傳言葛伯遊行見農人之餉於田者殺其人而奪其餉故謂之仇餉乃似葛伯自殺已人與孟子違者湯之征葛以人之枉死而爲之報耳不爲亳人乃報之非亳人則赦之故傳指言殺餉不辨死者何人亳人葛人義無以異故不復言亳非是故違孟子○傳賢則至之道○正義曰周禮卿大夫云三年則大比考其德行道藝而興賢者鄭玄云賢者謂有德行者詩序云忠臣良士皆是善也然則賢是德盛之名德是資賢之實忠是盡心之事良是爲善之稱俱是可用之人所從言之異耳佑之與輔顯之與遂隨便而言之○傳弱則至正義○正義曰力少爲弱不明爲昧政荒爲亂國滅爲亡兼謂包之攻謂擊之取謂取爲已有侮謂侮慢其人弱昧亂亡俱是彼國衰微之狀兼攻取侮是此欲吞并之意弱昧是始衰之事來服則制爲已屬不服則以兵攻之此二者始欲服其人末是滅其國亂是已亂亡謂將亡二者衰甚已將滅其國亡形已著無可忌憚故陵

侮其人既侮其人必滅其國故以侮言之此是人君之正義仲虺陳此者意亦言桀亂亡取之不足爲愧下言推亡及覆昬暴其意亦在桀也

德日新萬邦惟懷志自滿九族乃離日新不懈怠自滿志盈溢○懈工債反

疏德日至乃離○正義曰易繫辭云日新之謂盛德修德不怠日日益新德加於人無遠不屆故萬邦之衆惟盡歸之志意自滿則陵人人既被陵情必不附雖九族之親乃亦離之萬邦舉遠以明近九族舉親以明疏也漢代儒者說九族有二案禮戴及尚書緯歐陽說九族乃異姓有屬者父族四母族三妻族二古尚書說九族從高祖至玄孫凡九族堯典云以親九族傳云以睦高祖玄孫之親則此言九族亦謂高祖玄孫之親也謂萬邦惟懷實歸之九族乃離實離之聖賢設言爲戒容辭頗甚父子之間便以志滿相棄此言九族以爲外姓九族有屬文便也

王懋昭大德建中于民以義制事以禮制心垂裕後昆欲王自勉明大德立大中之道於民率義奉禮垂優足之道示後世○中如字中或作忠非裕徐以樹反

予聞曰能自得師者王求賢聖而

事之○王徐于況反又如字謂人莫己若者亡自多足人莫之益亡之道好問則裕自用則小問則有得所以足不問專固所以小○好呼報反嗚呼慎厥終惟其始靡不有初鮮克有終故戒慎終如其始○鮮息淺反殖有禮覆昏暴有禮者封殖之昏暴者覆亡之○覆芳服反暴蒲報反字或作虣欽崇天道永保天命王者如此上事則敬天安命之道

湯誥第三

商書　孔氏傳　孔穎達疏

湯既黜夏命黜退也退其王命復歸于亳作湯誥湯誥以伐桀大義告天下（疏）湯既至湯誥○正義曰湯既黜夏王之命復歸于亳以伐桀大義誥示天下史錄其事作湯誥仲虺在路作誥此至亳乃作故次仲虺之下王歸自克夏至于亳

誕告萬方誕大也以天命大義告萬方之衆人○誕音但告工毒反疏王歸自克夏○正義曰湯之伐桀當有諸侯從之不從行者必應多矣既已克夏改正名號還至于亳海内盡來猶如武成篇所云庶邦冢君暨百工受命于周也湯於此時大誥諸侯以伐桀之義故云誕告萬方誕大釋詁文萬者舉盈數下云凡我造邦是誥諸侯也

王曰嗟爾萬方有衆明聽予一人誥天子自稱曰予一人古今同義

惟皇上帝降衷于下民皇天。上帝天也衷善也疏降衷于下民○正義曰天生烝民與之五常之性使有仁義禮智信是天降善於下民也天既與善於民君當順之故下傳云順人有常之性則是爲君之道

若有恒性克綏厥猷惟后順人有常之性能安立其道教則惟爲君之道

夏王滅德作威。以敷虐于爾萬方百姓夏桀滅道德作威刑以布行虐政於天下百官言殘酷

爾萬方百姓罹其凶害。弗忍荼毒罹被荼毒苦也不能堪忍虐之甚○罹力之反本亦作羅洛河反荼

音徒疏弗忍荼毒○正義曰釋草云荼苦菜此菜味苦故假之以言人苦毒謂螫人之蟲蛇虺之類實是人之所苦故并言荼毒以喻苦也

並告無辜于上下神祇言百姓兆民並告無罪稱寃訴天地○寃紆元反

天道福善禍淫降災于夏以彰厥罪政善天福之淫過天禍之故下災異以明桀罪惡譴寤之而桀不改○譴遣戰反寤五故反

肆台小子將天命明威不敢赦行天威謂誅之○台音怡

敢用玄牡敢昭告于上天神后請罪有夏明告天問桀百姓有何罪而加虐乎○牡茂后反

疏敢用玄牡○正義曰檀弓云殷人尚白牲用白今云玄牡夏家尚黑于時未變夏禮故不用白也故安國注論語敢用玄牡之文云殷家尚白未變夏禮故用玄牡是其義也鄭玄說天神有六周家冬至祭皇天大帝于圜丘牲用蒼夏至祭靈威仰於南郊則牲用騂孔注孝經圜丘與郊共爲一事則孔之所說無六天之事論語堯曰之篇所言敢用玄牡即此事是也孔注論語以爲堯曰之章有二帝三王之事錄者採合以成章檢大禹謨及此篇與

泰誓武成則堯曰之章其文略矣鄭玄解論語云用玄牡者爲舜命禹事於時忽告五方之帝莫適用用皇天大帝之牲其意與孔異

聿求元聖與之戮力以與爾有衆請命

聿遂也大聖陳力謂伊尹放桀除民之穢是請命○聿允橘反述也戮舊音六又力彫反說文力周反史記音力消反穢於廢反

【疏】傳聿遂也至請命○正義曰聿訓述也述前所以申遂故聿爲遂也戮力猶勉力也論語云陳力就列湯臣大賢惟有伊尹故知大聖陳力謂伊尹也伊尹賢人而謂之聖者相對則聖極而賢次散文則賢聖相通舜謂禹曰惟汝賢是聖得謂之賢則賢亦可言聖鄭玄周禮注云聖通而先識也解先識則爲聖名故伊尹可爲聖也孟子云伯夷聖人之淸者也伊尹聖人之任者也柳下惠聖人之和者也孔子聖人之時者也是謂伊尹爲聖人者也桀爲殘虐人不自保故伐桀除人之穢是爲請命

上天孚佑下民罪人黜伏

浮信也天信佑助下民桀知其罪退伏遠屛

天命弗僭賁若草木兆民允殖

僭差賁飾也言福善禍淫之道不差天下惡除煥然咸飾若草木同華民信樂生○僭子念反忒也劉創林反賁彼義反徐扶

云反煥呼亂【疏】天命至允殖○正義曰桀以大罪身卽黜伏是天之福善禍淫之命信而不僭差也既除大惡天下煥然修飾若草木同生華兆民信樂生也昔日不保性命今日樂生活矣僭差不齊之意故傳以僭爲差賁飾易序卦文也反樂音洛

俾予一人輯寧爾邦家言天使我輯安汝國家國諸侯家卿大夫

茲朕未知獲戾于上下此伐桀未知得罪於天地謙以求衆心○戾力計反

【疏】傳此伐至衆心○正義曰經言茲者謂此伐桀也顧氏云未知得罪于天地言伐桀之事未知得罪于天地以否湯之伐桀上應天心下符人事本實無罪而云未知得罪以否者謙以求衆心

慄慄危懼若將隕于深淵。慄慄危心若墜深淵危懼之甚○慄音栗隕于敏反

凡我造邦無從匪彝無卽慆淫。戒諸侯與之更始彝常慆慢也無從非常無就慢過禁之○彝徐音夷慆他刀反

各守爾典以承天休守其常法承大美道

爾有善朕弗敢蔽罪當朕躬弗敢自赦

惟簡在上帝之心所以不蔽善人不赦己罪以其簡在天心故也疏惟簡在上帝之心○正義曰鄭玄注論語云簡閲在天心言天簡閲其善惡也其爾萬方有罪在予一人自責化不至予一人有罪無以爾萬方無用爾萬方言非所及嗚呼尙克時忱乃亦有終忱誠也庶幾能是誠道乃亦有終世之美○忱市林反咎單作明居咎單臣名主土地之官作明居民法一篇亡○單音善卷末同

疏咎單作明居○正義曰百篇之序此類有四伊尹作咸有一德周公作無逸作立政與此篇直言其所作之人不言其作者之意蓋以經文分明故略之馬融云咎單爲湯司空傳言主土地之官蓋亦爲司空也

伊訓第四

商書　孔氏傳　孔穎達疏

成湯既没太甲元年太甲太丁子湯孫也太丁未立而卒及湯没而太甲立稱元年

伊尹作伊訓肆命徂后

凡三篇其二亡【疏】成湯至徂后○正義曰成湯既沒其歲即太甲元年伊尹以太甲承湯之後恐其不能纂修祖業作書以戒之史敘其事作伊訓肆命徂后三篇○傳太甲至元年○正義曰太甲太丁子世本文也此序以太甲元年繼湯沒之下明是太丁未立而卒太甲以孫繼祖故湯沒而太甲代立即以其年稱爲元年也周法以踰年即位知此即以其年稱元年者此經云元祀十有二月伊尹祠于先王奉嗣王祇見厥祖太甲中篇云惟三祀十有二月朔伊尹以冕服奉嗣王歸于亳二者皆云十有二月若是踰年即位二者皆當以正月行事何以用十二月也明此經十二月是湯崩之踰月太甲中篇三祀十有二月是服闋之踰月以此知湯崩之年太甲即稱元年也舜禹以受帝終事自取歲首遭喪嗣位經無其文夏后之世或亦不踰年也顧氏云殷家猶質踰月即改元年以明世異不待正月以爲首也商謂年爲祀序稱年者序以周世言之故也據此經序及太甲之篇太甲必繼湯後而殷本紀云湯崩太子太丁未立而卒於是乃立太丁之弟外丙三年崩別立外丙之弟仲壬四年崩伊尹乃立太丁之子太甲與經不同彼必妄也劉歆班固不見古文謬從史記皇甫謐既得此經作帝王世紀乃述馬遷之語

是其疎也顧氏亦云止可依經誥大典不可用傳記小說

伊訓 作訓以教道太甲

惟元祀十有二月乙丑伊尹祠于先王 此湯崩踰月太甲卽位奠殯而告○祀年也夏曰歲商曰祀周曰年唐虞曰載尹祠音辭祭也

（疏）惟元祀○正義曰伊尹祠于先王謂祭湯也奉嗣王祗見厥祖謂見湯也故傳解祠先王爲奠殯而告見厥祖爲居位主喪羣后咸在爲在位次皆述在喪之事是言祠是奠也祠喪于殯斂祭皆名爲奠虞祔卒哭始名爲祭知祠非宗廟者元祀卽是初喪之時未得祠廟且湯之父祖不追爲王所言先王惟有湯耳故知祠實是奠非祠宗廟也祠之與奠有大小耳祠則有主有尸其禮大奠則奠器而已其禮小奠祠俱是享神故可以祠言奠亦由於時猶質未有節文周時則祠奠有異故傳解祠爲奠耳○傳此湯至而告○正義曰太甲中篇云三祀十有二月伊尹以冕服奉嗣王則是除喪卽吉明十二月服終禮記稱三年之喪二十五月而畢知此年十一月湯崩此祠先王是湯崩踰月太甲卽位奠殯而告也此奠殯而告亦如周康王受顧命尸於天子春秋之世既有奠殯卽位踰年卽位此踰月卽位當奠殯卽位也此言伊尹祠于先王是特設祀也嗣王祗見厥祖是始見祖也特設祀禮而王

始見祖明是初卽王位告殯爲喪主也**奉嗣王祗見厥祖**居位主喪○見賢遍反**侯甸羣后咸在**在位次○甸徒遍反**百官總己以聽冢宰**伊尹制百官以三公攝冢宰○總音揔**伊尹乃明言烈祖之成德以訓于王**湯有功烈之祖故稱焉（疏）傳湯有至稱焉○正義曰湯有功烈之祖毛詩傳文也烈訓業也湯有定天下之功業爲商家一代之大祖故以烈祖稱焉**曰嗚呼古有夏先后方懋厥德罔有天災**先君謂禹以下少康以上賢王言能以德禳災○少詩照反上時掌反禳如羊反（疏）傳先君至禳災○正義曰有夏先君揔指桀之上世有德之王皆是也傳舉聖賢者言禹已下少康已上惟當禹與啓及少康耳魯語云杼能師禹者也杼少康之子傳蓋以其德衰薄故斷自少康已上耳由能行其德故無有天災言能以德禳災也**山川鬼神亦莫不寧**莫無也言皆安之**暨鳥獸魚鼈咸若**雖微物皆順之明其餘無不順○暨其器反鼈必滅反（疏）

山川至咸若○正義曰山川鬼神謂山川之鬼神也亦莫不寧者謂鬼神安人君之政政善則神安之神安之則降福人君無妖孽也鳥獸魚鼈咸若者謂人君順禽魚君政善而順彼性取之有時不夭殺也鳥獸在陸魚鼈在水水陸所生微細之物人君爲政皆順之明其餘無不順也**于其子孫弗率皇天降災假手于我有命**言桀不循其祖道故天下禍災借手於我有命商王誅討之**造攻自鳴條朕哉自亳**造哉皆始也始攻桀伐無道由我始修德于亳○亳旁各反徐扶各反

（疏）于其至自亳○正義曰于其子孫於有夏先君之子孫謂桀也不循其祖之道天下禍災謂滅其國而誅其身也天不能自誅於桀故借手于我有命之人謂成湯也言湯有天命將爲天子就湯借手使誅桀也旣受天命誅桀始攻從鳴條之地而敗之天所以命我者由湯始自修德於亳故也

惟我商王布昭聖武代虐以寬兆民允懷言湯布明武德以寬政代桀虐政兆民以此皆信懷我商王之德

今王嗣厥德罔不在初言善惡之由無不在初欲其愼始**立愛**

惟親立敬惟長始于家邦終于四海言立愛敬之道始於親長則家國並化終治四海○長丁丈反〔疏〕立愛至四海○正義曰王者之馭天下撫兆人惟愛敬二事而已孝經天子之章盛論愛敬之事言天子當用愛敬以接物也行之所立自近爲始立愛惟親先愛其親推之以及疎立敬惟長先敬其長推之以及幼卽孝經所云愛親者不敢惡於人敬親者不敢慢於人是推親以及物始則行於家國終乃治於四海卽孝經所云德教加於百姓刑於四海是也所異者孝經論愛敬並始於親令緣親以及疎此分敬屬長言從長以及幼耳

嗚呼先王肇修人紀從諫弗咈先民時若言湯始修爲人綱紀有過則改從諫如流必先民之言是順○咈扶弗反〔疏〕先民時若○正義曰賈逵注周語云先民古賢人也魯語云古曰在昔昔曰先民然則先民在古昔之前遠言之也遠古賢人亦是民內之一人故以民言之先民之言於是順從言其動皆法古賢也

居上克明言理恕〔疏〕居上克明○正義曰見下之謂明言其以理恕物照察下情是能明也

爲下克忠事上竭誠與人不

求備檢身若不及使人必器之常如不及恐有過疏○檢身若不及○正義曰檢謂自攝斂也檢敕其身常如不及不自大以卑人不恃長以陵物也以至于有萬邦兹惟艱哉言湯操心常危懼動而無過以至爲天子此自立之難○操七曹反又七報反敷求哲人俾輔于爾後嗣布求賢智使師輔於爾嗣王言仁及後世○哲本又作喆俾必爾反制官刑儆于有位言湯制治官刑法以儆戒百官○儆居領反曰敢有恒舞于宫酣歌于室時謂巫風常舞則荒淫樂酒曰酣酣歌則廢德事鬼神曰巫言無政○酣戸甘反巫音無樂音洛敢有殉于貨色恒于遊畋時謂淫風殉求也昧求財貨美色常遊戲畋獵是淫過之風俗○殉辭俊反徐辭荀反畋音田敢有侮聖言逆忠直遠耆德比頑童時謂亂風狎侮聖人之言而不行拒逆忠直之規而不納耆年有德疏遠之童稚頑嚚親比之是荒亂之風俗○遠

于萬反注同耆巨夷反比毗志反徐扶至反稚直利反嚚魚巾反

惟茲三風十愆卿士有一于身家必喪有一過則德義廢失位亡家之道○愆去乾反喪如字又息浪反

邦君有一于身國必亡諸侯犯此國亡之道

臣下不匡其刑墨具訓于蒙士邦君卿士則以爭臣自匡正臣不正君服墨刑鑿其額涅以墨蒙士例謂下士士以爭友僕隸自匡正○爭諫爭之爭鑿在洛反額魚白反涅乃結反隸郎計反

【疏】曰敢有至蒙士○正義曰此皆湯所制治官之刑以儆戒百官之言也三風十愆謂巫風二舞也歌也淫風四貨也色也遊也畋也與亂風四爲十愆也舞及遊畋得有時爲之而不可常然故三事特言恒也歌則可矣不可樂酒而歌故以酣配之巫以歌舞事神故歌舞爲巫覡之風俗也貨色人所貪欲宜其以義自節而不可專心殉求故言殉於貨色心殉貨色常爲遊畋是謂淫過之風俗也侮慢聖人之言拒逆忠直之諫疎遠耆年有德親比頑愚幼童愛惡憎善國必荒亂故爲荒亂之風俗也此三風十愆雖惡有大小但有一於身皆喪國亡家故各從其類相配爲風俗臣下不匡其刑墨言臣無貴賤皆當匡

正君也具訓于蒙士者謂湯制官刑非眞教訓邦君卿大夫等使之受諫亦備具教訓下士使受諫也○傳常舞至無政事○正義曰酣歌常舞並爲耽樂無度荒淫廢德俱是敗亂政事其爲愆過不甚異也恒舞酣歌乃爲愆耳若不恒舞不酣歌非爲過也樂酒曰酣言耽酒以自樂也說文亦云酣樂酒也楚語云民之精爽不攜貳者則明神降之在男曰覡在女曰巫又周禮有男巫女巫之官皆掌接神故事鬼神曰巫也廢棄德義專爲歌舞似巫事鬼神然言其無政也○傳殉求至風俗○正義曰殉者心循其事是貪求之意故爲求也志在得之不顧禮義昧求謂貪昧以求之無逸云于遊于畋是遊與畋別故爲遊戲與畋獵爲之無度是淫過之風俗也○傳狎侮至風俗○正義曰侮謂輕慢狎謂慣忽故傳以狎配侮而言之旅獒云德盛不狎侮是狎侮意相類也○傳邦君至臣正○正義曰言十愆有一則亡國喪家邦君卿士慮其喪亡之故則宜以爭臣自匡正犯顏而諫臣之所難故設不諫之刑以勵臣下故言臣不正君則服墨刑墨刑五刑之輕者謂鑿其額涅以墨司刑所謂墨罪五百者也蒙謂蒙稚卑小之稱故蒙士例謂下士也顧氏亦以爲蒙謂蒙闇之士例字宜從下讀言此等流例謂下士也

嗚呼嗣王祗厥身念哉言當敬身念祖

德聖謨洋洋嘉言孔彰洋洋美善言甚明可法。洋音羊徐音翔

疏聖謨至孔彰。正義曰此歎聖人之謨洋洋美善者謂上湯作官刑所言三風十愆令受下之諫是善言甚明可法也

惟上帝不常作善降之百祥作不善降之百殃祥善也天之禍福惟善惡所在不常在一家爾惟德罔小萬邦惟慶修德無小則天下賚慶。賚力代反爾惟不德罔大墜厥宗苟為不德無大言惡有類以類相致必墜失宗廟此伊尹至忠之訓

疏爾惟至厥宗。正義曰又戒王爾惟修德而為善德無小德雖小猶萬邦賴慶況大善乎爾惟不德而為惡惡無大惡雖小猶墜失其宗廟況大惡乎。傳苟為至之訓。正義曰爾惟德謂修德以善也爾惟不德謂不修德為惡也易繫辭曰善不積不足以成名惡不積不足以滅身乃謂大善始為福大惡乃成禍此訓作勸誘之辭言為善無小小善萬邦猶慶況大善乎而為惡無大言小惡猶墜厥宗況大惡乎此經二事辭反而意同也傳言惡有類者解小惡墜宗之意初為小惡小惡有族類以類相致至於大惡若致

於大惡必墜失宗廟言至於大惡乃墜非小惡卽能墜也晉語云趙文子冠見韓獻子曰戒之此謂成人成人在始始與善善進不善蔑由至矣始與不善不善進善亦蔑由至矣言惡有類以類相致也今太甲初立恐其親近惡人以惡類相致禍害故以言戒之此是伊尹至忠之訓也

肆命陳天命以戒太甲亡徂后陳往古明君以戒亡

太甲上第五

商書　孔氏傳　孔穎達疏

太甲既立不明不用伊尹之訓不明居喪之禮伊尹放諸桐湯葬地也不知朝政故曰放○朝直遙反三年復歸于亳思庸念常道伊尹作太甲三篇

〔疏〕太甲至三篇○正義曰太甲既立爲君不明居喪之禮伊尹放諸桐宮使之思過三年復歸於亳都以其能改前過思念常道故也自初立至放而復歸伊尹每進言以戒之史敘其事作太甲三篇案經上篇是放桐宮之事中下二篇是歸亳之事此序歷言其事以摠三篇也○傳不用至之禮○正義曰此篇

承伊訓之下經稱不惠于阿衡知不明者不用伊尹之訓也王徂桐宮始云居憂是未放已前不明居喪之禮也○傳湯葬至曰放○正義曰經稱營于桐宮密邇先王知桐是湯葬地也舜放四凶徙之遠裔春秋放其大夫流之他境嫌此亦然故辨之云不知朝政故曰放使之遠離國都往居墓側與彼放逐事同故亦稱放也古者天子居喪三年政事聽於冢宰法當不知朝政而云不知朝政曰放者彼正法三年之內君雖不親政事冢宰猶尚諮稟此則全不知政故爲放也

太甲 戒太甲故以名篇

【疏】傳戒太甲故以名篇○正義曰盤庚仲丁祖乙等皆是發言之人名篇此太甲及沃丁君奭以被告之人名篇史官不同故以爲名有異且伊訓肆命徂后與此三篇及咸有一德皆是伊尹戒太甲不可同名伊訓故隨事立稱以太甲名篇也

惟嗣王不惠于阿衡 阿倚衡平言不順伊尹之訓○倚於綺反

【疏】惟嗣至阿衡○正義曰太甲以元年十二月卽位此至放桐之時未知凡經幾月必是伊尹數諫久而不順方始放之蓋以三五月矣必是二年放之序言三年復歸者謂卽位三年非在桐宮三年也史錄其伊尹訓王有伊訓肆命徂后其餘忠規切諫固應多矣太甲終不從之故言不惠于阿衡史爲作書發端故言此爲曰

也。傳阿倚至之訓。正義曰古人所讀阿倚同音故阿亦倚也稱上謂之衡故衡爲平也詩毛傳云阿衡伊尹也鄭玄亦云阿倚衡平也伊尹湯倚而取平故以爲官名

伊尹作書曰先王顧諟天之明命以承上下神祇顧謂常目在之諟是也言敬奉天命以承順天地。顧音故諟音是說文理也祇巨支反〔疏〕傳顧謂至天地。正義曰說文云顧還視也諟與是古今之字異故變文爲是也言先王每有所行必還迴視是天之明命謂常目在之言其想象如目前終常敬奉天命以承上天下地之神祇也

社稷宗廟罔不祇肅肅嚴也言能嚴敬鬼神而遠之。遠于萬反

天監厥德用集大命撫綏萬方監視也天視湯德集王命於其身撫安天下。監工暫反

惟尹躬克左右厥辟宅師伊尹言能助其君居業天下之衆。辟必亦反〔疏〕惟尹躬。正義曰孫武兵書及呂氏春秋皆云伊尹名摯則尹非名也今自稱尹者蓋湯得之使尹正天下故號曰伊尹人既呼之爲尹故亦以尹自稱禮法君前臣名不稱名者古人質直不可以後代之

禮約之肆嗣王丕承基緒肆故也言先祖勤德致有天下故子孫得大承基業宜念祖修德丕。普悲反徐甫眉反惟尹躬先見于西邑夏自周有終相亦惟終周忠信也言身先見夏君臣用忠信有終夏都在亳西○先見並如字注同其後嗣王罔克有終相亦罔終言桀君臣滅先人之道德不能終其業以取亡○相悉亮反嗣王戒哉祇爾厥辟辟不辟忝厥祖以不終爲戒愼之至敬其君道則能終忝辱也爲君不君則辱其祖王惟庸罔念聞言太甲守常不改無念聞伊尹之戒伊尹乃言曰先王昧爽丕顯坐以待旦爽顯皆明也言先王昧明思大明其德坐以待旦而行之○昧音妹旁求俊彥啓迪後人旁非一方美士曰彥開道後人言訓戒○俊本亦作畯迪大歷反無越厥命以自覆越墜失也無失亡祖命而不勤德以自顛覆○越于月反本又作粵覆芳服反注同愼乃儉德惟懷永圖言當以儉爲德思長世之謀若虞機張往省括于度則釋機弩牙也虞度也度機機有度以準望言修德夙夜思之明旦行之如射先省矢括于度釋則中。省息井反括故活反度如字虞度待洛反中丁仲反欽厥止率乃祖攸行止謂行所安止君止於仁子止於孝惟朕以懌萬世有辭言能循汝祖所行則我喜悅王亦見歎美無窮。懌音亦

【疏】伊尹至有辭。正義曰伊尹作書以告太甲不念聞之伊尹乃又言曰先王以昧爽之時思大明其德既思得其事則坐以待旦明則行之其身既勤於政又乃旁求俊彥之人置之於位令以開導後人先王之念子孫其憂勤若是嗣王今承其後無得墜失其先祖之命以自覆敗王當慎汝儉約之德令其以儉爲德而謹慎守之惟思其長世之謀謀爲政之事譬若以弩射也可準度之機已張之又當以意往省視矢括當於所度則釋而放之如是而射則無不中矣猶若人君所修政教欲發命也當以意夙夜思之使當於民心明旦行之則無不當矣王又又當敬其身所安止循汝祖之所行若能如此惟我以此喜悅王于萬世常有善辭言有聲譽亦見歎美無

窮也。傳爽顯至行之。正義曰昭七年左傳云是以有精爽至於神明從爽以至於明是爽謂未大明也昧是晦冥爽是未明謂夜向晨也釋詁云丕大也顯光也光亦明也於夜昧冥之時思欲大明其德既思得之坐以待旦而行之言先王身之勤也。傳旁非至訓戒。正義曰旁謂四方求之故言非一方也美士曰彥釋訓文舍人曰國有美士爲人所言道也。傳機弩至則中。正義曰括謂矢末機張省括則是以射喻也機是轉關故爲弩牙虞訓度也度機機有法度以準望所射之物準望則解經虞也如射者弩以張訖機關先省矢括與所射之物三者於法度相當乃後釋弦發矢則射必中矣言爲政亦如是也

王未克變未能變不用訓太甲性輕脫伊尹至忠所以不已。輕遣政反

〔疏〕傳未能至不已。正義曰未能變者據在後能變故當時爲未能也時既未變是不用伊尹之訓也太甲終爲人主非是全不可移但體性輕脫與物推遷雖有心向善而爲之不固伊尹至忠所以進言不已是伊尹知其可移故誨之不止冀其終從己也

伊尹曰茲乃不義習與性成言習行不義將成其性。義本亦作誼

予弗狎于弗順營于桐宮密邇

先王其訓無俾世迷狎近也經營桐墓立宮令太甲居之近先王則訓於義無成其過不使世人迷惑怪之。俾必爾反後篇同近附近之近令力呈反〔疏〕伊尹至世迷。正義曰伊尹以王未變乃告於朝廷羣臣曰此嗣王所行乃是不義之事習行此事乃與性成言爲之不已將以不義爲性也我不得令王近於不順之事當營於桐墓立宮使此近先王當受人教訓之無得成其過失使後世人迷惑怪之。傳狎近至怪之。正義曰狎習是相近之義故訓爲近也不順即是近不順也習爲不義近於不順則當日日益惡必至滅亡故伊尹言已不得使王近於不順故經營桐墓立宮墓旁令太甲居之不使復知朝政身見廢退必當改悔爲善也王徂桐宮往入桐宮居憂居憂位〔疏〕傳往入至憂位。正義曰亦既不知朝政之事惟行居喪之禮居憂位謂服治喪禮也伊尹亦使兵士衛之選賢俊教之故太甲能終信德也克終允德言能思念其祖終其信德

太甲中第六

商書　孔氏傳　孔穎達疏

惟三祀十有二月朔湯以元年十一月崩至此二十六月三年服闋○闋苦穴反伊尹以冕服奉嗣王歸于亳冕冠也踰月卽吉服○冕音免

疏

惟三至于亳○正義曰周制君薨之年屬前君明年始爲新君之元年此殷法君薨之年而新君卽位卽以其年爲新君之元年惟三祀者太甲卽位之三年也湯以元年十一月崩至此年十一月爲再朞除喪服也至十二月服闋闋息也如喪服息卽吉服舉事貴初始故於十二月朔以冕服奉嗣王歸于亳冕是在首之服冠內之別名冠是首服之大名故傳以冕爲冠案王制云殷人冔而祭大雅云常服黼冔冔是殷之祭冠今云冕者蓋冕爲通名王制又云有虞氏皇而祭夏后氏收而祭殷人冔而祭周人冕而祭並是當代別名殷禮不知天子幾冕周禮天子六冕大裘之冕祭天尚質弁師惟掌五冕備物盡文惟袞冕耳此以冕服蓋以袞冕之服也顧氏云祥禫之制前儒不同案士虞禮云朞而小祥又朞而大祥中月而禫王肅云祥月之內又禫祭服彌寬而變彌數也禮記檀弓云祥而縞是月禫徙月樂王肅云是祥之月而禫禫之明月可以樂矣案此孔傳云二十六月服闋則與王肅同鄭玄以中月爲間一月云祥後復更有一月而禫則三年之

喪凡二十七月與孔爲異作書曰民非后罔克胥匡以生無能相匡故須君以生○胥息餘反后非民罔以辟四方須民以君四方皇天眷佑有商俾嗣王克終厥德實萬世無疆之休言王能終其德乃天之顧佑商家是商家萬世無窮之美○疆居良反王拜手稽首曰予小子不明于德自底不類君而稽首於臣謝前過類善也闇於德故自致不善○底之履反欲敗度縱敗禮以速戾于厥躬速召也言已放縱情欲毁敗禮儀法度以召罪於其身○敗必邁反徐甫邁反縱子用反戾郎計反〔疏〕傳速召至其身○正義曰釋言云速徵也徵召也轉以相訓故速爲召也欲者本之於情縱者放之於外有欲而縱之縱欲爲一也準法謂之度體見謂之禮禮度一也故傳并釋之言已放縱情欲毁敗禮儀法度以召罪於其身也天作孽猶可違自作孽不可逭孽災逭逃也言天災可避自作災不可逃○孽魚列反逭胡亂

反〈疏〉傳孽災至可逃。正義曰洪範五行傳有妖孽眚祥
漢書五行志說云凡草物之類謂之妖妖猶夭胎言
尚微也蟲豸之類謂之孽孽則牙孽矣甚則異物生謂之眚
自外來謂之祥是孽爲災初生之名故爲災也逭逃也釋言
文樊光云行相避逃謂之逭亦行不相逢也天作災者謂若
太戊桑穀生朝高宗雊雉升鼎耳可修德以禳之是可避也
自作災者謂若桀放鳴條紂死宣室是不可逃也據其將來
修德可去及其已至改亦無益天災自作逃否亦同且天災
亦由人行而至非是橫加災也此太
甲自悔之深故言自作甚於天災耳

旣往背師保之訓弗克于厥初尚賴匡救之德圖惟厥終言已已往之前不能修德於其初今庶幾賴教訓之德謀終於善悔過之辭。背音佩徐扶代反

伊尹拜手稽首拜手首至手〈疏〉傳拜手首至手。正義曰周禮太祝辨九拜一曰稽首二曰頓首三曰空首鄭玄云稽首拜頭至地也頓首拜頭叩地也空首拜頭至手所謂拜手也鄭惟解此三者拜之形容所以爲異也稽首頭至地頭下至地也頓首頭下至地暫一叩之而已此言拜手稽首者初爲拜頭至手乃復申頭以至于地至手是爲拜手至

地乃爲稽首然則凡爲稽首者皆先爲拜手乃後爲稽首故拜手稽首連言之諸言拜手稽首義皆同也太祝又云四曰振動五曰吉拜六曰凶拜七曰奇拜八曰褒拜九曰肅拜鄭注云振動者戰栗變動而拜吉拜者拜而後稽顙謂齊衰不杖以下者之拜凶拜者稽顙而後拜卽三年喪拜也奇拜者謂君答臣一拜也褒拜者謂再拜拜神與尸也肅拜者謂揖拜也禮介者不拜及婦人之拜也左傳云天子在寡君無所稽首則諸侯於天子稽首也諸侯相於則頓首也君於臣則空首也

曰修厥身允德協于下惟明后言修其身使信德合於羣下惟乃明君

先王子惠困窮民服厥命罔有不悅言湯子愛困窮之人使皆得其所故民心服其教令無有不忻喜

並其有邦厥鄰乃曰徯我后后來無罰湯俱與鄰並有國鄰國人乃曰待我君來言忻戴君來無罰言仁惠。徯胡啓反

〔疏〕並其至無罰。正義曰言湯昔爲諸侯之時與湯並居其有邦國謂諸侯之國也此諸侯國人其與湯鄰近者皆願以湯爲君乃言曰待我后后來無罰於我言羨慕湯德忻戴之也

王懋乃德

視乃厥祖無時豫怠言當勉修其德法視其祖而行之無爲是逸豫怠惰。懋音茂奉先思孝接下思恭以念祖德爲孝以不驕慢爲恭視遠惟明聽德惟聰言當以明視遠以聰聽德（疏）傳言當至聽德。正義曰人之心識所知在於聞見聞見所得在於耳目故欲言人之聰明以視聽爲主視若不見故言惟明明謂監察是非也聽若不聞故言惟聰聰謂識知善惡也視戒見近迷遠故言視遠聽戒背正從邪故言聽德各準其事相配爲文朕承王之休無斁王所行如此則我承王之災無斁。斁音亦厭於豔反

太甲下第七

商書　孔氏傳　孔穎達疏

伊尹申誥于王曰嗚呼惟天無親克敬惟親言天於人無有親疏惟親能敬身者（疏）伊尹申誥于王。正義曰伊尹以至忠之心喜王改悔重告於王冀王犮

善一篇皆誥辭也天親克敬民歸有仁神享克誠言天民與
神皆歸于善也奉天宜其敬謹養民宜用仁恩事神當以誠
信亦準事相配而爲文也**民罔常懷懷于有仁**民所歸無常以仁政爲常**鬼**
神無常享享于克誠言鬼神不保一人能誠信者則享其祀**天位**
艱哉言居天子之位難以此三者**德惟治否德亂**爲政以德則治不以德則
亂○治直吏反注及下同**與治同道罔不興與亂同事罔不**
亡言安危在所任治亂在所法【疏】傳言安至所法○正義曰任賢則與任佞則亡故安危在所任於善
則治於惡則亂故治亂在所法揔言治國則稱道單指所行
則言事與難而亡易道大而事小故大言興而小言亡也此
所云惟言治亂在所法耳下句云終始慎厥與言當與
賢不與佞治亂在於用臣故傳於此言安危在所任也**終**
始慎厥與惟明明后明慎其所與治亂之機則爲明王明君【疏】惟明明后
○正義曰重言明明言其爲大明耳傳因文重故言明王明君君王猶是一也**先王惟時懋敬**

厥德克配上帝言湯推是終始所與之難勉修其德能配天而行之今王嗣
有令緒尚監茲哉令善也繼祖善業當夙夜庶幾視祖此配天之德而法之若
升高必自下若陟遐必自邇言善政有漸如登高升遠必用下近爲始
然後終致高遠無輕民事惟難無輕爲力役之事必重難之乃可無安厥位
惟危言當常自危懼以保其位慎終于始於始慮終於終思始疏慎終于始。正
義曰欲慎其終於始卽須慎之故傳云於始慮終傳以將終戒惰故又云於終思始言終始皆當慎也有言
逆于汝心必求諸道人以言咈違汝心必以道義求其意勿拒逆之有言
遜于汝志必求諸非道遜順也言順汝心必以非道察之勿以自臧嗚
呼弗慮胡獲弗爲胡成一人元良萬邦以貞
胡何貞正也言常念慮道德則得道德念爲善政則成善政一人天子天子有大善則天下得其正疏傳胡何至

其正。○正義曰：胡之與何，方言之異耳。易象象皆以貞爲正也。伊尹此言勸王爲善，弗慮弗爲，必是善事。人君善事惟有道德政教，言不慮何獲，是念慮有所得，知心所念慮是道德也。不爲何成，則爲之有所成，則知心所念是爲善政也。謂天子爲一人者，其義有二：一則天子自稱一人，是爲謙辭，言已是人中之一耳；一則臣下謂天子爲一人，是爲尊稱，言天下惟一人而已。

君罔以辯言亂舊政，利口覆國家，故特慎焉。**臣罔以寵利居成功**，成功不退，其志無限，故爲之極以安之。

〔疏〕傳「成功」至「安之」。○正義曰：四時之序，成功者退。臣既成功，不知退謝，其志貪欲無限，其君不堪所求，或有怨恨之心，君懼其謀，必生誅殺之計。自古以來，人臣有功不退者，皆喪家滅族者衆矣。經稱臣無以寵利居成功者，爲之限極以安之也。伊尹告君而言及臣事者，雖復汎說大理，亦見已有退心也。

邦其永孚于休，言君臣各以其道，則國長信保於美。

咸有一德第八

商書　孔氏傳　孔穎達疏

伊尹作咸有一德言君臣皆有純一之德以戒太甲〖疏〗伊尹作咸有一德○正義曰太甲既歸於亳伊尹致仕而退恐太甲德不純一故作此篇以戒之經稱尹躬及湯。有一德言已君臣皆有純一之德戒太甲使君臣亦然此主戒太甲而言臣有一德者欲令太甲亦任一德之臣經云任官惟賢材左右惟其人是戒太甲使善用臣也伊尹既放太甲又迎而復之是伊尹有純一之德已爲太甲所信是已君臣純一欲令太甲法之

咸有一德即政之後恐其不一故以戒之〖疏〗咸有一德○正義曰此篇終始皆言一德之事發首至陳戒于德敘其作戒之由已下皆戒辭也德者得也內得於心行得其理既得其理執之必固不爲邪見更致差貳是之謂一德也而凡庸之主監不周物志既少決性復多疑與智者謀之與愚者敗之則是二三其德不爲一也經云德惟一動罔不吉德二三動罔不凶是不二三則爲一德也又曰終始惟一時乃日新言守一必須固也太甲新始即政伊尹恐其二三故專以一德爲戒

伊尹既復政厥辟還政太甲將告歸乃陳戒于德告老歸邑陳德以戒〖疏〗伊尹至于德○正義曰自太甲居桐而伊尹秉政太甲既

歸于亳伊尹還政其君將欲告老歸其私邑乃陳言戒王於德以一德戒王也太甲既得復歸伊尹即應還政其告歸陳戒未知在何年也下云今嗣王新服厥命則是初始即政蓋太甲居亳之後即告老也君奭云在太甲時則有若保衡保衡伊尹也襄二十一年左傳云伊尹放太甲而相之卒無怨色則伊尹又相太甲蓋伊尹此時將欲告歸太甲又留之爲相如成王之留周公不得歸也○傳告老至以戒○正義曰伊尹湯之上相位爲三公必封爲國君又受邑于畿內告老致政事於君欲歸私邑以自安將離王朝故陳戒以德也無逸云肆祖甲之享國三十三年傳稱祖甲即太甲也殷本紀云太甲崩子沃丁立沃丁序云沃丁既葬伊尹于亳則伊尹卒在沃丁之世湯爲諸侯之時已得伊尹此至沃丁始卒伊尹壽年百有餘歲此告歸之時已應七十左右也殷本紀云太甲既立三年伊尹放之於桐宮居桐宮三年悔過反善伊尹乃迎而受之政謂太甲歸亳之歲已爲即位六年與此經相違馬遷之說妄也紀年云殷仲壬即位居亳其卿士伊尹仲壬崩伊尹乃放太甲於桐而自立也伊尹即位於太甲七年太甲潛出自桐殺伊尹乃立其子伊陟伊奮命復其父之田宅而中分之案此經序伊尹奉太甲歸于亳其文甚明左傳又稱伊尹放太甲而相之孟子云有伊尹之志則可無伊

尹之志則篡伊尹不肯自立太甲不殺伊尹也必若伊尹放君自立太甲起而殺之則伊尹死有餘罪義當汙宮滅族太甲何所感德而復立其子還其田宅乎紀年之書晉太康八年汲郡民發魏安僖王冢得之蓋當時流俗有此妄說故其書因記之耳

曰嗚呼天難諶命靡常○以其無常故難信　諶徐市林反

常厥德保厥位厥德匪常九有以亡人能常其德則安其位九有諸侯桀不能常其德湯伐而兼之

〔疏〕九有以亡○正義曰毛詩傳云九有九州也此傳云九有諸侯謂九州所有之諸侯伊尹此言凡說大理未指夏桀但傳顧下文比桀爲此言之驗故云桀不能常其德湯伐而兼之

夏王弗克庸德慢神虐民言桀不能常其德不敬神明不恤下民

皇天弗保監于萬方啓迪有命言天不安桀所爲廣視萬方有天命者開道之

眷求一德俾作神主天求一德使伐桀爲天地神祇之主

惟尹躬暨湯咸有一德克享天心受天明命享當也所征無敵謂

之受天命（疏）傳享當至天命○正義曰德當神意神乃享之故以享爲當也天道遠而人道近天之命人非有言辭文誥正以神明祐之使之所征無敵謂之受天命也緯候之書乃稱有黃龍玄龜白魚赤雀負圖銜書以授聖人正典無其事也漢自哀平之間緯候始起假託鬼神妄稱祥瑞孔時未有其說縱使時已有之亦非孔所信也

以有九有之師爰革夏正爰於也於得九有之衆遂伐夏勝之改其正

非天私我有商惟天佑于一德非天私商而王之佑助一德所以王○王于況反下同或如字

非商求于下民惟民歸于一德非商以力求民民自歸於一德

德惟一動罔不吉德二三動罔不凶二三言不一

惟吉凶不僭在人惟天降災祥在德行善則吉行惡則凶是不差德一天降之善不一天降之災是在德○僭子念反（疏）惟吉至在德○正義曰指其已然則爲吉凶言其徵兆則曰災祥其事不甚異也吉凶已成之事指人言之故曰在人災祥未至之徵行之所招故言在德在德謂

爲德有一與不一在人謂人行有善與不善也吉凶已在其身故不言來處災祥自外而至故言天降其實吉凶亦天降也

今嗣王新服厥命惟新厥德其命王命新其德戒勿怠終始惟一時乃日新言德行終始不衰殺是乃日新之義○行下孟反殺色界反衰微也殺害也言小小害也

任官惟賢材左右惟其人官賢才而任之非賢材不可任選左右必忠良不忠良非其人

臣爲上爲德爲下爲民言臣奉上布德順下訓民不可官所私任非其人○爲上于僞反下爲民同爲德如字下爲下同徐皆于僞反

其難其慎惟和惟一其難無以爲易其慎無以輕之羣臣當和一心以事君政乃善○易以豉反

疏今嗣王至惟一○正義曰上既言在德此指戒嗣王今新始服其王命惟當新其所行之德所云新者終始所行惟常如一無有衰殺之時是乃日新也王既身行一德臣亦當然任人爲官惟用其賢材輔弼左右惟當用其忠良之人乃可爲左右耳此任官左右卽王之臣也臣之爲用所施多矣何者言臣之助爲在上當施爲道德身爲臣下當須助爲於民也臣之既當

爲君又須爲民故不可任非其才用非其人此臣之所職其事甚難無得以爲易其事須慎無得輕忽爲臣之難如此惟當敬臣和順惟當共秉一心以此事君然後政乃善耳言君臣宜皆有一德○傳其命至勿怠○正義曰說命云王言惟作命成十八年左傳云人之求君使出命也是言人君職在發命新服厥命新始服行王命故云其命王命也新其德者勤行其事日日益新戒王勿懈怠也○傳言德至之義○正義曰日新者日日益新也若今日勤而明日惰昨日是而今日非自旁觀之則有新有舊言王德行終始皆同不有衰殺從旁觀之每日益新是乃日新之義也○傳官賢至其人○正義曰任官謂任人以官故云官賢才而任之言官用賢才而委任之詩序云任賢使能非賢才不可任也冏命云小大之臣咸懷忠良故言選左右必忠良不忠良卽是非其人任官是用人爲官左右亦是任而用之故言選左右也宜言其人人字不見故據冏命之文以忠良充之○傳言臣至其人○正義曰言臣奉上布德者奉上謂奉爲在上解經爲上也布德者謂布爲道德解經爲德也順下訓民者順下謂卑順以爲臣下解經爲下也訓民者訓以善道訓助下民解經爲民也顧氏亦同此解○傳其難至乃善○正義曰此經申上臣事既所爲如此其難無以爲易其慎無以輕忽之戒臣無

得輕易臣之職也既事不可輕宜和協奉上羣臣當一心以事君如此政乃善耳一心即一德言臣亦當一德也德無常師主善爲師德非一方以善爲主乃可師善無常主協于克一言以合於能一爲常德俾萬姓咸曰大哉王言一德之言故曰大又曰一哉王心能一德則一心克綏先王之祿永厎烝民之生言爲王而令萬姓如此此則能保安先王之寵祿長致衆民所以自生之道是明王之事○烝之丞反嗚呼七世之廟可以觀德天子立七廟有德之王則爲祖宗其廟不毁故可觀德萬夫之長可以觀政能整齊萬夫其政可知○長丁丈反

【疏】嗚呼至觀政○正義曰此又觀王修德以立後世之名禮王者祖有功宗有德雖七世之外其廟不毁嗚呼七世之廟其外則猶有不毁者可以觀知其有明德也立德在於爲政萬夫之長能使其整齊可以觀知其善政也萬夫之長尚爾況天子乎觀王使爲善政也○傳天子至觀德○正義曰天子立七廟是其常事其有德之王則列爲祖宗雖七

廟親盡而其廟不毁故於七廟之外可以觀德矣下云萬夫
之長可以觀政謂觀其萬夫之長此七世之廟可以觀德謂
觀七世之外文雖同而義小異耳所謂辭不害意漢氏以來
論七廟諸多矣其文見於記傳。禮器家語荀卿書穀梁傳皆
曰天子立七廟以爲天子常法不辨其廟之名王制云天子
七廟三昭三穆與太祖之廟而七祭法云王立七廟曰考廟
曰王考廟曰皇考廟曰顯考廟曰祖考廟皆月祭之遠廟爲
祧有二祧享嘗乃止漢書韋玄成議曰周之所以七廟者后
稷始封文王武王受命而王是以三廟不毁與親廟四而七
也鄭玄用此爲說惟周有七廟二祧爲文王武王廟也故鄭
玄王制注云此周制七者太祖及文王武王二祧與親廟四
太祖后稷也殷則六廟契及湯與二昭二穆夏則五廟無太
祖禹與二昭二穆而已良由不見古文故爲此謬說此篇乃
是商書已云七世之廟則天子立七廟王者常禮非獨周人
始有七廟也文武則爲祖宗不在昭穆之數王制之文不得
云三昭三穆也劉歆馬融王肅雖則不見古文皆以七廟爲
天子常禮所言二祧者王肅以爲高祖之父及祖也并高祖
已下共爲三昭三穆耳喪服小記云王者禘其祖之所自出
以其祖配之而立四廟庶子王亦如之所以不同者王肅等
以爲受命之王是初基之王故立四廟庶子王者謂庶子之

後自外繼立雖承正統之後自更別立己之高祖已下之廟猶若漢宣帝別立戾太子悼皇考廟之類也或可庶子初基
爲王亦得與嫡子同正立四廟也后非民罔使民非后罔事君以使民自尊
民以事君自生無自廣以狹人匹夫匹婦不獲自盡民
主罔與成厥功上有狹人之心則下無所自盡矣言先盡其心然後乃能盡其力人君所以成
功○狹戶夾反盡徐子忍反注同疏無自至厥功○正義曰既言君民相須又戒王虛心待物凡爲人主無得
爲廣大以狹小前人勿自以所知爲大謂彼所知爲小若謂彼狹小必待之輕薄彼知遇薄則意不自盡匹夫匹婦不得
自盡其意則在下不肯親上在上不得下情如是則人主無與成其功也沃丁既葬伊尹
于亳沃丁太甲子伊尹既致仕老終以三公禮葬○沃烏毒反徐於毒反咎單遂訓伊
尹事訓暢其所行功德之事作沃丁咎單忠臣名作此篇以戒也亡疏沃丁至作沃丁
○正義曰沃丁殷王名也沃丁既葬伊尹言重其賢德備禮而葬之咎單以沃丁愛慕伊尹遂訓暢伊尹之事以告沃丁

史錄其事作沃丁之篇○傳沃丁至禮葬○正義曰世本本紀皆云太甲崩子沃丁立是爲太甲子也伊尹本是三公上篇言其告歸知致仕老終以三公禮葬皇甫謐云沃丁八年伊尹卒卒年百有餘歲大霧三日沃丁葬之以天子禮葬祀以太牢親臨喪以報大德晉文請隧襄王不許沃丁不當以天子之禮葬伊尹也孔言三公禮葬未必有文要情事當然也

伊陟相大戊伊陟伊尹子太戊沃丁弟之子○陟張力反相息亮反太戊馬太甲子**亳**

有祥桑穀共生于朝祥妖怪二木合生七日大拱不恭之罰○桑蘇臧反穀工木反楮也朝直遙反

伊陟贊于巫咸作咸乂四篇贊告也巫咸臣名皆亡○巫咸馬云巫男巫也名咸殷之巫也

疏伊陟至四篇○正義曰伊陟輔相太戊於亳都之內有不善之祥桑穀二木共生于朝朝非生木之處是爲不善之徵伊陟以此桑穀之事告于巫咸使錄其事作咸乂四篇乂訓治也言所以致妖須治理之故名篇爲咸乂也伊陟不先告太戊而告巫咸者君奭云在太戊時則有若巫咸乂王家則咸是賢臣能治王事大臣見怪而懼先共議論而後以告君下篇序云太戊贊于伊陟明先告於巫咸而後告太戊○傳伊陟至之

子○正義曰伊陟伊尹子相傳爲然殷本紀云沃丁崩弟太庚立崩子小甲立崩弟雍己立崩弟太戊立是太戊爲小甲弟太庚之子○傳祥妖至之罰○正義曰漢書五行志云凡草物之類謂之妖自外來謂之祥祥是惡事先見之徵故爲妖怪也二木合生謂共處生也七日大拱伏生書傳有其文或嘗别出餘書則孔用之也鄭玄注書傳云兩手搤之曰揚生七日而見其大滿兩手也殷本紀云一暮大拱言一夜即滿拱所聞不同故說異也五行傳曰貌之不恭是謂不肅時則有青眚青祥漢書五行志夏侯始昌劉向等說云肅敬也内曰恭外曰敬人君行己體貌不恭怠慢驕蹇則不能敬木色青故有青眚之祥是言木之變怪是貌不恭之罰人君貌不恭天將罰之木怪見其徵也皇甫謐云太戊問於伊陟伊陟曰臣聞妖不勝德帝之政事有闕白帝修德太戊退而占之曰桑穀野木而不合生于朝意者朝亡乎太戊懼修先王之政明養老之禮三年而遠方重譯而至七十六國是言妖不勝德也○傳贊告至臣名○正義曰禮有贊者皆以言告人故贊爲告也君奭傳曰巫氏也當以巫爲氏名咸此言臣名者言是臣之名號也鄭玄云巫咸謂之巫官者案君奭咸子又稱賢父子並爲大臣必不卌作巫官故孔言巫氏是也

太戊贊于伊陟告以攻過

自新

作伊陟原命 原臣名原命伊陟三篇皆亡

〔疏〕太戊至原命○正義曰言太戊贊於伊陟惟告伊陟不告原也史錄其事而作伊陟原命二篇則太戊告伊陟亦告原俱以桑穀事告故序總以爲文也原是臣名而云原命謂以言命原故以原命名篇猶如冏命畢命也

仲丁遷于囂 太戊子去亳囂地名○囂五羔反

〔疏〕仲丁遷于囂○正義曰此三篇皆是遷都之事俱以君名名篇並陳遷都之義如盤庚之誥民也發其舊都謂之遷到彼新邑謂之居遷于囂與居相亦同也以河亶甲三字句長不言于其實亦是俱于相也圮于耿者孔意以爲毀于相地乃遷于耿地其篇蓋言毀意故序特言圮也李顒云囂在陳留浚儀縣皇甫謐云仲丁自亳徙囂在河北也或曰今河南敖倉二說未知孰是也相地孔云在河北蓋有文而知也謐又以耿在河東皮氏縣耿鄉是也○傳太戊至地名○正義曰此及下傳言仲丁是太戊之子河亶甲仲丁弟也祖乙河亶甲子皆世本文也仲丁是太戊之子太戊之時仍云亳有祥知仲丁遷于囂去亳也

作仲丁 陳遷都之義亡

河亶甲居相 仲丁弟相地名在河北○亶丁但反相息亮反在河北今魏郡有相縣

作河亶甲 亡

祖乙圮于耿亶甲子圮於相遷於耿河水所毀曰圮○圮備美反徐扶鄙反馬云毀也

疏傳亶甲至曰圮○正義曰孔以河亶甲居相祖乙卽亶甲之子故以爲圮於相地乃遷都于耿釋詁云圮毀也故云河水所毀曰圮據文圮于耿也知非圮毀于耿更遷餘處必云圮於相地遷於耿者明與其上文連上云遷于亳謂遷來向亳居於相謂居於相地故知圮于耿謂遷來于耿以文相類故孔爲此解謂古人之言雖尙要約皆使言足其文令人曉解若圮於相遷居於耿經言圮於耿大不辭乎且亶甲居於相祖乙居耿今爲水所毀更遷他處故言毀于耿耳非旣毀乃遷耿也盤庚云不常厥邑于今五邦及其數之惟有亳囂相耿四處而已知此旣毀於耿更遷一處盤庚又自彼處而遷於殷耳殷本紀云祖乙遷於邢馬遷所爲說耳鄭玄云祖乙又去相居耿而國爲水所毀於是修德以禦之不復徙也錄此篇者善其國圮毀改政而不徙如鄭所言稍爲文便但上有仲丁亶甲下有盤庚皆爲遷事作書述其遷意此若毀而不遷序當改文見義不應文類遷居更以不遷爲義汲冡古文云盤庚自奄遷於殷者蓋祖乙圮于耿遷于奄盤庚自奄遷于殷亳囂相耿與此奄五邦者此蓋不經之書未可依信也

作祖乙亡

八卷終

尚書注疏挍勘記卷八

臣阮元撰盧宣旬摘錄

尚書注疏卷第八 宋板同古本作尚書卷第四古文尚書湯誓第一商書孔氏傳

湯誓第一 按匡謬正俗卷二引商書湯誓曰予則孥戮汝蓋古文尚書誓作𣂔也 商書

伊尹以夏政醜惡 閩本明監本同毛本醜作配誤

爲出不意故也 閩本明監本同毛本出下有其字

戒誓湯士衆 古本岳本宋本湯作其纂傳亦作湯

而割正夏 按段玉裁云孔傳正政也言奪民農功而爲割剝之政按傳不言於夏邑則各本夏字賸也正義云爲割剝之政於夏邑增此三字以暢經意耳史記殷本紀云舍我嗇事而割政裴駰引孔安國曰奪民農功而爲割剝之政蓋今古文尚書皆無夏字後人據正義妄增之非也

正改也 葛本同閩本初亦作改後改作政案政字是也

不敢不正桀罪誅之 按史記集解引此桀下有之字罪下有而字文義較明

言桀君臣相率爲勞役之事以絕衆力謂廢農功 按史記集解引此作桀之君臣相率遏止衆力使不得事農蓋檃栝傳意非原文也

予則孥戮汝 按匡謬正俗引此句戮作剹蓋亦古文尚書也

多有夏罪 閩本明監本同毛本夏作大案大字是也

君其可喪 閩本明監本同毛本君作若案若字是也

再言所以積桀之非也 閩本同毛本非作罪

所以比於日者 閩本明監本毛本同宋本比下有桀字案有者是也

變置社稷 按史記集解引此傳變上有欲字浦鏜挍從之似可不必蓋改正易服變置社稷其事相因疏言改正易服因變置社稷是也非更端之詞又据疏說湯已變稷唯社未遷明不得有欲字

然而旱乾水溢 閩本溢初作益後加水毛本作溢

故更致社稷 宋本同毛本致作置盧文弨云可通用

大崩曰敗績 古本崩下有壞字

從謂遂討之 古本岳本宋本遂作逐纂傳亦作遂岳本攷證云逐字正釋從字之義即春秋左氏傳晉師從齊師意也

誼伯仲伯作典寶 陸氏曰誼本或作義

仲虺之誥第二 商書

使錄其言 閩本明監本毛本使作史案史字是也

自簡賢輔勢 閩本明監本毛本輔作附案附字是也

康誥召誥之類 宋本閩本明監本同毛本康作湯

一字足以爲文 閩本明監本同毛本一作二
謂於會之所 浦鏜云會下當脫同字
肇我邦亐有夏 各本亐作于案亐字誤也
惟王不邇聲色 按篇題疏引此句不作弗與古本合
曰徯予后 古本亐作我
湯誥第三 商書
皇天 閩本葛本同毛本天作大
則惟爲君之道 按前疏引此句惟作是
夏王滅德作威 古本威作畏下明威同
罹其凶害 古本害作虐

而桀不攺 古本作而桀不改攺也纂傳作而桀終不攺

不敢赦 唐石經不作弗

用元壯者 閩本明監本毛本壯作牡案牡字是也

浮信也 閩本明監本毛本浮作孚案浮字誤也

凡我造邦無從匪彝無卽慆淫 古本無並作亡下無以爾萬方同

承大美道 閩本明監本毛本大作天案大字誤也

朕弗敢蔽 古本蔽作弊

乃亦有終 古本亦作亓山井鼎曰亓古其字○按亦與亓形相似而誤當作亦

伊訓第四 商書

是特設祀也 閩本明監本同毛本祀作祠下特設祀禮同

杍能師禹者也　盧文弨云師國語作帥

朕哉自亳　石經補缺哉誤作載

終治四海　葛本同各本治作洽案洽字是也疏乃治于四海同

今緣親以及疎　閩本明監本毛本今作令按令字是也

敢有殉于貨色　按一切經音義卷一云尚書狥于貨色注云狥干求也凡元應所引尚書注不出姓名者皆孔傳也其經文當亦據孔本此經殉字古文蓋作狥今文則作殉當以狥爲正傳云殉求也宐改作狥干求也

昧求財貨美色　岳本纂傳昧作敢按敢字固與經相應然疏云昧求謂貪昧以求之則疏自作昧

親此頑愚幼童　閩本明監本毛本此作比案比字是也

但有一於身　宋本同各本身下有者字

謂貪昧以求之　按六經正誤引此文貪作昏攷疏上云殉者心循其事是貪求之意此云貪昧

以求與上貪求相應貪者必昧故曰貪昧似不當作昏矣

則天下賚慶 按釋文云賚力代反是陸氏本作賚也疏云德雖小猶萬邦賴慶是孔氏本作賴也似當以賴爲正賴慶謂一人有慶兆民賴之若作賚慶則費解矣

太甲上第五 商書

此至放桐之時 閩本明監本同毛本此作比案比字是也

欽厥止率乃祖攸行 按今本皆以此兩句爲一節下文惟朕以懌萬世有辭兩句爲一節以傳攷之此節傳云止謂行所安止君止於仁子止於孝專釋止字之義至下傳乃云言能循汝祖所行則我喜悅王亦見歎美無窮似當以欽厥止一句爲一節率乃祖攸行合下兩句爲一節然疏云王又當敬其身所安止循汝祖之所行若能如此惟我以此喜悅其分節蓋已同今本矣

萬世有辭 古本辭作亨

使此近先王 閩本同明監本毛本此作比案比字是也

必當改悔爲善也 閩本明監本同毛本悔作過

太甲中第六 商書

王懋乃德視乃厥祖 石經考文提要云坊本作烈祖亦沿蔡沈集傳案孔安國傳視其祖而行之其訓厥也○按纂傳已從蔡傳作烈矣

太甲下第七 商書

則我承王之災無斁 各本災作美案美字是也古本岳本宋本纂傳斁作厭釋文有厭於豔反

終始慎厥與惟明明后 唐石經初刻有后字後磨改祗作惟明明

言湯推是終始所與之難 閩本明監本毛本推作惟案惟字是也

咸有一德第八 商書

經稱尹躬及湯有一德　宋本湯下有咸字是也

伊尹既復政厥辟　古本厥作其下常厥德同按古本多以其爲厥亦有以厥爲其者後亦不悉按

此至沃丁始卒　閩本明監本同毛本此作比

伊尹乃迎而受之政　閩本同毛本受作授案當作授

厥德匪常　顧炎武曰石經監本同按唐柳澤上書引此作匪常今本作靡常非石經考文提要云亦沿蔡沈集傳因上命靡常而誤

九有諸侯　古本下有也字按此增也字亦可傳意九有猶言諸侯也疏云謂九州所有之諸侯此又申釋傳義耳

任官惟賢材　浦鏜云材今本作才

謂卑順以爲臣下　宋本閩本明監本同毛本臣下作下下

訓以善道訓助下民　宋本上訓字作謂按訓字非也

此又觀王修德　閩本明監本同毛本觀作勸案勸字是也下觀王重使爲善政也同

論七廟諸多矣　閩本明監本毛本諸作者案諸字誤也

其文見於記傳　閩本明監本同毛本傳下有者字

無得爲廣大　閩本明監本同毛本得下有自字

晉文請遂　閩本同毛本遂作隧案隧字是也

使錄其事　各本使作史

兩手搤之曰揚　閩本明監本毛本揚作拱案拱字是也

時則有青眚之祥　宋本之作青下同案作青與五行志合

而遠方重譯而至七十六國　浦鏜云者誤七書傳重譯而朝者六國說苑作七國

家語作十有六國疑六與七近之○按恐仍當以七十六國爲是書傳脱七十二字説苑脱十六二字耳然者字似不可省姑存浦説俟考

三篇皆亾 古本岳本宋板纂傳三作二案二字是也

尚書校勘記卷八

會昌縣知縣候補知州曾暉春栞

附釋音尚書注疏卷第九

盤庚上第九

商書　孔氏傳　孔穎達疏

盤庚五遷將治亳殷自湯至盤庚凡五遷都盤庚治亳殷○盤本又作般步干反治直吏反**民咨胥怨**胥相也民不欲徙乃咨嗟憂愁相與怨上○胥徐思餘反怨紆萬反**作**

盤庚三篇〔疏〕盤庚至三篇○正義曰商自成湯以來屢遷都邑仲丁河亶甲祖乙皆有言語歷載於篇盤庚最在其後故序揔之自湯至盤庚凡五遷都今盤庚將欲遷居而治於亳之殷治民皆戀其故居不欲移徙咨嗟憂愁相與怨上盤庚以言辭誥之史敘其事作盤庚三篇○傳自湯至亳殷○正義曰經言不常厥邑于今五邦故序言盤庚五遷傳嫌一身五遷故辨之云自湯至盤庚凡五遷都也上文言自契至于成湯八遷幷數湯爲八此言盤庚五遷又幷數湯爲五湯一人再數故班固云殷人屢遷前八後五其實正十二也此序云盤庚將治亳殷下傳云殷亳

之別名則亳殷即是一都湯遷還從先王居也汲冢古文云
盤庚自奄遷于殷殷在鄴南三十里東晳云尚書序盤庚五
遷將治亳殷舊說以爲居亳亳殷在河南孔子壁中尚書云
將始宅殷是與古文不同也漢書項羽傳云洹水南殷墟上
今安陽西有殷東晳以殷在河北與亳異也然孔子壁内之
書安國先得其本此將治亳殷不可作將始宅殷亳字摩滅
容或爲宅壁内之書安國先得始皆作亂其字與治不類無
緣誤作始字知東晳不見壁内之書妄爲說耳若洹水南有
殷墟或當餘王居之非盤庚也盤庚治於亳殷紂滅在於朝
歌則盤庚以後遷於河北蓋盤庚後王有從河有亳地遷於
洹水之南後又遷于朝歌○傳胥相至怨上○正義曰釋詁
云胥皆也相亦是皆義故通訓胥爲相也民不欲徙乃咨嗟
憂愁相與怨上經云民不適有居是怨上之事也仲丁祖乙
亦是遷都序無民怨之言此獨有怨者盤庚祖乙之曾孫也
祖乙遷都於此至今多歷年世民居已久戀舊情深前王三
徙詰令則行曉喻之易故無此言此則民怨之深故序獨有
此事彼各一篇而此獨三篇者謂民怨上故勸誘之難也民
不欲遷而盤庚必遷者鄭玄云祖乙居耿後奢侈踰禮土地
迫近山川嘗圮焉至陽甲立盤庚爲之臣乃謀徙居湯舊都
又序注云民居耿久奢淫成俗故不樂徙王肅云自祖乙五

世至盤庚元兄陽甲宮室奢侈下民邑居墊隘水泉瀉鹵不
可以行政化故徙都於殷皇甫謐云耿在河北迫近山川自
祖辛已來民皆奢侈故盤庚遷於殷此三者之說皆言奢侈
鄭玄既言君奢又言民奢王肅專謂君奢皇甫謐專謂民奢
言君奢者以天子宮室奢侈侵奪下民言民奢者以豪民室
宇過度逼迫貧乏皆為細民弱劣無所容居欲遷都改制以
寬之富民戀舊故違上意不欲遷也案檢孔傳無奢侈之語
惟下篇云今我民用蕩析離居罔有定極傳云水泉沈溺故
蕩析離居無安定之極徙以為之極孔意蓋以地勢洿下又
久居水變水泉瀉鹵不可行化故欲遷都不必為奢侈也此
以君名名篇必是為君時事而鄭玄以為
上篇是盤庚為臣時事何得專輒謬妄也

盤庚

盤庚殷王
名殷質以王
名。篇。○盤庚殷王名馬云祖乙曾孫祖丁之子不言盤
庚誥何非但錄其誥也取其徙而立功故以盤庚名篇

〔疏〕盤庚
正義曰此三篇皆以民不樂遷開解民意告以不遷之害遷
都之善也中上二篇未遷時事下篇既遷後事上篇人皆怨
上初啓民心故其辭尤切中篇民已少悟故其辭稍緩下篇
民既從遷故辭復益緩哀十一年左傳引此篇云盤庚之誥
則此篇皆誥辭也題篇不曰盤庚誥者王肅云取其徙而立
功故但以盤庚名篇然仲丁祖乙河亶甲等皆以王名名篇則

是史意異耳未必見他義○傳殷質以名篇○正義曰周書謚法成王時作故桓六年左傳云周人以諱事神殷時質未諱君名故以王名名篇也上仲丁祖乙亦是王名於此始作傳者以上篇經亾此經稱盤庚故就此解之史記殷本紀云盤庚崩弟小辛立殷復衰百姓思盤庚乃作盤庚三篇與此序違非也鄭玄云盤庚湯十世孫祖乙之曾孫以五遷繼湯篇次祖乙故繼之于上累之祖乙爲湯玄孫七世也又加祖乙復其祖父通盤庚故十世本紀云祖乙崩子祖辛立崩子門甲立崩弟祖丁立崩門甲之子南庚立崩祖丁子陽甲立崩弟盤庚立是祖乙生祖辛祖辛生祖丁祖丁生盤庚故爲曾孫

盤庚遷于殷亳之別名民不適有居適之也不欲之殷有邑居率籲衆慼出矢言籲和也率和衆憂之人出正直之言○籲音喻慼千歷反曰我王來既爰宅于茲我王祖乙居耿爰於也言祖乙已居於此重我民無盡劉劉殺也所以遷此重我民無殺盡故○盡子忍反不能胥匡以生卜稽曰其如台言民不能相匡以生則當卜稽於龜以徙曰其如我所行○稽工兮反台音怡先王

有服恪謹天命兹猶不常寧先王有所服行敬謹天命如此尚不常安有可遷輒遷○恪苦各反不常厥邑于今五邦湯遷亳仲丁遷囂河亶甲居相祖乙居耿我往居亳凡五徙國都○馬云五邦謂商丘亳囂相耿也今不承于古罔知天之斷命今不承古而徙是無知天將斷絕汝命○斷又音短矧曰其克從先王之烈天將絕命尚無知之況能從先王之業乎○從才容反若顛木之有由蘖言今往遷都更求昌盛如顛仆之木有用生蘖哉○蘖五達反本又作枿馬云顛木而肄生曰枿仆音赴又步北反天其永我命于兹新邑言天其長我命於此新邑不可不從紹復先王之大業厎綏四方言我徙欲如此○厎之履反〔疏〕盤庚至四方○正義曰盤庚欲遷於亳之殷地其民不欲適彼殷地别有邑居莫不憂愁相與怨上盤庚率領和諧其衆憂之人出正直之言以曉告曰我先王初居此者從舊都來於是宅於此地所以遷於此者爲重我民無欲盡殺故先王以久

居墊險不遷則死見下民不能相匡正以生故謀而來徙以徙爲善未敢專決又考卜於龜以徙旣獲吉兆乃曰其如我所行欲徙之吉先王成湯以來凡有所服行敬順天命如此尚不常安可徙則徙不常其邑於今五邦矣今若不承於古徙以避害則是無知天將斷絕汝命矣天將絕命尚不能知況曰其能從先王之基業乎今我往遷都更求昌盛若顛仆之木有用生蘖哉人衰更求盛猶木死生蘖哉我今遷向新都上天其必長我殷之王命於此新邑繼復先王之大業致行其道以安四方之人我徙欲如此耳汝等何以不願徙乎前云若不徙以避害則天將絕汝命謂絕臣民之命明亦絕我殷王之命復云若遷往新都天其長我殷之王命明亦長臣民之命互文也○傳亳之別名○正義曰此序先亳後殷亳是大名殷是亳內之別名鄭玄云商家自徙此而號曰殷鄭以此前未有殷名也中篇云殷降大虐將遷於殷先正其號名知於此號爲殷也雖兼號爲殷而商名不改或稱殷又有兼稱殷商商頌云商邑翼翼撻彼殷武是單稱之也又大雅云殷商之旅咨汝殷商是兼稱之也亳是殷也大名故殷社謂之亳社其亳鄭玄以爲偃師皇甫謐以爲梁國穀熟縣或云濟陰亳縣說旣不同未知誰是○傳適之至邑居○正義曰釋詁云適之往也俱訓爲往故適得爲之不欲往彼殷

也別有新邑居也○傳籲和至之言○正義曰籲卽裕也是寬裕故爲和也憂則不和慼訓憂也故率和衆憂之人出正直之言詩云其直如矢言爲正直之言○傳我王至於此○正義曰孔以祖乙圮於相地遷都於耿今盤庚自欲遷于殷以我王爲祖乙此謂耿也○傳劉殺至殺故○正義曰劉殺釋詁云水泉鹹鹵不可行化王化不行殺民之道先王所以決欲遷此者重我民無欲盡殺故也○傳言民至所行○正義曰不徙所以不能相匡以生者謂水泉沈溺人民困苦不能以義相匡正以生又考卜於龜以徙周祇大卜大遷考自龜是遷必卜也○傳先王至輒遷○正義曰下云卜于今五邦自湯以來數之則此言先王至摠謂成湯至祖乙也先王有所服行謂有典法言能敬順天命卽是有所服也盤庚言先王敬順天命如此尚不常安有可遷輒遷況我不能敬順天命不遷民必死矣故不可不遷也○傳湯遷至國都○正義曰孔以盤庚意在必遷故通數我往居亳爲五邦鄭注皆云湯自商徙亳數商亳囂相耿爲五計湯既遷亳始建王業此言先王遷都不得還數居亳之前充此數也○傳言今至蘖哉○正義曰釋詁云枿餘也李巡曰枿槁木之餘也郭璞云晉衞之間曰枿是言木死顛仆其根更生蘖哉此都毀壞若枯死之木若棄去毀壞之邑更得昌盛猶顛仆枯死之木用生

蘗哉**盤庚斆于民。由乃在位以常舊服正法度**斆教也教人使用汝在位之命用常故事正其法度○斆戶教反下如字度如字**曰無或敢伏小人之攸箴**言無有故伏絶小人之所欲箴規上者戒朝臣○箴之林反馬云諫也朝直遥反

〔疏〕盤庚至攸箴○正義曰前旣畧言遷意今復竝戒臣民盤庚先教於民云汝等當用汝在位之命用舊常故事正其法度欲令民徙從其臣言也民從上命卽是常事法度也又戒臣曰汝等無有敢伏絶小人之所欲箴規上者○傳斆教至朝臣○正義曰文王世子云小樂正斆干大胥贊之籥師斆戈籥師丞贊之彼竝是敎舞干戈知斆爲敎也小民等患水泉沈溺欲箴規上而徙汝臣下勿抑塞伏絶之鄭玄云奢侈之俗小民咸苦之欲言於王今將屬民而詢焉故勑以無伏之**王命衆悉至于庭。**衆羣臣以下

〔疏〕傳衆羣臣以下○正義曰周禮小司寇掌外朝之政以致萬民而詢焉一曰詢國危二曰詢國遷三曰詢立君是國將大遷必詢及於萬民故知衆悉至王庭是羣臣以下謂及下民也民不欲徙由臣不助王勸民故以下多是責臣之辭**王若曰格汝**

衆予告汝訓告汝以法教汝猷黜乃心無傲從康謀退汝違上之心無傲慢從心所安○傲五報反古我先王亦惟圖任舊人共政先王謀任久老成人共治其政○任而鴆反疏傳先王○正義曰此篇所言先王其文無指斥者皆謂成湯已來諸賢王也下言神后高后者指謂湯耳下篇言古我先王適于山者乃謂遷都之王仲丁祖乙之等也此言先王謂先世賢王此既言先王下句王播告之王用丕欽罔上之先不言先省文也王播告之修不匿厥指王布告人以所修之政不匿其指○播波餓反匿女力反疏傳王布至其指○正義曰上句言先王用舊人共政下云王播告之修當謂告臣耳傳言布告人者以下云民用丕變是必告臣亦又告民王用丕欽罔有逸言民用丕變王用大敬其政教無有逸豫之言民用大變從化今汝聒聒起信險膚予弗知乃所訟聒聒無知之貌起信險爲膚受之言我不知汝所訟言何謂○聒古活反馬云說文皆云拒善自用之意疏傳聒

聒至何謂○正義曰鄭玄云聒讀如聒耳之聒聒聒難告之貌王肅云聒聒善自用之意也此傳以聒聒爲無知之貌以聒聒是多言亂人之意也起信險膚者言發起所行專信此險僞膚受淺近之言信此浮言妄有爭訟我不知汝所訟言何謂言無理也**非予自荒茲德惟汝含德不惕予一人**

予若觀火我之欲徙非廢此德汝不從我命所含惡德但不畏懼我耳我視汝情如視火○惕他歷反【疏】非予至觀火○正義曰言先王敬其教民用大變我命敎汝汝不肯徙非我自廢此丕欽之德惟汝之所含德甚惡不畏懼我一人故耳汝含藏此意謂我不知我見汝情若觀火言見之分明如見火也**予亦拙**

謀作乃逸逸過也我不威脅汝徙是我拙謀成汝過○拙之劣反【疏】傳逸過至汝過○正義曰逸過釋言文我若以威加汝汝自不敢不遷則無違上之過也我不威脅汝徙乃是我亦拙謀作成汝過也恨民以恩導之而不從己也**若網在綱有條而不紊若農服田力穡乃亦有秋**紊亂也穡耕稼也下之順上當如網在綱各有條理而不亂也農勤穡則有秋下承

上則有福○桊音問徐音文

疏 傳桊亂至有福○正義曰桊是絲亂故爲亂也稼穡相對則種之曰稼斂之曰穡穡是秋收之名得爲耕穫揔稱故云穡耕稼下承上則有福福謂祿賞

汝克黜乃心施實德于民至于婚友丕乃敢大言汝有積德汝羣臣能退去傲上之心施實德於民至于婚姻僚友則我大乃敢言汝有積德之臣

乃不畏戎毒于遠邇惰農自安不昬作勞不服田畝越其罔有黍稷戎大昬強越於也言不欲徙則是不畏大毒於遠近如怠惰之農苟自安逸不強作勞於田畝則黍稷無所有○昬馬同本或作敃音敏爾雅昬敃皆訓強故兩存越本又作粤音曰于也強其丈反

疏 傳戎大至所有○正義曰戎大昬強越於皆釋詁文孫炎曰昬夙夜之強也書曰不昬作勞引此解彼是亦讀此爲昬也鄭玄讀昬爲敃訓爲勉也與孔不同傳云言不欲徙則是不畏大毒於遠近其意言不徙則有毒毒爲禍患也遠近謂賒促言害至有早晚也不強於作勞則黍稷無所獲以喻不遷於新邑則福祿無所有也此經惰農弗昬無黍稷對上服田

力穡乃亦有秋但其文有詳畧耳汝不和吉言于百姓惟汝自生毒責公卿不能和喻百官是自生毒害疏傳責公至毒害○正義曰此篇上下皆言民此獨云百姓則知百姓是百官也百姓既是百官和吉言者又在百官之上知此經是責公卿不能和喻善言於百官使之樂遷也不和百官必將遇禍是公卿自生毒害乃敗禍姦宄以自災于厥身言汝不相率共徙是爲敗禍姦宄以自災之道○宄音軌乃既先惡于民乃奉其恫汝悔身何及羣臣不欲徙是先惡於民恫痛也不徙則禍毒在汝身徙奉持所痛而悔之則於身無所及○奉孚勇反注同恫勑動反又音通痛也疏傳羣臣至所及○正義曰羣臣是民之師長當倡民爲善羣臣亦不欲徙是乃先惡於民也恫痛釋言文相時憸民猶胥顧于箴言其發有逸口矧予制乃短長之命言憸利小民尚相顧於箴誨恐其發動有過口之患況我制汝死生之命而汝不相敎從我是不若小民○相時相息亮反馬云視王徐息羊反憸息廉反馬

云憸利小小見叀之人也徐七漸反汝曷弗告朕而胥動以浮言恐沈于衆曷何也責其不請告上而相恐欲以浮言不徙恐汝沈溺於衆有禍害○曷何末反若火之燎于原不可嚮邇其猶可撲滅火炎不可嚮近尚可撲滅浮言不可信用尚可得遏絶之○燎力召反又力鳥反又力紹反嚮竹亮反撲音卜反近前近之近則惟汝衆自作弗靖非予有咎我刑戮汝非我咎也靖謀也是汝自爲非謀所致

疏

相時至有咎○正義曰又責大臣不相教遷徙是不如小民我視彼憸利小民猶尚相顧於箴規之言恐其發舉有過口之患故以言相規患之小者尚知畏避況我爲天子制汝短長之命滅恩甚大汝不相教從我乃是汝不如小民汝若不欲從何以不情告我而輒相恐動以浮華之言乃語民云國不可徙我恐汝自取沈溺於衆人而身被刑戮之禍害此浮言流行若似火之燎於原野炎熾不可嚮近其猶可撲之使滅以喻浮言不可止息尚可刑戮使絶也若以刑戮加汝則是汝衆自爲非謀所致此耳非我有咎過也○傳曷何至禍害○正義曰曷何同音故曷爲何也顧氏云汝以浮云恐動

不從更是無益我恐汝自取沈溺於衆人不免禍害也○傳我刑至所致○正義曰我刑戮汝汝自招之非我咎也靖謀釋詁文告民不從者非善謀也由此而被刑戮是汝自爲非謀所致也

遲任有言曰人惟求舊器非求舊惟新遲任古賢○言人貴舊器貴新汝不從是不貴舊○遲直疑反徐持夷反任而今反馬云古老成人

古我先王暨乃祖乃父胥及逸勤予敢動用非罰言古之君臣相與同勞逸子孫所宜法之我豈敢動用非常之罰脅汝乎

世選爾勞予不掩爾善選數也言我世世選汝功勤不掩蔽汝善是我忠於汝○選息轉反又蘇管反掩本又作弇數色主反

茲予大享于先王爾祖其從與享之古者天子録功臣配食於廟大享烝享也所以不掩汝善○與音預烝之承反

作福作災予亦不敢動用非德善自作福惡自作災我不敢動用非罰加汝非德賞汝乎從汝善惡而報之

〈疏〉遲任至非德○正義曰可遷則遷是先王舊法古之賢人遲任有言

曰人惟求舊器非求舊惟新言人貴舊器貴新汝不欲徙是
不貴舊反遲任也古者我之先王及汝祖汝父相與同逸豫
同勤勞汝爲人子孫宜法汝父祖當與我同其勞逸我豈敢動
用非常之罰脅汝乎自我先王以至於我世世數汝功勞我不
掩蔽汝善是我忠於汝也以此故我大享祭于先王汝祖其
從我先王與在宗廟而歆享之是我不掩汝善也汝有善自
作福汝有惡自作災我亦不敢動用非德之賞妄賞汝各從
汝善惡而報之耳其意而言汝從上必有賞違命必有罰也
○傳遲至貴舊○正義曰其人既沒其言立於後世知是古
賢人也鄭玄云古之賢史王肅云古老成人皆謂賢也○傳
選數至於汝○正義曰釋詁云算數也舍人曰釋數之曰算
選即算也故訓爲數經言世世數汝功勞是從先王至已常
行此事故云是我忠於汝也言已之忠責臣之不忠也○傳
古者至汝善○正義曰周禮大宗伯祭祀之名天神曰祀地
祇曰祭人鬼曰享此大享於先王謂天子祭宗廟也傳解天
子祭廟得有臣祖與享之意言古者天子錄功臣配食於廟
故臣之先祖得與享之也古者孔氏據已而道前世也此般
時已然矣大享烝嘗者烝嘗是秋冬祭名謂之大享者以事
各有對若烝嘗對禘祫則禘祫爲大烝嘗爲小若四時自相
對則烝嘗爲大礿祠爲小以秋冬物成可薦者衆故烝嘗爲

大春夏物未成可薦者少故禘祫爲小也知烝嘗有功臣與祭者案周禮司勳云凡有功者銘書於王之大常祭於大烝司勳詔之是也嘗是烝之類而傳以嘗配之魯頌曰秋而載嘗是也祭統云内祭則大嘗禘是也外祭則郊社是也然彼以祫爲大嘗知此不以烝嘗時爲禘祫而直據時祭者以殷祫於三時非獨烝嘗也秋冬之祭尚及功臣則禘祫可知惟春夏不可耳以物未成故也近代已來惟禘祫乃祭功臣配食時祭不及之也近代已來功臣配食各配所事之君若所事之君其廟已毁時祭不祭毁廟其君尚不時祭其臣固當止矣禘祫則毁廟之主亦在焉其時功臣亦當在也王制云犆礿祫禘祫嘗禘烝諸侯礿犆禘一犆一祫嘗祫烝祫此王制之文夏殷之制天子春惟時祭其夏秋冬既爲祫又爲時祭諸侯亦春爲時祭夏惟作祫不作祭秋冬先作時祭而後祫周則春曰祠夏曰礿三年一祫在秋五年一禘在夏故公羊傳云五年再殷祭禮緯云三年一祫五年一禘此是鄭氏之義未知孔意如何

予告汝于難若射之有志告汝行事之難當如射之有所準志必中所志乃善○射食夜反準音准中丁仲反

〔疏〕予告至有志○正義曰既言作福作災由人行有善惡故復教臣行善我告汝於行事之難猶如射之有所準

志志之主欲得中也必中所志乃為善耳以喻人將有行徙思念之行得其道為善耳其意言遷都是善道當念從我言也○傳告汝至乃善○正義曰此傳惟順經文不言喻意鄭玄云我告汝於我心至難矣夫射者張弓屬矢而志在所射必中然後發之為政之道亦如是也以己心度之可施於彼然後出之

汝無侮老成人無弱孤有幼 不用老成人之言是侮老之不徙則孤幼受害是弱易之○侮亡甫反易以豉反

〔疏〕傳不用至易之○正義曰老謂見其年老謂其無所復知弱謂見其幼弱謂其未有所識鄭云老弱皆輕忽之意也老成人之言云可徙不用其言是侮老之也不徙則水泉鹹鹵孤幼受害不念其害則是卑弱輕易之也

各長于厥居勉出乃力聽予一人之作猷 盤庚勑臣下各思長於其居勉盡心出力聽從遷徙之謀○長丁丈反

〔疏〕傳盤庚至之謀○正義曰於時羣臣難毀其居宅惟見目前之利不思長久之計其臣非一共為此心盤庚勑臣下各思長久於其居處勉強盡心出力聽從我遷徙之謀自此已下皆是也

無有遠邇用罪伐厥死用德彰厥善 言遠

近待之如一罪以懲之使勿犯伐去其死道德以明之使勸慕競爲善○去起呂反（疏）○無有至厥善○正義曰此節遷徙之謀也言我至新都撫養在下無有遠近必當待之如一用刑殺之罪伐去其死道用照察之德彰明其行善有過罪以懲之使民不犯非法死刑不用是伐去其死道伐若伐樹然言止而不復行用也有善者人主以照察之德加賞祿以明之使競慕爲善是彰其善也此二句相對上言用罪伐厥死下宜言用賞彰厥生不然者上言用刑下言賞善死是刑之重者舉重故言死有善乃可賞故言彰厥善行賞是德故以德言賞人生是常無善亦生不得言彰厥生故文互

邦之臧惟汝衆有善則衆臣之功○臧徐子郎反**邦之不臧惟予一人有佚罰**佚失也是已失政之罰罪已之義○佚音逸**凡爾衆其惟致告**致我誠告汝衆**自今至于後日各恭爾事齊乃位度乃口**奉其職事正齊其位以法度居汝口勿浮言○度徐如字亦作度（疏）度乃口○正義曰度法度也故傳言以法度居汝口也**罰及爾身弗可悔**不從我謀罰及汝身雖悔

可外。乎

盤庚中第十

商書　孔氏傳　孔穎達疏

盤庚作惟涉河以民遷爲此南渡河之法用民徙乃話民之弗率誕告用亶其有衆話善言民不循教發善言大告用誠於衆。話胡快反馬云告也言也誕徐音但亶丁但反馬本作單音同誠也咸造勿褻在王庭造至也衆皆至王庭無褻慢。造士報反注同馬在早反云爲也褻息列反盤庚乃登進厥民升進命使前【疏】盤庚至厥民。正義曰盤庚於時見都河北欲遷向河南作惟南渡河之法欲用民徙乃出善言以告曉民之不循教者大爲教告用誠心於其所有之衆人於時衆人皆至無有褻慢之人盡在於王庭盤庚乃升進其民延之使前而衆告之史敘其事以爲盤庚發誥之目。傳爲此至民徙。正義曰鄭玄云作渡河之具王肅云爲此思南渡河之事此傳言南渡河之法皆謂造舟舡渡河之具是濟水先後之次思其事而爲之法也○傳話善至於衆○正義曰釋詁云話言也孫炎曰話善人之言也王若民不從教必發善言告之故以話爲善言鄭玄詩箋亦云話善言也

曰明聽朕言無荒失朕命荒廢**嗚呼古我前后罔不惟民之承**言我先世賢君無不承安民而恤之**保后胥慼鮮以不浮于天時**民亦安君之政相與憂行君令浮行也少以不行於天時者言皆行天時○鮮息淺反

【疏】傳民亦至天時○正義曰以君承安民而憂之故民亦安君之政相與憂行君令使君令必行責時羣臣不憂行君令也舟舡浮水而行故以浮爲行也行天時也順時布政若月令之爲也

殷降大虐先王不懷我殷家於天降大災則先王不思故居而行徙

【疏】傳我殷至行徙○正義曰遷徙者止爲邑居墊隘水泉鹹鹵非爲避天災也此傳以虐爲災懷爲思言殷家於天降大災則先王不思故居而行徙者以天時人事終是相將邑居不可行化必將天降之災上云不能相匡以生罔知天之斷命即是天降災也

厥攸

作視民利用遷其所爲視民有利則用徙汝曷弗念我古后
之聞古后先王之聞謂遷事○曷何末反下同承汝俾汝惟喜康共非
汝有咎比于罰今我法先王惟民之承故承汝使汝徙惟與汝共喜安非謂汝有惡徙汝令比
近於殃罰○俾必爾反咎其九反比毗志反徐扶志反注及下同共羣用反令力呈反近附近之近〔疏〕承汝至于
罰○正義曰先王爲政惟民之承今我亦法先王故承安汝使汝徙惟歡喜安樂皆與汝共之非謂汝有咎惡而徙汝令
比近於殃罰也予若籲懷茲新邑亦惟汝故以丕從厥
志言我順和懷此新邑欲利汝衆故大從其志而徙之○籲羊戍反〔疏〕予若至厥志○正義曰盤庚言
我順於道理和協汝衆歸懷此新邑者非直爲我王家亦惟利汝衆故爲此大從我本志而遷徙不有疑也今
予將試以汝遷安定厥邦試用汝不憂朕心之
攸困所困不順上命乃咸大不宣乃心欽念以忱動予

一人汝皆大不布腹心敬念以誠感動我，是汝不盡忠。○忱，市林反。爾惟自鞠自苦鞠，窮也。言汝爲臣不忠，自取窮苦。○鞠，居六反。若乘舟，汝弗濟，臭厥載言不徙之害，如舟在水中流不渡，臭敗其所載物。○臭，徐尺售反。載，如字，又在代反。

〔疏〕臭厥載。○正義曰：臭是氣之別名，古者香氣穢氣皆名爲臭。《易》云「其臭如蘭」，謂香氣爲臭也。《晉語》云「惠公改葬申生，臭徹於外」，謂穢氣爲臭也。下文覆述此意，云「無起穢以自臭」，則此臭謂穢氣也。肉敗則臭，故以臭爲敗。舡不渡水，則敗其所載物也。

爾忱不屬，惟胥以沈。不其或稽，自怒曷瘳汝忠誠不屬逮古，苟不欲徙，相與沈溺，不考之先王，禍至自怒，何瘳差乎？○屬，音燭，注同。馬云：「獨也。」沈，直林反。瘳，勑留反。

〔疏〕爾忱至曷瘳。○正義曰：盤庚責其臣民：汝等不用徙者，由汝忠誠不能屬逮於古賢，苟不欲徙，惟相與沈溺於衆不欲徙之言，不其有考驗於先王遷徙之事。汝既不考於古，及其禍至，乃自忿怒，何所瘳差也？

汝不謀長以思乃災，汝誕勸憂汝不謀長久之計，思汝不徙之災，苟不欲徙，是大勸憂之道。

〔疏〕汝誕勸憂。○正義曰：凡人

以善自勸則善事多若以憂自勸則憂來衆今不徙則憂來衆是自勸勵以憂愁之道**今其有今罔後汝何生在上**言不徙無後計汝何得久生在人上禍將及汝【疏】今其至在上○正義曰顧氏云責羣臣汝今日其且有今目前之小利無後日久長之計患禍將至汝何得久生在民上也**今予命汝一無起穢以自臭**我一心命汝汝違我是自臭敗○穢於廢反**疏**今予至自臭○正義曰今我命汝是我之一心也汝當徙我無得起爲穢惡以自臭敗汝違我命是起穢以自臭也**恐人倚乃身迂乃心**言汝既不欲徙又爲他人所誤倚曲迂僻○倚於綺反徐於奇反迂音于僻匹亦反【疏】恐人至乃心○正義曰言汝心既不欲徙旁人或更誤汝我又恐他人倚曲汝身迂僻汝心使汝益不用徙也○傳言汝至迂僻○正義曰人心不能自決則好用非理之謀言汝既不欲遷徙又爲他人所誤盤庚疑其被誤故言此也以物倚物者必曲故倚爲曲也迂是迴也迴行必僻故迂爲僻也**予迓續乃命于天予豈汝威用奉畜汝衆**迓迎也言我徙欲迎續汝命于天豈以威脅汝乎用

奉畜養汝衆○迓五駕反畜許竹反下同脅虛業反【疏】傳迓迎至汝衆○正義曰迓迎釋詁文不遷必將死矣天欲遷以延命天意向汝我欲迎之天斷汝命我欲續之我今從者欲迎續汝命於天豈以威脅汝乎遷都惟用奉養汝衆臣民耳

予念我先神后之勞爾先予丕克羞爾用懷爾然言我亦法湯大能進勞汝以義懷汝心而汝違我是汝反先人○勞力報反又如字注同

【疏】予念至爾然○正義曰我念我先世神后之君成湯愛勞汝之先人故我大能進用汝與汝爵位用以道義德懷安汝心耳然汝乃違我命是汝反先人也○傳言我至先人○正義曰易稱神者妙萬物而爲言也殷之先世神明之君惟有湯耳故知神后謂湯也下高后先后與此神后一也神者言其通聖高者言其德尊此神后言先於高后畧而不言先其下直言先后又畧而不言先與下直言先后又畧而不言高從上省文也勞爾先謂愛之也勞者勤也閔其勤勞而慰勞之勞亦愛之義故論語云愛之能勿勞乎是勞爲愛也此言湯勞汝先則此所責之臣其祖於成湯之世已在朝廷世仕王朝而不用已命故責之深也

失于政陳于茲高后丕乃崇

降罪疾曰曷虐朕民崇重也今既失政而陳久於此而不徙湯必大重下罪疾於我曰何爲虐我民而不徙乎○重直勇反又直恭反汝萬民乃不生生暨予一人猷同心不進進謀同心徙先后丕降與汝罪疾曰曷不暨朕幼孫有比言非但罪我亦將罪汝幼孫盤庚自謂比同心故有爽德自上其罰汝汝罔能迪湯有明德在天見汝情下罰汝汝無能道言無辭

【疏】先于至能迪○正義曰盤庚以民不願遷言神將罪汝欲懼之使從己也我所以必須從者我今失於政教陳久於此民將有害高德之君成湯必忿我不徙大乃重下罪疾於我曰何爲殘虐我民而不徙乎我既欲徙而汝與萬民乃不進進與我一人謀計同心則我先君成湯大下與汝罪疾曰何故不與我幼孫盤庚有相親比同心徙乎汝不與我同心故湯有明德從上見汝之情其下罪罰於汝汝實有罪無所能道言無辭以有解說也○傳崇重至徙乎○正義曰崇重釋詁文又云塵久也孫炎曰陳居之久久則生塵矣古者陳塵同也故陳爲久久之義○傳不進至心

徙○正義曰物之生長則必漸進故以生生爲進進王肅亦然進進是同心願樂之意也此實貴羣臣而言汝萬民者民心亦然因博及之○傳湯有至無辭○正義曰訓爽爲明言其見下故稱明德詩稱三后在天死者精神在天故言下見汝

古我先后既勞乃祖乃父勞之共治人**汝共作我畜民汝有戕則在乃心**戕殘也汝共我治民有殘人之心而不欲徙是反父祖之行○戕在良反又士良反行下孟反**我先后綏乃祖乃父乃祖乃父乃斷棄汝不救乃死**言我先王安汝父祖之忠今汝不忠汝父祖必斷絕棄汝命不救汝死○斷丁綴反

〔疏〕古者至乃死○正義曰又責羣臣古我先君成湯既愛勞汝祖汝父與之共治民矣汝今共爲我養民之官是我於汝與先君同也而汝有殘虐民之心非我令汝如此則在汝心自爲此惡是汝反祖父之行惟汝祖父亦不祐汝我先君安汝祖汝父之忠汝祖汝父忠於先君必忿汝違我乃斷絕棄汝命不救汝死言汝違我命故汝祖父亦忿見湯罪汝不救汝死也○傳勞之共治人○正義曰下句責臣之身云汝共作我畜民明先后勞其祖

父是勞之共治民也。○傳戕殘至之行○正義曰：春秋宣十八年邾人戕鄫子，左傳云：凡自虐其君曰弑，自外曰戕。戕爲殘害之義，故爲殘也。先后愛勞汝祖汝父，與共治民，汝祖父必有愛人之心。作訓爲也。汝今共爲我養民之官，而有殘民之心，而不用徙以避害，是汝反祖父之行。盤庚距湯年世多矣，臣父不及湯世，而云父者，與祖連言之耳。

茲予有亂政同位，具乃貝玉。亂，治也。此我有治政之臣，同位於父祖，不念盡忠，但念貝玉而已，言其貪。○治，直吏反。盡，子忍反。

乃祖先父，丕乃告我高后曰：作丕刑于朕孫。言汝父祖見汝貪而不忠，必大乃告湯曰：作大刑於我子孫，求討不忠之罪。○告，工號反。我高后，本又作乃祖乃父。

迪高后丕乃崇降弗祥。言汝父祖開道湯，大重下不善以罰汝，陳忠孝之義以督之。

〔疏〕茲予至弗祥○正義曰：又責臣云：汝祖父非徒不救汝死，乃更請與汝罪。於此我有治政之臣，同位於其父祖，其位與父祖同，心與父祖異，不念忠誠，但念具汝貝玉而已，言其貪而不忠也。汝先祖先父以汝如此，大乃告我高后曰：爲大刑於我子孫。以此言開道我高后，故我高后大乃下不善之殃以罰汝，成湯與汝祖父皆欲罪汝汝何以不從我徙乎○亂治至其貪○正義曰亂治釋詁文舍人曰亂義之治也孫炎曰亂治之理也大臣理國之政此者所責之人故言於此我有治政之臣言其同位於父祖責其位同而心異也貝者水蟲古人取其甲以爲貨如今之用錢然漢書食貨志具有其事貝是行用之貨也貝玉是物之最貴者責其貪財故舉二物以言之當時之臣不念盡忠於君但念貝貝玉而已言其貪也○傳言汝至之罪○正義曰上句言成湯罪此諸臣其祖父不救子孫之死此句言臣之祖父請成湯討其子孫以不從已故責之益深先祖請討非盤庚所知原神之意而爲之辭以懼其子孫耳○傳汝言至督之○正義曰訓迪爲道言汝父祖開道湯也不從君爲不忠違父祖爲不孝父祖開道湯下罰欲使從君順祖陳忠孝之義以督勵之

嗚呼今予告汝不易凡所言皆不易之事○易以豉反注同永敬大恤無胥絕遠長敬我言大憂行之無相與絕遠棄廢之○遠于萬反又如字注同汝分猷念以相從各設中于乃心羣臣當分明相與謀念和以相從各設中正於汝心○分扶問反又如字注同乃有不吉不迪

不善不道謂凶人顛越不恭暫遇姦宄顛隕越墜也不恭不奉上命暫遇人而劫奪之爲姦於外爲宄於內○暫才淡反隕于敏反我乃劓殄滅之無遺育劓割育長也言不吉之人當割絕滅之無遺長其類無使易種無俾易種于茲新邑於此新邑○劓魚器反徐吾氣反殄徒典反易如字又以豉反注同長丁丈反下遺長同往哉生生今予將試以汝遷永建乃家自今以往進進於善我乃以汝徙長立汝家卿大夫稱家〔疏〕嗚呼至乃家○正義曰盤庚以言事將畢欲戒使入之故嗚呼而歎之今我告汝皆不易之事言其難也事既不易當長敬我言大憂行之無相絕遠棄廢之必須存心奉行汝羣臣臣分輩相與計謀念和協以相從各設中正于汝心勿爲殘害之事汝羣臣若有不善不道隕墜禮法不恭上命暫逢遇人即爲姦宄而劫奪之我乃割絕滅之無有遺餘生長所以然者欲無使易其種類於此新邑故耳自今已往哉汝當進進於善今我將用以汝遷長立汝○使汝在位傳諸子孫勿得違我言也○傳不易之事○正義曰此易讀爲難易之易不易言其難也王肅云告汝以命之

不易爲難鄭玄云我所以告汝者不變易言必行之謂盤庚自道已言必不改易與孔異○傳顛隕至於内○正義曰釋詁云隕落隕墜顛越也是從上倒下之言故以顛爲隕越是遺落爲墜也左傳僖九年齊桓公云恐越於下文十八年史克云弗敢失墜隕越是遺落廢失之意故以隕墜不恭爲不奉上命也暫遇人而刼奪之謂逆人即刼爲之無已成十七年左傳曰亂在外爲姦在内爲宄是刼奪之事故以刼奪解其姦宄也○傳劓割至新邑○正義曰五刑截鼻爲劓故劓爲割也育長釋詁文不吉之人當割絶滅之無遺長其類謂早殺其人不使得子孫有此惡類也易種者即今俗語云相染易也惡種在善人之中則善人亦變易爲惡故絶其類無使易種於此新邑也滅去惡種乃是常法而言于此新邑言已若至新都當整齊使絜清○傳自今至稱家○正義曰長立汝家謂賜之以族使子孫不絶左傳所謂諸侯命氏是也王朝大夫天子亦命之氏故云立汝家也

盤庚下第十一

商書　孔氏傳　孔穎達疏

盤庚既遷奠厥攸居乃正厥位定其所居正郊廟朝社之位○奠田薦反朝直遙反綏爰有衆曰無戲怠懋建大命安於有衆戒無戲怠勉立大教今予其敷心腹腎腸歷告爾百姓于朕志布心腹言輸誠於百官以告志○腎時忍反腸徐待良反罔罪爾衆爾無共怒協比讒言予一人羣臣前有此過故禁其後今我不罪汝汝勿共怒我合比凶人而妄言○比毗志反讒仕減反

[疏]盤庚至一人○正義曰盤庚既遷至殷地定其國都處所乃正其郊廟朝社之位又屬民而聚之安慰於其所有之衆曰汝等自今以後無得遊戲怠惰勉力立行教命今我其布心腹腎腸輸寫誠信歷徧告汝百姓於我心志者欲遷之日民臣共怨盤庚盤庚恐其惰懼故開解之今我無復罪汝衆人我既不罪汝汝無得如前共爲忿怒協比讒言毀惡我一人恕其前愆與之更始也○傳定其至之位○正義曰訓攸爲所定其所居揔謂都城之內官府萬民之居處也鄭玄云徙主於民故先定其里宅所處次乃正宗廟朝廷之位如鄭之意奠厥攸居者止謂定

民之居居豈先令民居使足待其餘剩之處然後建王宮乎若留地以擬王宮卽是先定王居不得爲先定民矣孔惟言定其所居知是官民之居並定之也禮郊在國外左祖右社面朝後市正厥位謂正此郊廟朝社之位也○傳安於至大敎○正義曰鄭玄云勉立我大命使心識敎令常行之王肅云勉立大敎建性命致之五福又案下句爾無共怒予一人是恐其不從己命此句宜言我有教命汝當勉力立之鄭說如孔旨也○傳布心至告志○正義曰此論心所欲言腹內之事耳以心爲五臟之主腹爲六腑之揔腸在腹內腎在心下擧腎腸以配腹心詩曰公侯腹心宣十二年左傳云敢布腹心是腹心足以表內腎腸配言之也

古我先王將多于前功言以遷徙多大前人之功美

適于山用降我凶德嘉績于朕邦徙必依山之險無城郭之勞下去凶惡之德立善功於我國○降工巷反去羌呂反

今我民用蕩析離居罔有定極水泉沈溺故蕩析離居無安定之極徙以爲之極

〔疏〕古我至定極○正義曰言古者我之先王欲將多大於前人之功是故徙都而適于山險之處用下去我凶惡之德立善功於我新國但徙來已久水

泉沈溺今我在此之民用播蕩分析離其居宅無有安定之極我今徙而使之得其中也說其遷都之意亦欲多大前人之功定民極也○傳言以至功美○正義曰古我先王謂遷都者前人謂未遷者前人久居舊邑民不能相匡以生則是居無功矣盤庚言先王以此遷徙故多大前人之功美故我今遷亦欲多前功矣○傳徙必至我國○正義曰先王至此五邦不能盡知其地所都皆近山故總稱適于山也易坎卦彖云王公設險以守其國徙必依山之險欲使下民無城郭之勞雖則近山不可全無城郭言其防守易耳徙必近山則舊處新居皆有山矣而云適于山者言其徙必依山不適平地不謂舊處無山故徙就山也水泉鹹鹵民居墊隘時君不爲之徙即是凶惡之德其徙者是下去凶惡之德立善功於我新遷之國也言下者凶德在身下而墜去之○傳水泉至之極○正義曰民居積世穿掘處多則水泉盈溢令人沈深而陷溺其處不可安居播蕩分析離其居宅無安定之極極訓中也詩云立我烝民莫匪爾極言民賴后稷之功莫不得其中今爲民失中故徙以爲之中也

爾謂朕曷震動萬民以遷言皆不明己本心

肆上帝將復我高祖之德亂越我家以徙

故天將復湯德治理於我家○治直吏反朕及篤敬恭承民命用永地于新邑言我當與厚敬之臣奉承民命用長居新邑肆予沖人非廢厥謀弔由靈沖童童人謙也弔至靈善也非廢謂動謀於衆至用其善○弔音的或如字各非敢違卜用宏茲賁宏賁皆大也君臣用謀不敢違卜用大此遷都大業○賁扶云反

〔疏〕爾謂至茲賁○正義曰言我徙以爲民立中汝等不明我心乃謂我何故震動萬民以爲此遷我以此遷之故上天將復我高祖成湯之德治理於我家我當與厚敬之臣奉承民命用是長居於此新邑以此須遷之故我童蒙之人非敢廢其詢謀謀於衆人衆謀不同至用其善者言善謀者皆欲遷都也又決之於龜卜而得吉我與汝羣臣各非敢違卜用是必遷光大此遷都之大業我徙本意如此耳○傳以徙至我家○正義曰民害不徙違失湯德以徙之故天必祐我將使復奉湯德令得治理於我家言由徙故天福之也○傳沖童至其善○正義曰沖童聲相近皆是幼小之名自稱童人言已幼小無知故爲謙也弔至靈善皆釋詁文禮將有大事必謀於衆謀衆乃是常理故言非廢謂動謀於衆言

已不自專也衆謀必有異見故至極用其善者。傳宏賁至大業。正義曰宏賁皆大也釋詁文樊光曰周禮云其聲大而宏詩云有賁其首是宏賁皆爲大之義也各者非一之辭故爲君臣用謀不敢違卜洪範云汝則有大疑謀及卿士謀及卜筮言非敢違卜是既謀及於衆又決於蓍龜也用大此遷都大謂立嘉績以大之也

嗚呼邦伯師長百執事之人尚皆隱哉國伯二伯及州牧也衆長公卿也言當庶幾相隱括共爲善政

予其懋簡相爾念敬我衆簡大相助也勉大助汝念敬我衆民。相息亮反。長丁丈反注同

朕不肩好貨敢恭生生鞠人謀人之保居敍欽肩任也我不任貪貨之人敢奉用進進於善者人之窮困能謀安其居者則我式序而敬之。好呼報反任而林反

〔疏〕嗚呼至敍欽。正義曰言遷事已訖故歎而勑之嗚呼國之長伯及衆官之長與百執事之人庶幾皆相與隱括共爲善政哉我其勉力大助汝等爲善汝當思念愛敬我之衆民我不任用好貨之人有人果敢奉用進進於善見窮困之人能謀此窮困之人安居者我乃次序而敬用之。傳國伯至

善政。正義曰邦伯邦國之伯諸侯師長故爲東西二伯及九州之牧也鄭玄注禮記云殷之州長曰伯虞夏及周皆曰牧此殷時而言牧者此乃鄭之所約孔意不然故揔稱故也師訓爲衆衆長衆官之長故爲三公六卿也其百執事謂大夫以下諸有職事之官皆是也此揔勑衆臣故二伯已下及執事之人皆戒之也釋言云庶幾尚也反覆相訓故尚爲庶幾庶幸也幾冀也隱謂隱審也幸冀相與隱審檢括共爲善政欲其同心共爲善也隱括必是舊語不知本出何書何休公羊序云隱括使就繩墨焉。傳簡大至衆民。正義曰簡大釋詁文又云相助慮也俱訓爲慮慮是相得爲助也盤庚欲使羣臣同心爲善欲勉力大佐助之使皆念敬我衆民也。傳肩任至敬之。正義曰釋詁云肩勝也舍人曰肩強之勝也強能勝重是堪任之義故爲任也我今不委任貪貨之人以恭爲奉人有向善而心不決志故美其人能果敢奉用進進於善者言其人好善不倦也鞠訓爲窮鞠人謂窮困之人謀人之保居謂謀此窮人之安居若見人之窮困能謀安其居愛人而樂安存之者則我式序而敬之詩云式序在位言其用次序在官位也鄭王皆以鞠爲養言能謀養人安其居者我則次序而敬之與孔不同

今我既羞告爾于朕志若否罔

有弗欽已進告汝之後順於汝心與否當以情告我無敢有不恭○告故報反無總于貨寶生生自庸無總貨寶以已位當進進皆自用功德式敷民德永肩一心用布示民必以德義長任一心以事君

疏今我至一心○正義曰今我既進而告汝於我心志矣其我所告順合於汝心以否當以情告我無得有不敬者汝等無得總於貨寶以求官位當進進自用功德不當用富也用此布示於民必以德義長任一心以事君不得懷二意以遷都既定故殷勤以戒之

附釋音尚書注疏卷第九

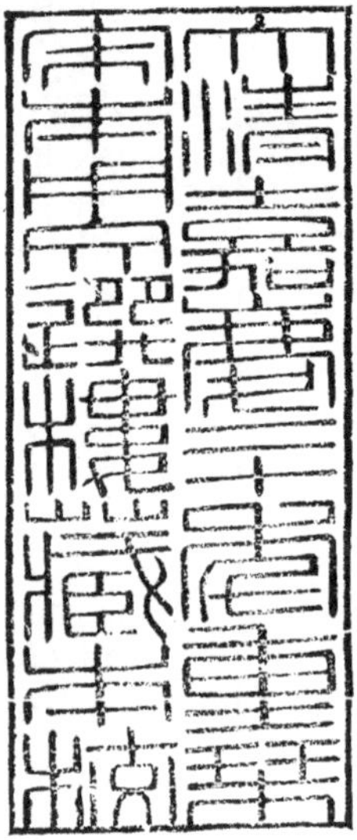

江西鹽法道胡稷栞

尚書注疏挍勘記卷九　阮元撰盧宣旬摘錄

尚書注疏卷第九宋板同古本作尚書卷第五古文尚書盤庚上第九商書孔氏傳

盤庚上第九　商書

盤庚五遷將治亳殷陸氏曰盤本又作般按疏云壁內之書治皆作乿蓋古文尚書也孔氏正義本用古文後人改從今文疏中閒存古字此乿字亦其一也羣經音辨云乿古文尚書治字也𤔔爾古文亂字也賈昌朝好宋次道家古文尚書故其言如此

而治於亳之殷治宋板殷治作殷地

傳自湯至亳慇岳本閩本明監本毛本慇作殷案慇字誤也

始皆作亂其字與治不類宋板作治皆作乿其字與始不類按宋板是也

有從河有亳地遷於洹水之南閩本同宋本河有作河南案南字是也明監本

毛本作河自亦誤

大序注云宋板大作又是也

耿在河北宋板耿下空一字

般質以名篇古本重名字按疏標目不重

中上二篇纂傳中上二字倒

題篇不自盤庚誥者宋本閩本明監本同毛本自作曰案曰字是也今正

皆以王名篇宋板重名字按下文云故以王名名篇也諸本俱重名字則此句當依宋板而傳文當依古本其疏中標目亦當重名字諸本不重誤也

子門甲立諸本門皆作闕門字誤也

重我民無殺盡殺故諸本無殺作無欲殺字誤也

則當卜稽於龜以從 毛本稽作考

于今五邦 于上古本有至字

天將斷絕命 古本命上有汝字

若顛木之有由蘖 陸氏曰蘖本又作枿。按枿本作櫱傳寫者從俗作枿耳

有用生蘖哉 古本哉作裁山井鼎曰考疏古文似是

先正其號名 宋板名作明按作明屬下句亦通

亳是般也大名 案也當作地

或稱殷 宋板句上有或稱商三字

不欲任彼殷也 毛本也作地是也

言爲正直之言 宋板作故以矢言爲正直之言

今盤庚自欲遷于殷　毛本欲作耿是也

劉殺釋詁云　閩本明監本同毛本云作文是也

先王所以決欲遷此者　閩本明監本同毛本決欲作去彼

大遷考自龜　毛本考自作則貞案所改是也

謂有典法　閩本明監本同毛本謂下有行字

卽是有所服也　閩本明監本同毛本服下有行字

鄭注皆云　毛本注作王

盤庚斆于民由乃在位　古本由上有曰字

無或敢伏小人之攸箴　古本人作民注同

王命衆悉至于庭　古本庭上有朝字

告汝以法教 古本法下有度字

下句王播告之 纂傳之下有修字

蒙上之先 纂傳先作文

民用丕變 古本用作由注王用民用同按注王用旣作由則經王用亦當作由

起信險爲膚受之言 閩本葛本同明監本爲作僞

善自用之意也 閩本同明監本毛本善上有拒字

非予自荒茲德惟汝含德 葛本含誤作舍注同

予亦拙謀 疏正義曰下缺今補栞

汝羣臣能退去傲上之心 毛本去傲作汝違

不昏作勞 陸氏曰昏本或作暋○按正義引鄭注昏讀爲暋勉也然則古文作昏鄭讀爲暋釋文所謂本或作

散者指鄭讀也

毒爲禍患也　宋板爲作謂

遠近謂賒促　山井鼎曰賒字毛本與宋板同其餘注疏本皆作徐

徙奉持所痛而悔之　閩本同毛本徙作徒是也

馬云視王　案王當作也

責其不請告上　閩本葛本明監本請作情毛本情上又有以字按諸本皆因疏而誤不知疏亦誤也見後

恐汝沈溺於衆有禍害　古本恐上有我字害下有也之二字

尙可得過之絕之　毛本得過之作刑戮二字

嚮竹亮反　案竹當作許盧文弨云嚮當作鄉是也

滅惡甚大閩本明監本同毛本滅作威

何以不情告我宋板以不作不以按觀宋板知諸本傳文無以字者爲誤

傳曷何至怨害閩本同毛本怨作禍是也今改正

遲任古賢古本下有人字

言我世世選汝功勤葛本閩本明監本同毛本選作數

掩本文作弇毛本同案文當作又

作福作災古本作依福依災注同

我不敢動用非罰加汝非德賞汝乎從汝善惡而報之古本我下有豈字之下有乎字山井鼎曰古本不成文理作我豈敢動用非罰加汝非德賞汝乎從汝善惡而報之則爲穩今本不字亦似不穩姑記以俟再考○按浦鏜改乎爲各云從疏按是亦一說或疑非德上有缺文

可遷則遷　岳本閩本明監本毛本則並作即

其意而言汝從上必有賞　岳本閩本明監本而言汝作告臣言案而言汝誤也

違命必有罰也　毛本命作我

故禘祫為小也　宋板禘祫作礿祠

祫嘗禘烝　閩本同毛本禘作祫案禘字誤也

志之主欲得中也　閩本明監本同毛本主上有所字

汝無侮老成人　古本無作亡無弱無有遠邇同古本侮上有老字唐石經作汝無老侮成人按今本脫上老字石經脫下老字傳及疏內侮老疑亦俱當作老侮○按段玉裁云唐石經是也今板本作侮老因老成人三字口習旣孰又誤會孔傳故倒亂之

是侮老之　閩本之作人恐非○按段玉裁校本作老侮

雖悔可外乎古本可上有何字外作及案及字是也

盤庚中第十　商書

造士報反毛本同案士當作七

欲用民徙閩本明監本毛本徙作徒

延之使前而衆告之宋板衆作教

王苦民不從教宋板苦作話

行天時也孫志祖云也當者字之誤

遷徙者止爲邑居墊隘閩本明監本同毛本徙作都

則先不思故居而行徙者者字十行本未刻今補正

盤庚凝其被誤毛本凝作疑是也

予逑續乃命于天　按匡謬正俗引此句逑作御徐氏音訝詳見牧誓

予豈汝威　古本威作畏

我念我先世神后之君成湯　按下云殷之先世神明之君惟有湯耳疑此句后字亦當作明

用以道義德懷安汝心耳　宋板無德字

其下直言先后又畧而不言先其下直言先　案后下十一字複衍

此言湯勞汝先　毛本此作追

汝無能道　古本汝上有罰字

言神將罪汝　宋板同毛本神下有后字

故言下見汝　宋板言下倒是也

勞之其治人 古本人作民下殘人同

是反父祖之行 纂傳父祖倒與疏合

又士良反 案士當作七

古者至乃死 閩本明監本同毛本者作我與岳本合

但念貝玉而已 古本念下有其字與疏合

乃祖先父丕乃告我高后曰 唐石經纂傳同毛本先父作乃父陸氏曰我高后本又作乃祖乃父按段玉裁云別本是也當乃祖乃父丕乃告句絕乃祖乃父曰作丕刑於朕孫句絕迪高后丕乃崇降不詳句絕曰詳尚書撰異

作丕刑于朕孫 孫上古本唐石經俱有子字○按顧炎武謂有子字誤王鳴盛以爲據傳當有子字段玉裁云不必因上文乃祖乃父而必兼舉子孫也古人文字不拘言朕孫者出乃祖口中自可統乃父在內傳多增字足利

古本往往依以增經不足爲據也

亂治至其貪　案亂上當有傳字

傳言汝至督之　閩本同毛本言汝倒是也

凡所言皆不易之事　古本凡下有我字

謂凶人　古本宋板謂作爲

言不吉之人　岳本吉作善

我乃以汝徙　古本宋板乃作用

汝羣臣臣分輩相與計謀念是也　閩本同毛本下臣字作當

長立汝　宋板下有家字

告汝以命之不易爲難　宋板爲上有亦以不易四字

釋詁云隕落隕墜顛越也是從上倒下之言 宋本落下墜下俱有也字浦鏜云越也二字疑衍○按釋詁云隕磒湮下降墜摽蘦落也又云汱渾隕墜也當從宋板增兩也字而删去越下也字以顛越兩字屬下句

恐越於下 閩本同毛本恐下有隕字

不使得子孫 宋板子上有生字

盤庚下第十一 商書

故先定其里宅所處 宋板其里二字閒空一字

弔至靈善皆釋詁文 孫志祖云按釋詁無靈善之文

宏賁皆大也 孫志祖云賁爾雅作墳

讒仕滅反 案毛本作仕咸是也

相助慮也俱訓爲慮　兩慮字浦鏜云皆勴之誤

無總貨寶以己位　葛本閩本明監本同毛本己作求案求字是也

尚書挍勘記卷九

會昌縣知縣候補知州曾暉春栞

附釋音尚書注疏卷第十

說命上第十二

商書　孔氏傳　孔穎達疏

高宗夢得說盤庚弟小乙子名武丁德高可尊故號高宗夢得賢相其名曰說○說本又作兑音悅注及下篇同相息亮反下同**使百工營求諸野得諸傅巖**使百官以所夢之形象經求之於野得之於傅巖之谿**作說命三篇**命說為相使攝政

【疏】高宗至三篇○正義曰殷之賢王有高宗者夢得賢相其名曰說羣臣之内既無其人使百官以所夢之形象經營求之於野外得之於傅氏之巖遂命以為相史叙其事作說命三篇○傳盤庚至曰說○正義曰世本云盤庚崩弟小辛立崩弟小乙立崩子武丁立是武丁為盤庚弟小乙子也喪服四制云高宗者武丁武丁者殷之賢王也當此之時殷衰而復興禮廢而復起中而高之故謂之高宗是德高可尊故號高宗也經云爰立作相王呼之曰說知其名曰說○傳使百至

之谿○正義曰以工爲官見其求者衆多故舉百官言之使百官以所夢之形象經營求於外野皇甫謐云使百工寫其形象則謂工爲工巧之人與孔異也釋水云水注川曰谿李巡曰水出於山入於川曰谿然則谿是水流之處巖是山崖之名序稱得諸傅巖傅云得之於傅巖之谿以巖是巖名故序言之耳○傳命說至攝政○正義曰經稱爰立作相是命爲相也惟說命摠百官是使攝位也

說命始求得而命之

疏說命○正義曰此三篇上篇言夢說始求得而命之中篇說既摠百官戒王爲政下篇王欲師說而學說報王爲學之有益王又厲說以伊尹之功相對以成章史分序以爲三篇也

王宅憂亮陰三祀陰默也居憂信默三年不言○亮本又作諒如字又力章反

疏王宅憂亮陰三祀○正義曰言王居父憂信任冢宰默而不言已三年矣三年不言自是常事史錄此句於首者謂既免喪事可以言而猶不言故述此以發端也○傳陰默至不言○正義曰陰者幽闇之義默亦闇義故爲默也易稱君子之道或默或語則默者不言之謂也無逸傳云乃有信默三年不言有此信默則信謂信任冢宰也

既免喪其惟弗言除喪猶不言政羣臣咸諫于王

曰嗚呼知之曰明哲明哲實作則知事則爲明智明智則能制作法則。哲本文作喆天子惟君萬邦百官承式天下待令百官仰法王言惟作命不言臣下罔攸稟令稟受令亦命也。王庸作書以誥曰以台正于四方惟恐德弗類茲故弗言用臣下怪之故作誥類善也我正四方恐德不善此故不言。誥故報反台音怡恭默思道夢帝賚予良弼其代予言夢天與我輔弼良佐將代我言政教。賚力代反徐音來乃審厥象俾以形旁求于天下審所夢之人刻其形象以四方旁求之於民間。俾必爾反說築傅巖之野惟肖傅氏之巖在虞虢之界通道所經有澗水壞道常使胥靡刑人築護此道說賢而隱代胥靡築之以供食肖似似所夢之形。肖音笑虢寡白反壞音怪供音恭

疏傳傅氏至之形。正義曰傳以傅爲氏此巖以傅爲名明巖傍有姓

傅之民故云傅氏之巖也尸子云傅巖在北海之洲傳言虞虢之界孔必有所案據而言之也史記殷本紀云是時說爲胥靡築於傅險晉灼漢書音義云胥相也靡隨也古者相隨坐輕刑之名言於時築傅險則以杵築地傳說賢人必身不犯罪言其說爲胥靡當是時代胥靡也傳云通道所經有澗水壞道常使胥靡刑人築護此道說賢而隱代胥靡築之以供食或亦有咸文也殷本紀又云武丁得說舉以爲相遂命傅險姓之號曰傅說鄭云得諸傅巖高宗因以傅命說爲氏案序直言夢得說不言傅或如馬鄭之言如高宗始命爲傅氏不知舊何氏也皇甫謐云高宗夢天賜賢人胥靡之衣蒙之而來曰我徒也姓傅名說天下得我者豈徒也哉武丁悟而推之曰傅者相也說者懽悅也天下當有傅我而說民者哉明以夢視百官百官皆非也乃使百工寫其形象求諸天下果見築者胥靡衣褐帶索執役于虞虢之間傅巖之野名說以其得之傅巖謂之傅說案謐言初夢即云姓傅名說又言得之傅巖謂之傅說其言自不相副謐惟見此書傅會爲近世之語其言非實事也

爰立作相王置諸其左右於是禮命立以爲相使在左右

命之曰朝夕納誨以輔台德言當納諫誨直辭以輔我

德○朝張遥反若金用汝作礪鐵須礪以成利器○礪力世反若濟巨川用汝作舟楫渡大水待舟楫○楫音接徐音集若歲大旱用汝作霖雨霖三日雨霖以救旱〔疏〕傳霖三日雨○正義曰隱九年左傳云凡雨自三日已往為霖啓乃心沃朕心若藥弗瞑眩厥疾弗瘳開汝心以沃我心如服藥必瞑眩極其病乃除欲其出切言以自警〔疏〕啓乃至弗瘳○正義曰當開汝心所有以灌沃我心欲令以彼所見教已未知故也其沃我心須切至若服藥不使人瞑眩憒亂則其疾不得瘳愈言藥毒乃得除病言切乃得去惑也○傳開汝至自警○正義曰瞑眩者令人憒悶之意也方言云凡飲藥而毒東齊海岱間或謂之瞑或謂之眩郭璞云瞑眩亦通語也然則藥之攻病先使人瞑眩憒亂病乃得瘳傳言瞑眩極者言悶極藥乃行也楚語稱衛武公作懿以自警懿卽大雅抑詩也切言出於傳說據王以為自警也若跣弗視地厥足用傷跣必視地足乃無害言欲使為已視聽○跣先典反徐七顯反為于偽反惟曁乃僚罔不

同心以匡乃辟與汝並官皆當倡率無不同心以匡正汝君○辟必亦反俾率先王迪我高后以康兆民言匡正汝君使循先王之道蹈成湯之蹤以安天下嗚呼欽予時命其惟有終敬我是命修其職使有終說復于王曰惟木從繩則正后從諫則聖言木以繩直君以諫明后克聖臣不命其承君能受諫則臣不待命其承意而諫之疇敢不祗若王之休命言王如此誰敢不敬順王之美命而諫者乎

說命中第十三

商書　孔氏傳　孔穎達疏

惟說命總百官在冢宰之任○總音摠【疏】惟說命總百官○正義曰惟此傅說受王命總百官之職謂在冢宰之任也說以官高任重乃進言於王故史特標此句爲發言之端也乃進于王

曰嗚呼明王奉若天道建邦設都天有日月北斗五星二十八宿皆有尊卑相正之法言明王奉順此道以立國設都○宿音秀〔疏〕傳天有至設都○正義曰晉語云大者天地其次君臣易繫辭云天垂象見吉凶聖人象之皆言人君法天以設官順天以致治也天有日月照臨晝夜猶王官之伯率領諸侯也北斗環繞北極猶卿士之周衛天子也五星行於列宿猶州牧之省察諸侯也二十八宿布於四方猶諸侯爲天子守土也天象皆有尊卑相正之法言明王奉順天道以立國設都也立國謂立王國及邦國設都謂設帝都及諸侯國都總言建國立家之事

樹后王君公承以大夫師長言立君臣上下將陳爲治之本故先舉其始○王于方反長丁丈反治直吏反下同〔疏〕樹后至師長○正義曰此又總言設官分職之事也樹立也后王謂天子也君公謂諸侯也承者奉上之名后王君公人主也大夫師長人臣也臣當奉行君命故以承言之周禮立官多以師爲名師者衆所法亦是長之義也大夫已下分職不同每官各有其長故以師長言之三公則君之內包之卿則大夫之文兼之師長之言亦通有。將陳爲治之本故先舉其始略言設官故辭不詳備爲治之本惟天聰明已下皆是也**不惟逸豫惟以亂民**不使有位者逸豫民上言立之主使治民○豫羊慮反**惟天聰明惟聖時憲惟臣欽若惟民從乂**憲法也言聖王法天以立教於下無不聞見除其所惡納之於善雖復運有推移道有升降其所施爲未嘗不法天也臣敬順而奉之奉即上文承也奉承君命而布之於民民以從上爲治不從上命則亂故從乂也○從才吝反**惟口起羞惟甲冑起戎**甲鎧冑兜鍪也言不可輕教令易用兵○冑直又反鎧苦代反兜丁侯反鍪莫侯反易以豉反**惟衣裳在笥惟干戈省厥躬**言服不可加非其人兵不可任非其才○笥息嗣反省息井反一本作眚

疏○惟口至厥躬○正義曰言王者法天施化其舉止不可不慎惟口出令不善以起羞辱惟甲冑伐非其罪以起戎兵言不可輕教令易用兵也惟衣裳在篋笥不可加非其人觀其能足稱職然後賜之惟干戈在府庫不可任非其才省其身堪將帥然後授之上二句事相類下二句文不同者衣裳言在篋笥干戈不言所在干戈云省厥躬衣裳不言視其人令其互相足也○傳甲鎧至用

兵○正義曰經傳之○無鎧與兜鍪蓋秦漢已來始有此名傳以今曉古也古之甲胄皆用犀兕未有用鐵者而鍪鎧之字皆從金蓋後世始用鐵耳口之出言爲教令甲胄與師乃用之言不可輕教令易用兵也易亦輕也安危在出令令之不善則人爲背之是起羞也靜亂在用兵伐之無罪則人叛違之是起戎也○傳言服至其才○正義曰非其人非其才義同而互文也周禮大宗伯以九儀之命正邦國之位一命受職再命受服三命受位四命受器五命賜則六命賜官七命賜國八命作牧九命作伯鄭云一命始見命爲正吏受職治職事也列國之士一命王之下士亦一命再命受服受玄冕之服列國之大夫再命王之中士亦再命然則再命已上始受衣服未賜之時在官之篋笥也甲胄干戈俱是軍器上言不可輕用兵此言不可妄委人雖文重而意異也

王惟戒茲允茲克明乃罔不休言王戒慎此四惟之事信能明政乃無不美**惟治亂在庶官**言所官得人則治失人則亂**官不及私昵惟其能**不加私昵惟能是官○昵女乙反**爵罔及惡德惟其賢**言非賢不爵

〔疏〕官不至其賢○正義曰王制云論定

然後官之任官然後爵之鄭云官之使之試守也爵之命之也然則治其事謂之官受其位謂之爵官爵一也所從言之異耳賢謂德行能謂才用治事必用能故官云惟其能受位宜得賢故爵云惟其賢詩序云任賢使能周禮鄉大夫三年則大比考其德行道藝而興賢者能者鄭云賢者有德行者能者有道藝者是賢能爲異耳私昵謂知其不可而用之惡德謂不知其非而任之戒王使審求人絕私好也

慮善以動動惟厥時 非善非時不可動

有其善喪厥善矜其能喪厥功 雖天子亦必讓以得之○喪息浪反〔疏〕有其至厥功○正義曰人生尚謙讓而憎自取自有其善則人不以爲善故實善而喪其善自誇其能則人不以爲能故實能而喪其能由其自取故人不與之有其善則伐善也舜美禹云汝惟不矜天下莫與汝爭能汝惟不伐天下莫與汝爭功是言推而不有故名反歸之也

惟事事乃其有備有備無患 事事非一事

無啓寵納侮 開寵非其人則納侮之道〔疏〕無啓寵納侮○正義曰君子位高益恭小人得寵則慢若寵小人則必恃寵慢主無得開小人以寵自納此輕侮也開謂

言出恩以寵臣納謂臣入慢以輕王據君而言開納以出入爲文也

無恥過作非恥過誤而文之遂成大非〔疏〕傳恥過至大非○正義曰仲虺之美成湯云改過不吝明小人有過皆惜而不改論語云小人之過也必文恥有過誤而更以言辭文飾之望人不覺其非彌甚故遂成大非也

惟厥攸居政事惟醇其所居行皆如所言則王之政事醇粹○醇音純粹雖遂反

黷于祭祀時謂弗欽禮煩則亂事神則難祭不欲數數則黷黷則不敬事神禮煩則亂而難行高宗之祀特豐數近廟故說因以戒之○黷徒木反數色角反〔疏〕傳祭不至戒之○正義曰祭不欲數數則黷黷則不敬禮記祭義文也此一經皆言祭祀之事禮煩亦謂祭祀之煩故傳總云事神禮煩亂而難行孔以高宗肜日祖已訓諸王祀無豐于昵謂傳說此言爲彼事而發故云高宗之祀特豐數於近廟故說因而戒之

王曰旨哉說乃言惟服旨美也美其所言皆可服行

乃不良于言予罔聞于行汝若不善於所言則我無聞於所行之事

說拜稽首曰非知之

艱行之惟艱言知之易行之難以勉高宗王忱不艱允協于先王成德王心誠不以行之爲難則信合於先王成德○忱市林反惟說不言有厥咎王能行善而說不言則有其咎罪

說命下第十四

商書　孔氏傳　孔穎達疏

王曰來汝說台小子舊學于甘盤學先王之道甘盤殷賢臣有道德者○台音怡

〔疏〕王曰至甘盤○正義曰舊學于甘盤謂爲王子時也君奭篇周公仰陳殷之賢臣云在武丁時則有若甘盤然則甘盤於高宗之時有大功也上篇高宗免喪不言卽求傅說似得說時無賢臣矣蓋甘盤於小乙之世以爲大臣小乙將崩受遺輔政高宗之初得有大功及高宗免喪甘盤已死故君奭傳曰高宗卽位甘盤佐之後有傅說是言傅說之前有甘盤也但下句言旣乃遯于荒野是學訖乃遯非卽位之初從甘盤學也

旣乃遯

于荒野入宅于河既學而中廢業遯居田野河洲也其父欲使高宗知民之艱苦故使居民間○遯徒頓反疏傳既學至民間○正義曰河是水名水不可居而云入宅于河知在河之洲也釋水云水中可居者曰洲初遯田野後入河洲言其徙居無常也無逸云其在高宗時舊勞於外爰暨小人言其父欲使高宗知民之艱苦故使居民間也於時蓋未爲太子殷道雖質不可既爲太子更得與民雜居自河徂亳暨厥終罔顯自河往居亳與今其終故遂無顯明之德爾惟訓于朕志言汝當教訓於我使我志通達若作酒醴爾惟麴糵酒醴須麴糵以成亦言我須汝以成○麴起六反糵魚列反若作和羹爾惟鹽梅鹽鹹梅醋羹須鹹醋以和之○羹音庚一音衡鹽余廉反梅亦作楳醋七故反和如字又胡卧反爾交脩予罔予棄予惟克邁乃訓交非一之義邁行也言我能行汝教疏傳交非至汝教○正義曰爾交脩予令其交更脩治已也故以交爲非一之義言交互教之非一事之義邁行釋詁文說曰王人求多

聞時惟建事學于古訓乃有獲王者求多聞以立事學於古訓乃有

所得事不師古以克永世匪說攸聞事不法古訓而以能長世非說

所聞言無是道惟學遜志務時敏厥脩乃來學以順志務是敏疾其德

之脩乃來〔疏〕惟學至乃來○正義曰人志本欲求善欲學順人本志學能務是敏疾則其德之脩乃自來言務之

既疾則德自來歸已也允懷于茲道積于厥躬信懷此學志則道積於其

身惟斆學半念終始典于學厥德脩罔覺斆教

也教然後知所困是學之半終始常念學則其德之脩無能自覺○斆戶孝反〔疏〕惟斆至罔覺○正義曰教人然

後知困知困必將自強惟教人乃是學之半言其功半於學也於學之法念終念始常在於學則其德之脩漸漸進益無

能自覺其進言曰有所益不能自知也監于先王成憲其永無愆愆過

也視先王成法其長無過其惟學乎○愆起虔反惟說式克欽承旁招俊

乂列于庶位言王能志學說亦用能敬承王志廣招俊乂使列衆官○俊本又作畯

曰嗚呼說四海之内咸仰朕德時乃風風教也使天下皆仰我德是汝教○仰如字徐五亮反股肱惟人良臣惟聖手足具乃成人有良臣乃成聖

昔先正保衡作我先王保衡伊尹也作起正長也言先世長官之臣○長丁丈反下同

【疏】傳保衡至之臣○正義曰保衡阿衡俱伊尹也君奭傳曰伊尹爲保衡言天下所取安所取平也鄭箋云阿倚衡平也伊尹湯所依倚而取平也故以爲官名又云太甲時曰保衡鄭不見古文太甲云不惠于阿衡故此爲解孔所不用計此阿衡保衡非常人之官名蓋當時特以此名號伊尹也作訓爲起言起而助湯也正長釋詁文

乃曰予弗克俾厥后惟堯舜其心愧恥若撻于市言伊尹不能使其君如堯舜則恥之若見撻于市故成其能○俾必爾反撻他達反一夫不獲則曰時予之辜伊尹見一夫不得其所則以爲己罪佑我烈祖

格于皇天言以此道左右成湯功至大天無能及者爾尚明保予罔俾阿衡專美有商汝庶幾明安我事則與伊尹同美○阿烏何反惟后非賢不乂惟賢非后不食言君須賢治賢須君食○治直吏反其爾克紹乃辟于先王永綏民能繼汝君於先王長安民則汝亦有保衡之功○辟必亦反說拜稽首曰敢對揚天子之休命對荅也荅受美命而稱揚之

高宗肜日第十五

商書　孔氏傳　孔穎達疏

高宗祭成湯有飛雉升鼎耳而雊耳不聽之異雊鳴○雊工豆反祖已訓諸王賢臣也以訓道諫王○已音紀作高宗肜日高宗

之訓所以訓也亡○肜音融

疏 高宗至之訓○正義曰高宗祭其太祖成湯於肜祭之日有飛雉來升祭之鼎耳而雊鳴其臣祖已以爲王有失德而致此祥遂以道義訓王勸王改脩德政史敘其事作高宗肜日高宗之訓二篇○傳耳不至雊鳴○正義曰經言肜日有雊雉不知祭何廟鳴何處故序言祭成湯升鼎耳以足以禘祫與四時之祭祭祭之明日皆爲肜祭不知此肜是何祭之肜也洪範五事有貌言視聽思若貌不恭言不從視不明聽不聰思不睿各有妖異興焉雉乃野鳥不應入室今乃入宗廟之内升鼎耳而鳴孔以雉鳴在鼎耳故以爲耳不聰之異也洪範五行傳云視之不明時則有羽蟲之孽聽之不聰時則有介蟲之孽言之不從時則有毛蟲之蘗貌之不恭時則有鱗蟲之孽思之不睿時則有倮蟲之孽先儒多以此爲羽蟲之孽非爲耳不聰也漢書五行志劉歆以爲鼎三足三公象也而以耳行野鳥居鼎耳是小人將居公位敗宗廟之祀也鄭云鼎三公象也又用耳行雉升鼎耳而鳴象視不明天意若云當任三公之謀以爲政劉鄭雖小異其爲羽蟲之孽則同與孔意異詩云雉之朝雊尚求其雌說文云雊雄雌鳴也雷始動雉乃鳴而雊其頸○傳所以訓也亡○正義曰名高宗之訓所以訓高宗也此二篇俱是祖已之言並是訓王之事經云乃

訓于王此篇亦是訓也但所訓事異分爲二篇標此爲發言之端故以肜日爲名下篇總諫王之事故名之訓終始互相明也肆命徂后孔歷其名於伊訓之下別爲之傳此高宗之訓因序爲傳不重出名者此以訓王事同因解文便作傳不爲例也

高宗肜日祭之明日又祭殷曰肜周曰繹○繹音亦字書作釋爾雅云又祭也周曰繹商曰肜夏曰復胙

疏 傳祭之至曰繹○正義曰釋天云繹又祭也周曰繹商曰肜孫炎曰祭之明日尋繹復祭也肜者相尋不絕之意春秋宣八年六月辛巳有事於太廟壬午猶繹穀梁傳曰繹者祭之旦日之享賓也是肜者祭之明日又祭也爾雅因繹祭而本之上世故先周後商此以上代先後故與爾雅倒也釋天文○云夏曰復胙郭璞云未見所出或無此一句孔傳不言夏曰復胙於義非所須或本無此事也儀禮有司徹上大夫曰儐尸與正祭同日鄭康成注詩鳧鷖云祭天地社稷山川五祀皆有繹祭

高宗肜日越有雊雉於肜日有雊雉異**祖己曰惟先格王正厥事**言至道之王遭變異正其事而異自消

疏 高宗至厥事○正義曰高宗既祭成湯肜祭之日於是有雊鳴之雉在於鼎耳此乃怪異之事賢臣祖己見其事而私自言曰

惟先王至道之王遭遇變異則正其事而異自消也既作此
言乃進言訓王史錄其事以爲訓王之端也○傳言至自消
○正義曰格訓至也至道之王謂用心至極行合於道遭遇
變異改脩德教正其事而異自消大戊拱木武丁雊雉皆感
變而懼殷道復興是異自消之驗也至道之王當無災異而
云遭變消災者天或有譴告使之至道未必爲道不至而致
此異且此勸戒之辭不可執文以害意也此經直云祖己曰
不知與誰語鄭云謂其黨王肅云言于王下句始言乃訓于
王此句未是告王之辭
私言告人鄭說是也

乃訓于王曰惟天監下民典厥義祖己既言遂以道訓諫王言天視下民以義爲常**降年有永有不永非天夭民民中絕命**言天之下年與民有義者長無義者不長非天欲夭民民自不修義以致絕命○中丁仲及又如字**民有不若德不聽罪天既孚命正厥德**不順德言無義不服罪不改修天已信命正其德謂有永有不永

疏乃訓至厥德○正義曰祖已既私言其事乃以道訓諫於王曰惟天視此下民常用其義言以義視下觀其爲義以否其下年與民

有長者有不長者言與爲義者長不義者短短命者非是天欲夭民民自不修義使中道絕其性命但人有爲行不順德義有過不服聽罪過而不改乃致天罰非天欲夭之也天既信行賞罰之命正其駁民之德欲使有義者長不義者短王安得不行義事求長命也○傳言天至絕命○正義曰經惟言有永有不永安和由義者以上句云惟天監下民典厥義天既以義爲常知命之長短莫不由義故云天之下年與民有義者長無義者不長也民有五常之性謂仁義禮智信也此獨以義爲言者五常指體則別理亦相通義者宜也得其事宜五常之名皆以適宜爲用故稱義可以揔之也民有貴賤貧富愚智好醜不同多矣獨以夭壽爲言者鄭玄云年命者蠢愚之人尤愒焉故引以諫王也愒貪也洪範五福以壽爲首六極以短折爲先是年壽者最是人之所貪故祖已引此以諫王也○傳不順至不永○正義曰傳亦顧上經故不順德言無義也聽謂聽從故以不聽爲不服罪言既爲罪過而不肯改修也天已信命正其德言天自信命賞有義罰無義此事必信也天自正其德福善禍淫其德必不差也謂民有求有不求天隨其善惡而報之勸王改過修德以求永也

乃曰其如台 祖已恐王未受其言故乃復曰天道其如其所言○台音怡復扶又反

嗚

呼王司敬民罔非天胤典祀無豐于昵。胤嗣昵近也歎以感王入其言王者主民當敬民事民事無非天所嗣常也祭祀有常不當特豐於近廟欲王因異服罪改修之。豐芳弓反昵女乙反尸子云不避遠昵昵近也又乃禮反馬云昵考也謂禰廟也

疏 嗚呼至于昵。正義曰祖已恐其言不入王意又歎而戒之嗚呼王者主民當謹敬民事民事無非天所繼嗣以爲常道者也天以其事爲常王當繼天行之祀禮亦有常無得豐厚於近廟若特豐於近廟是失於常道高宗豐於近廟欲王服罪改修也。傳胤嗣至改修之。正義曰釋詁云胤嗣繼也俱訓爲繼是胤德爲嗣嗣亦繼之義也釋詁云卽兄也孫炎曰卽猶今也尼者近也郭璞引尸子曰悅尼而來遠是尼爲近也尼與昵音義同烝民不能自治自立君以主之是王者主民也旣與民爲主當敬愼民事民事無大小無非天所嗣常也言天意欲令繼嗣行之所以爲常道也祭祀有常謂犧牲粢盛尊彝俎豆之數禮有常法不當特豐於近廟謂犧牲禮物多也祖已知高宗豐於近廟欲王因此雊雉之異服罪改修以從禮耳其異不必由豐近而致之也王肅亦云高宗豐於禰故有雊雉升遠祖成湯廟鼎之異

西伯戡黎第十六

商書　孔氏傳　孔穎達疏

殷始咎周 咎惡。咎其九反馬云咎周者爲周所咎 周人乘黎 乘勝也所以見惡。黎力兮反國名尙書大傳作耆 祖伊恐 祖己後賢臣 奔告于受 受紂也音相亂帝乙之子嗣立暴虐無道。受如字傳云受紂也音相亂馬云受讀曰紂或曰受婦人之言故號曰受也 作西伯戡黎 戡亦勝也。伯亦作柏戡音堪說文作𢦟云殺也以此戡訓刺音竹甚反勝詩證反

〔疏〕殷始至戡黎。正義曰文王功業稍高王兆漸著殷之朝廷之臣始畏惡周。家所以畏惡之者以周人伐而勝黎邑故也殷臣祖伊見周克黎國之易恐其終必伐殷奔走告受言殷將滅史敘其事作西伯戡黎。傳咎惡又云乘勝至見惡。正義曰易繫辭云無咎者善補過也則咎是過之別名以彼過而憎惡之故咎爲惡也以其勝黎所以見惡釋其見惡之由是周人勝黎之後始惡之詩毛傳云乘陵也乘駕是加陵之意故乘爲勝也鄭玄云紂聞文王斷虞芮之訟又三伐皆勝而始畏

惡之所言據書傳爲說伏生書傳云文王受命一年斷虞芮之質二年伐邘三年伐密須四年伐犬夷五年伐耆六年伐崇七年而崩耆卽黎也乘黎之前始言惡周故鄭以伐邘伐密須伐犬夷三伐皆勝始畏惡之武成篇文王誕膺天命九年乃崩則伐國之年不得如書傳所說未必見三伐皆勝始畏之。傳祖已後賢臣。正義曰此無所出正以同爲祖氏知是其後明能先覺故知賢臣。傳受紂至無道。正義曰經云奔告于王王無謚號故序言受以明之此及泰誓武成皆呼此君爲受自外書傳皆呼爲紂受卽紂也音相亂故字改易耳殷本紀云帝乙崩子辛立是爲帝辛天下謂之紂鄭玄云紂帝乙之少子名辛帝乙愛而欲立焉號曰受德時人傳聲轉作紂也史掌書知其本故曰受與孔大同謚法云殘義損善曰紂殷時未有謚法後人見其惡爲作惡義耳。傳戡亦勝也。正義曰戡勝釋詁文孫炎曰戡强之勝也

西伯戡黎。西伯旣戡黎。 近王圻之諸侯在上黨東北。近近附近之近圻巨依反

【疏】西伯戡黎。正義曰鄭玄云西伯周文王也時國於岐封爲雍州伯也國在西故曰西伯王肅云王者中分天下爲二公摠治之謂之二伯得專行征伐文王爲西伯黎侯無道文王伐而勝之兩說不同孔無明解下傳云文王

率諸侯以事紂非獨率一州之諸侯也論語稱三分天下有其二以服事殷謂文王也終乃三分有二豈獨一州牧乎且言西北對東爲名不得以國在西而稱西伯也蓋同王肅之說。傳近王至東北。正義曰黎國漢之上黨郡壺關所治黎亭是也紂都朝歌王圻千里黎在朝歌之西故爲近王圻之諸侯也鄭云入紂圻內文王猶尚事紂不可伐其圻內所言圻內亦無文也

祖伊恐奔告于王曰天子天既訖我殷命文王率諸侯以事紂內秉王心紂不能制今又克有黎國迫近王圻故知天已畢訖殷之王命言將化爲周。王心于況反下注宜王者同〔疏〕傳文王至爲周。正義曰襄四年左傳云文王率殷之叛國以事紂是率諸侯共事紂也貌雖事紂內秉王心布德行威有將王之意而紂不能制日益強大今復克有黎國迫近王圻似有天助之力故云天已畢訖殷之王命言殷祚至此而畢將欲化爲周也

格人元龜罔敢知吉至人以人事觀殷大龜以神靈考之皆無知吉〔疏〕傳至人至知吉。正義曰格訓爲至至人謂至道之人有所識解者也至人以人事觀殷大龜有神靈逆知來物故大龜以神靈考之二者皆無知殷有吉者言必凶也祖伊

未必問至人親灼龜但假之以爲言耳**非先王不相我後人惟王淫戲用自絕**非先祖不助子孫以王淫過戲迨用自絕於先王。相息亮反**故天棄我**以紂自絕於先王故天亦棄之宗廟**不有康食不虞天性不迪率典**不有安食於天下而王不度知天性命所在而所行不蹈循常法言多罪。度待洛反【疏】傳以紂至多罪。正義曰禮記稱萬物本於天人本於祖則天與先王俱是人君之本紂既自絕於先王亦自絕於天上經言紂自絕先王此言天棄紂互明紂自絕然後天與先王棄絕之故傳申通其意以紂自絕先故天亦棄之亦者亦先王言先王與天俱棄之也孝經言天子得萬國之歡心以事其先王然後祭則鬼享之今紂既自絕於先王先王不有安食於天下言紂雖以天子之尊事宗廟宗廟之神不得安食也而王不度知天命所在不知己之性命當盡也而所行不蹈循常法動背違法言多罪**今我民罔弗欲喪曰天曷不降威大命不摯今王其如台**摯至也民無不欲王之亡言天何不下罪誅之有大命宜王者何以不至王之凶害其如我所言。摯音至本又作[illegible]〔疏〕傳摯至也至所言。正義曰摯至同音故摯爲至也言天何不下罪誅之恨其久行虐政欲得早殺之也有大命宜王者何以不至向望大聖之君欲令早伐紂也王之凶禍其如我之所言以王不信故審告之也王曰嗚呼我生不有命在天言我生有壽命在天民之所言豈能害我遂惡之辭祖伊反曰嗚呼乃罪多參在上乃能責命于天反報紂也言汝罪惡衆多參列於上天天誅罰汝汝能責命于天拒天誅乎。參七南反馬云參字累在上殷之卽喪指乃功不無戮于爾邦言殷之就亡指汝功事所致汝不得無死戮於殷國必將滅亡立可待

微子第十七

商書　孔氏傳　孔穎達疏

殷既錯天命錯亂也。錯七各反馬云廢也微子作誥父師少

師告二師而去紂。少詩照反〔疏〕殷既至少師。正義曰殷紂既暴虐無道錯亂天命其兄微子知紂必亡以作言誥告父師箕子少師比干史敘其事而作此篇也名曰微子而不言作微子者已言微子作誥以可知而省文也。傳錯亂也。正義曰交錯是渾亂以義故為亂也不指言紂惡而言錯亂天命者天生蒸民立君以牧之為君而無君道是錯亂天命為惡之大故舉此以見惡之極耳

微子微圻內國名子爵為紂卿士去无道〔疏〕傳微圻至無道。正義曰微國在圻內先儒相傳為然鄭玄以為微與箕俱在圻內孔雖不言箕亦當在圻內也王肅云微國名子爵入為王卿士肅意蓋以微為圻外故言入也微子名啟世家作開避漢景帝諱也啟與其弟仲衍皆是紂之同母庶兄史記稱微仲衍衍亦稱微者微子封微以微為氏故弟亦稱微猶如春秋之世虞公之弟稱虞叔祭公之弟稱祭叔微子若非大臣則無假憂紂亦不必須去以此知其為卿士也傳云去無道者以去見其為卿士也

微子若曰父師少師父師太師三公箕子也少師孤卿比干微子以紂距諫知其必亡順其事而言之

殷其弗或亂正四方或有也言殷其不有治正四方之事將必亡。治直吏反

我祖底遂陳于上言湯致遂其功陳列於上世我用沈酗于酒用亂敗厥德于下我紂也沈湎酗醟敗亂湯德於後世○沈徐直金反酗況具反以酒爲凶曰酗說文作酌云酒醟酒面善反醟音詠說文于命反酌酒也殷罔不小大好草竊姦宄草野竊盜又爲姦宄於內外○好呼報反宄音軌卿士師師非度凡有辜罪乃罔恒獲六卿典士相師效爲非法度皆有辜罪無秉常得中者○度如字小民方興相爲敵讎卿士既亂而小人各起一方共爲敵讎言不和同○讎常周反今殷其淪喪若涉大水其無津涯淪沒也言殷將沒亡如涉大水無涯際無所依就○淪音倫徐力允反喪息浪反涯五皆反又宜佳反殷遂喪越至于今言遂喪亡於是至於今到不待久

［疏］微子至于今○正義曰微子將欲去殷順其去事而言曰父師少師呼二師與之言也今殷國其將不復有治正四方之事言其必滅亡也昔我祖成湯致行其道遂其功業陳列於上

世矣今我紂惟用沈湎酗醟於酒用是亂敗其祖之德於下由紂亂敗之故今日殷人無不小大皆好草竊姦宄雖在朝卿士相師師爲非法度之事朝廷之臣皆有辜罪乃無有一人能秉常得中者在外小人方方各起相與共爲敵讎荒亂如此今殷其沒亡若涉大水其無津濟涯岸殷遂喪亡言不復久也此喪亡於是至於今到必不得更久也○傳父師至而言○正義曰以畢命之篇王呼畢公爲父師畢公時爲太師也周官云太師太傅太保茲惟三公少師少傅少保曰三孤家語云比干官則少師少師是比干知太師是箕子也偏檢書傳不見箕子之名惟司馬彪注莊子云箕子名胥餘不知出何書也周官以少師爲孤此傳言孤卿者孤亦卿也考工記曰外有九室九卿朝焉是三孤六卿共爲九卿也比干不言封爵或本無爵或有而不言也家語云比干是紂之親則諸父知比干是紂之諸父耳箕子則無文宋世家云箕子者紂親戚也止言親戚不知爲父爲兄也鄭玄王肅皆以箕子爲紂之諸父服虔杜預以爲紂之庶兄既無正文各以意言之耳微子以紂距諫知其必亡心欲去之故順其去事而言呼二師以告之○傳或有至必亡○正義曰或者不定之辭其事欲當然則是有此事故以或爲有也鄭玄論語注亦云或之言有也不有言無也天子天下之主所以治正四方

言殷其不有治正四方之事言將必亡。傳我紂至後世。正義曰嗜酒亂德是紂之行故知我我紂也人以酒亂若沈於水故以耽酒爲沈也湎然是齊同之意詩云天不湎爾以酒鄭云天不同汝顏色以酒是湎謂酒變面色湎然齊同無復平時之容也說文云酗醟也然則酗醟一物謂飲酒醉而發怒經言亂敗其德必有所屬上言我祖指謂成湯知言敗亂湯德於後世也上謂前世故下爲後世也。傳六卿至中者。正義曰士訓事也故卿士爲六卿典事師師言相師效爲非法度之事也止言卿士以貴者尙爾見賤者皆然故王肅云卿士以下轉相師效爲非法度之事也鄭云凡猶皆也傳意亦然以凡爲皆言卿士以下在朝之臣其所舉動皆有辜罪無人能秉常行得中正者

曰父師少師我其發出狂吾家耄遜于荒我念殷亡發疾生狂在家耄亂故欲遯出於荒野言愁悶。出尺遂反耄字又作旄莫報反注同遯徒困反徐徒頓反一音都困反今爾無指告予顚隮若之何其汝無指意告我殷邦顚隕隮墜如之何其救之。隮子細反玉篇子兮反切韻徂稽反隕于敏反

疏曰父師至何其。正義曰微子既言紂亂乃問身之所宜止而復言

故別加一日父師少師更呼而告之也我念殷亡之故其心發疾生狂吾在家心內耄亂欲遜遯出於荒野今汝父師少師無指滅亡之意告我云殷邦其隕墜則當如之何其救之乎恐其顚隮已共救之也。傳我念至愁悶。正義曰狂生於心而出於外故傳以出狂爲生狂應璩詩云積念發狂癡此其事也在家思念之深精神益以耄亂鄭玄云耄昏亂也在家不堪耄亂故欲遯出於荒野言愁悶之至詩云駕言出遊以寫我憂亦此意也。傳汝無至救之。正義曰無指意告我者謂無指殷亡之事告我言殷將隕墜欲留我救之顚謂從上而隕隮謂墜於溝壑皆滅亡之意也昭十三年左傳曰小人老而無子知隮於溝壑矣王肅云隮隮溝壑言此隮之義如左傳也

父師若曰王子比干不見明心同省文微子帝乙元子故曰王子。見賢遍反省所景反**天毒降災荒殷邦**

方興沈酗于酒天生紂爲亂是天毒下災四方化紂沈湎不可如何**乃罔畏畏**

咈其耇長舊有位人言起沈湎上不畏天災下不畏賢人違戾耇老之長致仕之賢不用其敎法紂故。咈扶勿反耇工口反長丁丈反注同**今殷民乃攘竊神祇之**

犧牷牲用以容將食無災自來而取曰攘色純曰犧體完曰牷牛羊豕曰
牲器實曰用盜天地宗廟牲用相容行食之無災罪之者言政亂。攘如羊反因來而取曰攘竊馬云往盜曰竊神祇天
曰神地曰祇犧許宜反牷音全降監殷民用乂讎斂召敵讎不
怠下視殷民所用治者皆重賦傷民斂聚怨讎之道而又亟行暴虐自召敵讎不解怠。讎如字下同徐云鄭音
疇馬本作稠云數也斂力檢反馬鄭力豔反謂賦斂也徐云鄭力劒反治直吏反亟欺忌反數也又紀力反本又作極如
字至也解佳賣反罪合于一多瘠罔詔言殷民上下有罪皆合於一法紂故使民
多瘠病而無詔救之者。瘠在益反商今其有災我興受其敗災滅在近
我起受其敗言宗室大臣義不忍去商其淪喪我罔爲臣僕詔王子
出迪商其沒亡我二人無所爲臣僕欲以死諫紂我教王子出合於道。臣僕一本無臣字我舊
云刻子王子弗出我乃顛隮。刻病也我久知子賢言於帝乙欲立子帝

乙不肯病子不得立則宜為殷後者子今若不出逃難我殷家宗廟乃隕墜無主。舊云馬云言也刻音克馬云侵刻也難乃旦反

自靖人自獻于先王各自謀行其志人人自獻達于先王以不失道。靖馬本作清謂潔也

我不顧行遯言將與紂俱死所執各異皆歸於仁明君子之道出處語默非一途。顧音故徐音鼓

〔疏〕父師至行遯。正義曰父師亦順其事而報微子曰王子今天酷毒下災生此昏虐之君以荒亂殷之邦國紂既沈湎四方化之皆起而沈湎酗醟於酒不可如何小人皆自放恣乃無所畏上不畏天災下不畏賢人違戾其耇老之長與舊有爵位致仕之賢人今殷民乃攘竊祭祀神祇之犧牷牲用以相通容行取食之無災罪之者盜天地大祀之物用而不得罪言政亂甚也我又下視殷民所用為治者。民皆讎怨斂聚之道也言重賦傷民民以在上為讎重賦乃是斂讎也既為重賦又急行暴虐此所以益招民怨是乃自召敵讎不懈怠也上下各有罪合於一紂之身言紂化之使然也故使民多瘠病而無詔救之者商今其有滅亡之災我起而受其敗商其沒亡喪滅我無所為人臣僕言不可別事他人必欲諫取死也我教王子出奔於外是道也我久云子賢言於帝乙欲立子不肯我乃病傷子

不得立爲王則宜終爲殷後若王子不出則我殷家宗廟乃
隕墜無主既勸之出即與之別云各自謀行其志人人各自
獻達於先王我不顧念行遯之事明期與紂俱死○傳此干
至王子○正義曰諸二人而一人答明心同省文也鄭云少
師不答志在必死然則箕子本意豈必求生乎身若求生何
以不去既不顧行遯明期於必死但紂自不殺之耳若比干
意異箕子則別有答安得嘿而不呼○孔解心同是也微子帝
乙元子微子之命有其文也父師言微子爲王子則父師非
王子矣鄭王等以爲紂之諸父當是實也○傳天生至知何
正義曰荒殷邦者乃是紂也而云天毒降災故言天生紂爲
亂本之於天天毒下災也以微子云若之何此荅彼意故言
四方化紂沈湎不可如何○傳言起至紂故○正義曰文在
方興沈酗之下則此無所畏畏者謂當時四方之民也民所
當畏惟畏天與人耳故知二畏畏者上不畏天下不畏賢人違
戾耇長與舊有位人即是不畏賢人故不用其教紂無所畏
此民無所畏謂法紂故也○傳自來至政亂○正義曰攘竊
同文則攘是竊類釋詁云攘因也是因其自來而取之名攘
也說文云犧宗廟牲也曲禮云天子以犧牛天子祭牲必用
純色故知色純曰犧也周禮牧人掌牧六牲以供祭祀之牲
牷以牷爲言必是體全具也故體完曰牷經傳多言三牲知

牲是牛羊豕也以犧牷牲三者既爲俎實則用者簠簋之實謂黍稷稻粱故云器實曰用謂粢盛也禮天曰神地曰祇舉天地則人鬼在其閒矣故揔云盜天地宗廟牲用也訓將爲行相容行食之謂所司相通容使盜者得行盜而食之大祭祀之物物之重者盜而無罪言政亂甚也漢魏以來著律皆云敢盜郊祀宗廟之物無多少皆死爲特重故也○傳下視至懈怠○正義曰箕子身爲三公下觀世俗故云下視殷民所用治者謂卿士已下是治民之官也以紂暴虐務稱上旨皆重賦傷民民既傷矣則以上爲讎泰誓所謂虐我則讎是也重斂民財乃是聚斂怨讎之道既爲重斂而又亟行暴虐亟急也○急行暴虐欲以威民乃是自召敵讎勤行不怠是懈怠也○傳商其至於道○正義曰有災與淪喪一事而重出文者上言商今其有災我與受其敗逆言災雖未至至則已必受禍此言商其淪喪我罔爲臣僕豫言殷滅之後言已不事異姓辭有二意故重出其文我無所爲臣僕言不能與人爲臣僕必欲以死諫紂但箕子之諫値紂怒不甚故得不死耳我教王子出合於道保全身命終爲殷後使宗廟有主享祀不絶是合其道也○傳刻病至無主○正義曰刻者傷害之義故爲病也呂氏春秋仲冬紀云紂之母生微子啓與仲衍其時猶尚爲妾改而爲妻後生紂紂之父欲立微子啓

爲太子太史據法而爭曰有妻之子不可立妾之子故立紂爲後於時箕子蓋謂請立啓而帝乙不聽今追恨其事我久知子賢言於帝乙欲立子爲太子而帝乙不肯我病子不得立則宜爲殷後○傳言將至一途○正義曰不肯遜以求生言將與紂俱死也或去或留所執各異皆歸於仁孔子稱殷有三仁焉是皆歸於仁也易繫辭曰君子之道或出或處或默或語是非一途也何晏云仁者愛人三人行異而同稱仁者以其俱在憂亂寧民

附釋音尚書注疏卷第十

江西鹽法道胡稷栞

尙書注疏挍勘記卷十　阮元撰盧宣旬摘録

說命上第十二　商書　宋板與上合爲一卷

高宗夢得説　按一切經音義卷一大方廣佛華嚴經第一卷引此得作㝵亦晉宋古文本也陸氏曰說本又作兊音悅注及下篇同

經求之於野　閩本明監本葛本同岳本纂傳經下有營字野上有外字毛本同

王又厲說以伊尹之功　纂傳厲作屬

王宅憂亮陰三祀　陸氏曰亮本又作諒

陰默也　此句上古本有亮信也三字山井鼎曰晉書杜預奏議中引尙書傳亮信也陰默也臣初疑之久矣今得古本乃知注疏諸本脫三字也○按傳例已釋者不再見亮之爲信已於舜典釋之矣此處不得有亮信也三字杜預在梅頤前安得見孔傳其所引者伏生大傳也山井鼎之說殊謬

羣臣咸諫于王曰嗚呼知之曰明哲 陸氏曰哲本又作喆

王言惟作命不言臣下罔攸稟令 古本罔作亡罔不同心同令石經補缺誤作命

惟恐德弗類 葛本閩本明監本纂傳同唐石經岳本毛本惟作台

遂令傅險姓之 宋板令作以○按史記殷本紀作以宋本是也

曰云我徒也 宋板曰作且

若藥弗瞑眩 藥石經補缺誤

先使人瞑眩憤亂 浦鏜云憤當憒字誤○按上云瞑眩者令人憤悶之意也此因彼而誤

說命中第十三 商書

正義曰晉語云 閩本明監本同毛本云作言

猶王官之伯 閩本明監本同毛本之作宗

師長之言亦遍有　宋板有下有士字

憲法也　按此節今本疏混入注又脫上截四十二字山井鼎據古本宋板正誤補闕今錄于下傳憲法也言聖王法天以立教臣敬順而奉之民以從上爲治疏傳憲法至爲治正義曰憲法也釋詁文人之聞見在於耳目天無形體假人事以言之聽謂無所不聞明謂無所不見惟聖人於是法天言法天以立教於下無不聞見除其所惡納之於善雖復運有推移道有升降其所施爲未嘗不法天也臣敬順而奉之奉卽上文承也奉承君命而布之於民民以從上爲治不從上命則亂故從又也○按岳本纂傳俱與古本同

經傳之無鎧與兜鍪　宋板之下有文字是也

則人爲背之　宋板爲作違是也

官不全其賢　案全當作至今攺

是言推而不有　宋板閩本明監本同毛本推作惟

謂言出恩以寵臣　毛本言作君是也

謂臣入慢以輕王　浦鏜云王當主字誤

事神禮煩亂而難行　宋板煩下有則字正與注合

非知之艱行之惟艱　古本艱作難下不艱同

行之難　古本岳本閩本葛本纂傳同毛本難作艱

說命下第十四　商書

若作和羹爾惟鹽梅　陸氏曰梅亦作楳

鹽鹹梅醋　古本醋作酢下同按醋酢二字古今相反

言曰有所益　毛本曰作日是也

惟說式克欽承旁招俊乂　陸氏曰俊本又作畯

故此爲解　蒲鏜云此爲二字當誤倒

一夫不獲則曰時予之辜　古本辜作罪

功至大天　古本岳本葛本宋板閩本明監本纂傳同毛本大作于

説拜稽首曰敢對揚天子之休命　唐石經無之字

高宗肜日第十五　商書

以訓道諫王　浦鏜云訓道二字疑誤倒或以訓二字倒○按下傳云遂以道訓諫王則此訓道二字誤倒明矣纂傳道作導亦誤

故序言祭成湯升鼎耳以足以　閩本明監本同毛本下以字作之是也

文云　閩本明監本同毛本文作又

傳言至自消　閩本明監本同毛本至字重是也

謂有永有不永史記集解謂下有其字

天道其如其所言我葛本閩本明監本俱同毛本次其字作

祀無豐于昵按羣經音辨尸部云尼近也乃禮切書祀無豐于尼又女乙切考疏引尔疋亦是尼字疏又云尼與昵音義同此但明尼昵同字非經文作昵

當敬民事民事無非天所嗣常也史記集解作當敬民事無非天時天時所常祀也按史記注固非今本亦疑有誤

是允德爲嗣諸本德皆作得德字誤也

卽兄也諸本兄作尼尼字是也形近之譌

自立君以主之宋板無自字按儀禮通解引亦無自字

西伯戡黎第十六　商書

殷始咎周　古本始初作亂後改作始按亂當作乿古治字

作西伯戡黎　陸氏曰伯亦作柏盧文弨云穆天子傳古今人表伯通作柏二字本可通用

且言西北對東爲名　諸本北作伯閩本明監本同誤

以王淫過戲迨　古本岳本宋板纂傳迨作怠毛本作逸

以紂自絕先　閩本明監本同毛本先下有王字正與岳本同

動昔違法　宋板昔作皆岳本作悉案悉字是也毛本不誤

大命不摯　命下唐石經旁添胡字陸氏曰摯本又作勢○按說文作勢引書云大命不勢據說文則胡字不應有也殷本紀作大命胡不至石經旁添字乃後人依史記增入也

反報紂也　古本作反報也報紂也

參列於上天　古本天上有在字

微子第十七　商書

錯亂天命　宋板閩本明監本同毛本亂作辭

交錯是渾亂以義　閩本明監本同毛本以作之案以字誤也

以去見其爲卿士也　浦鏜云卿士當無道誤許宗彥云八字因末句而誤衍卿士不誤上以此知其爲卿士也

我祖底遂陳于上　古本底作致

又爲姦宄於內外　閩本葛本監本纂傳同毛本內外二字倒

其爲敵讎　閩本葛本同岳本其作共其字誤也

無涯際　古本涯際作津涯

傳父師至而言　閩本明監本同毛本而言作言之按傳云順其事而言之疏兩云順其事而

言則作疏者所見孔傳疑本無之字

比干是紂之親則諸父 浦鏜改作比干于紂親則諸父

其事欲當然 宋板欲作或

不解怠 岳本葛本宋板正嘉本閩本纂傳解作懈毛本作解與此同按釋文云解佳賣反是解讀爲懈非字作懈也通志堂本解作懈亦誤

我罔爲臣僕 陸氏曰一本無臣字○按說文云古本僕字從臣作䑑恐此是古本作䑑後折爲二字釋文所云一本是也

我乃顛隮 古本隮作隕

我久知子賢 古本我上有言字

我又下視殷民所用爲治者民皆讎怨斂聚之道也 宋板

閩本同毛本者民二字倒盧文弨云民字衍文是也

安得然而不呼　毛本呼作言是也

尚書注疏挍勘記卷十

會昌縣知縣候補知州曾暉春栞

傳古樓景印

四部要籍選刊

蔣鵬翔 主編

阮刻尚書注疏

三

（清）阮元 校刻

浙江大學出版社

本册目録

卷十五

附釋音尚書注疏第十一

泰誓上第一

周書　孔氏傳　孔穎達疏

惟十有一年武王伐殷周自虞芮質厥成諸侯並附以爲受命之年至九年而文王卒武王三年服畢觀兵孟津以卜諸侯伐紂之心諸侯僉同乃退以示弱○芮如鋭反虞芮二國名僉七廉反一月戊午師渡孟津十三年正月二十八日更與諸侯期而共伐紂○孟津地名也作泰誓三篇渡津乃作

疏惟十至三篇○正義曰惟文王受命十有一年武王服喪既畢舉兵伐殷以卜諸侯伐紂之心雖諸侯僉同乃退以示弱至十三年紂惡既盈乃復往伐之其年一月戊午之日師渡孟津王誓以戒衆史敘其事作泰誓三篇○傳周自至示弱○正義曰武成篇云我文考文王誕膺天命以撫方夏惟九年大統未集則文王以九年而卒也無逸稱文王享國五十年至嗣位至卒非徒九年而已知此十一年者文王改稱元年至九

年而卒至此年爲十一年也詩云虞芮質厥成毛傳稱天下
聞虞芮之訟息歸周者四十餘國故知周自虞芮質厥成諸
侯並附以爲受命之年至九年而文王卒至此十一年武王
居父之喪三年服畢也案周書云文王受命九年惟暮春在
鎬召太子發作文傳其時猶在但未知崩月就如暮春卽崩
武王服喪至十一年三月大祥至四月觀兵故今文泰誓亦
云四月觀兵也知此十一年非武王卽位之年者大戴禮云
文王十五而生武王則武王少文王十四歲也禮記文王世
子云文王九十七而終武王九十三而終計其終年文王崩
時武王已八十三矣八十四卽位至九十三而崩適滿十年
不得以十三年伐紂知此十一年者據文王受命而數之必
繼文王年者爲其卒父業故也緯候之書言受命者謂有黃
龍玄龜白魚赤雀負圖銜書以命人主其言起於漢哀平之
世經典無文焉孔時未有此說咸有一德傳云所征無敵謂
之受天命此傳云諸侯並附以爲受命之年是孔解受命皆
以人事爲言無瑞應也史記亦以斷虞芮之訟爲受命元年
但彼以文王受命七年而崩不得與孔同耳三年之喪二十
五月而畢故九年文王卒至此一年服畢此經武王追陳前
事云肆予小子發以爾友邦冢君觀政于商是十一年伐殷
者止爲觀兵孟津以卜諸侯伐紂之心言于商知亦至孟津

也○傳十三年正月至伐紂○正義曰以一月戊午乃是作誓月日經言十三年春大會于孟津又云戊午次于河朔知此一月戊午是十三年正月戊午日非是十一年正月也序不别言十三年而以一年月接十一年下者序以觀兵至而卽還畧而不言月日誓則經有年有春故畧而不言年春正言一月使其互相足也戊午是二十八日以麻推而知之據經亦有其驗漢書律麻志載舊說云死魄朔也生魄望也武成篇說此伐紂之事云惟一月壬辰旁死魄則壬辰近朔而非朔是爲月二日也二日壬辰則此月辛卯朔矣以次數之知戊午是二十八日也不言正月而言一月者以武成經言一月故此序同之武成所以解一月者易革卦象曰湯武革命順乎天而應乎人象曰君子以治麻明時然則改正治麻必自武王始矣武王以殷之十二月發行正月四日殺紂既入商郊始改正朔以殷之正月爲周之二月其初發時猶是殷之十二月未爲周之正月改正在後不可追名爲正月以其實是周之一月故史以一月名之顧氏以爲古史質或云正月或云一月不與春秋正月同義或然也易緯稱文王受命改正朔布王號於天下鄭玄依而用之言文王生稱王已改正然夫無二日王無二王豈得殷紂尚在而稱周王哉若文王身自稱王已改正朔則是功業成矣武王何得云大勳未

集欲卒父業也禮記大傳云牧之野武王之大事也既事而
退追王大王亶父王季歷文王昌是追爲王何以得爲文王
身稱王已改正朔也春秋王正月謂周正月也公羊傳曰王
者孰謂謂文王其意以正爲文王所改公羊傳漢初俗儒之
言不足以取正也春秋之王自是當時之王非改正之王晉
世有王愆期者知其不可注公羊以爲春秋制文王指孔子
耳非周昌也文王世子稱武王對文王云西方有九國焉君
王其終撫諸呼文王爲王是後人追爲之辭其言未必可信
亦非實也○傳渡津乃作○正義曰孟者河北地名春秋所
謂向盟是也於孟地置津謂之孟津言師渡孟津乃作泰誓
知三篇皆渡津乃作也然則中篇獨言戊午次于河朔者三
篇皆河北乃作分爲三篇耳上篇未次時作故言十三年春
中篇既次乃作故言戊午之日下篇則明日乃作言時厥明
各爲首引故文不同耳尚書遭秦而亡漢初不知篇數武帝
時有太常蓼侯孔臧者安國之從兄也與安國書云時人惟
聞尚書二十八篇取象二十八宿謂爲信然不知其有百篇
也然則漢初惟有二十八篇無泰誓矣後得僞泰誓三篇諸
儒多疑之馬融書序曰泰誓後得案其文似若淺露又云八
百諸侯不召自來不期同時不謀同辭及火復於上至於王
屋流爲鵰至五以穀俱來舉火神怪得無在子所不語中乎

又春秋引泰誓曰民之所欲天必從之國語引泰誓曰朕夢協朕卜襲于休祥戎商必克孟子引泰誓曰我武惟揚侵于之疆取彼凶殘我伐用張于湯有光孫卿引泰誓曰獨夫受禮記引泰誓曰予克受非予武惟朕文考無罪受克予非朕文考有罪惟予小子無良今文泰誓皆無此語吾見書傳多矣所引泰誓而不在泰誓者甚多弗復悉記畧舉五事以明之亦可知矣王肅亦云泰誓近得非其本經馬融惟言後得不知何時得之漢書婁敬說高祖云武王伐紂不期而會盟津之上者八百諸侯僞泰誓有此文不知其本出何書也武帝時董仲舒對策云書曰白魚入于王舟有火入于王屋流爲烏周公曰復哉復哉今引其文是武帝之時已得之矣李顒集注尚書於僞泰誓篇每引孔安國曰計安國必不爲彼僞書作傳不知顒何由爲此言梁王兼而存之言本有兩泰誓古文泰誓伐紂事聖人取爲尚書今文泰誓觀兵時事别録之以爲周書此非辭也彼僞書三篇上篇觀兵時事中下二篇亦伐紂時事非盡觀兵時事也且觀兵示弱即退復何誓之有設有其誓不得同誓以泰誓爲篇名也

泰誓 大會以誓衆

傳大會以示衆

疏○正義曰經云大會于孟津知名曰泰誓者其大會以示衆也王肅云武王以大道誓衆肅解彼僞文故說謬耳湯誓指湯爲名此不言

武誓而別立名者以武誓非一故史推義作名泰誓見大會也牧誓舉戰地時史意也顧氏以爲泰者大之極也猶如天子諸侯之子曰太子天子之卿曰太宰此會中之大故稱泰誓也

惟十有三年春大會于孟津 三分二諸侯及諸戎狄此周之孟春○惟十有三年春或作十有一年後人妄看序文輒改之

疏 惟十至孟津○正義曰此三篇俱是孟津之上大告諸國之君而發首異者此見大會誓衆故言大會于孟津中篇徇師而誓故言以師畢會下篇王更徇師故言大巡六師皆史官觀事而爲作端緒耳○傳三分至孟春○正義曰論語稱三分天下有其二中篇言羣后以師畢會則周之所有諸國皆集牧誓所呼有庸蜀羌髳微盧彭濮人知此大會謂三分有二之諸侯及諸戎狄皆會也序言一月知此春是周之孟春謂建子之月也知者案三統厤以殷之十二月武王發師至二月甲子咸劉商王紂彼十二月即周之正月建子之月也

王曰嗟我友邦冢君越我御事庶士明聽誓 冢大御治也友諸侯親之稱大君尊之下及我治事衆士大小無不皆明聽誓

疏 傳冢大至聽誓○正義曰冢大釋詁文侍御是治理之事故通訓御爲治

也同志爲友天子友諸侯親之也牧誓傳曰言志同滅紂令揔呼國君皆爲大君尊之也下及治事衆士謂國君以外卿大夫及士諸掌事者大小無不皆明聽誓自士以上皆揔戒之也

惟天地萬物父母生之謂父母天地所生

惟人萬物之靈靈神也惟人爲貴

疏 傳生之至爲貴○正義曰萬物皆天地生之故謂天地爲父母也老子云神得一以靈靈神是一故靈爲神也禮運云人者天地之心五行之端也食味別聲被色而生者也言人能兼此氣性餘物則不能然故孝經云天地之性人爲貴此經之意天地是萬物之父母言天地之意欲養萬物也人是萬物之最靈言其尤宜長養也紂違天地之心而殘害人物故言此以數之與下句爲首引也

亶聰明作元后元后作民父母人誠聰明則爲大君而爲衆民父母○亶丁但反

今商王受弗敬上天降災下民沈湎冒色敢行暴虐沈湎嗜酒冒亂女色敢行酷暴虐殺無辜○湎面善反冒莫報反注下同嗜市志反切韻常利反酷苦毒反

疏 傳沈湎至無辜○正義曰人被酒困若沈於水酒變其色湎然齊同

故沈湎爲嗜酒之狀冒訓貪也亂女色荒也酷解經之暴殺辭經之虐皆果敢爲之案說文云酷酒厚味也酒味之厚必嚴嚴烈人之暴虐與酒嚴烈同故謂之酷

罪人以族官人以世一人有罪刑及父母兄弟妻子言淫濫官人不以賢才而以父兄所以政亂〔疏〕傳一人至政亂○正義曰秦政酷虐有三族之刑謂非止犯者之身乃更上及其父下及其子經言罪人以族故以三族解之父母前世也兄弟及妻當世也子孫後世也一人有罪刑及三族言淫濫也古者臣有大功乃得繼世在位而紂之官人不以賢才而以父兄已濫受寵子弟頑愚亦用不堪其職所以政亂官人以世惟當用其子耳而傳兼言兄者以紂爲惡或當因兄用弟故以兄協句耳

惟宮室臺榭陂池侈服以殘害于爾萬姓土高曰臺有木曰榭澤障曰陂停水曰池侈謂服飾過制言匱民財力爲奢麗○榭爾雅云有木曰榭本又作謝陂彼皮反障之亮反匱其媿反〔疏〕傳土高至奢麗○正義曰釋宮云宮謂之室室謂之宮李巡曰所以古今通語明實同而兩名此傳不解宮室義當然也釋宮又云闍謂之臺有木者謂之榭李巡曰臺積土爲之所以觀望也臺上有屋謂之榭又云無室曰榭

四方而高曰臺孫炎曰榭但有堂也郭璞曰榭即今之堂堭也然則榭是臺上之屋歇前無室今之廳是也詩云彼澤之陂毛傳云陂澤障也障澤之水使不流溢謂之陂停水不流謂之池後亦奢也謂不服采飾過於制度言匱竭民之財力爲奢麗也顧氏亦云華後服飾二劉以爲宮室之上而加後服據孔傳云服飾過制卽謂人之服飾二劉之說非也殷本紀云紂厚賦稅以實鹿臺之錢而盈鉅橋之粟益收狗馬奇物充牣宮室益廣沙丘苑臺多聚野獸飛鳥置其中大聚樂戲於沙丘以酒爲池懸肉爲林使男女倮相逐其間說紂奢後後之事書傳多矣

焚炙忠良刳剔孕婦○忠良無罪焚炙之懷子之婦刳剔視之言暴虐

刳口胡反剔他歷反孕以證反徐養證反

疏傳忠良至暴虐○正義曰焚炙俱燒也刳剔謂割剔也說文云刳刲也今人去肉至骨謂之剔去是則亦刲之義也武王以此數紂之惡必有忠良被炙孕婦被刳不知其姓名爲誰也殷本紀云紂紂爲長夜之飲時諸侯或叛妲己以爲罰輕紂欲重刑乃爲熨斗以火燒之然使人舉輒爛其手不能勝紂怒乃更爲銅柱以膏塗之亦加於炭火之上使有罪者緣之足滑跌墜入中紂與妲己以爲大樂名曰炮烙之刑是紂焚炙之事也後文王獻洛西之地赤壤之田方千里請紂除炮

烙之刑紂許之皇甫謐作帝王世紀亦云然謚又云紂剖比干妻以視其胎卽引此爲刳剔孕婦也

皇天震怒命我文考肅將天威大勳未集言天怒紂之惡命文王敬行天罰功業未成而崩

肆予小子發以爾友邦冢君觀政于商父業未就之故故我與諸侯觀紂政之善惡謂十一年自孟津還時

惟受罔有悛心乃夷居弗事上帝神祇遺厥先宗廟弗祀悛改也言紂縱惡無改心平居無故廢天地百神宗廟之祀慢之甚○悛七全反

疏傳悛改至之甚○正義曰左傳稱長惡不悛悛是退前創改之義故爲改也觀政于商計當恐怖言紂縱惡無改悔之心平居無故不事神祇是紂之大惡上帝舉其尊者謂諸神悉皆不事故傳言百神以該之不事亦是不祀別言遺厥先宗廟弗祀遺棄祖父言其慢之甚也

犧牲粢盛既于凶盜凶人盡盜食之而紂不罪○粢音咨黍稷曰粢盛音成在器曰盛

乃曰吾有民有命罔懲其侮紂言吾所以有兆民有天

命故羣臣畏罪不爭無能止其慢心○懲直承反爭爭鬬之爭**天佑下民作之君作之師**言天佑助下民爲立君以政之爲立師以教之○爲于僞反**惟其克相上帝寵綏四方**當能助天寵安天下○相息亮反**有罪無罪予曷敢有越厥志**越遠也言已志欲爲民除惡是與否不敢遠其志○否方有反

【疏】天佑至厥志○正義曰已上數紂之罪此言伐紂之意上天佑助下民不欲使之遭害故命我爲之君上使臨政之爲之師保使教誨之爲人君爲人師者天意如此不可違天我今惟其當能佑助上天寵安四方之民使民免於患難今紂暴虐無君師之道故今我往伐之不知伐罪之事爲有罪也爲無罪也不問有罪無罪志在必伐我何敢有遠其本志而不伐之○傳言天至教之○正義曰衆民不能自治立君以治之立君治民乃是天意言天佑助下民爲立君也治民之謂君教民之謂師君既治之師又教之故言作之君作之師師謂君與民爲師非謂別置師也○傳當能至天下○正義曰天愛下民爲立君立師者當能佑助天意寵安天下不奪民之財力不妄非理刑殺是助天寵愛民也○傳越遠至其志○正義曰越者

踰越超遠之義故爲遠也武王伐紂內實爲民除害外則以臣伐君故疑其有罪與無罪言己志欲爲民除害無問是之與否不敢遠其志言己本志欲伐何敢遠本志捨而不伐也

同力度德同德度義

力鈞則有德者勝德鈞則秉義者強揆度優劣勝負可見○度徒洛反下注同

疏○傳力鈞至可見○正義曰德者得也自得於心義者宜也動合自宜但德在於身故言有德義施於行故言秉執武王志在養民動爲除害有君人之明德執利民之大義與紂無者爲敵雖未交兵揆度優劣勝負可見示以必勝之道令士衆勉力而戰也

受有臣億萬惟億萬心

人執異心不和諧○億十萬曰億

予有臣三千惟一心

三千一心言欲同

商罪貫盈天命誅之予弗順天厥罪惟鈞

紂之爲惡一以貫之惡貫已滿天畢其命今不誅紂則爲逆天與紂同罪○貫古亂反

疏傳紂之至同罪○正義曰紂之爲惡如物在繩索之貫一以貫之其惡貫已滿矣物極則反天下欲畢其命故上天命我誅之今我不誅紂則是逆天之命無恤民之心是我與紂同罪矣猶如律故縱者與同罪也

予

小子夙夜祗懼受命文考類于上帝宜于冢土以爾有衆厎天之罰祭社曰宜冢土社也言我畏天之威告文王廟以事類告天祭社用汝衆致天罰於紂。類師祭名冢中勇反厎之履反〔疏〕傳祭社至於紂。正義曰釋天引詩云乃立冢土戎醜攸行鄭云起大事動大衆必先有事乎社而後出謂之宜孫炎曰宜求見福祐也是祭社曰宜冢訓大也社是土神故冢土社也毛詩傳云冢土大社也受命文考是告廟以行故爲告文王廟也毛詩云天子將出類乎上帝宜乎社造乎禰此受命文考卽是造乎禰也王制以神尊卑爲次故先言帝社後言禰此以廟是己親若言家內私義然後告天故先言受命文考而後言類于上帝舜典類于上帝傳云告天及五帝此以事類告天亦當如彼也罰紂是天之意故用汝衆致天罰於紂也天矜于民民之所欲天必從之矜憐也言天除惡樹善與民同。從才容反爾尚弼予一人永清四海穢惡除則四海長清時哉弗可失言今我伐紂正是天人合同之時不可違失

泰誓中第二

周書　孔氏傳　孔穎達疏

惟戊午王次于河朔次止也戊午渡河而誓既誓而止于河之北【疏】傳次止至之北○正義曰次是止舍之名穀梁傳亦云次止也序云一月戊午師渡孟津則師以戊午日渡也此戊午日次于河朔則是師渡之日次止也上篇是渡河而誓未及止舍而先誓之此次于河朔者是既誓而止於河之北也莊三年左傳例云凡師一宿爲舍再宿爲信過宿爲次此次直取止舍之義非春秋三日之例也何則商郊去河四百餘里戊午渡河甲予殺紂相去纔六日耳是今日次訖又誓明日誓訖卽行不容三日止于河旁也**羣后以師畢會**諸侯盡會次也**王乃徇師而誓曰嗚呼西土有衆咸聽朕言**徇循也武王在西故稱西土○徇似俊反字詁云徇巡也【疏】傳徇循至西土○正義曰說文云徇疾也循行也徇是疾行之意故以徇爲循也下篇大巡六師義亦然也此誓揔戒衆軍武王國在西偏此

師皆從西而來故稱西土**我聞吉人爲善惟日不足凶人爲不善亦惟日不足**言吉人竭日以爲善凶人亦竭日以行惡○竭苦曷反又苦蓋反**今商王受力行無度**行無法度竭日不足故曰力行**播棄犂老昵比罪人**鮐背之耈稱犂老布棄不禮敬昵近罪人謂天下逋逃之小人○犂力私反又力兮反昵女乙反比毗志反鮐他來反又音怡魚名逋布吳反【疏】傳鮐背至小人○正義曰釋詁云鮐背耈老壽也舍人曰鮐背老人氣衰皮膚消瘠背若鮐魚也孫炎曰耈面凍黎色似浮垢也然則老人背皮似鮐面色似黎故鮐背之耈稱黎老傳以播爲布布者徧也言徧棄之不禮敬也昵昵近釋詁文孫炎曰昵親近也牧誓數紂之罪云四方之多罪逋逃是崇是長是信是使知紂所親近罪人謂天下逋逃之小人也**淫酗肆虐臣下化之**過酗縱虐以酒成惡臣下化之言罪同○酗况付反【疏】傳過酗至罪同○正義曰酗是酒怒淫酗共文則淫非女色故以淫爲過言飲酒過多也肆是放縱之意酒過則酗縱情爲虐以酒成此暴虐之惡臣下化而爲之由紂惡而臣亦惡言君臣

之罪同也**朋家作仇脅權相滅無辜籲天穢德彰聞**臣下朋黨自為仇怨脅上權命以相誅滅籲呼也民皆呼天告冤無辜紂之穢德彰聞天地言罪惡深○脅虛業反籲音喻穢於廢反〈疏〉朋家至彰聞○正義曰小人好忿天性之常化紂淫酗怨怒無已臣下朋黨共為一家與前人並作仇敵脅上權命以相滅亡無罪之人怨嗟呼天紂之穢惡之德彰聞天地言其罪惡深也○傳臣下至惡深○正義曰脅上謂紂既昏迷朝無綱紀姦宄之臣脅於在下假用在上之權命脅之更相誅滅也**惟天惠民惟辟奉天**言君天下者當奉天以愛民○辟必亦反**有夏桀弗克若天流毒下國**桀不能順天流毒虐於下國萬民言凶害**天乃佑命成湯降黜夏命**言天助湯命使下退桀命**惟受罪浮于桀**浮過〈疏〉傳浮過○正義曰物在水上謂水浮浮者高之意故為過也桀罪已大紂又過之言紂惡之甚故下句說其過桀之狀案夏本紀及帝王世紀云諸侯叛桀關龍逢引皇圖而諫桀殺之伊尹諫桀桀曰天之有日由吾之有民日亡吾乃亡桀殺

龍逢無剖心之事又桀惟比之於日紂乃詐命於天又紂有炮烙之刑又有刳胎斮脛之事而桀皆無之是紂罪過於桀也

剝喪元良賊虐諫輔 剝傷害也賊殺也元善之長良善以諫輔紂紂反殺之○喪息浪反長丁丈反〔疏〕傳剝傷至殺之○正義曰說文云剝裂也一曰剝割也裂與割俱是傷害之義也殺人謂之賊故賊爲殺也元者善之長易文言文良之爲善書傳通訓也元良俱善而變舉之者言其剝喪善中之善爲害大也以諫輔紂紂反殺之卽比干是也上篇言焚炙忠良與此謂經相類而復言此者以殺害人爲惡之大故重陳之也

已有天命謂敬不足行謂祭無益謂暴無傷 言紂所以罪過於桀○已音紀

厥監惟不遠在彼夏王 其視紂罪與桀同辜言必誅之〔疏〕傳其視至誅之○正義曰紂罪過於桀而言與桀同辜者罪不過死合死之罪同言必誅也

天其以予乂民 用我治民當除惡

朕夢協朕卜襲于休祥戎商必克 言我夢與卜俱合於美善以兵誅紂必克之占〔疏〕傳言我至之占○正義曰夢者

事之祥人之精爽先見者也吉凶或有其驗聖王採而用之我卜伐紂得吉夢又戰勝禮記稱卜筮不相襲襲者重合之義訓戎爲兵夢卜俱合於美是以兵誅紂必克之占也聖人逆知來物不假夢卜言此以强軍人之意耳史記周本紀云武王伐紂卜龜兆不吉羣公皆懼惟太公强之太公六韜云卜戰龜兆焦筮又不吉太公曰枯骨朽著不踰人矣彼言不吉者六韜之書後人所作史記又採用六韜好事者妄矜太公非實事也

受有億兆夷人離心離德平人凡人也雖多而執心用德不同

疏傳平人至不同○正義曰昭二十四年左傳此文服虔杜預以夷人爲夷狄之人卽如彼言惟云億兆夷人則受率其旅若林卽曾無華夏人矣故傳訓夷爲平平人爲凡人人言其智慮齊識見同人數雖多執心用德不同心謂謀慮德謂用行智識旣齊各欲申意故心德不同也

予有亂臣十人同心同德我治理之臣雖少而心德同○十人周公旦召公奭太公望畢公榮公太顛閎夭散宜生南宮适及文母治直吏反

疏傳我治至德同○正義曰釋詁云亂治也故謂我治理之臣有十人也十人皆是上智咸識周是殷非故人數雖少而心能同同佐武王欲共滅紂也論語引此云予有

亂臣十人而孔子論之有一婦人焉則十人之內其一是婦人故先儒鄭玄等皆以十人爲文母周公太公召公畢公榮公太顛宏天散宜生南宮括也

雖有周親不如仁人周至也言紂至親雖多不如周家之少仁人

【疏】傳周至至仁人○正義曰詩毛傳亦以周爲至相傳爲此訓也武王三分天下有其二則紂黨不多於周但辭有激發旨有抑揚欲明多惡不如少善故言紂至親雖多不如周家之少仁人也

天視自我民視天聽自我民聽言天因民以視聽民所惡者天誅之○惡烏路反一音如字

百姓有過在予一人已能無惡於民民之有過在我教不至

【疏】百姓有過在予一人○正義曰言此者以上云民之所惡天必誅之已今有善不爲民之所惡天必佑我令教化百姓若不教百姓使有罪過實在我一人之身此百姓與下百姓懔懔皆謂天下衆民也

今朕必往我武惟揚侵于之疆揚舉也言我舉武事侵入紂郊疆伐之○疆居良反

取彼凶殘我伐用張于湯有光桀流毒天下湯黜其命紂行凶殘之德我以兵取之伐惡之道

張設此。於湯又有光明。疏今朕至有光。正義曰既與天下爲任則當爲之除害今我必往伐紂我之武事惟於此舉之侵紂之疆境取彼爲凶殘之惡者若得取而殺之是我伐凶惡之事用張設矣湯惟放逐我能擒取是比於湯又益有光明。傳揚舉至伐之。正義曰文王世子論舉賢之法云或以事舉或以言揚是揚舉義同故揚爲舉也於時猶在河朔將欲行適商都言我舉武事侵入紂之郊疆往伐之也春秋之例有鍾鼓曰伐無曰侵此實伐也言往侵者侵是入之意非如春秋之例無鍾鼓也

勖哉夫子罔或無畏寧執非敵

勖勉也夫子謂將士無敢有無畏之心寧執非敵之志伐之則克矣。將子匠反下篇注同

疏勖哉至非敵。正義曰取得紂則功多於湯宜勉力哉夫子將士等呼將士令勉力也以兵伐人當臨事而懼汝將士等無敢有無畏輕敵之心寧執守似前人之強非己能敵之志以伐之如是乃可克矣。傳勖勉至克矣。正義曰勖勉釋詁文呼將士而誓之知夫子是將士也老子云禍莫大於輕敵故令將士無敢有無畏之心令其必以前敵爲可畏也論語稱子路曰子行三軍則誰與孔子曰必也臨事而懼令軍士等不欲發意輕前人寧執非敵之志恐彼強多非我能敵執此志以伐之

則當克矣百姓懍懍若崩厥角言民畏紂之虐危懼不安若崩摧其角無所容頭○懍力甚反〔疏〕傳言民至容頭○正義曰懍懍是怖懼之意言民畏紂之虐危懼不安其志懍懍然以畜獸爲喻民之怖懼若似畜獸崩摧其頭角然無所容頭顧氏云常如人之欲崩其角也言容頭無地隱三年穀梁傳曰高曰崩頭角之稱崩體之高也嗚呼乃一德一心立定厥功惟克永世汝同心立功則能長世以安民

泰誓下第三

周書　孔氏傳　孔穎達疏

時厥明王乃大巡六師明誓衆士是其戊午明日師出以律三申令之重難之義衆士百夫長已上○令力政反重直用反長丁丈反已音以上時掌反〔疏〕傳是其至已上○正義曰上篇未次而誓故畧言大會中篇既次乃誓爲文稍詳故言以師畢會此篇最在其後爲文亦詳故言大巡六師巡

遠周徧大其事故稱大也師者衆也天子之行通以六師爲言於時諸侯盡會其師不啻六也師出以律易師卦初六爻辭也律法也行師以法即誓勑賞勸是也禮成於三故爲三篇之誓三度申重號令爲重愼艱難之義也孫子兵法三令五申之此誓三篇亦爲三令之事也牧誓王所呼者從上而下至百夫長而止知此衆士是百夫長已上也

王曰嗚呼我西土君子天有顯道厥類惟彰 言天有明道其義類惟明言王所宜法則 疏 傳言天至法則○正義曰孝經云則天之明昭二十五年左傳云以象天明是治民之事皆法天天之道天有尊卑之序人有上下之節三正五常皆在於天天有其明道此天之明道其義類惟明言明白可效王者所宜法則之將言商王不法天道故先標二句於前其下乃述商王違天之事言其罪宜誅也

今商王受狎侮五常荒怠弗敬 輕狎五常之教侮慢不行大爲怠惰不敬天地神明○惰徒卧反 疏 傳輕狎至神明○正義曰鄭玄論語注云狎慣忽之言慣見而忽也意與侮同傳因文垂而分之五常即五典謂父義母慈兄友弟恭子孝五者人之常行法天明道爲之輕狎五常之教侮慢而不遵行之

是違天顯也訓荒爲大大爲怠惰不敬謂不敬天地神明也
上篇云不事上帝神祇知此不敬天地神明也禮云毋不敬
傳舉天地以言明每事皆不敬也 **自絕于天結怨于民** 不敬天自絕之酷虐民結
怨之 **斮朝涉之脛剖賢人之心** 冬月見朝涉水者謂其脛耐寒斬而視之
比干忠諫謂其心異於人剖而觀之酷虐之甚○斮側略
反又士略反朝陟遙反脛戶定反剖普口反耐乃代反〔疏〕
傳冬月至之甚○正義曰釋器云魚曰斮之樊光云斮斫也
說文云斮斬也斬朝涉水之脛必有所由知冬月見朝涉水
者謂其脛耐寒疑其骨髓有異斬而視之其事或當有所出
也殷本紀云微子既去比干曰爲人臣者不得不以死爭乃
強諫紂怒曰吾聞聖人心有七竅遂剖比干觀其
心是紂謂比干心異於人剖而觀之言酷虐之甚 **作威殺**
戮毒痡四海 痡病也言害所及遠○痡徐音敷又普吳反〔疏〕傳痡病至及遠○正義曰
痡病釋詁文紂之毒害未必偏及夷
狄而云病四海者言害所及者遠也 **崇信姦回放黜**
師保 回邪也姦邪之人反尊信之可法以安者反放退之○邪似嗟反 **屏棄典刑囚**

奴正士屏棄常法而不顧箕子正諫而以爲囚奴郊社不修宗廟不享作奇技淫巧以悦婦人言紂廢至尊之敬營卑褻惡事作過制技巧以恣耳目之欲○技其綺反褻息列反〔疏〕郊社至婦人○正義曰不修謂不掃治也不享謂不祭祀也與上篇不祀上帝神祇遺厥先宗廟不祀其事一也重言之耳奇技謂奇異技能淫巧謂過度工巧二者大同但技據人身巧指器物爲異耳上帝弗順祝降時喪祝斷也天惡紂逆道斷絶其命故下是喪亡之誅○喪蘇浪反斷丁管反惡烏路反〔疏〕傳祝斷○正義曰哀十四年公羊傳云子路死子曰天祝予何休云祝斷也是相傳訓也爾其孜孜奉予一人恭行天罰孜孜勤勉不怠○孜音兹古人有言曰撫我則后虐我則讎武王述古言以明義言非惟今紂惡獨夫受洪惟作威乃汝世讎言獨夫失君道也大作威殺無辜乃是汝累世之讎明不可不誅樹德務滋除惡務本立德務滋長去惡務除本言紂爲天

下惡本

肆予小子誕以爾衆士殄殲乃讎言欲行除惡之義絶盡紂○殄徒典反殲子廉反爾衆士其尚迪果毅以登乃辟迪進也殺敵爲果致果爲毅登成也成汝君之功○毅牛旣反【疏】傳迪進至之功○正義曰迪進登成皆釋詁文殺敵爲果致果爲毅宣二年左傳文果謂果敢毅謂强決能殺敵人謂之爲果言能果敢以除賊致此果敢是各爲毅言能强決以立功皆言其心不猶豫也軍法以殺敵爲上故勸令果毅成功也功多有厚賞不迪有顯戮賞以勸之戮以威之嗚呼惟我文考若日月之照臨光于四方顯于西土稱父以感衆也言其明德充塞四方明著岐周惟我有周誕受多方言文王德大故受衆方之國三分天下而有其二予克受非予武惟朕文考無罪推功於父言文王無罪於天下故天佑之人盡其用受克予非朕文考有罪惟予小子無良若紂

克我非我父罪我之無善之致【疏】傳若紂至之致○正義曰言克受乃是文王之功若受克予非是文王之罪而言非我父罪我之無善之致者其意言勝非我功敗非父咎崇孝罪已以求衆心耳

牧誓第四

周書　孔氏傳　孔穎達疏

武王戎車三百兩兵車百夫長所載車稱兩一車步卒七十二人凡二萬一千人舉全數○車音居釋名云古者聲如居居所以居人也今曰車聲近舍車舍也韋昭辯釋名云古皆尺遮反從漢始有音居長丁丈反卒子忽反虎賁三百人勇士稱也若虎賁獸言其猛也皆百夫長○賁音奔稱尺證反與受戰于牧野作牧誓牧誓至牧地而誓衆○牧如字徐一音茂說文作坶云地名在朝歌南七十里字林音母【疏】武王至牧誓○正義曰武王以兵戎之車三百兩虎賁之士三百人與受戰于商郊牧地之野將戰之時王設言以誓衆史敘其事作牧誓○傳兵車至全數○正義曰孔以虎賁三百人與戎車

數同王於誓時所呼有百夫長因謂虎賁卽是百夫之長一人而乘一車故云兵車百夫長所載也數車之法一車謂之一兩詩云百兩迓之是車稱兩也風俗通說車有兩輪故稱爲兩猶屨有兩隻亦稱爲兩詩云葛屨五兩卽其類也一車步卒七十二人司馬法文也車有七十二人三百乘凡二萬一千人計車有七十二人三百乘當有二萬一千六百人孔略六百而不言故云舉全數顧氏亦同此解孔旣用司馬法一車七十二人又云兵車百夫長所載又下傳以百夫長爲卒師是實領百人非惟七十二人依周禮大司馬法天子六軍出自六鄉凡起徒役無過家一人故一鄉出一軍鄉爲正遂爲副若鄉遂不足則徵兵于邦國則司馬法六十四井爲甸計有五百七十六夫共出長轂一乘甲士三人步卒七十二人至於臨敵對戰布陳之時則依六鄉軍法五人爲伍五伍爲兩四兩爲卒五卒爲旅五旅爲師五師爲軍故左傳云先偏後伍又云廣有一卒卒偏之兩非直人數如此車數亦然故周禮云乃會車之卒伍鄭云車亦有卒伍左傳戰于繻葛杜注云車二十五乘爲偏是車亦爲卒伍之數也則一車七十二人者自計元科兵之數科兵旣至臨時配割其車雖在其人分散前配車之人臨戰不得還屬本車當更以虎賁甲士配車而戰孔舉七十二人元科兵數者欲總明三百兩

人之大數云兵車百夫長所載者欲見臨敵實一車有百人既虎虎賁與車數相當又經稱百夫長故孔爲此說○傳勇士至大長○正義曰周禮虎賁氏之官其屬有虎士八百人是虎賁爲勇士稱也若虎之賁走逐獸言其猛也此虎賁必是軍內驍勇選而爲之當時謂之虎賁樂記云虎賁之士說劍謂此也孔意虎賁卽是經之百夫長故云皆百夫長也

時甲子昧爽

是克紂之月甲子之日二月四日昧冥爽明早旦○昧音妹爽明也昧爽謂早旦也馬云昧未旦也〔疏〕傳是克至早旦○正義曰春秋主書動事編次爲文於法日月時年皆具其有不具史闕耳尚書惟記言語直指設言之日上篇戊午次于河朔洛誥戊辰王在新邑與此甲子皆言有日無月史意不爲編次故不具也是克紂之月甲子之日是周之二月四日以厤推而知之也釋言云晦冥也昧亦晦義故爲冥也冥是夜爽是明夜而未明謂早旦之時蓋雞鳴後也爲下朝至發端朝卽昧爽時也

王朝至于商郊牧野乃誓

紂近郊三十里地名牧癸亥夜陳甲子朝誓將與紂戰○陳直刃反〔疏〕傳紂近至紂戰○正義曰傳言在紂近郊三十里或當有所據也皇甫謐云在朝歌南七十里不知出何書也言至于商郊牧野知牧是郊上之地戰在

平野故言野耳詩云于牧之野禮記大傳云牧之野武王之大事繼牧言野明是牧地而鄭玄云郊外曰野將戰于郊故至牧野而誓案經至于商郊牧野乃誓豈王行已至於郊乃後到退適野誓訖而更進兵乎何不然之甚也武成云癸亥夜陳未畢而雨是癸亥夜已布陳故甲子朝而誓衆將與紂戰故戒勑之**王左杖黃鉞右秉白旄以麾曰逖矣西土之人**鉞以黃金飾斧左手杖鉞示無事於誅右手把旄示有事於教逖遠也遠矣西土之人勞苦之○杖徐直亮反鉞音越○本又作戉旄音毛馬云白旄旄牛尾麾許危反逖他歷反〔疏〕傳越以至苦之○正義曰太公六韜云大柯斧重八斤一名天鉞廣雅云鉞斧也斧稱黃鉞故知以黃金飾斧也鉞以殺戮殺戮用右手用左手杖鉞示無事於誅右手把旄示有事於教其意言惟教軍人不誅殺也把旄何以白旄用白者取其易見也逖遠釋詁文**王曰嗟我友邦冢君**同志爲友言志同滅紂**御事司徒司馬司空**治事三卿司徒主民司馬主兵司空主土指誓戰者〔疏〕傳治事至戰者○正義曰孔以於時已稱王而有六師亦應已置六卿今呼治事惟三卿者司徒主民治

徒庶之政令司馬主兵治軍旅之誓戒司空主士治壘壁以營軍是指誓戰者故不及太宰大宗司寇也其時六卿具否不可得知但據此三卿爲說耳此御事之文指三卿而說是不通於亞旅已下**亞旅師氏**亞次旅衆也衆大夫其位次卿師氏大夫官以兵守門者【疏】傳亞次至門者○正義曰亞次釋言文旅衆釋詁文此及左傳皆卿下言亞旅知是大夫其位次卿而數衆故以亞次名之謂諸是四命之大夫在軍有職事者也師氏亦大夫其官掌以兵守門所掌尤重故別言之周禮師氏中大夫使其屬師四夷之隸各以其兵服守王之門外朝在野外則守內列鄭玄云內列蕃營之在內者也守之如守王宮**千夫長百夫長**師帥卒帥○帥邑類反下同○【疏】傳師帥卒帥○正義曰周禮二千五百人爲師師帥皆中大夫百人爲卒卒長皆上士孔以師雖二千五百人舉全數亦得爲千夫長長與帥其義同是千夫長亦可以稱師故以千夫長爲師帥百夫長爲卒帥王肅云師長卒長意與孔同順經文而稱長耳鄭玄以爲師帥旅帥也與孔不同**及庸蜀羌髳微盧彭濮人**八國皆蠻夷戎狄屬文王者國名羌在西蜀叟髳微在巴蜀盧彭在西北庸濮在江漢之南【疏】

傳八國至之南。正義曰九州之外四夷大名則東夷西戎南蠻北狄其在當方或南有戎而西有夷此八國並非華夏故大判言之皆蠻夷戎狄屬文王者國名也此八國皆西南夷也文王國在於西故西南夷先屬焉大劉以蜀是蜀郡顯然可知孔不說又退庸就濮解之故以次先解羌云羌在西蜀叟者漢世西南之夷蜀名為大故傳據蜀而說左思蜀都賦云三蜀之豪時來時往是蜀都分為三羌在其西故云西蜀叟叟者蜀夷之别名故後漢書興平元年馬騰劉範謀誅李傕益州牧劉焉遣叟兵五千人助之是蜀夷有名叟者也髳微在巴蜀者巴在蜀之東偏漢之巴郡所治江州縣也盧彭在西北者在東蜀之西北也文十八年左傳稱庸與百濮伐楚楚遂滅庸是庸濮在江漢之南

稱爾戈比爾干立爾矛予其誓稱舉也戈戟干楯也。比徐扶志毗志二反楯食準反又音允

疏傳稱舉至干楯。正義曰稱舉釋言文方言云戟楚謂之孑吳揚之間謂之戈是戈即戟也考工記云戈柲六尺有六寸車戟常鄭云八尺曰尋倍尋曰常然則戈戟長短異名而云戈者卽戟戈戟長短雖異其形制則同此云舉戈宜舉其長者故以戈為戟也方言又云楯自關而東或謂之楯或謂之干關西謂之楯是干楯為一也戈短人

執以舉之故言稱楯則並以扞敵故言比矛長立之於地故言立也**王曰古人有言曰牝雞無晨**言無晨鳴之道○牝類引反徐扶忍反**牝雞之晨惟家之索**索盡也喻婦人知外事雌代雄鳴則家盡婦奪夫政則國亡○索西各反

〔疏〕傳索盡至國亡○正義曰禮記檀弓曰吾離羣而索居則索居爲散義鄭玄云索散也物散則盡故索爲盡也牝雞雌也爾雅飛曰雌雄走曰牝牡而此言牝雞者毛詩左傳稱雄狐是亦飛走通也此以牝雞之鳴喻婦人知外事故重申喻意云雌代雄鳴則家盡婦奪夫政則國亡家總貴賤爲文言家以對國耳將陳紂用婦言故舉此古人之語紂直用婦言耳非能奪其政舉此言者專用其言賞罰由婦即是奪其政矣婦人不當知政是別外內之分若使賢如文母可以興助國家則非牝雞之喻矣

今商王受惟婦言是用妲己惑紂紂信用之○妲丹達反己音紀紂妻也

〔疏〕傳妲己至用之○正義曰晉語云殷辛伐有蘇氏蘇氏以妲己女焉妲己有寵而亡殷殷本紀云紂嬖于婦人愛妲己惟妲己之言是從列女傳云紂好酒淫樂不離妲己妲己所與言者貴之妲己所憎者誅之爲長夜飲妲己好之

百姓怨望而諸侯有叛者妲己曰罰輕誅薄威不立耳紂乃重刑辟爲炮烙之法妲己乃笑武王伐紂斬妲己頭懸之於小白旗上以爲亡紂者此女也

昏棄厥肆祀弗荅昏亂肆陳荅當也亂棄其所陳祭祀不復當享鬼神○復扶又反

〔疏〕傳昏亂至鬼神○正義曰昏闇者於事必亂故昏爲亂也詩云肆筵設席肆者陳設之意毛傳亦以肆爲陳也對合相當之事故荅爲當也紂身昏亂棄其宜所陳設祭祀不復當享鬼神與上郊社不修宗廟不享亦一也不事神祇惡之大者故泰誓及此三言之

昏棄厥遺王父母弟不迪王父祖之昆弟母弟同母弟言棄其骨肉不接之以道

〔疏〕傳王父至以道○正義曰釋親云父之考爲王父則王父是祖也紂無親祖可棄故爲祖之昆弟棄其祖之昆弟則父之昆弟亦棄之矣春秋之例母弟稱弟凡春秋稱弟皆是母弟也母弟謂同母之弟同母尚棄别生者必棄矣舉尊親以見卑疎也遺亦棄也言紂之昏亂棄其所遺骨肉之親不接之以道經先言棄祀棄親者鄭玄云誓首言此者神怒民怨紂所以亡也

乃惟四方之多罪逋逃是崇是長言紂棄其賢臣而尊長逃亡罪人信用之**是**

信是使是以爲大夫卿士士事也用爲卿大夫典政事俾暴虐于百姓以姦宄于商邑使四方罪人暴虐姦宄於都邑○俾必爾反使也【疏】傳使四至都邑○正義曰暴虐謂殺害殺害加於人故言於百姓姦宄謂劫奪劫奪有處故言於商邑百姓亦是商邑之人故傳總言於都邑也今予發惟恭行天之罰今日之事不愆于六步七步乃止齊焉今日戰事就敵不過六步七步乃止相齊言當旅進一心【疏】傳今日至一心○正義曰戰法布陳然後相向故設其就敵之限不過六步七步乃止相齊焉欲其相得力也樂記稱進旅退旅是旅爲衆也言當衆進一心也夫子勗哉不愆于四伐五伐六伐七伐乃止齊焉夫子謂將士勉勵之伐謂擊刺少則四五多則六七以爲例○勗許六反刺七亦反【疏】傳夫子至爲例○正義曰此及下文三云夫子此勗哉在下下勗哉在上此先呼其人然後勉之此旣言然下先令勉勵乃呼其人各與下句爲目也上有戈矛戈謂擊

兵矛謂刺兵故云伐謂擊刺此伐猶伐樹然也

勗哉夫子尚桓桓桓桓武貌

疏傳桓桓武貌○正義曰釋訓云桓桓威也詩序云桓武志也

如虎如貔如熊如羆于商郊貔執夷虎屬也四獸皆猛健欲使士衆法之奮擊於牧野○貔彼皮反爾雅云羆如熊黃白文

疏傳貔執夷○正義曰釋獸云貔白狐其子穀舍人曰貔名白狐其子名穀郭璞曰一名執夷虎豹屬

弗迓克奔以役西土商衆能奔來降者不迎擊之如此則所以役我西土之義○迓五嫁反馬作禦禁也役馬云爲也爲于僞反

疏傳商衆至之義○正義曰迓訓迎也不迎擊商衆能奔來降者兵法不誅降也役謂使用也如此不殺降人則所以使用我西土之義用義於彼令彼知我有義也王肅讀御爲禦言不禦能奔走者如殷民欲奔走來降者無逆之奔走去者可不禦止役爲也盡力以爲我西土與孔不同

勗哉夫子爾所弗勗其于爾躬有戮臨敵所安汝不勉則於汝身有戮矣

周書　孔氏傳　孔穎達疏

武王伐殷往伐歸獸往誅紂克定偃武修文歸馬牛於華山桃林之牧地。獸徐始售反本或作嘼許救反識其政事記識殷家政教善事以爲法作武成武功成文事修

疏武王至武成。正義曰武王之伐殷也往則陳兵伐紂歸放牛馬爲獸記識殷家美政善事而行用之史敘其事作武成。傳往誅至牧地。正義曰此序於經于征伐商是往伐也歸馬放牛是歸獸也故傳引經以解之爾雅有釋獸釋畜畜獸形相類也在野自生爲獸人家養之爲畜歸馬放牛不復乘用使之自生自死若野獸然故謂之獸獸以野澤爲家故言歸也。傳記識至爲法。正義曰紂以昏亂而滅前世政有善者故訪問殷家政教記識善事以爲治國之法經云列爵惟五分土惟三是也

武成文王受命有此武功成於克商

疏武成。正義曰此篇敘事多而王言少惟辭又首尾不結體裁異於餘篇自惟一月至受命于周史敘伐殷往反及諸侯大集爲王言發端也自王若曰至大統未集述祖父以來開建王業之事也自予小子至名山大川言已承父祖之意告神陳紂之罪也自日惟有

道至無作神羞王自陳告神之辭也既戊午已下又是史敘往伐殺紂入殷都布政之事無作神羞以下惟告神其辭不結文義不成非述作之體案左傳荀偃禱河云無作神羞具官臣偃無敢復濟惟爾有神裁之蒯聵禱祖云無作三祖羞大命不敢請佩玉不敢愛彼二者於神羞之下皆更申己意此經無作神羞下更無語直是與神之言猶尚未訖且冢君百工初受周命王當有以戒之如湯誥之類宜應說其除害與民更始創以爲惡之禍勸以行道之福不得大聚百官惟誦禱辭而已欲征則殷勤誓衆既克則空話禱神聖人有作理必不爾竊謂神羞之下更合有言簡編斷絕經失其本所以辭不次耳或初藏之日已失其本或壞壁得之始有脫漏故孔稱五十八篇以外錯亂磨滅不可復知明是見在諸篇亦容脫錯但孔此篇首尾具足既取其文爲之作傳聡云有所失落不復言其事耳○傳文王至克商○正義曰文王受命有此武功詩之文也彼言武功謂始伐崇耳殷紂尚在其功未成成功在於克商今武始成矣故以武成名篇以泰誓繼文王之年故本之於文王鄭云著武道至此而成

惟一月壬辰旁死魄此本說始伐紂時一月周之正月旁近也月二日旁死魄○旁步光反魄普白反說文作霸匹革反云月始生魄然貌近附近之

近越翼日癸巳王朝步自周于征伐商翼明步行也武王以正月三日行自周往征伐商二十八日渡孟津厥四月哉生明王來自商至于豐其四月哉始也始生明月三日與死魄互言○哉徐音載豐芳弓反文王所都也乃偃武修文倒載干戈包以虎皮示不用行禮射設庠序修文教歸馬于華山之陽放牛于桃林之野示天下弗服山南曰陽桃林在華山東皆非長養牛馬之地欲使自生自死示天下不復乘用○華胡化胡瓜二反華山在恒農長丁丈反復扶又反丁未祀于周廟邦甸侯衛駿奔走執豆籩四月丁未祭告后稷以下文考文王以上七世之祖駿大也邦國甸侯衛服諸侯皆大奔走於廟執事○駿荀俊反豆本又作梪籩音邊上時掌反越三日庚戌柴望大告武成燔柴郊天望祀山川先祖後郊自近始

〔疏〕惟一至武成○正義曰此歷敘伐紂往反祖廟告天時日說武功成之事也一月壬辰旁死魄

謂伐紂之年周正月辛卯朔其二日是壬辰也翼日癸巳王朝步自周于征伐商謂正月三日發鎬京始東行也其月二十八日戊午渡河泰誓序云一月戊午師渡孟津泰誓中篇云惟戊午王次于河朔是也二月辛酉朔甲子殺紂牧誓云時甲子昧爽乃誓是也其年閏二月庚寅朔三月庚申朔四月己丑朔厥四月哉生明王來自商至于豐謂四月三日月始生明其日當是辛卯也丁未祀于周廟四月十九日也越三日庚戌柴望二十二日也正月始往伐四月告成功史敘其事見其功成之次也漢書律麻志引武成篇云惟一月壬辰旁死魄若翼日癸巳武王乃朝步自周于征伐紂越若來二月既死魄越五日甲子咸劉商王紂惟四月既旁生魄越六日庚戌武王燎于周廟翼日辛亥祀於天位越五日乙卯乃以庶國祀於周廟與此經不同彼是焚書之後有人僞爲之漢世謂之逸書其後又亡其篇鄭玄云武成逸書建武之際亡謂彼僞武成也○傳此本至死魄○正義曰將言武成遠本其始此本說始伐紂時一月周之正月是建子之月殷十二月也此月辛卯朔朔是死魄故月二日近死魄魄者形也謂月之輪郭無光之處名魄也朔後明生而魄死望後明死而魄生律歷志云死魄朔也生魄望也顧命云惟四月哉生魄傳云始生魄月十六日也月十六日爲始生魄是一日

爲始死魄二日近死魄也顧氏解死魄與小劉同大劉以三
日爲始死魄二日爲旁死魄旁死魄無事而記之者與下日
爲發端猶今之將言日必先言朔也○傳翼明至孟津○正
義曰翼明釋言文釋宮云堂上謂之行堂下謂之步彼相對
爲名耳散則可以通故步爲行也周去孟津千里以正月三
日行自周二十八日渡孟津凡二十五日每日四十許里時
之宜也詩云于三十里毛傳云師行三十里蓋言其大法耳
○傳其四至互言○正義曰其四月此伐商之四月也哉始
釋詁文顧命傳以哉生魄爲十六日則哉生明爲月初矣以
三日月光見故傳言始生明月三日也此經無日未必非二
日也生明死魄俱是月初上云死魄此云生明而魄死明生
互言耳○傳倒載至文教○正義曰樂記云武王克殷濟河
而西車甲釁而藏之府庫倒載干戈包之以虎皮天下知武
王之不復用兵也散軍而郊射左射貍首右射騶虞而貫革
之射息也是偃武修文之事故傳引之郊射是禮射也王制
論四代學名云虞謂之庠夏謂之序故言設庠序修文教也
○傳山南至乘用○正義曰釋山云山西曰夕陽山東曰朝
陽李巡曰山西暮乃見日故曰夕陽山東朝乃見日故云朝
陽陽以見日爲名故知山南曰陽杜預云桃林之塞今宏農
華陰縣潼關是也是在華山東也指其所往謂之歸據我釋

之則云放放牛歸馬互言之耳華山之旁尤乏水草非長養牛馬之地欲使自生自死此是戰時牛馬故放之示天下不復乘用易繫辭云服牛乘馬服乘俱是用義故以服揔牛馬

○傳四月至執事○正義曰以四月之字隔文已多故言四月丁未此以成功設祭明其徧告羣祖知告后稷以下后稷則始祖以下容毁廟也天子七廟故云文考文王以上七世之祖見是周廟皆祭之故經揔云周廟也駿大釋詁文周禮六服侯甸男采衛要此略舉邦國在諸侯服故云甸侯衛其言不次詩頌云駿奔走在廟故云皆大奔走於廟執事也

○越三日庚戌○正義曰名誥云越三日者皆從前至今爲三日此從丁未數之則爲四日蓋史官不同立文自異或此三當爲四由字積與誤

既生魄庶邦冢君暨百工受命于周魄生明死十五日之後諸侯與百官受政命於周明一統○暨其器反

【疏】傳魄生至一統○正義曰月以望虧望是月半望在十六日爲多通率在十六日者四分居三其一在十五日耳此言既生魄故言魄生明死十五日之後也丁未祀于周廟已是此月十九日矣此受命于周繼生魄言之則受命在祀廟之前故祀廟之時諸侯已奔走執事豈得未受周命已助周祭明其受命在祀廟前矣史官採

其時曰先言告武成既訖然後却說受命故文在下耳諸侯與百官舊有未屬周者今皆受政命於周於此時始天下一統也顧氏以既生魄謂庚戌已後雖十六日始生魄從十六日至晦皆爲生魄但不知庚戌之後幾日耳**王若曰嗚呼羣后**順其祖業歎美之以告諸侯**惟先王建邦啓土**謂后稷也尊祖故稱先王〔疏〕傳謂后至先王○正義曰此先王文在公劉之前知謂后稷也后稷非王尊其祖故稱先王周語云昔我先王后稷又曰我先王不窋韋昭云王之先祖故稱王商頌亦以契爲立王文武之功起於后稷后稷始封於邰故言建邦啓土**公劉克篤前烈**后稷曾孫公劉名能厚先人之業〔疏〕傳后稷至之業○正義曰周本紀云后稷卒子不窋立卒子鞠陶立卒子公劉立是公劉爲后稷曾孫也本紀云公劉之後有公非公祖之類知公是爵殷時未諱故稱劉名先公多矣獨三人稱公當時之意耳本紀云公劉復修后稷之業百姓懷之多從而歸保焉周道之興自此之後是能厚先人之業也**至于大王肇基王迹王季其勤王家**大王修德以翦齊商人始王業之肇迹王季纘統其業乃勤立王業○大

音太肇音兆王迹于況反【疏】傳大王至王家○正義曰詩云后稷之孫實惟大王居岐之陽實始翦商是大王翦齊商人始王業之兆迹也周本紀云王季修古公之道諸侯順之是能纘統大王之業勤立王家之基本也又如字注王業王功同

我文考文王克成厥勳誕膺天命以撫方夏言我文德之父能成其王功大當天命以撫綏四方中夏

大邦畏其力小邦懷其德言天下諸侯大者畏威小者懷德是文王威德之大【疏】大邦至其德○正義曰大邦力足拒敵故言畏其力小邦必畏矣小邦或彼棄遺故言懷其德大邦亦懷德矣量事爲文也

惟九年大統未集言諸侯歸之九年而卒故大統未就【疏】傳言諸至未就○正義曰文王斷虞芮之訟諸侯歸之改稱元年至九年而卒故云大業未就也文王既未稱王而得輒改元年者諸侯自於其國各稱元年是已之所稱容或中年得改矣汲冢竹書魏惠王有後元年漢初文帝二元景帝三元此必有因於古也伏生司馬遷韓嬰之徒不見此書以爲文王受命七年而崩故鄭玄等皆依用之

予小子其承厥志言承文王本意

厎商之罪告于皇天后土所過名山大川致商之罪謂伐紂之時后土社也名山華岳大川河○厎之履反〔疏〕傳致商至川河○正義曰致商之罪謂伐紂之時欲將伐紂告天乃發故文在所過之上禮天子出征必類帝宜社此告皇天后土即泰誓上篇類于上帝宜于冢土故云后土社也昭二十九年左傳稱句龍爲后土后土爲社是也僖十五年左傳云戴皇天而履后土彼晉大夫要秦伯故以地神后土而言之與此異也自周適商路過河華故知所過名山華岳大川河也山川大乃有名名大互言之耳周禮大祝云王過大山川則用事爲鄭云用事用祭事告行也

曰惟有道曾孫周王發將有大正于商告天社山川之辭大正以兵征之也〔疏〕曰惟有道曾孫周王發○正義曰自稱有道者聖人至公爲民除害以紂無道言已有道所以告神求助不得飾以謙辭也稱曾孫者曲禮說諸侯自稱之辭云臨祭祀內事曰孝子某侯某外事曰曾孫某侯某哀二年左傳蒯聵禱祖亦自稱曾孫皆是言已承藉上祖負享之意

今商王受無道無道德暴殄天物害虐烝民

暴絕天物，言逆天也；逆天害民，所以爲無道。○烝，之承反。〔疏〕暴殄至烝民○正義曰：天物語闕，人在其間，以人爲貴，故別言害民。則天物之言，除人外，普謂天下百物鳥獸草木，皆暴絕之。**爲天下逋逃主，萃淵藪。**逋，亡也。天下罪人逃亡者，而紂爲魁主，窟聚淵府藪澤，言大姦。○萃，在醉反。藪，素口反。魁，苦回反。窟，口忽反。〔疏〕傳逋亡至大姦○正義曰：逋亦逃也，故以爲亡。罪人逃亡，而紂爲魁主。魁，首也。言受用逃亡者與之爲魁首，爲主人。萃，訓聚也。言若蟲獸入窟，故云窟聚。水深謂之淵，藏物謂之府。史遊《急就篇》云「司農少府國之淵」，淵府類，故言淵府。水鍾謂之澤，無水則名藪，藪澤大同，故言藪澤。萃、淵、藪三者各爲物室，言紂與亡人爲主，亡人歸之，若蟲之窟聚，魚歸淵府，獸集藪澤，言紂爲大姦也。據傳意，「主」字下讀爲便。昭七年《左傳》引此文，杜預云：「萃，集也。天下逋逃，悉以紂爲淵藪，集而歸之。」與孔異也。

予小子既獲仁人，敢祗承上帝，以遏亂略。仁人謂大公、周、召之徒。略，路也。言誅紂敬承天意，以絕亂路。○遏，烏末反。召，上照反，本又作邵。

華夏蠻貊，罔不率俾，恭天成命。冕服采章曰華，大國曰夏。

及四夷皆相率而使奉天成命○貊亡白反俾必爾反〔疏〕傳冕服至成命○正義曰冕服采章對被髮左衽則爲有光華也釋詁云夏大也故大國曰夏華夏謂中國也言蠻貊則戎夷可知也言華夏及四夷皆相率而充已使奉天成命欲其共伐紂也

肆予東征綏厥士女此謂十一年會孟津還時惟其士女篚厥玄黃昭我周王言東國士女篚篚盛其絲帛奉迎道次明我周王爲之除害○篚音匪爲于僞反天休震動用附我大邑周天之美應震動民心故用依附我○應應對之應惟爾有神尚克相予以濟兆民無作神羞神庶幾助我渡民危害無爲神羞辱○相息亮反既戊午師逾孟津癸亥陳于商郊俟天休命自河至朝歌出四百里五日而至赴敵宜速待天休命謂夜雨止畢陳○逾亦作踰陳直刃反計同徐音陣甲子昧爽受率其旅若林會于牧野旅衆也如林言盛多會逆距戰罔有敵

于我師前徒倒戈攻于後以北血流漂杵紂衆服周仁政無有戰心前徒倒戈自攻于。後以北走血流。漂春杵甚之言○倒丁老反漂四妙反徐敷妙反又四消反杵昌呂反

【疏】既戊午至我師○正義曰自此以下皆史辭也其上闕絶失其本絶故文無次第必是王言既終史乃更敘戰事於文次當承自周于征伐商之下此句次之故云既戊午也史官敘事得言因有敵于我師稱我者猶如自漢至今文章之士雖民論國事莫不稱我皆云我大隨以心體國故稱我耳非要王言乃稱我也○傳自河至畢陳○正義曰出四百里驗地爲然戊午明日猶誓於河朔癸亥已陳於商郊凡經五日日行八十里所以疾者赴敵宜速也帝王世紀云王軍至鮪水紂使膠鬲候周師見王問曰西伯將焉之王曰將攻薛也膠鬲曰然願西伯無我欺王曰不子欺也將之殷膠鬲曰何日至王曰以甲子日以是報矣膠鬲去而報命於紂而雨甚軍卒皆諫王曰卒病請休之王曰吾已令膠鬲以甲子報其主矣吾雨而行所以救膠鬲之死也遂行甲子至于商郊然則本期甲子故遠行也周語云王以二月癸亥夜陳未畢而雨是雨止畢陳也待天休命雨是天之美命也韋昭云雨者天地神人和同之應也天地氣和乃有雨降是也

兩爲和同之應也○傳旅衆至距戰○正義曰旅衆釋詁文詩亦云其會如林言盛多也本紀云紂發兵七十萬人以距武王紂兵雖則衆多不得有七十萬人是史官美其能破强敵虛言之耳○傳紂衆至之言○正義曰罔有敵于我師言紂衆雖多皆無有敵我之心故自攻於後以北走自攻其後必殺人不多血流漂舂杵甚之言也孟子云信書不如無書吾於武成取二三策而已仁者無敵於天下以至仁伐不仁如何其血流漂杵也是言不實也易繫辭云斷木爲杵掘地爲臼是杵爲臼器也

一戎衣天下大定衣服也一著戎服而滅紂言與衆同心動有成功

乃反商政政由舊反紂惡政用商先王善政**釋箕子囚封比干墓式商容閭**皆武王反紂政囚奴徒隸封益其土商容賢人紂所貶退式其閭巷以禮賢

〔疏〕傳皆武至禮賢○正義曰紂囚其人而放釋之紂殺其身而增封其墓紂退其人而式其門閭皆是武王反紂政也下何散其財粟亦是反紂於此須有所解因言之耳上篇云囚奴正士論語云箕子爲之奴是紂囚之又爲奴役之周禮司厲職云其奴男子入于罪隸鄭衆云爲之奴者繫於罪隸之官是囚爲奴以徒隸役之也商容賢人之

姓名紂所貶退處於私室式者車上之横木男子立乘有所敬則俯而憑式遂以式爲敬名說文云閭族居里門也武王過其閭而式之言此内有賢人式之禮賢也帝王世紀云商容及殷民觀周軍之入見畢公至殷民曰是吾新君也容曰非也視其爲人嚴乎將有急色故君子臨事而懼見太公至民曰是吾新君也容曰非也視其爲人虎據而鷹趾當敵將衆威怒自倍見利即前不顧其後故君子臨衆果於進退見周公至民曰是吾新君也容曰非也視其爲人忻忻休休志在除賊是非天子則周之相國也故聖人臨衆知之見武王至民曰是吾新君也容曰然聖人爲海内討惡見惡不怒見善不喜顏色相副是以知之是說商容之事也

散鹿臺之財發鉅橋之粟

紂所積之府倉皆散發以賑貧民○散西但反

【疏】傳紂所至貧民○正義曰藏財爲府藏粟爲倉故言紂所積之府倉也名曰鹿臺鉅橋則其義未聞散者言其分布發者言其開出互相見也周本紀云命召公釋箕子之囚命畢公釋百姓之囚表商容之閭命閎夭封比干之墓命南宮括散鹿臺之錢發鉅橋之粟以賑貧弱也然則武王親式商容之閭又表之也新序云鹿臺其大三里其高千尺則容物多矣此言鹿臺之財則非一物也史記作錢後世追論以錢爲主耳

周禮有泉府之官周語稱景王鑄大錢是周時已名泉爲錢也**大賚于四海而萬姓悅服**施舍已債救乏賙無所謂周有大賚天下皆悅仁服德○賚力代反徐音來已音以債側界反賙音周本亦作周[疏]傳施舍至服德○正義曰左傳成十八年晉悼公初立施舍已責成二年楚將起師已責救乏定五年歸粟於蔡以賙急矜無資也杜預以爲施恩惠舍勞役也已責止逋責也皆是恤民之事故傳引之以證大賚所謂周有大賚論語文孔安國解堯曰之篇有二帝三王之事周有大賚正指此事故言所謂也悅是歡喜服謂聽從感恩則悅見義則服故天下皆悅仁服德也帝王世紀云王命封墓釋囚又歸施鹿臺之珠玉及傾宮之女於諸侯殷民咸喜曰王之於仁人也死者猶封其墓況生者乎王之於賢人也亡者猶表其閭況存者乎王之於財也聚者猶散之況其復籍之乎王之於色也見在者猶歸其父母況其復徵之乎是悅服之事也**列爵惟五**卽所識之政事而法之爵五等公侯伯子男**分土惟三**列地封國公侯方百里伯七十里子男五十里爲三品[疏]傳列地至三品○正義曰爵五等地三品武王於此既從殷法未知周公制禮亦然以否孟子曰北宮錡問於孟子曰周之班

爵祿如何孟子曰其詳不可得聞矣嘗聞其略天子之制地方千里公侯方百里伯七十里子男五十里漢書地理志亦云周爵五等其土三等也公侯百里伯七十里子男五十里漢世儒者多以爲然包咸注論語云千乘之國百里之國也謂大國惟百里耳周禮大司徒云諸公之地封疆方五百里侯四百里伯三百里子二百里男一百里蓋是周室既衰諸侯相并自以國土寛大皆違禮文乃除去本經妄爲說耳鄭玄之徒以爲武王時大國百里周公制禮大國五百里王制之注具矣

建官惟賢立官以官賢才**位事惟能**居位理事必任能事**重民五敎**所重在民及五常之敎

〔疏〕重民五敎○正義曰以重總下五事民與五敎食喪祭也五敎所以敎民故與民同句下句食與喪祭三者各爲一事相類而別故以惟目之言此皆聖王所重也論語云所重民食喪祭以論語卽是此事而彼無五敎錄論語者自略之耳

惟食喪祭民以食爲命喪禮篤親愛祭祀崇孝養皆聖王所重○養羊亮反**惇信明義**使天下厚行言顯忠義**崇德報功**有德尊以爵有功報以祿**垂拱而天下治**言武王所修皆是所任得人欲垂拱而天下治○任

而鴆反治直吏反

【疏】垂拱而天下治○正義曰說文云拱斂手也垂拱而天下治謂所任得人人皆稱職手無所營下垂其拱故美其垂拱而天下治也

附釋音尚書注疏卷第十一

南昌盧氏宣旬校定

[illegible]嘉慶二十年[illegible]

江西鹽法道胡稷栞

尙書注疏挍勘記卷十一　阮元撰盧宣旬摘錄

尙書注疏卷第十一　古本作尙書卷第六古文尙書泰誓上第一周書孔氏傳宋板作卷第十

泰誓上第一　周書

渡津乃作　古本津上有孟字

至嗣位至卒　正嘉本閩本同宋本上至字作則明監本毛本作自山井鼎曰宋板爲愈

正言一月　宋板正作止

武成所以解一月者　宋板解作稱按解字非也

王無二王　宋板上王字作主毛本作民案民字是也

於孟地置津　宋板於上有是字

又云八百諸侯　按又字疑當作文

至五以穀俱來　閩本明監本同毛本至五二字倒

古文泰誓伐紂事　閩本明監本同毛本事上有時字

泰誓　王應麟困學紀聞泰誓古文作大誓孔氏注大會以誓衆鼂氏曰開元間衛包定今文始作泰或以交泰爲說眞燕書哉大誓與大誥同音泰者非○按疏云顧氏以爲泰者大之極也猶天子諸侯之子曰太子天子之卿曰大宰夫太子太宰古通作大無作泰者則泰誓當作太誓明矣字雖爲大音則爲泰後人遂誤爲泰據唐石經作泰則其誤固在開成之前

惟十有三年春　陸氏曰或作十有一年後人妄依序文輒改

惟宮室臺榭　陸氏曰榭本又作謝按古无榭字

使不流洫　宋板洫作溢按洫字非也

謂不服采飾　閩本同毛本不作依按所改是也

是則亦封之義也　宋板封作剝是也

父業未就之故　岳葛閩本明監本纂傳同毛本父作功

故我與諸侯　古本無故字

討當恐怖　宋板同毛本討作紂

是我與討同罪矣　毛本討作紂是也

厎天之罰　古本厎作致

與民同　古本下有欲也二字

王乃徇師而誓　石經補缺徇誤作循說文云徇疾也按依說文當作徇

我聞吉人爲善　古本聞作聽

言吉人竭日以爲善　岳本竭作渴與釋文合下竝同按說文渴欲飲也渴盡也竭負舉也今人

多亂之此渴字本當作瀫從俗作渴盧文弨按釋文以爲當讀如渴葬之渴是也非取渴盡之義尤不當作負舉之竭俗本既誤作竭併釋文渴苦曷反改作竭巨列反謬甚

故曰力行 古本下有無度也三字

播棄犂老 古本犂作黎注同

物在水上謂水浮 閩本同毛本水作之案所改是也

日亡吾乃亡 案乃亡下脫矣是桀亦賊虐諫輔謂已有干觀其心凡三十字閩本明監本同毛本補入與宋本岳本合

以殺害人爲惡之大 閩本同毛本害作善

夢者事之祥人之精爽先見者也 宋板閩本明監本同毛本夢精二字互誤

予有亂臣十人 唐石經臣字旁添石經考文提要云此文諸經凡四見此與論語泰伯句同左傳襄公二

十有八年武王有亂十人昭公二十有四年余有亂十人是也唐石經四見皆無臣字後人於秦誓左傳昭公二十有四年論語皆旁增臣字襄公二十有八年復失不增若云唐石經脫字不應四見皆同也經典釋文於論語明出予有亂十人注云本或作亂臣十人非是增臣字自論語別本始也

太公召公　纂傳召公在太公上

不如周家之少仁人　纂傳少作多按纂傳蓋據朱子論語集注孫志祖云論語集注作多仁人蓋沿邢疏之誤孔氏正義云明多惡不如少善則為少字無疑人下古本岳本俱有也字按岳本讀不如周家之少為一句仁人也為一句文義甚明益知少字不當改作多

此於湯　毛本此作比比所改是也

泰誓下第三　周書

斮朝涉之脛　古本斮作斬

剖賢人之心　古本剖作剖注同

作威殺戮　古本威作畏下作威同

二者大同　纂傳大作本按本字是也

乃汝世讎　顧炎武曰石經誤世作誓○按今本唐石經乃汝讎三字皆係補缺惟世字作丗尚係原刻顧以爲誤作誓非也

明著岐周　古本宋板周作乑盧文弨云乑卽衆字從三人後人不識妄改爲周○按乑音吟非衆字也後人誤會人三爲衆之說遂以众爲衆然相沿已久此乑字當如盧說山井鼎按古文尚書從字作刅其例正同

牧誓第四　周書

若虎賁獸　史記集解無獸字

又下傳以百夫長爲卒師　毛本師作帥所改是也

欲揔明三百兩人之大數 閩本明監本同毛本三作此

乃復到退 閩本同毛本到作倒按倒古通作到

王左杖黃鉞 陸氏曰鉞本又作戉○按作戉是也說文云戉大斧也

鉞以黃金飾斧 浦鏜云鉞上脫黃字從公劉詩疏挍○按史記集解亦無黃字

示有事於教 古本史記集解敎下有令字

傳越以至苦之 案越當作鉞轉寫之譌

治事三卿 古本治作理

此御事之文 宋板閩本明監本同毛本文作大

旅衆也衆大夫 古本無下衆字按史記集解作旅衆大夫也視今本少一衆字而也字在夫下文義較順

使其屬師四夷之隷 閩本同毛本飾作師所改是也

師帥卒帥 史記集解帥並作率

亦可以稱師 宋板師作帥是也

巴在蜀之東偏 補本東作南

是庸濮西江漢之南 閩本同毛本西作在所改是也

戟楚謂之孑 纂傳同毛本孑作干○按纂傳引在說命中篇下同

或謂之楯 浦鏜云楯方言作瞂音代誤作楯

今商王受惟婦言是用 唐石經是字旁注按漢書五行志引此經無是字

日義曰晉語云 按日是正字之譌諸本俱不誤

妲己所舉言者貴之 閩本明監本舉言作與言按與言乃譽字誤分爲二也當據列女傳

元文正之毛本亦誤

弗迓克奔按匡謬正俗引此經迓作御又稱徐仙民音禦是徐本亦作御疏云王肅讀御爲禦則孔氏所據本亦作御蓋作御者古文也作迓者今文也釋文云馬作禦史記同

武成第五　周書

武王伐殷往伐歸獸陸氏曰獸徐始售反本亦作嘼許救反匡謬正俗曰徐仙民音嘼爲始售反按武成當篇云歸馬於華山之陽放牛於桃林之野此與序意相承六畜之字本作嘼尔疋論牛馬羊豕則在釋畜論麋鹿虎豹卽在釋獸若武王歸鹿放虎可言歸獸所放旣是馬牛當依嘼字本音讀之不得謂古文省簡卽呼爲獸堯典鳥獸孶尾鳥獸毛毨旅獒珍禽奇獸皆作獸字何獨武城一篇以嘼爲獸斯不然矣○按作嘼者古文也作獸者今文也徐陸二本皆用古文今本釋文開寶所改非陸氏元本故錄顏氏說以存古文之遺

月二日死魄正嘉本萬本閩本葛本同毛本死魄上有近字與岳本合案此誤脫也

七世之祖 纂傳祖作廟

而魄死明生 浦鏜云而疑衍字

由字積與誤 浦鏜云與誤二字疑倒孫志祖云字積者即積畫之說與誤者或誤寫四爲三也非倒

我文考文王克成厥勳 古本唐石經臨安石經岳本葛本閩本明監本並同毛本成誤作伐

以撫綏四方中夏 古本補本綏作安

故大統未就 葛本正德本嘉靖本閩本纂傳同岳本統作業與疏合毛本依之

厎商之罪 古本厎作致

用祭事告行也 纂傳事作祀

告天社山川之辭 岳本社作地

臨祭祀　纂傳祀作事

暴殄天物　古本殄作絶

則天物之言　纂傳言作害

普謂天下百物　閩本明監本普作皆

竄聚　葛本閩本明監本竄誤作窋疏同

此謂十一年會孟津還時　古本補本作此謂十一年會於孟津之時也

惟其士女篚厥元黃　古本無厥字

筐篚盛其絲帛　古本作上篚筐其絲帛補本作筐篚其綿帛按當作筐篚其絲帛古本之上今本之盛衍字也古本之篚筐倒字也補本之綿誤字也

旣戊午師逾孟津　顧炎武云石經監本同釋文逾亦作踰今本作渡非

流血漂春杵　宋板流血二字倒是也

釋箕子囚封比干墓　唐石經干下旁增之字容下同

施舍已債　古本岳本宋板同毛本債作責按釋文作責責債古今字

列地封國　古本列作裂

喪禮篤親愛　宋板篤親間空一字

使天下厚行　葛本閩本同纂傳言作信

欲垂拱而天下治　閩本同毛本欲作故案欲字誤也

尚書校勘記卷十一

會昌縣知縣候補知州曾暉春栞

附釋音尚書注疏卷第十二

洪範第六

周書　孔氏傳　孔穎達疏

武王勝殷殺受立武庚不放而殺紂自焚也武庚紂子以爲王者後一名祿父○勝商證反父音甫以箕子歸作洪範歸鎬京箕子作之○範音范鎬胡老反本又作鄗武王所都也

【疏】武王至洪範○正義曰武王伐殷既勝殺受立其子武庚爲殷後以箕子歸鎬京訪以天道箕子爲陳天地之大法敘述其事作洪範此惟當言箕子歸耳乃言殺受立武庚者序自相顧爲文上武成序云武王伐紂故此言勝之下微子之命序云黜殷命殺武庚故此言立之敘言此以順上下也○傳不放至祿父○正義曰放桀也湯放桀此不放而殺之者紂自焚而死也殷本紀云紂兵敗紂走入登鹿臺衣其寶玉衣赴火而死武王遂斬紂頭懸之太白旗是也泰誓云取彼凶殘則志在於殺也死猶斬之則生亦不放傳據實而言之耳本紀云封紂子武庚祿父以

續殷祀是以爲王者後也本紀武庚祿父雙言之伏生尚書傳云武王勝殷繼公子祿父是一名祿父也鄭云武庚字祿父春秋之世有齊侯祿父蔡侯考父季孫行父亦是名未必爲字故傳言一名祿父○傳歸至作之○正義曰上篇云至于豐者文王之廟在豐至豐先告廟耳時王都在鎬知歸者歸鎬京也此經文旨異於餘篇非直問荅而已不是史官敘述必是箕子既對武王之問退而自撰其事故傳特云箕子作之書傳云武王釋箕子之囚箕子不忍周之釋走之朝鮮武王聞之因以朝鮮封之箕子既受周之封不得無臣禮故於十三祀來朝武王因其朝而問洪範案此序云勝殷以箕子歸明既釋其囚即以歸之不令其走去而後來朝也又朝鮮去周路將萬里聞其所在然後封之受封乃朝必歷年矣不得仍在十三祀也宋世家云既作洪範武王乃封箕子於朝鮮得其實也

洪範

洪大範法也言天地之大法

〔疏〕洪範○正義曰此經開源於首覆更演說非復一問一荅之勢必是箕子自爲之也發首二句自記被問之年自王乃言至彝倫攸敘王問之辭自箕子乃言至彝倫攸敘言禹得九疇之由自初一曰至威用六極言禹第敘九疇之次自一五行已下箕子更條說九疇之義此條說者當時亦以對王更復退而修撰定其文辭使成典教耳○傳洪

大至大法。正義曰洪大範法皆釋詁文**惟十有三祀王訪于箕子**商曰祀箕子稱祀不忘本此年四月歸宗周先告武成次問天道**王乃言曰嗚呼箕子**

惟天陰騭下民相協厥居騭定也天不言而默定下民是助合其居使有常生之資。陰騭也馬云覆也騭之逸反馬云升也升猶舉也舉猶生也相息亮反助也**我不知其**

彝倫攸敘言我不知天所以定民之常道理次敘問何由。彝以之反

疏惟十至攸敘。

正義曰此箕子陳王問已之年被問之事惟文王受命十有三祀武王訪問於箕子即陳其問辭王乃言曰嗚呼箕子此上天不言而默定下民佑助諧合其安居使有常生之資我不知此天之定民常道所以次敘問天意何由也。傳商曰至天道。正義曰商曰祀周曰年釋天文案此周書也泰誓稱年此獨稱祀故解之箕子稱祀不忘本也此篇箕子所作箕子商人故記傳引此篇者皆云商書曰是箕子自作明矣序言歸作洪範似歸即作之嫌在武成之前故云此年四月歸宗周先告武成次問天道以次在武成之後故知先告武成也。傳騭定至之資。正義曰傳以騭即質也質訓爲成

成亦定義故爲定也言民是上天所生形神天之所授故天不言而默定下民羣生受氣流形各有性靈心識下民不知其然是天默定也相助也協和也助合其居者言民有其心天佑助之令其諧合其生出言是非立行得失衣食之用動止之宜無不稟諸上天乃得諧合失道則死合道則生言天非徒賦命於人授以形體心識乃復佑助諧合其居業使有常生之資九疇施之於民皆是天助之事也此問荅皆言乃者以天道之大沈吟乃問思慮乃荅宣八年公羊傳曰乃緩辭也王肅以陰隲下民一句爲天事相協以下爲民事注云陰深也言天深定下民與之五常之性王者當助天和合其居所行天之性我不知常道倫理所以次敘是問承天順民何所由與孔異也

箕子乃言曰我聞在昔鯀陻洪水汨陳其五行陻塞汨亂也治水失道亂陳其五行○鯀工本反陻音因汨工忽反行戶更反

帝乃震怒不畀洪範九疇彝倫攸斁畀與斁敗也天動怒鯀不與大法九疇疇類也故常道所以敗○畀必二反徐甫至反注同斁多路反徐同路反敗也

鯀則殛死禹乃嗣興放鯀至死不赦嗣繼也廢父興

子堯舜之道○殛紀力反本或作極音同天乃錫禹洪範九疇彝倫攸敘天與禹洛出書神龜負文而出列於背有數至于九禹遂因而第之以成九類常道所以次敘○錫星歷反

疏 箕子至攸敘○正義曰箕子乃言荅王曰我聞在昔鯀障塞洪水治水失道是乃亂陳其五行而逆天道也天帝乃動其威怒不與鯀大法九類天之常道所以敗也鯀則放殛至死不赦禹以聖德繼父而興代治洪水決道使通天乃賜禹大法九類天之常道所以得其次敘此說其得九類之由也○傳陻塞至五行○正義曰襄二十五年左傳說陳之伐鄭云井陻木刊謂塞其井斬其木是陻爲塞也汩是亂之意欲爲亂也水是五行之一水性下流鯀反塞之失水之性水失其道則五行皆失矣是塞洪水爲亂陳其五行言五行陳列皆亂也太禹謨帝美禹治水之功云地平天成傳云水土治曰平五行敘曰成水既治五行序是治水失道爲亂五行也○傳畀與至以敗○正義曰畀與釋詁文斁敗相傳訓也以禹得而鯀不得故爲天動威怒鯀不與大法九疇疇是輩類之名故爲類也言其每事自相類者有九九者各有一章故漢書謂之爲九章此謂九類是天之常道既不得九類故常道所以敗也自古以來得九疇者惟有禹耳未聞餘

人有得之者也若人皆得之鯀獨不得可言天帝怒鯀餘人皆不得獨言天怒鯀者以禹由治水有功故天賜之鯀亦治水而天不與以鯀禹俱是治水父不得而子得之所以彰禹之聖當於天心故舉鯀以彰禹也○傳放鯀至之道○正義曰傳嫌殛謂被誅殺故辨之云放鯀至死不赦也嗣繼釋詁文三代以還父罪子廢故云廢父興子堯舜之道賞罰各從其實爲天下之至公也○傳天與至次敘○正義曰易繫辭云河出圖洛出書聖人則之九類各有文字卽是書也而云天乃錫禹知此天與禹者卽是洛書也漢書五行志劉歆以爲伏羲繫天而王河出圖則而畫之八卦是也禹治洪水錫洛書法而陳之洪範是也先達共爲此說龜負洛書經無其事中候及諸緯多說黃帝堯舜禹湯文武受圖書之事皆云龍負圖龜負書緯候之書不知誰作通人討覈謂僞起哀平雖復前漢之末始有此書以前學者必相傳此說故孔以九類是神龜負文而出列於背有數從一而至於九禹見其文遂因而第之以成此九類法也此九類陳而行之常道所以得次敘也言禹第之者以天神言語必當簡要不應曲有次第丁寧若此故以爲禹次第之禹既第之當有成法可傳應人盡知之而武王獨問箕子者五行志云聖人行其道而寳其眞降及於殷箕子在父師之位而典之周既克殷以箕子

歸周武王親虛已而問焉言箕子典其事故武王特問之其義或當然也若然大禹既得九類常道始有次叙未有洛書之前常道所以不亂者世有澆淳教有疎密三皇已前無文亦治何止無洛書也但既得九類以後聖王法而行之從之則治違之則亂故此說常道攸叙攸斁由洛書耳

初一曰五行九類類一章以五行爲始次二曰敬用五事五事在身用之必敬乃善次三曰農用八政農厚也厚用之政乃成○農馬云食爲八政之首故以農名之次四曰協用五紀協和也和天時使得正用五紀次五曰建用皇極皇大極中也凡立事當用大中之道次六曰乂用三德治民必用剛柔正直之三德次七曰明用稽疑明用卜筮考疑之事次八曰念用庶徵次九曰嚮用五福威用六極言天所以嚮勸人用五福所以威沮人用六極此已上禹所第叙○嚮許亮反又許兩反沮在汝反此已上時掌反禹所第叙馬云從五行已下至六極洛書文也漢書五行志以初一已下皆洛書文也

疏

初一至六極○正義曰天所賜禹大法九類者初一曰五材
氣性流行次二曰敬用在身五種之行事次三曰厚用接物
八品之政教次四曰和用天象五物之綱紀次五曰立治用
大為中正之道次六曰治民用三等之德次七曰明用小筮
以考疑事次八曰念用天時衆氣之應驗次九曰嚮勸人用
五福威沮人用六極此九類之事也○傳農厚至乃成○正
義曰鄭玄云農讀為醲則農是醲意故為厚也政施於民善
不厭深故厚用之政乃成也張晏王肅皆言農食之本也食
為八政之首故以農言之然則農用止為一食不兼八事非
上下之例故傳不然八政三德揔是治民但政是被物之名
德是在巳之稱故分為二疇也○傳協和至五紀○正義曰
協和釋詁文天是積氣其狀無形列宿四方為天之限天左
行晝夜一周日月右行日遲月疾周天三百六十五度有餘
日則日行一度月則日行十三度有餘日月行於星辰乃為
天之麻數和此天時令不差錯使行得正用五紀也日月逆
天道而行其行又有遲疾故須調和之○皇大至之道○正
義曰皇大釋詁文極之為中常訓也凡所立事王者所行皆
是無得過與不及常用大中之道也詩云莫匪爾極周禮以
為民極論語允執其中皆謂用大中也○傳信人至第敘○
正義曰貧弱等六者皆謂窮極惡事故目之六極也福者人

之所慕皆嚮望之極者人之所惡皆畏懼之勸勉也勉之爲善沮止也止其爲惡福極皆上天爲之言天所以嚮望勸勉人用五福所以畏懼沮止人用六極自初一日巳下至此六極已上皆是禹所次第而敘之下文更將此九類而演說之知此九者皆禹所第也禹爲此次者蓋以五行世所行用是諸事之本故五行爲初也發見於人則爲五事故五事爲二也正身而後及人施人乃名爲政故八政爲三也施人之政用天之道故五紀爲四也順天布政則得大中故皇極爲五也欲求大中隨德是任故三德爲六也政雖在德事必有疑故稽疑爲七也行事在於政得失應於天故庶徵爲八也天監在下善惡必報休咎驗於時氣禍福加於人身故五福六極爲九也皇極居中者揔包上下故皇極傳云大中之道大立其有中謂行九疇之義是也福極處末者顧氏云前八事俱得五福歸之前八事俱失六極臻之故福極處末也發首言初一其末不言終九者數必以一爲始其九非數之終故從上言次而不言終也五行不言用者五行萬物之本天地百物莫不用之不嫌非用也傳於五福六極言天用者以前並是人君所用五福六極受之於天故言天用傳言此禹所第敘不知洛書本有幾字五行志悉載此一章乃云凡此六十五字皆洛書本文計天言簡要必無次第之數上傳云禹

因而第之則孔以第是禹之所爲初一曰等二十七字必是禹加之也其敬用農用等一十八字大劉及顧氏以爲龜背先有揔三十八字小劉以爲敬用等亦禹所第敘其龜文惟有二十字並無明據未知孰是故兩存焉皇極不言數者以揔該九疇理兼萬事非局數能盡故也稽疑不言數者以卜五筮二共成爲七若舉卜不得兼筮舉筮不得兼卜且疑事既衆不可以數揔之故也庶徵不言數者以庶徵得爲五休失爲五咎若舉休不兼咎舉咎不兼休若休咎並言便爲十事本是五物不可言十也然五福六極所以善惡皆言者以沮勸在下故丁寧明言善惡也且庶徵雖有休咎皆以念慮包之福極嚮威相反不可一言爲目故別爲文焉知五福六極非各分爲疇所以共爲一者蓋以龜文福極相近一處故禹第之揔爲一疇等行五事所以福五而極六者大劉以爲皇極若得則分散揔爲五福若失則不能爲五事之主與五事並列其咎弱故爲六也猶詩平王以後與諸侯並列同爲國風焉咎徵有五而極有六者五行傳云皇之不極厥罰常陰卽與咎徵常雨相類故以常雨包之爲五也

一五行一曰水二曰火三曰木四曰金五曰土皆其生數水曰潤下火曰炎上言其

自然之常性。炎榮鉗反上時掌反又如字下同**木曰曲直金曰從革**木可以揉曲直金可以改更。揉如酉反**土爰稼穡**種曰稼斂曰穡土可以種可以斂**潤下作鹹**水鹵所生。鹹音咸鹵音魯**炎上作苦**焦氣之味**曲直作酸**木實之性**從革作辛**金之氣。**稼穡作甘**甘味生於百穀五行以下箕子所陳

【疏】一五行至作甘。正義曰此以下箕子所演陳禹所第疇名於上條列說以成之此章所演文有三重第一言其名次第二言其體性第三言其氣味言五者性異而味別各為人之用書傳云水火者百姓之求飲食也金木者百姓之所興作也土者萬物之所資生也是為人用五行即五材也襄二十七年左傳云天生五材民並用之言五者各有材幹也謂之行者若在天則五氣流行在地世所行用也。傳皆其生數。正義曰易繫辭曰天一地二天三地四天五地六天七地八天九地十此即是五行生成之數天一生水地二生火天三生木地四生金天五生土此其生數也如此則陽無匹陰無耦故地六成水天七成火地八成木天九成金地十成土於是陰陽各有匹偶而物得成焉故謂之成數也易繫辭又曰天數五地數五五

位相得而各有合此所以成變化而行鬼神謂此也又數之所起起於陰陽陰陽往來在於日道十一月冬至日南極陽來而陰往冬水位也以一陽生爲水數五月夏至日北極陰進而陽退夏火位也當以一陰生爲火數但陰不名奇數必以偶故以六月二陰生爲火數也是故易說稱乾貞於十一月子坤貞於六月未而皆左行由此也冬至以及於夏至當爲陽來正月爲春木位也三陽已生故三爲木數夏至以及冬至當爲陰進八月爲秋金位也四陰已生故四爲金數三月春之季四季土位也五陽已生故五爲土數此其生數之由也又萬物之本有生於無者生於微及其成形亦以微著爲漸五行先後亦以微著爲次五行之體水最微爲一火漸著爲二木形實爲三金體固爲四土質大爲五亦是次之宜大劉與顧氏皆以爲水火木金得土數而成故水成數六火成數七木成數八金成數九土成數十義亦然也○傳言其自然之常性○正義曰易文言云水流濕火就燥王肅曰水之性潤萬物而退下火之性炎盛而升上是潤下炎上言其自然之本性○傳木可至改更○正義曰此亦言其性也揉曲直者爲器有須曲直也可改更者可銷鑄以爲器也木可以揉令曲直金可以從人改更言其可爲人用之意也由此而觀水則潤下可用以灌漑火則炎上可用以炊爨亦可知

也水既純陰故潤下趣陰火是純陽故炎上趣陽木金陰陽
相雜故可曲直改更也○傳種曰至以斂○正義曰鄭玄周
禮注云種穀曰稼若嫁女之有所生然則穡是惜也言聚畜
之可惜也共爲治田之事分爲種斂二名耳土上所爲故爲
土性上文潤下炎上曲直從革即是水火木金體有本性其
稼穡以人事爲名非是土之本性生物是土之本性其稼穡
非土本性也爰亦曰也變曰言爰以見此異也六府以土穀
爲二由其體異故也○傳水鹵所生○正義曰水性本甘久
浸其地變而爲鹵鹵味乃鹹說文云鹵西方鹹地東方謂之
斥西方謂之鹵禹貢云海濱廣斥是海浸其旁地使之鹹也
月令冬云其味鹹其臭朽是也土言曰者言其本性此言作
者從其發見指其體則稱曰致其類即言作下五事庶徵言
曰作者義亦然也○傳焦氣之味○正義曰火性炎上焚物
則焦焦是苦氣月令夏云其臭焦其味苦苦爲焦味故云焦
氣之味也臭之曰氣在口曰味○傳木實之性○正義曰木
生子實其味多酸五果之味雖殊其爲酸一也是木實之性
然也月令春云其味酸其臭羶是也○傳金之氣味○正義
曰金之在火別有腥氣非苦非酸其味近辛故辛爲金之氣
味月令秋云其位辛其臭腥是也○傳甘味生於百穀○正
義曰甘味生於百穀穀是土之所生故甘爲土之味也月令

中央云其味甘其臭香是也○二五事一曰貌容儀○貌本亦作額二曰言詞章三曰視觀正○視常止反徐市止反四曰聽察是非五曰思心慮所行○思如字徐息吏反下同貌曰恭儼恪○儼魚檢反言曰從是則可從視曰明必清審○聽曰聰必微諦○諦音帝思曰睿必通於微○睿悅歲反馬云通也恭作肅心敬從作乂可以治明作哲照了○哲之舌反徐丁列反又之世反聰作謀所謀必成當○當丁浪反睿作聖於事無不通謂之聖

【疏】二五至作聖○正義曰此章所演亦爲三重第一言其所名第二言其所出第三言其所致貌是容儀舉身之大名也言是口之所出視是目之所見聽是耳之所聞思是心之所慮一人之上有此五事也貌必須恭言乃可從視必當明聽必當聰思必當通於微密也此一重卽是敬用之事貌能恭則心肅敬也言可從則政必治也視能明則所見照晳也聽能聰則所謀必當也思通微則事無不通乃成聖也此一重言其所致之事洪範本體與人主作法皆據人主爲說貌揔身也口言之目視之耳聽之

心慮之人主始於敬身終通萬事此五事爲天下之本也五
事爲此次者鄭云此數本諸陰陽昭明人相見之次也五行
傳曰貌屬木言屬金視屬火聽屬水思屬土五行傳伏生之
書也孔於太戊桑穀之下云七日大拱貌不恭之罰高宗雊
雉之下云耳不聰之異皆書傳之文也孔取書傳爲說則此
次之意亦當如書傳也木有華葉之容故貌屬木言之決斷
若金之斬割故言屬金火外光故視屬火水內明故聽屬水
土安靜而萬物生心思慮而萬事成故思屬土又於易東方
震爲足足所以動容貌也西方兌爲口口出言也南方離爲
目目視物也北方坎爲耳耳聽聲也土在內猶思在心亦是
五屬之義也○傳察是非○正義曰此五事皆有是非論語
云非禮勿視非禮勿聽非禮勿言非禮勿動又引詩云思無
邪故此五事皆有是非也此經歷言五名名非善惡之稱但
爲之有善有惡傳皆以是辭釋之貌者言其動有容儀也言
者道其語有辭章也視者言其觀正不觀邪也聽者受人言
察是非也思者心慮所行使行得中也傳於聽云察是非明
五者皆有是非也所爲者爲正不爲邪也於視不言視邪正
於一聽言察是非亦所以互相明也○傳必通於微○正義曰
此一重言敬用之事貌戒惰容故恭爲儼恪曲禮曰儼若思
儼是言正之貌也恪敬也貌當嚴正而莊敬也言非理則人

違之故言是則可從也視必明於善惡故必清徹而審察也
聽當別彼是非必微妙而審諦也王肅云睿通也思慮苦其
不深故必深思使通於微也此皆敬用使然故經以善事明
之鄭玄云此恭明聰睿行之於我身其從則是彼人從我以
與上下違者此我是彼從亦我所爲不乖倒也此據人主爲
文皆是人主之事說命云接下思恭視遠惟明聽德惟聰卽
此是也○傳於事至之聖○正義曰此一重言所致之事也
恭在貌而敬在心人有心慢而貌恭必當緣恭以致敬故貌
恭作心敬也下從上則國治故人主言必從其國可以治也
視能清審則照了物情故視明致照晢也聽聰則知其是非
從其是爲謀必當故聽聰致善謀也睿聖俱是通名聖大而
睿小緣其能通微事事無不通因睿以作聖也鄭玄周禮注
云聖通而先識也是言識事在於衆物之先無所不通以是
名之爲聖聖是智之上通之大也此言人主行其小而致其
大皆是人主之事也鄭云皆謂其政所致也君貌恭則臣禮
肅君言從則臣職治君視明則臣照晢君聽聰則臣進謀君
思睿則臣賢智鄭意謂此所致皆是君致臣也案庶徵之意
休徵咎徵皆肅乂所致若肅乂明聰皆是君致臣事則休咎之所
致悉皆不由君矣又聖大而睿小若君睿而致臣聖則臣皆
上於君矣何不然之甚乎哲字王肅及漢書五行志皆云哲

智也定本作哲則讀爲哲三八政一曰食勤農業二曰貨寶用物三曰祀敬鬼神以成教四曰司空主空土以居民五曰司徒主徒衆教以禮義六曰司寇主姦盜使無縱○縱子用反或作從音同七曰賓禮賓客無不敬八曰師簡師所任必良士卒必練○卒子忽反

［疏］三八政至曰師○正義曰八政者人主施政教於民有八事也一曰食教民使勤農業也二曰貨教民使求資用也三曰祀教民使敬鬼神也四曰司空之官主空土以居民也五曰司徒之官教衆民以禮義也六曰司寇之官詰治民之姦盜也七曰賓教民以禮待賓客相往來也八曰師立師防寇賊以安保民也八政如此次者人不食則死食於人最急故教爲先也有食又須衣貨爲人之用故貨爲二也所以得食貨乃是明靈祐之人當敬事鬼神故祀爲三也足衣食祭鬼神必當有所安居司空主居民故司空爲四也雖有所安居非禮義不立司徒教以禮義故司徒爲五也雖有禮義之教而無刑殺之法則彊弱相陵司寇主姦盜故司寇爲六也民不往來則無相親之好故賓爲七也寇賊爲害則民不安居故師爲八也此用於民緩急而爲次也食貨祀賓

師指事爲之名三卿舉官爲名者三官所主事多若以一字
爲名則所掌不盡故舉官名以見義鄭玄云此數本諸其職
先後之宜也食謂掌民食之官若后稷者也貨掌金帛之官
若周禮司貨賄是也祀掌祭祀之官若宗伯者也司空掌居
民之官司徒掌教民之官也司寇掌詰盜賊之官賓掌諸侯
朝覲之官周禮大行人是也師掌軍旅之官若司馬也王肅
云賓掌賓客之官也即如鄭王之說自可皆舉官名何獨三
事舉官也八政主以教民非謂公家之事司貨賄掌公家貨
賄大行人掌王之賓客若其事如周禮皆掌王家之事非復
施民之政何以謂之政乎且司馬在上司空在下今司空在
四司馬在八非取職之先後也○傳寶用物○正義曰貨者
金玉布帛之揔名皆爲人用故爲用物旅獒云不貴異物賤
用物是也食則勤農以求之衣則蠶績以求之但貨非獨衣
不可指言求處故云得而寶愛之孝經云謹身節用詩序云
儉以足用是寶物也○傳主空土以居民○正義曰周官篇
云司空掌邦土居四民時地利司徒掌邦教敷五典擾兆民
司寇掌邦禁詰姦慝刑暴亂周禮司徒教以禮義司寇無縱
罪人其文具矣○傳簡師至必練○正義曰經言賓師當有
賓師之法故傳以禮賓客無不敬教民待賓客相往來也師
者衆之通名必當選人爲之故傳言簡師選人爲師也所任

必良任良將也士卒必練練謂教習使知義若練金使
精也論語以不教民戰是謂棄之是士卒必須練也　四

五紀一曰歲所以紀四時**二曰月**所以紀一月**三曰日**紀一日

四曰星辰二十八宿迭見以敘氣節十二辰以紀日月所會○宿音秀迭田節反見賢遍反**五**

曰麻數麻數節氣之度以爲麻敬授民時〔疏〕四五紀至麻數○正義曰五紀者五事爲天時之經

紀也一曰歲從冬至以及明年冬至爲一歲所以紀四時也二曰月從朔至晦大月三十日小月二十九日所以紀一月也三曰日從夜半以至明日夜半周十二辰爲一日所以紀一日也四曰星辰星謂二十八宿昏明迭見辰謂日月別行會於宿度從子至於丑爲十二辰星以紀節氣早晚辰以紀日月所會處也五曰麻數筭日月行道所歷計氣朔早晚之數所以爲一歲之麻凡此五者皆所以紀天時故謂之五紀也五紀不言時者以歲月氣節正而四時亦自正時隨月變非麻所推故不言時也五紀爲此節者歲統月月統日星辰見於天其曰麻數揔麻四者故歲爲始麻爲終也○傳二十至所會○正義曰二十八宿布於四方隨天轉運昏明迭見月令十二月皆紀昏旦所中之星若月令孟春昏參中旦尾中

仲春昏弧中旦建星中季春昏七星中旦牽牛中孟夏昏翼中旦婺女中仲夏昏亢中旦危中季夏昏心中旦奎中孟秋昏建星中旦畢中仲秋昏牽牛中旦觜中季秋昏虛中旦柳中孟冬昏危中旦七星中仲冬昏東壁中旦軫中季冬昏婁中旦氐中皆所以敘氣節也氣節者一歲三百六十五日有餘分爲十二月有二十四氣一爲節氣謂月初也一爲中氣謂月半也以彼迭見之星敘此月之節氣也昭七年左傳晉侯問士文伯曰多語寡人辰而莫同何謂也對曰日月之會是謂辰會者日行遲月行疾俱循天度而右行二十九日過半月行一周天又前及日而與日會因謂會處爲辰則月令孟春日在營室仲春日在奎季春日在胃孟夏日在畢仲夏日在東井季夏日在柳孟秋日在翼仲秋日在角季秋日在翼仲秋日在角季秋日在房孟冬日在尾仲冬日在斗季冬日在婺女十二會以爲十二辰辰即子丑寅卯之謂也十二辰所以紀日月之會處也鄭以爲星爲五星也然五星所行下民不以爲候故傳不以星爲五星也○傳麻數至民時○正義曰天以積氣無形二十八宿分之爲限每宿各有度數合成一百六十五度有餘日月右行循此宿度日行一度月行十三度有餘二十九日過半而月一周與日會每於一會謂之一月是一歲爲十二月仍有餘十一日爲日行天未周故

置閏以充足若均分天度以爲十二次則每次三十度有餘一次之內有節氣中氣次之所管其度多每月之所統其日入月朔參差不及節氣不得在月朔中氣不得在月半故聖人歷數此節氣之度使知氣所在旣得氣在之日以爲一歲之厤所以敬授民時王肅云日月星辰所行布而數之所以紀度數是也歲月日星傳皆言紀厤數不言紀者歷數數上四事爲紀所紀非獨一事故傳不得言紀但成彼四事爲紀故通數以爲五耳

五皇極皇建其有極大中之道大立其有中謂行九疇之義**斂時五福用敷錫厥庶民**斂是五福之道以爲教用布與衆民使慕之**惟時厥庶民于汝極錫汝保極**君上有五福之教衆民於君取中與君以安中之善言從化**凡厥庶民無有淫朋人無有比德惟皇作極**民有安中之善則無淫過朋黨之惡比周之德爲天下皆大爲中正○比毗志反注同

【疏】五皇極至作極○正義曰皇大也極中也施政教治下民當使大得其中無有邪僻故演之云大中者人君爲民之主當大自立其有中之道以施教於民當先敬用五事以

斂聚五福之道用此爲教布與衆民使衆民慕而行之在上
能教如此惟是其衆民皆效上所爲無不於汝人君取其中
道而行積久漸以成性乃更與汝人君以安中之道言皆化
也若能化如是凡其衆民無有淫過朋黨之行人無有惡相
阿比之德惟皆大爲中正之道言天下衆民盡得中也○傳
大中至之義○正義曰此疇以大中爲名故演其大中之義
大中之道大立其有中欲使人主先自立其大中乃以大中
教民也凡行不迂僻則謂之中中庸所謂從容中道論語允
執其中皆謂此也九疇爲德皆求大中是爲善之摠故云謂
行九疇之義言九疇之義皆求得中非獨此疇求大中也此
大中是人君之大行故特敘以爲一疇耳○傳斂是至慕之
正義曰五福生於五事五事得中則福報之斂是五福之道指
其敬用五事也用五事得中則各得其福其福乃散於五處
不相集聚若能五事皆敬則五福集來歸之普敷五事則是
斂聚五福之道以此敬五事爲教布與衆民使衆民勸慕爲
之福在幽冥無形可見敬用五事則能致之斂是五福正是
敬用五事不言敬用五事以教而云斂是五福以爲教者福
是善之見者故言福以勸民欲其慕而行善也汝者箕子汝
王也○傳君上至從化○正義曰凡人皆有善性善不能自
成必須人君教之乃得爲善君上有五福之教以大中教民

衆民於君取中保訓安也既學得中則其心安之君以大中教民民以大中嚮君是民與君皆以大中之善君有大中民亦有大中言從君化也○傳民有至中止○正義曰民有安中之善非中不與爲交安中之人則無淫過朋黨之惡無有比周之德朋黨比周是不中者善多惡少則惡亦化而爲善無復有不中之人惟天下皆大爲中正矣

凡厥庶民有猷有爲有守汝則念之民戢有道有所爲有所執守汝則念錄敘之**不協于極不罹于咎皇則受之**凡民之行雖不合於中而不罹于咎惡皆可進用大法受之○罹馬力馳反又來多反行下孟反

而康而色曰予攸好德汝則錫之福汝當安汝顏色以謙下人人曰我所好者德汝則與之爵祿○好呼報反下遐嫁反

時人斯其惟皇之極不合於中之人汝與之福則是人此其惟大之中言可勉進

無虐煢獨而畏高明煢單無兄弟也無子曰獨單獨者不侵虐之寵貴者不枉法畏之○無虐馬本作亡侮煢岐扃反畏如字徐云鄭音威

【疏】凡厥至高明○正義曰又說用人爲官使

之大中凡其衆民有道德有所爲有所執守汝爲人君則當念錄敘之用之爲官若未能如此雖不合於中亦不罹於咎惡此人可勉進宜以取人大法則受取之其受人之大法如何乎汝當和安汝之顏色以謙下人彼欲仕者謂汝曰我所好者德也汝則與之以福祿隨其所能用之爲官是人庶幾必自勉進此其惟爲大中之道又爲君者無侵虐單獨而畏忌高明高明謂貴寵之人勿枉法畏之如是卽爲大中矣○傳民戢至敘之○正義曰戢斂也因上斂是五福故傳以戢言之戢文兼下三事民能斂德行智能使其身有道德其才能有所施爲用心有所執守如此人者汝念錄敘之宜用之爲官也有所爲謂藝能也有執守謂得善事能守而勿失言其心正不逆邪也○傳凡民至受之○正義曰不合於中不罹於咎謂未爲大善又無惡行是中人已上可勸勉有方將者也故皆可進用以大法受之大法謂用人之法取其所長棄瑕錄用也上文人君以大中教民使天下皆爲大中此句又令不合於中亦用之者上文言設教耳其實天下之大兆民之衆不可使皆合大中且庶官交曠卽須任人不可待人盡合大中然後敘用言各有爲不相妨害○傳汝當至爵祿○正義曰安汝顏色以謙下人其此不合於中人之皆人言曰我所好者德也是有慕善之心有方將者也汝則與之爵

祿以長進之上句言受之謂治。受以此言與爵祿謂用爲官也○傳不合至勉進○正義曰不合於中之人初時未合中也汝與之爵祿置之朝廷見人爲善心必慕之則是人此其惟大中之道爲大中之人言可勸勉使進也荀卿書曰蓬生麻中不扶自直白沙在涅與之俱黑斯言信矣此經或言時人德鄭王諸本皆無德字此傳不以德爲義定本無德疑衍字也○傳煢單至畏之○正義曰詩云獨行煢煢是爲單謂無兄弟也無子曰獨王制文高明與煢獨相對非謂才高知寵貴之人位望高也不枉法畏之即詩所謂不畏彊禦是也此經皆是據天子無陵虐煢獨而畏避高明寵貴者顧氏亦以此經據人君小劉以爲據人臣謬也

人之有能有爲使羞其行而邦其昌 功能有爲之士使進其所行汝國其昌盛○其行如字徐下孟反○

凡厥正人既富方穀 凡其正直之人既當以爵祿富之又當以善道接之

汝弗能使有好于而家時人斯其辜 不能使正直之人有好於國家則是人斯其詐取罪而去

于其無好德汝雖錫之福其作汝用咎 於其無好德之

人汝雖與之爵祿其爲汝用惡〔疏〕人之至用咎○正義曰
道以敗汝善○其爲于僞反○此又言用臣之法人之
在位者有才能有所爲當褒賞之委任使進其行汝國其將
昌盛也凡其正直之人旣以爵祿富之又復以善道接之使
之荷恩盡力汝若不能使正直之人有好善於汝國家是人
於此其將詐取罪而去矣於其無好德之人謂性行惡者汝
雖與之福賜之爵祿但本性旣惡必爲惡行其爲汝臣必用
惡道以敗汝善言當任善而去惡○傳功能至昌盛○正義
曰功能有爲之士謂其身有才能所爲有成功此謂已在朝
廷任用者也使進其行者謂人之有善若上知其有能有爲
或以言語勞來之或以財貨賞賜之或更任之以大位如是
則其人喜於見知必當行自進益人皆漸自修進汝國其昌
盛矣○傳凡其至接之○正義曰凡其正直之人普謂臣民
有正直者爵祿所設正直是與已知彼人正直必當授之以
官旣當與爵祿富之又當以善道接之言其非徒與官而已
又當數加燕賜使得其歡心也○傳不能至而去○正義曰
授之以官爵加之以燕賜喜於知已荷君恩德必進謀樹功
有好善於國家若雖用爲官心不委任禮意踈薄更無恩紀
言不聽計不用必將奮衣而去不肯久留故言不能使正直
之人有好於國家則是人斯其詐取罪而去也○傳於其至

汝善。正義曰無好對有好有好謂有善也無好德之人謂彼性不好德好惡之人也論語曰未見好德如好色者傳記言好德者多矣故傳以好德言之定本作無惡者疑誤耳不好德者性行本惡君雖與之爵祿不能感恩行義。其爲汝臣必用惡道以敗汝善也易繫辭云无咎者善補過也咎是過之別名故爲惡耳

無偏無陂遵王之義偏不平陂不正言當循先王之正義以治民。陂音祕舊本作頗音普多反。

無有作好遵王之道無有作惡遵王之路言無有亂爲私好惡動必循先王之道路。好呼報反惡烏路反注同。

無偏無黨王道蕩蕩言開闢。闢婢必反

無黨無偏王道平平言辯治。平平婢緜反治直吏反。

無反無側王道正直言所行無反道不正則王道平直。

會其有極歸其有極言會其有中而行之則天下皆歸其有中矣。

【疏】無偏至有極。正義曰更言大中之體爲人君者當無偏私無陂曲動循先王之正義無有亂爲私好謬賞惡人動循先王之正道無有亂爲私惡濫罰善人動循

先王之正路無偏私無阿黨王家所行之道蕩蕩然開闢矣無阿黨無偏私王者所立之道平平然辯治矣所行無反道無偏側王家之道正直矣所行得無偏私皆正直者會集其有中之道而行之若其行必得中則天下歸其中矣言人皆謂此人爲大中之人也○傳偏下至治民○正義曰不平謂高下不正謂邪僻與下好惡反側其義一也偏頗阿黨是政之大患故箕子殷勤言耳下傳云無有亂爲私好私惡者人有私好惡則亂於正道故傳以亂言之○傳言會至中矣○正義曰會謂集會言人之將爲行也集會其有中之道而行之行實得中則天不皆歸其爲有中矣天下者大言之論語云一日克己復禮天下歸仁焉此意與彼同也

曰皇極之敷言是彝是訓于帝其訓曰者大其義言以大中之道布陳言教不失其常則人皆是順矣天且其順而況于人乎

凡厥庶民極之敷言是訓是行以近天子之光凡其衆民中心之所陳言凡順是行之則可以近益天子之光明○近附近之近○

曰天子作民父母以爲天下王言天子布德惠之教爲兆民之父母是爲天下所歸往不可不

務【疏】曰皇至下王。正義曰既言有中矣爲天下所歸更美之曰以大中之道布陳言教不使失是常道則民皆於是順矣天且其順而況於人乎以此之故大中爲天下所歸也又大中之道至矣何但出於天子爲貴民其衆民中和之心所陳之言謂以善言聞於上者於是順之於是行之悅於民而便於政則可近益天子之光明矣又本人君須大中者更美大之曰人君於天所子布德惠之教爲民之父母以是之故爲天下所歸往由大中之道教使然言人君不可不務大中矣

六三德一曰正直能正人之曲直二曰剛克剛能立事。克馬云勝也三曰柔克和柔能治三者皆德平康正直世平安用正直治之彊弗友剛克友順也世彊禦不順以剛能治之。禦魚呂反能治直吏反燮友柔克燮和也世和順以柔能治之。燮息協反沈潛剛克沈潛謂地雖柔亦有剛能出金石高明柔克高明謂天言天爲剛德亦有柔克不干四時喻臣當執剛以正君君亦當執柔以納臣

惟辟作福惟辟作威惟辟玉食言惟君得專威福爲美食。辟徐補

亦反玉食張晏注漢書云玉食珍食也韋昭云諸侯備珍異之食 臣無有作福作威玉食臣之有作福作威。玉食其害于而家凶于而國人用側頗僻民用僭忒在位不敦平則下民僭差。頗普多反僻匹亦反僭子念反忒他得反馬云惡也

〔疏〕六三得至僭忒。正義曰此三德者人君之德張弛有三也一曰正直言能正人之曲使直二曰剛克言剛強而能立事三曰柔克言和柔而能治既言人主有三德又說隨時而用之平安之世用正直治之強禦不順之世用剛能治之和順之世用柔能治之既言三德張弛隨時而用又舉天地之德以喻君臣之交地之德沈深而柔弱矣而有剛能出金石之物也天之德高明剛強矣而有柔能順陰陽之氣也以喻臣道雖柔當執剛以正君君道雖剛當執柔以納臣也既言君臣之交剛柔遞用更言君臣之分貴賤有恒惟君作福得專賞人也惟君作威得專罰人也惟君玉食得備珍食也爲臣無得有作福作威玉食言政當一統權不可分也臣之有作福作威玉食者其必害於汝臣之家凶於汝君之國言將得罪喪家且亂邦也在位之人用此大臣專權之故其行側

頗僻下民用在位頗僻之故皆言不信而行差錯○傳和柔
至皆德○正義曰剛不恒用有時施之故傳言立事柔則常
用以治故傳言能治三德爲此次者正直在剛柔之間故先
言二者先剛後柔得其敘矣王肅意與孔同鄭玄以爲三德
人各有一德謂人臣也○傳友順至治之○正義曰釋訓云
善兄弟爲友友是和順之名故爲順也傳云燮和也釋詁詁
此三德是王者一人之德視世而爲之故傳三者各言世世
平安雖時無逆亂而民俗未和其下猶有曲者須在上以正
之故世平安用正直之德治之世有強禦不順非剛無以制
之故以剛能治之世既和順風俗又安故以柔能治之鄭玄
以爲人臣各有一德天子擇使之注云安平之國使中平守
一之人治之使不失舊職而已國有不順孝敬之行者則使
剛能之人誅治之其有中和之行者則使柔能之人治之差
正之與孔不同○傳高明至納臣○正義曰中庸云博厚配
地高明配天高而明者惟有天耳知高明謂天也以此高明
是天故上傳沈潛謂地也文五年左傳云天爲剛德猶不干
時是言天亦有柔德不干四時之序也地柔而能剛天剛而
能柔故以喻臣當執剛以正君君當執柔以納臣也○傳言
惟至美食○正義曰於三德之下說此事者以德則隨時而
用位則不可假人故言尊卑之分君臣之紀不可使臣專威

福奪君權也衣亦不得僭君而獨言食者人之所資食最爲重故舉言重也王肅云辟君也不言王者關諸侯也諸侯於國得專賞罰其義或當然也○傳在位至僭差○正義曰此經福威與食於君每事言辟於臣則并文而略之也作福作威謂秉國之權勇略震主者也人用側頗僻者謂在位小臣見彼大臣威福由已由此之故小臣皆附下罔上爲此側頗僻也下民見此在位小臣秉心僻側用此之故下民皆不信恒爲此僭差也言在位由大臣下民由在位故皆言用也傳不解家王肅云大夫稱家言秉權之臣必滅家復害其國也

七稽疑擇建立卜筮人龜曰卜蓍曰筮考正疑事當選擇知卜筮人而建立之○蓍音尸乃命卜筮建立其人命以其職曰雨曰霽龜兆形有似雨者有似雨止者○霽子細反曰蒙○蒙陰闇○蒙武工反徐亡鉤反曰驛○氣洛驛不連屬○驛音亦注同屬音燭曰克兆相交錯五者卜兆之常法曰貞曰悔內卦曰貞外卦曰悔凡七卜筮之數卜五占用二衍忒立時人作卜筮三人占則從二人之言立是

知卜筮人使爲卜筮之事夏殷周卜筮各異三法並卜從二人之言善鈞從衆卜筮各三人○占用二馬云占筮也衍以淺反

汝則有大疑謀及乃心謀及卿士謀及庶人謀及卜筮將舉事而汝則有大疑先盡汝心以謀慮之次及卿士衆民然後卜筮以決之汝則從龜從筮從卿士從庶民從是之謂大同人心和順龜筮從之是謂大同於吉身其康彊子孫其逢吉動不違衆故後世遇吉○逢馬云逢大也

汝則從龜從筮從卿士逆庶民逆吉三從二逆中吉亦可舉事

卿士從龜從筮從汝則逆庶民逆吉君臣不同決之卜筮亦中吉

庶民從龜從筮從汝則逆卿士逆吉民與上異心亦卜筮以決之

汝則從龜從筮逆卿士逆庶民逆作內吉作外凶二從三逆龜筮相違故可以祭祀冠婚不可以出師

征伐。冠官喚反

龜筮共違于人皆逆用靜吉用作凶安以守常則吉動則凶

【疏】七稽至之言。正義曰稽疑者言王者考正疑事當選擇知卜筮者而建立之以爲卜筮人謂立爲卜人筮人之官也既立其官乃命以卜筮之職云卜兆有五曰雨兆如雨下也曰霽兆如雨止也曰雺兆氣蒙闇也曰圛兆氣落驛不連屬也曰克兆相交也筮卦有二重二體乃成一卦曰貞謂內卦也曰悔謂外卦也卜筮兆卦其法有七事其卜兆用五雨霽蒙驛克也其筮占用二貞與悔也卜筮皆就此七者推衍其變立是知卜筮人使作卜筮之官其卜筮必用三代之法三人占之若其所占不同而其善鈞者則從二人之言言以此法考正疑事也。傳龜曰至立之。正義曰龜曰卜蓍曰筮曲禮文也考正疑事當選擇知卜筮人而建立之建亦立也復言之耳鄭王皆以建立爲二言將考疑事選擇可立者立爲卜人筮人。傳兆相至常法。正義曰此上五者灼龜爲兆其璺折形狀有五種是卜兆之常法也說文云霽雨止也霽似雨止則雨似雨下鄭玄曰霽如雨止者雲在上也雺聲近蒙詩云零雨其濛則濛是闇之義故以雺爲兆蒙是陰闇也圛卽驛也故以爲兆氣落驛不連屬落驛希踈之意也雨霽既相對則蒙驛亦相對故驛爲落

驛氣不連屬則霁為氣連蒙闇也王肅云圛霍驛消滅如雲
陰霁天氣下地不應闇冥也其意如孔言鄭玄以圛為明言
色澤光明也霁者氣澤鬱鬱冥冥也自以明闇相對異於孔
也克謂兆相交錯王肅云兆相侵入蓋兆為二拆其拆相交
也鄭玄云克者如雨氣色相侵入卜筮之事體用難明故先
儒各以意說未知孰得其本今之用龜其兆橫者為土立者
為木斜向徑者為金背徑者為火因兆而細曲者為水不知
與此五者同異如何此五兆不言一曰二曰者灼龜所遇無
先後也○傳內卦至曰悔○正義曰僖十五年左傳云秦伯
伐晉卜徒父筮之其卦遇蠱蠱卦巽下艮上說卦云巽為風
艮為山其占云蠱之貞風也其悔山也是內卦為貞外卦為
悔也筮法爻從下起故以下體為內上體為外下體為本因
而重之故以下卦為貞貞正也言下體是其正鄭玄云悔之
言晦晦猶終也晦是月之終故以為終言上體是其終也下
體言正以見上體不正上體言終以見下體為始二名互相
明也○傳立是至三人○正義曰此經卜五占用二衍忒孔
不為傳鄭玄云卜五占用謂雨霽蒙驛克也二衍忒謂貞悔
也斷用從上句二衍忒者指謂筮事王肅云卜五者筮短龜
長故卜多而筮少占用二者以貞悔占六爻衍忒者當推衍
其爻義以極其意卜五占二其義當如王解其衍忒宜摠謂

卜筮皆當衍其義極其變非獨筮衍而卜否也傳言立是知
卜筮人使爲卜筮之事者言經之此文覆述上句立卜筮人
也言三人占是占此卜筮法當有三人周禮太卜掌一○兆之
法一曰玉兆二曰瓦兆三曰原兆掌三易之法一曰連山二
曰歸藏三曰周易杜子春以爲玉兆帝顓頊之兆瓦兆帝堯
之兆又云連山慮犧歸藏黃帝三兆三易皆非夏殷而孔意
必以三代夏殷周法者以周禮指言一曰二曰不辯時代之
名案考工記云夏曰世室殷曰重屋周曰明堂又禮記郊特
牲云夏收殷冔周冕皆以夏殷周三代相因明三易亦夏殷
周相因之法子春之言孔所不取鄭玄易贊亦云夏曰連山
殷曰歸藏與孔同也所言三兆三易必是三代異法故傳以
爲夏殷周卜筮各以三代異法三法並卜法有一人故三人
也從二人之言者二人爲善既鈞故從衆也若三人之內賢
智不等雖少從賢不從衆也善鈞從衆成六年左傳文既言
三法並卜嫌筮不然故又云卜筮各三人也經惟言三占從
二何知不一法而三占而知三法並用者金縢云乃卜三龜
一習吉儀禮士喪卜葬占者三人貴賤俱用三龜知卜筮並
用三代法也○傳將舉至決之○正義曰非有所舉則自不
卜故云將舉事事有疑則當卜筮人君先盡己心以謀慮之
次及卿士衆民人謀猶不能定然後問卜筮以決之故先言

乃心後言卜筮也鄭玄云卿士六卿掌事者然則謀及卿士
以卿爲首耳其大夫及士亦在焉以下惟言庶人明大夫及
士寄卿文以見之矣周禮小司寇掌外朝之政以致萬民而詢
詢焉一曰詢國危二曰詢國遷三曰詢立君是有大疑而詢
衆也又曰小司寇以叙進而問焉是謀及之也大疑者不要
是彼三詢其謀及則同也謀及庶人必是大事若小事不必
詢於萬民或謀及庶人在官者耳小司寇又曰以三刺斷庶
民獄訟之中一曰訊羣臣二曰訊羣吏三曰訊萬民彼羣臣
羣吏分而爲二此惟言卿士者彼將斷獄令衆議然後行刑
故臣與民爲三其人主待衆議而決之此則人主自疑故一
人主爲一又揔羣臣爲一也○傳人心至於吉○正義曰人
主與卿士庶民皆從是人心和順也此必臣民皆從乃問卜
筮而進龜筮於上者尊神物故先言之不在汝則之上者卜
當有主故以人爲先下三事亦然改卜言龜者卜是請問之
意吉凶龜占兆告以人故改言龜也筮則本是蓍名故不須
改也○傳動不至逢吉○正義曰物貴和同故大同之吉延
及於後宣三年左傳稱成王定鼎卜世三十卜年七百是後
世遇吉○傳三從至舉事○正義曰此與下二事皆是三從
二逆除龜筮以外有汝與卿士庶民分三者各爲一從二逆
嫌其貴賤有異從逆或殊故三者各以有一從爲主見其爲

吉同也方論得吉以從者爲主故次言卿士從下言庶民從也以從爲主故退汝則於下傳解其意卿士從者君臣不同也庶民從者民與上異心也解臣民與君異心得其筮之意也不言四從一逆者吉可知不假言之也四從之内雖龜筮相違亦爲吉以其從者多也若三從之内龜筮相違雖不如龜筮俱從猶勝下龜筮相違二從三逆必知然者以下傳云一從三逆龜筮相違既計從之多少明從多則吉故杜預云龜筮同卿士之數者是龜筮雖靈不至越於人也上言庶人又言庶民者嫌庶人惟指在官者變人言民見其同也民人之賤得與卿士敵者貴者雖貴未必謀慮長故通以民爲一令與君臣等也○傳民與至決之○正義曰天子聖人庶民愚賤得爲識見同者但聖人生知不假卜筮垂教作訓晦跡同凡且庶民既衆以衆情可否亦得上敵於聖故。老子云聖人無常心以百姓心爲心是也○傳二從至征伐○正義曰此二從三逆爲小吉故猶可舉事内謂國内故可以祭祀冠婚外謂境外故不可以出師征伐征伐事大此非大吉故也此經龜從筮逆其筮從龜逆爲吉亦同故傳言龜筮相違見龜筮之智等也若龜筮智等而僖四年左傳云筮短龜長者於時晉獻公欲以驪姬爲夫人卜既不吉而更令筮之神靈不以實告筮而得吉必欲用之卜人欲令公舍筮從卜故曰筮短龜長非是龜實長也易繫辭云蓍之德圓而神卦之德方以智神以知來智以藏往然則知來藏往是爲極妙雖龜之長無以加此聖人演筮爲易所知豈是短乎明彼長短之說乃是有爲言耳此二從三逆以汝與龜爲二從耳卿士庶民謀有一從亦是二從凶吉亦同故不復設文同可知也若然汝卿士庶民皆逆龜筮並從則亦是二從三逆而經無文者若君與臣民皆逆本自不問卜矣何有龜從筮從之理也前三從之內龜筮既從君與卿士庶民各有一從以配龜筮凡有三條若惟君與卿士從配龜爲一條或君與庶民從配筮龜又爲一條或卿士庶民從配龜又爲一條凡有三條若筮從龜逆其事亦然二從三逆君配龜從爲一條於經已具卿士配龜從爲二條庶民配龜從爲三條若筮從龜逆以人配筮其事亦同案周禮筮人國之大事先筮而後卜鄭玄云於筮之凶則止何有筮逆龜從及龜筮俱違者崔靈恩以爲筮用三代之占若三占之俱主凶則止不卜即鄭注周禮筮凶則止是也若三占二逆一從凶猶不決雖有筮逆猶得更卜故此有筮逆龜從之事或筮凶則止而不卜乃是鄭玄之意非是周禮經文未必孔之所取曲禮云卜筮不相襲鄭云卜不吉則又筮筮不吉則又卜是謂瀆龜筮周禮太卜小事筮大事卜應筮而又用卜應卜而又用筮及國之大事先筮後

卜不吉之後更作卜筮如此之等是爲相襲皆據吉凶分明不可重爲卜筮若吉凶未決於事尚疑者則得更爲卜筮僖二十五年晉侯卜納王得阪泉之兆曰吾不堪也公曰筮之遇大有之睽又哀九年晉趙鞅卜救鄭遇水適火又筮之遇泰之需之類是也周禮既先筮後卜而春秋時先卜後筮者不能依禮故也

八庶徵

疏 正義曰庶衆也徵驗也王者用九疇爲大中行稽疑以上爲善政則衆驗有美惡以爲人主自曰雨至一極無凶揔言五氣之驗有美有惡曰休徵敘美行之驗曰咎徵敘惡行之驗自曰王省至家用平康言政善致美也月月歲時至家用不寧言政惡致咎也庶民惟星以下言民人君當以常度齊正下民

曰雨曰暘曰燠曰寒曰風曰時

雨以潤物暘以乾物燠以長物寒以成物風以動物五者各以其時所以爲衆驗○暘音陽乾音干燠乃管反長之丈反

五者來備各以其敘庶草蕃廡

言五者備至各以次序則衆草蕃滋廡豐也○蕃音煩廡無甫反徐莫柱反

一極備凶一極無凶

一者備極過甚則凶一者極無不至亦凶謂不時失敘

疏 曰雨至無凶○正義曰將說其驗先立其名五者行於天

地之間人物所以得生成也其名曰雨所以潤萬物也曰暘所以乾萬物也曰燠所以長萬物也曰寒所以成萬物也曰風所以動萬物也此是五氣之名曰時言五者各以時來所以爲衆事之驗也更述時與不時之事五者於是來皆備足須風則風來須雨則雨來其來各以次序則衆草木蕃滋而豐茂矣謂來以時也若不以時五者之內一者備極過甚則凶一者極無不至亦凶雨多則澇雨少則旱是備極亦凶極無亦凶其餘四者亦然○傳雨以至衆驗○正義曰易說卦云風以散之雨以潤之日以烜之日暘也烜乾也是雨以潤物暘以乾物風以動物也易繫辭云寒往則暑來暑往則寒來寒暑相推而歲成焉是言天氣有寒有暑暑長物而寒成物也釋言云燠煖也舍人曰燠溫煖也是燠煖爲一故傳以煖言之不言暑而言燠者燠是熱之始暑是熱之極涼是冷之始寒是冷之極長物舉其始成物舉其極理宜然也五者各以其時而至所以爲衆事之驗也所以言時者謂當至則來當止則去無常時也冬寒夏燠雖有定時或夏須漸寒冬當漸熱雨足則思暘暘久則思雨草木春則待風而長秋則待風而落皆是無定時也不言一曰二曰者爲其來無先後也依五事所致爲次下云休徵咎徵雨若風若是其致之次也昭元年左傳云天有六氣陰陽風雨晦明也以彼六氣校此

五氣雨暘風文與彼同彼言晦明此言寒燠則晦是寒也明是燠也惟彼陰於此無所當耳五行傳說五事致此五氣云貌之不恭是謂不肅厥罰恒雨惟金沴木言之不從是謂不乂厥罰恒暘惟木沴金視之不明是謂不晳厥罰恒燠惟水沴火聽之不聰是謂不謀厥罰恒寒惟火沴水思之不睿是謂不聖厥罰恒風惟木金水火沴土如彼五行傳言是雨屬木暘屬金燠屬火寒屬水風屬土鄭云雨木氣也春始施生故木氣爲雨暘金氣也秋物成而堅故金氣爲暘燠火氣也寒水氣也風土氣也凡氣非風不行猶金木水火非土不處故土氣爲風是用五行傳爲說孔意亦當然也六氣有陰五事休咎皆不致陰五行傳又曰皇之不極厥罰常陰是陰氣不由五事別自屬皇極也蓋立用大中則陰順時爲休大之不中陰恒若爲咎也○傳言五至廡豐○正義曰五氣所以生成萬物正可時來時去不可常無常有故言五者備至各以亥序須至則來須止則去則衆草百物蕃滋廡豐也釋詁文。廡豐茂也草蕃廡言草滋多而茂盛也下言百穀用成此言衆草蕃廡者舉草茂盛則穀成必矣舉輕以明重也○傳一者至失敘○正義曰此謂不以時來其至無次序也一者備極過甚則凶謂來而不去也一者極無不至亦凶謂去而不來也卽下云恒雨若恒風若之類是也有無相刑。去來正

反恒雨則無無暘恒寒則無無燠恒雨亦凶無暘亦凶恒寒亦凶無燠亦凶謂至不待時失次序也如此則草不茂穀不成也

曰休徵敘美行之驗○行下孟反曰肅時寒若君行敬則時雨順之曰乂時暘若君行政治則時暘順之○治直吏反下政治治其職皆同曰晢時燠若君能照晢則時燠順之○晢之設反徐音制又音晢曰謀時寒若君能謀則時寒順之曰聖時風若君能通理則時風順之

疏曰休徵至風若○正義曰既言五者次序覆述次序之事曰美行致以時之驗何者是也曰人君行敬則雨以時而順之曰人君政治則暘以時而順之曰人君照晢則燠以時而順之曰人君謀當則寒以時而順之曰人君通聖則風以時而順之此則致上文各以其次敘庶草蕃廡也

曰咎徵敘惡行之驗○咎其九反曰狂恒雨若君行狂疾則常雨順之曰僭恒暘若君行僭差則常暘順之曰豫恒燠若君行逸豫則常燠順之○豫羊庶反徐又音舒曰急恒寒若君行急則常寒順之曰蒙恒風若君行蒙闇則常風順

之【疏】曰咎之至風若○正義曰上既言失次序覆述失次序之事曰惡行致備極之驗何者是也曰君行狂妄則常雨順之曰君行僭差則常暘順之曰君行逸豫則常燠順之曰君行急躁則常寒順之曰君行蒙闇則常風順之此卽致上文一極備凶一極無凶也○傳君行至順之○正義曰此故○咎皆言若者其所致者皆順其所行故言若也易文言云雲從龍風從虎水流濕火就燥是物各以類相應故知天氣順人所行以示其驗也其咎反於休者人君行不敬則狂妄故狂對肅也政不治則僭差故僭對乂也明不照物則行自逸豫故豫對晳也心無謀慮則行必急躁故急對謀也性不通曉則行必蒙闇故蒙對聖也鄭玄以狂爲倨慢以對不敬故爲慢也鄭王本豫作舒鄭云舉遲也王肅云舒惰也以對照晳故爲遲惰鄭云急促自用也以謀者用人之言故急爲自用已也鄭云蒙見冒亂也王肅云蒙瞀蒙以聖是通達故蒙爲瞀蒙所見冒亂言其不曉事與聖反也與孔各小異耳

曰王省惟歲王所省職兼所總羣吏如歲兼四時○省息井反卿士惟月卿士各有所掌如月之有別○別彼列反師尹惟日衆正官之吏分治其職如日之有歲月歲月日時無易各順常百

穀用成乂用明歲月日時無易則百穀成君臣無易則政治明俊民用章家用平康賢臣顯用國家平寧日月歲時既易是三者已易喻君臣易職百穀用不成乂用昏不明俊民用微家用不寧君失其柄權臣擅命治闇賢隱國家亂

【疏】曰王省至不寧○正義曰既陳五事之休咎又言皇極之得失與上異端更復言曰王之省職兼總羣吏惟如歲也卿士分居列位惟如月也衆正官之長各治其職惟如日也此王也卿士也師尹也掌事猶歲月日者言皆無改易君秉君道臣行臣事則百穀用此而成歲豐稔也其治用是而明世安泰也俊民用此而章在官位也國家用此而平安風俗和也若王也卿士也師尹也掌事猶如日月歲者是已變易君失其柄權臣各專恣百穀用此而不成歲饑饉也其治用此昏闇而不明政事亂也俊民用此而卑微皆隱遁也國家用此而不安泰時世亂也此是皇極所致得中則致善不中則致惡歲月日無易是得中也既易是不中也所致善惡乃大於庶徵故於此敘之也○傳王所至四時○正義曰下云庶民惟星以星喻民知此歲月日者皆以喻職事也於王

言省則卿士師尹亦爲省也王之所省職無不兼所揔羣吏如歲兼四時下句惟有月日羣臣無踰時者但時以統月故傳以四時言之言其兼下月日也○傳衆正至歲月○正義曰師衆也尹正也衆正官之吏謂卿士之下有正官大夫與其同類之官爲長周禮大司樂爲樂官之長太卜爲卜官之長此之類也此等分治其職屬王屬卿如日之有歲月言其有繫屬也詩稱赫赫師尹乃謂三公之官此以師尹爲正官之吏謂大夫者以此師尹之文在卿士之下卑於卿士知是大夫與小官爲長長亦是衆官之長故師尹之名同耳鄭云所以承休徵咎徵言之者休咎五事得失之應其所致尚微故大陳君臣之象成皇極之事其道得則其美應如此其道失則敗德如彼非徒風雨寒燠而已是也

庶民惟星星有好風星有好雨星民象故衆民惟若星箕星好風畢星好雨亦民所好○好呼報反

日月之行則有冬有夏日月之行冬夏各有常度君臣政治小大各有常法

月之從星則以風雨月經於箕則多風離於畢則多雨政教失常以從民欲亦所以亂

〔疏〕庶民至風雨○正義曰既言大中治民不可改易又言民各有心須齊正之言庶民之性惟若

星然星有好風星有好雨以喻民有好善亦有好惡日月之行則有冬有夏言日月之行冬夏各有常道喻君臣爲政小大名有常法若日月失其常道則天氣從而改焉月之行度失道從星所好以致風雨喻人君政教失常從民所欲則致國亂故常立用大中以齊正之不得從民欲也○傳星民至所好○正義曰星之在天猶民之在地星爲民象以其象民故因以星喻故衆民惟若星也直言星有好風不知何星故云箕星好風也畢星好雨亦如民有所好也不言畢星好雨具於下傳○傳日月至常法○正義曰日月之行四時皆有常法變冬夏爲南北之極故舉以言之日月之行冬夏各有常度喻人君爲政小大各有常法張衡蔡邕王蕃等說渾天者皆云周天三百六十五度四分度之一天體圓如彈丸北高南下北極出地上三十六度南極入地下三十六度南極去北極直徑一百二十二度弱其依天體隆曲南極去北極一百八十二度强正當天之中央南北二極中等之處謂之赤道去南北極各九十一度春分日行赤道從此漸北夏至赤道之北二十四度去北極六十七度去南極一百一十五度日行黑道從夏至日以後日漸南至秋分還行赤道與春分同冬至行赤道之南二十四度去南極六十七度去北極一百一十五度其日之行處謂之黄道又有月行之道與日

道相近交路而過半在日道之裏半在日道之表其當交則兩道相合交去極遠處兩道相去六度此其日月行道之大略也王肅云日月行有常度君臣禮有常法以齊其民○傳月經至以亂○正義曰詩云月離于畢俾滂沱矣是離畢則多雨其文見於經經箕則多風傳記無其事鄭玄引春秋緯云月離於箕則風揚沙作緯在孔君之後以前必有此說孔依用之也月行雖有常度時或失道從星經箕多風離畢多雨此天象之自然以箕爲簸揚之器畢亦捕魚之物故耳鄭以爲箕星好風者箕東方木宿風中央土氣木克土爲妻從妻所好故好風也畢星好雨者畢西方金宿雨東方木氣金克木爲妻從妻所好故好雨也推此則南宮好暘北宮好燠中宮四季好寒以各尚妻之所好故也未知孔意同否顧氏所解亦同於鄭言從星者謂不應從而從以致此風雨故喻政教失常以從民欲亦所以亂也上云日月之行此句惟言月者鄭云不言日者日之從星不可見故也

九五福一曰壽百二十年二曰富財豐備三曰康寧無疾病四曰攸好德所好者德福之道五曰考終命各成其短長之命以自終不横夭○横華孟反又如字六極一曰凶短

折動不遇吉短未六十折未三十言辛苦○凶馬云終也折時設反音之舌反二曰疾常抱疾苦三曰憂多所憂四曰貧困於財五曰惡醜陋六曰弱尫劣○尫烏黃反

疏九五福至曰弱○正義曰五福者謂人蒙福祐有五事也一曰壽年得長也二曰富家豐財貨也三曰康寧無疾病也四曰攸好德性所好者美德也五曰考終命成終長短之命不橫夭也六極謂窮極惡事有六一曰凶短折遇凶而橫夭性命也二曰疾常抱疾病三曰憂常多憂四曰貧困之於財五曰惡貌狀醜陋六曰弱志力尫劣也五福六極天實得爲之而歷言此者以人生於世有此福極爲善致福爲惡致極勸人君使行善也五福六極如此次者鄭云此數本諸其尤者福是人之所欲以尤欲者爲先極是人之所惡以尤所不欲者爲先以下緣人意輕重爲次耳○傳百二十年○正義曰人之大期百年爲限世有長壽云百二十年者故傳以最長者言之未必有正文也○傳所好至之道○正義曰人所嗜好稟諸上天性之所好不能自已好善者或當知善是善好惡者不知惡之爲惡是善故好之無厭任其所好而觀之所好者德是福之道也好德者天使之然故爲福也鄭云民皆好有德也王肅云言人君所好者道德

爲福洪範以人君爲主上之所爲下必從之人君好德故民
亦好德事相通也○傳各成至横天○正義曰成十三年左
傳云民受天地之中以生所謂命也能者養之以福不能者
敗以取禍是言命之短長雖有定分未必能遂其性不致天
枉故各成其短長之命以自終不横天者亦爲福也○傳動
不至辛苦○正義曰動不遇吉者解凶也傳以壽爲百二十
年短者半之爲未六十折又半爲未三十辛苦者味也辛苦
之味入口猶困阨之事在身故謂殃厄勞役之事爲辛苦也
鄭玄以爲凶短折皆是天枉之名未齔曰凶未冠曰短未婚
曰折漢書五行志云傷人曰凶禽獸曰短草木曰折一曰凶
天是也兄喪弟曰短父喪子曰折並與孔不同○傳尫劣○
正義曰尫劣並是弱事爲筋力弱亦爲志氣弱鄭玄云愚懦
不毅曰弱言其志氣弱也五行傳有致極之文無致福之事
鄭玄依書傳云凶短折思不睿之罰疾視不明之罰憂言不
從之罰貧聽不聰之罰惡貌不恭之罰弱皇不極之罰反此
而云王者思睿則致壽聽聰則致富視明則致康寧言從則
致攸好德貌恭則致考終命所以然者不但行運氣性相感
以義言之以思睿則無擁神安而保命故壽若蒙則不通殤
神天性所以短所也聽聰則謀當所求而會故致富違而失
計故貧也視明照了性得而安寧不明以擾神而疾也言從

由於德故好者德也不從而無德所以憂耳貌恭則容儀形美而成性以終其命容毀故致惡也不能爲大中故所以弱也此亦孔所不同焉此福極之文雖主於君亦兼於下故有貧富惡弱之等也

武王既勝殷邦

諸侯班宗彝賦宗廟彝器酒罇賜諸侯○班本又作般音同**作分器**言諸侯尊卑各有分也亡○分扶問反注同

【疏】武王至分器○正義曰武王既已勝殷制邦國以封有功者爲諸侯既封爲國君乃班賦宗廟彝器以賜之於時有言誥戒勑史敘其事作分器之篇○傳賦宗至諸侯○正義曰序云邦諸侯者立邦國封人爲諸侯也樂記云封有功者爲諸侯詩賚序云大封於廟謂此時也釋言云班賦也周禮有司尊彝之官鄭云彝亦尊也鬱鬯曰彝彝法也言爲尊之法正然則盛鬯者爲彝盛酒者爲尊皆祭宗廟之酒器也分宗廟彝器酒尊以賦諸侯既封乃賜之也○傳言諸至也亡○正義曰篇名分器知其篇言諸侯尊卑各有分也昭十二年左傳楚靈王云昔我先王熊繹與呂伋王孫牟爕父禽父並事康王四國皆有分我獨無十五年傳曰諸侯之封也皆受明器於王室杜預云謂明德之分器也是諸侯各有分也亡

附釋文尚書注疏卷第十二

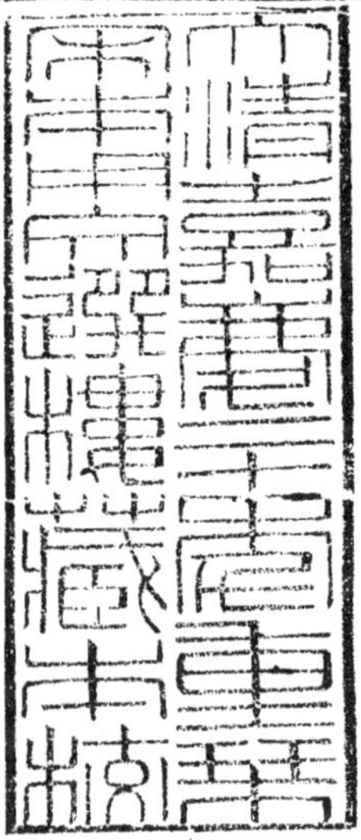

江西南昌府學栞

尚書注疏挍勘記卷十二　阮元撰盧宣旬摘錄

尚書注疏卷第十二　毛本同古本作尚書卷第七古文尚書洪範第六周書孔氏傳宋板作十一

立武庚　古本庚作康注同非也

歸鎬京　陸氏曰鎬本又作鄗

上武成序云武王伐紂　宋板閩本同毛本紂作殷

洪範

問天意何由也　宋板閩本明監本同毛本問誤周

乃復佑助諧合其居業　宋板復作得

亂陳其五行　史記集解句首有是字按疏云是乃亂陳其五行五行似宜有是字

井陻木刊　宋板閩本明監本同毛本木作水按作本與襄十五年左傳合

欲爲亂也案欲當作故形近之譌閩本同毛本不誤

水失其道纂傳道作性按性字是也

畀與釋詁文孫志祖云與爾雅作予

劉歆以爲伏羲繫天而王浦鏜云繼誤繫

通人討覈宋板同毛本討作計

初一曰五行唐石經別起一行九疇皆然

○皇大至之道案○下誤脫傳字

木可以揉曲直史記集解作木可揉使曲直

金之氣葛本嘉靖本閩本同毛本氣下有味字史記集解作金氣之味按金氣之味猶上言焦氣之味也鹹苦酸辛甘皆以味言不以氣言金之氣乃腥也古本味下衍之也二字

名爲人之用閩本同毛本名作各案所改是也

百姓之求飲食也閩本同毛本求作所與岳本合求字誤也

土成數十義亦然也纂傳亦作或

臭之曰氣宋板臭作嗅

二五事一曰貌陸氏曰貌本亦作䫉

明作哲古本作作曰誤顧炎武曰石經監本同書傳會選哲之列反字與晰同下當從日從口非○按疏云王肅及漢書五行志皆云悊智也定本作哲則讀爲哲段玉裁云說文日部晢昭晰明也从日折聲口部哲知也从口折聲心部悊敬也从心折聲三字各有所屬本義而經傳多相假借

所謀必成當史記集解當作審

言乃可從宋板乃作必按宋板是也

不乖倒也　宋板閩本同毛本倒作刺盧文弨云宋板非

哲智也　宋板嘉本閩本同毛本哲作悊

故教爲先也　宋板教作食按教字非也

若以一字爲名　纂傳字作事是也

旦觜中　盧文弨云觜下宋板有觿字而考文獨未載未知盧所據○按有觿字是也月令云仲秋之月旦觜觿中

何謂也對曰　宋板閩本同明監本也作辰毛本也下有辰字

仲秋日在角季秋日在翼仲秋日在角　案季秋下十字誤衍

民戢有道　岳珂九經三傳沿革例云戢字止是一或字傳寫誤作戢爾疏義强釋作斂戢之戢此不敢改

時人斯其惟皇之極　正義曰此經或言時人德鄭王諸本皆無德字此傳不以德爲義定本無德疑

衍字也

無虐煢獨而畏高明 孫志祖云煢周官大司寇疏引作惸

皆人言曰 閩本明監本同毛本皆作此案浦鏜云此人言三字疑衍

謂治受以 閩本同明監本治作始毛本以改作取

于其無好德 按疏云無好對有好又云傳記言好德者多矣故傳以好德言之疑孔氏所見之本經無德字至傳乃有之耳又云定本作無惡者疑誤耳蓋謂經文無好定本作無惡也

無偏無陂 陸氏曰陂音秘舊本作頗音普多反唐書藝文志開元十四年元宗以洪範無頗聲不協詔改爲無偏無陂困學紀聞宣和六年詔洪範復從舊文以陂爲頗然監本未嘗復舊也顧炎武曰呂氏春秋引此正作頗而下文有人用側頗僻之語況以古音求之作頗爲協○按頗陂皆从皮爲聲詩云彼澤之陂有蒲與荷陂與荷爲韻是陂頗同音也開元之改非但不知義字之古音并不知陂字之古音乃大和石經悉遵開元之詔而紹興石經不遵宣和之詔何

也今惟足利古本尚作頗字又按疏云無偏私無頗曲又云偏頗阿黨是政之大患此在孔疏元本必皆作頗後人據今本經文改之而所改又復不盡耳又按匡謬正俗卷六引無偏無陂遵王之誼證誼字有宜音此亦本作頗而後人改之也蓋顔氏亦知古韻部分與今不同宜字可以韻頗特未明平仄通協之例故有此迂論耳其注漢書亦多類此

言當循王之正義以治民　史記循集解作修

不失其常　岳本宋板其作是

臣之有作福作威玉食其害于而家凶于而國　按漢書翟方進傳注師古引周書洪範云臣之有作福作威迺凶于迺國害于厥躬若非熹平石經即唐初孔傳本如是

在位不敦乎　史記集解敦作端與疏異

燮和也釋詁詁　案下詁字當作文

曰蒙曰驛　孫志祖云案經文本作雺圛而傳讀爲蒙驛耳孔疏猶作雺圛且云雺聲近蒙圛即驛也可證經文

之作雺圛矣不知何時徑改經爲蒙驛沿誤至今幸疏中字多不及全改後之學者猶可尋求是正也○按改作蒙驛在唐天寶開寶時說詳段玉裁尚書撰異

氣洛驛不連屬　案洛當作落各本皆不誤此特寫者脫卄頭耳

卜五　監本脫卜字按上傳卜筮之數監本數下有七字卽此經卜字之誤也

則濛是闇之義　宋板同毛本濛作蒙

因兆而細曲者爲水　宋板細作紐

王肅云卜五也　閩本明監本同毛本也作者案所改是也

周禮太卜掌一兆之法　閩本同毛本一作三是也

次及卿主衆民　案主當作士形近之譌

傳動不至逢吉　案逢當作遇毛本不誤

以下傳云一從三逆宋板一作二是也

亦得上敵於聖故老子云宋本同毛本故作人屬上讀

課有一從宋板同毛本課作謀

若三占之俱主凶宋板無主字

正義曰按疏首疑脫入庶徵三字

燰以長物古本岳本宋板燰作燠按史記集解亦作燰疏云燠燰爲一故傳以燰言之是疏亦作燰

五者來備王應麟云五者史記作五是而今本史記仍作者蓋元明以來刊本之誤也七經孟子考文云古本者下有是字蓋或據史漢箋是字於者字之旁而轉寫者因增諸者字之下致不可通說詳尚書撰異

則眾草蕃滋廡豐也古本草下有物字史記集解有木字按疏釋經云眾草木蕃滋而豐茂則當有木字又釋注云眾草百物蕃滋廡豐則當有百物二字滋廡二字史記集解倒

謂不時失敘　史記集解作謂其不時失敘之謂也似誤

惟木沴火　浦鏜云水誤木按浦按是也

釋詁文廡豐茂也　浦鏜云文當云字誤是也

有無相刑　按刑疑形字誤

君行政治　史記集解無行字與疏合

君行狂疾　古本岳本宋板史記集解疾作妄與疏合

君行蒙闇　按稽疑章之蒙與此章之蒙史記俱作霧集解引此傳蒙闇卽作霧闇則孔本此經亦作雺明矣或疑疏引王肅云蒙瞀蒙似此經不當作雺然古字音同皆相假借前既以雺爲濛此何妨以雺爲矇薛季宣書古文訓洪範兩雺字俱作蒙非也

此故咎皆言若者　毛本故作休故字誤也

箕星好風畢星好雨　浦鏜云按疏云不言畢星好雨具於下傳此有者當是後人增入

南極去北極直徑一百二十二度弱　毛本南北二字互易

交路而過　宋本路作絡是也閩本明監本毛本並誤

折末三十　古本岳本葛本宋板閩本明監本纂傳同毛本三作二

任其所好而觀之　而上宋板有從字

能者養之以福　盧文弨云當作養以之福○按養以之福見漢書五行志杜預注左傳云養威儀以致福疏云養此威儀禮法而往適於福是杜孔所見左傳並與漢志同不知何時誤倒以之二字并改此疏失之遠矣

賦宗廟彝器酒罇　按罇俗字也疏作尊傳文誤刊

言爲尊之法正　浦鏜云也誤正

是諸侯各有分也亡案亡字似因傳文而誤衍

尚書校勘記卷十二

會昌縣知縣候補知州曾暉春某

附釋音尚書注疏卷第十三

旅獒第七

周書　孔氏傳　孔穎達疏

西旅獻獒西戎遠國貢大犬○獒五羔反馬云作豪酋豪也太保作旅獒召公陳戒○召時照反後召公皆倣此旅獒因獒而陳道義

疏西旅至旅獒○正義曰西方之戎有國名旅者遺獻其大犬其名曰獒於是太保召公因陳戒史敘其事作旅獒○傳西戎至大犬○正義曰西旅西方夷名西方曰戎克商之後乃來知是西戎遠國也獒是犬名故云貢大犬○傳召公陳戒○正義曰成王時召公爲太保知此時太保亦召公也釋詁云旅陳也故云召公陳戒上旅是國名此旅訓爲陳二旅字同而義異鄭云獒讀曰豪西戎無君名强大有政者爲酋豪國人遣其酋豪來獻見於周良由不見古文妄爲此說

惟克商遂通道于九夷八蠻四夷慕化貢其方賄九八言非一皆通道路無遠不服○賄呼罪反西旅

厎貢厥獒西旅之長致貢其獒犬高四尺曰獒以大爲異○厎之履反長丁丈反太保

乃作旅獒用訓于王陳貢獒之義以訓諫王疏惟克至于王○正義曰惟

武王既克商華夏既定遂開通道路於九夷八蠻於是有西戎旅國致貢其大犬名獒太保召公乃作此篇陳貢獒之義用訓諫於王○傳四夷至不服○正義曰曲禮云其在東夷西戎南蠻北狄經舉夷蠻則戎狄可知四夷慕化貢其方賄言所貢非獨旅也四夷各自爲國無大小統領九八言非一也釋地云九夷八狄七戎六蠻謂之四海又云八蠻在南方六戎在西方五狄在北方上下二文三方數目不同明堂位稱九夷八蠻六戎五狄與爾雅上文不同周禮職方氏掌四夷八蠻七閩九貉五戎六狄之人鄭衆云四八七九五六周之所服國數也徧檢經傳四夷之數參差不同先儒舊解此爾雅殷制明堂位及職方并爾雅下文云八蠻在南六戎在西五狄在北皆爲周制義或當然明堂位言六戎五狄職方言五戎六狄趙商以此問鄭鄭荅云戎狄但有其國數其名難得而知是鄭亦不能定解言克商遂通道是王家遣使通道也魯語引此事韋昭云通道譯使懷柔之是王家遣使通彼彼聞命來獻也言其通夷蠻而有戎貢是四夷皆通道路

無所不服。傳西戎至爲異。○正義曰西戎之長謂旅國之君致貢其獒或遣使貢之不必自來也犬高四尺曰獒釋畜文左傳晉靈公有犬謂之獒旅國以犬爲異故貢之也

曰嗚呼明王愼德四夷咸賓言明王愼德以懷遠故四夷皆賓服**無有遠邇畢獻方物惟服食器用**天下萬國無有遠近盡貢其方土所生之物惟可以供服食器用者言不爲耳目華侈。供音恭爲于僞反侈昌氏反又式氏反**王乃昭德之致于異姓之邦無替厥服**德之所致謂遠夷之貢以分賜異姓諸侯使無廢其職**分寶玉于伯叔之國時庸展親**以寶玉分同姓之國是用誠信其親親之道

【疏】曰嗚呼至展親。○正義曰嗚呼歎而言也自古明聖之王愼其德教以柔遠人四夷皆來賓服無有遠之與近盡貢其方土所生之物其所獻者惟可以供其服食器用而已不爲耳目華侈供玩好之用也明王旣得所貢乃明其德之所致分賜於彼異姓之國明已德致遠賜異姓之國令使無廢其服職事也分寶玉於同姓伯叔之國見已無所愛惜是用誠信其親

親之道也○傳天下至華侈○正義曰以言無有遠近是華
夷揔統之辭釋詁云畢盡也故云天下萬國無有遠之與近
盡貢其方土所生之物惟可以供服食器用者玄纁絺紵供
服也橘柚菁茅供食也羽毛齒革瑤琨篠簜供器用也下言
不役耳目故知言不為耳目華侈也周禮大行人云九州之
外謂之蕃國世壹見各以其所貴寶為贄鄭玄云所貴寶見
經傳者犬戎獻白狼白鹿是也餘外則周書王會備焉案王
會篇諸方致貢無所不有此言惟服食器用者遠方所貢雖
不充於器用寶亦愛之召公深戒武王故言此耳○傳德之
至其職○正義曰明王有德四夷乃貢是德之所致謂遠夷
之貢也昭德之致正謂賜異姓諸侯令其見此遠物服德畏
威無廢其貢獻常職也魯語稱武王時肅慎氏來貢楛矢石
砮長尺有咫先王欲昭令德之致遠以示後人使永監焉故
銘其楛曰肅慎氏貢矢以分大姬配虞胡公而封諸陳古者
分異姓以遠方之貢使無忘服也故分陳以肅慎氏之矢是
分異姓之事禮有異姓庶姓異姓王之甥舅庶姓與王無親
其分庶姓亦當以遠方之貢矣○傳以寶至之道○正義曰
寶玉亦是萬國所貢但不必是遠方所貢耳以寶玉分同姓
之國示已不愛惜共諸侯有之是用誠信其親親之道也言
用寶以表誠心使彼知王親愛之也定四年左傳稱分魯公

以夏后氏之璜是以寶玉分同姓也異姓疏慮其廢職故賜以遠方之物攝彼心同姓親嫌王無恩賜以寶玉貴物表王心此亦互相見也

人不易物惟德其物言物貴由人有德則物貴無德則物賤所貴在於德。易羊豉反

德盛不狎侮盛德必自敬何狎易侮慢之有。易以豉反

狎侮君子罔以盡人心以虛受人則人盡其心矣。盡津忍反下同

狎侮小人罔以盡其力以悅使民民忘其勞則力盡矣

【疏】人不至其力。正義曰既言分物賜人因說貴不在物言有德無德之王俱是以物賜人所賜之物一也不改易其物惟有德者賜人其此賜者是物若無德者賜人則此物不是物矣恐人主恃已賜人不自脩德言此者戒人主使脩德也又說脩德之事德盛者常自敬身不爲輕狎侮慢之事狎侮君子則無以盡人心君子被君侮慢不肯盡心矣狎侮小人則無以盡其力小人被君侮慢不復肯盡力矣君子不盡心小人不盡力則國家之事敗矣。傳言物至於德。正義曰有德不濫賞賞必加於賢人得者則以爲榮故有德則物貴也無德則濫賞賞或加於小人賢者得之反以爲恥故無德則物賤也所貴不在於物乃

在於德○傳以虛至心矣○正義曰以虛受人易咸卦象辭也人主以己爲虛受用人言執謙以下人則人皆盡其心矣○傳以悅至盡矣○正義曰詩序云悅以使民民忘其死故云以悅使民民忘其勞在上撫悅之則人皆盡其力矣此君子謂臣小人謂民太甲曰接下思恭不可狎侮臣也論語云使民如承大祭不可狎侮民也襄九年左傳云君子勞心小人勞力故別言之

不役耳目百度惟貞言不以聲色自役則百度正

玩人喪德玩物喪志以人爲戲弄則喪其德以器物爲戲弄則喪其志○玩五貫反喪息浪反

志以道寧言以道接在心爲志發氣爲言皆以道爲本故君子勤道

不作無益害有益功乃成不貴異物賤用物民乃足遊觀爲無益奇巧爲異物言明王之道以德義爲益器用爲貴所以化治生民○觀官喚反

犬馬非其土性不畜非此土所生不畜以不習其用○畜許竹反

珍禽奇獸不育于國皆非所用有損害故

不寶遠物則遠人格不侵

奪其利則來服矣

所寶惟賢則邇人安寶賢任能則近人安近人安則遠人安矣

疏不役至人安。○正義曰：既言不可狎侮，又言不可縱恣，不以聲色使役耳目，則百事之度惟皆正矣。以聲色自娛，必玩弄人物。既玩弄人者，喪其德也；玩弄物者，喪其志也。人物既不可玩，則當以道自處，志當以道而寧身，言當以道而接物。依道而行，則志自得而言自當。○傳言不至度正。○正義曰：昭元年《左傳》子產論晉侯之疾云"茲心不爽，昏亂百度"，杜預云"百度，百事之節也"。此言志既不營聲色，百事皆自用心，則皆得正也。○傳以人至其志。○正義曰：喪德、喪志，其義一也。玩人為重，以德言之；玩物為輕，以志言之。終是志荒而德喪耳。○傳在心至勤道。○正義曰："在心為志"，《詩序》文也。在心為志，謂心動有所向也。發氣為言，言於志所趣也。志是未發，言是已發，相接而成，本末之異耳。志、言並皆用道，但志未發，故以道寧志，不依道則不得寧耳。言是已發，故以道接言，不以道則不可接物。志、言皆以道為本，故君子須勤道也。○傳遊觀至生民。○正義曰：遊觀從費時日，故為無益。無益多矣，非徒遊觀而已，奇巧世所希有，故為異物。異物多矣，非徒奇巧而已。諸是妄作皆為無益，諸是世所希皆為異物。異物無益，不可偏舉，舉此二者以明此類皆是也。不作，是初造

之辭爲作有所害故以爲無益不貴是愛好之語有貴必有
賤故以異物對用物雖經言用物傳言器用可矣經言有益
有益不知所謂故傳以德義是人之本故德義爲有益諸是
益身之物皆是有益亦舉重爲言經之戒人主人主如此所
以化世俗生養下民也此言生民宜十二年左傳云分謗生
民皆謂生活民也下云生民保厥居與孝經云生民之本盡
矣言民生於世謂之生民與此傳異也俗本亦弗賤衍弗字
也○傳非此至其用○正義曰此篇爲戒止爲此句以西旅
之獒非中國之大不用令王愛好之故言此也僖十五年左
傳言晉侯乘鄭馬及戰陷於濘是非此土所生不畜其用也
犬不習用傳記無文○傳寶賢至安矣○正義曰詩序云任
賢使能周室中興故傳以任能配寶賢言之論語云舉直錯
諸枉則民服故寶賢任能則近人安嫌安近不及遠故云近
人安則遠人安矣楚語云王孫圉聘於晉定公饗之趙簡子
鳴玉以相問於王孫圉曰楚之白珩猶在乎對曰然簡子曰
其爲寶也幾何矣曰未嘗爲寶楚之所寶者曰觀射父及左
史倚相此楚國之寶也若夫白珩先王之所玩何寶之焉是謂寶賢也

嗚呼夙夜罔或不勤言當早起夜寐常勤於德**不矜細行終累大德**輕忽小物積害

毀大故君子慎其微。**為山九仞功虧一簣**八尺曰仞喻向行下孟反累劣僞反成也未成一簣猶不爲山故曰功虧一簣是以聖人乾乾日昃愼終如始。仞音刃字又作刃七尺曰仞虧曲爲反簣其貴反向許亮反乾其連反昃音側**允迪茲生民保厥居惟乃世王**言其能信蹈行此誠則生人安其居天子乃世世王天下武王雖聖猶設此誠況非聖人可以無誠乎其不免於過則亦宜矣。世王如字又于況反注同

【疏】嗚呼至世王。正義曰聽戒以終故歎以結之嗚呼爲人君所當早起夜寐無有不勤於德言當勤行德也若不矜惜細行作隨宜小過終必損累大德矣譬如爲山已高九仞其功虧損在於一簣惟少一簣而止猶尚不成山以喻樹德行政小有不終德政則不成矣必當愼終如始以成德政王者信能蹈行此誠生民皆安其居處惟天子乃世世王天下也。傳輕忽至其微。正義曰矜是憐惜之意故以不惜細行爲輕忽小物謂上狎侮君子小人翫玩犬馬禽獸之類是小事也積小害毀大德故君子愼其微易繫辭曰小人以小善爲無益而不爲也以小惡爲無傷而不去也故惡積而不可掩罪大而不可解是故君子當愼微也。傳八尺至如始。正義曰周禮匠

人有映遂潸漁皆廣深等而滄云廣二尋深二仞則滄亦廣深等仞與尋同故知八尺曰仞王肅聖證論及注家語皆云八尺曰仞與孔義同鄭玄云七尺曰仞與孔意異論語云譬如爲山未成一簣鄭云簣盛土器爲山九仞欲成山以喻爲善向成也未成一簣猶不爲山故曰爲山功虧一簣古語云行百里者半於九十言末路之艱難也是以聖人乾乾不息至於日昃不敢自暇恐末路之失同於一簣故慎終如始也乾乾易乾卦文日昃無逸篇文○傳言其至宜矣○正義曰此總結上文信蹈行此誠行此以上言也言君主於治民故先云生民安其居天子乃得世世王天下也傳以庸君多自用已不受人言敘經意而申之云武王雖聖召公猶設此誠況非聖人可以無誡乎身既非聖又無善誠其不免於過則亦宜其然矣

巢伯來朝 殷之諸侯伯爵也南方遠國武王克商慕義來朝○巢仕交反徐呂交反

芮伯作旅巢命 芮伯周同姓圻內之國爲卿大夫陳威德以命巢亡○芮如銳反圻音祈

【疏】巢伯至巢命○正義曰巢伯國爵之君南方遠國也以武王克商乃慕義來朝王之卿大夫有芮伯者陳王威德以命巢君史敘其事作旅巢命之篇○傳殷之至來朝○正義曰武王克商即來受周之王命知是殷之諸侯伯是爵

也仲虺之誥云成湯放桀于南巢或此巢是也故先儒相傳皆以為南方之國今聞武王克商慕義而來朝也鄭玄以為南方世一見者孔以夷狄之爵不過子此君伯爵夷夏未明故直言遠國也○傳芮伯至巢亡○正義曰世本云芮伯姬姓是周同姓也杜預云芮馮翊臨晉縣芮鄉是也知是圻內之國者芮伯在朝作命必是王臣不得其官故卿與大夫並言之旅訓為陳陳王威德以命巢

金縢第八

周書　孔氏傳　孔穎達疏

武王有疾周公作金縢為請命之書藏之於匱緘之以金不欲人開之○武王有疾馬本作有疾不豫滕徒登反緘工咸反

金縢遂以所藏為篇名

疏○正義曰武王有疾周公作策書告神請代武王死事畢納書於金縢之匱遂作金縢凡序言作者謂作此篇也案經周公策命之書自納金縢之匱及為流言所謗成王悟而開之史敘其事乃作此篇非周公作也序以經具故略言之○傳為請至開之

○正義曰經云金縢之匱則金縢是匱之名也詩述韔弓之事云竹閉緄縢毛傳云緄繩縢約也此傳言緘之以金則訓縢爲緘王鄭皆云縢束也又鄭喪大記注云齊人謂棺束爲緘家語稱周廟之内有金人參緘其口則縢是束縛之義藏之於匱緘之以金若今釘鍱之不欲人開也鄭云凡藏祕書藏之於匱必以金緘其表是祕密之書皆藏於匱非周公始造此匱獨藏此書也○金縢○正義曰發首至王季文王史敍將告神之事也史乃策祝至屛壁與珪告神之辭也自乃卜至乃瘳言卜吉告王差之事也自武王既喪已下敍周公被流言東征還反之事也此篇敍事多而言語少若使周公不遭流言則請命之事遂無人知爲成王開書周公得反史官美大其事故敍之以爲此篇

既克商二年王有疾弗豫伐紂明年武王有疾不悅豫○豫本又作忬二公曰我其爲王穆卜周公曰未可以戚我先王穆敬戚近也召公太公言王疾當敬卜吉凶周公言未可以死近我先王相順之辭○爲于僞反戚千歷反公乃自以爲功周公乃自以請命爲己事爲三壇同墠因太王王季文王請命於

天故爲三壇壇築土墠除地大除地於中爲三壇。壇徒丹反築土也馬云土堂墠音善爲壇於南方北面周公立焉立壇上對三王植璧秉珪乃告大王王季文王璧以禮神植置也置於三王之坐周公秉桓珪以爲贄告謂祝辭。植時織反徐音置贄音至祝如字或之救反下同

疏既克至文王。正義曰既克商二年即伐紂之明年也王有疾病不悅豫召公與太公二公同辭而言曰我其爲王敬卜吉凶問王疾病瘳否周公曰王今有疾未可以死近我先王故當須卜也周公既爲此言公乃自以請命之事爲己事除地爲墠墠內築壇爲三壇同墠又爲一壇於南方北面周公立壇上嚮置璧於三王之坐公自執珪乃告大王王季文王告此三王之神也。傳伐紂至悅豫。正義曰武王以文王受命十三年伐紂既殺紂即當稱元年克紂稱元年知此二年是伐紂之明年也王肅亦云克殷明年顧命云王有疾不懌懌悅也故不豫爲不悅豫也何休因此爲例云天子曰不豫諸侯曰負茲大夫曰犬馬士曰負薪。傳穆敬至之辭。正義曰釋訓云穆穆敬也戚是親近之義故爲近也武王時三公惟周召與太公耳知二公是召公太公也言王疾恐死當敬卜吉凶周公

言武王既定天下當成就周道未可以死近我先王死則神與先王相近故言近先王若生則人神道隔是爲遠也二公恐王死欲爲之卜周公言王未可以死是相順之辭也鄭云戚憂也周公既內知武王有九齡之命又有文王曰吾與爾三之期今必瘳不以此終故止二公之卜云未可以憂怖我先王如鄭此言周公知王不死先王豈不知乎而慮先王憂也○傳周公至已事○正義曰功訓事也周公雖許二公之卜仍恐王疾不瘳不復與二公謀之乃自以請命爲己之事獨請代武王死也所以周公自請爲己事者周公位居冢宰地則近親脫或卜之不善不可使外人知悉亦不可苟讓故自以爲功也○傳因大至三壇○正義曰請命請之於天而告三王者以三王精神已在天矣故因大王王季文王以請命於天三王每王一壇故爲三壇壇是築土墠是除地大除其地於中爲三壇周公爲壇於南方亦當在此墠內但其處小別故下別言之周公北面則三壇南面可知但不知以何方爲上○耳鄭玄云時爲壇墠於豐壇墠之處猶存焉○傳立壇至三王○正義曰禮授坐不立授立不坐欲其高下均也神位在壇故周公立壇上對三王也○傳璧以至祝辭○正義曰周禮大宗伯云以蒼璧禮天詩說禱旱圭璧既卒是璧以禮神不知其何色也鄭云植古置字故爲置也言置璧

於三王之坐也周禮云公執桓圭知周公秉桓圭又置以爲贄也告謂祝辭下文是其辭也史乃册祝曰惟爾元孫某遘厲虐疾史爲册書祝辭也元孫武王某名臣諱君故曰某厲危虐暴也○遘工豆反遇也若爾三王是有丕子之責于天以旦代某之身太子之責謂疾不可救於天則當以旦代之死生有命不可請代聖人敘臣子之心以垂世教○丕普悲反馬同徐甫眉反鄭音不予仁若考能多材多藝能事鬼神我周公仁能順父又多材多藝能事鬼神言可以代武王之意乃元孫不若旦多材多藝不能事鬼神乃命于帝庭敷佑四方汝元孫受命于天庭爲天子布其德教以佑助四方言不可以死用能定爾子孫于下地四方之民罔不祗畏言武王用受命帝庭之故能定先人子孫於天下四方之民無不敬畏嗚呼無墜天之降

寶命我先王。亦永有依歸歎惜武王言不救則墜天之寶命救之則先王長有依歸

今我卽命于元龜就受三王之命於大龜卜知吉凶爾之許我我其以璧與珪歸俟爾命許謂疾瘳待命當以事神○瘳勑留反下同

爾不許我我乃屏璧與珪不許謂不愈也屏藏也言不得事神

疏

史乃至與珪○正義曰史乃爲策書執以祝之曰惟爾元孫某某卽發也遇得危暴重疾今恐其死若爾三王是有太子之責於天謂負天太子責必須一子死者請以旦代發之身令旦死而發生又告神以代之狀我仁能順父又且多材力多技藝又能善事鬼神汝元孫不如旦多材多藝又不能事鬼神言取發不如取旦也然人各有能發雖不能事鬼神則有人君之用乃受命於天帝之庭能布其德教以佑助四方之民用能安定汝三王子孫在於下地四方之民無不敬而畏之以此之故不可使死嗚呼發之可惜如此神明當救助之無得隕墜天之所下寶命天下寶命謂使爲天子若武王死是隕墜之也若不墜命則我先王亦永有依歸爲宗廟之主神得歸之我與三王人神道隔許我以否不可知今我就

受三王之命於彼大龜卜其吉凶吉則許我凶則爲◦不許我爾之許我使卜得吉兆旦死而發生我其以璧與珪歸家待汝神命我死當以珪璧事神爾不許我使卜兆不吉發死而旦生我乃屛去璧之與珪言不得事神當藏珪璧也○傳史爲至虐暴○正義曰告神之言書之於策祝是讀書告神之名故云史爲策書祝辭史讀此策書以祝告神也武王是大王之曾孫也尊統於上繼之於祖謂元孫是長孫也某者武王之名本告神云元孫發臣諱君故曰某也易乾卦云夕惕若厲厲爲危也虐訓爲暴言性命危而疾暴重也泰誓牧誓皆不諱發而此獨諱之孔惟言臣諱君不解諱之意鄭玄云諱之者由成王讀之也意雖不明當謂成王開匱得書◦王自讀之至此字口改爲某史官錄爲此篇因遂◦成王所讀故◦諱之上篇泰誓牧誓王自稱者令入史制爲此典故不須諱之○傳太子至世教○正義曰責讀如左傳施舍已責之責謂負人物也太子之責於天言負天一太◦子謂必須死疾不可救於天必須一子死則當以旦代之死生有命不可請代今請代者聖人敘臣子之心以垂世教耳非謂可代得也鄭玄弟子趙商問玄曰若武王未終疾固當瘳信命之終雖請不得自古已來何患不爲玄答曰君父疾病方困忠臣孝子不忍黙爾視其獻歛歸其命於天中心惻然欲爲之請命周

公達於此禮著在尚書若君父之病不爲請命豈忠孝之志也然則命有定分非可代死周公爲此者自申臣子之心非謂死實可代自古不廢亦有其人但不見爾未必周公獨爲之鄭玄云丕讀曰不愛子孫曰子元孫遇疾若汝不救是將有不愛子孫之過爲天所責欲使爲之請命也與孔讀異○傳我周至之意○正義曰告神稱予知周公自稱我也考是父也故仁能順父上云元孫對祖生稱此言順父從親爲始祖爲王考曾祖爲皇考考父可以通之傳舉親而言父耳既能順父又多材多藝能事鬼神言已可以代武王之意上言丕子之責於天則是天欲取武王非父祖取之此言已能順父祖善事鬼神者假令天意取之其神必共父祖同處言已是父祖所欲。令請之於天也○傳汝元至以死○正義曰以王者存亡大運在天有德於民天之所與是受命天庭也以人況天故言在庭非王實至天庭受天命也既受天命以爲天子布其德教以佑助四方之民當於天心有功於民言不可以死也

乃卜三龜一習吉習因也以三王之龜卜一相因而吉

啓籥見書乃并是吉三兆既同吉開籥見占兆書乃亦并是吉○籥予若反徐以略反馬云藏卜兆書管并必政反

公曰體王其罔

害公視兆曰如此兆體王其無害言必愈予小子新命于三王惟永終是圖周公言我小子新受三王之命武王惟長終是謀周之道茲攸俟能念予一人言武王愈此所以待能念我天子事成周道○公歸乃納冊于金縢之匱中王翼日乃瘳從壇歸翼明瘳差也○差初賣反〔疏〕乃卜至乃瘳。○正義曰祝告已畢卽於壇所乃卜其吉凶用三王之龜卜一皆相因而吉觀兆已知其吉猶尚未見占書占書在於藏內啓藏以籥見其占書亦與兆體乃并是吉公視兆曰觀此兆體王身其無患害也我小子新受命於三王謂卜得吉也我武王當惟長終是謀周之道此卜吉之愈者上天所以須待武王能念我一人天子之事成其周道故也公自壇歸乃納策於金縢之匱中王明日乃病瘳。○傳習因至而吉。○正義曰習則襲也襲是重衣之名因前而重之故以習爲因也雖三龜並卜卜有先後後者因前故云因也周禮太卜掌三兆之法一曰玉兆二曰瓦兆三曰原兆三兆各別必三代法也洪範卜筮之法三人占則從二人之言是必三代之法並用之矣故知三龜三王之龜龜形無異代之別但卜

法既別各用一龜謂之三王之龜耳每龜一人占之其後君
與大夫等摠占三代之龜定其吉凶未見占書已知吉者卜
有大體見兆之吉凶麤觀可識故知吉也○傳三兆至是吉
○正義曰鄭玄云籥開藏之管也開兆書藏之室以管乃復
見三龜占書亦合於是吉王肅亦云籥開藏占兆書管也然
則占兆別在於藏大卜三兆之下云其經兆之體皆百有二
十其頌皆千有二百占兆之書則彼頌是也略觀三兆既已
同吉開藏以籥見彼占兆之書乃亦并是吉言其兆頌符同
爲大吉也○傳公視至必愈○正義曰如此兆體指卜之所
得兆也周禮占人云凡卜筮君占體大夫占色史占墨卜人
占坼鄭玄云體兆象也色兆氣也墨兆廣也坼兆璺也尊者
視兆象而已卑者以次詳其餘也周公卜武王占之曰體王
其無害鄭意此言體者即彼君占體也但周公令卜汲汲欲
王之愈必常親視灼龜躬省兆繇不惟占體而已但鄭以君
占體與此文同故引以爲證耳○傳言武至周道○正義曰
此原三王之意也言武王得愈者○此謂卜吉武王之愈言天
與三王一一須待武王能念我天子事成周道若死則不復
得念天子之事周道必不成也禮天子自稱曰予一人故以
一人言天子也○傳從壇至瘳差○正義曰壇所即卜故從
壇歸也翼明釋言文瘳訓差亦爲愈病除之名也藏此書者

此既告神卽是國家舊事其書不可捐棄又不可示諸世人故藏于金縢之匱耳

武王既喪管叔及其羣弟乃流言於國武王死周公攝政其弟管叔及蔡叔霍叔乃放言於國以誣周公以惑成王○喪蘓浪反曰公將不利於孺子三叔以周公大聖有次立之勢遂生流言孺稚也稚子成王○孺如樹反周公乃告二公曰我之弗辟我無以告我先王辟法也告召公太公言我不以法法三叔則我無以成周道告我先王○辟扶亦反治也說文作壁云必亦反法也馬鄭音避謂避居東都周公居東二年則罪人斯得周公既告二公遂東征之二年之中罪人此得于後公乃為詩以貽王名之曰鴟鴞王亦未敢誚公成王信流言而疑周公故周公既誅三監而作詩解所以宜誅之意以遺王王猶未悟故欲讓公而未敢○貽羊支反名如字徐亡政反鴟尺夷反鴞于嬌反誚在笑反以遺唯季反

【疏】武王至誚公○正義曰公於成王之世為管蔡

所誣王開金縢之書方始明公本意卒得成就周道天下太平史官美大其事述爲此篇故追言請命於前乃說流言於後自此以下說周公身事武王既喪成王幼弱周公攝王之政專決萬機管叔及其羣弟蔡叔霍叔乃流放其言於國中曰公將不利於孺子言欲篡王位爲不利周公乃告二公曰我之不以法法此三叔則我無以成就周道告我先王既言此遂東征之周公居東二年則罪人於此皆得謂獲三叔及諸叛逆者罪人既得訖成王猶尚疑公公於此既得罪人之後爲詩遺王名之曰鴟鴞鴟鴞言三叔不可不誅之意王心雖疑亦未敢責誚公言王意欲責而未敢也○傳武王死至成王○正義曰武王既死成王幼弱故周公攝政攝政者雖以成王爲主政令自公出不復關成王也蔡仲之命云羣叔流言乃致辟管叔于商囚蔡叔于郭鄰降霍叔于庶人則知羣弟是蔡叔霍叔也周語云獸三爲羣則滿三乃稱羣蔡霍二人而言羣者并管故稱羣也傳既言周公攝政乃云其弟管叔盡以管叔爲周公之弟孟子曰周公弟也管叔兄也史記亦以管叔爲周公之兄孔似不用孟子之說或可孔以其弟謂武王之弟與史記亦不違也流言者宣布其言使人開知若水流然流即放也乃放言於國以誣周公以惑成王王亦未敢誚公是王心惑也鄭玄云流公將不利於孺子之言

於京師於時管蔡在東蓋遣人流傳此言於民間也○傳王叔至成王○正義曰殷法多兄亡弟立三叔以周公大聖又是武王之弟有次立之勢今復秉國之權恐其因卽篡奪遂生流言不識大聖之度謂其實有異心非是故誣之也但啓商共叛爲罪重耳○傳辟法也○正義曰釋詁文○傳周公至此得○正義曰詩東山之篇歌此事也序云東征知居者遂東往征也雖征而不戰故言居東也東山詩曰自我不見于今三年又云三年而歸此言二年者詩言初去及來凡經三年此直數居東之年除其去年故二年也罪人既多必前後得之故云二年之中罪人此得惟言居東不知居在何處王肅云東洛邑也管蔡與商奄共叛故東征鎮撫之案驗其事二年之間罪人皆得○傳成王至未敢○正義曰成王信流言而疑周公管蔡既誅王疑益甚故周公既誅三監而作詩解所以宜誅之意其詩云鴟鴞鴟鴞既取我子無毁我室毛傳云無能毁我室者攻堅之故也寧亡二字不可以毁我周室言宜誅之意也釋言云貽道也以詩遺王王猶未悟故欲讓公而未敢政在周公故畏威未敢也鄭玄以爲武王崩周公爲冢宰三年服終將欲攝政管蔡流言卽避居東都成王多殺公之屬黨公作鴟鴞之詩救其屬臣請勿奪其官位土地及遭風雷之異啓金縢之書迎公來反反乃居攝後

方始東征管蔡辭此一篇及鴟鴞之詩皆與孔異**秋大熟未穫天大雷電以風**二年秋也蒙恒風若雷以威之故有風雷之異○穫戶郭反**禾盡偃大木斯拔邦人大恐**風災所及邦人皆大恐○拔皮八反**王與大夫盡弁以啓金縢之書**皮弁質服以應天○弁皮彥反徐扶變反應應對之應**乃得周公所自以爲功代武王之說**所藏請命冊書本○說如字徐始銳反**二公及王乃問諸史與百執事**二公倡王啓之故先見書史百執事皆從周公請命○倡昌亮反從才用反又如字**對曰信噫公命我勿敢言**史百執事言信有此事周公使我勿道今言之則負周公噫恨辭○噫於其反馬本作懿猶億也**王執書以泣曰其勿穆卜**本欲敬卜吉凶今天意可知故止之**昔公勤勞王家惟予沖人弗及知**言己童幼不及知周公昔日忠勤○沖直忠反**今天動**

威以彰周公之德發雷風之威以明周公之聖德惟朕小子其新逆我國家禮亦宜之周公以成王未寤故留東未還改過自新遣使者迎之亦國家禮有德之宜○新逆馬本作親迎遣使所吏反王出郊天乃雨反風禾則盡起郊以玉幣謝天天即反風起禾明郊之是二公命邦人凡大木所偃盡起而築之歲則大熟木有偃拔起而立之築有其根桑果無虧百穀豐熟周公之德此已上大誥後因武王喪并見之○築音竹本亦作筑謂築其根馬云築拾也見賢遍反

疏秋大至大熟○正義曰為詩遺王之後其秋大熟未及收穫天大雷電又隨之以風禾盡偃仆大木於此而拔風災所及邦人大恐王見此變與大夫盡皮弁以開金縢之書案省故事求變異所由乃得周公所自以為功請代武王之說二公及王問於本從公之人史與百執事問審然以否對曰信言有此事也乃為不平之聲噫公命我勿敢言王執書以泣曰其勿敬卜吉凶言天之意已可知也昔公勤勞王家惟我幼童之人不及見知今天動雷電之威以彰明周公之德惟朕小子

其改過自新遣人往迎之我國家褒崇有德之禮亦宜行之王於是出郊而祭以謝天天乃雨反風禾則盡起二公命邦人凡大木所偃仆者盡扶起而築之禾木無虧歲則大熟言周公之所感致若此也○傳二年至之異○正義曰則上文居東二年未有別年之事知卽是二年秋也嫌別年故辨之洪範咎徵云蒙恒風若以成王蒙闇故常風順之風是闇徵而有雷者以威怒之故以示天之威怒有雷風之異○傳風災至大恐○正義曰言邦人則風災惟在周邦不及寬遠故云風災所及邦人皆大恐言人獨畿內恐也○傳皮弁質服以應天○正義曰皮弁象古故爲質服祭天尙質故服以應天也周禮司服云王祀昊天上帝則服大裘而冕無旒乃是冕之質者是事天宜質服故服之以應天變也周禮視朝則皮弁服皮弁是視朝服每日常服而言質者皮弁白布衣素積裳故爲質也鄭玄以爲爵弁必爵弁者承天變降服亦如國家未○道焉○傳二公至請命○正義曰二公與王若同而問當言王及二公今言二公及王則是二公先問知二公倡王啓之故王先見書鄭云開金縢之書者省察變異所由故事也以金縢匱內有先王故事疑其遭遇災變必有消伏之術故倡王啓之史爲公造策書而百執事給使令皆從周公請命者○傳史百至恨辭○正義曰周公使我勿道此事者公以臣

子之情忠心欲代王死非是規求名譽不用使人知之且武王瘳而周公不死恐人以公爲詐故令知者勿言今被問而言之是違負周公也噫者心不平之聲故爲恨辭○傳周公至之宜○正義曰公之東征止爲伐罪罪人既得公即當還以成王未寤恐與公不和故留東未還待王之察已也新迎者改過自新遣使者迎之詩九罭之篇是迎之事也亦國家禮有德之宜言尊崇有德宜用厚禮詩稱衮衣籩豆是國家禮也○傳郊以至之是○正義曰祭天於南郊故謂之郊郊是祭天之處也王出郊者出城至郊爲壇告天也周禮大宗伯云以蒼璧禮天牲幣如其器之色是祭天有玉有幣今言郊者以玉幣祭天告天以謝過也王謝天天即反風起禾明王郊之是也鄭玄引易傳云陽感天不旋日陽謂天子也天子行善以感天不迴旋經日故郊之是得反風也○傳木有至見之○正義曰上文禾偃木拔拔必亦偃故云木有偃拔起而立之築有其根桑果無虧百穀豐熟鄭王皆云築拾也禾爲大木所偃者起其木拾下禾無所亡失意太曲碎當非經旨案序將東征作大誥此上居東二年以來皆是大誥後事而編於大誥之前者因武王喪并見之

大誥第九

周書　孔氏傳　孔穎達疏

武王崩三監及淮夷叛三監管蔡商淮夷徐奄之屬皆叛周○監古懺反䙌也

周公相成王將黜殷作大誥相謂攝政黜絕也將以誅叛者之義大誥天下○相息亮反注同

疏武王至大誥○正義曰武王既崩管叔蔡叔與紂子武庚三人監殷民者又及淮夷共叛周公相成王攝王政將欲東征黜退殷君武庚之命以誅叛之義大誥天下史敘其事作大誥○傳三監至叛周○正義曰知三監是管蔡商者以序上下相顧爲文此言三監及淮夷叛總舉諸叛之人也下云成王既黜殷命殺武庚命微子啓代殷後又言成王既伐管叔蔡叔以殷餘民封康叔此序言三監叛將征之下篇之序歷言伐得三人足知下文管叔蔡叔武庚即此三監之謂知三監是管蔡商也漢書地理志云周既滅殷分其畿內爲三國詩風邶鄘衛是也邶以封紂子武庚鄘管叔尹之衛蔡叔尹之以監殷民謂之三監先儒多同此說惟鄭玄以三監爲管蔡霍獨爲異耳謂之監者當以殷之畿內被紂化日久未可以建諸侯且使三人監此殷民未是封建之也三人雖有其分互相監領不必獨主

一方也史記衛世家云武王克殷封紂子武庚爲諸侯奉其先祀爲武庚未集恐有賊心乃令其弟管叔蔡叔傅相之是言輔相武庚庚共監殷人故稱監也序惟言淮夷傳言淮夷徐奄之屬共叛周者以下序文云成王東伐淮夷遂踐奄作成王政又云成王既黜殷命滅淮夷作周官又云魯侯伯禽宅曲阜徐夷並興作費誓彼三序者一時之事皆在周公歸政之後也多方篇數此諸國之罪云至于再至于三得不以武王初崩已叛成王卽政又叛謂此爲再再三也以此知淮夷叛者徐奄之屬皆叛也○傳相謂至天下○正義曰君奭序云召公爲保周公爲師相成王爲左右於時成王爲天子自知政事二公爲臣輔助之此言相成王者有異於彼故辨之相謂攝政攝政者教由公出不復關白成王耳仍以成王爲主故稱成王鄭玄云黜貶退也黜實退名但此黜乃殺其身絕其爵故以黜爲絕也周公此行普伐諸叛獨言黜殷命者定四年左傳云管蔡啓商惎間王室則此叛武庚爲主且顧微子之序故特言黜殷命也以誅叛者之義大誥天下經皆是也

大誥

陳大道以誥天下遂以名篇○誥本亦作𢍜。

疏 大誥○正義曰此陳伐叛之義以大誥天下而兵凶戰危非衆所欲故言煩重其自殷勤多止而更端故數言王曰大意皆是陳說武庚之罪自言已之不能言已

當繼父祖之功須去叛逆之賊人心既從卜之又吉往伐無有不克勸人勉力用心此時武王初崩屬有此亂周公以臣代君天下未察其志親弟猶尚致惑何況疎賤者乎周公慮其有向背之意故殷勤告之陳壽云皐陶之謨略而雅周公之誥煩而悉何則皐陶與舜禹共談周公與羣下矢誓也其意或亦然乎但君奭康誥乃與召公康叔語也其辭亦甚委悉抑亦當時設言自好煩復也管蔡導武庚爲亂此篇略於管蔡者猶難以伐弟爲言故專說武庚罪耳

王若曰猷大誥爾多邦越爾御事周公稱成王命順大道以誥天下衆國及於御治事者盡及之。猷音由道也邦馬本作大誥繇爾多邦盡津忍反

弗弔天降割于我家不少言周道不至故天下凶害於我家不少謂三監淮夷並作難。弔音的又如字割馬本作害不少馬讀弗少延爲句難乃旦反

延洪惟我幼沖人凶害延大惟累我幼童人成王言其不可不誅之意。累劣僞反

嗣無疆大歷服弗造哲迪民康言子孫承繼祖考無窮大數服行其政而不能爲智道以安人故使叛先自責

矧曰其有

能格知天命安人且猶不能況其有能至知天命者乎○剏失忍反已予惟小子若涉淵水予惟往求朕攸濟已發端歎辭也我惟小子承先人之業若涉淵水往求我所以濟渡言祗懼敷賁敷前人受命茲不忘大功前人文武也我求濟渡在布行大道在布陳文武受命在此不忘大功言任重○賁扶云反徐音憤予不敢閉于天降威用天下威用謂誅惡也言我不敢閉絕天所下威用而不行將欲伐四國寧王遺我大寶龜紹天明即命安天下之王謂文王也遺我大寶龜疑則卜之以繼天明就其命而言之言卜不可違○遺唯季反

〔疏〕王若至即命○正義曰周公雖攝王政其號令大事則假成王為辭言王順大道而為言曰我今以大道誥汝天下衆國及於衆治事之臣以我周道不至故上天下其凶害于我家不少言叛逆者多此害延長寬大惟累我幼童人成王自言害及已也我之致此凶害以我為子孫承繼無疆界之大數服行其政不能為智道令民安故使之叛自責也安民猶且不能況曰其能至於知天之大

命者乎言已不能知天意也復歎而言已乎我惟小子承先
人之業如涉淵水惟往求我所以濟渡言已恐懼之甚我所
求濟者惟在布行大道布陳前人文王武王受命之事在我
此身不忘大功既不忘大功當誅叛逆由此我不敢絕天之
所下威用而不行之言必將伐四國也寧天下之王謂文王
也文王遺我大寶龜疑則就而卜之以繼天明命今我就受
其命言已就龜卜其伐之吉凶已得吉也○傳周公至及之
○正義曰序云相成王則王若曰者○稱成王之言故言周公
稱成王命實非王意成王爾時信流言疑周公豈命公伐管
蔡乎猷訓道也故云順大道以告天下衆國也鄭王本猷在
誥下漢書王莽攝位東郡太守翟義叛莽莽依此作大誥其
書亦道在誥下此本猷在大上言以道誥衆國於文為便但
此經云猷大誥傳云大道古人之語多倒猶詩稱中谷谷中也
多邦之下云於爾御事是於諸國治事者盡及之也鄭玄云
王周公也周公居攝命大事則權稱王惟名與器不可假人
周公自稱為王則是不為臣矣大聖作則豈為是乎○傳凶
害至之意○正義曰釋詁云延長也洪大也此害長大敗亂
國家經言惟我幼童人謂損累之故傳加累字累我童人言
其不可不誅之意鄭王皆以延上屬為句言害不少乃延長
之王肅又以惟為念向下為義大念我幼童子與繼文武無

窮之道○傳言子至自責○正義曰嗣訓繼也言子孫承繼祖疆境界則是無窮大數長遠六世三十卜年七百是長遠也○傳安人至者乎○正義曰民近而天遠以易而況難天子必當至靈至靈乃知天命言已猶不能安民明其不知天命自責而謙○傳前人至任重○正義曰成王前人故爲文武也以涉水爲喻言求濟者在於布行大道行天子之政也文武有大功德故受天命又當布陳文武受命所行天子之陳行天子之政又陳文武所行之事在此不忘大功大功大平之功也言已所任至重不得不奉天道行誅伐也○傳天下至四國○正義曰王者征伐刑獄象天震曜殺戮則征伐者天之所威用謂誅惡是也天有此道王者用之用之則開不用則閉言我不敢閉絕天之所下威用而不用之既不敢不行故將伐四國○傳安天至可違○正義曰紂爲昏虐天下不安言文王能安之安天下之王謂文王也遺我大寶龜者天子寶藏神龜疑則卜之繼天明道就其命而行之言卜吉則當行不可違卜也所以大寶龜皆得繼天明者以天道玄遠龜是神靈能傳天意以示吉凶故疑則卜之以繼天明道鄭玄云時既卜乃後出誥故先云然

曰有大艱于西土西土人亦不靜越茲蠢曰語更端也四國作大難

於京師西土人亦不安於此蠢動○蠢尺允反難乃旦反下同又如字殷小腆誕敢紀其敘言殷後小腆腆之祿父大敢紀其王業欲復之○腆他典反馬云至也誕大旦反父音甫後同天降威知我國有疵天下威謂三叔流言故祿父知我周國有疵病○疵在斯反馬云毀也民不康曰予復反鄙我周邦祿父言我殷當復欺惑東國人令不安反鄙易我周家道其罪無狀○令力呈反易以豉反下其易同今蠢今翼日民獻有十夫予翼以于敉。寧武圖功今天下蠢動今之明日四國人賢者有十夫來翼佐我周用撫安武事謀立其功言人事先應○敉亡婢反應應對之應我有大事休朕卜并吉大事戎事也人謀既從卜又并吉所以爲美○并必政反注及篇末同

〔疏〕曰有至并吉○正義曰上言爲害不少陳欲征之意未說武庚之罪更復發端言之曰今四國叛逆有大艱於西土言作亂於東與京師爲難也西土之人爲此亦不得安靜於此人情皆蠢蠢然動殷後小國腆腆然之祿父大敢紀其王業之次敍而欲興復

之祿父所以敢然者上天下威於三叔以其流言欲下威誅之祿父知我周國有此疵病而欺惑東國人令人不安祿父謂人曰我殷復望得更為天子反鄙易我周國今天下蠢動今之明日四國民之賢者有十夫不從叛逆其來為我翼佐我周於是用撫安武事謀立其功明祿父舉事不當得賢者叛來投我為我謀用是人事先應如此則我有兵戎大事征伐必休美矣人謀既從我卜又并吉是其休也言往必克敵安民之意告衆使知也○傳曰語至蠢動○正義曰周公丁寧其事正而復言別加一曰語更端也下言王曰此不言王史詳略耳西國作逆於東京師以為大艱故言作大難於京師西土人亦不安亦如東方見其亂不安也釋詁云蠢動也鄭云周民亦不定其心騷動言以兵應之當時京師無與應者鄭言妄耳○傳言殷至復之○正義曰殷本天子之國武庚比之為小故言小腆腆是小貌也鄭玄云腆謂小國也王肅云腆主也殷小主謂祿父也大敢紀其王業經紀王業望復之也○傳天下至疵病○正義曰王肅云天降威者謂三叔流言當誅伐之言誅三叔是天下威也釋詁云疵病也鄭王皆云知我國有疵病之瑕○傳祿父至無狀○正義曰祿父以父罪滅殷身亦當死幸得繼其先祀宜荷天恩反鄙薄輕易我周家言其不識恩養道其罪無狀也漢代止有無狀

之語蓋言其罪大無可形狀也近代已來遺重喪咎八書云無狀招禍是古人之遺語也○傳今天至先應○正義曰武庚既叛聞者皆驚故今天下蠢動謂聞叛之日也今之明日聞叛之明日以獻爲賢四國民內賢者十夫來翼佐我周十人史無姓名直是在彼逆地有先見之明知彼必敗棄而歸周周公喜其來降舉以告衆謂之爲賢未必是大賢也用撫安武事謀立其功用此十夫爲之將欲伐叛而賢者即來言人事先應也○傳大事至爲美○正義曰成十三年左傳云國之大事在祀與戎今論伐叛知大事戎事也十夫來翼人謀既從卜又并吉所以爲美美即經之休也既言其休乃說我卜并言以成此休之意鄭玄云卜并吉者謂三龜皆從也王肅云何以言美以三龜一習吉是言并吉證其休也與孔異矣

肆予告我友邦君越尹氏庶士御事以美故告我友國諸侯及於正官尹氏卿大夫衆士御治事者言謀及之曰予得吉卜予惟以爾庶邦于伐殷逋播臣用汝衆國往伐殷逋亡之臣謂祿父○逋布吾反

爾庶邦君越庶士御事罔不反曰艱大汝衆國上

下無不反曰征伐四國爲大難敘其情以戒之**民不靜亦惟在王宫邦君室**言四國不安亦在天子諸侯教化之過自責不能綏近以及遠**越予小子考翼**於我小子先卜敬成周道若謂今四國不可征則王室有害故宜從卜**不可征王害不違卜**

【疏】肆予告至違卜○正義曰以人從卜吉爲美之故故我告汝有邦國之君及於尹氏卿大夫衆士治事者曰我得吉卜我惟與汝衆國往伐殷逋亡播蕩之臣謂伐祿父也汝國君及於衆治事者無不反我之意相與言曰伐此四國爲難甚大言其不欲征也汝不欲伐罪我之由四國之民不安而叛者亦惟在我天子王宫與邦君之室教化之過使之然以此令汝難征過事在我雖然於我小子先考疑而卜之欲敬成周道若謂四國難大不可征則於王室有害不可違卜宜從卜往征也○傳以美至及之○正義曰肆訓故也承上休之下以其東征必美之故我告友國君以下共謀之尹氏卿顧命云百尹氏也尹正也諸官之正謂卿大夫故傳言及於正官尹氏卿大夫尹氏卿官也揔呼大夫爲官氏也上文大誥爾多邦綏越爾御事無尹氏庶士下之爾庶邦君越庶士御事亦無尹氏惟此及下文施義二者詳其

文餘略之從可知也○傳用汝至祿父○正義曰逋逃也播謂播蕩逃亡之意祿父殷君謂之爲殷今曰叛逆是背周逃亡故云用汝衆國往伐彼殷君於我周家逋逃叛之臣謂祿父也○傳汝衆至戒之○正義曰王以卜吉之故將以諸國伐殷且彼諸國之情必有不欲伐者無不反我之意相與言曰征伐四國爲大難言其情必如此敘其情以戒之使勿然也鄭云汝國君及下羣臣不與我同志者無不反我之意云三監叛其爲難大是言反者謂反上意反是上意則知曰者相與言也○傳言四至及遠○正義曰自責惟當言天子教化之過而并言諸侯者化從天子布於諸侯道之不行亦邦君之咎見庶邦亦有過故并言之教化之過在於君身而云王宮邦君室者宮室是行化之處故指以言之○傳於我至從卜○正義曰翼訓敬也於我小子先自考卜欲敬成周道汝庶邦御事等若謂今四國不可征則卜周道不成於王室有害故宜從卜小子先卜當謂初即位時卜其欲成周道也不可違卜謂上朕卜并吉也言欲征卜吉當從卜征之

肆予沖人永思艱曰嗚呼允蠢鰥寡哀哉故我童人成王長思此難而歎曰信蠢動天下使無妻無夫者受其害可哀哉○鰥故頑反

予造天役遺

大投艱于朕身我周家為天下役事遺我甚大投此艱難於我身言不得已○予造為也馬云遺也越予沖人不卬自恤義爾邦君越爾多士尹氏御事言征四國於我童人不惟自憂而已乃欲施義於汝眾國君臣上下至御治事者○卬五剛反我也綏予曰無毖于恤不可不成乃寧考圖功汝眾國君臣當安勉我曰無勞於憂不可不成汝寧祖聖考文武所謀之功責其以善言之助○毖音祕

【疏】肆予沖至圖功○正義曰以汝等有難征之意哉○我童子成王長思此難而歎曰嗚呼四國今叛信蠢動天下使鰥寡受害九可哀哉我周家為天下役事而遺我甚大乃投此艱難於我身此難須平不可以已今征四國於我童人不惟自憂而已乃欲施義於汝眾國君於汝多士尹氏治事之人如此為汝計汝君臣當安勉我曰無勞於征伐之憂我諸侯當往共征四國汝王不可不成汝寧祖聖考所謀之功宜出此善言以助我何謂違我不欲征也○傳我周至得已○正義曰為天子者當役已以養天下故我國家為天下役事揔言周家當救天下此事遺我故為甚大以大役遺我以為甚大而又投

擲此艱難之事於我身謂當已之時有四國叛逆言已職當靜亂不得以已也○傳言征至事者○正義曰卬我恤憂也四國叛逆害及衆國君得靜亂則爲大美言征四國於我童人不惟自憂而已乃欲施義於汝衆國君臣言難除則義施也○傳汝衆至之助○正義曰綏安也毖勞也言我旣施義於汝汝衆國君臣言得我之力○當安慰勉勸我曰無勞於憂令我無憂四國衆國自來征之經言寧郎文王考卽武王故言寧祖聖考也王以衆國反已乃復設爲此言責其無善言助已

已予惟小子不敢替上帝命不敢廢天命言卜吉當必征之天休于寧王興我小邦周寧王惟卜用克綏受茲命言天美文王興周者以文王惟卜之用故能安受此天命明卜宜用今天其相民矧亦惟卜用人獻十夫是天助民況亦用卜乎吉可知矣亦亦文王○相息亮反嗚呼天明畏弼我丕丕基歎天之明德可畏輔成我大大之基業言卜不可違也○畏如字徐音威王曰爾惟舊人爾丕克遠省爾知寧王

若勤哉特命久老之人知文王故事者大能遠省識古事汝知文王若彼之勤勞哉目所親見法之又明○省息井反天閟毖我成功所予不敢不極卒寧王圖事閟慎也言天慎勞我周家成功所在我不敢不極盡文王所謀之事謂致太平○閟音秘肆予大化誘我友邦君我欲極盡文王所謀故大化天下道我友國諸侯天棐忱辭其考我民言我周家有大化誠辭爲天所輔其成我民矣○棐徐音匪又芳鬼反忱市林反予曷其不于前寧人圖功攸終我何其不於前文王安人之道謀立其功所終乎天亦惟用勤毖我民若有疾天亦勞慎我民欲安之如人有疾欲已去之予曷敢不于前寧人攸受休畢天欲安民我何敢不於前文王所受美命終畢之

疏已予至丕基○正義曰既敘衆國之情告以必征之意已乎我惟小子不敢廢上帝之命卜吉不征是廢天命從卜而興乃有故事天休美於安天下之文王興我小國周者以安

民之王惟卜是用以此之故安受此上天之命明卜宜用之
今天助民矣十夫佐周是天助也人事既驗況亦如文王惟
卜之用吉可知矣嗚呼而歎天之明德可畏也輔成我周家
大大之基業卜既得吉不可違也○傳人獻至文王○正義
曰天之助民乃是常道而云民獻十夫是天助民者下云亦
惟十人迪知上帝命故以民獻十夫爲天助民也○王曰爾
至休畢○正義曰既述文王之事又命於衆曰汝惟久老
之人汝大能遠省識古事汝知寧王若此之勤勞哉以老人
目所親見必知之也以文王勤勞如此故天命慎勞來我周
家當至成功所在天意既然我不敢不極盡文王所謀之事
文王謀致太平我欲盡行之我欲盡文王所謀故我大爲敎
化勸誘我所友國君共伐叛逆天既輔助我周家有大化誠
辭其必成就我之衆民天意既如此矣我何其不於前文王
安民之道謀立其功之處所而終竟之乎天亦惟勞慎我民
若人有疾病而欲已去之天意於民如此之急我何敢不於
前安人文王所受美命終畢之乎以須終畢之故故當誅除
逆亂安養下民使之致太平○傳閟慎至太平○正義曰閟
慎釋詁文天慎勞我周家者美其德當天心慎惜又勞來勸
勉之使至成功所在在於致太平也天意欲使之然我爲文
王子孫敢不極盡文王所謀之事文王本謀謂致之太平○傳

言我至民矣。○正義曰釋詁云棐輔也忱誠也文承大化之下知輔誠辭者言周家有大化誠辭爲天所輔其成我民必爲民除害使得成也○傳天亦至去之○正義曰亦者亦民之義也君民共爲一體天愼勞使成功亦當勤勞民使安寧故言亦也如疾欲已去之言天急於民至甚也○傳天欲至畢之○正義曰上云卒寧王圖事又云圖功攸終此云攸受休畢畢終也三者文辭略同義不甚異天意惟言當終文王王之業須征逆亂之賊周公重兵愼戰丁寧以勸民耳

曰若昔朕其逝朕言艱日思順古道我其往東征矣我所言國家之難備矣日思念之○日人實反難乃旦反下爲難同若考作室既厎法厥子乃弗肯堂矧肯構以作室喻治政也父已致法子乃不肯爲堂基況肯構立屋乎不爲其易則難者可知○厎之履反構古候反治直吏反厥父菑厥子乃弗肯播矧肯穫又以農喻其父已菑耕其田其子乃不肯播種況肯收穫乎○菑側其反草也田一歲曰菑穫戶郭反厥考翼其肯曰予有後弗棄基其父敬事創業而子

不能繼成其功其肯言我有後不棄我基業乎今不正是棄之**肆予曷敢不越卬敉寧王大命**作室農人猶惡棄基故我何敢不於今日撫循文王大命以征逆乎○惡烏路反**若兄考乃有友伐厥子民養其勸弗救**若兄弟父子之家乃有朋友來伐其子民養其勸。不救者以子惡故以此四國將誅而無救者罪大故

〔疏〕王曰若至弗救○正義曰子孫成父祖之業古道當然王又言曰今順古昔之道我其往東征矣我所言國家之難備矣日日思念之乃以作室爲喻若父作室營建基趾既致法矣其子乃不肯爲之堂況肯構架成之乎又以治田爲喻其父菑耕其田殺其草已堪下種矣其子乃不肯布種況肯收穫乎其此作室治田之父乃是敬事之人見其子如此其肯言曰我有後不棄我基業乎必不肯爲此言也我若不終文武之謀則文武之神亦如此耳其肯道我不棄基業乎作室農人猶惡棄其基業故我何敢不於我身今日撫循安人之文王大命以征討叛逆乎我今東征無往不克若凡人兄及父與子弟爲家長者乃有朋友來伐其子則民皆養其勸伐之心不救之何則以子惡故也以喻伐四國雖親如父兄亦無救之者以君惡故也

言罪大不可不誅無救所以必克也顧氏以上不卬自恤傳
云不惟自憂遂皆以卬爲惟但卬之爲惟非是正訓觀孔意
亦以不卬爲惟義也○傳又以至穫乎○正義曰上言作室
此言治田其取喻一也上言若考作室旣厎法此類上文當
云若父爲農旣耕田從上省文耳菑謂殺草故治田一歲曰
菑言其始殺草也播謂布種后稷播殖百穀是也定本云矧
弗肯構矧弗肯穫皆有弗字檢孔傳所解弗弗爲衍字○傳其
父至棄之○正義曰治田作室爲喻旣同故以此經結上二
事鄭王本於矧肯構下亦有此一經然取喻旣同不應重出
蓋先儒見下有而上無謂其脫而妄增之○傳若兄至大故
○正義曰此經大意言兄不救弟父不救子發首兄考佛文
伐厥子不言弟互相發見傳言兄弟父子之家以兄之民養
其勸民謂父兄爲家長者也養其心不退止也**王曰嗚呼肆哉爾庶邦君**○
越爾御事歎今伐四國必克之故以告諸侯及臣下御治事者**爽邦由哲亦**
惟十人迪知上帝命言其故有明國事用智道十人蹈知天命謂人獻十夫來佐周
越天棐忱爾時罔敢易法矧今天降戾于周

邦於天輔誠汝天下是知無敢易天法況今天下罪於周使四國叛乎惟大艱人誕鄰胥伐于厥室爾亦不知天命不易惟大為難之人謂三叔也大近相伐於其室家謂叛逆也若不早誅汝天下亦不知天命之不易也○易以豉反〔疏〕王曰嗚至不易○正義曰既言四國無救之者王曰又言歎今伐四國必克之故告汝衆國君及於汝治事之臣所以知必克者故有明國事用智道者亦惟有十人此十人皆蹈知上天之命謂民獻十夫來佐周家此人既來克之必也於我天輔誠信之故汝天下是知無敢變易天法者若易法無信則上天不輔故無敢易法也況今天下罪於周國使四國叛逆惟大為難之人謂三叔等大近相伐於其室家自欲拔本塞源反害周室是其為易天法也彼變易天法君不早誅之汝天下亦不知天命之不可變易也○傳言其至佐周○正義曰此其其必克之故也爽明也由用也有明國事用智道言其有賢德也蹈天者識天命而履行之此言十人謂上文民獻十夫來佐周家者此是賢人賢人既來彼無所與是必克之効也王肅云我未伐而知民弗救者以民十夫用知天命故也○傳於天至叛乎○正義曰於天輔誠言天之所輔必是誠信汝天下於是觀之始

知無敢變易天法若易天法則天不輔之況今天下罪於周使四國叛乎以小況大易法猶尚不可況叛逆乎○傳惟大至不易○正義曰以下句言相伐於其室家室家自相伐知惟大爲難之人謂三叔也大近相伐於其室家室家者三叔爲周室至親而舉兵作亂是室家自相伐爲叛逆之罪是變易天法之極若汝諸國不肯誅之是汝天下亦不知天命之不可變易也王肅云惟大爲難之人謂管蔡也大近相伐於其室家明不可不誅也管蔡犯天誅而汝不欲伐則亦不知天命之不易也

予永念曰天惟喪殷若穡夫予曷敢不終朕畝稼穡之夫除草養苗我長念天亡殷惡主亦猶是矣我何敢不順天終竟我壟畝乎言當滅殷○壟力勇反

天亦惟休于前寧人予曷其極卜敢弗于從天亦惟美于文王受命我何其極卜法敢不於從言必從也

率寧人有指疆土矧今卜并吉循文王所有指意以安疆土則善矣況今卜并吉乎言不可不從

肆朕誕以爾東征天命不僭卜陳惟若茲以卜

吉之故大以汝衆東征四國天命不僭差〔疏〕予永至若茲
卜兆陳列惟若此吉必克之不可不勉○正義曰所
以必當誅四國者我長思念之曰天惟喪亡殷國者若稼穡
之夫務去草也天意既然我何敢不終我壟畝也言穢草盡
須除去殷餘皆當殄滅也天亦惟美於前寧人文王我何其
極文王卜法敢不於是從乎言必從之也我循彼寧人所有
吉意以安疆土不待卜筮便即東征已自善矣況今卜東征
而龜并吉以吉之故我大以爾東征四國天命必不僭差卜
兆陳列惟若此吉不可不從卜不可不勉力也○傳天亦至
必從○正義曰天亦惟美於文王受命言文王德當天心天
身事美之故得受天命是文王之德大美也文王用卜能受
天命今於我何其窮極文王卜法敢不從乎言必從文王卜
也○傳循文至不從○正義曰文王之吉意欲今天下疆土
皆得其宜有叛逆者自然須平定之我直循彼文王所有吉
意伐叛則已善矣不必須卜筮也況今卜并吉乎言不可不
從也王肅云順文王安人之道有吉意盡天下疆土使皆得
其所不必須卜筮也況今卜三龜皆吉明不可不從也○傳
以卜至不勉○正義曰天命不僭者天意去惡與善其事必
不僭差言我善而彼惡也卜兆陳列惟
若此吉言往必克之不可不勉力也

微子之命第十三

周書　孔氏傳　孔穎達疏

成王既黜殷命殺武庚一名祿父命微子啓代殷後啓知紂必亡而奔周命爲宋公爲湯後作微子之命封命之書〔疏〕成王至之命。○正義曰成王既黜殷君之命殺武庚乃命微子啓代武庚爲殷後爲書命之史敘其事作微子之命黜殷命謂絕其爵也殺武庚謂誅其身也。○傳啓知至湯後。○正義曰啓知紂必亡告父師少師而遁於荒野微子作告是其事也武王既克紂微子乃歸之非去紂卽奔周也傳言得封之由故言其奔周耳僖六年左傳云許僖公見楚子面縛銜璧大夫衰經士輿櫬楚子問諸逢伯對曰昔武王克殷微子啓如是武王親釋其縛受其璧而祓之焚其櫬禮而命之使復其所史記宋世家云武王克殷微子啓乃持其祭器造於軍門肉袒面縛左牽羊右抱茅膝行而前以告武王乃釋微子復其位如故是言微子克殷始歸周也馬遷之書辭多錯謬面縛縛手於後故口銜其璧又安得左牽羊右把茅也要言歸周之事是其實耳樂記云武王克殷既下車投殷之後於宋則傳言復其位者以其自縛爲因釋之使從本爵復其卿大夫之位及下車卽封於宋以其終爲殷後故樂記云投殷之後爾時未爲殷之後也微子初封於宋不知何爵此時因舊宋命之爲公令爲湯後使祀湯耳不繼紂也

微子之命稱其本爵以名篇

【疏】微子之命○正義曰令寫命書之辭以爲此篇君陳君牙冏命皆此類也

王若曰猷殷王元子微子帝乙元子故順道本而稱之

惟稽古崇德象賢惟考古典有尊德象賢之義言今法之

統承先王修其禮物言二王之後各修其典禮正朔服色與時王並通三統○正音政

作賓于王家與國咸休永世無窮爲時王賓客與時皆美長世無竟

嗚呼乃祖成湯克齊聖廣淵言汝祖成湯能齊德聖達廣大深遠澤流後世

皇天眷佑誕受厥命大天眷顧湯佑助之大受其命謂天命

撫民以寬除其邪虐撫民以寬政放桀邪淫蕩之德○功加于時

德垂後裔言湯立功加流當時德澤垂及後世裔末也爾惟踐修厥猷舊有令聞汝微子言能踐湯德久有善譽昭聞遠近○令聞如字又音問恪慎克孝肅恭神人予嘉乃德曰篤不忘言微子敬慎能孝嚴恭神人故我善汝德謂厚不可忘○篤本又作竺東谷反

【疏】王若曰猷殷王元子○正義曰王順道而言曰今以大道告汝殷王首子告之以下辭也曰猷如大誥言以道誥之○傳微子至稱之○正義曰呂氏春秋仲冬紀云紂之母生微子啓與仲衍尙爲妾已而爲妻後生紂紂父欲立啓爲太子太史據法而爭之曰有妻之子不可立妾之子故紂爲後鄭云微子啓紂同母庶兄也若順也猷道也以其本是元子故順道本而稱之釋詁云元首始也易曰元者善之長也○傳言二至三統○正義曰郊特牲云天子存二代之後猶尊賢也尊賢不過二代書傳云王者存二王之後與已爲三所以通三統立三正周人以日至爲正殷人以日至後三十日爲正夏人以日至後六十日爲正天有三統土有三王三王者所以統天下也禮運云杞之郊也禹也宋之郊也契也是二王後爲郊祭天以其祖配之鄭云所存二王後者命使郊天

以天子禮祭其始祖受命之王自行其正朔服色此謂通天三統是立二王後之義也此命首言稽古則立先代之後自古而有此法不知從何代然也孔意自夏以上不必改正縱使正朔不改典禮服色自當異也○曰篤不忘○正義曰僖十二年左傳王命管仲之辭曰謂督不忘則曰亦謂義孔訓篤爲厚故傳云謂厚不可忘杜預以督爲正可謂正而不可忘也

上帝時歆下民祗協庸建爾于上公尹茲東夏孝恭之人祭祀則神歆享施令則人敬和用是封立汝於上公之位正此東方華夏之國宋在京師東○歆許今反

欽哉往敷乃訓愼乃服命率由典常以蕃王室敬哉敬其爲君之德往臨人布汝敎訓愼汝祖服命數循用舊典無失其常以蕃屏周室戒之

【疏】愼乃服命○正義曰傳言愼汝祖服命數謂祭湯廟得用天子之禮服其殷之本服命則上公九命當愼之無使乖禮制也

弘乃烈祖律乃有民永綏厥位毗予一人大汝烈祖成湯之道以法度齊汝所有之人則長安其位以輔我一人言上下同榮慶○毗房脂反

世世享

德萬邦作式言微子累世享德不忝厥祖雖同公侯而特爲萬國法式俾我有
周無斁汝世世享德則使我有周好汝無厭○俾必爾反斁音亦好呼報反厭於豔反嗚呼往
哉惟休無替朕命歎其德遣往之國言當惟爲美政無廢我命唐叔得
禾異畝同穎唐叔成王母弟食邑內得異禾也畝壟穎穗也禾各生一壟而合爲一穗○穎役領反穗似醉反本亦作遂獻諸天子拔而貢之王命唐叔歸周公
于東異畝同穎天下和同之象周公之德所致周公東征未還故命唐叔以禾歸周公唐叔後封晉作
歸禾亡

【疏】唐叔至歸禾○正義曰成王母弟唐叔於其食邑之內得禾下異畝壟上同穎穗以其有異拔而貢於天子以爲周公德所感致於時周公東征未反王命唐叔歸周公於東命有言辭史敘其事作歸禾之篇○傳唐叔至一德○正義曰昭十五年左傳云叔父唐叔成王之母弟指言唐叔得禾不知其所食邑內得異禾也唐叔食邑書傳無文詩述后稷種禾於實秀之下乃言實穎毛傳云穎垂言穗重而垂是穎爲穗也禾各生一壟而合爲一穗言其

異也。書傳云成王之時有三苗貫桑葉而生，同爲一穗，其大盈車，長幾充箱。民得而上諸成王，王下傳云「拔而貢之」。若是盈車之穗，不可手拔而貢，孔不用書傳爲說也。○傳「異畝」至「封晉」。○正義曰：禾者，和也。異畝同穎，是天下和同之象，成王以爲周公德所感致。於時周公東征未還，故命唐叔以禾歸周公於東也。歸禾年月，史傳無文，不知在啓金縢之先後也。王啓金縢，正當禾熟之月，若是前年得之，於時王疑未解，必不肯歸周公，當是啓金縢之後，喜得東土和平而有此應，故以歸周公也。唐叔後封於晉，經史多矣，傳言此者，欲見此時未封，知在邑內得之。昭元年左傳稱成王滅唐而封太叔焉，所滅之唐卽晉國是也。然則得禾之時未封於唐，從後稱之爲唐叔耳。

周公既得命禾，旅天子之命，已得唐叔之禾，遂陳成王歸禾之命，而推美成王，善則稱君。作嘉禾。天下和同，政之善者，故周公作書以善禾名篇，告天下。亡。

〔疏〕周公至嘉禾。○正義曰：周公既得王所命禾，乃陳天子歸禾之命爲文辭，稱此禾之善，推美於成王，史敘其事，作嘉禾之篇。○傳「已得」至「稱君」。○正義曰：鄭云受王歸己禾之命與其禾。以爲既得命禾，謂復得禾，義當然矣。成王歸禾之命，必歸美周公，周公陳歸禾之命，又推美成王，是善則稱君。

之義也善則稱君坊記文也○傳天下至下亡○正義曰嘉訓善也言此禾之善故以善禾名篇陳天子之命故當布告天下此以善禾爲書之篇名後世同穎之禾遂名爲嘉禾由此也二篇東征未還時事微子受命應在此篇後篇在前者蓋先封微子後布此書故也

附釋音尚書注疏卷第十三

清嘉慶二十四年重刊
[illegible]

江西鹽法道胡稷栞

尚書注疏挍勘記卷十三　阮元撰盧宣旬摘錄

尚書注疏卷第十三　宋板作十二

旅獒第七　周書

太保作旅獒　唐石經岳本纂傳同毛本太改作大石經考文提要云釋文不發音知係太字下同

強大有政者爲遒豪　岳本遒作酋遒字誤也

西旅之長　閩本葛本纂傳同毛本旅作戎與疏標目正合

故銘其楛曰　浦鏜云栝誤楛按魯語作栝

賤用物　按疏傳俗本云弗賤衍弗字也謂此句賤上俗本有弗字也疏不釋經故因釋傳而并及之

所以化治生民　古本岳本宋板治作俗

寶賢生能　毛本生作任案所改是也

不役至人安 宋板人安作道按按疏釋經實至道接而止宋板是也自不作無益以後祇釋傳不釋經以前後各章例之疑有脫誤

惟皆正矣 毛本惟皆二字倒

遊觀從費時日 岳本從作徒徙從字非也形近之譌

終累大德 羣經音辨厽部云絫連也書終絫大德○按絫累古今字

金縢第八　周書

不欲人開之 古本人下有之字按史記集解作不欲人開也與疏合

有金人參緘其口 閩本同毛本參作三按儀禮經傳通解續作參此殆言其誤

弗豫 陸氏曰豫本又作忬按說文引作有疾不悆釋文別本作忬蓋即悆字也

問王疾病瘳否 宋本瘳上有當字通解同

但不知以何方爲王耳閩本同毛本王作上

詩說禱旱至圭璧既卒宋板至作云通解同

史爲册書祝辭也史記集解辭作祠

太子之責各本太作大太字誤也

我先王亦永有依歸古本有下有所字

救之則先王長有依歸古本救上有命字非也有依歸古本作有所依歸也案此依史記集解改

謂負天太子責岳本太作大太字非也下並同

凶則爲不許我宋板通解俱無爲字

因遂成王所讀故諱之通解遂作逐纂傳故作而

令請之於天也 閩本明監本同毛本令上有欲字

卽於壇所 閩本明監本通解同毛本卽作旣

亦與兆體乃并是吉 宋板與作以盧文弨云非

乃流言於國 葛本於作于下於孺子同按語助之於尚書皆作于惟堯典於變時雍此篇爲壇於南方及此兩句酒誥人無於水監當於民監各本並作於薛氏古文訓亦然葢傳寫舛錯初無義例葛本獨於此兩句仍作于又葛本之誤也

公於成王之世 宋板公上有周字

傳王叔至成王 各本王叔作三叔王字誤也

救其屬臣 宋板救作赦

禾盡偃 古本禾下有則字以意增

史百執事皆從周公請命 葛本皆誤作者命下古本史記集解俱有者字

言己童幼 岳本童幼二字倒

發雷風之威 纂傳雷風二字倒

周公以成王未寤 葛本閩本明監本同毛本寤作悟○按史記集解亦作寤

改過自新 史記正義句首有成王二字

盡起而築之 陸氏曰築本亦作筑字按馬鄭王皆訓築爲拾釋言云筑拾也訓拾者宜作筑孔不訓拾而别本亦作筑是築筑古蓋通用○按筑與掇雙聲故得訓拾築筑皆非正字且馬鄭王並訓築字爲拾或漢魏時爾雅亦作築未可知也

桑果無虧 古本岳本宋板纂傳同毛本桑果作禾本按桑果言木百穀言禾若作禾木則下百穀複矣所改非是從正義同○案正義釋經禾木無虧是總承上文故各本皆同皆不誤毛本此傳此疏因之誤改不知上下

文各別也

亦如國家未道焉宋板同岳本未作失盧文弨云玉藻云國家未道則不充其服焉宋板是也

大誥第九　周書

大誥陸氏曰誥本亦作弇案依汗簡古文四聲韻其字當作弇不作弇

陳大道以誥天下岳本纂傳誥作告下傳順大道以誥天下岳本作告纂傳作誥

惟我幼沖人古本惟下有累字按疏言惟我幼童人謂損累之故傳加累字是孔穎達所見經文無累字

就其命而言之古本岳本宋板纂傳言作行與疏合岳本考證云案文義行字爲長

當誅叛逆宋板同毛本當作將

則王若曰者稱成王之言宋板者下空一字

六世三十　宋本六作卜是也毛本作傳亦誤

以于敉寧武圖功　古本敉作撫下敉寧王大命同○按撫卽攺字說文攺撫也从攴亾聲讀與撫同段玉裁云

四國人賢者有十夫　古本四國人作四國之民

正而復言　毛本正作止是也

故我告汝有邦國之君　宋板有作友按疏意似當以有爲是

上文大誥爾多邦綏越爾御事　宋板無綏字是也

義爾邦君　古本義作誼

責其以善言之助　古本宋板之助二字倒按疏云責其無善言助己則傳當云責其無善言之助責乃責讓之義非責任之責也

哉我童子成王　案毖各本皆作故毖字誤也

何謂違我不欲征也　浦鏜云謂疑爲字誤

言得我之力　宋板同毛本力作功

言天美文王興周者　纂傳文作寧後並同按王氏據蘇氏說以寧王爲武王凡孔傳武王字率改爲寧王不可爲訓

人獻十夫　古本人作民

亦文王　岳本亦作言

天閟毖我成功所　錢大昕曰天閟毖我成功所傳訓毖爲慎又解之云天慎勞我周家成功所在孔疏云閟慎釋詁文考釋詁本云毖慎也經旣以閟爲毖不當重出毖字據莽誥云天毖勞我成功所則知此經毖乃勞之譌字形相涉後人傳寫致譌僞孔傳尚未誤也○按下經勸毖傳解作勞愼此傳云愼勞則經當作毖勸莽誥於下云天亦

惟勞我民是訓勤爲勞也

閟愼釋詁文　孫志祖云閟爾雅作毖

亦民之義也　閩本明監本同作民是也盧文弨云毛作同是上言國家此方說民不應言亦民○按國家如此民亦如此故曰亦民之義

矧肯構　疏云定本云矧弗肯構矧弗肯穫皆有弗字撿孔傳所解弗爲衍字○按矧況也況益也矧弗肯構矧弗肯穫猶言益弗肯構益弗肯穫也段玉裁云

令不正是棄之　閩本正初亦作正後加彳毛本因改作征

民養其勸不救者　古岳宋板勸下有心字

以此四國將誅而無救者　浦鏜云此當比字誤

亦以不印爲惟義也　閩本明監本同毛本以不二字倒

王曰嗚呼肆哉爾庶邦君 古本作王曰嗚呼肆告我爾庶邦冢君按哉字與漢書翟方進傳合古本分爲我二字殆非也

爽邦由哲 古本由作用

所以知必克者 按者字疑之字之誤宜連下故字爲句

君不早誅之 毛本君作若案所改是也

微子之命第十三 案三字誤衍 周書

成王既黜殷命殺武庚 古本庚作康非也

微子作告 閩本同毛本告作誥是也

右抱茅 閩本明監本同毛本抱作把○案下右把茅也仍作把史記元文作把

縛手於復 岳本復作後復字誤也

正朔服色毛本服誤物與疏不合各本皆不誤

與時皆美纂傳皆作偕

放桀邪淫蕩之德古本岳本俱作放桀邪虐湯之德也宋板無也字餘與古本岳本同岳本考證云傳釋經不當改邪作淫又諸本湯之德下無也字辭義似未足

言湯立功加流當時葛本閩本明監本纂傳同案疏當作於毛本不誤

言能踐湯德纂傳無言字按傳上云汝微子謂經所謂汝者指微子也此五字自爲一句纂傳與上三字連讀故删去言字耳

曰篤不忘陸氏曰篤本又作竺

是二王後爲郊祭天閩本明監本同毛本爲作得按纂傳作是二王後皆郊天

以蕃王室陸氏曰蕃本亦作藩

以輔我一人古本輔下有成字

傳唐叔至一德𥡴當作穗

以善禾名篇岳本宋板𥡴傳善作嘉

告天下亡古本作布告天下亡也

尚書挍勘記卷十三

會昌縣知縣候補知州會暉春栞

附釋音尚書注疏卷第十四

康誥第十一

周書　孔氏傳　孔穎達疏

成王既伐管叔蔡叔滅三監以殷餘民封康叔以三監之民國康叔爲衛侯周公懲其數叛故使賢母弟主之○數叛上所角反下亦作畔作康誥

酒誥梓材康誥命康叔之誥康圻內國名叔封字○梓音子圻具依反

疏成王至康誥○正義曰既伐叛人三監之管叔蔡叔等以殷餘民國康叔爲衛侯周公以王命戒之作康誥酒誥梓材三篇之書也其酒誥梓材亦戒康叔但因事而分之然康誥戒以德刑又以化紂嗜酒故次以酒誥卒若梓人之治材爲器爲善政以結之○傳以三至主之○正義曰此序亦與上相顧爲首引初言三監叛又言黜殷命此云既伐管叔蔡叔言以殷餘民圻內之餘民故云以三監之民國康叔爲衛侯然古字邦封同故漢有上邦下邦縣邦字如封字此亦云邦康叔若分器

序云邦諸侯故云國康叔并以三監之地封之者周公懲其數叛故使賢母弟主之此始一叛而云數叛者以六州之衆悉來歸周殷之頑民叛逆天命至今又叛據周言之故云數叛故多方云爾乃不大宅天命爾乃屑播天命以不從天命故云叛也古者大國不過百里周禮上公五百侯四百里孟軻有所不信費誓注云伯禽率七百里之內附庸諸侯則魯猶非七百里之封而康叔封千里者康叔時爲方伯殷之圻內諸侯並屬之故得捴言三監且其實地不方平計亦不能大於魯也故左傳云宋衛吾匹也又曰寡君未嘗後衛君且言千里亦大率言之耳何者邢在襄國河內即東圻之限故以賜諸侯西山即有黎濟河濟之西以曹地約有千里也以此鄭云初封於衛至子孫而并邶鄘也其地理志邶鄘之民皆遷分衛民於邶鄘故異國而同風所以詩分爲三孔與同否未明也既三年滅三監七年始封康叔則於其間更遣人鎮守自不知名號耳○傳命康叔至封字○正義曰以定四年左傳祝佗云命以康誥故以爲命康叔之誥知康圻內國名者以管蔡郕霍皆國名則康亦國名而在圻內馬王亦然惟鄭玄以康爲諡號以史記世家云生康伯故也則孔以康伯爲號諡而康叔之康鄭○爲國號而號諡不見耳

惟三月哉生魄

周公攝政七年三月始生

魄月十六日明消而魄生。魄字又作䰟普白反馬云䰟朏也謂月三日始生兆朏名曰魄 **周公初基**

作新大邑于東國洛四方民大和會 初造基建作王城大都邑於東國洛汭居天下土中四方之民大和悅而集會。汭如銳反 **侯甸男邦采衛**

百工播民和見士于周 此五服諸侯服五百里侯服去王城千里甸服千五百里男服去王城二千里采服二千五百里衛服三千里與禹貢異制五服之百官播率其民和悅並見即事於周 **周公咸勤乃洪大誥治** 周公皆勞勉五服之人遂乃因大封命大誥以治道。陸云乃洪治同一本作周公迺洪大誥治勞力報反

【疏】惟三至誥治。正義曰言惟以周公攝政七年之三月始明死而生魄月十六日己未於時周公初造基阯作新大邑於東國洛水之汭四方之民大和悅而集會言政治也此所集之民即侯甸男采衛五服百官播率其民和悅並見即事於周之東國而周公皆慰勞勸勉之乃因大封命以康叔爲衛侯大誥以治道。傳周公至魄生。正義曰知周公攝政七年之三月者以洛誥即七年反政而言新邑營及獻卜之事與

召誥參同俱爲七年此亦言作新邑又同召誥故知七年三月也若然書傳云四年建衛侯而封康叔五年營成洛邑七年制禮作樂明堂位云昔者周公朝諸侯于明堂之位卽云頒度量而天下大順又云六年制禮作樂是六年已有明堂在洛邑而朝諸侯言六年已作洛邑而有明堂者禮記後儒所錄書傳伏生所造皆孔所不用始生魄月十六日戊午社于新邑之明日魄與明反故云明消而魄生○傳初造至集會○正義曰所以初基東國洛者以天下土中故也其召誥與大司徒文之所出釋言云集會也以主治民故民服悅而見大平也初基者謂初始營建基址作此新邑此史摠序言之鄭以爲此時未作新邑而以基爲謀大不辭矣○傳此五至於周○正義曰男下獨有邦以五服男居其中故舉中則五服皆有邦可知言邦見其國君焉以大司馬職大行人故知五服服五百里禹貢五服通王畿此在畿外去王城五百里故每畿計之至衛服三千里言與禹貢異制也通王畿與不遍爲異以此計畿之均故須土中若然黃帝與帝嚳居偃師餘非土中者自出當時之宜實在土中因得而美善之也不見要服者鄭云以遠於役事而恒闕焉君行必有臣從卽鄉大夫及士見亦上其勞故云五服之內百官播率其民和悅卽事以土功勞事民之所苦也而此和悅見太平也而書傳

云示之以力役其民猶至況導之以禮樂乎是也○傳周公至治道○正義曰太保以戊申至七月庚戌已云庶殷攻位於洛汭則庶殷先與之期于前至也周公以十三日乙卯朝至于洛則達觀于新邑營此日當勉其民此因命而并言之序云邦康叔洪大也爲大封命大誥康叔以治道也鄭玄以洪爲代言周公代成王誥何故代誥而反誥王呼之曰孟侯爲不辭矣

王若曰孟侯朕其弟小子封 周公稱成王命順康叔之德命爲孟侯孟長也五侯之長謂方伯使康叔爲之言王使我命其弟封封康叔名稱小子明當受教訓○長丁丈反下同

惟乃丕顯考文王克明德慎罰 惟汝大明父文王能顯用俊德慎去刑罰以爲教首○去羌吕反下欲去去疾同

不敢侮鰥寡庸庸祗祗威威顯民 惠恤窮民不慢鰥夫寡婦用可用敬可敬刑可刑明此道以示民

用肇造我區夏越我一二邦以修 用此明德慎罰之道始爲政於我區域諸夏故於我一二邦皆以修治

我西土惟時怙冒聞于上帝帝休 我西土岐

周惟是怙恃文王之道故其政教冒被四表上聞于天天美其治○怙音戶冒莫報反覆也聞如字徐又音問

天乃大命文王殪戎殷誕受厥命天美文王乃大命之殺兵殷大受其王命謂三分天下有其二以授武王○殪於計反**越厥邦厥民惟時敘**於其國於其民惟是次序皆文王教**乃寡兄勗肆汝小子封在茲東土**汝寡有之兄武王勉行文王之道故汝小子封得在此東土爲諸侯○勗許玉反

〔疏〕○王若至東土○正義曰言周公稱成王命順康叔之德而言曰命汝爲孟侯王又使我教命其弟小子封其所教命者惟汝大明德之父文王能顯用俊德愼去刑罰以爲教首故惠恤窮民不侮鰥夫寡婦況貴強乎其明德用可用敬可敬其愼罰威可威者顯此道以示民用此道故始爲政於我區域諸夏由是於我一二諸國漸以修治也上政既修我西土惟是怙恃文王之道故其政教冒被四表聞于上天天美其治道以此上天乃大命文王以誅殺之道用兵除害于殷大受其王命三分天下而有其二也其所受二分者於其國於其民惟是皆有次序以文王之德故也汝寡有之兄武王勉行文王之道故受命克殷今

汝小子封故得在此東土爲諸侯是文王之道明德愼罰既
用受命武王無所復加以爲勉行所以汝必法之○傳周公
至教訓○正義曰以曰者爲命辭故曰周公稱成王命順康
叔之德命爲孟侯孟長也五侯之長謂方伯使康叔爲之長
者郎州牧也五侯之長五等諸侯之長也而左傳云五侯九
伯汝實征之彼謂上公之伯故征九伯而此五侯當州牧之
五侯與彼不同王制有連屬卒伯也孔以五侯亦方伯則四
方者皆可爲方伯而此方伯自是州牧也康叔以母弟令德
受大國封命固非卒及連屬也虞夏及周既有牧又離騷云
伯昌作牧殷亦有牧伯四代皆通也非如鄭玄云殷之州長
曰伯以稱小子爲幼弱故明當受教訓故云使我命其弟爲
親親而使我用戒故也此指命康叔爲之而鄭以揔告諸侯
依略說以太子十八爲孟侯而呼成王既禮制無文義理駢
曲豈周公自許天子以王爲孟侯皆不可信也○傳惟汝至
教首○正義曰以近而可法不過子之法父故舉文王也法
者不過除惡行善故云明德愼罰也○傳惠恤至示民○正
義曰用可用敬可敬郎明德也用可用謂小德小官敬可敬
謂大德大官刑可刑謂愼罰也○傳天美至武王○正義曰
天美文王乃天命之殺兵殷者殪殺也戎兵也用誅殺之道
以兵患殷文王以伐殷事未卒而言殺兵殷者謂三分有二

爲滅殷之資也王曰嗚呼封汝念哉念我所以告汝之言今民將在祗遹乃文考紹聞衣德言今治民將在敬循汝文德之父繼其所聞服行其德言以爲政教○遹音聿又音述馬紹述也衣衣如字徐於既反往敷求于殷先哲王用保乂民汝往之國當布求殷先智王之道用安治民汝丕遠惟商耇成人宅心知訓汝當大遠求商家耇老成人之道常以居心則知訓民○耇音狗別求聞由古先哲王用康保民又當別求所聞父兄用古先智王之道用其安者以安民弘于天若德裕乃身不廢在王命大于天爲順德則不見廢常在王命

〔疏〕王曰嗚呼封汝至王命○正義曰既言文王明德慎罰之調武王尚行之汝既得爲君方別陳明德之事故稱王命而言曰嗚呼封汝常念我所以告汝之言哉今治民所行將在敬循汝文德之父繼其所聞者服行其德言以爲政教汝往之國當分布求於殷先智王之道用安治民不但法其先君汝又當須大遠

求商家耇老成人之道居之於心卽知訓民矣其外又更當別求所聞父兄用古先智王之道用其安者以安民卽古虞夏之道也人事旣然又闡大於天之道而爲順德又加之寬容則汝身不見廢常在王命○傳今治至政教○正義曰繼其所聞服行其德言者謂文王先有所聞善事今令康叔繼續其文王所聞善事被服而施行其德言以爲政教也○傳汝當至訓民○正義曰上云敷求殷先哲王謂求殷之賢君此言求商家耇老成人謂求殷之賢臣大遠者備徧求之○傳又當至安民○正義曰以父兄乃所居殷外故云別求上只言遹乃文考并言兄者以上云寡兄朂則以文武道同言文可以兼武故并言父兄也古先哲王鄭云虞夏也孔亦當然以上代與今事遠不可以同故言用其安者○傳大于至王命○正義曰以天道人用而光大之故因云大也其文三及殷古先哲王與天其道不異以前後聖迹雖殊同天不二也以康叔亞聖大賢治殷餘惡故使之用天道爲順德也

王曰嗚呼小子封恫瘝乃身敬哉恫痛瘝病治民務除惡政當如痛病在汝身欲去之敬行我言○恫音通又勑動反瘝古頑反

天畏棐忱民情大可見小人難保天德可畏以其輔誠

人情大可見以小人難安。往盡乃心無康好逸豫棐音匪乂芳鬼反恍市林反往當盡汝心爲政無自安好逸豫寬身乃其乂民其乃治民。盡徐子忍反好呼報反我聞曰怨不在大亦不在小惠不惠懋不懋不在大。起於小不在小小至於大言怨不可爲故當使不順者順不勉者勉。懋音茂已汝惟小子乃服惟弘王應保殷民已乎汝惟小子乃當服行德政惟弘大王道上以應天下以安我所受殷之民衆。應應對之應注同徐於甑反亦惟助王宅天命作新民弘王道安殷民亦所以惟助王者居順天命爲民日新之教

疏王曰嗚呼小至新民。正義曰所明而。云。行天人之德者其要在於治民故言王曰嗚呼小子封治民爲善而除惡政當如痛病在汝身欲去之敬行我言哉所以去惡政者以天德可畏者以其輔誠故也以民情大率可見所以可見者以小人難保也安之既難其往治之當盡汝心爲政無自安好逸豫而寬縱乃其可以治民我聞名。遺言曰人之怨不在事大或由小事而起雖由小事而起亦不

恒在事小因小至大是爲民所怨事不可爲當使施順令不順者順勉力勸行令不勉者勉則其怨小大都消令汝消怨者已乎汝惟小子乃當服行政德惟弘大王道上以應天下以安我所受殷民不但汝身所當行此亦惟助王者居順天命爲民日新之教○傳恫痛至我言○正義曰恫聲類於痛故恫爲痛也瘝病釋詁文以痛病在汝身以逑治民故務除惡政如已病也戒之而言敬故知敬行我言也鄭玄云刑罰及已爲痛病其義不及去惡若已病也○傳天德至難安○正義曰人情所以大可見者以小人難安爲可見故須安之○傳不在至者勉○正義曰以致怨恐謂由大惡故云不在大起於小小言怨由小事起不在小者謂爲怨不恒在小言其初小漸至於大怨故使不順者順不勉者勉其怨自消也○傳弘王至之教○正義曰亦所以惟助王者言非直康叔身行有益亦惟助王者居順天命爲民日新之教謂漸致太平政教日日益新也

王曰嗚呼封敬明乃罰歎而勑之凡行刑罰汝必敬明之欲其重慎人有小罪非眚乃惟終自作不典式爾小罪非過失乃惟終自行之自爲不常用犯汝○眚所領反本亦作省有厥罪小乃不可

不殺乃有大罪非終乃惟眚災適爾既道極厥辜時乃不可殺汝盡聽訟之理以極其罪是人所犯亦不可殺當以罰宥論之○宥于救反

疏 王曰嗚呼封敬至可殺○正義曰以上既言明德之理故此又云愼罰之義而王言曰嗚呼封又當敬明汝所行刑罰須明其犯意人有小罪非過誤爲之乃惟終身自爲不常之行用犯汝如此者有其罪小乃不可不殺以故犯而不可赦若人乃有大罪非終行之乃惟過誤爲之以此故汝當盡斷獄之道以窮極其罪是人所犯乃不可以殺當以罰宥論之以誤故也卽原心定罪斷獄之本所以須敬明之也

王曰嗚呼封有敘時乃大明服歎政教有次敘是乃治理大明則民服惟民其勑懋和民既服化乃其自勑正勉爲和若有疾惟民其畢棄咎化惡爲善如欲去疾治之以理則惟民其盡棄惡修善○咎其九反若保赤子惟民其康乂愛養人如安孩兒赤子不失其欲惟民其皆安治○孩亥才反非汝封刑人殺人言得刑殺

罪人

無或刑人殺人無以得刑殺人而有妄刑殺非辜者非汝封又曰劓刵人劓截鼻刵截耳刑之輕者亦言所得行○劓魚器反刵如志反無或劓刵人所以舉輕以戒爲人輕行之

疏王曰嗚呼封有至刵人○正義曰以刑者政之助不得已卽用之非情好殺害故又本於政不可以濫刑而王言曰嗚呼封欲正刑之本要而汝政教有次序是乃治理大明則民服惟民旣服從化其自勑正勉力而平和然政之化惡爲善若有病而欲去之治之以理則惟民其盡棄惡而修善言愛養人若母之安赤子惟民爲善其皆安治爲政保民之如此不可行以淫刑豈非汝封得刑人殺人乎言得刑殺不可以得故而有濫刑人殺人无辜也非汝封又曰劓刵人無以得故而有所濫劓刵人以之無罪者也○傳化惡至修善○正義曰人之有疾治之以理則疾去人之有惡化之以道則惡除○傳愛養至安治○正義曰旣去惡乃須愛養之爲善人爲上養則化所行故言其皆安治子生赤色故言赤子○傳劓截至得行○正義曰以國君故得專刑殺於國中而不可濫其刑卽墨劓剕宫也劓在五刑爲截鼻而有刵者周官五刑所无而呂刑亦云劓刵易噬嗑上九云何校滅耳鄭玄以臣從君坐之刑孔意然否

未明要有刵而不在五刑之類言又曰者周公述康叔豈非汝封又自言曰得劓刵人此又曰者述康叔之又曰**王曰外事汝陳時臬司師茲殷罰有倫**言外土諸侯奉王事汝當布陳是法司牧其衆及此殷家刑罰有倫理者兼用之○臬魚列反**又曰要囚服念五六日至于旬時丕蔽要囚**要囚謂察其要辭以斷獄既得其辭服膺思念五六日至於十日至於三月乃大斷之言必反覆思念重刑之至也○要於霄反蔽必世反斷丁亂反下及篇末同覆芳服反

【疏】王曰外事至要囚○正義曰言不濫刑不但國內而已，外土諸侯奉王事以至汝，汝當布陳是刑法以司牧其衆及此殷家刑罰有倫理者兼用之周公又重言曰既用刑法要察囚情得其要辭以斷其獄當須服膺思念之五日六日次至於十日遠至於三月一時乃大斷囚之要辭言必反覆重之如此乃得無濫故耳○傳言外至用之○正義曰外土以獄事上於州牧之官爲奉王事汝當用刑書爲布陳是刑法爲司牧其衆故受而聽之既衛居殷墟又周承於殷後刑書相因故兼用其有理者謂當時刑書或無正條而殷有故事可兼用若今律無條求故事之比也臬爲準限之義故爲法也○傳要囚至之至○正義曰言要囚明取要辭於囚以思訖事定故言乃大斷之多至三月故云反覆思念重刑之至顧氏云又曰者周公重言之也

王曰汝陳時臬事罰蔽殷彝陳是法事其刑罰斷獄用殷家常法謂典刑故事○彝以支反**用其義刑義殺勿庸以次汝封**義宜也用舊法典刑宜於時世者以刑殺勿用以就汝封之心所安**乃汝盡遜曰時敘惟曰未有遜事**乃使汝所行盡順曰是有次敘惟當自謂未有順事君子將興自以爲不足**已汝惟小子未其有若汝封之心朕心朕德惟乃知**已乎他人未其有若汝封之心言汝心最善我心我心惟汝所知欲其明成王所以命已之款心○款若管反

疏 王曰汝至乃知○正義曰此又爲而王言曰汝當陳是刑書之法以行事其刑法斷獄用殷家所行常法故事其陳法殷彝皆用其合宜者以刑殺勿用以就汝封意之所安而自行也以用心不如依法故耳言汝不但依法乃使汝所行盡順曰是有次敘猶當自惟曰未有

順事其有餘若不足故耳必期汝於大幸已乎汝惟小子耳而他人未其有若汝封之心言汝心最善汝心旣善我心我德惟汝所委知也○傳陳是至故事○正義曰陳是法事卽上汝陳時臬事罰蔽殷彝卽上殷罰有倫上據有初思念得失此據臨時行事也○傳已乎至款心○正義曰此言我我王也以王命故言王爲我以康叔爲已若汝不善我王家心德汝所不知則我不順命汝款曲之心只由汝最善我王心德汝所偏知故我王命汝以款曲之心述康叔爲言故云亦欲令康叔明識此意也

凡民自得罪寇攘姦宄殺越人于貨凡民用得罪爲寇盜攘竊姦宄殺人顛越人於是以取貨利○攘如羊反宄音軌**暋不畏死罔弗憝**暋強也自強爲惡而不畏死人無不惡之者言當消絕之○暋音敏憝徒對反徐徒猥反強其丈反無不惡烏路反下所大惡疾惡亦惡並音同

疏凡民至弗憝○正義曰言人所愼刑者以凡民所用得罪者寇盜攘竊於外姦內宄而殺害及顛越於人以取貨利也自強爲之而不畏死此爲人無不惡之者以此須刑絕之故當愼刑罰耳○傳凡民至貨利○正義曰自用也言所用得罪者由寇攘也而爲之於外內旣有劫竊其劫竊皆有

殺有傷越人謂不死而傷皆爲之而取貨利故也○傳暋强至絶之○正義曰暋强也。盤庚已訓而此重詳之以由此得罪當須絶之

王曰封元惡大憝。矧惟不孝不友大惡之人猶爲人所大惡況不善父母不友兄弟者乎言人之罪惡莫大於不孝不友

子弗祗服厥父事大傷厥考心爲人子不能敬身服行父道而怠忽其業大傷其父心是不孝

于父不能字厥子乃疾厥子於爲人父不能字愛其子乃疾惡其子是不慈

于弟弗念天顯乃弗克恭厥兄於爲人弟不念天之明道乃不能恭事其兄是不恭

兄亦不念鞠子哀大不友于弟。爲人兄亦不念稚子之可哀大不篤友于弟是不友○鞠居六反。

惟弔茲不于我政人得罪惟人至此不孝不慈弗友不恭不於我執政之人得罪乎道教不至所致○弔音的

天惟與我民彝大泯亂天與我民五常使父義母慈兄友弟恭子孝而廢棄不行是大滅亂天道

〇泯，徐武軫反。

曰乃其速由文王作罰刑茲無赦。

言當速用文王所作違教之罰刑此亂五常者無得赦。

疏 王曰封元至無赦〇正義曰以是所用得其罪不但寇盜王命而言曰封非於骨肉之人為大惡猶尚為人所大惡之況惟不孝父母不友兄弟者乎其罪莫大於不孝也何者為人之子不能敬身服行其父事而怠忽其業大傷其父心是不孝也於為人父不能自愛其子乃疾惡其子是不慈也於為人弟不能念天之明道故乃不能恭事其兄是不恭也為人兄亦不能念稚子之可哀哉大不友愛於弟是不友也惟人所行以至此不孝不友者豈不由我執政之人道教不至以得此罪乎既人罪由教而致天惟與我民以五常之性使有恭孝廢棄不行是大滅亂天道也以由我滅亂曰乃其疾用文王所作違教之罰刑此亂五常者不可赦放也〇傳大惡至不友〇正義曰言將有作姦宄大惡猶為人所大惡況不孝父母不善兄弟者乎孝經云五刑之屬三千而罪莫大於不孝是也釋親云善父母為孝善兄弟為友下文不言母母同於父父子尊卑而異等故孝名上不通於下其兄弟雖有長幼而同倫故共友名也〇傳為人至不孝〇正義曰考亦通生死即此文及酒誥是也下曲禮云死曰考是對例耳人子以述

成父事爲孝怠忽其業卽其肯曰我有後不棄基故爲大傷
父心卽是上不孝也則子不述父事當輕於盜殺況以爲甚
者此聖人緣心立法人莫不緣身本於父母也自親以及物
天然之理故孝經曰不愛其親而愛他人者謂之悖德不敬
其親而敬他人者謂之悖禮以順則逆民無則焉不在於善
而皆在於凶德是也以此言賊殺他人罪小於骨肉相乖阻
但於他人言其極者於親言其小者小則有不和詈爭鬬訟
相傷者也於親小則傷心大乃逆命毆罵殺害互相發起而
可知也○傳於爲至不慈○正義曰上文不言不慈意以不
孝爲摠焉父當言義而云不慈者以父母於子并爲慈因父
有愛敬多少而分之言父義母慈而由慈以義故雖義言不
慈且見父兼母耳○傳於爲至不恭○正義曰善兄弟曰友
此言不恭者友思念之辭兄弟同倫故俱言友雖同倫而有
長幼其心友而貌恭故因兄弟而分友文爲二而言恭也五
教卽左傳文十八年史克言也於此言天之明道者父子天
性不嫌非天明故於兄弟言之因上先言不孝先言子於父
故此不友先言弟於兄若舉中以見上下故此言天明見五
教皆是卽孝經云則天之明左傳云爲父子兄弟姻媾以象
天明是於天理常然爲天明白之道○傳爲人至不友○正
義曰言亦者以兄弟同等而相亦所謂周書云父子兄弟罪

不相及卽此文也不孝罪子非及於父之輩理所當然而周官隣保以比伍相及而趙商疑而發問鄭荅云周禮太平制此爲居殷亂而言斯不然矣康誥所云以骨肉之親得相容隱故左傳云父子兄弟罪不相及周禮所云據踈人相督率之法故相連獲罪故今之律令大功已上得相容隱鄰保罪有相及是也

不率大戛矧惟外庶子訓人戛常也凡民不循大常之教猶刑之無赦況在外掌衆子之官主訓民者而親犯乎○戛簡八反

惟厥正人越小臣諸節惟其正官之人於小臣諸有符節之吏及外庶子其有不循大常者則亦在無赦之科

乃別播敷造民大譽弗念弗庸瘝厥君時乃引惡惟朕憝汝今往之國當分別播布德教以立民大善之譽若不念我言不用我法者病其君道是汝長惡惟我亦惡汝○別彼列反注同汝長丁丈反下同

已汝乃其速由茲義率殺亦惟君惟長汝乃其速用此典刑宜於時世者循理以刑殺則亦惟君長之正道

不能厥家人越厥小臣外

正惟威惟虐大放王命乃非德用乂爲人君長而不能治其家人之道則於其小臣外正官之吏並爲威虐大放棄王命乃由非德用治之故汝亦罔不克敬典乃由裕民惟文王之敬忌常事人之所輕故戒以無不能敬常汝用寬民之道當惟念文王之所敬忌而法之。乃裕民曰我惟有及則予一人以懌汝行寬民之政曰我惟有及於古則我一人以此悅懌汝德。懌音亦【疏】不率至以懌。正義曰言滅五常之害當除凡民不循大道五常之教猶刑之況在外土掌庶子之官主於訓民惟其正官之人及於小臣猶有符節者並爲教首其心不循大常豈可赦也以人之須有五常汝今往之國乃當分別播布德教以立民大善之譽若不念我言不用我法即病其爲君之道是汝長爲惡矣以此惟我亦惡汝也已乎既惡不可爲汝乃其疾用此典刑宜於時世者循理以刑殺亂常者則亦惟爲人君惟爲人長之正道既爲人君長不能治其五教施於家人之道則於其卑小臣外土正官之吏惟爲威暴則爲酷虐大放棄王命矣如是乃由汝非以道德用治之故由此汝亦無得不能

敬其常事汝用寬民之道當思惟念用文王之所敬畏而法
之汝以此行寬民之政曰我願惟有及於古則我一人天子
以此悅懌汝德矣汝惟宜勤之○傳戛常至犯乎○正義曰
戛猶楷也言爲楷模之常故戛爲常也遞上凡民自得罪故
言凡民不循大常之教也猶刑之卽上云刑茲無赦故也亦
愚以況智故言況在外掌衆子之官主訓民者而親犯乎卽
周官云諸子文王世子云庶子也以致教諸子故爲訓人周
禮諸子之官亦是王朝之臣言在外者對父子兄弟爲外惟
舉庶子之官者以其教訓公卿子弟最爲急故也鄭玄以訓
人爲師長亦各一家之道也○傳惟其至之科○正義曰正
官之人若周官三百六十職正官之首於小臣諸有符節者
謂正人之下非長官之身下至符吏諸有符節爲教人之故
故言有符節者非要行道之符節若爲官行文書而有符今
之印者也以上況之故言不循大常亦在無赦之科矣在軍
者有旌節亦得爲有符節耳○傳汝今至惡汝○正義曰言
分別播布德教謂分遣卿大夫爲之教民使善而已有善譽
是立民以大善之譽○傳汝乃至正道○正義曰此用宜於
時以刑殺上不循五常之道者其君長對則大夫爲長散則
人君爲長君而居之是君亦與長爲一孝經對例以長爲大
夫耳○傳爲人至之故○正義曰以五常父母兄弟子卽家

人之道易有家人卦亦與此同也不行五教爲不能治家人之道家人不治則君不明君既不明則不察下故則於其小臣外正官之吏並爲威虐大放棄王命非德用治是不明爲臣德也○傳常事至法之○正義曰常事常所行之事也人見尋常不爲異故輕之而以爲戒文王所敬忌卽敬德忌刑鄭云祇祇威威是也○傳汝行至汝德○正義曰寬則得衆故五教在寬上既言乃由裕民此又疊之汝行寬民之政曰我惟有及於古卽古賢諸侯汝惡我則惡之汝善我則愛之以此我一人悅懌汝德也

王曰封爽惟民迪吉康明惟治民之道而善安之

我時其惟殷先哲王德用康乂民作求我是其惟殷先智王之德用安治民爲求等

矧今民罔迪不適不迪則罔政在厥邦治民乃欲求等殷先智王況今民無道不之言從教也不以道訓之則無善政在其國○

疏王曰封爽至厥邦○正義曰既言德刑事終而揔言之我所以令汝明德愼罰以施政者王命所以言曰封爲人君當明惟爲治民之道而善安之故我以是須汝善安民故我其惟念殷先智聖王之德用安治民爲求而等之我於民未治之

時尚求等殷先智王況今民無道不之而易化汝若不以道
訓之則無善政在其國所以須安民以德刑也○傳明惟至
安之○正義曰以慎德刑爲明治民之道教之五常爲善富
而不擾爲安也鄭以廸爲下讀各爲一通也○傳治民至其
國○正義曰以已喻康叔言我未治之時乃欲求等殷先智
王以致太平者況今民無道不之言易從教不以正道訓民
民不知道故無善政在其國爲無吉康也

王曰封予惟不可不監告汝德之說于罰之行

我惟不可不監視古義告汝施德之說於罰之所行欲其勤德慎刑○說如字徐始銳反

今惟民不靜未戾厥心廸屢未同

假令今天下民不安未定其心於周教道屢數而未和同設事之言○令力呈反數所角反

爽惟天其罰殛我我其不怨

明惟天其以民不安罰誅我我其不怨天汝不治我罰汝汝亦不可怨我○殛紀力反

惟厥罪無在大亦無在多矧曰其尚顯聞于天

民之不安雖小邑少民猶有罰誅不在多大況曰不慎罰明聞於天者乎言罪大

〔疏〕

王曰封予至于天○正義曰以汝須善政在國令我民安當爲政以愼德刑爲教故王又命之曰封我惟不可不視古義告汝施德之說於罰之所有欲其勤德愼刑也假令惟天下民不安未定其心於周教道屢數而未和同明惟天其以民不安其罰誅我我其不怨於天則汝不治是其罪我罰汝汝亦不可怨我我以民之不安惟其罰之無在大邑無在多民以少猶誅罰況曰爲君不愼德刑其上明聞於天是爲罪大不可赦○傳我惟至愼刑○正義曰以敷求殷先哲王及别求古先哲王爲已視古義也德由說而罰須行故德之言說而罰言行也以事終而結上故云德也○傳假令至之言○正義曰天下不安爲揔說所以不安猶未定其心於周道屢數而未和同也時以大和會故言假令設不和同事言耳○傳明惟至怨我○正義曰顧氏云明惟天者言天明察在上見民不安乃以刑罰誅戮於我○傳民之至罪大○正義曰此揔德刑而直云不愼罰者政以德爲主不嫌不明政失由於濫刑故舉罰以言之下言無作怨以失罰爲罪大

王曰嗚呼封敬哉無作怨勿用非謀非彝言當修已以敬無爲可怨之事勿用非善謀非常法**蔽時忱丕則敏德**斷行是誠道大法敏德信則人

任焉敏則有功

用康乃心顧乃德遠乃猷用是誠道安汝心顧省汝德無令有非遠汝謀思爲長久裕乃以民寧不汝瑕殄行寬政乃以民安則我不汝罪過不絕亡汝

疏

王曰嗚呼至瑕殄○正義曰以罰不可失故王命言曰嗚呼封當修已以敬哉無爲可怨之事勿用非善謀非常法而以決斷行是誠信之道大當法爲機敏之德用是信敏安汝心顧省汝德廣遠汝謀能行寬政乃以民安則我不於汝罪過而絕亡汝○傳斷行至有功○正義曰以誠在於心故決斷行之亦心誠而行敏爲見事有善而須德法故云大法敏德也正以此二者以信則人任焉敏則有功故也論語文○傳用是至長久○正義曰上文有忱有敏此惟云用是誠道不云敏者敏在誠下亦用之可知

王曰嗚呼肆汝小子封惟命不于常以民安則不。絕亡汝故當念天命之不於常汝行善則得之行惡則失之汝念哉無我殄無絕棄我言而不念。享明乃服命享有國土當明汝所服行之命令使可則高乃聽用康乂民高汝聽聽先王道德之言以安治民

疏

王曰嗚呼肆至乂民○正義曰與上相首引王命言曰嗚呼以民安則不汝絕亡之故汝小子封當念天命之不於常也惟行善則得之行惡則失之汝念此無常哉無絕棄我言而不念若享有國土當明汝服行之教令使可法高大汝所聽用先王道德之言以安治民也○傳享有至可則○正義曰以不瑕殄卽享有國土也服行之命謂德刑也

王若曰往哉封勿替敬典汝往之國勿廢所宜敬之常法聽朕告汝乃以殷民世享順從我所告之言卽汝乃以殷民世世享國福流後世

疏 王若至世享○正義曰以須高聽治民故王命順其德而言曰汝往之國哉封乎勿廢所宜敬之常法卽聽用我誥是也汝如此則汝乃得以殷民世世殷國而言不絕國祚短長由德也又言王若曰者一篇終始言之明於中亦有若也

酒誥第十二

周書　孔氏傳　孔穎達疏

酒誥康叔監殷民殷民化紂嗜酒故以戒酒誥○嗜市志反

疏 傳康叔至酒誥○正義曰以梓材云

若茲監故云康叔監殷民也鄭以爲連屬之監則爲牧而言然康叔時實爲牧而所戒爲居殷墟化紂餘民不主於牧下篇云監監亦指爲君言之也明監卽國君監一國故此言監殷民不言監一州若大宰之建牧立監也

王若曰明大命于妹邦

周公以成王命誥康叔順其事而言之欲令明施大教命於妹國妹地名紂所都朝歌以北是○王若馬本作成王若曰注云言成王者未聞也俗儒以爲成王骨節始成故曰成王或曰以成王爲少成二聖之功生號曰成王沒因爲謚衛賈以爲戒成康叔以慎酒成就人之道也故曰成此三者吾無取焉吾以爲後錄書者加之未敢專從故曰未聞也妹邦馬云妹邦卽牧養之地欲令力呈反下始令令勿令同

乃穆考文王肇國在西土

父昭子穆文王弟稱穆將言始國在西土西土岐周之政○文王弟稱穆周自后稷而封爲始祖后稷生不窋爲昭鞠陶爲穆公劉爲昭慶節爲穆皇僕爲昭羌弗爲穆毀揄爲昭公非爲穆高圉爲昭亞圉爲穆諸盩爲昭大王爲穆王季爲昭文王爲穆故左傳宮之奇云大伯虞仲大王之昭也虢仲虢叔王季之穆也又富辰云管蔡已下十六國文之昭也昭一音韶窋音竹律反揄音投盩音張流反大並音太

厥

誥毖庶邦庶士越少正御事朝夕曰祀茲酒文王其所告慎衆國衆士於少正官御治事吏朝夕勑之惟祭祀而用此酒不常飲○毖音祕少詩照反惟天降命肇我民惟元祀惟天下教命始令我民知作酒者惟爲祭祀○爲于僞反下同天降威我民用大亂喪德亦罔非酒惟行天下威罰使民亂德亦無非以酒爲行者言酒本爲祭祀亦爲亂行○惟行下孟反注及下注之行同越小大邦用喪亦罔非酒惟辜於小大之國所用喪亡亦無不以酒爲罪也

【疏】王若至惟辜○正義曰周公以王命誥康叔順其事而言曰汝當明施大教命於妹國而戒之以酒所以須戒酒者以汝父於廟以穆考文王始國在西土岐周爲政也其誥慎所職衆國衆士於少正官御治事吏朝夕勑之曰惟祭祀而用此酒不常爲飲也所以不常爲飲者以惟天之下教命始令我民知作酒者惟爲大祭祀故以酒爲祭不主飲故天下威罰於我民用使之大爲亂以喪其德亦無非以酒爲行而用之故於小大之國用使之喪亡亦無非以酒爲罪以此衆事少

正皆須戒酒也是文王以酒爲重戒汝不可不法也○傳周
公至北是○正義曰此爲下之目故言明施大教命於妹國
此妹與沫一也故沫爲地名紂所都朝歌以北但妹爲朝歌
之所居也朝歌近妹邑之南故云以北是詩又云沫之東矣
沫之鄉矣卽東與北爲鄉也妹屬鄘紂所都在妹又在北與
東是地不方平偏在鄘多故也馬鄭王本以文涉三家而有
成字鄭玄云成王所言成道之王三家云王年長骨節成立
皆爲妄也○傳父昭至之政○正義曰以穆連考故以昭穆
言之文王廟次爲穆以周自后稷以至文王十五世案世本
云后稷生不窋爲昭不窋生鞠陶爲穆鞠陶生公劉爲昭公
劉生慶節爲穆慶節生皇僕爲昭皇僕生差弗爲穆差弗生
毁揄爲昭毁揄生公飛爲穆公飛生高圉爲昭高圉生亞圉
爲穆亞圉生組紺爲昭組紺生大王亶父爲穆亶父生季歷
爲昭季歷生文王爲穆據世次偶爲穆也左傳曰大伯虞仲
大王之昭言大王爲昭而子爲穆又曰虢仲虢叔王季之穆
亦王季爲昭而子爲穆與文王同穆也又管蔡郕霍等十六
國亦曰文王之昭則以文王爲穆其子與武王爲昭又曰邘
晉應韓武之穆以繼武王爲昭也將言始國在西土西土岐
周之政者據今本先故言始爲初始爲政然則居豐前故云
西土欲將言道文王誥毖庶邦以下之政故先本之云肇國

在西土○傳文王至常飲○正義曰告勑使之敬愼故曰告愼其衆國卽衆多國君衆士朝臣也旣揔呼爲士則卿大夫俱在內少正御治事以其卑賤更別目之朝夕勑之丁寧愼之至也○傳惟天至祭祀○正義曰世本云儀狄造酒夏禹之臣又云杜康造酒則人自意所爲言天下教命者以天非人不因人爲者亦天之所使故凡造立皆云本之天元祀者言酒惟用於大祭祀見戒酒之深也顧氏云元大也洛誥稱秩元祀孔以爲舉秩大祀大劉以元爲始誤也○傳天下至亂行○正義曰民自飲酒致亂以被威罰言天下威者亦如上言天之下教命令民作酒也爲亂而罪天理當然故曰天討有罪五刑五用哉俗本云不爲亂行定本云亦爲亂行俗本誤也○傳於小至爲罪也○正義曰小大之國謂諸侯之國有小大也上言民用大亂指其身爲罪此言邦用喪言其邦國喪滅上文揔謂貴賤之人此則專指諸侯之身故也惟行用酒惟罪身得罪亦互相通也

文王誥教小子有正有事無彝酒小子民之子孫也正官治事。謂下羣吏教之皆無常飲酒越庶國飲惟祀德將無醉於所治衆國飲酒惟當因祭祀以德自將無令至醉惟曰。我民迪小

子惟土物愛厥心臧文王化我民教道子孫惟土地所生之物皆愛惜之則其心善**聰聽祖考之彝訓越小大德小子惟一**言子孫皆聰聽父祖之常教於小大之人皆念德則子孫惟專一

〔疏〕文王至惟一○正義曰前文王戒酒以爲所供當重飲之則有滅亡之害此更戒之令以德自將不可常飲故又云文王誥教其民之小子與正官之下有職事之人謂羣吏汝等無得常飲酒也於所治衆國之君臣民衆等言飲酒惟當因祭祀以德自將無令至醉又自申文王之教小子者不但身自教之又化民使自教其子弟惟教其民曰惟我民等當教道子孫小子令土地所生之物皆愛惜之則其心善矣以愛物則不爲酒而損耗故也既父祖稟文王之教以化其子孫而子孫能聰審聽用祖考之常訓言愛物以戒酒也不但民之小子爲然其於小大德之士大夫等亦皆能一念行文王之德以教其子孫故子孫亦聰聽之小子惟皆專一而戒其酒其民及在位不問貴賤子孫皆化則至成長爲德可知也○傳小子至飲酒○正義曰知小子謂民之子孫者以下文二我民迪小子又云奔走事厥考厥長故知小子謂民之子孫也知有正有事非士大夫而云正官治事謂下羣吏者以文

與小子相連故知是正官下治事之羣吏○傳於所至至醉○正義曰以述上文內外雙舉此爲小子及民與士大夫可知其外宜有國君故下云指戒康叔爲國之事故揔言衆國惟於祭祀得飲酒猶以德自將無令至醉大傳因此言宗室將有事族人皆入侍得有醉與不醉而出與不出之車而以德自將無令至醉亦一隅之驗文王爲諸侯而云衆國者文王爲西伯又三分有二諸侯故得戒衆國也○傳文王至心善○正義曰以惟曰爲教辭故言文王化我民愛惜土物而不損耗則不嗜酒故心善妹土嗣爾股肱純其藝黍稷奔走事厥考厥長今往當使妹土之人繼汝股肱之教爲純一之行其當勤種黍稷奔走事其父兄○長丁丈反下注長官諸侯之長同肇牽車牛遠服賈用孝養厥父母農功既畢始牽車牛載其所有求易所無遠行賈賣用其所得珍異孝養其父母○賈音古養牛亮反厥父母慶自洗腆致用酒其父母善子之行子乃自絜厚致用酒養也庶士有正越庶伯君子其爾典聽朕教衆伯君子長官大夫

統庶士有正者其汝常聽我教勿違犯 **爾大克羞耇惟君爾乃飲食醉飽** 汝大能進老成人之道則爲君矣如此汝乃飲食醉飽之道先戒羣吏以聽教次戒康叔以君義 **丕惟曰爾克永觀省作稽中德** 我大惟教汝曰汝能長觀省古道爲考中正之德則君道成矣○省悉井反 **爾尚克羞饋祀爾乃自介用逸** 能考中德則汝庶幾能進饋祀於祖考矣能進饋祀則汝乃能自大用逸之道 **茲乃允惟王正事之臣** 汝能以進老成人爲醉飽考中德爲用逸則此乃信任王者正事之大臣○任音王 **茲亦惟天若元德永不忘在王家** 言此非但正事之臣亦惟天順其大德而佑之長不見忘在王家

［疏］妹土至王家○正義曰既上言文王之教今指戒康叔之身實如汝當法文王斷酒之法故今往當使妹土之人繼爾股肱之教爲純一之行其當勤於耕種黍稷奔馳趨走供事其父與兄其農功既畢始牽車牛遠行賈賣用其所得珍異孝養其父母以子如此善子之行子乃自洗潔謹敬厚致用酒以養此亦小子土物愛

也又謂汝衆士有正之人及於衆伯君子長官大夫統衆士
有正者其汝亦常聽用我斷酒之教勿違犯也汝康叔大能
進行老者成人之道則惟可爲君矣如此汝乃爲飲食醉飽之
道由須進行老成人故我大惟教汝曰汝能長觀省古道所
爲考行中正之德即是進行老成人惟堪爲君能考中德用
汝庶幾能進饋祀於祖考矣以能進饋祀人神所助則汝乃
能自大用逸之道如此用逸則乃信惟王正事之大臣不但
正事大臣如此亦惟天順其大德而佑助之長以不見遺忘在
王家矣可不務乎○傳今往至父兄○正義曰妹土爲所
封之都故言今往繼汝股肱之教者君爲元首臣作股肱爲君
倡臣之行施由股肱故言繼其教之也○言奔走者顧氏云勤種黍
稷奔馳趨走也○傳農功至父母○正義曰若當農功則有
所廢故知既畢乃行故云始牽車牛即牽將大車載有易無
遠求盈利所得珍異而本不損故可孝養其父母亦愛土物
之義也○傳其父至酒養○正養曰以人父母欲家生之富
者若非盈利雖得其養有喪家資則父母所不善今勤商得
利富而得養所以善子之行也○傳衆伯至違犯○正義曰
衆伯君子統衆士有正者經云庶士有正者戒其慎酒從卑
至尊故先教子孫乃及庶士衆百君子○傳汝大至君義○
正義曰釋詁云羞進也既以慎酒立教是大能進行老成人○

之道是惟可爲人君矣以人君若治不得有所民事可憂雖得酒食不能醉飽若能進德民事可乎故爲飲食可醉飽之道以羣臣言聽教即爲臣義不過愼酒進德次戒康叔以君義亦有聽教明爲互矣○傳我大至成矣○正義曰以言曰故以爲教辭即教以大克羞者長省古道是老成人之德考其中正是能大進行可以惟爲君故云則君道成矣○傳能考至之道○正義曰以聖人爲能饗帝孝子爲能饗親考德爲君則人治之已成民事可以祭神故考中德能進饋祀於祖考人愛神助可以無爲故大用逸之道即上云飲食醉飽之道也鄭以爲助祭於君亦非其義勢也以下然並亦惟天據人事是惟王正事大臣本天理故天順其大德不見忘在於王家反覆相成之勢也

王曰封我西土棐徂邦君御事小子尚克用文王教不腆于酒我文王在西土輔訓往日國君及御治事者下民子孫皆庶幾能用上教不厚於酒言不常飲故我至于今克受殷之命以不厚於酒故我周家至于今能受殷王之命

〔疏〕王曰封我西至之命○正義曰於此乃揔言不可不用文王愼酒之教王命之曰封我文王本在西土以道輔

訓往日國君及治事之臣大夫士與其民之小子其此等皆庶幾能用文王教而不厚於酒故我周家至于今能受殷之王命以此故不可不用其教以斷酒○傳我文至常飲○正義曰棐輔也徂往也以事已過故言往日恐嗜酒不成其德故以斷酒輔成之其御事謂國君之下衆臣也不厚於酒即無彝酒也故云不常飲揔述上也

王曰封我聞惟曰在昔殷先哲王迪畏天顯小民聞之於古殷先智王謂湯蹈道畏天明著小民經德秉哲自成湯咸至于帝乙成王畏相能常德持智從湯至帝乙中間之王猶保成其王道畏敬輔相之臣不敢爲非○相息亮反下同惟御事厥棐有恭不敢自暇自逸惟殷御治事之臣其輔佐畏相之君有恭敬之德不敢自寬暇自逸豫○暇遐嫁反矧曰其敢崇飲崇聚也自假自逸猶不敢況敢聚會飲酒乎明無也越在外服侯甸男衛邦伯於在外國侯服甸服男服衛服國伯諸侯之長言皆化湯畏相之德越在內服百僚庶

尹惟亞惟服宗工於在內服治事百官衆正及次大夫服事尊官亦不自逸越百姓里居於百官族姓及卿大夫致仕居田里者罔敢湎于酒不惟不敢亦不暇自外服至里居皆無敢沈湎於酒非徒不敢志在助君敬法亦不暇飲酒○湎面善反惟助成王德顯越尹人祗辟所以不暇飲酒惟助其君成王道明其德於正人之道必正身敬法其身正不令而行○辟扶亦反

〔疏〕王曰封我聞至祗辟○正義曰以周受於殷文王之前殷代也今又衛居殷地故舉殷代以酒興亡得失而爲戒王命之曰封我聞於古所聞惟曰殷之先代智道之王成湯於上蹈道以畏天威於下明著加於小民即能常德持智以爲政教自成湯之後皆然以至于帝乙猶保成其王道畏敬輔相之臣其君既然惟殷御治事之臣其輔相於君有恭敬之德不敢自寬暇自逸豫況曰其敢聚會羣飲酒乎於是在外之服侯甸男衛國君之長於是在內之服治事百官衆正惟次大夫惟服事尊官於百官族姓及致仕在田里而居者皆無敢沈湎於酒不惟不敢亦自不暇飲所以不暇者惟以助其君成其王道令德顯明又於正人之道必正

身敬法正身以化下不令而行故不暇飲是亦可以爲法也○傳聞之至小民○正義曰言聞之於古是事明衆見也下言自成湯知此別道湯事也王者上承天下恤民皆由蹈行於爲畏天之罰已故也又以道教民故明德著小民○傳能常至爲非○正義曰德在於身智在於心故能常德持智即上迪畏天顯小民爲自湯後皆爾○傳惟殷至逸豫○正義曰此事當公卿故下別云越在內服百僚庶尹也爲君畏相故輔之若寬暇與逸豫則不恭敬故不敢爲也○傳崇聚至明無○正義曰釋詁云崇充也充實則集聚故崇爲聚也飲必待暇逸猶尙不敢暇逸故言況敢聚集飲酒乎明無也○傳於在至之德○正義曰以公卿與國爲體承君共事故先言之然後見廣故自外及內舉四者以揔六服又因衞爲蕃衞故不言采也國謂國君伯言長連屬卒牧皆是見徧在外爲君故言化湯畏相之德○傳於在至自逸○正義曰畿外有服數畿內無服數故爲服治事也言百官衆正爲揔之文但百官衆正除六卿亦有大夫及士士亦有官首而爲政者惟亞傳云次大夫者謂雖爲大夫不爲官首者亞次官首故云亞舉大夫尊者爲言其實士亦爲亞次之官必知爲亞兼士者以此經文上下更無別見士之文故知兼之惟服宗工揔上百僚庶尹及惟亞言服治職事尊官之故亦不自逸惟

亞雖不爲官首亦助上服治政事或可非官首者服事在上之尊官亦不自逸○傳於百至里者○正義曰每言於者繼上君與御事爲於此不言在從上內服故也百官族姓謂其每官之族姓而與里居爲摠故云卿大夫致仕居田里者也○傳自外至飲酒○正義曰自外服至里居皆無敢沈湎亦上御事云亦不暇不暇則不逸可知助君敬法逆探下經也

我聞亦惟曰在今後嗣王酣身嗣王紂也酣樂其身不憂政事○酣戸甘反樂音洛厥命罔顯于民祗保越怨不易言紂暴虐施其政令於民無顯明之德所敬所安皆在於怨不可變易○易如字馬以豉反誕惟厥縱淫泆○于非彝用燕喪威儀民罔不盡傷心紂大惟其縱淫泆于非常用燕安喪其威儀民無不盡然痛傷其心○縱子用反注同泆音溢又作逸亦作佚盡許力反惟荒腆于酒不惟自息乃逸言紂大厚於酒晝夜不念自息乃過差○差初佳反又初賣反厥心疾很不克畏死紂疾很其心不能畏死言無忌憚○很胡懇反辜在

商邑越殷國滅無罹紂聚罪人在都邑而任之於殷國滅亡無憂懼弗惟德馨香祀登聞于天誕惟民怨紂不念發聞其德使祀見享升聞於天大行淫虐惟爲民所怨咎庶羣自酒腥聞在上故天降喪于殷罔愛于殷惟逸紂衆羣臣用酒沈荒腥穢聞在上天故天下喪亡於殷無愛於殷惟以紂奢逸故○聞音問天非虐惟民自速辜言凡爲天所亡天非虐民惟民行惡自召罪

【疏】我聞至速辜○正義曰既言帝乙以上愼酒以存故又言紂嗜酒而滅我聞亦惟曰殷之在今帝乙後嗣之謂紂王酣樂其身不憂於政事施其政令無顯明之德於民所敬所安皆在於怨不可變易大惟其縱淫泆於非常用燕安之故喪其威儀民見之無不盡然痛傷其心也皆由惟大愛厚於酒晝夜不念自止息乃過逸其內心疾害很戾不能畏死聚罪人在商邑而任之於殷國滅亡無憂懼也不念發聞其德令之馨香使祀見享升聞于天大惟行其淫虐爲民下所怨紂衆羣臣集聚用酒荒淫腥穢聞在上天故天下喪亡於殷無愛念於殷惟以紂奢逸故非天虐殷

以滅之惟紂爲人自召此罪故也○傳言紂至變易○正義曰施其政令於民無顯明之德言所施者皆是闇亂之政也紂意謂之爲善所敬之所安之者及其施行皆是害民之事爲民所怨紂之爲惡執心堅固不可變易也○傳紂大至其心○正義曰誕訓爲大言紂大惟其縱淫泆於非常之事○傳紂衆至逸故○正義曰紂衆羣臣用酒沈荒用者解經之自定本作自俗本多誤爲嗜○傳言凡至召罪○正義曰此言惟人謂紂也今變言人者見雖非紂亦然

王曰封予不惟若兹多誥我不惟若此多誥汝我親行之古人有言曰人無於水監當於民監。古賢聖有言人無於水監當於民監視水見已形視民行事見吉凶○今惟殷墜厥命我其可不大監撫于時。監工陷反下及注同今惟殷紂無道墜失天命我其可不大視此爲戒撫安天下於是

疏王曰封予至于時○正義曰既陳殷之戒酒與嗜酒以致興亡之異故誥之王命言曰封我不惟若此徒多出言以誥汝而已我自戒酒已親行之汝可法之也所以親行者古人有言曰人無於水監當於民監以水監但見已形以民監知成敗故

也以須民監之故今殷紂無道墜失其天命我其可不大視以爲戒撫安天下於今時也予惟曰汝劼毖殷獻臣劼固也我惟告汝曰汝當固慎殷之善臣信用之○劼若八反侯甸男衞矧太史友內史友侯甸男衞之國當慎接之況太史內史掌國典法所賓友乎越獻臣百宗工矧惟爾事服休服采於善臣百尊官不可不慎況汝身事服行美道服事治民乎矧惟若疇圻父薄違農父圻父司馬農父司徒身事且宜敬慎況所順疇咨之司馬乎況能迫迴萬民之司徒乎言任大○圻巨依反父音甫薄蒲各反徐又扶各反違如字徐音回馬云違行也若保宏父定辟矧汝剛制于酒宏大也宏父司空當順安之司馬司徒司空列國諸侯三卿慎擇其人而任之則君道定況汝剛斷於酒乎○辟必亦反斷丁亂反【疏】予惟至於酒○正義曰殷之存亡既可以爲監若是故我惟告汝曰汝當堅固愼殷之善臣及侯甸男衞之君則在外尚然況已下太史所賓友內史所賓友於善臣百尊官而不固愼乎

此之畀官猶尚固愼況惟汝之身事所服行美道服行美事治民而可不固愼乎於已身事猶當固愼況惟所敬順疇咨之圻父能迫迴萬民之農父所順所安之宏父此等大臣能得固愼則可定其爲君之道固愼大臣雖非急要尚能使君道得定況汝又能剛斷於酒乎善所莫大不可加也○傳劼固至用之○正義曰劼固釋詁文將欲斷酒爲重故節文以相況㦤訓爲愼言誠堅固謹愼皆敬而釋任之其文通於下皆固愼○傳侯甸至賓友乎○正義曰太史掌國六典依周禮治典教典禮典政典刑典事典也內史掌八柄之法者爵祿廢置殺生與奪此太史內史卽康叔之國大夫知者以下圻父農父宏父是諸侯之三卿明太史內史非王朝之官所賓友者敬也○傳於善至民乎○正義曰於善臣卽上經殷獻臣也百尊官卽上侯甸男衛太史內史也服行美道服事治民卽上汝之身事知服事是治民者民惟邦本諸侯治民爲事故也鄭玄以服休爲燕息之近臣服采爲朝祭之近臣非孔意也○傳圻父至任大○正義曰司馬主圻封故云圻父父者尊之辭以司徒教民五土之藝故言農父也以司馬征伐在乎閫外所專故隨順而疇咨之言君所順疇也迫近迴繞於萬民言近民事也二者皆任大○傳宏大至酒乎○正義曰宏大釋詁文以司空亦君所順所安和之故言當順

安之諸侯之三卿以上有司馬司徒故知宏父是司空言大父者以營造爲廣大國家之父因節文而分之乃總之言司馬司徒司空列國三卿令慎擇其人而任之則君道定況剛斷於酒乎爲甚之義也其定辟總上自劼毖殷獻。已下獨言三卿者因文相況而接之其實總上也三卿不次者以司馬征伐爲重次以政教安萬民司徒爲重司空直指營造故在下也司徒言於萬民爲迫廻者事務爲主故也司徒不言若者互相明皆爲治民而君所順也**厥或誥曰羣飲汝勿佚**其有誥汝曰民羣聚飲酒不用上命則汝收捕之勿令失也。**盡執拘以歸于周予其殺**盡執拘羣飲酒者以歸於京師我其擇罪重者而殺之。盡子忍反**又惟殷之迪諸臣惟工乃湎于酒勿庸殺之**又惟殷家蹈惡俗諸臣惟衆官化紂日久乃沈湎於酒勿用法殺之。惡烏各反**姑惟教之有斯明享**以其漸染惡俗故必三申法令且惟教之則汝有此明訓以享國。三息暫反又如字**乃不用我教辭惟我一人弗恤弗蠲乃事時同于**

殺汝若忽怠不用我教辭惟我一人不憂汝乃不潔汝政事是汝同於見殺之罪〔疏〕厥或至于殺○正義曰以爲政莫重於斷酒故其有人誥汝曰民今飲酒相與羣聚是不用上命則汝收捕之勿令失矣盡執拘以歸於周之京師我其擇罪重而殺之也又惟殷之蹈惡俗諸臣惟其衆官化紂日久乃沈湎於酒勿用法殺之以漸染惡俗故三申法令且惟教之則汝有此明訓可以享國汝若不用我教辭惟我一人天子不憂汝不潔汝政享是汝同於見殺之罪不可不慎○傳盡執至殺之○正義曰言周故爲京師○但飲有稀數罪有大小不可一皆盡殺故知擇罪重者殺之○傳又惟至殺之○正義曰言諸臣謂尊者及其下列職衆官不可用法殺之明法有張施此由殷之諸臣漸染紂之惡俗日久故不可卽殺其衛國之民先非紂之舊臣乃羣聚飲酒恐增長昏亂故擇罪重者殺之據意不同故殺否有異○傳以其至享國○正義曰祀成於三故必三申法令有此明訓揔上之辞故得享國○傳汝若至之罪○正義曰汝不用我教辞則不足憂念故惟我一人不憂汝不絜汝之政事事惟穢惡不復教之使絜靜也

王曰封汝典聽朕毖汝當常聽念我所慎而篤行之**勿辯乃司民湎于酒**使乃

也勿使汝主民之吏湎於酒言當正身以帥民〔疏〕王曰封至于酒○正義曰以戒酒事終故結之王命言曰封汝當常聽命我所使汝愼者篤而行之勿使汝主民之吏若宰人者沈湎於酒當正身以帥民

梓材第十三

周書　　孔氏傳　　孔穎達疏

梓材告康叔以爲政之道亦如梓人治材○梓音子本亦作杍馬云古作梓字治木器曰梓治土器曰陶治金器曰冶〔疏〕傳告康至治材○正義曰此取下言若作梓材既勤樸斲故云爲政之道如梓人治材此古杍字今文作梓梓木名木之善者治之宜精因以爲木之工匠之名下有稽田作室乃言梓材三種獨用梓材者雖三者同喻田在於外室揔於家猶非指事之器故取梓材以爲功也因戒德刑與酒事終言治人似治器而結之故也

王曰

封以厥庶民暨厥臣達大家。言當用其衆人之賢者與其小臣之良者以通達卿大夫及都家之政於國○暨其器反**以厥臣達王惟邦君**汝當信用其臣

以通王教於民言通民事於國通王教於民惟乃國君之道**汝若恒越曰我有師**
師汝惟君道使順常於是曰我有典常之師可師法**司徒司馬司空尹旅**
曰予罔厲殺人言國之三卿正官衆大夫皆順典常而曰我無厲虐殺人之事如此則善矣
亦厥君先敬勞肆徂厥敬勞亦其爲君之道當先敬勞民故汝往治民
必敬勞來之。勞力報反下同來力代反**肆往姦宄殺人歷人宥**以民當敬
勞之故。汝往之國又當詳察姦宄之人及殺人賊所過歷之人有所寛宥亦所以敬勞之。宄音軌**肆亦見**
厥君事戕敗人宥聽訟折獄當務從寛恕故往治民亦當見其爲君之事察民以過誤殘敗
人者當寛宥之。見如字徐賢遍反戕敗徐在羊反又七良反馬云殘也折之舌反**疏**。王曰至人宥。正義曰王
曰封汝爲政當用其衆人之賢者與其小臣之良者以通達
卿大夫及都家等大家之政於國然後汝當信用其臣以通
達王教於民惟乃可爲國君之道汝爲君道故當使上下順
常於是曰我有典常之師可師法是君之順典常也其下司

徒司馬司空國之三卿及正官衆大夫亦皆順典常而曰我無虐厲殺人之事是使臣之順常也如此君臣皆能順常則爲善矣爲君之道非但順常亦須敬勞之故云亦其爲君之道當先敬心以愛勞民故汝往治民必敬勞之又以民須敬勞之故汝往之國詳察其姦宄及殺人之人二者所過歷之人原情不知有所寬宥以斷獄務從寬故汝往治亦當見其爲君之事而民有過誤殘敗人者當寬宥之此亦爲敬勞之也○傳言當至於國○正義曰以用也暨與也言用邇厥臣可用明此皆賢與良也厥臣文在大家之上故知小臣也言用之者既用其言以爲政又用其人以爲輔本之得大家所用統之即君所遣也以大夫稱家對士庶有家而非大故云大家卿大夫在朝者都家亦卿大夫所得邑也又公邑而大夫所治亦是也用此以行政令上達於國使人君知之也即是庶人升爲士又用庶人進在官者小臣亦得進等而用之周禮有都家之官鄭云都謂王子弟所封及公卿所食邑家謂大夫所食采地傳以大家言之總包大臣故言卿大夫及都家之政卿大夫之政謂在朝所掌者都家之政謂采邑所有政事二者並當通達之於國故連言之○傳汝當至之道○正義曰言汝當信用臣即信用卿大夫及都家自然大家也傳用小臣與庶人故得通王教於民也人君上承於王下

治民事故交通其政惟乃國君之道而已鄭以於邑言達大家於國言達王與邦君王爲二王之後卽亂名實也○傳汝惟至師法○正義曰卽上民事王教通於國人是順常也故摠上惟邦君言汝惟君道使順常也典常可師卽順常也○傳言國至善矣○正義曰此連上蒙若恒之文故云國之三卿正官衆大夫皆順典常也不言士從可知也此曰寻罔厲殺人所謂令康叔之語但在臣下宜爲此也以上令下行行之在臣故云我無厲虐殺人之事互明君及臣皆師法而無虐○傳亦其至來之○正義曰亦其爲君之道者爲邦君之道非直順常亦須敬勞故往必敬勞卽論語云先之勞之是也○傳以民至勞之○正義曰上文無罪敬勞此惟就有罪者原情免宥亦敬勞也其實姦宄不殺人者殺人亦是姦宄但重言而別其文姦宄及殺人二者並是賊害自當合罪不可寬宥其所過歷之人情所不知故詳察寬宥以爲敬勞之○傳聽訟至宥之○正義曰以君者立於無過之地使物不失其所故宥罪原情當見其爲君之事與上厥君始終相臣於姦上言肆往此亦以罪事往可知也言宥明情亦可原故知過誤殘敗人也

王啓監厥亂爲民言王者開置監官其治爲民不可不勉○監王暫反劉工銜反下同爲于僞反注同治直吏反**曰無**

胥戕無胥虐至于敬寡至于屬婦合由以容當教民無得相殘傷相虐殺至於敬養寡弱至於存恤妾婦和合其教用大道以容之無令見寃枉。屬婦上音蜀妾之事妻也令力呈反篇末同寃紆元反一本作以寃王其效邦君越御事厥命曷以王者其效實國君及於御治事者知其教命所施何用不可不勤引養引恬自古王若茲監罔攸辟能長養民長安民用古王道如此監無所復罪當務之。恬田廉反辟扶亦反

疏 王啓至攸辟。正義曰周公云所以敬勞者以王者開置監官其治主為於民故也以此當教民曰無得相殘傷無得相虐殺而為重害也何但不可為重害民之相於當至於敬養寡弱至於存恤屬婦合和其教用大道以相容無使至寃枉所以如此者以王者其當效實國君及於御治事者惟須知其教命所施何用知其善惡故不可不勤也所效實若能長養民長安民用古昔明王之道而治之如此為監无所復罪汝當務之。傳當教至寃枉。正義曰以言曰故知當教民也殘謂不死虐甚則殺故二文也經言屬婦傳言妾婦者以妾屬於人故名屬婦此經屬婦與

寡弱爲例則非鬬嫡婦也何者妻子是家中之貴者不至寃枉故也○傳王者至不勤○正義曰以君臣共國事故并效御治事而知其所施則下不得爲非即是王使存省侯伯監治是也故不可不勤

惟曰若稽田

既勤敷菑惟其陳修爲厥疆畎言爲君監民惟若農夫之考田已勞力布發之惟其陳列修治爲其疆畔畎壟然後功成以喻教化○菑側其反畎工犬反

若作室家

既勤垣墉惟其塗塈茨如人爲室家已勤立垣墻惟其當塗塈既茨蓋之○垣音袁墉音庸馬云卑曰垣高曰墉塈徐許既反說文云仰塗也廣云塗也馬云堊色一音故愛反茨徐在私反

若作梓材既勤樸斲惟其塗丹雘爲政之術如梓人治材爲器已勞力樸治斲削惟其當塗以漆丹以朱而後成以言教化亦須禮義然後治○樸普角反馬云未成器也斲丁角反雘枉略反徐烏郭反馬云善丹也說文云讀與雘同也又一郭反字林音同

【疏】惟曰至丹雘○正義曰既言王者所以效實國君爲政之事故此言國君爲政之喻惟爲監之事曰若農人之考田也已勞力徧布菑而耕發其田又須爲其陳列修治

爲疆畔畎壟以至收穫然後功成又若人爲室家已勤力立其垣墉又當惟其塗塈而暨飾茨蓋之功乃成也又若梓人治材爲器已勞力樸治斲削其材惟其當塗而丹漆以朱雘乃後成以喻人君爲政之道亦勞心施政除民之疾又當惟其飾以禮義使之行善然後治。傳爲政至後治。正義曰此三者事別而喻同也先遠而類疏者乃漸漸以事近而切者次之皆言既勤於初乃言修治於末明爲政皆孜孜因前基而修使善垣墉故也皆詳而復言之室器皆云其事終而考田止言疆畎不云刈穫者田以一種但陳修終至收成故開其初與下二文互也二文皆言斁。卽古塗字明其終而塗飾之其室言塗塈暨亦塗也不是以物塗之茨謂蓋覆也器言塗丹雘塗丹皆飾物之名謂塗雘以朱雘雘是彩色之名有靑色者有朱色者故鄭玄引山海經云靑丘之山多有靑雘此經知是朱者與丹連文故也**今王惟曰**

先王既勤用明德懷爲夾言文武已勤用明德懷遠爲近汝治國當法之。夾音協近也**庶邦享作兄弟方來亦既用明德**衆國朝享於王又親仁善鄰爲兄弟之國萬方皆來賓服亦已奉用先王之明德。朝直遙反**后式典集庶**

邦丕享君天下能用常法則和集衆國大來朝享皇天既付中國民越厥疆土于先王肆大天已付周家治中國民矣能遠拓其界壤則於先王之道遂大○付如字馬本作附拓音託王惟德用和懌先後迷民用懌先王受命今王惟用德和悅先後天下迷愚之民先後謂教訓所以悅先王受命之義○懌音亦字又作斁下同先悉薦反注同已若茲監惟曰欲至于萬年惟王爲監所行已如此所陳法則我周家惟。欲使至於。萬年承奉王室○監古陷反爲于威反子子孫孫永保民又欲令其子孫累世長居國以安民

【疏】今王至保民○正義曰此戒康叔已滿三篇其事將終須有揔結因其政術言法於明王上下相承資以成治故稱今者王命惟告汝曰先王文武在於前世以自勤用明德招懷遠人使來以爲親近也以明德懷柔之故衆國朝享於王又相親善爲兄弟之國萬方皆來賓服亦已化上奉用先王之明德矣是先王有明德下亦行明德以從之而可法也先王既然凡爲君以君天下者亦如先王用常法則和集衆國使

之大來朝享亦須同先王用明德也君天下者當如此今大天已付周家治九州之中國民矣周家之王若能爲政用明德以懷萬國遠拓其疆界土壤則先王之道遂更光大以此先今王須大先王之政惟明德之大道而用之以此和悅而先後其天下迷愚之民使之政治用此所以悅先王受命使之遂大之義故也是明德不可不務故我周王今亦行之汝爲人臣可以不法乎當法王家勤用明德治國也汝若能法我王家而用明德是爲善不可加因歎云已乎如此爲監則我周家惟曰欲汝至於萬年惟以承奉王室令其子子孫孫衆世長居國以安民○傳言文至法之○正義曰言先王知謂文武也夾者是人左右而夾之故言近也○傳衆國至明德○正義曰享施於王而兄弟爲相於之辟明彼此皆和協親仁善鄰左傳文以先王用明德於下之所行今亦奉用爲亦先王耳○傳大天至遂大○正義曰肆遂也申遂故爲大越遠也使天下賓服故遠拓界壤以益先王故爲遂大也○傳今王至之義○正義曰言用德亦是明德也先後若詩云予曰有先後謂於民心先未悟而啓之已悟於後化成之故謂教訓也先王本欲子孫成其事今化天下使善是悅先王受命其和悅先王即遠拓疆土悅其受命即遂大也

附釋音尚書注疏卷第十四

江西鹽法道胡稷栞

尚書注疏挍勘記卷十四　阮元撰盧宣旬摘錄

尚書注疏卷第十四古本作尚書卷第八古文尚書康誥第十一周書孔氏傳宋板十四作十三

康誥第十一　周書

以殷餘民封康叔古本封上有邦字山井鼎曰邦封古或通用案注及疏意當作邦康叔封字衍文

故使賢母弟主之古本作故使其賢母弟主也與疏異

康圻內國名叔封字纂傳此注在序封康叔下諸本皆誤

周禮上公五百宋板百下有里字是也

而康叔之康鄭爲國案鄭當作猶各本皆不誤轉寫之譌耳

乃洪大誥治陸氏曰一本作周公迺洪大誥治

大誥以治道古本誥作告

七年制禮作樂　宋板七作六○案當作六

即云須度量而天下大順　宋板順作服○案明堂位作服宋本是也

冃出當時之宜　毛本出作由

見亦上其勞　毛本上作三

其且猶至　宋板同毛本且作民

故於我一二邦　葛本閩監本俱脫我字

不侮鰥夫寡婦　宋板侮下有慢字

漸以修治也　毛本漸作皆

用兵除害于殷　宋板害作惡

以文王之德故也　宋板德作教

今民將在祗遹乃文考 古本民上有治字

汝丕遠惟商耇成人 古本汝作女篇內皆同

既言文王明德愼罰之調 岳本調作訓案調形近之譌

謂文王先有所聞善事 毛本缺事字

王曰嗚呼小子封恫瘝乃身 案後漢書和帝紀永元八年詔曰朕寤寐恫矜注尚書曰恫矜乃身孔安國注曰恫痛也矜病也言如痛病在身欲除之也矜音古頑反蓋章懷所見孔氏尚書作矜可證瘝爲矜之俗字矣

人情大可見 古本纂傳人作民

起於小 古本起上有大字

所明而云行天人之德者 盧文弨云所疑當作此而云二字疑衍○案而云疑當作

上云

以小人難保也　閩本明監本同毛本保作安

我聞名遺言曰　毛本名作古案所改是也

非眚　陸氏曰眚本亦作省○案潛夫論作省

乃惟終自行之　岳本自作身與疏合案纂傳已誤作自

惟民其畢棄咎　古本無惟字

言得刑殺罪　岳本罪上有人字

故又本於政不可以濫刑　閩本明監本同毛本又作文

言又曰者周公述康叔豈非汝封又自言曰得劓刵人

此又曰者述康叔之又曰　案或以爲此經文似本作又曰非汝封又曰劓刵人有兩

又曰無煩朱子疑又曰字當在非汝封之上也臣謂正義文理拙澀周公述已下十八字爲一句而下文又申明之不當疑經文有兩又曰脫其一也又曰要囚正義又重言曰

重刑之至也 案疏標目及臯傳文俱無也字

爲奉土事 閩本同宋板土作王毛本作上案上字是也

用其義刑義殺 古文義作誼

勿庸以次汝封 古本庸作用

我心我心 閩本葛本同毛本下心作德是也○案葛本誤以上二字屬上句下二字屬下句故有此誤

乃使汝所行盡順曰 閩本明監本同毛本盡作而

惟汝所委知也 宋本同毛本委作悉案作委是

述康叔爲言故云亦 宋板亦作已案經文有已字無亦字今本誤以此已字屬下句故有

此誤

盤庚已訓 宋板盤上有於字是也

當須絕之 閩本明監本無須字浦鏜云案傳當作消字

王曰封元惡大憝 諸本同毛本誤作熬

不友兄弟者乎 古本友作善

爲人兄 古本爲上有於字

弗友不恭 古本岳本纂傳弗作不

不能自愛其子 閩本明監本同毛本自作字是也

釋親云 孫志祖云親當作訓

故此不友先言弟於兄若 宋板同毛本若作者案山井鼎云若字似屬下句然爲未

檍浦鏜云者當也字誤

及外庶子 案此四字於本節經意無當疏亦無釋疑衍文

越厥小臣外正 古本無厥字

當惟念文王之所敬思而法之 閩本葛古同毛本思作忌句末古本有矣字○案思字誤也

及於小臣猶有符節者 閩本明監本同毛本猶作諸

則爲酷虐 閩本明監本同毛本則作惟

是不明爲臣德也 閩本明監本同毛本臣作非案所改是也

卽敬德忌刑 宋板卽下空三字

我時其惟殷先哲王德 古本時作是

爽惟天其罰殛我　古本我上有於字

我罰汝　古本罰下有誅字

其上明聞於天　宋板同毛本其作有

故德之言謗而罰言行也　盧文弨云之字疑衍

故曰德也　閩本明監本同毛本德下有刑字

無令有非　古本非作罪

敏爲見　閩本明監本同毛本見下有事之速三字是也許宗彥曰浦鏜以毛本爲衍殊非

則不絕亾汝　古本作則不汝絕亾

而不念　古本作而不思念也

聽朕告汝　古本唐石經告作誥

卽汝乃以殷民世世享國 古本卽作則是也

則汝乃得以殷民世世殷國 閩本明監本世世作世享毛本世世同殷國作享國與纂傳合

而言不絕國祚短長由德也 浦鏜云言字當在不絕下

酒誥第十二 周書

文王弟稱穆 古本岳本宋板纂傳弟俱作第案說文有弟無第後世次弟之弟旣别從竹則此當作第

將言始國在西土 宋板在作於

亦爲亂行 古本作而亦爲亂行也正義曰俗本云不爲亂行定本云亦爲亂行俗本誤也

以此衆事少正 盧文弨云事當作士

此妹與沬一也 齊召南云疏此段脱誤不一此妹與沬一也沬字上脱鄘風桑中之五字沬字

下脫鄉字但妹爲朝歌之所居也應作爲殷紂之所都也詩又云沬之東矣沬之鄉矣鄉字應是北字之誤

皇僕生羌弗爲穆　宋板閩本同毛本羌作差下同

羌弗生毁榆爲昭　閩本同毛本榆從才下同

毁榆生公飛爲穆　閩本明監本同毛本飛作非下同

亞圉生組紺爲昭　陳浩云組應作祖各本俱誤

爲初始爲政　宋板上爲字作謂

言天下教命者　纂傳作今言天降命者

謂下羣吏　古本吏作事

惟曰我民迪小子　古本我上有化字

孝養其父母以子如此　毛本父母二字重是也

所爲考行中正之德　閩本明監本同毛本考作進

乃及庶士衆百君子　宋板百作伯

若治不得有所民事可憂　宋板無有字盧文弨云疑有字當在民字上○案有疑當作其

以下然竝亦惟天據人事　宋本同毛本竝作茲浦鏜云然疑云字誤○案浦説是宋板十行本以茲爲竝恐誤

王曰封我西土棐徂邦君　古本徂作往

能受殷王之命　古本王之二字倒與疏合

惟服事尊官　閩本明監本同毛本惟作雖

惟亞雖不爲官首　毛本亞下有等字

誕惟厥縱淫泆于非彝　陸氏曰泆又作逸亦作佚○案泆逸佚古並通用

庶羣自酒　正義曰自酒定本作自俗本多誤爲嗜

天非虐民惟民行惡自召罪　古本兩民字俱作人行上有所字

人無於水監　古本監作鑒下文民監大監同

我其可不大視此爲戒　古文此作之

薄違農父　案羣經音辨韋部云韋違行也音回書薄韋農父

所服行美道服行美事治民　宋板道字在事字下山井鼎曰不可解盧文弨云服行美事依注行美二字衍

揔上自劼毖殷獻已下　宋板獻下有臣字

惟工乃湎於酒　盧文弨云惟工俗本誤作百工

乃使也 閩本葛本同毛本乃作辯是也

汝當常聽命我所使汝慎者 宋板命作念是也

梓材第十三 周書

梓材 案傳云亦如梓人治材疏云此古杍字今文作梓謂傳中杍字乃古文若今字尚書本則作梓也孔疏本之劉炫其所据者古文也傳既作杍則經亦作杍可知今本經傳俱作梓與疏不合陸氏亦据古文而今本釋文大書梓字注云本亦作杍蓋爲後人竄改亦非陸氏元文也

此古杍字 宋板杍作杍案杍乃古文李字借爲梓匠之梓取音同也

王曰封以厥庶民暨厥臣 民古本作人

以民當敬勞之故汝往之國 古本重故字

聽訟折獄 古本折作斷

傳用小臣與庶人 浦鏜云疑而脫誤案傳用二字未誤與下鄭以爲對

與上厥君始終相承 毛本始終二字倒

王啓監 古本監作鑒下皆同

至于屬婦 孫志祖云玉篇女部嬬婦人妊身也引書至于嬬婦

無令見寃枉 陸氏曰寃一本作以寃○案陸氏此語未詳俟考

惟其塗塈茨 案塗疏作斁下同此亦古文之見於疏者又見羣經音辨支部○案衞包改斁爲塗幸正義猶存斁字

亦須禮義然後治 古岳宋板治作洽與宋本疏同

乃後成 毛本乃作然

然後治 宋板治作洽下後洽同

乃言修治於末 閩本明監本末作未案未字是

二文皆言斁卽古塗字 盧文弨云斁乃敷之訛趙佑云說文雘字下引周書曰惟其敷丹雘孔疏蓋本此卽古塗字四字當爲疏中之注○案斁當作敷固爲有據但孔疏自据梅氏所上之本非本說文也

不是以物塗之 閩本明監本同毛本不作揔

言文武已勤用明德 傳首纂傳有夾近也三字案傳例不重訓或訓于前或訓于後初無義例夾近也乃多方傳王氏移置於此不足据

萬方皆來賓服 古本岳本宋板萬作方案方方孔傳屢見後人誤以上方字爲万字之訛遂改作萬纂傳已誤夏氏曰如兄弟之密方方而來卽用孔傳語也

惟欲使至於萬年 古本欲上有敬字無於字

累世長居國以安民　古本居作君監本亦作君與疏不合

萬方皆來賓服　宋板萬作方是也

以先王用明德於下之所行　宋板於作欲山井鼎曰似則稍可通○案鼎說亦不可通據疏意先王行下之所欲亦行明德以從之是謂先王用明德於下之所行也先王既然凡爲君者亦如先王用常法是謂今亦奉用爲亦先王也似當從今本作於

尚書注疏挍勘記卷十四終　會昌縣知縣候補知州曾暉春栞

附釋音尚書注疏卷第十五

召誥第十四

周書　孔氏傳　孔穎達疏

成王在豐欲宅洛邑武王克商遷九鼎於洛邑欲以爲都故成王居焉**使召公先相宅**相所居而卜之遂以陳戒○召詩照反相息亮反下注同**作召誥**

召誥召公以成王新卽政因相宅以作誥

【疏】成王至召誥○正義曰成王於時在豐欲居洛邑以爲王都使召公先往相其所居之地因卜而營之王與周公從後而往召公於庶殷大作之時乃以王命取幣以賜周公因告王宜以夏殷興亡爲戒史敘其事作召誥○傳武王至居焉○正義曰桓二年左傳云昔武王克商遷九鼎于洛邑服虔注云今河南有鼎中觀云九鼎者案宣三年左傳王孫滿云昔夏之方有德也貢金九牧鑄鼎象物然則九牧貢金爲鼎故稱九鼎其實一鼎案戰國策顏率說齊王云昔武王克商遷九鼎鼎用九萬人則以爲其鼎有九但游說之辭事多虛

誣不可信用然鼎之上備載九州山河異物亦又可疑未知
孰是故兩解之○轉相所至陳戒○正義曰孔以序言相宅
於經意不盡故爲傳以助成之召公相所居而卜之及其經
營大作遂以陳戒史録陳戒爲篇其意不在相宅序以經具
故略之耳言先相宅者明於時周公攝政居洛邑是周公之
意周公使召公先行故言先以見周公自後往也○傳召公
至作誥○正義曰武王既崩周公卽攝王政至此已積七年
將歸政成王故經營洛邑待此邑成使王卽政召公以成王
將新卽政恐王不順周公之意或將惰於政事故因相宅以
作誥也作誥之時王未卽政周公作洛誥爲反政於成王召
公陳戒爲卽政後事故傳言新卽政也 **惟二月既望** 周公攝政七年二月十五日日月相望因
紀之 **越六日乙未王朝步自周則至于豐** 於已望後
六日二十一日成王朝行從鎬京則至于豐以遷都之事告文王廟告文王則告武王可知以祖見考○鎬胡老反見賢
遍反下不見同 **惟太保先周公相宅** 太保三公官名召公也召公於周公前相視洛
居周公後往○先息薦反又如字 **越若來三月惟丙午朏越三**

日戊申太保朝至于洛卜宅朏明也月三日明生之名於順來三月丙午朏於朏三日三月五日召公早朝至於洛邑相卜所居○朏芳尾反又普沒反徐又芳憒反厥既得卜則經營其已得吉卜則經營規度城郭郊廟朝市之位處○度待洛反朝直遙反處昌慮反

越三日庚戌太保乃以庶殷攻位于洛汭越五日甲寅位成於戊申三日庚戌以衆殷之民治都邑之位於洛水北今河南城也於庚戌五日所治之位皆成言衆殷本其所由來○汭如銳反

〔疏〕惟二月至位成○正義曰惟周公攝政七年二月十六日其日爲庚寅既日月相望矣於巳望後六日乙未爲二月二十一日王以此日之朝行自周之鎬京則至于豐以遷都之事告文王之廟此日王惟命太保召公先周公往洛水之旁相視所居之處太保即行其月小二十九日癸卯晦於二月之後順來三月惟三日丙午朏而月生明於朏三日戊申即三月五日太保乃以此朝旦至於洛即卜宅其巳得吉卜則經營之規度其城郭郊廟朝市之位處於戊申三日庚戌爲三月七日太保乃以衆所受於殷之民治都邑之位於洛水

之汭謂洛水北也於庚戌五日爲三月十一日甲寅而所治
之位皆成矣○傳周公至紀之○正義曰洛誥云周公誕保
文武受命惟七年洛誥是攝政七年事也洛誥周公云予惟
乙卯朝至于洛師此篇云乙卯周公朝至于洛正是一事知
此二月是周公攝政七年之二月也望者於月之半月當日
衝光照月光圓滿面鄉相當猶人之相望故稱望也治厤者
必先正望朔故史官因紀之將言望後之事必以望紀之將
言朏後之事則以朏紀之猶今人將言日必先言朔也望之
在十六日爲多太率十六日者四分之三十五日者四分
之一耳此年入戊午蔀五十六歲二月小乙亥朔孔云十五
日即爲望是已丑爲望言已望者謂庚寅十六日也且孔云
望與生魄死魄皆舉大略而言之不必恰依厤數又筭術前
月大者後月二日月見可十五日望也顧氏亦云十五日望
日月正相望也○傳於已至見考○正義曰於已望後六日
是爲二十一日也步行也此云王朝行下太保與周公言朝
至者爲君子舉事貴早朝故皆言朝也宗周者爲天下所宗止
謂王都也武王已都於鎬故知宗周是鎬京也文王居豐武
王未遷之時於豐立文王之廟遷都而廟不毀故成王居鎬
京則至于豐以遷都之事告文王廟也大事告祖必告於考
此經不言告武王以告文王則告武王可知以告祖見考也

告廟當先祖後考此必於豐告文王於鎬京告武王也○傳朏明至所居○正義曰說文云朏月未盛之明故爲明也周書月令云三日粤朏朏字從月出是入月三日明生之名也於順來者於二月之後依順而來次三月也二月乙未而發豐歷三月丙午朏又於朏三日是三月五日凡發豐至洛爲十四日也召公早朝至於洛邑相卜所居當以至洛之日卽卜也○傳其已至位處○正義曰經營考工記所云匠人營國方九里左祖右社面朝後市是也下有丁巳郊所故知規度城郭郊廟朝市之位處也匠人不言郊以不在國內也匠人王城方九里如典命文又以公城方九里天子城十二里鄭玄兩說孔無明解未知從何文也郊者司馬法百里爲郊鄭注周礼云近郊五十里礼記祭天于南郊祭地于北郊皆謂近郊也其廟案小宗伯云建國之神位右社稷左宗廟鄭注朝士職云庫門內之左右其朝二者鄭云一外朝一在庫門之外臯門之內是詢衆庶之朝內朝二者其一在路門外王每日所視謂之治朝其一在路門內路寢之朝王每日視訖退適路寢謂之燕朝或與宗人圖私事顧氏云市處王城之北朝爲陽故在南市爲陰故處北今案周礼內宰職佐后立市然則后既主陰故立市也○傳於戊至由來○正義曰於戊申後三日庚戌爲三月七日也水內曰汭蓋以人南面望水則

北爲內故洛汭爲洛水之北鄭云隈曲中也漢書地理志河南郡治在洛陽縣河南城別爲河南縣治都邑之位於洛北今於漢河南城是也所治之位皆成布置處所定也治位乃是周人而言衆殷者本其所由來言本是殷民今來爲我周家役也莊二十九年左傳發例云凡土功水昏正而栽日至而畢此以周之三月農時役衆者彼言尋常土功此則遷都事大不可拘以常制也

若翼日乙卯周公朝至于洛周公順位成之明日而朝至於洛汭則達觀于新邑營周公遍達觀新邑所營言周偏越三日丁巳用牲于郊牛二於乙卯三日用牲告立郊位於天以后稷配故二牛后稷貶於天有羊豕羊豕不見可知越翼日戊午乃社于新邑牛一羊一豕一告立社稷之位用太牢也共工氏子曰句龍能平水土祀以爲社周祀后稷能殖百穀祀以爲稷社稷共牢○共音恭句故侯反越七日甲子周公乃朝用書命庶殷侯甸男邦伯於戊午七日甲子是時諸侯皆會故周公乃昧爽以賦功屬役書命

衆殷侯甸男服之邦伯使就功邦伯方伯即州牧也厥既命殷庶庶殷丕作其已命殷衆衆殷之民大作言勸事大保乃以庶邦冢君出取幣乃復入諸侯公卿並覲於王王與周公俱至文不見王無事召公與諸侯出取幣欲因大會顯周公○復扶又云錫周公曰。拜手稽首旅王若公召公以幣入稱成王命錫周公曰敢拜手稽首陳王所宜順周公之事

疏若翼至若公○正義曰順位成之明日乙卯三月十二日也周公以此朝旦至於洛則通達而偏觀於新邑所經營其位處皆無所改易於乙卯三日丁巳三月十四日也用牲於郊告立祭天之位牛二天與后稷所配各用一牛於丁巳明日戊午乃祭社於新邑用太牢牛一羊一豕一於戊午七日甲子二十一日也周公乃以此朝旦用策書命衆殷在侯甸男服之內諸國之長謂命州牧使告諸國就功作其已命殷衆衆殷皆勸樂勤事而大作矣太保召公乃以衆國大君諸侯出取幣乃復入稱成王命以錫周公曰我敢拜手稽首以戒王陳說王所宜順周公之事○傳周公至洛汭○正義曰周公以順立成之明日而朝至則是三月十二日也其到洛汭在召公之後

七日不知初發鎬京以何日也成王蓋與周公俱來鄭云史不書王往者王於相宅無事也○傳於乙至可知○正義曰知此用牲是告立郊位於天者此郊與社於攻位之時已經營之今非常祭之月而特用牲祭天知是郊位旣定告天使知而今後常以此處祭天也礼郊用特牲不應用二牛以后稷配故二牛也郊特牲及公羊傳皆云養牲必養二帝牛不吉以爲稷牛言用彼爲稷牛者以之祭帝其稷牛隨時取用不在滌養是帝稷各用一牛故二牛也先儒皆云天神尊祭天明用犢貴誠之義稷是人神祭用太牢貶於天神法有羊豕因天用用牛遂云牛二擧其大者從天言之羊豕不見可知也詩頌我將祀文王於明堂云惟羊惟牛又月令云以太牢祠于高禖皆據配者有羊豕也○傳告立至共牢○正義曰經有社無稷稷是社類知其同告之告立社稷之位其祭用太牢故牛羊豕各一也句龍能平水土祀之以爲社后稷能殖百穀祀以爲稷左傳魯語祭法皆有此文漢世儒者說社稷有二左氏說社稷惟祭句龍后稷人神而已是孔之所用孝經說社爲土神稷爲穀神句龍后稷配食者是鄭之所從而武成篇云告于皇天后土孔以后土爲地言后土社也者以泰誓云類于上帝宜于冢土故以后土爲社也小劉云后土與皇天相對以后土爲地若然左傳云句龍爲后土豈句

龍爲地乎社亦名后土地名后土名同而義異也社稷共牢
經無明說郊特牲云社稷太牢二神共言太牢故傳言社稷
共牢也此經上句言于郊此不言于社此言社于新邑上句
不言郊於新邑上句言用牲此言牛羊豕不言用告天不言
告地告社不言告稷皆互相足從省文也洛誥云王在新邑
烝祭王入太室祼則洛邑亦立宗廟此不云告廟亦從省文
也○傳於戊至牧也○正義曰康誥云周公初基作新大邑
于東國洛四方民大和會侯甸男邦采衛百工播民和見士
于周與此一事也故知是時諸侯皆會故周公乃昧爽以賦
功屬役書命衆殷在侯甸男服之邦伯使就築作功也康誥
五服此惟三服者立文有詳略耳昭三十二年晉合諸侯城
成周左傳稱命役書於諸侯屬役賦丈此傳言賦功屬役其
意出於彼也賦斂謂賦功諸侯之功科其人夫多少屬役謂
付屬役之處使知得地之尺丈也邦伯諸國之長故爲方伯
州牧王制云千里之外設方伯即州牧也周公命州牧使州
牧各命其所部○傳諸侯至周公○正義曰上云周公朝用
書命庶殷者周公自命之其事不由王也庶殷既已大作諸
侯公卿乃並覲君王其時蓋有行宮王在位而諸侯公卿並
覲之既入見王乃出取幣初不言入而經言出者下云乃復
入則上以入可知從省文也下賜周公言旅王若公明此出

入是覲王之事而經文不見王至故傳辯之王與周公俱至自此已上於王無事故不見也正以經文不見王至知與周公俱至也周公居攝功成將歸政於成王召公與諸侯出取幣欲因大會顯周公之功既成將令王自知政因賜周公遂以戒王故出取幣復入以待王命其幣蓋玄纁束帛也鄭玄云所賜之幣蓋璋以皮及寶玉大弓此時所賜案鄭注周禮云璋以皮二王之後享后所用寧當以賜臣也寶玉大弓魯公之分伯禽封魯乃可賜之不得以此時賜周公也○傳召公至之事○正義曰太保以庶邦冢君出取幣者以上太保之意非王命幣既入即云賜周公者下言召公不得賜周公知召公既以幣入乃稱成王命以賜周公於時政在周公成王未得賜周公也但召公見周公功成作邑將反王政欲尊王而顯周公故稱成王之命以賜周公鄭玄云召公見衆殷之民大作周公德隆功成有反政之期而欲顯之因大戒天下故與諸侯出取幣使戒成王立於位以其命賜周公王肅云爲戒成王錫周公是也曰拜手稽首者召公自言已與冢君等敢拜手稽首陳王所宜順周公之事宜順之事自此以下皆是也

誥告庶殷越自乃御事召公指戒成王而以衆殷諸侯於自乃御治事爲辭謙也諸侯在故託焉嗚呼皇

天上帝改厥元子茲大國殷之命歎皇天改其大子此大國殷之命言紂雖爲天所大子。無道尢。改之言不可不慎惟王受命無疆惟休亦無疆惟恤所以戒成王天改殷命惟王受之乃無窮惟美亦無窮惟當憂之嗚呼曷其奈何弗敬何其奈何不憂敬之欲其行敬

〔疏〕誥告至弗敬○正義曰召公所陳戒王宜順周公之事云我爲言誥以告汝庶殷之諸侯下自汝御事欲令君臣皆聽之其實指以戒王諸侯皆在故以爲言也乃曰嗚呼有皇天上帝改去其大子所受者即此大國殷之王命也以其無道故改命有德惟王受得此命乃無窮惟美亦無窮惟當憂之既憂之無窮嗚呼何其奈何不敬乎欲其長行敬也告庶殷者告諸侯也庶殷通尊卑之辭故民與諸侯同云庶殷皆謂所受於殷之衆也○傳歎皇至不慎○正義曰釋詁云皇君也天地尊之大故皇天后土皆以君言之也改其大子謂改天子之位與他姓即此大國殷之命謂紂也言紂雖爲天所大子無道尢改之不可不慎也以託戒諸侯故言天子雖大尢改之況已下乎釋詁云元首也首是體之大故傳言大子鄭云言首子者凡人皆云天之子天子爲之

首耳天既遐終大邦殷之命茲殷多先哲王在天言天已遠終殷命此殷多先智王精神在天不能救者以紂不行敬故越厥後王後民茲服厥命於其後王後民謂先智王之後繼世君自此服其命言不忝厥終智藏瘝在其終後王之終謂紂也賢智隱藏瘝病者在位言無良臣○瘝工頑反夫知保抱攜持厥婦子以哀籲天徂厥亡出執言困於虐政夫知保抱其子攜持其妻以哀號呼天告寃無辜往其逃亡出見執殺無地自容所以窮○夫知並如字注同籲音喻呼也號戶高反嗚呼天亦哀于四方民其眷命用懋民哀呼天天亦哀之其顧視天下有德者命用勉敬者爲民主

疏天既至用懋○正義曰更述改殷之事天既遠終大國殷之王命矣此殷多有先智之王精神在天不能救紂以紂不行敬故也於其智王之後人謂繼世之君及其時之人皆服行其君之命由其亦能行敬故得不忝其先祖其此後王之終謂紂之時賢智者隱藏瘝病者在位言其時無良臣多行

無禮暴虐於時之民困於虐政夫知保抱攜持其婦子以哀號呼天告冤枉無辜往其逃亡出見執殺言無地自容以困窮也天亦哀矜於四方之民其眷顧天下選擇賢聖命用勉力行敬者以爲民主故王今得之也○傳言天至敬故○正義曰天既遠終殷命言其去而不復反也說天終殷之命而言智王在天者言先智王雖精神在天而不能救紂者以紂不行敬故也戒王使行敬○傳於其至不忝○正義曰先智王之後繼世君臣謂智王之後紂巳前能守位不失者經言後王後民傳言君臣者見民內有臣民於此皆服行君之命言不忝辱父祖也○傳其終至良臣○正義曰既言後王又復言其終知是後王之終謂紂也以瘝從病類故言瘝病也鄭王皆以瘝爲病小人在位殘暴在下故以病言之○傳言困至以窮○正義曰言困於虐政抱子攜妻欲去之夫九人人言天下盡然也保訓安也王肅云匹夫知欲安其室抱其子攜其妻以悲呼天也

王其疾敬德相古先民有夏言王當疾行敬德視古先民有夏之王以爲法戒之**天迪從子保○面稽天若今時既墜厥命**夏禹能敬德天道從而子安之禹亦面考天心而順之今是桀棄禹之道天已墜其王命**今相**

有殷次復觀有殷天迪格保面稽天若言天道所以至於保安湯者亦如禹今時既墜厥命墜其王命今沖子嗣則無遺壽耇童子言成王少嗣位治政無遺棄老成人之言欲其法之曰其稽我古人之德矧曰其有能稽謀自天沖子成王其考行古人之德則善矣況曰其有能考謀從天道乎言至善

疏王其至自天○正義曰既言皇天眷顧命用勉敬者爲人主故戒王言其疾行敬德視古先民有夏之君取大禹以爲法戒禹以能敬之故天道從而子安之禹能面考天心而順以行敬今是桀棄禹之道已墜失其王命矣更復視有殷之君取成湯以爲法戒湯以能敬之故天亦從而子安之天道所以至於保安湯者亦以湯面考天心而順以行敬也今是紂棄湯之道已墜失其王命矣夏殷二代能敬則得之不敬則失之今童子爲王嗣位治政則無遺棄壽考成人宜用老成人之言法古人爲治曰王其考行古人之德則已善矣況曰其有能考行所謀以順從天道乎若能從順天道則與禹湯同功言其善不可加也○傳夏禹至王命○正義曰勸王疾行敬德乃言天道安夏知夏禹能

行敬德天道從而子安之天既子愛禹禹亦順天心鄭云面亢迴向也則面爲向義禹亦志意向天考天心而順安之言能同於天心也禹興夏而桀滅之知天道子保者是禹也既墜厥命者是桀也今桀廢禹之道巳墜失其王命矣○傳言天至如禹○正義曰此說二代興亡其意同也於禹言從而子安之則天於湯亦子安之故於湯因上畧文直言格保格至也言至於保安湯者亦如禹也○傳童子至法之○正義曰嗣位治政謂周公歸政之後此時王未蒞政而言今沖子嗣者召公此戒戒其卽政之後故也壽謂長命耇是老稱無遺棄長命之老人欲其取老人之言而法效之老人之言卽下云古人之德也

嗚呼有王雖小元子哉其丕能諴于小民今休召公歎曰有成王雖少而大爲天所子其大能和於小民成今之美勉之○諴音咸

王不敢後用顧畏于民碞王爲政當不敢後能用之士必任之爲先碞碞僭也又當顧畏於下民僭差禮義能此二者則德化立美道成也○碞五咸反徐音吟

疏 嗚呼至民碞○正義曰召公歎以戒王嗚呼今所有之王惟今雖復少小而爲大爲天所子愛哉言任大也若其大能和同於天下小民則成今之美以勉之故王

當不敢後其能用之士必任以爲先又當顧念畏于下民僭差禮義能此二者則德化立美道成矣○傳王爲至道成○正義曰王者爲政任賢使能有能有用宜先任之故王者爲政當不敢後其能用之士必任之爲先也喦即巖也參差不齊之意故爲僭也既任能人復憂下民故又當顧畏於下民僭差禮義畏其僭差當治之使合禮義也能此二者則德化立美道成美道成即今休是也

王來紹上帝自服于土中言王今來居洛邑繼天爲治躬自服行教化於地勢正中○治直吏反下爲治致治皆同

旦曰其作大邑其自時配皇天稱周公言其爲大邑於土中其用是大邑配上天而爲治**毖祀于上下其自時中乂**爲治當慎祀于天地則其用是土中大致治**王厥有成命治民今休**用是土中致治則王其有天之成命治民今獲太平之美

疏王來至今休○正義曰周公之作洛邑將以反政於王故召公述其遷洛之意今王來居洛邑繼上天爲治躬自服行教化於土地正中之處故周公旦言曰其作大邑於土中其令成王用是大邑配大○天而爲治爲治之道當事神訓民謹慎祭祀上下

神祇其用是土中大致治也既能治則王其有天之成命治理下民今獲太平之美矣○傳言王至正中○正義曰傳言躬自服行則不訓自也鄭王皆以自爲用○傳稱周至爲治○正義曰王肅云旦周公名也礼君前臣名故稱周公之言爲旦曰王者爲天所子代天治民天有其意天子繼天使成謂之紹上帝也天子設法其理合於天道是爲配皇天也天子將欲配天必宜治居土中故稱周公之言其爲大邑於土之中其當令此成王用是大邑行化配上天而爲治也說周公之意然戒成王使順公也周礼大司徒云以土圭之法測土深正日影以求地中日南則影短多暑日北則影長多寒日東則影夕多風日西則影朝多陰日至之影尺有五寸謂之地中天地之所合也四時之所交也風雨之所會也陰陽之所和也然則百物阜安乃建王國焉馬融云王國東都王城今河南縣是也○傳爲治至致治○正義曰祭法云有天下者祭百神天地爲大上下即天地也故爲治當慎祀於天地舉天地則百神之祀皆慎之也能事神訓民則其用是土中大致治也○傳用是至之美○正義曰用是土中致治當於天心則王其有天之成命降福與之使多歷年歲治民今獲太平之美自旦曰至此述周公之意也

王先服殷御事比介于我有

周御事召公既述周公所言又自陳己意以終其戒言當先服治殷家御事之臣使比近於我有周治事之臣必和協乃可一○比毗志反徐扶志反近附近之近**節性惟日其邁**和比殷周之臣時節其性令不失中則道化惟日其行○令力呈反**王敬作所不可不敬德**敬為所不可不敬之德則下敬奉其命矣

疏王先至敬德○正義曰召公既述周公所言又自陳己意戒王令為政先服治殷家御事之臣使之比近於我有周治事之臣令新舊和協政乃可一和比殷周之臣時節其性命令不失其中則王之道化惟日其行矣王當敬為所不可不敬之德其德為下所敬則下敬奉其上命則化必行矣化在下者常若命之不行故以此為戒○傳召公至可一○正義曰自今休已上文義相連知皆是稱周公言也此一句意異於上知是召公自陳己意以終其戒殷家治事之臣謂殷朝舊人常被殷家任使者也周家治事之臣謂西土新來曩贊周家初基者也周臣恃功或加陵殷士○殷人失埶或疎忌周臣新舊不和政必乖戾故召公戒王當先治殷臣使比近周臣必和協政乃可一也不使周臣比殷而令殷臣比周臣者周臣奉周之法當使殷臣從之故治殷臣使比周臣也○傳和比至其

行。正義曰文承殷周之下故知和比殷周之臣人各有性嗜好不同各恣所欲必或反道故以礼義時節其性命示之限分令不失中皆得中道則各奉王化故王之道化惟日其行言日日當行之日益遠也顧氏云和協殷周新舊之臣制其性命勿使怠慢也。傳敬爲至命矣。正義曰聖王爲政當使易從而難犯故令行如流水民從如順風若使設難從之敎爲易犯之令雖迫以嚴刑而終不用命故爲其德不可不敬也王必敬爲此不可不敬之德則下民無不敬奉其命矣民奉其王命是化行也

我不可不監于有夏亦不可不監于有殷言王當視夏殷法其歷年戒其不長**我不敢知曰有夏服天命惟有歷年**以能敬德故多歷年數我不敢獨知亦王所知**我不敢知曰不其延惟不敬厥德乃早墜厥命**言桀不謀長久惟以不敬其德故乃早墜失其王命亦王所知**我不敢知曰有殷受天命惟有歷年**夏言服殷言受明受而服行之互相兼也殷之賢王猶夏之賢王所以歷年亦王所知**我**

不敢知曰不其延惟不敬厥德乃早墜厥命紂早墜其命猶桀不敬其德亦王所知今王嗣受厥命我亦惟茲二國命嗣若功其夏殷也繼受其王命亦惟當以此夏殷長短之命爲監戒繼順其功德者而法則之

疏我不至若功○正義曰言王所以須慎敬所爲不可不敬之德者以我不可不監視于有夏亦不可不監視于有殷皆有歷年長不與長由敬與不敬故也王當法其歷年戒其不長夏說宜監之意我不敢獨知亦王所知曰有夏之君服行天命以敬德之故惟有多歷年數謂桀父已前也其末亦我不敢獨知亦王所知曰有夏桀不其長久惟不敬其德乃早墜失其王命是爲敬者長不敬者短所以我不可不監夏也我不敢獨知亦王所知曰有殷之君受天命以敬德之故惟有多歷年數謂紂父已前也其末亦我不敢獨知亦王所知曰殷紂不其長久惟不敬其德乃早墜失其王命亦是所敬者長不敬者短所以我不可不監殷也夏殷短長既如此矣今王繼受其命我亦惟當用此二國夏殷長短之命以爲監戒繼順其功德者而法則之勸王爲敬也○傳言王至不長○正義曰相監俱訓爲視上言相有夏相有殷

今復重言監有夏監有殷者上言順天則興棄命則滅此言敬則歷年不敬則短故重言視夏殷欲令王法其歷年戒其不長故也○傳以能至所知○正義曰下云不敬厥德乃早墜厥命知其以能敬德者故多歷年數也上言相夏相殷皆云天迪從子保面稽天若言上天以道安人人主考天順之非創業之君不能如是故傳以禹湯當之此言敬德歷年則繼體賢君亦能如此所言歷年非獨禹湯而已下傳云殷之賢王猶夏之賢王則此多歷年數者夏則桀前之賢王殷則紂前之賢王不失位者皆是也召公此誥指以告王故知言我不敢獨知者其意言亦是王所知也王說亦然

王乃初服嗚呼若生子罔不在厥初生自貽哲命言王新即政始服行教化當如子之初生習為善則善矣自遺智命無不在其初生為政之道亦猶是也○遺唯季反

今天其命哲命吉凶命歷年今天制此三命惟人所修修敬德則有智則常吉則歷年為不敬德則愚凶不長雖說之其實在人

知今我初服宅新邑肆惟王其疾敬德天已知我王今初服政居新邑洛都故惟王其當疾行敬德

王其德之用祈天永命言王當其德之用求天長命以歷年其惟王勿以小民淫用非彝勿用小民過用非常欲其重民秉常亦敢殄戮用乂民亦當果敢絕刑戮之道用治民戒以慎罰若有功其惟王位在德元順行禹湯所以成功則其惟王居位在德之首小民乃惟刑用于天下越王顯王在德元則小民乃惟用法於天下言治政於王亦有光明

疏王乃至王顯○正義曰既言當法則賢王又戒王爲政之要王乃初始即政服行教化嗚呼王行教化當如初生之子子之善惡無不在其初生若習行善道此乃自遺智命智命謂身有賢智命由己來是自遺也爲政之道亦猶是矣爲政初則能善天必遺王多福使王有智則常吉歷年長久也今天觀人所爲以授之命其命者智與愚也其命吉與凶也其命歷年與不長也若能敬德則有智常吉歷年長久也若不敬德則愚凶不長也天已知我王今初始服政居此新邑觀王善惡欲授之命故惟王其當疾行敬德王其德之用言爲行當用德則能求天長命以歷年也其惟王勿妄役小人過用非常之事

亦當果敢絕刑戮之道以治下民順行禹湯所有成功則惟
王居天子之位在德行之首矣王能如是小民乃惟法則於
王行用王德於天下如是則於王道亦有光明也○傳言王欲
至猶是○正義曰以此此新即政始行教化比子之初生始欲
學習爲善則善矣若能爲善天必授之以賢智之命是此賢
智之命由己行善而來是自遺智命矣初習爲惡則惡矣若
其爲惡天必授之以頑愚之命亦是自遺愚命也方欲勸王
慕善故惟舉智命而不言愚命者愚智由學習而至是無不
在其初生此初生謂年長以解習學非初始生也爲政之道
亦猶是爲善政得福爲惡政得禍亦如初生之子習善惡也
○傳今天至在人○正義曰命由天授遠舉天心故言今天
制此三命有哲當有愚有歷年當有不長文不備者以吉凶
相反言命吉凶則哲對愚歷年對不長可知矣天制此三命
善惡由人惟人所修習也此篇所云惟勤修敬德故云修敬
德則有智則常吉則多年惟不敬德則愚凶不長也愚智夭
壽之外而別言吉凶於凡人則康強爲吉病患爲凶於王者
則太平爲吉禍亂爲凶三者雖以託天說之其實行之在人
人行之有善惡天隨以善惡授之耳此是立教誘人之辭不
可以賢智夭枉爲難也○傳言王至歷年○正義曰其德之
用言爲行當用德用德與疾敬德爲一事也故上傳云王者

當疾行敬德則此文是也○傳勿用至秉常○正義曰勿用小民非常役用爲非常之義戒王當使民以時莫爲非常勞役欲其重民秉常也○傳亦當至愼罰○正義曰聖人作法以刑止刑以殺止殺若直犯罪之人亦當果敢致罪之以此絕刑戮之道用治民謂獄事無疑決斷得理則果敢爲絕刑戮之道若其獄情疑惑枉濫者多是爲不能果敢絕刑戮之道也上戒王以明德此戒王以愼罰故言亦也○傳順行至之首○正義曰若有功必順前世有功者也上文所云相夏相殷。禹湯之功故知此順行禹湯所有成功能順禹湯之功則惟王居位在德之首禹湯爲有德之首故王亦爲首○傳王在至光明○正義曰詩稱民之秉彝好是懿德故王在德元則小民乃惟法則於王行王政於天下王之爲政民盡行之是言治政於王道有光明也

上下勤恤其曰我受天命丕若有夏歷年式勿替有殷歷年言當君臣勤憂敬德曰我受天命大順有夏之多歷年勿用廢有殷歷年庶幾兼之**欲王以小民受天永命**我欲王用小民受天長命言常有民**拜手稽首曰予小臣敢以王之讎民**

百君子拜手首至手稽首首至地盡禮致敬以入其言言我小臣謙辭敢以王之匹民百君子治民者非一人言民在下自上匹之○讎字或作酬越友民保受王威命明德言與匹民百君子於友愛民者共安受王之威命明德奉行之王末有成命王亦顯下臣安受王命則王終有天成命於王亦昭著我非敢勤惟恭奉幣用供王能祈天永命言我非敢獨勤而已惟恭敬奉其幣帛用供待王能求天長命將以慶王多福必上下勤恤乃與小民受天永命○奉如字又芳孔反供音恭徐紀用反注供待同

〔疏〕上下至永命○正義曰上既勸王敬德又言臣當勤助君言君臣上下勤憂敬德所以勤者其言曰我周家既受天命當大順有夏之多歷年歲用勿廢有殷之多歷年歲夏殷勤行敬德故多歷年長久我君臣亦當行敬德庶幾兼之如此者我欲令王用小民受天長命言愛下民則歷年多也召公既言此乃拜手稽首盡禮致敬欲王納用其言既拜而又曰我小臣敢以王之匹配於民衆百君子於友愛民者共安受王之威命明德敬奉行之是上勤恤也臣下安受王命則王終有天之成命於王亦爲昭著也我

非敢獨勤而已衆百君子皆然言我與衆百君子惟恭敬奉
其幣帛用供待王能求天長命將以此慶王受天多福也○
傳言當至兼之○正義曰王者不獨治必當以臣助之上句
惟指勸王故此又言臣助君上下謂君臣故言當君臣共勤
憂敬德不獨使王勤也我周王承夏殷之後受天明命欲其
年過二代既言大順有夏歷年又言勿廢有殷歷年庶幾兼
彼二代歷年長久勤行敬德即是大順勿廢也○傳拜手至
匹之○正義曰拜手頭至手稽首頭至地謂既爲拜當頭至
手又申頭以至地故拜手稽首重言之諸言拜手稽首者義
皆然也就此文詳而解之周禮太祝辨九拜一曰稽首施之
於極尊召公爲此拜者恐王忽而不聽盡禮致敬以入其言
於王此拜手稽首一句史錄其事非召公語也召公設言未
盡爲此拜乃更言鄭云拜手稽首者召公既拜興曰我小臣
以下言召公拜訖而復言也王肅云我小臣召公自謂是小
臣爲召公之謙辭讎訓爲匹敢以王之匹民百君子百者舉
其成數言治民者非一人鄭玄云王之諸侯與羣吏是非一
人也嫌匹爲齊等故云民在下自上匹之○傳言我至永命
○正義曰我非敢勤召公自道言我非敢獨勤而已必上下
勤恤言與衆百君子皆勤也禮執贄必用幣帛惟恭敬奉其
幣帛用供待王能求天長命將以執贄慶王多福王能愛養

小民即是求天長命待王能愛小民即欲慶之

洛誥第十五

周書　孔氏傳　孔穎達疏

召公既相宅周公往營成周使來告卜召公先相宅卜之周公自後至經營作之遺使以所卜吉兆逆告成王○相息亮反注及下同使所吏反注遣使同**作洛誥**

洛誥既成洛邑將致政成王告以居洛之義

〈疏〉召公至洛誥○正義曰序自上下相顧爲文上篇序云周公先相宅此承其下故云召公既相宅召公以三月戊申相宅而卜周公自後而往以乙卯日至經營成周之邑周公即遣使人來告成王以召公所卜之吉兆及周公將欲歸於成王王乃陳本營洛邑之事以告成王王因請教誨之言周公與王更相報荅史敘其事作洛誥史錄此篇錄周公與王相對之言以爲後法非獨相宅告卜而已但周公因致政本說往前告卜經文既具故序畧其事直舉其發言之端耳○傳召公至成王○正義曰上篇云三月戊申太保朝至于洛

卜宅厥既得卜則經營是召公先相宅則卜之又云乙卯周公朝至于洛則達觀于新邑營是周公自後至經營作之召公相洛邑亦相成周周公營成周亦營洛邑各舉其一互以相明卜者召公卜也周公既至洛邑案行所營之處遣使以所卜吉兆逆告成王也案上篇傳云王與周公俱至何得周公至洛逆告王者王與周公雖與相俱行欲至洛之時必周公先到行處所故得逆告也顧氏云周公既至洛邑乃遣以所卜吉兆來告於王是也經稱成王言公既定宅伻來來視予卜休恒吉是以得吉兆告成王也上篇召公以戊申至周公乙卯至周公在召公後七日也至洛較七日其發鎬京或亦較七日○傳既成至之義○正義曰周公攝政七年三月經營洛邑既成洛邑又歸向西都其年冬將致政成王告以居洛之義故名之曰洛誥言以居洛之事告王也篇末乃云戊辰王在新邑明戊辰已上皆是西都時所誥也

周公拜手稽首曰朕復子明辟周公盡禮致敬言我復還明君之政於子子成王年二十成人故必歸政而退老○辟必亦反王如弗敢及天基命定命如往也言王往日幼少不敢及知天始命周家安定天下之命故已攝予乃胤保大

相東土其基作民明辟我乃繼文武安天下之道大相洛邑其始爲民明君之治〔疏〕周公至民明辟○正義曰周公將反歸政陳成王將居其位周公拜手稽首盡禮致敬於王既拜乃興而言曰我今復還子明君之政言王往日幼少其志意未成不敢及知天之始命我周家安定天下之命故我攝王之位代王爲治我乃繼文王武王安定天下之道以此故大視東土洛邑之居其始欲王居之爲民明君之治言欲爲民明君必當治土中故爲王營洛邑也○傳周公至退老○正義曰周公還政而已明闇在於人君而云復還明君之政者其意欲令王明故稱復子明辟也正以此年還政者以成王年已二十成人故必歸政而退老也傳說成王之年惟此而已王肅於金縢篇末云武王年九十三而崩冬十一月崩其明年稱元年周公攝政遭流言作大誥而東征二年克殷殺管叔三年歸制禮作樂出入四年六年而成七年營洛邑作康誥召誥洛誥致政成王然則武王崩時成王年已十三矣周公攝政七年成王適滿二十孔於此言成王年二十則其義如王肅也又家語云武王崩時成王年十三是孔之所據也○傳如往至已攝○正義曰如往釋詁文及訓與也言王往日幼少志意未成不敢與知上天始命我周家安定天下之命故

已攝也天命周家安定天下者必令天下太平乃爲安定成王幼少未能使之安定故不敢與知之周公所以攝也○傳我乃至之治○正義曰肩訓繼也文王受命武王伐紂意在安定天下天下未得安定故周公言我乃繼續文武安定天下之道大相洛邑之地其處可行教化始營此都爲民明君之政治言欲爲民明君其意當在此

予惟乙卯朝至于洛師致政在冬本其春來至洛衆說始卜定都之意**我卜河朔黎水我乃卜澗水東瀍水西惟洛食**我使人卜河朔黎水上不吉又卜澗瀍之間南近洛吉今河南城也卜必先墨畫龜然後灼之兆順食墨○河朔朔北也瀍直連反近附近之近**我又卜瀍水東亦惟洛食伻來以圖及獻卜**今洛陽也將定下都遷殷頑民故并卜之遣使以所卜地圖及獻所卜吉兆來告成王○伻普耕反徐敷耕反又甫耕反下同

〖疏〗予惟至獻卜○正義曰周公追述立東都之事我惟以七年三月乙卯之日朝至于洛邑衆作之處經營此都其未往之前我使人卜河朔黎水之上不得吉兆乃卜澗水東瀍水西惟近洛而其兆得吉依規食墨我

亦使人卜瀍水東亦惟近洛其兆亦吉依規食墨我以乙卯至洛我卽使人來以所卜地圖及獻所卜吉兆於王言卜吉立此都王宜居之爲治也○傳致政至之意○正義曰下文揔結周公攝政之事云在十有二月是致政在冬也在冬發言嫌此事是冬故辨之云本其春來至洛衆說始卜定都之意也周公至洛之時庶殷已集於洛邑故云至于洛師○傳我使至食墨○正義曰嫌周公自卜故云我使人謂使召公也案上篇召公至洛其日卽卜而得卜河朔黎水者以地合龜非就地内此言所卜三處皆一時事也黎水之下不言吉凶者我乃是改卜之辭明其不吉乃改故知卜河北黎水之上不吉也武王定鼎於郟鄏已有遷都之意而先卜黎水上者以帝王所都不常厥邑夏殷皆在河北所以博求吉地故令先卜河北不吉乃卜河南也其卜澗瀍之間南近洛吉今河南城也基趾仍在可驗而知所卜黎水之上其處不可知矣凡卜之者必先以墨畫龜要坼依此墨然後灼之求其兆順食此墨畫之處故云惟洛食顏氏云先卜河北黎水者近於紂都爲其懷土重遷故先卜近以悅之用鄭康成之說義或然也○傳今洛至成王○正義曰洛陽卽成周敬王自王城遷而都之春秋昭三十二年城成周是也周公慮此頑民未從周化故既營洛邑將定下都以遷殷之頑民故命召

公卽并卜之周公既至卽遣使以所卜地圖及獻所卜吉兆來告於成王言已重其事并獻卜兆者使王觀兆知其審吉也

王拜手稽首曰公不敢不敬天之休來相宅其作周匹休成王尊敬周公荅其拜手稽首而受其言述而美之言公不敢不敬天之美來相宅其作周以配天之美

公既定宅伻來來視予卜休恒吉我二人共貞言公前已定宅遣使來來視我以所卜之美常吉之居我與公共正其美○貞正也馬云當也

公其以予萬億年敬天之休公其當用我萬億年敬天之美十千爲萬十萬爲億億言久遠

拜手稽首誨言成王盡禮致敬於周公來教誨之言○盡子忍反

〔疏〕王拜手至誨言○正義曰成王尊敬周公故亦盡禮致敬拜手稽首乃受公之語述公之美曰不敢不敬天之美來至洛相宅其意欲作周家配天之美故也公既定洛邑卽使人來告亦來視我以所卜之美常吉之居我當與公二人共正其美公定其宅其當用我萬億年敬天之美故也王既言此又拜手稽首於周公求教誨之言○傳成

王至之美。正義曰拜手稽首施於極敬哀十七年左傳云非天子寡君無所稽首諸侯小事大尚不稽首況於臣乎成王尊敬周公荅言其拜手稽首而受其言又述而美之天命文武使王天下是天之美事言公不敢不敬天之美來相洛邑之宅。傳言公至其美。正義曰周公追述往前遣使獻卜於成王復疑公言言公前已定宅遣使來來視我所卜之吉兆常吉之居自言前已知其卜旣有此美我當與公二人共正其美意欲留公輔己共公正此美事來來重文者上來言使來下來爲視我卜也鄭云伻來來者使二人也與孔意異。傳公其至久遠。正義曰言居洛爲治可以永久公意其當用我使萬億年敬天之美言公欲令已作府久遠美公意之深也王制云方百里者爲方十里者百爲田九十億畝方里者萬則是爲田九百萬畝今記乃云九十億畝是名十萬爲億也楚語云百姓千品萬官億醜每數相十是古十萬曰億今之算術乃萬萬爲億也。傳成王至之言。正義曰此一段史官所錄非王言也王求教誨之言必有求教誨之辭史略取其意故直云誨言爲求誨言而拜故言成王盡禮致敬於周公求教誨之言也

肇稱殷禮祀于新邑咸秩無文言王當始舉殷家祭祀以禮典

周公曰王

祀於新邑皆次秩不在禮文者而祀之

予齊百工伻從王于周予惟曰庶有事我整齊百官使從王於周行其禮典我惟曰庶幾有善政事

今王即命曰記功宗以功作元祀今王就行王命於洛邑曰當記人之功尊人亦當用功大小為序有大功則列大祀謂功施於民者○曰記上音越一音人實反

惟命曰汝受命篤弼丕視功載乃汝其悉自教工惟天命我周邦汝受天命厚矣當輔大天命視羣臣有功者記載之乃汝新即政其當盡自教衆官躬化之

孺子其朋孺子其朋其往少子慎其朋黨少子慎其朋黨戒其自今已往

無若火始燄燄厥攸灼敘弗其絕言朋黨敗俗所宜禁絕無令若火始然燄燄尚微其所及灼然有次序不其絕事從微至著防之宜以初○燄音豔敘絕句馬讀敘句字屬下令力呈反

厥若彝及撫事如予惟以在周工其順常道及撫國事如我所為惟用在周之百官

往

新邑伻嚮卽有僚明作有功惇大成裕汝永有辭往行政化於新邑當使臣下各嚮就有官明爲有功厚大成寬裕之德則汝長有歎譽之辭於後世○嚮許亮反注同惇都混反

疏 周公至有辭○正義曰王求教誨之言公乃誨之周公曰王居此洛邑當始舉殷家祭祀以爲禮典祀於洛之新邑皆次秩在禮無文法應祀者亦次秩而祀之我雖致政爲王整齊百官使從王於周行其禮典若能如此我惟曰庶幾有善政事今王就行王命於洛邑曰王當記人之功尊人亦當用功大小爲次序有大功者則刻爲大祀又申述所以祀神功臣功者政事由臣而立惟天命我周邦之故曰汝受天命厚矣當輔大天命故須視羣臣有功者記載之君知臣功則臣皆盡力欲令羣臣盡力於於初卽教之乃汝新始卽政其當盡自教誨衆官令王躬自化之使之立功又以朋黨害政尤宜禁絕故丁寧戒之少子慎其朋黨少子慎其朋黨戒其自今已往令當慎此朋黨之事若欲絕止禁其未犯無令若火始然燄燄尚微火既然燄其火所及將灼然有次序矣不其復可絕也汝成王其當順此常道及撫循國事如我攝政所爲惟當用我此事在周之百官則當畏服各立功矣汝當以此往行政化於新邑當使

臣下百官各嚮就有官明爲有功厚大成寬裕之德則汝長有歎譽之辭於後世此周公誨王之言也○傳言王至祀之正義曰於時制禮已訖而云殷禮者此殷禮卽周公所制禮也雖有損益以其從殷而來故稱殷禮猶上篇云庶殷本其所由來孔於上傳已具故於此不言必知殷禮卽周禮者以此云祀於新邑卽下文烝祭歲也旣用騂牛明用周禮云始者謂於新邑始爲此祭顧氏云舉行殷家舊祭祀用周之常法言周禮卽殷家之舊禮也鄭玄云王者未制禮樂恒用先王之禮樂是言伐紂以來皆用殷之禮樂非始成王用之也周公制禮樂旣成不使成王卽用周禮仍令用殷禮者欲待明年卽政告神受職然後班行周禮班訖始得用周禮故告神且用殷禮也孔義或然故復存之神數多而禮文少應祭之神名有不在禮文者故令皆次秩不在禮文而應祀者皆舉而祀之○傳我整至政事○正義曰時成王未有留公之意公以成王初始卽政自慮百官不齊故雖卽致政猶欲整齊百官使從王於周謂從至新邑行其典禮周公以成王賢君今復成長故言我惟曰庶幾有善政事言已私爲此言冀王爲政善也○傳今王至民者○正義曰記臣功者是人主之事故言今王就行王命於洛邑謂正位爲王臨察臣下知其有功以否恐王輕忽此事故曰當記人之功更言曰者所

以致殷勤也尊人必當用功大小爲次序令功大者居上位
功小者處下位也有大功則列爲大祀謂有殊功堪載祀典
者祭法云聖王之制祭祀也法施於民則祀之以死勤事則
祀之以勞定國則祀之能禦大災則祀之能捍大患則祀之
是爲大祀謂功施於民者也或時立其祀配享廟庭亦是也
○傳惟天至化之○正義曰惟天命我周邦謂天命我文武
故及汝成王復受天命爲天子是天之恩德深厚矣天以厚
德被汝汝當輔大天命任賢使能行合天意是輔大天也汝
當輔大天命故宜視羣臣有功者記載之覆上記功宗以功
言之也欲令羣臣有功必須躬自教化之在於初始故言乃
汝新即政其當盡自教衆官欲令王躬化之者正己之身使
羣臣法之非謂以辭化之也言盡自教者政有大小恐王輕
大畧小令王盡自親化之言惟命曰亦是致殷勤乃者緩辭
也義異上句故言乃耳王肅云此其盡自教百官謂正身以
先之○傳少子至已往○正義曰鄭云孺子幼少之稱謂成
王也此上皆云成王此句特言少子者以明朋黨敗俗爲害
尤大恐年少所忽故特言孺子也朋黨謂臣相朋黨愼其朋
黨令禁絶之戒其自今已往謂從即政以後常以此事爲戒
也○傳言朋至以初○正義曰無令若火始然以喻無令朋
黨始發若火既然初雖燄燄尚微其火所及灼然有次序不

其復可絕也以喻朋黨若起漸漸益大羣黨既成不可復禁止也事從微至著防之宜以初謂朋黨未發之前防之使不發。傳其順至百官。正義曰考古依法爲順常道號令治民爲撫國事周公大聖動成軌則如我所爲謂如攝政之時事所施爲也惟當用我所爲在周之百官令其行周公之道法於百官也。傳往行至後世。正義曰此時在西都戒王故云往行政化於新邑當使臣下各鄉就所有之官令其各守其職思不出其位自當陳力就列明爲有功在官者當以褊小急躁爲累故令臣下厚大成寬裕之德臣下既賢君必明聖則汝長有歎譽之辭於後世矣今周頌所歌即歎譽成王之辭也

公曰已汝惟沖子惟終已乎汝惟童子嗣父祖之位惟當終其美業

汝其敬識百辟享亦識其有不享享多儀儀不及物惟曰不享奉上謂之享言汝爲王其當敬識百君諸侯之奉上者亦識其有違上者奉上之道多威儀威儀不及禮物惟曰不奉上

惟不役志于享凡民惟曰不享惟事其爽侮言人君惟不役志於奉上則凡人化之惟曰不奉上矣如此則

惟政事其差錯

疏　公曰至爽侮○正義曰周公復誨王曰嗚呼前言已如是更復教誨汝惟童子嗣父祖之位惟當終其美業天子居百官諸侯之上須知臣下恭之與慢奉上謂之享汝爲天子其當恭敬記識百官諸侯奉上者亦當記識其有不奉上者奉上之道多威儀威儀不及禮物則人惟曰不奉上之道矣所以須記之者百官諸侯爲下民之君惟爲政教不皆役用其志於此奉上之事則凡民化之亦惟曰不奉上矣百官不承天子民復不奉百官上下不相畏敬惟政事其皆差錯侮慢不可治理矣故天子須知百官奉上與否也○傳已乎至美業○正義曰周公止而復言故更言公曰已乎者道前言已如是矣爲後言發端也童子者言其年幼而任重嗣父祖之位當終其美業能致太平是終之也○傳奉上至奉上○正義曰享訓獻也獻是奉上之辭故奉上謂之享百官諸侯上事天子凡所恭承皆是奉上非獨朝覲貢獻乃爲奉上鄭玄專以朝聘說之理未盡也言汝爲王當敬識百官諸侯之奉上者亦識其有違上者察其恭承王命如法以否奉上違上皆須記之奉上者當以禮接之違上者當以刑威之所謂賞慶刑威爲君之道奉上之道其事非一故云多威儀威儀既多皆須合禮其威儀不及禮物惟曰不奉上矣謂旁人觀之亦言其不奉上也鄭

云朝聘之禮至大其禮之儀不及物所謂貢篚多而威儀簡也威儀既簡亦是不享也乃惟孺子頒朕不暇聽朕教汝于棐民彝我爲政常若不暇汝爲小子當分取我之不暇而行之聽我教汝於輔民之常而用之。頒音班徐甫云反馬云猶也棐音匪又芳鬼反汝乃是不蘉乃時惟不永哉汝乃是不勉爲政汝是惟不可長哉欲其必勉爲可長。蘉徐莫剛反又武剛反馬云勉也篤敘乃正父罔不若予不敢廢乃命厚次序汝正父之道而行之無不順我所爲則天下不敢棄汝命常奉之汝往敬哉茲予其明農哉彼裕我民無遠用戾汝往居新邑敬行教化哉如此我其退老明教農人以義哉彼天下被寬裕之政則我民無遠用來言皆來。被皮寄反又被美反

【疏】乃惟至用戾。正義曰又曰已居攝之時爲政常若不暇汝惟小子當分取我之不暇而施行之又聽我教汝於輔民之常而用之汝乃於是事不勉力爲政則汝是惟不可長久哉必須勉力爲之乃可長久此所言皆是汝父所行

汝欲勉之但厚次序汝正父之道而行之無不順我所爲則天下不敢廢棄汝命必常奉而行之汝往居新邑敬行敎化哉如此我其退老明敎農人以義哉汝若能使彼天下之民被寬裕之政則我天下之民無問遠近者悉皆用來歸汝矣○傳我爲至用之○正義曰爲政常若不暇謂居攝時也聖人爲政務在知人雖復治致太平猶恨意之不盡故謙言已所不暇若言猶有美事未得施者然故戒成王汝惟小子當分取我之不暇而行之言已所不暇行者欲令成王勉行之鄭玄云成王之才周公倍之猶未而言分者誘掖之言也生民之爲業雖復志有經營不能獨自成就須王者設敎以輔助之聽我敎汝輔民之常法而用之謂用善政以安民說文云頒分也○傳汝乃至可長○正義曰成王言公其以予萬億年言欲已長久也故周公於此戒之汝乃於是不勉力爲政汝惟不可長哉欲其必勉力勤行政敎爲可長久之道然後可至萬億年耳蘉之爲勉相傳訓也鄭王皆以爲勉○傳厚次至奉之○正義曰正父謂武王言其德正故稱正父厚次序汝正父之道而行之令其爲武王之政也武王周公俱是大聖無不順我所爲又令法周公之道既言法武王又法周公則天下不敢棄汝命常奉行之○傳汝往至皆來○正義曰歸其王政令汝往居新邑敬行敎化哉公既歸政則身

當無事如此我其退老於州里明教農人以義哉又令成王行寬裕之政以治下民民被寬裕之政則天下之民無問遠近者用來歸王言遠處皆來也上文使之惇大成裕故此言裕政來民結上事也伏生書傳稱禮致仕之臣教於州里大夫爲父師士爲少師朝夕坐於門塾而教出入之子弟是教農人以義也

王若曰公明保予沖子成王順周公意請留之自輔言公當明安我童子不可去之公稱丕顯德以予小子揚文武烈言公當留舉大明德用我小子褒揚文武之業而奉順天○褒薄謀反切韻博毛反奉荅天命和恒四方民居師又當奉當天命以和常四方之民居處其衆惇宗將禮稱秩元祀咸秩無文厚尊大禮舉秩大祀皆次秩無禮文而宜在祀典者凡此待公而行惟公德明光于上下勤施于四方言公明德光於天地勤政施於四海萬邦四夷服仰公德而化之旁作穆穆迓衡不迷文武勤教四方旁來爲敬敬之道以迎太平之政不迷惑於文武所

勤之教言化治。旁步光反迓五嫁反馬鄭王皆音魚據反

予沖子夙夜毖祀言政化由公而立我童子徒早起夜寐慎其祭祀而已無所能

【疏】王若至毖祀。正義曰王以周公將退因誨之而請留公王順周公之意而言曰公當留住而明安我童子不可去也所以不可去者當舉行大明之德用使我小子褒揚文武之業而奉當天命以和常四方之民居處其衆故也其厚尊大禮謂舉秩大祀皆次秩禮所無文者而皆祀之凡此皆待公而行非我能也更述居攝時事惟公明德光于天地勤政施於四方使四方旁來爲敬敬之道以迎太平之政下民皆不復迷惑於文武所勤之教言公化洽使如此也今若留輔我童子惟當早起夜寐慎其祭祀而已言政化由公而立我無所能也。傳成王至去之。正義曰成王以周公誨已爲善順周公之意示已欲行善政而請留之自輔王以公若捨我而去則已政闇而治危故云公當明安我童子不可去也。傳言公至順天。正義曰文武受命劭德盛隆成王自量已身不能繼業言公當留舉大明德以佑助我用我小子褒揚文武之業而奉順天者下句奉若天命是也孔分經爲傳故探取下句以申之。傳又當至其衆。正義曰天命周家欲令民治故又當奉當天命以和常四方之民居處其衆

也奉當者尊天意使允當天心和協民心使常行善也居處其衆使之安土樂業也。傳厚尊至而行。正義曰釋詁云將大也厚尊大禮謂祭祀之禮祭統云禮有五經莫重於祭是祭禮最尊大公誨成王令肇稱殷禮祀于新邑咸秩無文欲荅公誨已之事還述公辭舉秩大祀皆次秩無禮文而宜在祀典者其祀事非我所爲凡此皆待公而行者也言公不可捨我以去也。傳言公至化之。正義曰此與下經皆追述居攝時事堯典訓光爲充此光亦爲充也言公之明德充滿天地即堯典格于上下勤政施於四方即堯典光被四表也意言萬邦四夷皆服仰公德而化之上言待公乃行之此言公有是德言其將來說其已然所以深美公也。傳四方至化洽。正義曰上言施化在公此言民化公德四方旁來爲敬敬之道民皆敬嚮公以迎太平之政言迎者公政從上而下民皆自下迎之言其慕化速也文武勤行教化欲以教訓利民民蒙公化識文武之心不復迷惑文武所勤之教言公居攝之時政化已洽於民也。傳言政至所能。正義曰此述留公之意陳自今已後之事言公若留佐政化由公而立我童子徒早起夜寐慎其祭祀而已於政事無所能欲惟典祭祀以政事委公襄二十六年左傳云衛獻公使與甯喜言曰苟得反國政由甯氏祭則寡人亦猶是也

王

曰公功棐迪篤罔不若時公之功輔道我已厚矣天下無不順而是公之功【疏】王曰公功至若時。正義曰王又重述前言還說居攝時事也曰公之功輔道我已厚矣天下無有不順而是公之功者公所以須留也。傳公之至之功。正義曰王意言公之居攝天下若爲非則可捨我而去公之居攝天下無不順而是公之功不可捨我去王曰公予小子其退即辟于周命公後我小子退坐之後使就君於周命正公後公當留佑我四方迪亂未定于宗禮亦未克敉。公功言四方雖道治猶未定於尊禮禮未彰是亦未能撫順公之大功明不可以去。敉亡婢反治直吏反下同迪將其後監我士師工公留教道將助我其今已後之政監篤我政事衆官委任之言。監工銜反注同誕保文武受民亂爲四輔大安文武所受之民治之爲我四維之輔明當依倚公【疏】王曰公予至四輔。正義曰王呼周公曰我小子其退此坐就爲君於周謂順公之言行天子之政於洛邑也至洛邑當命公後立公之世子爲國君公當留輔我也公之攝政四方雖已道治理猶自未能定於尊禮是亦未能撫順公之大功公當待其定大禮順公之大功此時未可去也公當留教道將助我其今已後之政監篤我政事衆官以此大安文武所受之民而治之爲我四維之輔助明已當依倚公也○傳我小至佑我○正義曰退者退朝也周公於時令成王坐王位而以政歸之成王順周公言受其政也言我小子退坐之後便就君位於周周洛邑許其從公言適洛邑而行新政也古者臣有大功必封爲國君今周公將欲退老故命立公後使公子伯禽爲國君公當留佑我王肅云成王前春亦俱至洛邑是顧無事既會而還宗周周公往營成周還來致政成王也○傳言四至以去○正義曰王意恐公意以四方既定不須更留故謂公云四方雖已道治而猶未能定於尊大之禮言其祀樂未能彰明也祀既未彰是天下之民亦未能撫安順行公之大功公當待其禮法明公功順乃可去耳明今不可以去○傳大安至倚公○正義曰文武受民之於天下今大安文武所受之民助我治之爲我四維之輔明已當依倚公也維者爲之綱紀猶如用繩維持之文王世子云設四輔謂設衆官爲四方輔助周公一人事無不統故一人爲四輔管子云四維不張國乃滅亡傳取管子之意故言四維之輔也

王

曰公定予往已公功肅將祗歡公留以安定我我從公言往至洛邑已矣公功以進大天下咸敬樂公功。樂音洛公無困哉我惟無斁其康事公勿替刑四方其世享公必留無去以困我哉我惟無厭其安天下事公勿去以廢法則四方其世世享公之德。斁音亦厭於豔反

【疏】王曰公定至世享。正義曰王又呼公公留以安定我我從公言往至洛邑已矣公功已進且大矣天下皆樂公之功敬而歡樂公必留無去以困我哉公留助我我惟無厭其安天下之事公勿去以廢法則四方之民其世世享公之德矣。傳公留至公功。正義曰讀文以公定爲句王稱定者言定已也故傳言公留以安定我我字傳加之我從公言是經之予也往至洛邑已矣言已順從公命受歸政也公功已進大天下咸敬樂公之功亦謂居攝時也釋詁云肅進也。傳公必至之德。正義曰王言已才智淺短公去則困故請公無去以困我哉我意欲置太平惟無厭倦其安天下之事是以留公公勿去以廢治國之法則天下四方之民蒙公之恩其世世享公之德享謂荷負之

周公拜手稽首曰王命予

來承保乃文祖受命民拜而後言許成王留言王命我來承安汝文德之祖文王所受命之民是所以不得去越乃光烈考武王弘朕恭於汝大業之父武王大使我恭奉其道敘成王留已意孺子來相宅其大惇典殷獻民少子今所以來相宅於洛邑其大厚行典常於殷賢人亂爲四方新辟作周恭先言當治理天下新其政化爲四方之新君爲周家見恭敬之王後世所推先也曰其自時中乂萬邦咸休惟王有成績曰其當用是土中爲治使萬國皆被美德如此惟王乃有成功予旦以多子越御事篤前人成烈荅其師作周孚先我旦以衆卿大夫於御治事之臣厚率行先王成業當其衆心爲周家立信者之所推先

〔疏〕周公至孚先○正義曰周公拜手稽首盡禮致敬許王之留乃與而爲言曰王今命我來居臣位承安汝文德之祖文王所受命之民今我繼文祖大業我所以不得去也又於汝大業父武

王大使我恭奉其道王意以祀○留我其事甚大我所以爲王留也公呼成王云小子今所以來相宅於洛邑者欲其大厚行常道於殷賢人王當治理天下新其政化爲四方之新君爲周家後世見恭敬之王所推先也重誨王曰其當用是土中爲治使萬國皆被美德如此惟王乃有成功也公自稱名曰若王居洛邑則我旦以多衆君子卿大夫等及於御治事之臣厚率行前人先王成業使當其衆心爲周家後世人臣立信者之所推先言我留輔王使君臣皆爲後世所推先期於上下俱顯也○傳拜而至得去○正義曰拜是從命之事故云拜而後言許成王留也以退爲去以留爲來故言王令我來來居臣位爲太師也承安汝文德之祀文王所受命之民天命文王使爲民主天以民命文王故民是文王所受命之民承安者承文王之意安定此民言王之留已乃爲此事其事既大是所以不得去也○傳於汝至已意○正義曰於汝成王大功業之父武王王意大使我恭奉其道敘成王留已之意也王於文王武王皆欲令周公奉其道安其民其意一也周公分言之耳承安其文王之民恭奉其武王之道互相通也○傳少子至賢人○正義曰少子者呼成王之辭言我今所以來相宅於洛邑者欲令王居洛其大厚行典常於殷賢人而據洛爲政故言來訓典爲常故連言典常言其行

常道也周受於殷故繼之於殷人有賢性故稱賢人○傳言當至推先○正義曰易稱日新之謂盛德雖舊有美政令王更復新之言當治理天下新其政化爲四方之新君與後人爲軌訓爲周家見恭敬之王後世所推先也謂周家後世子孫有德之王被人恭敬推先王戒成王使爲善政令後王崇重之○傳曰其至成功○正義曰重以誨王成其上事故言曰以起之○傳我旦至推先○正義曰旦是周公之名故自稱我旦也子者有德之稱大夫皆稱子故以多子爲衆卿大夫同欲令成王行善政爲後世賢王所推先公與羣臣盡誠節爲後世賢臣所推先故欲以衆卿大夫及於御治事之臣深厚率行先王之業使當其人衆之心爲周家後世賢臣立信者之所推先也傳於此不言後世從上省文也於君言見恭敬於臣言立信者以君尊言人敬臣卑言自立信因其所宜以設文也

考朕昭子刑乃單文祖德伻來毖殷乃命寧我所成明子法乃盡文祖之德謂典祀也所以君土中是文武使已來慎教殷民乃見命而安之○單音丹馬丁但反信也

予以秬鬯二卣曰明禋拜手稽首休享周公攝政七年致太平以黑黍酒二器明

絜致敬告文武以美享既告而致政成王留之本說之。秬音巨鬯勑亮反香酒也卣由手反又音由中樽也禋音因

予不敢宿則禋于文王武王言我見天下太平則絜告文武不經宿惠篤敘無有遘自疾萬年猒乃德殷乃引考汝爲政當順典常厚行之使有次序無有遇用患疾之道者則天下萬年猒於汝德殷乃長成爲周。遘工豆反厭於豔反注同馬云猒飲也徐於廉反王伻殷乃承敘萬年其永觀朕子懷德王使殷民上下相承有次序則萬年之道民其長觀我子孫而歸其德矣勉使終之

【疏】考朕至懷德。正義曰周公又誥制禮授王使王奉之我所成明子之法乃盡是汝文祖之德言用文王之道制禮其事大不可輕也又言所以須善治殷獻民者文武使已來居土中慎教殷民乃是見命於文武而安之故也制典當待太平我以時既太平卽以秬黍鬯酒盛於二卣罇內我言曰當以此酒須明絜致敬於文武我則拜手稽首告文武以美享告云今太平卽速告廟我不敢經宿則禋告文王武王以致太平之事汝王爲政當順典常厚行之使有次序則諸爲政者無云

有遇用患疾之道苦毒下民則天下萬年厭飽於汝王之德殷乃長成爲周王使殷民上下相承有次序則萬年之道下民其長觀我子孫而歸其德矣勸王使終之皆是誨王之言也○傳我所至安之○正義曰典祀治國事資聖人前聖後聖其終一揆故言所欲成明子之法乃盡是汝祖文王之德也予所成王下句並告文武兼用武王可知又述居洛邑之意所以居土中者是文武使已來居此地周公自非已意也文武命我營此洛邑欲使居土中慎教殷民乃是見命於文武而安殷民也顧氏云文武使我來慎教殷民我今受文武之命以安民也○傳周公至說之○正義曰康誥之作事在七年云四方民大和會和會即太平之驗是周公攝政七年致太平也釋草云秬黑黍釋器云卣中罇也以黑黍爲酒煮鬱金之草築而和之使芬香調暢謂之秬鬯酒二器明潔致敬告文王武王以美享謂以太平之美事享祭也國語稱精意以享謂之禋釋詁云禋敬也是明禋爲明絜致敬也太平是王之美事故太平告廟是以美享祭也公既告太平而致政成王成王留之故本而說之此事者欲令成王重其事厚行之周祀鬱鬯之酒實之於彝此言在卣者詩大雅江漢及文侯之命皆言秬鬯一卣告於文人則未祭實之於卣祭時實之於彝彼一卣此二卣者此一告文王一告武王彼王賜

臣使告其太祖故惟一卣耳此經卣下言曰者說本盛酒於罇乃爲此辭故言曰也○傳言我至經宿○正義曰此申述上明禋之事言我見天下太平則絜告文武不敢經宿示虔恭之意也此三月營洛邑民已和會則三月之時已太平矣旣告而致政則告在歲末而云不經宿者蓋周公營洛邑至冬始成得還鎬京即。文武是爲不經宿也且太平非一日之事公云不經宿者示虔恭之意耳未必且見太平即此日告也鄭玄以文祖爲明堂曰明禋者六典成祭於明堂告五帝太皞之屬也旣告明堂則復禋於文武之廟告成洛邑○傳汝爲至爲周○正義曰釋言云惠順也此經述上惇典故言汝爲政當順典常厚行之使有次序釋詁云遘遇也患疾之道謂虐政使人患疾之厚行典常使有次序則百官諸侯凡爲政者皆無有遇用患疾之政以害下民則經歷萬年厭飽於汝德則殷國乃長成爲周○傳王使至終之○正義曰上言天下民萬年猒飽王德此教爲王德使萬年令民猒飽王德也能使殷民上下有次序則王德堪至萬年之道王之子孫當行不怠則民其長觀我子孫知其有德而歸其德矣此則長成爲周勸勉王使終之

戊辰王在新邑成王旣受周公誥遂就居洛邑以十二月戊辰晦到○王在新邑馬孔絕句鄭讀王在新邑烝**烝**

祭歲文王騂牛一武王騂牛一王命作冊逸祝冊惟告周公其後明月夏之仲冬始於新邑烝祭故曰烝祭歲古者褒德賞功必於祭日示不專也特加文武各牛告曰尊周公立其後爲魯侯王賓殺禋咸格王入太室祼王賓異周公殺牲精意以享文武皆至其廟親告也太室清廟祼鬯告神○王賓絶句殺禋絶句一讀連咸格絶句太室馬云廟中之夾室祼官喚反王命周公後作冊逸誥王爲冊書使史逸誥伯禽封命之書皆同在烝祭日周公拜前魯公拜後在十有二月惟周公誕保文武受命惟七年言周公攝政盡此十二月大安文武受命之事惟七年天下太平自戊辰已下史所終述○受命絶句馬同惟七年周公攝政七年天下太平馬同鄭云文王武王受命及周公居攝皆七年【疏】戊辰至七年○正義曰自此以下史終述之周公歸政成王既受言誥之○王即東行赴洛邑其年十二月晦戊辰日王在新邑後月是夏之仲冬冬爲冬節烝祭其月節是周之歲首特異常祭加文王騂

牛一武王騂牛一王命有司作策書乃使史官名逸者祝讀此策惟告文武之神言周公有功宜立其後爲國君也其時王尊異周公以爲賓殺牲享祭文王武王皆親至其廟王入廟之大室行祼鬯之禮言其尊異周公而禮敬深也於此祭時王命周公後令作策書使逸讀此策辭以告伯禽言封之於魯命爲周公後也又摠述之在十有二月惟周公大安文武受命之事於此時惟攝政七年矣○傳成王至晦到○正義曰周公告成王令居洛邑爲治王旣受周公之誥遂東行就居洛邑以十二月戊辰晦日到洛指言戊辰王在新邑知其晦日始到者此歲入戊午蔀五十六年三月云丙午朏以筭術計之三月甲辰朔大四月甲戌朔小五月癸卯朔大六月癸酉朔小七月壬寅朔大八月壬申朔小九月辛丑朔大又有閏九月辛未朔小十月庚子朔大十一月庚午朔小十二月己亥朔大計十二月三十日戊辰晦到洛也○傳明月至魯侯○正義曰下云在十有二月者周之十二月建亥之月也戊辰是其晦日故明日卽是夏之仲冬建子之月也言明月者此烝祭非朔日故言月也自作新邑已來未嘗於此祭祀此歲始於新邑烝祭故曰烝祭歲也周禮大司馬仲冬教大閱遂以享烝是也王者冬祭必用仲月此是周之歲首故言歲耳王旣戊辰晦到又須戒日致齊不得以朔日卽祭

之祭統云古者明君爵有德而祿有功必賜爵祿於太廟示
不敢專也故云古者褒德賞功必於祭日示不專也因封之
特設祭烝之禮宗廟用大牢此文武皆言牛一知於太牢之
外特加一牛告白文武之神言爲尊周公立其後爲魯侯魯
頌所云王曰叔父建爾元子俾侯於魯是此時也王命作策
者命有司作策書也讀策告神謂之祝逸祝策者使史逸讀
策書也鄭玄以烝祭上屬歲文王騂牛一者歲是成王元年
正月朔日特告文武封周公也案周頌烈文序云成王即政
諸侯助祭鄭箋云新王即政必以朝享之禮祭於祖考告嗣
位也則鄭意以朝享之後特以二牛告文武封周公之後與
孔義不同○傳王賓至告神○正義曰王賓異周公者王尊
周公爲賓異於其臣王肅云成王尊周公不敢臣之以爲賓
故封其子是也周語云精意以享謂之禋既殺二牲精誠其
意以享祭文武咸皆也格至也皆至其廟言王重其事親告
之也太室室之大者故爲清廟廟有五室中央曰太室王肅
云太室清廟中央之室清廟神之所在故王入太室祼獻鬯
酒以告神也祼者灌也王以圭瓚酌鬱鬯之酒以獻尸尸受
祭而灌於地因奠不飲謂之祼郊特牲云既灌然後迎牲則
殺在祼後此經先言殺後言祼者殺者咸格表王敬公之意
非行事之次也其王入太室祼乃是祭時行事耳周人尚臭

祭禮以祼爲重故言王祼其封伯禽乃是祭之將末非祼時也祭統賜臣爵祿之法云祭之日一獻君降立于阼階之南南鄉所命者北面史由君右執策命之鄭云一獻一酳尸也禮酳尸尸獻而祭畢是祭末乃命之以祼爲重故特言之○傳王爲至拜後○正義曰王爲策書亦命有司爲之也上云作策作告神之策此言作策誥伯禽之策祭於神謂之祝於人謂之誥故云使史逸誥伯禽封命之書封康叔謂之康誥此命伯禽當云伯禽之誥定四年左傳云命以伯禽即史逸所讀之策也上言逸祝策此誥下不言策者祝是讀書之名故上云祝策此誥是誥伯禽使知雖復讀書以誥之不得言誥策也上告周公其後已言告神封周公嫌此逸誥以他日告之故云皆同在烝祭日以祭統言一獻命之知此亦祭日也文十三年公羊傳曰封魯公以爲周公也周公拜乎前魯公拜乎後曰生以養周公死以爲周公主○傳言周至終述○正義曰自戊辰已上周公與成王相對語未有致政年月故史於此摠結之自戊辰已下非是王與周公之辭故辨之云史所終述也

附釋音尚書注疏卷第十五

江西鹽法道胡稷栞

尚書注疏挍勘記卷十五

阮元撰盧宣旬摘錄

尚書注疏卷第十五

宋板作十四

召誥第十四　周書

然鼎之上　案鼎上疑有一字

以遷都之事告文王廟　古岳本宋板纂傳同毛本告作至非也作告正與疏合許宗彥曰曲禮正義引亦作告

大保乃以庶殷攻位于洛汭　顧炎武曰攻石經誤作公○案今石經作攻顧說非也

月當日衝光照　宋板光上有日字案宋本是也

必先正望朔　纂傳望朔二字倒是也

周祀后稷　葛本閩本明監本同案皆誤也祀當作祖

錫周公曰拜手稽首 古本拜上有敎字案敎字依孔傳增也

衆殷皆勤樂勤事 宋板勤樂作歡樂閩本勤竝作勸毛本上勤改歡下勤改勸案所改是也

周公以順立成之明日而朝至 毛本立作位是也

則是三月十三日也 毛本十三作十二是也

是帝稷各用一牛 宋本一牛二字倒

賦斂謂賦功諸侯之功 毛本賦下斂功二字互易

千里之外設方伯卽州牧也 宋板卽上復有方伯二字案宋本是也

歎皇天改其大子 岳本纂傳大改作太下同葛本此句誤作天下亦作太閩監此亦誤作天下作大毛氏曰改厥元子注皇天改其大子言紂雖爲天所大子無道猶改之正義曰釋詁元首也首是體之大故傳言大子今監本作太子而顧命注將正大子之尊猶作小大之大則知作太者傳寫誤爾興國及建本皆作太誤

言紂雖爲天所大子 案下文元子哉傳云大爲天所子與此不同疑皆有誤疏亦無所發明

無道尤改之 毛本尤作猶是也閩本葛本並誤下同

故以爲言也 宋板故作託是也

謂繼世之君及其時之人 宋板及作乃

殘暴在下 纂傳在下作其民

夫尤人人 毛本尤作猶是也

面稽天若 古本面上有禽字案禽乃禹字之譌卽古文禹字也與傳合

則德化立美道成也 岳本美道成也作而美道成宋板亦無也字與疏標目合

而爲大爲天所子愛哉 宋板而下無爲字

配大天而爲治 宋板大作上案大字誤

則不訓自也　浦鏜云自疑用字之誤

王先服殷御事　古本殷上有ナ字山井鼎曰古文有字作ナ○案古文有字作又ナ乃左字也此古本傳寫之訛

比介于我有周御事　古本介作迩山井鼎曰迩卽邇字考傳文比介解比近恐經文作比迩爲是○案作迩者古文尚書也今字尚書當作邇後誤爲介則因迩字而譌也開成石經已然

常若命之不行　盧文弨改若爲苦是也

或加陵殷士　宋板無殷士二字非

我不可不監于有夏亦不可不監于有殷　古本下監字作鑒案下句作鑒見後漢書崔駰傳卽古本之所據

言桀不謀長久　古本謀作其與合

長不與長 毛本不與與二字倒

雖說之其實在人 岳本之下有於天二字沿革例曰雖說之三字不可曉考石經則曰雖說之於天添於天二字意始明○今案此所謂石經疑是成都石經然岳氏自述所据書本無成都石經未知其審說之於天即疏所云託天說之也

順行禹湯所以成功 古岳本宋板以作有與疏合

其命者智與愚也 岳本者作有是也閩本亦誤作者

惟勤修敬德 宋板勤作勸是也

王者當疾行敬德 宋板者作其是也

相夏相殷禹湯之功 宋板禹上有謂字案宋本是

王末有成命 古本唐石經岳本葛本宋板閩本明監本同毛本末作未誤

是上勤恤也　宋本勤上有下字

我周王承夏殷之後　宋板閩本明監本同毛本王作公案此皆誤浦鏜挍改作家是也

洛誥第十五　周書　毛本同古本作尚書卷第九古文尚書洛誥第十五周書孔氏傳

召公既相宅周公往營成周　古本營上有經字

周公先相宅　宋板周作召案周字誤

及周公將欲歸於成王　宋板於上有政字毛本於改作政案所改是也

雖與相俱行　宋板與相作相與是也

不敢及知天始命周家安定天下之命　古本宋板知作如

伻來以圖　案羣經音辨丂部平使也補耕普耕二切書丕來以圖

來告成王　古本作來告於成王之案疏標起訖無之字古本妄加

來教誨之言 古本岳本宋板纂傳來作求與疏合

荅言其拜手稽首而受其言 毛本荅言作故荅案荅言非是此篇疏文十行本多誤此其一也

於成王復述公言 毛本於作故案所改是也

言公欲令己作允久遠 宋板作作祚案作字非也

咸秩無文 古本無作罔下無若火同案此句無字不可作罔

今王卽命曰 陸氏曰曰音越一音人實反○案古人書曰日二字其形正同但以上缺者爲曰不缺者爲日此云一音人實反則是別本不缺也蓋經師傳讀不同致經文有異孔疏音越

有大功則列大祀 古本列下有爲字與疏合

其往 古本其上有愼字案段玉裁云後漢書爰延上封事曰臣聞之帝左右者所以咨政德故周公戒成王曰其朋

其朋言愼所與也李注尚書周公戒成王曰孺子其朋孺子其朋愼其往較今本多一愼字疑妄增足利古本葢本諸此

少子愼朋黨 古本岳本宋板纂傳愼下有其字

又申述所以祀神功臣功者 毛本上功字改作記所改是也

於於初卽教之 宋本於於作宜於是也毛本作於其亦誤

惟當用我此事在周之百官 案此事浦鏜據下疏改作所爲

時成王未有留公之意 宋板閩本明監本同毛本成作文誤

公曰已 古本已下有乎字

務在知人 宋板知作化是也

言欲已長久也 宋板已作以盧文弨云作以疑非

無問遠近者用來歸王 案者字疑當作皆

不可去之　据疏似無之字或當作不可去也

而奉順天　古本下有地字

言化治　閩本葛本同毛本治作洽是也古本洽下有之字非

舉大明德以佐助我　宋板同毛本佐作佑下我小至佐我同

使就君於周　毛本使作便案使字誤也

命正公後　毛本正作立案正字誤也

亦未克敉公功　古本敉作撫

言四方雖道治　古本道初作通後改作道

周洛邑　閩本明監本同毛本周下有謂字

公當留佑我　宋板佑作佐與宋本注合

是顧無事　案是疑當作自

文武受民之於天下　宋板民作人浦鏜云當作文武受民受之於天

我意欲置太平　宋板置作致案宋本是也

今我繼文祖大業　宋板今作令是也

被人恭敬推先王　閩本明監本同毛本王作已盧文弨云毛本是

所以君上中　古本岳本宋板閩本君上中作居上中是也毛本作居王中尤誤

本說之　岳本作故本而說之沿革例曰本說之三字不可曉依疏云故本而說之意始明○案傳文多簡疏中述傳往往增加數字以顯其意似未可據疏以改傳

萬年猒乃德　唐石經古本岳本纂傳猒下有于字毛本猒作厭案有于字是也厭猒之厭說文本作猒今通作厭別作饜猒字不誤

予斥成王下句並告文武宋板予作子王下有言用文王之道制爲典法以明成王行之爲明君也特舉文祖不言武王二十八年

周公自非己意也宋板自下有言字是

謂之秬鬯酒二器宋板酒上復有鬯字

釋註云宋板註作詁案註字誤

是明禋爲明潔致敬也宋板潔作絜下皆同○案絜正字潔俗字

故本而說之此事者案此事者三字疑有誤

得還鎬京郎文武宋板郎下有告字是也

當行不怠浦鏜云當疑常字誤

特加文武各牛閩本葛本同毛本各下有一字

告曰尊周公 古本葛本曰作白與疏合

旣受言誥之 浦鏜據儀禮續通解挍云言之二字衍

特以二牛告文武 宋板牛作年是也

會昌縣知縣候補知州曾暉春栞

傳古樓景印

四部要籍選刊

蔣鵬翔 主編

阮刻尚書注疏

（清）阮元 校刻

四

浙江大學出版社

本册目録

卷二十

附釋音尚書注疏卷第十六

多士第十六

周書　孔氏傳　孔穎達疏

成周既成洛陽下都遷殷頑民殷大夫士心不則德義之經故徙近王都教誨之。不則如字或作測非近附近之近周公以王命誥稱成王命告令之作

多士多士所告者卽衆士故以名篇疏成周至多士。正義曰成周之邑既成乃遷殷之頑民令居此邑頑民謂殷之大夫士從武庚叛者以其無知謂之頑民民性安土重遷或有怨恨周公以成王之命誥此衆士言其須遷之意史敘其事作多士。傳洛陽下都。正義曰周之成周於漢爲洛陽也洛邑爲王都故謂此爲下都遷殷頑民以成周道故名此邑爲成周。傳殷大至誨之。正義曰經云商王士殷遺多士皆非在官謂之頑民知是殷之大夫士也經止云士而知有大夫者以經云迪簡在王庭有服在百僚其意言將任爲王官以爲大臣不惟告士而已故

知有大夫也士者在官之揔號故言士也心不則德義之經傳二十四年左傳文引之以解釋頑民之意經云移爾遐逖比事臣我宗多遜是言徙近王都教誨之也漢書地理志及賈逵注左傳皆以爲遷邶鄘之民於成周分衞民爲三國計三國俱是從叛何以獨遷邶鄘邶鄘在殷畿三分有二其民衆矣非一邑能容民謂之爲士其名不類故孔意不然

惟三月周公初于新邑洛用告商王士周公致政明年三月始於新邑洛用王命告商王之衆士

疏 惟三月至王士○正義曰惟成王即政之明年三月周公初始於所造新邑之洛用成王之命告商王之衆士言周公親至成周告新來者○傳周公至衆士○正義曰以洛誥之文成周與洛邑同時成也王以周公攝政七年十二月來至新邑明年即政此篇繼王居洛之後故知是致政明年之三月也成周南臨洛水故云新邑洛周公既以致政在王都故新邑成周以成王之命告商王之衆士鄭云成王元年三月周公自王城初往成周之邑用成王命告殷之衆士以撫安之是也

王若曰爾殷遺多士順其事稱以告殷遺餘衆士所順在下

弗弔旻天大降喪于殷稱天以愍下言

愍道至者殷道不至故旻天下喪亡於殷○弔音的旻天上
閔巾反仁覆愍下謂之旻馬云秋曰旻天秋氣殺也方言降
喪故稱旻天也愍眉隕反喪息浪反**我有周佑命將天明威**言我有周受天
佑助之命故得奉天明威**致王罰勑殷命終于帝**天命周致王者之誅罰王
黜殷命終周於帝王**肆爾多士非我小國敢弋殷命**天佑我故
汝衆士臣服我弋取也非我敢取殷王命乃天命○弋徐音翼馬本作翼義同**惟天不畀允罔**
固亂弼我我其敢求位惟天不與言無堅固治者故輔佑我我其敢求天位乎○
治直吏反畀必利反下同**惟帝不畀惟我下民秉爲惟天明**
畏惟天不與紂惟我周家下民秉心爲我皆是天明德可畏之效○爲于僞反畏如字一音威〔疏〕王若
至明畏○正義曰周公以王命順其事而呼之曰汝殷家遺
餘之衆士汝殷家道教不至旻天以殷道不至之故天下喪
亡於殷將欲滅殷我有周受天祐助之命奉天明白之威致
王者之誅罰正黜殷命終我周家於帝王之事謂使我周家

代殷爲天子也天既助我周王故汝衆士來爲我臣由天助
我我得爲之非我小國敢取殷之王命以爲已有此乃天與
我惟天不與信無堅固於治者以是故輔弼我若其不然我
其敢妄求天子之位乎言此位天自與我非我求而得之惟
天不與紂故惟我周家下民秉心爲我故我得之惟天明德
可畏之效也亦既得喪由天汝等不得不服以殷士未服故
以天命諭之○傳順其至在下○正義曰順其殷亡之事稱
王命以告之從紂之臣或有身已死者遺餘在者遷於成周
故告殷遺餘衆士所順在下下文皆是順之辭○傳稱王至
於殷○正義曰此經先言弗弔謂殷道不至也不至者上不
至天事天不以道下不至民撫民不以理也天有多名獨言
旻天者旻愍也稱天以愍下言天之所愍愍道至者也殷道
不至故旻天下喪亡於殷言將覆滅之○傳天命至帝王○
正義曰天命周致王者之誅罰謂奉上天之命殺無道之王
此乃王者之事故爲王者之誅罰勑訓正也正黜殷命謂殺
去虐紂使周受其終事是終周於帝王終猶舜受堯終言殷
祚終而歸於周○傳天祚至天命○正義曰肆訓故也直云
故爾多士辭無所結此此經大意敘其去殷事周知其故爾衆
士言其臣服我弋射也射而取之故弋爲取也鄭玄王肅本
弋作翼王亦云翼取也鄭云翼猶驅也非我周敢驅取汝殷

之王命雖訓爲驅亦爲取義周本般之諸侯故周公自稱小國

我聞曰上帝引逸有言上天欲民長逸樂有夏桀爲政不之逸樂故天下

夏不適逸則惟帝降格至戒以譴告之○樂音洛下同譴棄戰反

嚮于時夏弗克庸帝大淫泆有辭天下至戒是嚮於時夏不背棄桀不能用天戒大爲過逸之行有惡辭聞於世○時夏絕句馬以時字絕句嚮許亮反泆音逸又作佾注同馬本作佾云過也背音佩行下孟反

惟時天罔念聞厥惟廢元命降致罰惟是桀惡有辭故天無所念聞言不佑其惟廢其天命下致天罰

乃命爾先祖成湯革夏俊民甸四方天命湯更代夏用其賢人治四方○甸徒遍反〔疏〕我聞至四方○正義曰既言天之効驗法惡與善更追說往事比而喻之我聞人有言曰上天之情欲民長得逸樂而有夏王桀逆天害民不得使民之適逸樂以此則惟上天下災異至戒以譴告之欲使夏王桀覺悟改惡爲善是天歸嚮於是夏家不背棄之而夏桀不能用天之明戒改悔已惡而反大爲過逸之行致有惡

書疏十六　三

辭以聞於世惟是桀有惡辭故天無復愛念無復聽聞言天不復助桀其惟廢其大命欲絕夏祚也下致天罰欲誅桀身也乃命汝先祖成湯使之改革夏命用其賢俊之人以治四方之國舉桀滅湯興以嘗之○傳言上至告之○正義曰襄十四年左傳稱天之愛民甚矣又曰天生民而立之君使司牧之是言上天欲民長得逸樂故立君養之使之長逸樂也夏桀爲政割剝夏邑使民不得之適逸樂故上天下此至戒以譴告之降下格至也直言下至明是天下至戒天所下戒惟下災異以譴告人主使之見災而懼改修德政耳古書亡失桀之災異未得盡聞○傳惟是至天罰○正義曰桀惡流毒於民乃有惡辭聞於世惡既有辭是惡已成矣惟是桀惡有辭故天無所念聞言天不愛念不聽聞是其全棄之不佑助也棄而不佑則當更求賢主其惟廢大命欲奪其王位也下致天罰欲殺其凶身也廢大命卽降致是下罰也

自成湯至于帝乙罔不明德恤祀自帝乙以上無不顯用有德憂念齊敬奉其祭祀言能保宗廟社稷○上時掌反齊側皆反**亦惟天丕建保乂有殷**

殷王亦罔敢失帝罔不配天其澤湯既革夏亦惟天大立安

治於殷殷家諸王皆能憂念祭祀無敢失天道者故無不配天布其德澤在今後嗣王誕後嗣王紂罔顯于天矧曰其有聽念于先王勤家大無明于天道行昏虐天且忽之況曰其有聽念先祖勤勞國家之事乎誕淫厥泆罔顧于天顯民祇言紂大過其過無顧於天無能明人爲敬暴亂甚惟時上帝不保降若兹大喪惟是紂惡天不安之故下若此大喪亡之誅○喪息浪反惟天不畀不明厥德凡四方小大邦喪罔非有辭于罰惟天不與不明其德者故凡四方小大國喪滅無非有辭於天所罰言皆有闇亂之辭

疏

自成至于罰○正義曰既言命湯革夏又說後世皆賢至紂始惡天乃滅之自成湯至於帝乙無不顯用有德憂念祭祀後世亦賢非獨成湯以用其行合天意亦惟天大立安治有殷殷家諸王皆能明德憂祀亦無敢失天道者無不皆配天而布其德澤以此得天下以爲民主在今後嗣王紂大無明於天道敢行昏虐之政於天天猶且忽之況曰其有聽念先

王父祖勤勞國家之事乎乃復大淫過其泆無所顧於上天
無能明民爲敬以此反於先王違逆天道惟是上天不安紂
之所爲下若此大喪亡之誅惟天不與不明其德之人故也
天不與惡豈獨紂乎凡四方諸侯小大邦國其喪滅者無非
皆有惡辭是以致至於天罰汝紂以惡而見滅汝何以不服
我也○傳自帝至社稷○正義曰下篇說中宗高宗祖甲三
王以外其後立王生則逸豫亦罔或能壽如彼文則帝乙以
上非無辟王而此言無不顯用有德憂念祭祀者立文之法
辭有抑揚方說紂之不善盛言前世皆賢正以守位不失故
得美而言之憂念祭祀者惟有齊肅恭敬故言憂念齊敬奉
其祭祀言能保宗廟社稷爲天下之主以見紂不恭敬故喪
亡之○傳湯既至德澤○正義曰帝乙已上諸王所以長處
天位者皆由湯之聖德延及後人湯既革夏亦惟天大立安
治於殷者謂天安治之故殷家得治理也殷家諸王自成湯
之後皆能憂念祭祀無敢失天道者故得常處王位無不配
天布其德澤於民爲天之子是配天也號令於民是布德也
○傳言紂至亂甚○正義曰淫泆俱訓爲過言紂大過其從
過無顧於天言其縱心爲惡不畏天也無能明民爲敬言其
多行虐政不憂民也不畏於天不愛於民言其暴亂甚也此
經顧於天與顯民祇共蒙上罔文故傳再言無也○傳惟天

至之辭○正義曰能明其德天乃與之惟天不與不明其德者紂不明其德故天喪之因卽廣言天意凡四方小大邦國謂諸侯有土之君其爲天所喪滅者無非皆有惡辭聞於天乃爲上天所罰言被天罰者皆有闇亂之辭上天不罰無辜紂有闇亂之辭故天滅之耳天旣滅不明其德我有明德爲天所立汝等殷士安得不服我乎以其心仍不服故以天道責之

王若曰爾殷多士今惟我周王丕靈承帝事周王文武也大神奉天事言明德恤祀**有命曰割殷告勑于帝**天有命命周割絕殷命告正於天謂旣克紂柴於牧野告天不頓兵傷士**惟我事不貳適惟爾王家我適**言天下事已之我周矣不貳之佗惟汝殷王家已之我不復有變○復扶又反**予其曰惟爾洪無度我不爾動自乃邑**我其曰惟汝大無法度謂紂無道我不先動誅汝亂從汝邑起言自召禍**予亦念天卽于殷大戾肆不正**我亦念天就於殷大罪而加誅者故以紂不能正身念法

【疏】王若至不正○正義

曰周公又稱王順而言曰汝殷衆士今惟我周家文武二王大神能奉天事故天有命命我周王曰當割絕殷命告正於天我受天命已滅殷告天惟我天下之事不有二處之適言已之適周不更適他也惟汝殷王家事亦於我之適不復變改又追說初伐紂之事我其爲汝言曰惟汝殷紂大無法度故當宜誅絕之伐紂之時我不先於汝動自往誅汝其亂從汝邑先起汝紂自召禍耳我亦念天所以荒於殷致大罪者故以紂不能正身念法故也○傳周王至恤祀○正義曰文王受命武王伐紂故知周王兼文武也大神奉天事謂以天爲神而勤奉事之勞身敬神言亦如湯明德恤祀也○傳天有至傷士○正義曰以周王奉天之故故天有命命我周使割絕殷命告正於天謂武成之篇所云旣克紂柴於牧野告天不頓兵傷士是也前敵卽服故無頓兵傷士師以正行故爲告正武成正告功成功成無害卽是不頓傷也頓兵者昭十五年左傳文頓折也○傳我亦至念法○正義曰言我亦念天者以紂雖無法度若使天不命我我亦不往誅紂以紂旣爲大惡上天命我我亦念天所遺我就殷加大罪者何故以紂不能正身念法也

王曰猷告爾多士予惟時其遷居西爾以道告汝衆士我惟汝未達德義是以徙居西

汝於洛邑教誨汝非我一人奉德不康寧時惟天命我徙汝非我天子奉德不能使民安之是惟天命宜然無違朕不敢有後無我怨汝無違命我亦不敢有後誅汝無怨我惟爾知惟殷先人有冊有典殷革夏命言汝所親知殷先世有冊書典籍說殷改夏王命之意今爾又曰夏迪簡在王庭有服在百僚簡大也今汝又曰夏之衆士蹈道者大在殷王庭有服職在百官言見任用予一人惟聽用德肆予敢求爾于天邑商言我周亦法殷家惟聽用有德故我敢求汝於天邑商將任用之予惟率肆矜爾非予罪時惟天命惟我循殷故事憐愍汝故徙教汝非我罪咎是惟天命

〔疏〕王曰猷至大命○正義曰又言曰我以道告汝衆士我惟是以汝未達德義之故耳今徙居西汝置於洛邑以教誨汝我之徙汝非我一人奉行德義不能使民安而安之是惟天命宜然汝無違我我

亦不敢更有後誅罰汝等無於我見怨汝既來遷當爲善事惟汝所親知惟汝殷先人往卌有策書有典籍說殷改夏王命之意汝當案省知之汝知先人之故事今往又有言曰夏之諸臣蹈道者大在殷王之庭有服行職事在於百官言其見任用恐我不任汝我一人惟聽用有德之者故我敢求汝有德之人於彼天邑商都欲取賢而任用之我惟循殷故事憐愍汝故徙教汝此徙非我有罪是惟天命當然聖人動合天心故每事惟託天命也○傳以道至誨汝○正義曰猷訓道也故云以道告汝衆士上言惟是不言其故故傳辨之惟是者未達德義也遷使居西正欲教以德義是以徙居西汝置於洛邑近於京師教誨汝也從殷適洛南行而西迴故爲居西也○傳汝無至怨我○正義曰周既伐紂又誅武庚殷士懼更有誅疑其欲違上命故設此言以戒之知無違朕者謂戒之使汝無違命也汝能用命我亦不敢有後誅必無後誅汝無怨我也○傳言我至用之○正義曰夏人簡在王庭爲其有德見用言我亦法殷家惟聽用有德汝但有德我必任用故我往前敢求汝有德之人於天邑商都將任用之也鄭玄云言天邑商者亦本天之所建王肅云言商今爲我之天邑二者其言雖異皆以天邑商爲殷之舊都言未遷之時當求往遷後有德任用之必矣○傳惟我至天命○正義曰

循殷故事此故解經中肆字謂殷用夏人我亦用殷人憐愍汝故徙之教汝此故解義之言非經中肆遷汝來西者非我罪咎是惟天命也**王曰多士昔朕來自奄予大降爾四國民命**昔我來從奄謂先誅三監後伐奄淮夷民命謂君也大下汝民命謂誅四國君**我乃明致天罰移爾遐逖比事臣我宗多遜**四國君叛逆我下其命乃所以明致天罰今移徙汝於洛邑使汝遠於惡俗比近臣我宗周多爲順道○逖他力反比毗志反注同遠于萬反

〔疏〕王曰多士至多遜○正義曰王復言曰衆士昔我來從奄國大黜下汝管蔡商奄四國民命民之性命死生在君誅殺其君是下民命由四國叛逆我乃明白致行天罰汝等遺餘當教之爲善故移徙汝居於遠令汝遠於惡俗比近服事臣我宗周多爲順道冀汝相教爲善永不爲惡也○傳昔我至國君○正義曰金縢之篇說周公東征言居東二年罪人斯得則昔我來從奄者謂攝政三年時也於時王不親行而王言我來自奄者周公以王命誅四國周公師還亦是王來還也一舉而誅四國獨言來自奄者謂先誅三監後伐奄與淮夷奄誅在後誅奄師來故言來自奄也民以君爲命

故民命謂君也大下汝民命謂誅四國君王肅云君爲民命
爲君不能順民意故誅之也○傳四國至順道。正義曰王
之所罰罰有罪也四國之君有叛逆之罪我下其命乃所以
明致天罰言非苟爲之也遐遜俱訓爲遠今移徙汝於洛邑
令去本鄉遠也使汝遠於惡俗令去惡俗遠也此近京師王
臣我周家使汝從我善化多爲順道所以救汝之性命也

曰告爾殷多士今予惟不爾殺予惟時命有申所以徙汝是我不欲殺汝故惟是教命申戒之今朕作大邑于茲洛予惟四方罔攸賓今我作此洛邑以待四方無有遠近無所賓外○賓如字徐音殯馬云却也亦惟爾多士攸服奔走臣我多遜非但待四方亦惟汝衆士所當服行奔走臣我多爲順事爾乃尚有爾土爾乃尚寧幹止汝多爲順事乃庶幾還有汝本土乃庶幾安汝故事止居以反所生誘之爾克敬天惟畀矜爾汝能敬行順事則爲天所與爲天所憐爾不克敬爾不啻不

有爾土予亦致天之罰于爾躬汝不能敬順其罰深重不但不得還本土而已我亦致天罰於汝身言刑殺○啻始豉反徐本作翅音同下篇放此今爾惟時宅爾邑繼爾居爾厥有幹有年于茲洛今汝惟是敬順居汝邑繼汝所當居爲則汝其有安事有豐年於此洛邑言由洛修善得還本土有幹有年爾小子乃興從爾遷汝能敬則子孫乃起從汝化而遷善

疏王曰告至爾遷○正義曰王又言曰告汝殷之多士所以遠徙汝者今我惟不欲於汝刑殺我惟是教命有所申戒由此也今我作大邑於此洛非但爲我惟以待四方無所賓外亦惟爲汝衆士所當服行臣事我宗周多爲順事故也汝若多爲順事汝乃庶幾還有汝本土乃庶幾安汝故事止居可不勉之也汝能敬行順事天惟與汝憐汝況於人乎汝若不能敬行順事則汝不啻不得還汝本土我亦致天之罰於汝身今汝惟是敬順居汝所受新邑繼汝舊日所居爲我當聽汝還歸本鄉有幹事有豐年乃由於此洛邑行善也汝能敬順則汝之小子與孫等乃起從汝化而遷善矣○傳今汝至有年○正義曰殷士遠離本鄉新來此邑或當居不安

爲棄舊業故戒之今汝惟是敬順居汝新所受邑繼汝舊日所當居爲謂繼其本土之事業也但能如此得還本土其有安事有豐年也有幹有年謂歸本土有幹年而言於洛者言由在洛修善得還本土有幹有年也王肅云汝其有安事有長久年於此洛邑王解於文甚便但孔上句爲云爾乃尚有爾本土是誘引之辭故止爲得還本土有幹有年也

王曰又曰時予乃或言爾攸居言汝衆士當是我勿非我也我乃有教誨之言則汝所當居行

【疏】王曰又至攸居○正義曰王之所云又復稱之言則汝所當居行汝當是我勿非我也我乃有教誨之言則汝所當居行之○傳言汝至居行○正義曰王以誨之已終故戒之云汝當是我勿非我既不非我我乃有教誨汝之言則汝所當居行令其居於心而行用之鄭玄論語注云或之言有此亦或爲有也凡言王曰皆是史官錄辭非王語也今史錄稱王之言曰以前事未終故言又曰也

無逸第十七

周書　孔氏傳　孔穎達疏

周公作無逸中人之性好逸豫故戒以無逸。好呼報反無逸成王即政恐其逸豫本以所戒名篇

〔疏〕傳中人至無逸。正義曰上智不肯爲非下愚戒之無益故中人之性可上可下不能勉强多好逸豫故周公作書以戒之使無逸此雖指戒成王以爲人之大法成王以聖賢輔之當在中人以上其實本性亦中人耳。傳成王至名篇。正義曰篇之次第以先後爲序多士君奭皆是成王即位之初知此篇是成王始初即政周公恐其逸豫故戒之使無逸即以所戒名篇也

周公曰嗚呼君子所其無逸歎美君子之道所在念德其無逸豫君子且猶然況王者乎先知稼穡之艱難乃逸則知小人之依稼穡農夫之艱難事先知之乃謀逸豫則知小人之所依怙相小人厥父母勤勞稼穡厥子乃不知稼穡之艱難視小人不孝者其父母躬勤艱難而子乃不知其勞。相息亮反乃逸乃諺既誕否則侮厥父母曰昔之人無聞知小人之子既不知父

母之勞力爲逸豫遊戲乃叛諺不恭已欺誕父母不欺則輕侮其父母曰古老之人無所聞知○諺魚戰反

周公至聞知○正義曰周公歎美君子之道以戒王曰嗚呼君子之人所在其無逸豫君子必先知農人稼穡之艱難然後乃謀爲逸豫如是則知小人之所依怙也視彼小人不孝者其父母勤勞稼穡其子乃不知稼穡之艱難乃爲逸豫遊戲乃叛諺不恭既爲欺誕父母矣不欺則又侮慢其父母曰昔之人無所聞知小人與君子如此相反王宜知其事也○

傳歎美至者乎○正義曰周公意重其事故歎而爲言鄭云嗚呼者將戒成王欲求以深感動之是欲深感成王故歎美君子之道若子者言其可以君正上位子愛下民有德則稱之不限貴賤君子之人念德不怠故所在念德其無逸豫也君子且猶然而況王者乎言王者日有萬幾彌復不可逸豫鄭云君子止謂在官長者所猶處也君子處位爲政其無自逸豫也○

傳稼穡至依怙○正義曰民之性命在於穀食田作雖苦不得不爲寒耕熱耘沾體塗足是稼穡爲農夫艱難之事在上位者先知稼穡之艱難乃可謀其逸豫使家給人足乃得思慮不勞是爲謀逸豫也能知稼穡之艱難則知小人之所依怙言小人依怙此稼穡之事不可不勤勞也上句言君子當無逸此言乃謀逸豫者君子之事勞心與形盤于遊

畋形之逸也無爲而治心之逸也君子無形逸而有心逸既知稼穡之艱難可以謀心逸也○傳視小人至其勞○正義曰視小人不孝者其父母勤苦艱難勞於稼穡成於生業致富以遺之而其子謂已自然得之乃不知其父母勤勞○傳小人至聞知○正義曰上言視小人之身此言小人之子者小人謂無知之人亦是賤者之稱躬爲稼穡是賤者之事故言小人之子謂賤者之子卽上所視之小人也此子既不知父母之勞謂已自然得富恃其家富乃爲逸豫遊戲乃爲叛諺不恭已是欺誕父母矣若不欺誕則輕侮其父母曰古老之人無所聞知言其罪之深也論語曰由也諺諺則叛諺欺誕不恭之貌昔訓久也自今而道遠久故爲古老之人詩云召彼故老

周公曰嗚呼我聞曰昔在殷王中宗太戊也殷家中世尊其德故稱宗**嚴恭寅畏天命自度○**言太戊嚴恪恭敬畏天命用法度○嚴如字又魚檢反注同馬作儼**治民祇懼不敢荒寧**爲政敬身畏懼不敢荒怠自安○治直吏反**肆中宗之享國七十有五年**以敬畏之故得壽考之福

疏周公至五年○正義曰既言君

子不逸小人反之更舉前代之王以天壽爲戒周公曰嗚呼我所聞曰昔在殷王中宗威儀嚴恪貌恭心敬畏天命用法度治民敬身畏懼不敢荒怠自安故中宗之享有殷國七十有五年言不逸之故而得歷年長也○傳太戊至稱宗○正義曰中宗廟號太戊王名商自成湯已後政教漸衰至此王而中興之王者祖有功宗有德殷家中世尊其德其廟不毀故稱中宗○傳言太至法度○正義曰祭義云嚴威儼恪故引恪配嚴鄭玄云恭在貌敬在心然則嚴是威恭是貌敬是心三者各異故累言之

其在高宗時舊勞于外爰暨小人武丁其父小乙使之久居民間勞是稼穡與小人出入同事**作其卽位乃或亮陰三年不言**武丁起其卽王位則小乙死乃有信默三年不言言孝行著○行下孟反**其惟不言言乃雍不敢荒寧**在喪則其惟不言喪畢發言則天下和亦法中宗不敢荒怠自安**嘉靖殷邦至于小大無時或怨**善謀殷國至于小大之政人無是有怨者言無非**肆高宗之享國五十有九年**高宗爲政小大無怨

故亦享國永年【疏】其在至九年○正義曰其殷王高宗父在之時久勞於外於時與小人同其事後爲太子起其即王之位乃有信默三年不言在喪其惟不言喪畢發言言得其道乃天下大和不敢荒怠自安善謀殷國至於小大之政莫不得所其時之人無是有怨恨之者故高宗之享殷國五十有九年亦言不逸得長壽也○傳武丁其至同事○正義曰舊久也在即位之前而言久勞於外知是其父小乙使之久居民閒勞是稼穡與小人出入同爲農役小人之艱難事也太子使與小人同勞此乃非常之事不可以非常怪之於時蓋未爲太子也殷道雖質不可既爲太子更得與小人雜居也○傳武丁起至行著○正義曰以上言久勞於外爲父在時事故言起其即主位則小乙死也亮信也陰默也三年不言以舊無功而今有故言乃有說此事者言其孝行著也禮記喪服四制引書云高宗諒闇三年不言善之也王者莫不行此禮何以獨善之也曰高宗者武丁武丁者殷之賢王也繼世即位而慈良於喪當此之時殷衰而復興禮廢而復起故載之於書中而高之故謂之高宗三年之喪君不言也是說此經不言之意也○傳在喪全自安○正義曰鄭玄云其不言之時時有所言則羣臣皆和諧鄭玄意謂此言乃雍者在三年之內時有所言也孔意則爲出言在三年之外

故云在喪其惟不言喪畢發言則天下大和知者說命云王宅憂亮陰三祀既免喪其惟不言除喪猶尚不言在喪必無言矣故知喪畢乃發言也高宗不敢荒寧與中宗正同故云亦法中宗不敢荒怠自安殷家之王皆是明王所爲善事計應略同但古文辭有差異傳因其文同故言法中宗也○傳善謀至無非○正義曰釋詁云嘉善也靖謀也善謀殷國謀爲政教故至於小大之政皆允人意人無是有怨高宗者言其政無非也鄭云小大謂萬人上及羣臣言人臣小大皆無怨王也

其在祖甲不義惟王舊爲小人湯孫太甲爲王不義久爲小人之行伊尹放之桐**作其即位爰知小人之依能保惠于庶民不敢侮鰥寡**在桐三年思集用光起就王位於是知小人之所依依仁政故能安順於衆民不敢侮慢惸獨○惸求營反字又作煢**肆祖甲之享國三十有三年**太甲亦以知小人之依故得久年此以德優劣立年多少爲先後故祖甲在下殷家亦祖其功故稱祖

〔疏〕其在至三年○正義曰其在殷王祖甲初遭祖喪所言行不義惟亦爲王久爲小人之行伊尹廢諸桐起

其卽王之位於是知小人之所依依於仁政乃能安順於衆民不敢侮鰥寡惸獨故祖甲之享有殷國三十有三年亦言不逸得長壽也○傳湯孫至之桐○正義曰以文在高宗之下世次顛倒故特辨之此祖甲是湯孫太甲也爲王不義謂湯初崩久爲小人之行故伊尹放之於桐言其廢而復興爲下作其卽位起本也王肅亦以祖甲爲太甲鄭玄云祖甲武丁子帝甲也有兄祖庚賢武丁欲廢兄立弟祖甲以此爲不義逃於人間故云久爲小人案殷本紀云武丁崩子祖庚立祖庚崩弟祖甲立是爲帝甲帝甲淫亂殷道復衰國語說殷事云帝甲亂之七代而殞則帝甲是淫亂之主起亡殷之源寧當與二宗齊名舉之以戒無逸武丁賢王祖庚復賢以武丁之明無容廢長立少祖庚之賢誰所傳說武丁廢子事出何書妄造此語是負武丁而誣祖甲也○傳在桐至惸獨○正義曰在桐三年太甲序文思集用光詩大雅文彼集作輯輯和也彼鄭言公劉之遷豳思在和其民人用光大其道此傳之意蓋言太甲之在桐也思得安集其身用光顯王政故起卽王位於是知小人之依依於仁政故能施行政教安順於衆民不敢侮慢惸獨鰥寡之類尤可憐愍故特言之○傳太甲至稱祖○正義曰傳於中宗云以敬畏之故得壽考之福高宗之爲政小大無怨故亦享國永年於此云太甲亦以知小

人之依故得久年各順其文而爲之說其言行善而得長壽
經意三王同也以其世次顛倒故解之云此以德優劣立年
多少爲先後故祖甲在太戊武丁之下諸書皆言太甲此言
祖甲者殷家亦祖其功故稱之祖甲與二宗爲類惟見此篇
必言祖其功亦未知其然殷之先君有祖乙祖辛祖丁
稱祖多矣或可號之爲祖未必祖其功而存其廟也

自時厥後立王生則逸從是三王各承其後而立者生則逸豫無度**生則逸不知稼穡之艱難**言與小人之子同其敝**不聞小人之勞惟耽樂之從**過樂謂之耽惟樂之從言荒淫○耽丁南反注下同樂音洛注下同**自時厥後亦罔或克壽**以耽樂之故從是其後亦無有能壽考**或十年或七八年或五六年或四三年**高者十年下者三年言逸樂之損壽

【疏】自時至三年○正義曰從是三王其後所立之王生則逸豫不知稼穡之艱難不聞小人之勞苦惟耽樂之事則從而爲之故從是其後諸王無有能壽考者或十年或七八年或五六年或四三年言逸樂之損壽故舉以戒成王也

周公曰嗚呼厥亦惟我周太王王季克自抑畏太王周公曾祖王季卽祖言皆能以義自抑長敬天命將說文王故本其父祖文王卑服即康功田功文王節儉卑其衣服以就其安人之功以就田功以知稼穡之艱難○卑如字馬本作俾使也徽柔懿恭懷保小民惠鮮鰥寡以美道和民故民懷之以美政恭民故民安之又加惠鮮之鰥寡之人○鮮息淺反注同自朝至于日中昃不遑暇食用咸和萬民從朝至日昳不暇食思慮政事用皆和萬民○昃音側本亦作仄昳田節反文王不敢盤于遊田以庶邦惟正之供文王不敢樂於遊逸田獵以衆國所取法則當以正道供待之故○供音恭文王受命惟中身厥享國五十年文王九十七而終中身卽位時年四十七言中身舉全數〔疏〕周公至七年○正義曰殷之三王既如此矣周公又言曰嗚呼其惟我周家大王王季能以義自抑而畏敬天命故王迹

從此起也文王又卑薄衣服以就其安人之功與治田之功以美道柔和其民以美政恭待其民以此民歸之以美政恭民之故故小民安之又加恩惠於鮮乏鰥寡之人其行之也自朝旦至于日中及昃尚不遑暇食用善政以諧和萬民故也文王專心於政不敢逸樂於遊戲畋獵以巳為衆國所取法惟當正身行巳以供待之由是文王受命嗣位為君惟於中身受之其享國五十年亦以不逸得長壽也○傳大王至父祖○正義曰大王周公會祖王季即祖也此乃經傳明文而須詳言之者此二王之下辭無所結陳此不為無逸周公將說文王故本其父祖是以傳詳言也解其言此之意以義自抑者言其非無此心以義自抑而不為耳○傳文王至艱難○正義曰文王卑其衣服以就安人之功言儉於身而厚於人也立君所以牧人安人之功諸有美政皆是也就安人之內田功最急故特云田功以示知稼穡之艱難也○傳以美至之人○正義曰徽懿皆訓為美徽柔懿恭此是施人之事以此柔恭懷安小民故傳分而配之徽柔配懷以美道和民故民懷之懿恭配保以美政恭民故民安之徽懿言其美而已不知何所美也人君施於民惟有道與政耳故傳以美道美政言之政與道亦互相通也少乏鰥寡尤是可憐故別言加惠於鮮乏鰥寡之人也○傳從朝至萬民○正義曰昭

五年左傳云日上其中食日爲二旦日爲三則人之常食在日中之前謂辰時也易豐卦彖曰日中則昃謂過中而斜昃也昃亦名昳言日蹉跌而下謂未時也故日之十位食時爲辰日昳爲未言文王勤於政事從朝不食或至於日中或至於日昃猶不暇食故經中昃並言之傳舉晚時故惟言昳遑亦暇也重言之者古人自有複語猶云艱難也所以不暇食者爲思慮政事用皆和萬民政事雖多皆是爲民故言咸咸訓皆也○傳文王至之故○正義曰釋詁云盤樂也遊謂遊逸田謂畋獵二者不同故並云遊逸田獵以衆國皆於文王所取其法則文王當以正義供待之故也言文王思爲政道以待衆國故不敢樂於遊田文王世爲西伯故當爲衆國所取法則禮有田獵而不敢者順時蒐狩不爲取樂故不敢非時畋獵以爲樂耳○傳文王至全數○正義曰文王年九十七而終禮記文王世子文也於九十七内減享國五十年是未立之前有四十七在禮諸侯踰年即位此據代父之年故爲即位時年四十七也計九十七年半折以爲中身則四十七時於身非中言中身者舉全數而稱之也經言受命者鄭玄云受殷王嗣位之命然殷之末世政教已衰諸侯嗣位何必皆待王命受先君之命亦可也王肅云文王受命嗣位爲君不言受王命也

周公曰嗚呼繼

自今嗣王繼從今已往嗣世之王皆戒之則其無淫于觀于逸于遊于田以萬民惟正之供所以無敢過於觀遊逸豫田獵者用萬民當惟正身以供待之故無皇曰今日耽樂乃非民攸訓非天攸若時人丕則有愆無敢自暇曰惟今日樂後日止夫耽樂者乃非所以教民非所以順天是人則大有過矣。愆起虔反夫音扶無若殷王受之迷亂酗于酒德哉以酒爲凶謂之酗言紂心迷政亂以酗酒爲德戒嗣王無如之。酗況付反

疏周公至德哉。正義曰周公又言而歎曰嗚呼繼此後世自今以後嗣位之王則其無得過於觀望過於逸豫過於遊戲過於田獵所以不得然者以萬民聽王者之教命王當正已身以供待萬民必當早夜恪勤無敢自閑暇曰今日且樂後日乃止此爲耽樂者非民之所以教訓也非天之所以敬順也若是之人則有大愆過矣王當自勤政事莫如殷王受之述亂國政酗營於酒德哉殷紂藉酒爲凶以酒爲德由是喪亡殷國王當以紂爲戒無得如之。傳繼從至戒之。正義

曰先言繼者謂繼此後人卽從今以後嗣世之王也周公思及長遠後王盡皆戒之非獨成王也○傳所以至之故○正義曰傳意訓淫爲過鄭玄云淫放恣也淫者侵淫不止其言雖殊皆是過之義也言觀爲非時而行違禮觀物如春秋隱公如棠觀魚莊公如齊觀社穀梁傳曰常事曰視非常曰觀此言無淫于觀禁其非常觀也逸謂逸豫遊謂遊蕩田謂田獵四者皆異故每事言於以訓用也用萬民皆聽王命王者惟當正身待之故不得淫於觀逸遊田也○傳無敢至過矣○正義曰無敢自暇謂事不寛不暇而以爲原王之意而爲辭故言曰耽以爲樂惟今日樂而後日止惟言今日樂明知後日止也夫耽樂者乃非所以教民教民當恪勤也非所以順天順天當肅恭也是此耽樂之人則大有愆過矣戒王不得如此也○傳以酒至如之○正義曰酗從酉以凶爲聲是酗爲凶酒之名故以酒爲凶謂之酗酗是飮酒而益凶也言紂心迷亂以酗酒爲德飮酒爲政心以凶酒爲已德紂以此亡殷戒嗣王無如之

周公曰嗚呼

我聞曰古之人猶胥訓告胥保惠胥教誨歎古之君臣雖君明臣良猶相道告相安順相教誨以義方

民無或胥譸張爲幻譸張

譸也君臣以道相正故下民無有相欺譸幻惑也○幻音患譸九況反此厥不聽人乃訓之乃變亂先王之正刑至于小大此其不聽中正之君人乃教之以非法乃變亂先王之正法至于小大無不變亂言已有以致之民否則厥心違怨否則厥口詛祝以君變亂正法故民否則其心違怨否則其口詛祝言皆患其上○詛側助反祝之又反

【疏】周公至詛祝○正義曰周公言而歎曰我聞人之言曰古人之雖君明臣良猶尚相訓告以善道相安順以美政相教誨以義方君臣相正如此故於時之民順從上教無有相譸欺爲幻惑者此其不聽中正之君人乃教訓之以非法之事乃從其言變亂先王之正法至於小大之事無不皆變亂之君既變亂如此其時之民疾苦否則其心違上怨上否則其口詛祝之言人患之無已舉此以戒成王使之君臣相與養下民也○傳歎古至義方○正義曰此章二事善惡相反下句不聽人者是愚闇之君知此言古之人者是賢明之君相是兩人相與故知兼有臣良更相教告隱三年左傳石碏曰臣聞愛子教之以義方故知相教誨者使相教誨以義方也則知相訓告者告之以善道也相保惠者

相安順以美政也○傳譸張至惑也○正義曰譸張誑也釋訓文孫炎曰眩惑誑欺人也民之從上若影之隨形君臣以道相正故下民無有相欺誑幻惑者幻卽眩也惑亂之名漢書稱西域有幻人是也○傳此其至致之○正義曰上言善事此說惡事如此其不聽者是不聽中正之君也旣不聽中正則好聽邪佞知此則訓之者是邪佞之人訓之也邪佞之人必反正道故言人乃教之以非法闇君卽受用之變亂先王之正法至於小大無不變亂言皆變亂正法盡也闇君所任同已由已之闇致此佞人言此闇君已身有以致之也上君明臣良由君明而有良臣亦是已有致上之言背此不言上者君在佞臣國亡滅矣不待相教爲惡故不言背也○傳以君至其土○正義曰君旣變亂正法必將困苦下民民不堪命忿恨必起故民忿君乃有二事否則心違怨否則口詛祝言皆患上而爲此也違怨謂違其命而怨其身詛祝謂告神明令加殃咎也以言告神謂之祝請神加殃謂之詛襄十七年左傳曰宋國區區而有詛有祝詩曰侯詛侯祝是詛祝意小異耳

周公曰嗚呼自殷王中宗及高宗及祖甲及我周文王玆四人迪哲言此四人皆蹈智明德以臨下**厥或告**

之曰小人怨汝詈汝則皇自敬德其有告之言小人怨詈汝者則大自敬德增修善政○詈力智反厥愆曰朕之愆允若時不啻不敢含怒其人有禍則曰我過百姓有過在予一人信如是怨詈則四王不啻不敢含怒以罪之言常和悅

【疏】周公至含怒○正義曰既言明君闇君善惡相反更遞二者之行周公言而歎曰嗚呼自殷王中宗及高宗及祖甲及我周文王此四人者皆蹈明智之道以臨下民其有告之曰小人怨恨汝罵詈汝既聞此言則大自敬德更增修善政其民有過則曰是我之過民信有如是怨詈則不啻不敢含怒以罪彼人乃欲得數聞此言以自改悔言寬弘之若是○傳其有至善政○正義曰釋詁云皇大也故傳言大自敬德者謂增修善政也鄭玄以皇爲暇言寬暇自敬王肅本皇作況況滋益用敬德也○傳其人至和悅○正義曰或告之曰小人怨汝詈汝其言有虛有實其言若虛則民之愆也民有愆過則曰我過不責彼爲虛言而引過歸已者湯所云百姓有過在予一人故若信有如是怨詈小人聞之則含怒以罪彼人此四王即不啻不敢含怒以罪彼人乃自願聞其愆言其顏色常和悅也鄭玄云不但不敢含怒乃

欲屢聞之以知已政得失之源也**此厥不聽人乃或譸張為幻曰小人怨汝詈汝則信之**此其不聽中正之君有人誑惑之言小人怨憾詛詈汝則信受之○憾胡暗反**則若時不永念厥辟不寬綽厥心**則如是信讒者不長念其為君之道不寬緩其心言含怒**亂罰無罪殺無辜怨有同是叢于厥身**信讒含怒罰殺無罪則天下同怨讎之叢聚於其身○叢才公反

【疏】此厥至厥身○正義曰此其不聽中正之人乃有欺誑為幻惑以告之曰小人怨汝詈汝不原其本情則信受之則知是信讒者不長念其為君之道不審虛實不能寬緩其心而徑即含怒於人是亂其正法罰無○殺無辜罰殺欲以止怨乃令人怨益甚天下之民有同怨君令怨惡聚於其身言禍急使民之怨若是教成王勿學此也○傳則如至含怒○正義曰君人者察獄必審其虛實然後加罪不長念其為君之道謂不審察虛實也不寬緩其心言徑即含怒也王肅讀辟為辟扶亦反不長念其刑辟不當加無罪也

周公曰嗚呼嗣王其監于茲視此亂罰

之禍以爲戒

君奭第十八

周書　孔氏傳　孔穎達疏

召公爲保，周公爲師，相成王爲左右。傳太保也師太師也馬云保氏師氏皆大夫官相音息亮反左有馬云分陝爲二伯東爲左西爲右召公不說，周公作君奭。君奭尊之曰君奭名同姓也陳古以告之故以名篇○說音悅奭始亦反

疏召公至君奭○正義曰成王即政之初召公爲保周公爲師輔相成王爲左右大臣召公以周公嘗攝王之政今復在臣位其意不說周公陳已意以告召公史敘其事作君奭之篇也周官篇云立太師太傅太保茲惟三公則此爲保爲師亦爲三公官也此實太師太保而不言太者意在師法保安王身言其實爲左右爾不爲舉其官名故不言太也經傳皆言武王之時太公爲太師此言周公爲師蓋太公薨命周公代之於時太傅蓋畢公爲之於此無事不須見也三公之次先師後

保此序先言保者篇之所作主爲召公不說故先言召公不以官位爲次也案經周公之言皆說已留在王朝之意則召公不說周公之留也故鄭王皆云周公既攝王政不宜復列於臣職故不說然則召公大賢豈不知周公留意而不說者以周公留在臣職當時人皆怪之故欲開道周公之言以解世人之惑召公疑之作君奭非不知也史記燕世家云成王既幼周公攝政當國踐阼召公疑之作君奭此篇是致政之後言留輔成王之意其文甚明馬遷妄爲說爾鄭玄不見周官之篇言此師保爲周禮師氏保氏大夫之職言賢聖兼此官亦謬矣○傳尊之至名篇○正義曰周公呼爲君奭是周公尊之曰君也奭是其名君非名也僖二十四年左傳富辰言文王之子一十六國無名奭者則召公必非文王之子燕世家云召公奭與周同姓姬氏譙周曰周之支族譙周考校古史不能知其所出皇甫謐云原公名豐是其一也是爲文王之子一十六國然文王之子本無定數并原豐爲一當召公於中以爲十六謬矣此篇多言先世有大臣輔政是陳古道以告之呼君奭以告之故以君奭名篇

周公若曰君奭順古道呼其名而告之**弗弔天降喪于殷殷既墜厥命我有周既受**言殷

道不至故天下喪亡於殷殷已墜失其王命我有周道至已受之○弔音的我不敢知曰厥基永孚于休若天棐忱廢興之跡亦君所知言殷家其始長信於美道順天輔誠所以國也○棐音匪忱市林反我亦不敢知曰其終出于不祥言殷紂其終墜厥命以出於不善之故亦君所知【疏】周公至不祥○正義曰周公留在王朝召公不說周公爲師順古道而呼曰君奭殷道以不至之故故天下喪亡於殷殷既墜失其王命我有周已受之矣今雖受命貴在能終若不能終與殷無異故視殷以爲監戒我不敢獨知殷家其初始之時能長信於美道能安順於上天之道輔其誠信所以有國此亦君之所知我亦不敢獨知曰殷紂其終墜失其王命由出於不善之故亦君所知也○傳廢興至以國○正義曰孔以召誥云我不敢知者其意召公言我不敢獨知亦王所知則此言我不敢知亦是周公言我不敢獨知是君奭所知故以此及下句爲說殷之興亡言與君奭同知舉其殷興亡爲戒鄭玄亦然也嗚呼君已曰時我我亦不敢寧于上帝命歎而言曰君也當是我之留我亦不

敢安于上天之命故不敢不畱。已音以弗永遠念天威越。我民罔尤違言君不長遠念天之威而勸化於我民使無過違之闕惟人在我後嗣子孫大弗克恭上下遏佚前人光在家不知惟衆人共存在我後嗣子孫若大不能恭承天地絕失先王光大之道我老在家則不得知。遏於葛反天命不易天難諶乃其墜。命弗克經歷天命不易天難信無德者乃其墜失王命不能經久歷遠不可不慎。易以豉反注同諶氏壬反嗣前人恭明德在今予小子旦繼先王之大業恭奉其明德正在我今。小子旦言異於餘臣非克有正迪惟前人光施于我沖子我畱非能有改正但欲蹈行先王光大之道施正於我童子童子成王

疏嗚呼至沖子。正義曰周公又歎而呼召公曰嗚呼君已已辭也既歎乃復言曰君當是我之畱勿非我也我亦不敢安於上天之命故不敢不畱君何不長遠念天之威罰禍福難量當勸教於我下民使

無尤過違法之闕惟今天下衆人共誠心存在我後嗣子孫觀其政之善惡若此嗣王大不能恭承上天下地絶失先王光大之道令使衆人失望我若退老在家則不能得知何得不留輔王也天命不易言甚難也天難信惡則去之不常在一家是難信也天子若不稱天意乃墜失其王命不能經久歷遠其事可不慎乎繼嗣前人先王之大業恭奉其明德也正在今我小子旦周公自言已身當恭奉其先王之明德留輔佐王非能有所改正但欲蹈行先王光大之道施政於我童子童子謂成王意欲奉行先王之事以教成王也○傳歎而至不留○正義曰歎而言曰嗚呼君已已是引聲之辭既呼君奭歎而引聲乃復言曰君當是我之留以其意不說故令是我而勿非我我不敢安於上天之命孔意當謂天既命周我當成就周道故不敢不留

又曰天不可信我道惟寧王德延 無德去之是天不可信故我以道惟安寧王之德謀欲延久

天不庸釋于文王受命 言天不用令釋廢於文王所受命故我留佐成王

【疏】又曰至受命○正義曰周公又言曰天不可信無德則去之是其不可信也天難信之故恐其去我周家故我以道惟安行寧王之德謀欲延長之我原上天之意不用

令廢於文王所受命若嗣王失德則還廢之故我當留佐成王也○傳無德至延久○正義曰此經言又曰傳不明解鄭云人又云則鄭玄以此又曰爲周公稱人之言也王肅云重言天不可信明已之留蓋畏其天命則肅意以周公重言故稱又曰孔雖不解當與王肅意同言寧王者即文王也鄭王亦同

公曰君奭我聞在昔成湯既受命已放桀受命爲天子**時則有若伊尹格于皇天**尹摯佐湯功至大天謂致太平○摯音至**在太甲時則有若保衡**太甲繼湯時則有如此伊尹爲保衡言天下所取安所取平**在太戊**太甲之孫**時則有若伊陟臣扈格于上帝巫咸乂王家**伊陟臣扈率伊尹之職使其君不隕祖業故至天之功不隕巫咸治王家言不及二臣○隕于敏反**在祖乙時則有若巫賢**祖乙殷家亦祖其功時賢臣有如此巫賢賢咸子巫氏**在武丁時則有若甘盤**高宗即位甘盤佐之後有傅說○說音悅

【疏】公曰君奭至甘盤○正義曰言

時。有若者言當其時有如此人也指謂如此伊尹甘盤非謂別有如此人也以湯是殷之始王故言在昔既受命見其爲天子也以下在太甲在武丁亦言其爲天子之時有如此臣也成湯未爲天子已得伊尹言既受命者以功格皇天在受命之後故言既受命也皇天之與上帝俱是天也變其文爾其功至於天帝謂致太平而天下和之也保衡伊尹一人也異時而別號伊尹之下巳言格于皇天保衡之下不言格于皇天從可知也伊陟臣扈言格于上帝則其時亦致太平故與伊尹文異而事同巫咸巫賢甘盤蓋功劣於彼三人故無格天之言。傳尹摯至太平。正義曰伊尹名摯諸子傳記名有其文功至大天猶堯格于上下知其謂致太平也。傳太甲至取平。正義曰據太甲之篇及諸子傳記太甲大臣惟有伊尹知即保衡也說命云昔先正保衡作我先王佑我烈祖格于皇天商頌那祀成湯稱爲烈祖烈祖湯之號言保衡佐湯明保衡即是伊尹也詩稱實維阿衡實左右商王鄭玄云阿倚衡平也伊尹湯所依倚而取平至太甲改曰保衡保安也言天下所取安所取平此皆三公之官當時爲之號也孔以太甲云嗣王不惠於阿衡則太甲亦曰阿衡與鄭異也。傳太甲之孫。正義曰史記殷本紀云太甲崩子沃丁立崩弟太庚立崩子小甲立崩弟雍巳立崩弟太戊立是太

戊爲太甲之孫太庚之子三代表云小甲太庚弟雍已太戊又是小甲弟則太戊亦是沃丁弟太甲子本紀世表俱出馬遷必有一誤○孔於咸乂序傳云太戊沃丁弟之子是太戊爲太甲之孫也○傳伊陟至二臣○正義曰伊尹格于皇天此伊陟臣扈云格于上帝其事既同如此二臣能率循伊尹之職輔佐其君使其君不隕祖業故至天之功亦不隕墜也夏社序云湯既勝夏欲遷其社不可作夏社疑至臣扈則湯初有臣扈已爲大臣矣不得至今仍在與伊尹之子同時立功蓋二人名同或兩字一誤也案春秋范武子光輔五君或臣扈事湯而又事太戊也格于上帝之下乃言巫咸乂王家則巫咸亦是賢臣俱能紹治王家之事而巳其功不得至天言不及彼二臣○傳祖乙至巫氏○正義曰殷本紀云中宗崩子仲丁立崩弟外壬立崩弟河亶甲立崩子祖乙立則祖乙是太戊之孫也孔以其人稱祖故云殷家亦祖其功賢是咸○子相傳云然父子俱稱爲巫知巫爲氏也○傳高宗至傳說正義曰孔命篇高宗云台小子舊學于甘盤既乃遯於荒野高宗未立之前已有甘盤免喪不言乃求傳說明其即位之初有甘盤佐之甘盤卒後有傳說計傳說當有大功此惟數六人不言傳說者周公意所不言未知其故

率惟茲有陳保乂有殷故

殷禮陟配天多歷年所言伊尹至甘盤六臣佐其君循惟此道有陳列之功以安治有殷故殷禮能升配天享國久長多歷年所**天惟純佑命則商實百姓**殷禮配天惟天大佑助其王命使商家百姓豐實皆知禮節〔疏〕率惟至百姓○正義曰此伊尹甘盤六臣等輔佐其君率循此爲臣之道有陳烈之功以安治有殷故殷有安上治民之禮升配上天享國多歷年之次所天惟大佑助其爲王之命則使商家富實百姓爲命使商之百姓家給人足皆知禮節也○傳言伊至年所○正義曰率訓循也說賢臣佐君云循惟此道當謂循此爲臣之道盡忠竭力以輔其君故有陳烈於世以安治有殷使殷王得安治民故殷得此安上治民之禮能升配上天天在人上故謂之升爲天之子是配也享國久長多歷年所○傳殷禮至禮節○正義曰殷能以禮配天故天降福天惟大佑助其王命風雨以時年穀豐稔使商家百姓豐實家給人足管子曰衣食足知榮辱倉廩實知禮節**王人罔不秉德明恤小臣屏侯甸**自湯至武丁其王人無不持德立業明憂其小臣使得其人以爲蕃屏侯甸之服小臣且憂得人則大臣可知○屏實領

反**㓨咸奔走惟茲惟德稱用乂厥辟**王猶秉德憂臣況臣下得不皆奔走惟王此事惟有德者舉用治其君事。辟必亦反**故一人有事于四方若卜筮罔不是孚**一人天子也君臣務德故有事於四方而天下化服如卜筮無不是而信之

〔疏〕王人至是孚。正義曰王人謂與人爲王言此上所說成湯太甲太戊祖乙武丁皆王人也無不持德立業明憂小臣雖則小臣亦憂使得其賢人以蕃屛侯甸之服王恐臣之不賢尚以爲憂況在臣下得不皆勤勞奔走惟憂王此求賢之事惟求有德者舉之用治其君之事乎君臣共求其有德所在職事皆治天子一人有事於四方天下咸化而服如有卜筮之驗無不是而信之賢臣助君致使大治我畱不去亦當如此也。傳自湯至可知。正義曰王肅云王人猶君人也無不持德立業謂持人君之德立王者之事業人君之德在官賢人官得其人則事業立故傳以立業配持德明憂小臣之不賢憂欲使得其人以爲蕃屛侯甸之服也小臣且憂得人則大臣憂之可知侯甸尚思得其人朝廷思之必矣王肅云小臣臣之微者舉小以明大也。傳王猶至君事。正義曰君之所重莫重於求賢官之所急

莫急於得人故此章所陳惟言君憂得人臣能舉賢以王之尊猶尚秉德憂臣況其臣下得不皆奔走惟王此求賢之事惟有德者必舉之置於官位用治其君事也○傳一人至信之○正義曰禮天子自稱曰予一人故爲天子也君臣務求有德衆官得其人從上至下遞相師法職無大小莫不治理故天子有事於四方發號出令而天下化服譬如卜筮無不是而信之事既有驗言如是則人皆信之

公曰君奭天壽平格保乂有殷有殷嗣天滅威信○天壽有平至之君故安治有殷有殷嗣子紂不能平至天滅亡加之有威

今汝永念則有固命厥亂明我新造邦今汝長念平至者安治反是者滅亡以爲法戒則有堅固王命其治理足以明我新成國矣

疏 公曰君奭天至造邦

正義曰周公呼召公曰君奭皇天賦命壽此有平至之君言有德者必壽考也殷之先王有平至之德故能安治有殷言故得安治也有殷嗣子紂不能平至故天滅亡而加之以威今汝奭當長念天道平至者安治不平至者滅亡以此爲法戒則有堅固王命其治理足以明我新成國矣○傳言天至以威○正義曰格訓至也平謂政教均平至謂道有所至也

言不弔謂道有不至者此言格謂道至者天壽有平至之君
有平至之德則天與之長壽則知中宗高宗之屬身是也由
其君有平至之德故能安治有殷言有殷國安而民治也有
殷嗣子紂其德不能平至國不安民不治故天滅亡之而加
之以威也孔傳之意此經專說君之善惡其言不及臣也王
肅以爲兼言君臣注云殷君臣之有德故安治有殷言是者
不可不法殷家有良臣也鄭注以爲傳言臣事格謂至於天
也與孔不同○傳今汝至國矣○正義曰上句言善者與而
惡者亡此句令其長安治及念明道念上二者故言今汝長
念平至者而安治反是者滅亡念此以爲法戒則有堅固王
命王族必不傾壞若能如此其治理足以光明我新成國矣
周自武王伐紂至此年歲未多對殷而言故爲新國傳意言
不及臣周公說此事者蓋言興滅
由人我欲輔王使爲平至之君

公曰君奭在昔上帝割申勸寧王之德其集大命于厥躬在昔上天割制其義重勸文王之德故能成其大命於其身謂勸德以受命○重直用反惟文王尚克修和我有夏亦惟有若虢叔有若閎夭文王庶幾

能修政化以和我所有諸夏亦惟賢臣之助爲治有如此虢
閎閎氏虢國叔字文王弟夭名○虢寡白反徐公伯反閎音
宏夭於表反
徐於驕反

有若散宜生有若泰顛有若南宮

括散泰南宮皆氏宜生顛括皆名凡五臣
佐文王爲胥附奔走先後禦侮之任

疏公曰君奭
至厥躬○

正義曰公呼召公曰君奭在昔上天斷割其義重勸文王之德以文王有德勸勉使之成功故文王能成之命於其身言文王能順天之意勤德以受命○傳在昔至受命○正義曰文王去此未久但欲遠本天意故云在昔上天作久遠言之割制謂切割絕斷之意故云割制其義重勸文王之德者文王既已有德上天佑助而重勸勉文王順天之意故其能成大命於其身王謂勤行德義以受天命○傳文王至天名○正義曰文王未定天下庶幾能修政化以和我所有諸夏謂三分有二屬已之諸國也僖五年左傳云虢仲虢叔王季之穆也是虢叔爲文王之弟虢國名叔字凡言人之名氏皆上氏下名故閎散泰南宮皆是天宜生顛括皆名也○傳散泰至之任○正義曰詩緜之卒章稱文王有疏附先後奔奏禦侮之臣毛傳云率下親上曰疏附相通前後曰先後喻德宣譽曰奔奏武臣折衝曰禦侮鄭箋云疏附使疏者親也奔奏

使人歸趍之詩言文王有此四種之臣經歷言五臣之名故知五臣佐文王爲此任也此四事者五臣共爲此任非一臣當一事也鄭云不及呂望者太師致文王以大德周公謙不可以自比

又曰無能往來兹迪彝教文王蔑德降于國人有五賢臣猶曰其少無所能往來而五人以此道法教文王以精微之德下政令於國人言雖聖人亦須良佐**亦惟純佑秉德迪知天威乃惟時昭文王**文王亦如殷家惟天所大佑文王亦秉德蹈知天威乃惟是五人明文王之德**迪見冒聞于上帝惟時受有殷命哉**言能明文王德蹈行顯見覆冒下民彰聞上天惟是故受有殷之王命○見賢遍反注同冒莫報反下同馬作勗勉也聞音問或如字

［疏］又曰至命哉○正義曰文王既有賢臣五人又復言曰我之賢臣猶少無所能往來五人以此道法教文王以微蔑精妙之德下政令於國人德政既善爲天所佑文王亦如殷家惟爲天所大佑文王亦秉德蹈知天威文王德○如此者乃惟是五人明文王之德使然也五人能明文王德使蹈行顯見覆冒下民聞於上天惟是之故得受

有殷王之命哉言文王之聖猶須良佐我所以留輔成王○傳有五至良佑○正義曰無能往來一句周公假爲文王之辭言文王有五賢臣猶恨其少又復言曰我臣既少於事無能往來謂去還理事未能周悉言其好賢之深不知厭足也迪道彝法也蔑小也小謂精微也而五人以此道法教文王以精微之德用此精微之德下教令於國人言雖聖人亦須良佐以見成王須輔佐之甚也鄭玄亦云蔑小也

武王惟茲四人尚迪有祿文王沒武王立惟此四人庶幾輔相武王蹈有天祿虢叔先死故曰四人○相息亮反**後暨武王誕將天威咸劉厥敵**言此四人後與武王皆殺其敵謂誅紂**惟茲四人昭武王惟冒丕單稱德**惟此四人明武王之德使布冒天下大盡舉行其德

【疏】武王至稱德○正義曰文王既沒武王次立武功初立惟此四人庶幾輔相武王蹈有天下之祿其後四人與武王大行天之威罰皆與共殺其強敵謂其誅紂也武王之有天下惟此四人明武王之德惟武王布德覆冒天下此四人大盡舉行武王之德言武王亦得良臣之力○傳文王至四人○正義曰文王受命九年而崩十三年方得

殺紂文王沒武王立謂武王初立之時惟此四人而已庶幾
輔相武王蹈有天祿初立則有此志故下句言後與武王殺
紂也虢叔先死故曰四人以是文王之弟其年應長故言先
死也鄭玄疑不知誰死注云至武王時虢叔等有死者餘四
人也○傳惟此至其德○正義曰單盡稱舉也使武王之德
布冒天下是此四人之力言此四人大盡舉行武王之德也

今在予小子旦若游大川予往暨汝奭其濟

小子同未在位誕無我責我新還政今任重在我小子旦不能同於四方若游大川我往與汝奭其共濟渡成王同於未在位卽政時汝大無非責我留

收罔勗不及耉造德不降我則鳴鳥不聞矧曰其有能格今與汝留輔成王欲收教無自勉不及道義者立此化而老成德不降意爲之我周則鳴鳳不得聞況曰其有能格于皇天乎

〈疏〉今在至能格○正義曰周公言我新還政成王今任之重者其在我小子之身也我不能同於四人輔文武使有大功德但苟求救溺而已譬如遊於大川我往與汝奭其共濟渡小子成王用心輔弼同於成王未在位之時恐其未

能嗣先人明德我當與汝輔之汝大無非責我之留也我留
與汝輔王者欲收教無自勉力不及道義者我今欲立此化
而老成德之人不降意爲之我周家則鳴鳳之鳥尚不得聞
知況曰其有能格於皇天者乎○傳我新至我留○正義曰
周公既已還政則是捨重任矣而猶言今任重在我小人
者周公既攝王政又須傳授得人若其不能負荷仍是周公且
之責以嗣子劣弱故言今任重猶在我小子且也彼四人者
能翼贊初基佑成王業我不能同於四人望有大功惟求救
弱而已詩云泝之游之左傳稱閻敖游涌而逸則游者入水
浮渡之名譬若成王在大川我往與汝奭其同共濟渡成王
若云從此向川故言往也○傳今與至天乎○正義曰王朝
之臣有不勉力者今與汝留輔成王者正欲收斂教誨無自
勉力不及道義者當教之勉力使其及道義也我欲成立此
化而老成德之人不肯降意爲之我周家則鳴鳳尚不聞知
況曰其有能如伊尹之輩使其功格於皇天乎言太平不可
冀也經言者造德不降者周公以已年老應退而留因卽傳
言已類言已若退則老成德者悉皆退自逸樂不肯降意爲
之政無所成祥瑞不至我周家則鳴鳳不得聞則鳳是難聞
之鳥必爲靈瑞之物故以鳴鳥爲鳴鳳孔子稱鳳鳥不至是
鳳鳥難聞也詩大雅卷阿之篇歌成王之德其九章曰鳳皇

鳥矣于彼高岡鄭云因時鳳皇至固以喻焉則成王之時鳳皇至也大雅正經之作多在周公攝政之後成王即位之初則周公言此之時已鳳皇至見太平矣而復言此者恐其不復能然故戒之此經之意言功格上天難於致鳳故以鳴鳳如之格天案禮器云升中于天而鳳皇降龜龍假升中謂功成告天也如彼記文似功至於天鳳皇乃降此以鳴鳳易致況格天之難者乎記以龍鳳有形是可見之物故以鳳降龍至爲成功之驗非言成功告天然後此物始至也

公曰嗚呼君肆其監于茲我受命無疆惟休亦大惟艱以朝臣無能立功至天故其當視於此我周受命無窮惟美亦大惟艱難不可輕忽謂之易治

告君乃猷裕我不以後人迷告君汝謀寬饒之道我留與汝輔王不用後人迷惑故欲教之

疏公曰嗚呼至人迷○正義曰周公歎而呼召公曰嗚呼君我以朝臣無能立功至天之故故君其當視於此謂視此朝臣無能立功之事我周家受天之命無有境界惟美亦大惟艱難不可輕忽謂之易治我今告君汝當謀寬饒之道以治下民使其事可法我不用使後世人迷惑故欲教之也○傳告君至教之○正義曰猷訓爲謀告君汝

謀寬饒之道故當以寬饒爲法我留與汝輔王不用使後人迷惑怪之無法則迷惑故欲與汝作法以教之鄭云召公不說似隘急故今謀於寛裕也

公曰前人敷乃心乃悉命汝作汝民極前人文武布其乃心爲法度乃悉以命汝矣爲汝民立中正矣**曰汝明勗偶王在亶乘茲大命**汝以前人法度明勉配王在於成信行此大命而已**惟文王德丕承無疆之恤**惟文王聖德爲之子孫無忝厥祖大承無窮之憂

〈疏〉公曰前至之恤○正義曰周公又言曰前人文武布其乃心制法度乃悉命汝爲民立中正之道矣治民之法已成就也戒召公汝當以前人之法度明自勉力配此成王在於誠信行此大命而已言已有舊法易可遵行也惟文王聖德造始周邦爲其子孫欲令無忝厥祖大承無窮之憂故我與汝不可不輔○傳前人至正矣○正義曰乃緩辭不訓爲汝○傳汝以至而已○正義曰勗勉也偶配也亶信也汝當以前人法度明自勉力配成王在於誠信行大命而已言其不復須勞心傳以乘爲行蓋以乘車必行故訓乘爲行

公曰君告汝朕允告汝以我之誠信也

保奭其汝克敬以予監于殷喪大否呼其官而名之勑使能敬以我言視於殷喪亡大否言其大不可不戒。肆念我天威予不允惟若茲誥予惟曰襄我二人以殷喪大故當念我天德可畏言命無常我不信惟若此誥我惟曰當因我文武之道而行之汝有合哉言曰在時二人天休滋至惟時二人弗戡言汝行事動當有所合哉發言常在是文武則天美周家日益至矣惟是文武不勝受言多福其汝克敬德明我俊民在讓後人于丕時其汝能敬行德明我賢人在禮讓則後代將於此道大且是

〈疏〉公曰君告至丕時。正義曰周公呼召公曰君我今告汝以我之誠信又呼其官而名之太保奭其汝必須能敬以我之言視於殷之喪亡殷之喪亡其事甚大不可不戒慎以殷喪大之故當念我天德可畏言天命無常無德則去之甚可畏我不信惟若此誥而已我惟言曰當因我文武二人之道而行之汝所行事舉動必當有所合哉當與文王武王合也汝所發言常在是

文王武王二人則天美我周家日日滋益至矣其善既多惟在是文武二人不能勝受之矣其汝能敬行德明我賢俊之人在於禮讓則後人於此道大且是也○傳言汝至多福○正義曰動當有所合哉舉動皆合文武也發言常在是文武言非文武道則不言

嗚呼篤棐時二人我式克至于今日休言我厚輔是文武之道而行之或用能至于今日其政美**我咸成文王功于**今我周家皆成文王功于不懈**不怠丕冒海隅出日罔不率俾**怠則德教大覆冒海隅日所出之地無不循化而使之

【疏】嗚呼至率俾○正義曰周公言而嘆曰嗚呼我厚輔是二人之道而行之我用能至於今日其政美言今日政美由是文武之道我周家若能皆成文王之功於事常不懈怠則德教大覆四海之隅至於日出之處其民無不循我化可臣使也戒召公與朝臣皆當法文王之功

公曰君予不惠若茲多誥予惟用閔于天越民我不順若此多誥而已欲使汝念躬行之閔勉也我惟用勉於天道加於民

【疏】公曰君子至越民○正義曰公呼君公曰

君我不徒惟順如此之事多誥而已欲使汝躬親行之我惟用勉力自強於天道行化於民顧氏云我亦自用勉勸躬行於天道加益於民人也

公曰嗚呼君惟乃知民德亦罔不能厥初惟其終惟汝所知民德亦無不能其初鮮能有終惟其終則惟君子戒召公以慎終。鮮息淺反

祗若茲往敬用治當敬順我此言自今以往敬用治民職事

疏公曰嗚呼至用治。正義曰周公歎而呼召公曰嗚呼君惟汝知民之德行亦無有不能其初惟鮮能其終言行之雖易終之實難恐召公不能終行善政故戒之以慎終汝當以敬順我此言自今以往宜敬用此治民職事戒之使行善不懈怠也。傳惟汝至慎終。正義曰詩云靡不有初鮮克有終是凡民之德無不能其初少能有終者凡民皆如是有終則惟君子蓋召公至此已說恐其不能終善故戒召公汝慎終也鄭云召公是時意說周公恐其復不說故依違託言民德以剴切之

附釋音尚書注疏卷第十八

南昌盧氏宣旬校正

嘉慶二十年重刊宋本十三經注疏用文選樓藏本校定

江西鹽法道胡稷栞

尚書注疏挍勘記卷十六　阮元撰盧宣旬摘錄

尚書注疏卷第十六　宋本作十五

多士第十六　周書

周公以王命誥　石經考文提要云坊本誥作告

所告者　纂傳告作誥

皆非在官　閩本明監本同毛本在官作民事段玉裁挍本又改民作序是也

惟天不與言無堅固治者　古本與上有右字毛本言作信案言字非閩本明監本並誤

天有多名　毛本名作言誤

殺無道之王　宋板王作主

大淫泆有辭　陸氏曰泆又作佾注同○按失聲夨聲古音同部

大爲過逸之行 古本岳本葛本宋板閩本明監本纂傳並同毛本大作天誤

既言天之劾驗法惡與善 閩本同毛本法作去

誕淫厥泆 古本泆作洪誤

罔顧于天顯民祇 唐石經岳本葛本閩本明監本同毛本祇作祗

天乃與之 宋板與作與

無非皆有惡辭聞於天 毛本有作其

不能使民安之 古本作不能使民安安之也山井鼎曰恐衍一安字按疏云不能使民安而安之卽古本之所本

朕不敢有後 唐石經後下本有誅字後磨改

今爾又曰 顧炎武曰又今本作其

言我周亦法殷家古本宋板法作涉非

今往又有言曰毛本往作汝

我一人惟聽用有德之者浦鏜云者當人字誤○按浦云非也

言未遷之時當求往浦鏜云當疑倘字誤

爾不啻不有爾土陸氏曰啻徐本作翅下篇倣此

王曰又曰時予乃或言唐石經或下本有誨字後磨改

無逸第十七　周書

成王卽政葛本閩本政作位誤

乃不知稼穡之艱難宋板乃作亦葛本脫穡字

力爲逸豫遊戲葛本閩本明監本同毛本力作乃是也

武丁其父小乙古本其作也

言孝行者毛本者作著

起其卽王之位宋板閩本明監本同毛本王作土按土字是也

伊尹放之桐史記集解桐下有宮字

惟樂之從古本樂上有躭字

長敬天命各本長皆作畏形近之譌

自朝至于日中昃陸氏曰昃本亦作仄

文王不敢盤于遊田以庶邦惟正之供按後漢書郅惲傳注引此經云文王不敢槃于游田㠯萬人惟政之共

用善政以諧和萬民故也按諧字疑當作皆

惟當正身行己以供待之宋板同毛本身作心

釋詁云盤樂也孫志祖云盤爾雅作般

故不敢非時畋獵以爲樂耳岳本畋作田

惟今日樂後日止古本作惟今日樂樂後日止也

王當正己身以供待萬民閩本明監本同毛本以下有洪待之也以身六字與宋板合宋板洪作供

侵淫不止浦鏜云侵當作浸

田謂田獵宋板田作畋

酗從酉閩本明監本酉誤酒毛本酉不誤浦鏜以毛本酉爲誤非也

飲酒爲政宋板閩本明監本同毛本政改作文非也按山井鼎云正嘉與宋板同考補廟監本亦作

政

古人之雖君明臣良 宋板古人之作古之人按宋本不誤

譸張誑也 孫志祖云爾雅作侜張

知此則訓之者 宋板則作乃按則字非也

周公曰嗚呼自殷王中宗及高宗及祖甲 古本殷王下有及字高宗下有下字

按古本無義不可從

罰無殺無辜 毛本無下有罪字此誤脫也

君奭第十八 周書 毛本同古本作尚書卷第十古文尚書君奭第十八周書孔氏傳宋本首題尚書注疏卷第十六下與此本同

同姓也 古本同上有周字

歎而言曰君也古本岳本纂傳也作巳與疏合

越我民罔尤違蔡傳本越作曰盧文弨云宋元以來本無不作越字蔡傳亦以於爲訓似亦本作越字○按唐石經亦作越

而勤化於我民而下古本有尤違二字似誤毛本勤作動

乃其墜命唐石經本墜下有厥字後磨改

正在我今小子旦毛本我今作今我山井鼎曰古本我今作今我宋板同○按葛本閩本明監本俱作我今毛本却不誤鼎失撿耳纂傳亦作今我

尹摯佐湯尹史記集解尹作伊山井鼎曰尹摯古本作伊後改作伊摯○按古本後改者正與史記集解合亦與宋板疏標目合

功至大夫毛本夫作天是也

言時有若者宋板時下有則字是也

傳尹摯至太平宋板尹作伊山井鼎曰傳文作尹摯此宋板於傳雖作尹於疏則作伊是也
作伊摯按古本後改者恐有据也○按

有陳烈之功毛本烈作列案烈字誤下同

是配也宋板配下有天字

臣能舉賢閩本同毛本能作皆

信天壽有平至之君毛本信作言案信字誤

加之有威毛本有作以案有字誤

則知中宗高宗之屬身是也盧文弨浦鏜並云則身二字俱衍知當作如

鄭注以爲傳言臣事宋板傳作專按傳字誤

閎氏號國叔字文王弟天名纂傳閎氏二字在天名上按王氏錄諸家說往往竄易字句多不足据然此處孔傳原文實不可解故存以俟考

佐文王爲胥附奔走先後禦侮之任陸氏曰奔又作本走又作奏音同

公曰君奭至厥躬宋板厥躬作宮括按宋本不誤

故文王能成之命於其身毛本之作大案之字誤

故閎散泰南宮皆是毛本是作氏案所改是也

相通前後曰先後毛本通作道案通字誤

文王德如此者宋板德作得

誕將天威古本作誕將天畏

我則鳴鳥不聞陸氏曰本或作鳴鳳者非

因卽傳言巳類宋板傳作博
固以喩焉宋板同毛本固作故
故以鳴鳳如之格天毛本如作況案如字誤
故今謀於寬裕也宋本今作令案宋本是也
爲汝民立中正矣古本正下有之敎二字
言其大不可不戒古本下有之字山井鼎曰此下崇禎本有數字空闕撿諸本經傳連接非有缺誤但當有喪否二字釋文耳
予不允惟若茲誥古本茲作此
天休滋至毛本滋作茲按茲滋古多通用
明我俊民在讓俊古本作畯

嗚呼篤棐時二人 古本首有公曰二字

尚書注疏挍勘記卷十六　會昌縣知縣候補知州曾暉春菜

附釋音尚書注疏卷第十七

蔡仲之命第十九　周書　孔氏傳　孔穎達疏

蔡叔既沒（以罪放而卒）**王命蔡仲踐諸侯位**（成王也父卒命子罪不相及）**作蔡仲之命**（冊書命之）**蔡仲之命**（蔡國名仲字因以名篇）

[疏]蔡叔至之命○正義曰蔡叔與管叔流言於國謗毁周公周公因之郭鄰至死不赦蔡叔既沒成王命蔡叔之子蔡仲踐諸侯之位封爲國君以策書命之史敘其事故作蔡仲之命○傳成王至相及○正義曰編書以世先後爲次此篇在成王書內知王命蔡仲是成王命之也蔡叔之沒不知何年其命蔡仲未必初卒即命以其繼父命子故繫之蔡叔之後也蔡叔有罪而命蔡仲者父卒命子罪不相及也昭二十年左傳曰父子兄弟罪不相及其言罪不相及謂蔡仲不坐父爾若父有大罪罪當絶滅正可別封他國不得仍取蔡名以蔡叔爲始祖也蔡叔身尚不死明其罪輕不立管叔之

後者蓋罪重無子或有而不賢故也**惟周公位冢宰正百工**百官總己以聽冢宰謂武王崩時**羣叔流言乃致辟管叔于商囚蔡叔于郭鄰以車七乘**致法謂誅殺囚謂制其出入郭鄰中國之外地名從車七乘言少管蔡國名○辟婢亦反徐扶亦反乘繩證反從才用反**降霍叔于庶人三年不齒**罪輕故退為眾人三年之後乃齒錄封為霍侯子孫為晉所滅**蔡仲克庸祗德周公以為卿士**蔡仲能用敬德稱其賢也明王之法誅父用子言至公周公圻內諸侯二卿治事○圻巨依反下同**叔卒乃命諸王邦之蔡**叔之所封圻內之蔡仲之所封淮汝之間圻內之蔡名已滅故取其名以名新國欲其戒之

〔疏〕惟周至之蔡○正義曰惟周公於武王崩後其位為冢宰之卿正百官之治攝王政治天下於時管蔡霍等蔡叔流言於國謗毀周公乃以王命致法殺管叔於商就殷都殺之囚蔡叔遷之於郭鄰之地惟與之從車七乘降黜霍叔於庶人若今除名為民三年之內不得與兄弟年齒相次蔡叔之子蔡仲能用敬德周公

爲畿內諸侯得立二卿以蔡仲爲己之卿士周公善其爲八
及蔡叔既卒乃將蔡仲命之於王國之於蔡爲諸侯也○傳
致法至國名○正義曰周禮有掌囚之官鄭云囚拘也主拘
繫當刑殺者拘繫之是爲制其出入不得輒行郭鄰中國之
外地名蓋相傳爲然不知在何方舜典云流宥五刑謂流之
遠也地任其自生此則徙之郭鄰而又囚之管蔡世家云封叔
鮮於管封叔度於蔡是管蔡爲國名杜預云管在滎陽京縣
東北○傳罪輕至所滅○正義曰言羣叔流言則霍叔亦流
言也而知其罪輕者以其不死不還有降黜而已明其罪輕
也霍叔不監殷民周公惟伐管蔡不言伐霍叔時霍叔蓋
在京邑聞管蔡之語流傳其言謂其實然不與於朝廷同心故
退之世家云武王已克商平天下封功臣昆弟之封叔處於霍
則武王已封之矣後黜爲庶人奪其爵祿三年之後乃更得爵
祿蓋復其舊封封爲霍侯春秋閔元年晉侯滅霍之子孫不得
爲國君爲晉所滅知三年之後復得封也晉世家惟云既封霍
云其爵傳言霍侯或當有所據而知之○傳蔡仲至治事○
正義曰周禮冢宰以八則治都鄙馬融云距王城四百里至
五百里謂之都鄙鄙邊邑也以封王之子弟在畿內者冢宰
又云乃施則于都鄙而建其長立其兩馬鄭皆云立卿以兩人
是畿內諸侯立二卿定四年左傳說此事云周公舉之以爲

已卿士是爲周公圻内之卿士也世家云周公舉胡以爲魯卿士魯國治於是周公言於成王復封之於蔡○案魯世家云成王封周公於魯周公不就封留佐成王則周公身不就封安得使胡爲卿士馬遷說之謬爾○傳叔之至戒之○正義曰仲之所封淮汝之間左傳有文叔之所封圻内之蔡其事不知所出也世家云蔡叔居上蔡宋仲子云胡徙居新蔡杜預云武王封叔度於汝南上蔡至平侯徙新蔡昭侯徙居九江下蔡檢其地上蔡新蔡皆屬汝南郡去京師太遠叔若封於上蔡不得在圻内也孔言叔封圻内或當有以知之但圻内蔡地不知所在爾

王若曰小子胡言小子明當受教訓胡仲名順其事而告之**惟爾率德改行克慎厥猷**言汝循祖之德改父之行能慎其道歎其賢**肆予命爾侯于東土往卽乃封敬哉**以汝率德改行之故故我命汝爲諸侯於東土往就汝所封之國當脩己以敬哉

爾尚蓋前人之愆惟忠惟孝汝當庶幾脩德尚蓋前人之過子能蓋父所以爲惟忠惟孝**爾乃邁迹自身克勤無怠以垂憲**

乃後汝乃行善迹用汝身使可蹤跡而法循之能勤無懈怠以垂法子孫世世稱頌乃當我意率乃
祖文王之彝訓無若爾考之違王命言當循文武之常教
以父違命爲世戒皇天無親惟德是輔民心無常惟惠天之於人無有親疏惟有德者則輔佑之民之於上無有常主惟愛己者則歸之爲善不
同同歸于治爲惡不同同歸于亂言人爲善爲惡各有百端
未必正同而治亂所歸不殊宜慎其微。治直吏反爾其戒哉愼厥初惟厥
終終以不困不惟厥終終以困窮汝其戒治亂之機哉作事云爲
必慎其初念其終則終用不困窮懋乃攸績睦乃四鄰以蕃王室
以和兄弟勉汝所立之功親汝四鄰之國以蕃屏王室以和協同姓之邦諸侯之道。懋音茂蕃方
元反注同康濟小民率自中無作聰明亂舊章汝爲

政當安小民之居成小民之業循用大中之道無敢爲小聰明作異辯以變亂舊典文章**詳乃視聽罔以側言改厥度則予一人汝嘉**詳審汝視聽非禮義勿視聽無以邪巧之言易其常度必斷之以義則我一人善汝矣○度如字注同斷丁亂反**王曰嗚呼小子胡汝往哉無荒棄朕命**歎而勑之欲其念戒小子胡汝往之國哉無廢棄我命欲其終身奉行後世遵則

〔疏〕侯于東土○正義曰此使之爲諸侯於東土爾不知何爵也世家云蔡仲卒子蔡伯荒立卒子宮侯立自此已下遂皆稱侯則蔡仲初封卽爲侯也蔡伯荒者自稱其字伯非爵也○傳汝當至惟孝○正義曰忠施於君孝施於父子能蓋父惟得爲孝而亦得爲忠者父以不忠獲罪若能改父之行蓋父之愆是爲忠臣也

成王東伐淮夷遂踐奄成王卽政淮夷奄國又叛王親征之遂滅奄而徙之以其數反覆○踐似淺反馬同大傳云藉也數色角反覆芳服反**作成王政**爲平淮夷徙奄之政令亡○政如字馬本作征云正

〔疏〕成王東至王政○正義曰周公攝政之初奄與淮夷從管蔡作亂周公征

而定之成王即政之初淮夷與奄又叛成王親往征之成王東伐淮夷遂踐滅奄國以其數叛徙奄民作誥命之辭言平淮夷徙奄之政令史敍其事作成王政之篇成訓平也言平此叛逆之民以爲王者政令故以成王政爲篇名○傳成王至反覆○正義曰洛誥之篇言周公歸政成王多士已下皆是成王即政初事編篇以先後爲次此篇在成王書內知是成王即政淮夷奄國又叛王親征之又案洛誥成王即政始封伯禽伯禽既爲魯侯乃居曲阜費誓稱魯侯伯禽宅曲阜淮夷徐戎並興魯侯征之作費誓彼言淮夷並興即此伐淮夷王伐淮夷魯伐徐戎是同時伐明是成王即政之年復重叛也鄭玄謂此伐淮夷與踐奄是攝政三年伐管蔡時事其編篇於此即云未聞費誓之篇言淮夷之叛則是重叛明矣多方之篇責殷臣云我惟時其戰要因之至於再至於三若武王伐紂之後惟攝政三年之一叛正可至於再爾安得至於三乎故知是成王即政又叛也鄭玄讀踐爲翦翦滅也孔不破字蓋以踐其國即是踐滅之事故孔以踐爲滅也下篇序云成王既踐奄將遷其君是滅其奄而從之以其數反覆故也

成王既踐奄將遷其君於蒲姑已滅奄而徙其君及人臣之惡者於蒲姑蒲姑齊地近中國教化之○蒲如字徐又

扶各反馬本作薄近附近之近

周公告召公作將蒲姑

言將徙奄新立之君於蒲姑告召公使此冊書告令之亡

〔疏〕成王既至作蒲姑。正義曰成王既踐滅奄國將遷其君於蒲姑之地周公告召公使作冊書言將遷奄君於蒲姑之地史敘其事作將蒲姑之篇。傳已滅至化之。正義曰昭二十年左傳晏子云古人居此地者有蒲姑氏杜預云樂安博昌縣北有蒲姑城是蒲姑爲齊地也周公遷殷頑民於成周近京師教化之知今遷奄君臣於蒲姑爲近中國教化之必如此言則奄去中國遠於蒲姑杜預云奄闕不知所在鄭云奄蓋在淮夷之地亦未能詳成王先伐淮夷遂滅奄奄似遠於淮夷也。傳言將至之士。正義曰禮天子不滅國諸侯有罪則殺其君而擇立次賢者故知所徙者言將徙奄新立之君於蒲姑也上言周公告召公其篇既亡不知告以何事孔以意卜之告召公使爲此策書告令之不能知其必然否也

多方第二十

周書　孔氏傳　孔穎達疏

成王歸自奄伐奄歸在宗周誥庶邦誥以禍福作多方多方衆方天下諸侯惟五月丁亥王來自奄至于宗周周公歸政之明年淮夷奄又叛魯征淮夷作費誓王親征奄滅其國五月還至鎬京○費音祕〔疏〕成王至多方○正義曰成王歸自伐奄在於宗周鎬京諸侯以王征還皆來朝集周公稱王命以禍福咸告天下諸侯國史敍其事作多方○傳衆方天下諸侯○正義曰自武王伐紂及成王即政新封建者甚少天下諸侯多是殷之舊國其心未服周家由是奄君重叛今因滅奄新歸故告天下諸侯以興亡之戒欲令其無二心也語雖普告天下意在殷之舊國篇末亦告殷之多士獨言諸侯者舉其尊者以其篇王告殷之諸侯故也○傳周公至鎬京○正義曰以洛誥言歸政之事多士之篇次之多士是歸政明年之事故知此篇亦歸政明年之事事猶不明故取費誓爲證以成以政之序言成王東伐淮夷費誓之篇言淮夷徐戎並興俱言淮夷明是一事故言魯征淮夷作費誓王親征之奄滅其國以明二者爲一時之事也上序言成王伐淮夷而此傳言魯征淮夷者當時淮夷徐戎並起爲亂魯與二國相近發意欲並征二國故以二

國誓衆但成王恐曾不能獨平二國故復親往征之所以成王政之序與費誓之經竝言淮夷爲此故也傳言五月還至鎬京明此宗周卽鎬京也禮記祭統衛孔悝之鼎銘云卽宮於宗周彼宗周謂洛邑也是洛邑亦名宗周知此是鎬京者成王以周公歸政之時暫至洛邑還歸處西都鎬京是王常居知至于宗周至鎬京也且此與周官同時事也周官序云還歸在豐經云歸于宗周豐鎬相近卽此宗周是鎬京也

周公曰王若曰猷告爾四國多方周公以王命順大道告四方稱周公以別王自告。別彼列反惟爾殷侯尹民我惟大降爾命爾罔不知殷之諸侯王民者我大降汝命謂誅紂也言天下無不知紂暴虐以取亡

〔疏〕周公至不知。正義曰周公以成王之意告衆方之諸侯曰我王順大道以告汝四方之國多方諸侯惟爾殷之諸侯正民者我武王大下汝天下民命誅殺虐紂汝諸侯天下之民無有不知紂以暴虐取亡欲令其思念之。傳周公至自告。正義曰成王新始卽政周公留而輔之周公以王命告令諸侯所告實非王言故加周公曰於王若曰之上以明周公宣成王之意也猷道也周公以王命順大道告四方也既言四

國又言多方見四方國多也不直言王曰稱周公以別王自告也王肅云周公攝政稱成王命以告及還政稱王曰嫌自成王辭故加周公以明之然多士之篇王若曰之上不加周公曰者以彼上句云周公初于新邑洛用告知是周公故也○傳殷之至取亡○正義曰諸侯爲民之主民所取正故謂之正民民以君爲命死生在君天下之命在於一人紂言我大黜下汝之民命正謂武王誅紂也言天下無不知紂紂以暴虐取亡欲使思念之令其心棄殷而慕周也

洪惟天之命弗永寅念于祀惟帝降格于夏大惟爲王謀天之命不長敬念于祭祀謂夏桀惟天下至戒於夏以譴告之謂災異○譴弃淺反**有夏誕厥逸不肯感言于民**有夏桀不畏天戒而大其逸豫不肯憂言於民無憂民之言**乃大淫昏不克終日勸于帝之迪**言桀乃大爲過昏之行不能終日勸於天之道○迪徒歷反馬本作攸云所也行下孟反**乃爾攸聞**言桀之惡乃汝所聞

〔疏〕洪惟至攸聞○正義曰以諸侯心未服周故舉夏殷爲戒此章皆說桀亡湯興之事言夏桀大惟居天子之位謀上天之命而

不能長敬念于祭祀惟天下至戒於夏桀謂下災異。譴告之
冀其見災而懼改脩政德而有夏桀不畏天命乃大其逸豫
不肯憂言於民惟乃自樂其身無憂民之言夏桀乃復大爲
淫昏之行不能終竟一日勉於天之道言不能一日行天道
也桀之此惡乃是汝之所聞言不虛也○傳大惟至災異○
正義曰上天之命去惡與善凡爲民主皆當謀之恐天捨己
而去常須敬念祭祀天所譴告謂下災異天
不言故下災異以譴告責人主冀自脩政也**厥圖帝之**
命不克開于民之麗桀其謀天之命不能開於民所施政教麗施也言昏昧○麗力
馳反
乃大降罰崇亂有夏因甲于內亂桀乃大下罰於民重亂有夏言殘虐外不憂民內不勤德因甲於
二亂之內言昏甚○重直用反又直龍反**不克靈承**
于旅罔丕惟進之恭洪舒于民言桀不能善奉於人衆無大惟進恭
德而大舒惰於治民**亦惟有夏之民叨懫日欽劓割夏邑**
桀洪舒於民故亦惟有夏之民貪叨忿懫而逆命於是桀民
尊敬其能劓割夏邑者謂殘賊臣○懫勑二反劓魚器反

〔疏〕厥圖至夏邑○正義曰又言桀惡桀其謀天之命不能開發於民之所施政教正謂不能開發善政以施於民桀乃大下罪罰於民重亂有夏之國外不憂民內不勤德困復甲於二者之內爲亂之行桀不能以善道奉承於衆民無大惟進之恭德而大舒惰於民言桀不能進行恭德而舒惰於治民桀既舒惰於民故亦惟有夏之民貪饕忿懫而違逆桀命於是桀日日尊敬殘賊之臣能劓割夏邑者任用之使威服下民也○傳桀乃至昏甚○正義曰釋詁云崇重也桀既爲惡政無以悛改乃復大下罪罰於民重亂有夏之內國其殘虐大也夾聲近甲古人甲與夾通用夾於二事之內而言爲亂行故傳以二事充之外不憂民內不勤德桀身夾於二亂之內言其昏闇甚也鄭王皆以甲爲狎王云狎習災異於二內外爲禍亂鄭云習爲鳥獸之行於內爲淫亂與孔異也○傳言桀至治民○正義曰民當奉主而責桀不能善奉於民衆者君之奉民謂設美政於民也以善奉民當敬以循之不敢懈惰桀乃無大惟進於恭德而大舒緩懈惰於治民令民益困而政益亂也○傳桀洪至賊臣○正義曰禮記云言悖而出亦悖而入桀既不憂於民故民亦違逆桀命爲貪饕忿懫之行文十八年左傳云縉雲氏有不才子貪於飲食冒於貨賄天下之民謂之饕餮說者皆言貪財爲饕貪食爲餮饕

即叨也叨餮謂貪財貪食也忿懫言忿怒違理也民既如此桀無如之何惟日日尊敬其能劓割夏邑者謂性能殘賊者任用之

天惟時求民主乃大降顯休命于成湯天惟是桀惡故更求民主以代之大下明美之命於成湯使王天下**刑殄有夏惟天不畀純**命湯刑絶有夏惟天不與桀亦已大○畀必二反**乃惟以爾多方之義民不克永于多享**天所以不與桀以其乃惟用汝多方之義民爲臣而不能長久多享國故**惟夏之恭多士大不克明保享于民**惟桀之所謂恭人衆士大不能明安享于民言亂主所任任同已者**乃胥惟虐于民至于百爲大不克開**桀之衆士乃相與惟暴虐於民至於百端所爲言虐非一大不能開民以善言與桀合志

〔疏〕天惟至克開○正義曰天惟桀惡之故更求民主以代天乃大下明美之命於成湯使之代桀王天下乃命湯施刑罰絶有夏惟天不與夏桀亦已大矣天所。不與之者乃惟此桀用汝多方之義民爲臣而不能長久於多享國

故也義民實賢人也夏桀不用惟夏桀之所謂恭人衆士者大不能用明道安存享於衆民乃相與惟行暴虐於民至於百端所爲言虐無所不作大不能開民以善其臣與桀同惡夏家所以滅亡也○傳惟桀至已者○正義曰惟桀之所謂恭人衆士實非恭人亂主所好用同已者以其同已謂之爲恭人實非善人故不能明享於民杜預訓享爲受受國者謂受而有之此言不能安享於民謂不能安存享受於民衆也

乃惟成湯克以爾多方簡代夏作民主乃惟成湯能用汝衆方之賢大代夏政爲天下民主**愼厥麗乃勸厥民刑用勸**湯愼其施政於民民乃勸善人雖刑亦用勸善言政刑清**以至于帝乙罔不明德愼罰亦克用勸**言自湯至于帝乙皆能成其王道長愼輔相無不明有德愼去刑罰亦能用勸善○相息亮反去羗呂反**要囚殄戮多罪亦克用勸開釋無辜亦克用勸**帝乙已上要察囚情絕戮衆罪亦能用勸善開放無罪之人必無枉縱亦能用勸善○要一遙反又一妙反注同殄亭遍反上時掌反

今至于爾辟弗克以爾多方享天之命今至于汝君謂紂不能用汝眾方享天

【疏】乃惟至之命○正義曰桀殘虐於民乃惟成湯能用汝眾方之賢人大代夏桀作天下民主慎其所施政教於民民乃勸勉為善其民雖被刑殺亦用勸勉為善非徒湯聖後世亦賢自湯至于帝乙皆能成其王道無不顯用有德畏慎刑罰亦能用勸勉為善要察囚情絕戮衆罪亦能用勸勉為善開放無罪亦能用勸勉為善今至於汝君紂反先王之道不能用汝多方之民享有上天之命由此故被誅滅汝等宜當知之不當更令如殷也○傳乃惟至民主○正義曰大代夏者言天位之重湯能代之謂之大代夏也王肅云以大道代夏為民主○傳湯慎至刑清○正義曰慎厥麗者總謂施政教爾但下句言刑用勸勸用刑則厥麗之言有賞賞謂賞用勸勸也但所施政教其事既多非徒刑賞而已舉事得中民皆勸也政無失刑無濫民以是勸善言政刑清○傳帝乙至勸善○正義曰將欲斷罪必受其要辭察其虛實故言要囚也殄戮多罪罪者不濫開釋無罪者不枉殺人不縱有罪亦是政刑清故能用勸善也

之命故誅滅之○辟必亦反

嗚呼王若曰誥爾多方告非天庸

釋有夏歎而順其事以告汝眾方非天用釋棄桀桀縱惡自棄故誅放非天庸釋
有殷乃惟爾辟以爾多方大淫圖天之命屑
有辭非天用棄有殷乃惟汝君紂用汝眾方大爲過惡者共謀天之命惡事盡有辭說布在天下故見誅滅也
〔疏〕嗚呼至有辭○正義曰周公先自歎而復稱王命云王順其事而言曰以言告人謂之誥我告汝眾方諸侯非天用廢有夏夏桀縱惡自棄也非天用廢有殷殷紂縱惡自棄也又指說紂惡乃惟汝君殷紂用汝眾方之民大爲過惡者共此惡人謀天之命其惡事盡有辭說布在天下以此故見誅滅
乃惟有夏圖厥政
不集于享天降時喪有邦間之更說桀也言桀謀其政不成于享故天下是喪亡以禍之使天下有國聖人代之言有國明皇天無親佑有德○間間厠之間之
〔疏〕乃惟至間之○正義曰更說桀亡之由乃惟有夏桀謀其政不能成於享國所謀皆是惡事故天下是喪亡以禍之使有國聖人來代之言皇天無親惟佑有德故以聖君代闇主也湯是夏之諸侯故云有國
乃惟爾商後王逸

厥逸後王紂逸豫其過 **圖厥政不蠲烝天惟降時**
喪紂謀其政不絜進于善故天惟下其喪亡謂誅滅○蠲吉玄反馬云明也一音圭烝絕句之承反馬云升也
惟聖罔念作狂惟狂克念作聖惟聖人無念於善則爲狂人惟狂人能念於善則爲聖人言桀紂非實狂愚以不念善故滅亡**天惟五年須暇之子孫**
誕作民主罔可念聽天以湯故五年須暇湯之子孫冀其改悔而紂大爲民主肆行無道事無可念言無可聽〔疏〕乃惟至念聽○正義曰更說武王服喪三年還師二年紂亡之由乃惟汝商之後王紂逸豫其過縱恣無度紂謀其爲政不能絜進於善惟行惡事天惟下是喪亡以禍之惟聖人無念於善則爲狂人惟狂人能念於善則爲聖人紂雖狂愚冀其念善也計紂爲惡早應誅滅天惟以成湯之故故積五年須待閒暇湯之子孫誕緩多年冀其改悔而紂大爲民主肆行無道事無可念言無可聽由是天始改意故誅滅之○傳惟聖至滅亡○正義曰聖君上智之名狂者下愚之稱孔子曰惟上智與下愚不移是聖必不可爲狂狂必不能爲聖此事決矣而此言惟聖人

無念於善則爲狂人惟狂人能念於善則爲聖人者方言天須暇於紂冀其改悔說有此理爾不言此事是實也謂之爲聖寧肯無念於善已名爲狂豈能念善中人念與不念其實少有所移欲見念善有益故舉狂聖極善惡者言之○傳天以至二年○正義曰湯是創業聖王理當祚亂長遠計紂未死五年之前已合喪滅但紂是湯之子孫天以湯聖人之故故五年須待閑暇湯之子孫冀其改悔能念善道而紂大爲民主肆行無道所爲皆惡事無可念者言皆惡言無可聽者由是天始滅之五年者以武王討紂初立即應伐之故從武王初立之年數至伐紂爲五年文王受命九年而崩其年武王嗣立服喪三年未得征伐十一年服闋乃觀兵於孟津十三年方始殺紂從九年至十三年是五年也然服喪三年還師二年乃事理宜然而云以湯故須暇之者以殷紂惡盈久合誅滅逢文王崩未暇行師兼之示弱凡經五載聖人因言之以爲法教爾其實非天不知紂狂望其後改悔亦非曲念湯德延此歲年也**天惟求爾多方大動以威開厥顧天**天惟求汝衆方之賢者大動紂以威開其能顧天可以代者**惟爾多方罔堪顧之惟我周王靈承于旅**惟汝

衆方之中無堪顧天之道者惟我周王善奉於衆言以仁政得人心**克堪用德惟典神**

天言周文武能堪用德惟可以主神天之祀任天王○任音壬**天惟式教我用**

休簡畀殷命尹爾多方天以我用德之故惟用教我用美道伐殷天與我殷之王命以正汝衆方之諸侯

〔疏〕天惟至多方○正義曰天以紂惡之故將選人代之惟求賢人於汝衆方大動紂以威謂誅去紂也開其有德能顧天之者欲以伐紂惟汝衆方之君悉皆無德無堪使天顧之惟我周王善奉於衆能以仁政得人心文武能堪用德惟可以主神天之祀任作天子也天惟以我用德之故教我使用美道大與我殷之王命命我代殷爲王正汝衆方諸侯言天授我以此世也○傳天惟至代者○正義曰天惟求汝衆方之賢言欲選賢以爲天子也大動紂以威謂誅殺紂也天意復開其能顧天可以代者欲使代之顧謂迴視有聖德者天迴視之詩所謂乃眷西顧此惟與宅與彼顧顧同言天顧文王而與之居即此意也但謂天顧此人人亦顧天此云開厥顧天謂人顧天也下云罔堪顧之謂天顧人也言多方人皆無德不堪使天顧之傳以顧事通於彼故皆以天言之○傳天以至諸侯○正義曰

周以能行美道乃得天顧復言天用教我美道者人之美惡何事非天由爲美道爲天所顧以美歸功於天言教我用美道故得當天意也今我曷敢多誥我惟大降爾四國民命今我何敢多誥汝而已我惟大下汝四國民命謂誅管蔡商奄之君爾曷不忱裕之于爾多方汝何不以誠信行寬裕之道於汝衆方欲其戒四國崇和協爾曷不夾介乂我周王享天之命夾近也汝何不近大見治於我周王以享天之命而爲不安乎○夾音協注同今爾尚宅爾宅畋爾田爾曷不惠王熙天之命今汝殷之諸侯皆尚得居汝常居臣民皆尚得畋汝故田汝何不順從王政廣天之命而自懷疑乎爾乃迪屢不靜爾心未愛汝所蹈行數爲不安汝心未愛我周故○數色角反爾乃不大宅天命爾乃屑播天命汝乃不大居安天命是汝乃盡播棄天命爾乃自作不典圖忱于正汝未愛我周播棄天命是

汝乃自爲不常謀信于正道**我惟時其教告之我惟時其戰要囚之**我惟汝如是不謀信于正道故其教告之謂訊以文誥其戰要囚之謂討其倡亂執其朋黨○要一遙反訊音信倡音唱**至于再至于三**再謂三監淮夷叛時三謂成王即政又叛言迪屢不靜之事**乃有不用我降爾命我乃其大罰殛之**我教告戰要囚汝巳至再三汝其不用我命我乃大下誅汝君乃其大罰誅之○殛紀力反本又作極**非我有周秉德不康寧乃惟爾自速辜**非我有周執德不安寧自誅汝乃惟汝自召罪以取誅

〔疏〕今我至速辜○正義曰今我何敢多以言誥告於汝衆而巳我惟大下黜汝管蔡商奄四國之君也民命謂民以君爲命謂誅殺四國之君也我巳殺汝四國君矣汝何不以誠信之心行寬裕之道於汝衆方諸侯欲介懲創四國務崇和協言汝衆方諸侯何不崇和協相親近大顯見治道於我周王以享愛上天之命而執心不安乎今爾殷之諸侯尚得居汝常居臣民尚得畋汝故田其安樂如此汝何得不順從王政以廣上天之命而自懷疑乎汝乃復

所蹈行者數爲不安時或叛逆是汝心未愛我周家故也汝乃不大居安天命是汝乃欲盡播棄天命汝不愛我周家播棄天命是汝乃自爲此不常謀信於正道言其心不常謀正道故爲背違之心我惟汝如是不謀信於正道之故其以言辭教告之我惟汝如是不誠信於正道之故其用戰伐要察囚繫之由汝數爲不信故我教告汝戰伐要囚汝至於再至於三我教告汝戰伐要囚汝已至再三如今而後乃復有不用我命者我乃其大罰誅之言我更將殺汝也非我有周執德不安數設誅罰乃惟汝自召罪也此章反覆殷勤者恐其更有叛逆故丁寧戒之○傳今我至之君○正義曰今我何敢多爲言誥而已實殺其君非徒口告管蔡商奄皆爲叛逆受誅故今因奄重叛而追說前事言下四國民命王肅以四國爲四方之國言從今以後四方之國苟有此罪則必誅之謂戒其將來之事與孔不同○傳夾近至安乎○正義曰夾其旁旁是近義故爲近也諸國疏遠周室不肯以治爲功故責之顧氏云汝衆方諸侯何不常和協相親近大顯見治道於我周王以享上天之命而今何以不自安乎○傳今汝至疑乎○正義曰主遷於上臣易於下計汝諸侯之國應隨殷降黜今汝殷之諸侯皆尚得居汝常居臣民畋汝故田田宅不易安樂如此汝何不順從我周王之政以廣上天之命使

天多佑汝何故畏我周家自懷疑乎諸侯有國故云居汝常居臣民重田故云畋汝故田治田謂之畋猶捕魚謂之漁今人以營田求食謂之畋食即此畋亦田之義也○傳汝未至正道○正義曰事君無二臣之道為人臣者常宜信之汝未愛我周家播棄天命汝數為叛逆是汝乃自為此不常謀信於正道○傳我惟至朋黨○正義曰教告與戰要囚連文則告以文辭是將戰之時教告謂伐紂之事昭十三年說戰法云告之以文辭董之以武師是將戰之時於法當有文辭告前敵也我惟汝如是不謀信於正道故其教告之謂訊以文辭訊告也告以文辭數其罪也其戰要因之謂戰敗其師執取其人愛其要辭而囚之謂討其倡亂之人囚執其朋黨也此雖揔言戰事但下有至於再三明此指伐紂也○傳再謂至之事○正義曰以伐紂為一故再謂攝政之初三監與淮夷叛時也三謂成王即政又叛也言上迪屢不靜之事

曰嗚呼猷告爾有方多士暨殷多士王歎而以道告汝衆方與衆。多士

今爾奔走臣我監五祀監謂成周之監此指謂所遷頑民殷衆士今汝奔走來徙臣我監五年無過則是還本土

越惟有胥伯小大多正

爾罔不克臬於惟有相長事小大眾正官之人汝無不能用法欲其皆用法○臬魚列反馬作剿長丁丈反自作不和爾惟和哉爾室不睦爾惟和哉爾邑克明爾惟克勤乃事小大多正自爲不和汝有方多士當和之哉汝親近室家不睦汝亦當和之哉汝邑中能明是汝惟能勤汝職事爾尚不忌于凶德亦則以穆穆在乃位汝庶幾不自忌入於凶德亦則用敬敬常在汝位克閱于乃邑謀介爾乃自時洛邑尚永力畋爾田汝能使我閱具于汝邑而以汝所謀爲大則汝乃用是洛邑庶幾長力畋汝田矣言雖遷徙而以修善得反邑里○閱音悅天惟畀矜爾我有周惟其大介賚爾汝能修善天惟與汝憐汝我有凋惟其大大賜汝言受多福之作迪簡在王庭尚爾事有服在大僚非但受憐賜又乃蹈大道在王庭庶幾修汝事有所服行在大官〔疏〕王曰

嗚呼猷至大僚○正義曰王言而歎曰嗚呼我以道告汝在此所有四方之多士謂四方之諸侯及與殷之衆士謂頑民遷成周者因告四方諸侯遂告成周之人徧使諸侯知之此章皆告成周之人辭也令汝成周之人奔走勤事臣我周之監成周者五年無罪過則聽汝還本土於惟有相長事謂小大衆正官之人汝無有不能用法欲其皆用法也小大衆正官之人自為不和汝衆官等自當和之哉汝等親近室家不相和親汝亦當和之哉汝邑內之人若能明於和睦之道汝惟能勤於汝之職事言是其教之使然汝能庶幾不自相怨忌入於凶德若能不入於凶德若能不入於凶德亦則用敬敬之道常在汝之職位不黜退也汝若能善相教誨使我簡閱於汝邑善汝之事以汝所謀為大則汝乃用是洛邑庶幾得反本土長得勤畋汝故田汝能修善天惟與汝憐汝我有周惟其大大賞賜汝汝非但受賞而已其有蹈大道者得在王庭被任用庶幾汝事有所服行在於大官恐其心未服故丁寧勸誘之○傳王歎至多士○正義曰言有方多士與殷多士則此二者非一人也有方多士當謂於時所有四方之諸侯也與殷多士當謂遷於成周頑民之衆士也下云以臣我監者謂成周之監明此殷多士也○傳監謂至本土○正義曰下云自時洛邑此所戒成周之人故知監謂成周之監

此指謂所遷頑民殷家衆士也五年再閏天道有成故期以五年無過則得還本土以民性重遷設期以誘之○傳於惟至用法○正義曰胥相也伯長也顏氏以相長事郎小大衆正官之人也○傳汝庶至汝位○正義曰和順爲善德怨惡爲凶德忌謂自怨忌上言自作不和是怨忌也釋訓云穆穆敬也此戒小大正官之人故云敬敬常在汝位○傳汝能至邑里○正義曰閱謂簡閱其事觀其具足以否故言閱具於汝邑介大也以汝所謀爲大善其治理聽還本國也是由在洛邑修善得反其邑里王肅云其無成雖五年亦不得反也

王曰嗚呼多士爾不克勸忱我命爾亦則惟不克享凡民惟曰不享王歎而言曰衆士汝不能勸信我命汝亦則惟不能享天祚矣凡民亦惟曰不享於汝祚矣爾乃惟逸惟頗大遠王命則惟爾多方探天之威我則致天之罰離逖爾土若爾乃爲逸豫頗僻大棄王命則惟汝衆方取天之威我則致行天罰離逖汝土將遠徙之○頗破多反探吐南反辟四亦反〔疏〕王曰嗚呼至爾土○正義曰王

言而歎曰嗚呼成周之衆士汝若不能勸勉信用我之教命汝則惟不能多受天福祚矣凡民惟曰不享於汝祚矣汝乃惟爲逸豫惟爲頗僻大遠棄王命則惟汝衆方自取天之威刑我則致天之罰於汝身將遠徙之使離遠汝之本土○傳王歎至祚矣○正義曰勸信我命勸勉而信順之○凡民亦惟曰不享於汝祚矣言民亦不願汝之子孫長久矣○傳若爾至徙之○正義曰成周一邑之士不得謂之多方此蓋意在成周遷者兼告四方諸國使知亦如康誥王告康叔并使諸侯知之離遠汝土更遠徙之鄭云分離奪汝土也與孔異也

王曰我不惟多誥我惟祇告爾命我不惟多誥汝而已我惟敬告汝吉凶之命**又曰時惟爾初不克敬于和則無我怨**又誥汝是惟汝初不能敬于和道故誅汝汝無我怨解所以再三加誅之意○疏王曰我至我怨○正義曰王曰我今告戒汝者不惟多爲言誥汝而已惟敬告汝吉凶之命從我則吉違我則凶汝命吉凶在此言也王又謂汝所以再三被誅者是惟汝初不能敬於和道故致此爾汝自取之則無於我有怨○傳又誥至之意○正義曰又誥者更言王意又謂汝曰也以上王誥已終又起別端故更稱王又

復言曰以序云成王在豐誥庶邦則此篇是王親誥之辭又稱王曰者是也其有周公稱王告者則上云周公曰王若曰是也又曰嗚呼王若曰是也顧氏云又曰者是王又復言曰也

立政第二十一

周書　孔氏傳　孔穎達疏

周公作立政周公既致政成王恐其怠忽故以君臣立政爲戒立政言用臣當共立政故以名篇

周公若曰拜手稽首告嗣天子王矣順古道盡禮致敬告成王言嗣天子今已爲王矣不可不慎用咸戒于王曰王左右常伯常任準人綴衣虎賁周公用王所立政之事皆戒於王曰常所長事常所委任謂三公六卿準人平法謂士官綴衣掌衣服虎賁以武力事王皆左右近臣宜得其人○任而鴆反準之允反綴徐丁衛反又丁劣反賁音奔長丁丈反除篇末文注以長直良反餘竝同周公曰嗚呼休

兹知恤鮮哉歎此五者立政之本知憂得其人者少○鮮息淺反

〔疏〕周公至鮮哉○正義曰王之大事在於任賢使能成王初始即政猶尚幼少周公恐其怠忽政事任非其人故告以用臣之法周公順古道而告王曰我敢拜手稽首告嗣世天子成王今巳爲王矣王者當立善政其事不可不慎周公既爲此言乃用王所立政之事皆戒於王曰王之親近左右常所長事謂三公也常所委任謂六卿也平法之人謂獄官也綴衣之人謂掌衣服者也虎賁以武力事王者此等皆近王左右最須得人周公既歷言此官復言而歎曰嗚呼美哉此五等之官須立政之本也知憂此官置得賢人者少也○傳順古至不慎○正義曰周公既拜手稽首而後發言還自言拜手稽首示巳重其事欲令受其言故盡禮致敬以告王也召誥云拜手稽首旅王若公亦是召公自言已拜手稽首與此同也成王嗣世而立故呼成王爲嗣天子周公攝政之時成王未親王事此時既巳歸政於成王故言今巳爲王矣不可不慎也王肅以爲於時周公會羣臣共戒成王其言曰拜手稽首者是周公讚羣臣之辭○傳周公至其人○正義曰此以立政名篇知用咸戒者是周公用王所立政之事皆戒於王也三公臣之尊者知常所長事謂三公也六卿之分掌國事王之所任知常所委任謂

六卿也準訓平也平法之人謂士官也士察也察獄之官用法必當均平故謂獄官爲準人周禮司寇之長在常任之內此士官當謂士師也衣服必連綴著之此歷言官人知綴衣是掌衣服者此言親近大臣必非造衣裳者周禮大僕下大夫掌正王之服位出入王之大命此掌衣服者當是大僕之官也周禮虎賁氏下大夫言其若虎賁獸是以武力事王者此皆左右近臣宜得其人言其急於餘官得其人者文官得其文人武官得其武人違才易務皆爲非其人也○傳歎此至者少○正義曰此五官皆親近王故歎此五者立政之本也休美也王肅云此五官美哉是休兹爲美此五官也歎其官之美美官不可不委賢人用之故歎之知憂得其人者少下句惟言禹湯文武官得其人是知憂得人者少也

古之人迪惟有夏乃有室大競籲俊尊上帝古之人道惟有夏禹之時乃有卿大夫室家大强猶乃招呼賢俊與共尊事上天○籲音預迪知忱恂于九德之行禹之臣蹈知誠信於九德之行謂賢智大臣九德皐陶所謀○忱市林反恂音荀行如字徐下孟反乃敢告教厥后曰拜手稽首后矣曰宅

乃事宅乃牧宅乃準茲惟后矣知九德之臣乃敢告教其君以立政君矣亦循王矣宅居也居汝事六卿掌事者牧牧民九州之伯居內外之官及平法者皆得其人則此惟君矣

謀面用丕訓德則乃宅人茲乃三宅無義民謀所面見之事無疑則能用大順德乃能居賢人于衆官若此則乃能一居無義民大罪宥之四裔次九州之外次中國之外

桀德惟乃弗作往任是惟暴德罔後桀之爲德惟乃不爲其先王之法往所委任是惟暴德之人故絕世無後〔疏〕古之人至罔後○正義曰既言知憂得人者少乃遠迹上世之事此言禹與桀也古之人能用此求賢之道者惟有夏禹之時乃有羣臣卿大夫皆是賢人室家大強猶尚招呼賢俊之人與共立於朝尊事上天禹之臣蹈知誠信於九德之行者乃敢告教其君曰我敢拜手稽首君今已爲君矣不可不慎也戒其君御告曰居汝掌事之六卿居汝牧民之州伯居汝平法之獄官使此三者皆得其人則此惟爲君矣言不得賢人不成爲君也禹能謀所面見之事無所疑惑用大明順之德則乃能居賢人於官賢人在官職事修理乃能

三處居無義之民善人在朝惡人黜遠其國乃爲治矣及其未年桀乃爲天子桀之爲德惟乃不爲其先王之法往所委任是暴德之人以此故絕世無後得賢人則與任小人則滅是須官賢人以立政也○傳古之至上天○正義曰經言古之人迪傳言古之人道當說古之求賢人之道也王肅云古之人道惟有夏之大禹爲天子也其意言古人之道說有此事孔意似不然也孔以大夫稱家室猶家也籲訓呼也招呼者乃是臣下之事故以爲夏禹之時乃有卿大夫室家大強猶乃招呼在外賢俊與之共立於朝尊事上天也言君既求賢臣之助言天子事天臣成君事故言共尊事上天○傳禹之至所謨○正義曰九德之行非一人能備言禹之臣蹈知九德之行極言其賢智大臣也禹時伯益之輩乃可以當此經典之文更無九德之事惟有皋陶謀九德皋陶所謀者即寬而栗柔而立愿而恭亂而敬擾而毅直而溫簡而廉剛而塞強而義是也○傳知九至君矣○正義曰進言戒君非大賢不可故知九德之臣乃敢告教其君以立政也君矣亦猶言王矣言已爲君矣不可不慎也君王一也變文以相避爾宅訓居也居汝事須得賢人六卿各掌其事者也居汝牧九州之伯主養民亦須得賢人養其民也居汝準士官主理刑法亦須賢人平其獄也六卿掌內州牧掌外內外之官及平

法三事皆得其人則此惟爲君矣言羣官失職則不成爲君
也上句周公戒王歷言五官其内無州牧此惟言三官加州
牧者俱是逐急言之其有詳畧爾曲禮云九州之長曰牧一王
制云千里之外設方伯八州八伯然則牧伯一也伯者言牧
州之長牧者言牧養下民牧伯俱得言之故孔以伯解牧鄭
玄云殷之州牧曰伯虞夏及周曰牧與孔不同○傳謀所至
之外○正義曰凡人爲主皆欲臣賢但大佞以忠賢不可別
欲知其遠先驗於近但禹能謀所面見之事官賢人既得其
官分別善惡無所疑惑仁賢必用邪佞必退然後舉直錯諸
枉則爲能用大順德如是乃能居賢人於衆官賢人既得居
官則能分別善惡無義之民必獲大罪量其輕重斥之遠地
乃能三處居此無義罪人三居者大罪宥之四裔次九州之
外次中國之外四裔者四海之表最遠者也次九州之外者
四海之内要服之外次中國之外者謂罪人所居之國外也
猶若衛人居於晉去本國千里故孔注舜典云次千里之外
是也鄭云三處者自九州之外至於四海三分其地遠近若
周之夷鎮蕃也與孔不同

亦越成湯陟丕釐上帝之耿命桀之昏亂亦於成湯之道得升大賜上天之光命王天下○釐力之反耿工迥反徐工穎反又工永反下同王往況反

乃

用三有宅克即宅曰三有俊克即俊湯乃用三有居惡八之法能使就其居言服罪又曰能用剛柔正直三德之俊能就其俊事言明德嚴惟丕式克用三宅三俊言湯所以能嚴威惟可大法象者以能用三居三德之法其在商邑用協于厥邑其在四方用丕式見德湯在商邑用三宅三俊之道和其邑其在四方用是大法見其聖德言逮近化〔疏〕亦越至見德○正義曰不有所廢則無以興桀之滅亡夏家乃以開道湯德此言湯之能用人也桀之昏亂亦於成湯之道得升聞於天大賜受上天之光命得王有天下湯既爲王乃用三有居惡人之法能使各就其居處言皆服其罪也又曰用三德之俊人能使各就其俊事言皆明其德也湯所以能嚴威惟可大法象者以其能用三居三俊之法故也成湯其在商邑用此三居三俊之道和於其邑其在四方用是斷罪任賢之大法見其聖德於民言遠近皆從化也○傳桀之至天下○正義曰成湯之道得升謂從下而升於天故天賜之以光命使之得王天下爲天子也釐賜耿光皆釋詁文○傳湯乃至明德○正義曰皐陶謨九德即洪範之三德細

分以爲九爾以此知三俊即是洪範所言剛克柔克正直三德之俊也能就其俊事言明德者用以俊乂居官顯明其有德也上句言則乃宅人茲乃三宅無義民先言用賢後言去惡此經先言三有宅後言曰三有俊者用賢去惡俱是立政之本上句先說夏禹言得賢然後去惡見其須賢之切及說成湯文武先言去惡後言用賢又見惡宜速去或先或後所以互相見爾

嗚呼其在受德暋惟羞刑暴德之人同于厥邦受德紂字帝乙愛焉爲作善字而反大惡自强惟進用刑與暴德之人同于其國竝爲威虐○受德紂字馬云受所爲德也暋眉謹反徐亡巾反一音閔爲于爲反下爲之同强其丈反**乃惟庶習逸德之人同于厥政**乃惟衆習爲過德之人同于其政言不任賢**帝欽罰之乃伻我有夏式商受命奄甸萬姓**天以紂惡故敬罰之乃使我周家王有華夏得用商所受天命同治萬姓言皇天無親佑有德○伻普耕反徐敷耕反又甫耕反

〔疏〕嗚呼至萬姓○正義曰既言湯以用賢而興又說紂之失人而滅周公又歎曰嗚呼其在殷王受德本性

大惡自強惟進用刑罰與暴德之人同治其國並爲威虐乃
惟衆習爲過德之人與之同共於其政由其任同惡之人故
上天敬誅罰之乃使我周家王有華夏用商所受天命同治
天下萬姓言周能用三賢天親有德故得爲天子○傳受德至
威虐○正義曰泰誓三篇惟單言受而此云受德者則德本
配受共爲一人故知受德是紂字也既受之與德共爲紂字
而經或言受或言受德者呼之有單復爾其人實爲大惡德
字乃爲善名非是時人呼有德知是帝乙愛焉爲作善字望
其爲善而反爲大惡以其行反其字明非時人呼也釋詁云
暋強也暋即昬也故訓爲強言紂自強爲惡惟進用刑罰身
既進用刑罰則愛好暴虐之人故爲與之同於其國言並爲
威虐○傳乃惟至任賢○正義曰暴德言以暴虐爲德逆德
言以過惡爲德習效爲之衆者言其所任多也紂任衆爲過
德之人與之同於其政言其不任賢也與暴德同於其國與
惡德同於其政其事一也異言之爾牧誓所云四方之多罪
逋逃是信是使是以爲大夫卿士俾暴虐於百姓以姦究於
商邑是其事也○傳天以至有德○正義曰言天知其惡熟
詳審下罰故言敬罰也商本受天命周亦受天命故言用商
所受天命同治萬姓釋言云弁同也同爲天于治萬姓與商
同也此經之意言周家有德皇天親有德也王蕭云敬罰謂

須暇五年亦越文王武王克知三有宅心灼見三有俊心紂之不善亦於文武之道大行以能知三有居惡人之心灼然見三有賢俊之心以敬事上帝立民長伯言文武知三宅三俊故能以敬事上天立民正長謂郊祀天建諸侯〔疏〕亦曰至長伯。正義曰既言上天去惡與善滅殷興周即說文王武王能用求賢審官之事桀惡所以興成湯紂惡所以開文武言紂之不善亦於文王武王使得其道大行能知居三有惡人之心居之皆得其所言服其罪也灼然見三有賢俊之心用之皆得其人言明其德也文武知此三宅三俊故能敬事上天稱天心也立民正長合民心也。傳紂之至之心。正義曰桀之昏亂開成湯紂之不善開文武其事同也於成湯言能受上天之命於文武云能敬事上帝前聖後聖爲行必同交錯爲文所以互相見爾文王受命武王伐紂二聖共成王道故文武竝言之猶詩序云文武以天保已上治內采薇已下治外文武竝言與此同也文王之時未定天下所立之官亦未具足下經所言立政任人已下三亳阪尹巳上其所舉官屬多是文武時事以見二聖同道父作之子述之言其相成爾故以能知三有居惡人之心灼然見三有賢

俊之心言文王之聖心能揆度知惡人眞惡須屏黜之知賢人實賢須舉用之故去惡進賢皆得其所賢人難識故特言灼然言其知之審也○傳言文至諸侯○正義曰上天之道與善去惡三宅三俊行合天心言文武知三宅三俊故能敬事上帝伯亦長也故言立民正長天子祭天知敬事上帝謂郊祀天也天子建國知立民長伯謂建諸侯也以下句立政任人已下歷言朝廷之臣與蠻夷衆君知此立民長伯主謂諸侯詩周頌維清述文王之德言肇禋大雅皇矣美文王之伐言是類類禋皆是祭天之名是文王已祀天矣文王未得封建諸侯其建諸侯維武王時爾

立政任人準夫牧作三事文武亦法禹湯以立政常任準人及牧治爲天地人之三事**虎賁綴衣趣馬小尹**趣馬掌馬之官言此三者雖小官長必愼擇其人○趣七口反**左右攜僕百司庶府**雖左右攜持器物之僕及百官有司主券契藏吏亦皆擇人○券音勸契苦計反藏才浪反**大都小伯藝人表臣百司**小臣猶皆愼擇其人況大都邑之小長以道藝爲表幹之臣及百官有司之職可以非其任乎**太史尹伯庶常**

吉士太史下大夫掌邦六典之貳尹伯長官大夫及旅掌常事之善士皆得其人司徒司馬司空亞旅此有三卿及次卿衆大夫則是文武未伐紂時舉文武之初以爲法則夷微盧烝三亳阪尹蠻夷微盧之衆師及亳人之歸文王者三所爲之立監及阪地之尹長皆用賢○阪音反〔疏〕立政至阪尹○正義曰言文武亦法禹湯審官以立美政任人謂六卿準夫者平法之人謂理獄官也牧者九州之牧治爲天地人之三事自虎賁已下歷舉官名言此官皆須得其人不以官之尊卑爲次蓋以從近而至遠虎賁綴衣趣馬三者官雖小須慎擇其人乃至左右攜持舉物之僕及百官有司之下至衆府藏之吏亦須擇其人既言近王小官及遠官大者小官猶須擇人況乎大都邑之小長與有道藝之人爲表幹之臣及百官有司之職可以非其任乎以近臣況遠臣以小官況大官既以近小況遠大又舉官之次而掌事要者若太史下大夫長官大夫及衆掌常事之善士皆須得其人更舉官之大者司徒司馬司空之卿及次卿之衆大夫皆須得其人既略言内外之官又更遠及夷狄蠻夷微盧之衆帥與三處亳民之監及阪地之尹長皆須用賢人言文武於此諸官皆求賢人爲之也○傳

文武至三事○正義曰前聖後聖其道皆同未必相放法也後人法前自是常事因其上說禹湯立政故言文武亦法禹湯以立政也任人則前經所云常任六卿也準夫則準人也牧者前云宅乃牧也前文有常伯綴衣虎賁不言牧此不言常伯綴衣虎賁而言牧者以前文先舉朝臣故不言牧前已備文故此不言常伯其綴衣虎賁而言牧者以下文自詳故此惟舉內外要官者言之故內官舉任人準夫外官舉牧故下云繼自今我立政立事準人牧夫我其克灼知厥若又云自古商人亦越我周文王立政立事牧夫準人則克宅之克由繹之茲乃俾乂皆據內外要重官以言之夫即人也立官所以事天地治人民為此三事而已故以三事謂天地人也王肅云文王所以立政任人常任也準夫準人也牧者諸侯之長也與孔意同○傳趣馬至其人○正義曰周禮趣馬為校人屬官馬一十二疋立趣馬一人掌贊正良馬而齊其飲食是掌馬之小官也綴衣是大僕也虎賁大僕皆下大夫也此三公六卿亦為小尹之官雖文止三官亦包通在下之屬官三官之下小官多矣趣馬郎下士其馬一匹有圉師一人是趣馬之下猶有小官也○傳雖左至擇人○正義曰諸官有所務從業從王左右攜持器物之僕謂寺人內小臣等也百司庶府謂百官有司之下主券契府藏之吏謂其下賤人

非百官有司之身也言此等亦皆擇人○傳小臣至任乎○
正義曰小臣猶皆擇人況大都邑之小長謂公卿都邑之內
大夫士及邑宰之屬以身有道藝爲民之表的楨幹之臣其
都邑之內屬官謂之小長周禮太宰職云乃施則于都鄙而
建其長立其兩設其伍陳其殷兩謂兩卿長謂公卿伍謂大
夫殷謂衆士是也○傳太史至其八○正義曰周禮太史下
大夫二人掌建邦之六典又太宰職亦云掌建邦之六典太
史副貳太宰掌其正太史掌其貳六典謂治典教典禮典政
典刑典事典六卿所掌者也掌邦六典之貳其所掌事重故
特言之尹伯長官大夫周禮每官各有長若太史爲史官之
長大司樂爲樂官之長如此類皆是也及衆掌常事之善士
謂士爲長官者其大夫及士不爲長官者則前云百司也居
官必須善人此是摠舉衆官故特言吉士○傳此有至法則
○正義曰周公攝政之時制禮作樂其作立政之篇必在制
禮之後周禮六卿而此有三卿及次卿衆大夫則是副卿之
大夫有若周禮小宰之類是也此文武未伐紂之時也遠舉
文武之初以爲法則爾泰誓下篇云王乃大巡六師六師則
六軍也軍將皆命卿卽伐紂之時已立六卿矣牧誓亦云司
徒司馬司空舉之三卿者彼傳已解之云指誓戰者也○傳
蠻夷至用賢○正義曰牧誓所云有微盧彭濮人此舉夷微

盧以見彭濮之等諸夷也烝訓衆也此篇所言皆立官之事此經惟阪下言尹則夷微巳下以一尹摠之故傳言蠻夷微盧之衆帥及亳民之歸文王者三所爲之立監及阪地之尹長故言師。言監亦是言爲之立長義出經文尹也亳是湯之舊都此言三亳必是亳民分爲三處此篇說立官之意明是分爲三亳必是三所各爲立監也亳人之歸文王經傳未有其事文王既未伐紂亳民不應歸之鄭王所說皆與孔同言亳民歸文王者蓋以此章雜陳文王武王時事其言以文王爲主故先儒因言亳民歸文王爾卽如此意三亳爲巳歸周必是武王時也及阪地之尹長傳言其山阪之地立長爾不知其指斥何處也鄭玄以三亳阪尹者共爲一事云湯舊都之民服文王者分爲三邑其長居險故言阪尹蓋東成臯陶轘轅西降谷也皇甫謐以爲三亳三處之地皆名爲亳蒙爲北亳穀熟爲南亳偃師爲西亳古書亡滅既無要證未知誰得旨矣

文王惟克厥宅心乃克立茲常事司牧人以克俊有德文王惟其能居心遠惡舉善乃能立此常事司牧人用能俊有德者。遠于萬反

文王罔攸兼于庶言庶獄庶愼惟有司之牧

夫文王無所兼知於毀譽眾言及眾刑獄眾當所慎之事惟慎擇有司牧夫而已勞於求才逸於任賢○譽音餘又如字是訓用違庶獄庶慎文王罔敢知于茲是萬民順法用違法眾獄眾慎之事文王一無敢自知於此委任賢能而已〔疏〕文王至于茲○正義曰上既總言文武此又分而說之文王惟能其居心遠惡舉善乃能立此常事其主養人之官用能俊有德者既任用俊人每事委之文王無所兼知於眾人之言或毀或譽文王皆不知也眾獄斷罪得失文王亦不得知也眾所當慎之事文王亦不得知也惟慎擇在朝有司在外牧養民之夫是時萬民或順於法或用違法眾刑獄眾所慎之事文王一皆無敢自知於此惟委任賢能而已○傳文王至德者○正義曰上言文王能知三宅三俊知此能居心者以遠惡舉善居其心也既遠惡舉善乃能立此常事用賢養民是人君之常事也○傳文王至任賢○正義曰下云是訓用違即是在上庶言也是訓則稱譽之事用違則毀損之事但分析言之爾亦越武王率惟敉功不敢替亦於武王循惟文王無安天下之功不敢廢其義德奉遵父道○敉亡婢反厥義德率惟

謀從容德以竝受此丕丕基武王循惟謀從文王寬容之德故君臣竝受此大大之基業傳之子孫。傳直專反

疏亦越至丕基。正義曰亦於武王遵循父道所循惟文王撫安天下之功不敢廢其文王義德言奉行遵父道也又言武王遵循者惟謀從文王寬容之德故武王君臣能竝受此大大之基業謂受命爲天子傳之子孫。傳武王至子孫。正義曰以言竝受則非獨王身故以爲君臣竝受此大大之基業謀從寬容之德是與臣謀及基業成就則君臣共有故言竝受且王爲天子臣爲諸侯皆受基業各傳子孫是亦爲竝受也

嗚呼孺子王矣歎稚子今以爲王矣不可不勤法祖考之德繼自今我其立政立事準人牧夫我其克灼知厥若丕乃俾亂繼用今已往我其立政大臣立事小臣及準人牧夫我其能灼然知其順者則大乃使治之言知臣下之勤勞然後莫不盡其力。俾必爾反下同治直吏反下同相我受民和我庶獄庶慎時則勿有間之能治我所受天民和平我眾獄眾慎之事如是則勿有以代之

言不可復變。相如字馬息亮反下勸相同間間厠之間復扶又反自一話一言我則末惟成德之彥以乂我受民言政當用一善善在一言而已欲其口無擇言如此我則終惟有成德之美以治我所受之民。誥戶怪反〔疏〕嗚呼孺子至受民。正義曰周公既歷說禹湯文武乃復指戒成王嗚呼而歎孺子今已爲王矣既正位爲王事不可不慎繼續從今已往我王其與立政謂大臣也其與立事謂小臣也平法之人及養民之夫此等諸臣我王其能察之灼然知其順於事者則大乃使之治理言知其能有勤勞各盡心力然後用此賢臣治我所受天民和平我衆獄訟及衆當所慎之事必能如是則勿復有以代之言其法不可復變也政從君出爲人主用是一善之言善在一言而已勿以惡言亂之王能如是我王則終惟有成德之美以治我所受天民矣。傳繼用至心力。正義曰自此已下四言繼自今者凡人靡不有初鮮克有終恐王不能終之戒成王使繼續從今已往常用賢也自訓爲從亦訓爲用此傳言用今已往下傳言從今已往其意同也政事相對則政大事小故以立政爲大臣立事爲小臣及準人牧夫畧舉四者以揔諸臣戒王任此人也其能灼然知其能順於事者則大乃

使治顧氏云君能知臣下順於事則臣感君恩大乃治理各盡心力也○傳能治至復變○正義曰相訓助也助君所以治民事故相爲治天命王者使之治民則天與王者此民故言能治我所受天民也能治下民理衆獄衆慎之事使得其所則爲政之大要能如此則勿有以代之言此法盡善不可復變易也或據臣身既能如此不可以餘人代之也○傳言政至之民○正義曰釋詁云自用也話言也舍人曰話政之善言也孫炎曰話善之言也然則話之與言是一物也自一話者言人君爲政當用純一善言又云一言者純一善言在於一言而已謂發號施令當須純一不得差貳欲令其口無可擇之言也顧氏云人君爲政之道當須用一善而已爲善之法惟在一言也末訓爲終彥訓爲美王能出言皆善口無可擇如此我王則終惟有成德之美以治我所受天民矣釋訓云美士爲彥故彥爲美

嗚呼予旦已受人之徽言咸告孺子王矣歎所受賢聖說禹湯之美言皆以告稚子王矣○稚直吏反本亦作穉

繼自今文子文孫其勿誤于庶獄庶慎惟正是乂之文子文孫文王之子孫從今已往惟以正是之道治衆獄

衆愼其勿誤

自古商人亦越我周文王立政立事牧夫準人則克宅之克由繹之茲乃俾乂

言用古商湯亦於我周文王立政立事用賢人之法能居之於心能用陳之此乃使天下治。繹音亦

疏

嗚呼至俾乂。正義曰旦者周公名也周公又歎曰嗚呼我旦已受賢聖人說禹湯之美言皆以告孺子王矣王宜依行之繼續從今以往文王之子孫其勿得過誤於衆獄訟衆所愼之事惟當用是正是之道治之用古商人成湯亦於我周家文王其立政立事牧夫準人此等諸官皆用賢人之法則能居之於心能用陳之於位明識賢人用之爲官此乃使天下大治戒成王使法之。傳言用至下治。正義曰上陳禹湯文武此覆上文惟言湯與文王者言有詳畧無別意也能居之於心謂心知其賢也能用陳之謂陳列於位用之以爲官也王肅曰則能居之在位能用陳其才力如此故能使天下治也

國則罔有立政用憸人不訓于德是罔顯在厥世

商周賢聖之國則無有立政用憸利之人者憸人不訓於德是使其君無顯名在其世。憸息廉反徐七漸反

本又作愢馬云憸利佞人也**繼自今立政其勿以憸人其惟吉士用勱相我國家**立政之臣惟其吉士用勉治我國家。勱音邁〔疏〕國則至國家。正義曰既言湯與文王用賢大治又言其不宜用小人商周聖賢之國無有立政用憸利之人者此憸利之人不順於德若其用之是使其君無顯名在其世也王當繼續從今已往立其善政其勿用憸利之人其惟任用善士使勉力治我國家教王使用善士勿使小人也**今文子文孫孺子王矣**告文王之子孫言稚子已即政爲王矣所以厚戒**其勿誤于庶獄惟有司之牧夫**獨言眾獄有司欲其重刑慎官人**其克詰爾戎兵以陟禹之迹**其當能治汝戎服兵器威懷竝設以升禹治水之舊迹。詰起一反馬云賓也**方行天下至于海表罔有不服**方四方海表蠻夷戎狄無不服化者乎**以覲文王之耿光以揚武王之大烈**能使四夷賓服所以見祖之光明揚父之

大業

嗚呼繼自今後王立政其惟克用常人

其惟能用賢才爲常人不可以天官有所私

〔疏〕今文至常人。正義曰今告汝文王之子文王之孫孺子今已則政爲王矣我所以須厚戒之王其勿設於衆治獄之官當須愼刑也惟有司之牧夫有司主養民者宜得賢也治獄之吏養民之官若任得其人使其能治汝戎服兵器以此升行禹之舊迹四方而行至於天下至於四海之表無有不服王之化者以顯見文王之光明以播揚武王之大業言任得賢臣則光揚父祖周公又歎曰嗚呼繼續從今已往後世之王立行善政其惟能用常人必使常得賢人不可任不其才此雖有戒成王乃是國之常法因以戒後王言此法可常行也。傳獨言至官人。正義曰上有庶愼立政立事牧夫準人此獨言庶獄與有司之牧夫者言庶獄欲其重刑言有司牧夫欲其愼官人也。傳其當至舊迹。正義曰立官所以牧養下民戒備不虞故以詰爾戎兵爲言也戎亦兵也以其竝言戎兵故傳以爲戎服兵器威懷竝設以升禹治水之舊迹遠行必登山故以陟言之如禹之陟方意亦然。傳方四至化者。正義曰方行天下言無所不至故以方爲四方釋地云九夷八狄七戎六蠻謂之四海知海表謂夷狄戎蠻無有不服

化者卽詩小雅云蓼蕭澤及四海是也。傳其惟至所私。正義曰官須常得賢人故惟賢是用用賢是常常則非賢不可人主或知其不賢以私受用之代天爲官故言不可以天官有所私

周公若曰太史

順其事并告太史

司寇蘇公式敬爾由獄以長我王國

忿生爲武王司寇封蘇國能用法敬汝所用之獄以長施行於我王國言主獄當求蘇公之比。比必二反又如字

茲式有愼以列用中罰

此法有所愼行必以其列用中罰不輕不重蘇公所行太史掌六典有廢置官人之制故告之。行如字

疏 周公至中罰。正義曰周公順其事而言曰太史以其太史掌廢置官人故呼而告之昔日司寇蘇公旣能用法汝太史當敬汝所用之獄以長施行於我王國欲使太史選主獄之官當求蘇公之比也此刑獄之法有所愼行必以其體式列用中常之罰不輕不重當如蘇公所行也。傳忿生至之比。正義曰成十一年左傳云昔周克商使諸侯撫封蘇忿生以溫爲司寇是忿生爲武王司寇封蘇國也蘇是國名所都之地其邑名溫故傳言以溫也特舉蘇公治獄官以告太史知其言主獄之官當求蘇公之比類也。傳此法至告之。正義曰

治獄必有定法此定法有所慎行周禮大司寇云刑新國用輕典刑平國用中典刑亂國用重典輕重各有體式行列周公言然。之時是法為平國故必以其列用中罰使不輕不重美蘇公治獄使列用中罰明中罰不輕不重是蘇公所行也周禮太宰以八柄詔王馭羣臣有爵祿廢置生殺與奪之法太史亦掌邦之六典以副貳太宰是太史有廢置官人之制故特呼而告之也

附釋音尚書注疏卷第十七

清嘉慶二十年重栞
用文選樓藏本校

江西鹽法道胡稷栞

尚書注疏挍勘記卷十七　　阮元撰盧宣旬摘錄

蔡仲之命第十九　周書

冊書之命　古本冊作策

百官總己以聽冢宰　古本聽下有於字

故退爲衆人　古本岳本宋板纂傳同毛本衆作庶

謗毀周公　宋板周公下復有周公二字屬下句

謂流之遠也　毛本也作地案也字誤

乃更爵祿　宋板爵作齒是也盧文弨云祿亦當作錄

不云其爵　宋板同毛本云作聞

留佑成王　閩本明監本同毛本佑作佐案佐字是

世家云蔡叔居上蔡盧文弨云世家當作世本据史記集解○按疏下文引宋仲子云云宋仲子乃注世本者也

子能蓋父古本下有惡字

使可蹤跡而法循之岳本纂傳跡作迹按說文有迹無跡此處經文及傳上句俱作迹此句不當歧出

言當循文武之常教古本纂傳武作王按岳本已作武

無荒棄朕命石經補缺棄誤作失

使作冊書告令之古本作使爲此冊書告令也之也宋板作使此冊書告令之山井鼎云二本紛亂混淆似有謬誤古本上也字誤寫灼然○按岳本纂傳俱作使此冊書告令之與考文所引之宋板同僞古本衍二也字疏標起訖可證

成王既至作蒲姑 閩本明監本同毛本作改將是也

古人居此地者 纂傳人作之○按依昭二十年左氏傳當作始

鄭云奄蓋在淮夷之地 齊召南云周本紀注引鄭云奄國在淮夷之北疑此疏地字訛

多方第二十 周書

誥以禍福 古本誥作告

衆方天下諸侯 史記集解衆上有告字按傳意以衆方釋多方以天下諸侯釋衆方也不必加告字

以成以政之序 毛本下以字改作成案以字誤

王親征之奄滅其國 宋板同毛本無之字案之字衍

殷之諸侯王民者 毛本王作正案王字誤

我大降汝命 古岳宋本纂傳降作下

洪惟天之命 諸本天上有圖字此誤脫也

桀乃大下罰於民 古本罰下有誅字

言桀不能善奉於人衆 古本衆下有民字○按以疏攷之人衆當作民衆衆下不得復有民字

謂殘賊臣 古本臣上有之字

民當奉主也 宋板閩本明監本同毛本主作王案所改是

天所不與之者 按所下疑有以字

亂主所好用同己者 宋本重好字按宋本是也

弗克以爾多方享天之命 古本享上有其字非也

作天下民主 此句下宋板有湯既爲民主五字

非天用乘有殷 古本作天用乘有殷紂也非也

乃惟爾商後王逸厥逸 古本下逸字作偷下尒乃惟逸同徬皆改作逸

故天惟下其喪亡 古本岳本宋板纂傳其作是

武正喪服三年 案正當作王形近之譌

聖君上智之名 毛本君作者案君字誤

任天王 毛氏曰任作王誤興國本作天下○按疏云任作天子也則王當作子

惟用教我用美道伐殷 古本岳本宋板纂傳伐當作代按疏則作代字是

開其有德能顧天之者 宋板之作道案宋本是也

欲以伐紂 宋板伐作代按作代與宋本注合

今我曷敢多誥我惟大降爾四國民命 古本無惟字

我乃其大罰殛之 古本殛作極釋文云殛字本又作極卽古本之所本按作極是說詳段玉裁尚書撰異

卽此畋亦田之義也 浦鏜云爾誤亦按浦按是也

董之以武師 宋板師作師○按作師與昭十三年傳合

與衆多士 古岳宋板纂傳衆作殷按衆字非也

監謂成周之監 古本同宋板正德本同山井鼎曰嘉靖本誤衍一之字神廟本强改之作三崇禎本據之正德以上諸本皆作成周之監今當從之齊召南云文祗應云成周之監不當云三監此指洛邑之治殷民者非謂武庚時事也按孔疏並不解三監字義則知三字衍文也○按疏云故知監謂成周之監明無三字岳本纂傳俱不誤葛本與嘉靖本同非也

臣我我監 岳本葛本同毛本臣我作臣服案古本無服字山井鼎曰宋板正嘉三本作臣我我監衍一我

字神廟本改上我字作服崇禎本據之

則是還本土　古本岳本宋板是作得案是字非

我有周惟其大夫賜汝　毛本大夫作大大大夫誤也

言愛多福之作作祚　閩本葛本同明監本作作胙是也毛本誤

若能不入於凶德若能不入於凶德　案二句誤複衍

我有周惟其大大賞賜汝　宋板大字不重

汝無我怨　岳本同毛本我怨二字誤倒

立政第二十一　周書　宋本首題尚書正義卷第十七

周公若曰拜手稽首　按此篇序題下俱無疏疑有脫誤

今已爲王矣　古本今下有以字宋板已作以山井鼎曰以下文注推之古本衍已字也按岳本與宋本

同纂傳與毛本同

鄉憂此官置得賢人者少也 宋板置作宜

兹乃三宅無義民 古本義作誼下義德同

皐陶所謀者 宋板皐上有故言九德四字

但大佞以忠 案以當作似毛本不誤

但禹能謀所面見之事官賢人 諸本同毛本官誤宫山井鼎攷文以毛本爲據

直書作官誤也官上宋板有善字

曰三有俊 古本俊作畯下三俊三有俊同

言遠近化 岳本遠作遠是也

亦於成湯之道 宋板閩本明監本同毛本於作從

呼之有睪復爾　閩本明監本同毛本復作複

異言之爾　纂傳作異其文耳

亦曰至長伯　宋板曰作越按曰字非也

維武王時爾　宋板維作惟纂傳作謂

及衆掌常事之善士　古本無常字

特舉文武之初以爲法則　岳本纂傳特作時屬上句與疏合宋板亦作時下更有也字

蠻夷微盧之衆師　閩本葛本同毛本師作帥案師字誤

乃至左右攜持舉物之僕　毛本舉作器案舉字誤

其綴衣虎賁而言牧者以下文自詳　盧文弨云而言牧者以五字疑衍○按此疏自前已備文至自詳廿四字皆疑衍下句故字亦衍

兩謂兩卿長謂公卿 纂傳二句倒是也

其作立政之篇 宋板其下空一字

故言師言監 宋板師作帥

亳人之歸文王 按疏上下文俱作亳民此人字亦當是民之誤

陶轘轅 毛本陶作南案陶字誤

惟慎擇有司牧夫而已 古本擇上有惟字非也

知此能居心者 宋板能上有言字

循惟文王撫安天下之力 閩本葛本同毛本力作功是也

然後莫不盡其力 古本岳本宋板其作心與疏合

及衆當所慎之事 按當所二字宜倒

皆以告稚子王矣　陸氏曰稚直吏反本亦作穉○按前章傳已有稚字至此始作音并存別本未詳其故

國則罔有立政用憸人　陸氏曰憸本又作思同也按說文思疾利口也引詩曰相時思民今詩無此句蓋引盤庚也是漢世古文尚書憸皆作思孔氏元本亦與之同陸氏於盤庚不言至此乃言之未詳其故○按集韻引說文作商書相時思民丁度時所見說文尚不誤也

無有立政用憸利之人者　宋板之作小

無不服化者乎　古本無下有有字者下無乎字宋本同毛本有字乎字並無山井鼎曰正德嘉靖二本共無有字者下有乎字爲誤○按岳本纂傳亦俱作無有不服化者與疏合閩葛俱與正德本同

孺子今已則政爲王矣　毛本則作卽案則字誤

王其勿設於衆治獄之官　毛本設作誤案設字誤

不可任不其才　毛本下不字作非案非字是

如禹之陟方　宋板禹作舜○按宋本是也

周公言然之時　案然字恐此字之譌

尚書注疏挍勘記卷十七　會昌縣知縣候補知州會暉春琹

附釋音尚書注疏卷第十八

周官第二十二

周書　孔氏傳　孔穎達疏

成王既黜殷命滅淮夷黜殷在周公東征時滅淮夷在成王即政後事相因故連言之還歸在豐作周官成王雖作洛邑猶還西周周官言周家設官分職用人之法

〔疏〕成王至周官。正義曰成王於周公攝政之時既黜殷命及其即位之後滅淮夷於是天下大定自滅淮夷還歸在豐號令羣臣言周家設官分職用人之法史敘其事作周官。傳黜殷至言之。正義曰據金縢之經大誥之序知黜殷命在周公攝政三年東征之時也據成王政之序費誓之經知滅淮夷在成王即政之後也淮夷於攝政之時與武庚同叛成王既滅淮夷天下始定淮夷本因武庚而叛黜殷命與滅淮夷其事相因故雖則異年而連言之以見天下既定乃作周官故也下經言四征弗庭是黜滅之事也六服承德是安寧之狀也序顧經文故追言黜殷命以接

滅淮夷見征伐乃安定之意也○傳成王至西周○正義曰以洛誥之文言王在新邑今復云在豐故解之也史記周本紀云太史公曰學者皆稱周伐紂居洛邑綜其實不然武王營之成王使召公卜居九鼎焉而周復都豐鎬是言成王雖作洛邑猶還西周之事也多方云王來自奄至於宗周宗周卽鎬京也於彼不解至此始爲傳者宗周雖是鎬京文無豐鎬之字故就此解之武王旣以遷鎬京今王復在豐者豐鎬相近舊都不毁豐有文王之廟故事就豐宣之故也○傳言周至之法○正義曰周禮每官言人之負數及職所掌立其定法授與成王成王卽政之初卽有淮夷叛逆未暇得以立官之意號令羣臣今既滅淮夷天下清泰故以周家設官分職用人之法以誥羣臣使知立官之大旨也設官分職周禮序官之文言設置羣官分其職掌經言立三公六卿是設官也各言所掌是分職也各舉其官之所掌示以才堪乃得居之是說用人之法

惟周王撫萬邦巡侯甸卽政撫萬國巡行天下侯服甸服**四征弗庭綏厥兆民**四面征討諸侯之不直者所以安其兆民十億曰兆言多**六服羣辟罔不承德歸于宗周董正治官**六服諸侯奉承

周德言協服還歸於豐督正治理職司之百〔疏〕惟周至治
官○辟必亦反治直吏反下至冢宰經注同官○正義
曰惟周之王者布政教撫安萬國巡行天下侯服甸服四面
征討諸侯之不直者所以安其海內兆民六服之內羣衆諸
侯之君無有不奉承周王之德者自滅淮夷而歸於宗周豐
邑乃督正治理職司之百官敘王發言之端也○傳即政至
甸服○正義曰檢成王政之序與費誓之經知成王即政之
年奄與淮夷又叛叛即往伐今始還歸多方云五月丁亥王
來自奄至于宗周與此滅淮夷而還歸在豐爲一事也年初始
叛五月即歸其間未得巡守於四方也而此言撫萬國巡行天
下其實止得撫巡向淮夷之道所過諸侯爾未是用四仲之
月大巡守也以撫諸侯巡守是天子之大事因即大言之爾
周之法制無萬國也惟伐淮夷非四征也言萬國四征亦是
大言之爾六服而惟言侯甸者二服去圻最近舉近以言之
言王巡省徧六服也○傳四方至言多○正義曰四征從京
師而四面征也釋詁云庭直也綏安也諸侯不直謂叛逆王
命侵削下民故四面征討諸侯之不直者所以安其兆民楚
語云十日百姓千品萬官億醜兆民毋數相十知十億曰兆
稱兆言其多也○傳六服至百官○正義曰周禮九服此惟
言六者夷鎮蕃三服在九州之外夷狄之地王者之於夷狄

羈縻而已不可同於華夏故惟舉六服諸侯奉承周德言協服也序云還歸在豐知宗周即豐也周爲天下所宗王都所在皆得稱之故豐鎬與洛邑皆名宗周釋詁云董督正也是董得爲督督正治理職司之百官下戒勑是董正也

王曰若昔大猷制治于未亂保邦于未危言當順古大道制治安國必于未亂未危之前思患預防之

疏王曰至未危○正義曰治謂政教邦謂國家治有失則亂家不安則危恐其亂則預爲之制慮其危則謀之使安制其治於未亂之前安其國於未危之前張官設府使分職明察任賢委能令事務順理如是則政治而國安矣標此二句於前以示立官之意必於未亂未危之前爲之者思患而預防之思患而預防之易旣濟卦象辭也

曰唐虞稽古建官惟百內有百揆四岳外有州牧侯伯道堯舜考古以建百官內置百揆四岳象天之有五行外置州牧十二及五國之長上下相維外內咸治言有法○長丁丈反下官長助長並同

庶政惟和萬國咸寧官職有序故衆政惟和萬國皆安所以爲正治

夏商官倍亦

克用乂禹湯建官二百亦能用治言不及唐虞之淸要明王立政不惟其官惟其人言聖帝明王立政修教不惟多其官惟在得其人〔疏〕曰唐虞至其人○正義曰

既言須立官之意乃追述前代之法止而復言故更加一曰唐堯虞舜考行古道立官惟數止一百也內有百揆四岳者百揆揆度百事爲羣官之首立一人也四岳內典四時之政外主太岳之事立四人也外有州牧侯伯牧一州之長侯伯五國之長各監其所部之國外內置官各有所掌衆政惟以協和萬邦所以皆安也夏禹商湯立官倍多於唐虞雖不及唐虞之淸簡亦能用以爲治明王立其政教不惟多其官惟在得其人言自古制法皆明開官司求賢以處之也○傳道堯至有法○正義曰百人無主不散則亂有父則有君也君不獨治必須輔佐有君則有臣也易序卦云有父子然後有君臣則君臣之興次父子之後人民之始則當有之未知其所由來也雖遠舉唐虞復考古也說命曰明王奉若天道建邦設都則王者立官皆象天爲之故內置百揆四岳象天之有五行也五行佐天羣臣佐主以此爲象天爾不必其數有五乃象五行故以百揆四岳爲五行之象左傳少昊立五鳩氏顓頊已來立五行之官其數亦有五故置於五行矣舜典

云肇十有二州此說虞事知置州牧十二也侯伯謂諸侯之長益稷篇禹言治水時事云外薄四海咸建五長知侯伯是五國之長也成王說此事者言堯舜所制上下相維內外咸治言有法也此言建官惟百夏商官倍則唐虞一百夏商二百禮記明堂位云有虞氏官五十夏后氏官百者禮記是後世之言不與經典合也

今予小子祗勤于德夙夜不逮今我小子敬勤於德雖夙夜匪懈不能及古人言自有極○逮音代一音大計反懈佳賣反

仰惟前代時若訓迪厥官言仰惟先代之法是順訓蹈其所建官而則之不敢自同堯舜之官準擬夏殷而蹈之

立太師太傅太保師天子所師法傅傅相天子保

茲惟三公論道經邦燮理陰陽保安天子於德義者此惟三公之任佐王論道以經緯國事和理陰陽言有德乃堪之○燮素協反相息亮反

官不必備惟其人三公之官不必備負惟其人有德乃處之○處昌呂反

少師少傅少保曰三孤此三官名曰三孤孤特也言卑於公尊於卿特置此三者○少詩照反下同

貳公弘化寅亮天地弼予一人副貳三公弘大道化敬信天地之教以輔我一人之治冢宰掌邦治統百官均四海大官卿稱太宰主國政治統理百官均平四海之內邦國言任大司徒掌邦教敷五典擾兆民地官卿司徒主國教化布五常之教以安和天下衆民使小大皆協睦○擾而小反徐音饒宗伯掌邦禮治神人和上下春官卿宗廟官長主國禮治天地神祇人鬼之事及國之吉凶賓軍嘉五禮以和上下尊卑等列司馬掌邦政統六師平邦國夏官卿主戎馬之事掌國征伐統正六軍平治王邦四方國之亂者司寇掌邦禁詰姦慝刑暴亂秋官卿主寇賊法禁治姦惡刑強暴作亂者夏司馬討惡助長物秋司寇刑姦順時殺司空掌邦土居四民時地利冬官卿主國空土以居民士農工商四人使順天時分地利授之土能吐生百穀故曰土六卿分職各率其屬以倡

九牧阜成兆民六卿各率其屬官大夫士治其所分之職以倡道九州牧伯爲政大成兆民之性命皆能其官則政治○倡尺亮反下同阜音負治直吏反

〔疏〕今予至厥官○正義曰王言今我小子敬勤於德雖早夜不懈怠猶不能及於唐虞仰惟先代夏商之法是順順蹈其前代建官而法則之言不敢同堯舜之官準擬行夏殷之官爾若與訓俱訓爲順也○傳師天至堪之○正義曰三公俱是教道天子輔相天子緣其事而爲之名三公皆當運致天子使歸於德義傳於保下言保安天子於德義揔上三者言皆然也禮記文王世子云師也者教之以事而諭諸德者也保也者愼其身以輔翼之而歸諸道者也道德別掌者內得於心出行於道道德不甚相遠因其並釋師保故分配之爾於公云變理陰陽於孤云寅亮天地和理敬信義亦同爾以孤副貳三公故其事所掌不異○傳天官至任大○正義曰此經言六卿所掌之事攝引周禮爲之揔目或據禮文或取禮意雖言有小異義皆不殊周禮云乃立天官冢宰使帥其屬而掌邦治治官之屬太宰卿一人馬融云冢大也宰治也大治者兼萬事之名也鄭玄云變冢言大進退異名也百官揔焉則謂之冢列職於王則稱大冢者大之上也山頂曰冢是解冢大異名之意大宰職云三曰禮典以統百

官馬融云統本也百官是宗伯之事也此統百官在冢宰之下當以冢尊故命統治百官爲冢宰之事治官禮官俱得統之也禮云以佐王均邦國此言均四海故傳辨之均平四海之內邦國與孔意不異○傳地官至協睦○正義曰周禮云乃立地官司徒使帥其屬而掌邦教以佐王安擾邦國太宰職云二曰教典以擾萬民鄭玄云擾亦安也言饒衍之傳亦以擾爲安五典即五教也布五常之教以安和天下之人民使小大協睦也舜典云契爲司徒敬敷五教周禮司徒掌十有二教一曰以祀禮教敬則民不苟二曰以陽禮教讓則民不爭三曰以陰禮教親則民不怨四曰以樂禮教和則民不乖五曰以儀辨等則民不越六曰以俗教安則民不偷七曰以刑教中則民不暴八曰以誓教恤則民不怠九曰以度教節則民知足十曰以世事教能則民不失職十有一曰以賢制爵則民愼德十有二曰以庸制祿則民興功鄭玄云有虞氏五而周十有二焉然則十有二細分五教爲之五教可以常行謂之五典五典謂父義母慈兄友弟恭子孝也○傳春官至等列○正義曰周禮云乃立春官宗伯使帥其屬而掌邦禮以佐王和邦國宗廟也伯長也宗廟官之長故名其官爲宗伯其職云掌建邦之天神人鬼地祇之禮又主吉凶賓軍嘉之五禮吉禮之別十有二凶禮之別有五賓禮之別有

八軍禮之別有五嘉禮之別有六摠有三十六禮皆在宗伯
職掌之文文煩不可具載太宰職云三曰禮典以和邦國以
諧萬民其職又有以玉作六瑞以等邦國以禽作六贄以等
諸臣是以和上下尊卑等列也○傳夏官至亂者○正義曰
周禮云乃立夏官司馬使帥其屬而掌邦政以佐王平邦國
其職主戎馬之事有掌征伐統正六軍平治王邦四方國之
亂者天子六軍軍師之通名也案其職掌九伐之法馮弱犯
寡則眚之賊賢害民則伐之暴內陵外則壇之野荒民散則
削之負固不服則侵之賊殺其親則正之放弒其君則殘之
犯令陵政則杜之外內亂鳥獸行則滅之○傳秋官至時殺
○正義曰周禮云乃立秋官司寇使帥其屬而掌邦禁以佐
王刑邦國其職云刑邦國詰四方馬融云詰猶窮也窮四方
之姦也孔以詰爲治是主寇賊法禁治姦慝之人刑殺其強
暴作亂者夏官主征伐秋官主刑殺征伐亦殺人而官屬異
時者夏司馬討惡助夏時之長物秋司寇刑姦順秋時之殺
物也周禮云掌邦刑此云掌邦禁者避下刑暴亂之文故云
掌邦禁○傳冬官至曰土○正義曰周禮冬官亡小宰職云
六曰冬官掌邦事又云六曰事職以富邦國以養萬民馬融
云事職掌百工器用耒耜弓車之屬與此主士居民全不相
當冬官旣亡不知其本禮記王制記司空之事云量地以制

邑度地以居民足明冬官本有主土居民之事也齊語云管仲制法令士農工商四民不雜郎此居民使順天時分地利授之土也士則地利爲之名以其吐生百穀故曰土也周禮云事此云土者爲下有居四民故云土以居民爲急故也**六年五服一朝**五服侯甸男采衛六年一朝會京師**又六年王乃時巡考制度于四岳**周制十二年一巡守春東夏南秋西冬北故曰時巡考正制度禮法于四岳之下如虞帝巡守然**諸侯各朝于方岳大明黜陟**覲四方諸侯各朝于方岳之下大明考績黜陟之法〔疏〕六年至黜陟○正義曰此篇說六卿職掌皆與周禮符同則六年五服一朝亦應是周禮之法而周禮無此法也周禮大行人云侯服歲一見其貢祀物甸服二歲一見其貢嬪物男服三歲一見其貢器物采服四歲一見其貢服物衛服五歲一見其貢材物要服六歲一見其貢貨物先儒說周禮者皆云見謂來朝也必如所言則周之諸侯各以服數來朝無六年一朝之事昭十三年左傳叔向云明王之制使諸侯歲聘以志業間朝以講禮再朝而會以示威再會而盟以顯昭明自古已來未之或失也存亡之道恒由是興說左傳者以爲三年一朝六年一會十二年

而盟事與周禮不同謂之前代明王之法先儒未嘗措意不知異之所由計彼六年一會與此六年五服一朝事相當也再會而盟與此十二年王乃時巡諸侯各朝於方岳亦相當也叔向盛陳此法以懼齊人使盟若周無此禮叔向妄說齊人當以辭拒之何所畏懼而敬以從命乎且云自古以來未之或失則當時猶尚行之不得為前代之法嗇當時之人明矣明周有此法禮文不具爾大行人所云見者皆言貢物或可因貢而見何必見者皆是君自朝乎遣使貢物亦應可矣大宗伯云時見曰會殷見曰同時見殷見不云年限時見曰會何必不是再朝而會乎殷見曰同何必不是再會而盟乎周公制禮若無此法豈成王謬言叔向妄說也計六年大集應六服俱來而此文惟言五服孔以五服為侯甸男采衛蓋以要服路遠外逼四夷不必常能及期故寬言之而不數也○傳周制至守然○正義曰周禮大行人云十有二歲王巡守殷國是周制十二年一巡守也如舜典所云春東夏南秋西冬北以四時巡行故曰時巡考正制度禮法于四岳之下如虞帝巡守然據舜典同律度量衡已下皆是也

王曰嗚呼凡我有官君子

欽乃攸司慎乃出令令出惟行弗惟反有官君子

大夫以上歎而戒之使敬汝所司愼汝出令從政之**以公**本令出必惟行之不惟反改若二三其令亂之道**滅私民其允懷**從政以公平滅私情則民其信歸之**學古入官議事以制政乃不迷**言當先學古訓然後入官治政凡制事必以古義議度終始政乃不迷錯○度待洛反**其爾典常作之師無以利口亂厥官**其汝爲政當以舊典常故事爲師法無以利口辯佞亂其官〔疏〕王曰至厥官○正義曰王言而歎曰嗚呼凡我有官君子謂大夫已上有職事者汝等皆敬汝所主之職事愼汝所出之號令令出於口惟即行之不惟反之而不用是去而後反也爲政之法以公平之心滅已之私欲則見下民其信汝而歸汝矣學古之典訓然後入官治政論議時事必以古之制度如此則政教乃不迷錯矣其汝爲政當以舊典常故事作師法無以利口辯佞亂其官教之以居官爲政之法也○傳有官至之道○正義曰敎之出令使之號令在下則是尊官故知有官君子是大夫已上也下云三事暨大夫是也安危在於出令故愼汝出令是從政之本也令旣出口必須行之令而不行是去而更反故謂之反也不惟反者令其必行之勿使

反也若前令不行而倒反別出後令以改前令二三其政則在下不知所從是亂之道也○傳言當至迷錯○正義曰襄三十一年左傳子產云我聞學而後入政未聞以政學者也言將欲入政先學古之訓典觀古之成敗擇善而從之然後可以入官治政矣凡欲制斷當今之事必以古之義理議論量度其終始合於古義然後行之則其爲之政教乃不迷錯也

蓄疑敗謀怠忽荒政不學牆面莅事惟煩積疑不決必敗其謀怠惰忽略必亂其政人而不學其猶正牆面而立臨政事必煩○蓄勑六反莅音利又音類

戒爾卿士功崇惟志業廣惟勤惟克果斷乃罔後艱此戒凡有官位但言卿士舉其掌事者功高由志業廣由勤惟能果斷行事乃無後難言多疑必致患○斷丁亂反下注同

〔疏〕蓄疑至後艱○正義曰又戒羣臣使彊於割斷勤於職事蓄積疑惑不能彊斷則必敗其謀慮怠惰忽略不能恪勤則荒廢政事人而不學如面向牆無所覩見以此臨事則惟煩亂不能治理戒汝卿之有事者功之高者惟志意彊正業之大者惟勤力在公惟能果敢決斷乃無有後日艱難言多疑必將致後患矣申說蓄疑敗謀

也

位不期驕祿不期侈貴不與驕期而驕自至富不與侈期而侈自來驕侈以行已所以速亡恭儉惟德無載爾僞言當恭儉惟以立德無行姦僞作德心逸日休作僞心勞日拙為德直道而行於心逸豫而名日美為僞飾巧百端於心勞苦而事日拙不可為居寵思危罔不惟畏弗畏入畏言雖居貴寵當思危懼無所不畏若乃不畏則入可畏之刑推賢讓能庶官乃和不和政厖賢能相讓俊乂在官所以和諧厖亂也○厖武江反舉能其官惟爾之能稱匪其人惟爾不任所舉能修其官惟亦汝之功能舉非其人亦惟汝之不勝其任○勝音升王曰嗚呼三事暨大夫敬爾有官亂爾有政歎而勑之公卿已下各敬居汝所有之官治汝所有之職以佑乃辟永康兆民萬邦惟無斁言當敬治官政以助汝君長安

天下兆民則天下萬國惟乃無厭我〔疏〕傳爲德至可爲○
周德○斁音亦長直良反厭於豔反〔疏〕正義曰爲德者自
得於已直道而行無所經營於心逸豫功成則譽顯而名益
美也爲僞者行違其方枉道求進思念欺巧於心勞苦詐窮
則道屈而事日益拙也以此故
僞不可爲申說無載爾僞也

武王既伐東夷肅慎來賀

海東諸夷駒麗扶餘馯貌之屬武王克商皆通道焉
成王即政而叛王伐而服之故肅慎氏來賀○肅慎
馬本作息慎云北夷也駒俱付反又如字麗力支反馯戶旦
反地理志音寒貊孟白反說文作貉北方豸種孔子曰貉之
言貊貊惡也

王俾榮伯作賄肅慎之命

榮國名同姓諸侯爲卿大夫王
使之爲命書以幣賄賜肅慎之
來賀○俾必爾反馬本作辯〔疏〕成王至之命○正義曰
成王即政之初東夷背
叛成王既伐而服之東北遠夷其國有名肅慎氏者以王戰
勝遠來朝賀王賜以財賄使榮國之伯爲策書以命肅慎之
夷嘉其慶賀慰其勞苦之意史敘其事作賄肅慎之命名篇
也○傳海東至來賀○正義曰成王伐淮夷滅徐奄指言其
國之名此傳言東夷非徒淮水之上夷也故以爲海東諸夷
駒麗扶餘馯貊之屬此皆於孔君之時有此名也周禮職方

氏四夷之名八蠻九貉鄭玄云北方曰貉又云東北夷也漢書有高駒麗扶餘韓無此馯馯即彼韓也音同而字異爾多方云王來自奄奄在後滅言滅奄即來必非滅奄之後更伐東夷夷在海東路遠又不得先伐遠夷後來滅奄此云成王旣伐東夷不知何時伐之魯語云武王克商遂通道於九夷八蠻於是肅愼氏來賀貢楛矢則武王之時東夷服也成王即政奄與淮夷近者尚叛明知遠夷亦叛蓋成王親伐淮夷而滅之又使偏師伐東夷而服之君統臣功故言王伐不是成王親自伐也肅愼之於中國又遠於所伐諸夷見諸夷旣服故懼而來賀也○傳榮國至夷亡○正義曰晉語云文王諏於蔡原訪於辛尹重之以周召畢榮於文王之時名炎畢公之下則是大臣也未知此時榮伯是彼榮公以否或是其子孫也同姓諸侯相傳爲然注國語者亦云榮周同姓不知時爲何官故並云卿大夫王使榮伯明使之有所作史錄其篇名爲賄肅愼之命明是王使之爲命書以幣賜肅愼氏之夷也

周公在豐將沒致政老歸**欲葬成周**已所營作示終始念之**公薨成王葬于畢**不敢臣周公故使近文武之墓○近附近之近**告周公作亳姑**周公徙奄君於亳姑因告柩以

葬畢之義序及奄君已定亳姑
言所遷之功成亡○柩其久反

【疏】周公至亳姑○正義曰周公既致政於王歸在豐邑將没遺言欲得葬於成周以成周是已所營示已終始念之故欲葬焉及公薨成王葬於畢以文武之墓在畢示已不敢臣周公使近文武之墓王以葬畢之義告周公之柩又周公徙奄君於亳姑因言亳姑功成史敘其事作亳姑之篇案帝王世紀云文武葬於畢畢在杜南晉書地道記亦云畢在杜南與畢陌別俱在長安西北○傳致政老歸○正義曰周公既還政成王成王又留爲太師今言周公在豐則是去離王朝又致太師之政告老歸於豐如伊尹之告歸也成王封伯禽於魯以爲周公後公老不歸魯而在豐者文十三年公羊傳云周公曷爲不之魯欲天下之一乎周也何休云周公聖人德至重功至大東征則西國怨西征則東國怨嫌之魯恐天下迴心趣向之故封伯禽命使遥供養死則奔喪爲王所以天下之心于周室是言周公不歸魯之意也歸豐者王蓋以先王之都欲近其宗廟故也○傳周公至成亡○正義曰序說葬周公之事其篇乃名亳姑篇名與序不相允會其篇既亡不知所道故傳原其意而爲之說上篇將遷亳姑序言成王既踐奄將遷其君於亳姑者是周公之意今告周公之柩以葬畢之義乃用亳姑爲篇名必是告葬之時并言及

奄君已定於亳姑言周公所遷之功成故以名篇也

君陳第二十三

周書　孔氏傳　孔穎達疏

周公既沒命君陳分正東郊成周成王重周公所營故命君陳分居正東郊成周之邑里官司作君陳作書命之君陳臣名也因以名篇○鄭注禮記云周公之子王若曰君陳惟爾令德孝恭言其有令德善事父母行已以恭惟孝友于兄弟克施有政言善父母者必友于兄弟能施有政令命汝尹茲東郊敬哉正此東郊監殷頑民教訓之○監工銜反昔周公師保萬民民懷其德往慎乃司茲率厥常言周公師安天下之民民歸其德今往承其業當慎汝所主此循其常法而教訓之懋昭周公之訓

惟民其父勉明周公之教惟民其治○懋音茂治直吏反下注政治同

【疏】周公至君陳○正義曰周公遷殷頑民於成周頑民既遷周公親自監之周公既沒成王命其臣名君陳代周公監之分別居處正此東郊成周之邑以策書命之史錄其事作策書爲君陳篇名○傳成王至官司○正義曰成周周之下都監成周者正是一邑宰爾而特命君陳大其事者成王重周公所營猶恐殷民有不服之者故命君陳分居正東郊成周之邑里官司也以畢命之序言分居知此分亦爲分居分別殷民善惡所居即畢命所去旌別淑慝表厥宅里是也言東郊者鄭玄云天子之國五十里爲近郊今河南洛陽相去則然是言成周之邑爲周之東郊也○傳臣名至名篇○正義曰孔直云臣名則非周公子也鄭玄注中庸云君陳蓋周公子者以經云周公既沒命君陳猶若蔡叔既沒命蔡仲故也孔未必然矣○傳言其至以恭○正義曰令德在身之大名孝是事親之稱恭是身之所行言其善事父母行已以恭也釋訓云善父母爲孝善兄弟爲友○傳言善至政令○正義曰父母尊之極兄弟親之甚緣其施孝於極尊乃能施友於甚親言善事父母者必友於兄弟推此親親之心以至於疏遠每事以仁恕行之故能施有政令也

我聞曰至治

馨香感于神明黍稷非馨明德惟馨所聞之古聖賢之言政治之至者芬芳馨氣動於神明所謂芬芳非黍稷之氣乃明德之馨勵之以德爾尚式時周公之猷訓惟日孜孜無敢逸豫汝庶幾用是周公之道教殷民惟當日孜孜勤行之無敢自寬暇逸豫。孜音茲〔疏〕我聞至逸豫。正義曰我聞人之言曰有至美治之善者乃有馨香之氣感動於神明所言馨香感神者黍稷飲食之氣非馨香也明德之所遠及乃惟爲馨香爾勉勵君陳使爲德也欲必爲明德惟法周公汝當庶幾用是周公之道惟當每日孜孜勤法行之無敢自寬暇逸豫教使勤於事也凡人未見聖若不克見既見聖亦不克由聖此言凡人有初無終未見聖道如不能得見已見聖道亦不能用之所以無成爾其戒哉爾惟風下民惟草汝戒勿爲凡人之行民從上教而變猶草應風而偃不可不慎圖厥政莫或不艱有廢有興出入自爾師虞庶言同

則繹謀其政無有不先慮其難有所廢有所起出納之事當用汝衆言度之衆言同則陳而布之禁其專。繹音亦度待洛反爾有嘉謀嘉猷則入告爾后于內爾乃順之于外汝有善謀善道則入告汝君於內汝乃順行之於外曰斯謀斯猷惟我后之德此善謀此善道惟我君之德善則稱君人臣之義嗚呼臣人咸若時惟良顯哉歎而美之曰臣於人者皆順此道是惟良臣則君顯明於世王曰君陳爾惟弘周公丕訓無依勢作威無倚法以削汝爲政當闡大周公之大訓無乘勢位作威人上無倚法制以行刻削之政寛而有制從容以和寛不失制動不失和德教之治。從七容反殷民在辟予曰辟爾惟勿辟予曰宥爾惟勿宥惟厥中殷人有罪在刑法者我曰刑之汝勿刑我曰赦宥汝勿宥惟其當以中正平理斷之。辟扶亦反下同中

如字或丁仲反斷丁亂反有弗若于汝政弗化于汝訓辟以止辟乃辟有不順於汝政不變於汝教刑之而懲止犯刑者乃刑之狃于姦宄敗常亂俗三細不宥習於姦宄凶惡毀敗五常之道以亂風俗之教罪雖小三犯不赦所以絶惡源○狃女九反〔疏〕王曰至不宥○正義曰王呼之曰君陳汝今為政當弘大周公之大訓周公既有大訓汝當遵而行之使其法更寬大汝奉周公之訓無得依恃形勢以作威於人無得倚附法制以行刻削百姓必當寛容而有法制使疎而不漏從容以和協於物莫為褊急此成周殷民有犯事在於刑法未斷決者我告汝曰刑罰之汝惟勿得刑罰之我告汝曰赦宥之汝惟勿得赦宥之惟其以中正平法斷決之不得從上意也其有不順於汝之政令不化於汝之訓教其罪既大當行刑中刑罰一人可以止息後犯者故云犯刑者乃刑之如其罪或輕細罰不當理雖刑勿息故不可輒刑若有人習於姦宄凶惡敗五常之道亂風俗之教三犯其事者事雖細小勿得宥之以其知而故犯當殺之以絶惡源也○傳汝為至之政○正義曰君陳之智必不及周公而令闡大周公訓者遵行其法使廣被於民即是闡揚而大之非

遣君陳爲法使大於周公法也凡在人上位貴於人勢足可畏者多乘是形勢以作威刑於人倚附公法以行刻削之政故禁之也○傳寬不至之治○正義曰寬不失制則經寬而有制動不失和則經從容以和言動謂從容也○傳習於至惡源○正義曰釋言云狃復也孫炎曰狃忕前復爲也古言狃忕是貫習之義故以習解狃習於姦宄凶惡言爲之不知止也敗常亂俗有大有小罪雖小者三犯不赦恐其滋大所以絶惡源也此謂所犯小事言三者再猶可赦爾

爾無忿疾于頑無求備于一夫人有頑嚚不喻汝當訓之無忿怒疾之使人當器之無責備于一夫**必有忍其乃有濟有容德乃大**爲人君長必有所含忍其乃有所成有所包容德乃爲大欲其忍恥藏垢○長誅丈反垢工口反**簡厥修亦簡其或不修**簡別其德行修者亦別其有不修者善以勸能惡以沮否○別彼列反沮在汝反否方九反又音鄙**進厥良以率其或不良**進顯其賢良者以率勉其有不良者使爲善

〔疏〕爾無至不良○正義曰民者冥也當以漸教之故戒君陳民有不知道者汝無忿怒疾惡

頑嚚之民當以漸教訓之無求備于一人當取其所能在爲人君必有所含忍其事乃有所成有所寬容其德乃能大欲其寬大不褊隘也汝之爲政須知民之善惡簡別其德行修者亦簡別其有不修德行者進顯其賢良以率勵其不良者欲令其化惡使爲善也

惟民生厚因物有遷 言人自然之性敦厚因所見所習之物有遷變之道故必慎所以示之 **違上所命從厥攸好** 人之於上不從其令從其所好故人主不可不慎所好○好呼報反 **爾克敬典在德時乃罔不變允升于大猷** 汝治人能敬常在道德是乃無不變化其政教則信升於大道 **惟予一人膺受多福** 汝能升大道則惟我一人亦當受其多福無凶危 **其爾之休終有辭於永世** 非但我受多福而已其汝之美名亦終見稱誦於長世言沒而不朽長如字朽許久反

【疏】惟民至永世○正義曰惟民初生自然之性皆敦厚矣因見所習之物本性乃有遷變爲惡皆由習效使然人之情性好違上所命命之不必從也從其君所好君之所好民必從之在上者不可不慎所好也汝

之治民能敬當從終常在於道德教。之汝以道德教之是民乃無不變化民皆變從汝化則信升于大道矣汝能如此惟我一人亦當受其多福無凶危矣其汝之美名亦終有稱誦之美辭於長世矣

顧命第二十四

周書　孔氏傳　孔穎達疏

成王將崩命召公畢公二公爲二伯中分天下而治之率諸侯

相康王作顧命臨終之命曰顧命。相息亮反顧工戶反馬云成王將崩顧命康王命召公畢公率諸侯輔相之【疏】成王至顧命。正義曰成王病困將崩召集羣臣以言命太保召公太師畢公使率領天下諸侯輔相康王史敘其事作顧命。傳二公至治之。正義曰禮記曲禮下文云九州之長曰牧五官之長曰伯是職方鄭玄云職主也謂爲三公者是伯分主東西者也周禮大宗伯云八命作牧九命作伯鄭云謂上公有功德者加命爲二伯此禮文皆伯尊於牧牧主一州明伯是中分天下者也禮言職方是名主一方也此二伯即以三公爲之隱五

年公羊傳云諸公者何天子三公天子三公者何天子之相
也天子之相何以三自陝而東者周公主之自陝而西者召
公主之一相處乎內是言三公爲二伯也公羊傳漢世之書
陝縣者漢之弘農郡所治其地居二京之中故以爲二伯分
掌之界周公所分亦當然也公羊傳所言周召分主謂成王
卽位之初此時周公已薨故畢公代之周官篇三公之次太
師太傅太保太保最在下此篇以召公爲先者三公命數尊
卑同也王就其中委任賢者任之重者則在前耳○傳臨終
至顧命○正義曰說文云顧還視也鄭玄云迴首曰顧顧是
將去之意此言臨終之命曰顧命言臨將死去迴顧而爲語
也

顧命實命羣臣敘以要言**惟四月哉生魄王不懌**成王崩年之四月始生魄月十六日王有疾故不悅懌○懌音亦馬本作不釋云不釋疾不解也○**甲子王乃洮頮水相被冕服憑玉几**王大發大命臨羣臣必齊戒沐浴今疾病故但洮盥頮面扶相者被以冠冕加朝服憑玉几以出命○洮他刀反徐音逃馬云洮洮髮也頮音悔說文作沬云古文作頮馬云頮頮面也被皮義反徐扶僞反注同憑皮冰反下同說文作凭云依倚也字林同父冰反齊側皆反盥音管又音灌朝直遙反

乃同召太保奭芮伯彤伯畢公衛侯毛公同召六卿下至御治事太保畢毛稱公則三公矣此先後六卿次第冢宰第一召公領之司徒第二芮伯爲之宗伯第三彤伯爲之司馬第四畢公領之司寇第五衛侯爲之司空第六毛公領之召芮彤畢衛毛皆國名入爲天子公卿○奭音釋芮如銳反彤徒冬反

師氏虎臣百尹御事師氏大夫官虎臣虎賁氏百尹百官之長及諸御治事者

〔疏〕顧命至御事○正義曰發首至百尹御事敘王以病召臣爲發言之端自王曰至冒貢于非幾是顧命之辭也茲既受命至立于側階言命後王崩欲宣王命布陳儀衛之事也自王麻冕已下敘康王受命之事○傳實命至要言○正義曰王之所命實普命羣臣序以要約爲言直云命召公畢公傳不於上召公畢公之下而解於顧命之下言之者以上欲指明二公中分天下之事非是摠語故命不得言之顧命是摠命羣臣非但召畢而已故於此解也○傳成王至悅謂○正義曰成王崩年經典不載漢書律歷志云成王即位三十年四月庚戌朔十五日甲子哉生魄即引此顧命之文以爲成王即位三十年而崩此是劉歆說也孔以甲子爲十六日則不得與歆同矣鄭玄云此成王二十

八年傳惟言成王崩年未知成王即位幾年崩也志又云死魄朔也生魄望也明死魄生從望爲始故始生魄爲月十六日即是望之日也釋詁云懌樂也有疾故不悅懌下云病日臻既彌留則成王遇病已多日矣於哉生魄下始言王不懌者甲子是發命之日爲洮頮張本耳○傳王大發至出命○正義曰凡有敬事皆當潔清王將發大命臨羣臣必齋戒沐浴今以病疾之故不能沐浴故但洮頮而已禮洗手謂之盥洗面謂之頮内則云子事父母面垢燂潘請頮是洗面知洮爲盥手言水謂洮盥俱用水扶相王者以冕服加王鄭玄云相者正王服位之臣謂太僕或當然也被以冠冕以冕服被王首也加朝服以服加王身也謂以衮冕朝諸侯之服加王身也鄭以爲玄冕知不然者以顧命羣臣大發大命以文武之業傳社稷之重不應惟服玄冕而已覲禮王服衮冕而有玉几此既憑玉几明服衮冕也周禮司几筵云凡大朝覲王位設黼扆扆前南向設左右玉几是王見羣臣當憑玉几以出命○傳同召至公卿○正義曰下及御事衆此同召之文故云同召六卿下及御事也以王病甚故同時俱召之太保是三公官名畢毛又亦稱公知此三人是三公也三人是三公而與侯伯相次知六者是六卿衞侯爲司寇而位第五知此先後是六卿次第也以三公尊故待言公其餘三卿舉

其本爵見其以國君入爲卿也天子三公皆以卿爲之不復別置其人高官兼攝下司者漢世以來謂之爲領故言召公領之毛公領之定四年左傳云康叔爲司寇知此六人依周禮次第爲六卿也王肅云形姒姓之國其餘五國姬姓畢毛文王庶子衛侯康叔所封武王母弟依世本史記爲說也○傳師氏至事者○正義曰周禮師氏中大夫掌以美詔王居虎門之左司王朝得失之事帥其屬守王之門重其所掌故於虎臣並於百尹之上特言之尹訓正也故百尹爲百官之長諸御治事謂諸掌事者蓋大夫士皆被召也王肅云治事蓋羣士也

王曰嗚呼疾大漸惟幾自嘆其疾大進篤惟危殆○幾音機徐音幾下同**病日臻既彌留**病日至言困甚已久留言無瘳恐不**恐不獲誓言嗣茲予審訓命汝**得結信出言嗣續我志以此故我詳審教命汝○瘳敕留反

昔君文王武王宣重光奠麗陳教則肄言昔先君文武布其重光累聖之德定天命施陳教則勤勞○重光馬云日月星也太極上元十一月朔旦冬至日月如疊璧五星如連珠故曰重光重直龍反麗力馳反肄徐以至反又以

制反肄不違用克達殷集大命文武定命陳教雖勞而不違道故能通殷爲周成其大命在後之侗敬迓天威嗣守文武大訓無敢昏逾在文武後之侗稚成王自斥敬迎天之威命言奉順繼守文武大教無敢昏亂逾越言戰慄畏懼○侗徐音同又勑動反馬本作詷云共也斥昌亦反今天降疾殆弗興弗悟爾尚明時朕言今天下疾我身甚危殆不起不悟言必死汝當庶幾明是我言勿忽略用敬保元子釗弘濟于艱難用奉我言敬安太子釗釗康王名大度於艱難勤德政○釗姜遼反又音昭徐之肴反柔遠能邇安勸小大庶邦言當和遠又能和近安小大衆國勸使爲善思夫人自亂于威儀爾無以釗冒貢于非幾羣臣皆宜思夫人夫人自治正於威儀有威可畏有儀可象然後足以率人汝無以釗冒進于非危之事

（疏）王曰至非幾○正義曰王召羣臣既集乃言而歎曰嗚呼我疾大進益重惟危殆矣病日

日益至言病困已甚病既久留於我身恐一旦暴死不得結誓出言語以繼續我志以此故我今詳審教訓命誥汝等昔先君文王武王布其重光累聖之德安定天命施陳教誨則勤勞矣文武定命陳教雖勞而不違於道用能通殷爲周成其大命代殷爲主至文武後之侗稚成王自謂已也言已常敬迎天之威命終當奉順天道繼守文武大教無敢昏亂逾越言當戰慄畏懼恐墜文武之業今天降疾於我身甚危殆矣不能更起不復覺悟言已必死汝等庶幾明是我言勿忽略之用我之語敬安太子釗大渡於艱難言當安和遠人又須能和近人當爲善政遠近俱安之又當安勸小大衆國於彼小大衆國皆安之勸之安之使國得安存勸之使相勸爲善汝羣臣等思夫人夫人衆國各自治正於威儀有威有儀然後可以率人無威無儀則民不從命戒使慎威儀也汝無以釗冒進於非事危事欲令戒其不爲惡也○傳病日至命汝○正義曰病日至者言日日益至徧於身體困甚也已久留者言病來多日無瘳愈也恐死不得結信出言嗣續我志志欲有言若不能言則不得續志以此及今能言故我詩誥出言教命彼言已詳審欲其敬聽之○傳今天至忽略○正義曰孔讀殆上屬爲句今天下疾我身甚危殆也不起言身不能起不悟言心不能覺悟病者形弱神亂不起不悟言必

死也茲既受命還此羣臣已受賜命各還本位出綴衣于庭越

翼日乙丑王崩綴衣幄帳羣臣既退徹出幄帳於庭王寢於北墉下東首反初生於其明日王崩○出如字徐尺遂反綴丁衞反下同王崩馬本作成王崩注安民立政曰成幄於角反下同墉音容本亦作牖音毛又反

太保命仲桓南宮毛冢宰攝政故命二臣桓毛名俾爰齊侯呂伋以二干戈虎賁百人逆子釗於南門之外臣子皆侍左右將正太子之尊故出於路寢門外使桓毛二臣各執干戈於齊侯呂伋索虎賁百人更新逆門外所以殊之伋爲天子虎賁氏○俾必爾反伋居及反齊侯名太公子

延入翼室恤宅宗明室路寢延之使居憂爲天下宗主丁卯命作冊度三日命史爲冊書法度傳顧命於康王○度舊音杜洛反恐誤注云作冊書法度音宜如字傳直專反

疏

○茲既至冊度○正義曰此羣臣既受王命還復本位出連綴之衣王所坐幄帳置之於庭於其明日乙丑王崩矣太保召公命仲桓南宮毛使此二

人於齊侯呂伋之所以二干戈桓毛各執其一又取虎賁之
士百人迎太子釗於南門之外逆此太子使入於路寢明室
令太子在室當喪憂居爲天下宗主正其將王之位以繫羣
臣之心也○傳此羣至本位○正義曰周禮射人掌國之三
公孤卿大夫之位三公北面孤東面卿大夫西面鄭玄云不
言士者此與諸侯之賓射士不與也凡朝燕及射臣見於君
之禮同鄭知然者以周禮司士掌治朝之位與射人同是天
子之朝位與射禮位同案燕禮小臣納卿大夫卿大夫皆北
面公命爾卿東方西面爾大夫少進皆北面大射禮其位亦
然是諸侯燕位與射位同故云朝燕及射臣見於君之禮同
但天子臣多故三公北面孤東面卿大夫西面諸侯臣少故
卿西面大夫北面其士與天子同皆門內西方東面其入門
當立定位如是及王呼與言必各自前進已受顧命退還本
位者謂還本治事之位故孔下傳云朝臣就次謂退王庭而
還治事之處○傳綴衣至王崩○正義曰綴衣者連綴衣物
出之於庭則是從內而出下云狄設黼扆綴衣則綴衣是黼
扆之類黼扆是王坐立之處知綴衣是施張於王坐之上故
以爲幄帳也周禮幕人掌帷幕幄帟綬之事鄭玄云在旁曰
帷在上曰幕帷幕皆以布爲之四合象宮室曰幄王所居之
帳也帟王在幕若幄中坐上承塵也幄帟皆以繒爲之然則

幄帳是黼扆之上所張之物此言出綴衣於庭則亦并出黼扆故下句云象王平生之時更復設之王發顧命在此黼扆幄帳之坐命訖乃復反於寢處以王病重不復能臨此坐故徹出幄帳於庭將欲爲死備也傳更解徹去幄帳之意以王病困寢不在此喪大記云疾病君大夫徹懸士去琴瑟寢東首於北墉下廢牀鄭玄云廢去也人始生在地去牀庶其生氣反也記言君大夫士則尊卑皆然故知此時王亦寢於北墉下東首反初生也○傳臣子至賁氏○正義曰天子初崩太子必在其側解其迎於門外之意於時臣子皆侍左右將正太子之尊故使太子出於路寢門外更迎入所以殊之也經言以二干戈文在齊侯呂伋下似就齊侯取干戈傳言使桓毛二臣各執干戈於齊侯呂伋索虎賁則是執干戈就齊侯傳似反於經者於時新遭大禍內外嚴戒桓毛二人必是武臣宿衛先執干戈太保就命使之就干戈以往傳達其意故移干戈之文於齊侯之上傳言是實也經言於齊侯呂伋下言以二干戈虎賁百人者指說迎太子之時有此備衛耳非言二人干戈亦是齊侯授也周禮虎賁氏下大夫其屬有虎士八百人知伋爲天子虎賁氏故就伋取虎賁也○傳明室至宗主○正義曰釋言云翼明也喪大記云君夫人卒於路寢以諸侯薨於路寢知天子亦崩於路寢今延太子入室

必延入喪所知翼室是明室謂路寢也路寢之大者故以明言之延之使憂居喪主爲天下宗主也○傳三日至康王○正義曰周禮內史掌策命故命內史爲策書也經不言命史史是常職不假言之將崩雖口有遺命未作策書故以此日作之既作策書因作受策法度下云曰皇后憑玉几宣成王言是策書也將受命時升階即位及傳命已後康王荅命受同祭饗皆是法度

越七日癸酉伯相命士須材邦伯爲相則召公於丁卯七日癸酉召公命士致材木須待以供喪用○相息亮反供音恭

狄設黼扆綴衣狄下士扆屏風畫爲斧文置戸牖間復設幄帳象平生所爲○黼音甫徐音補扆於豈反屏步經反畫胡卦反牖音酉復扶又反

疏 越七日至癸酉○正義曰自此以下至立于側階惟命士須材是擬供喪用其餘皆是將欲傳命布設之士四坐王之所處者器物國之所寶者車輅王之所乘者陳之所以華國且以示重顧命其執兵器立于門內堂階者所以備不虞亦爲國家之威儀也○傳邦伯至喪用○正義曰成王既崩事皆聽於冢宰自非召公無由發命知伯相即召公也王肅云召公爲二伯相王室故曰伯相上言太保命仲桓此改言伯相者於此所命士多非是國相

不得大命諸侯故改言伯相以見政皆在焉於丁卯七日癸酉則王乙丑崩於今已九日矣於九日始傳顧命不知其所由也鄭玄云癸酉蓋大斂之明日也鄭大夫已上殯斂皆以死之來日數天子七日而殯於死日爲八日故以癸酉爲殯之明日孔不爲傳不必如鄭說也須訓待也今所命者皆爲喪士知命士須材者召公命士致材木須待以供喪用謂椁與明器是喪之雜用也案士喪禮將葬筮宅之後始作椁及明器此既殯即須材木者以天子禮大當須預營之故禮記云虞人致百祀之木可爲棺椁者斬之是與士禮不同顧氏亦云命士供葬椁之材○傳狄下至所爲○正義曰禮記祭統云狄者樂吏之賤者也是賤官有名爲狄者故以狄爲下士喪大記復魄之禮云狄人設階是喪事使狄與此同也釋宮云牖戸之間謂之扆李巡曰謂牖之東戸之西爲扆郭璞曰窻東戸西也禮云斧扆者以其所在處名之郭璞又云禮有斧扆形如屏風畫爲斧文置於扆地因名爲扆是先儒相傳有斧扆者屏風畫爲斧文在於戸牖之間考工記云畫績之事白與黑謂之黼是用白黑畫屏風置之於扆地故名此物爲黼扆上文言出綴衣於庭此復設黼扆帷幄帳者象王平生時所爲也經於四坐之上言設黼扆綴衣則四坐皆設之此經所云狄設亦是伯相命狄使設之不言命者上云命士

此蒙命文設四坐及陳寶玉兵器與輅車各有所司皆是相命不言所命之人從上省文也

牖間南嚮敷重篾席黼純華玉仍几 篾桃枝竹白黑雜繒緣之華彩色華玉以飾憑几仍因也因生時几不改作此見羣臣覲諸侯之坐。嚮許亮反篾眠結反馬云纖蒻純之允反又之閏反下同緣悅絹反本或作純

西序東嚮敷重底席綴純文貝仍几 東西廂謂之序底蒻苹綴雜彩有文之貝飾几此旦夕聽事之坐。底之履反馬云青蒲也蒻音弱苹音平

東序西嚮敷重豐席畫純雕玉仍几 豐莞彩色爲畫雕刻鏤此養國老饗羣臣之坐。豐芳弓反莞音官又音關鏤來豆反

西夾南嚮敷重筍席玄紛純漆仍几 西廂夾室之前筍蒻竹玄紛黑綬此親屬私宴之坐故席几質飾。夾工洽反徐音頰注同筍息允反馬云筍箬也徐云竹子竹爲席于貧反紛孚云反漆音七徐七利反綬音受

越玉五重陳寶 於東西序坐北列玉五重又陳先王所寶之器物。越玉馬云越地所獻玉也重直

容反赤刀大訓弘璧琬琰在西序寶刀赤刀削大訓虞書典謨大璧琬琰之珪爲二重。琬紆晚反琰以冉反削音笑大玉夷玉天球河圖在東序三玉爲三重夷常也球雍州所貢河圖八卦伏犧王天下龍馬出河遂則其文以畫八卦謂之河圖及典謨皆歷代傳寶之。夷玉馬云東夷之美玉說文夷玉卽珣玗琪球音求馬云玉磬雍於用反本亦作邕胤之舞衣大貝鼖鼓在西房胤國所爲舞者之衣皆中法大貝如車渠鼖鼓長八尺商周傳寶之西房西夾坐東。鼖扶云反注同中丁仲反車尺遮反車渠車輞也兌之戈和之弓垂之竹矢在東房兌和古之巧人垂舜共工所爲皆中法故亦傳寶之東房東廂夾室。兌徒外反共音恭大輅在賓階面綴輅在阼階面大輅玉綴輅金面前皆南向。阼才故反向許亮反先輅在左塾之前次輅在右塾之前先輅象次輅木金玉象皆以飾車木則無飾皆在路寢門內左右塾前北面凡所陳列皆象成王生時華國之事所以重

顧命。甃音孰一牖間至漆仍几。正義曰牖謂窻也
音育重有用反〔疏〕間者窻東戶西戶牖之間也周禮司
几筵云凡大朝覲大饗射凡封國命諸侯王位設黼扆扆前
南向設莞筵紛純加繅席畫純加次席黼純左右玉几彼所
設者卽此坐也又云戶牖之間謂之扆彼言扆前此言牖閒
卽一坐也彼言次席黼純此言篾席黼純亦一物也周禮天
子之席三重諸侯之席再重則此四坐所言敷重席者其席
皆敷三重舉其上席而言重知其下更有席也此牖間之坐
卽是周禮扆前之坐篾席之下二重其次是繅席畫純其下
是莞筵紛純也此一坐有周禮可據知其下二席必然下文
三坐禮無其事以扆前一坐敷三重之席知下三坐必非一
重之席敷三坐。但不知其下二重是何席耳周禮天子左右
几諸侯惟右几此言仍几則四坐皆左右几也鄭玄云左右
有几優至尊也。傳篾桃至之坐。正義曰此篾席與周禮
次席一也鄭注彼云次席桃枝席有次列成文鄭玄不見孔
傳亦言是桃枝席則此席用桃枝之竹必相傳有舊說也鄭
注此下則云篾析竹之次青者王肅云篾席纖蒻苹席並不
知其所據也考工記云白與黑謂之黼釋器云縁謂之純知
黼純是白黑雜繒緣之蓋以白繒黑繒錯雜彩以緣之鄭玄
注周禮云斧謂之黼其繡白黑采也以絳帛爲質其意以白

黑之線縫刺爲黼又以緣席其事或當然也華是彩之別名故以爲彩色用華玉以飾憑几也鄭玄云華玉五色玉也仍因也釋詁文周禮云几吉事變几凶事仍几禮之於几有變有仍故特言仍几以見因生時几不敗作也此見羣臣覲諸侯之坐周禮之文知之又覲禮天子待諸侯設斧扆於戶牖之間左右几天子衮冕負斧扆彼在朝此在寢爲異其牖間之坐則同○傳東西至之坐○正義曰東西廂謂之序釋宮文孫炎曰堂東西牆所以別序內外也禮注謂蒲席爲蒻苹孔以底席爲蒻苹當謂蒲爲蒲蒻之席也史游急就篇云蒲蒻藺席蒲蒻謂此也王肅云底席青蒲席也鄭玄云底致也篾纖致席也鄭謂此底席亦竹席也凡此重席非有明文可據各自以意說耳綴者連綴諸色席必以彩爲緣故以綫爲雜彩也貝者水虫取其甲以飾器物釋魚於貝之下云餘蚳黃白文餘泉白黃文李巡曰貝甲以黃爲質白爲文彩名爲餘蚳貝甲以白爲質黃爲文彩名爲餘泉有文之貝飾几謂用此餘蚳餘泉之貝飾几也此旦夕聽事之坐鄭王亦以爲然牖間是見羣臣覲諸侯之坐見於周禮其東序西嚮養國老饗羣臣之坐者案燕禮云坐於阼階上西嚮則養國老及饗與燕禮同其西序之坐在燕饗坐前以其旦夕聽事重於燕飲故西序爲旦夕聽事之坐夾室之坐在燕饗坐後又夾

室是隱映之處又親屬輕於燕饗故夾室為親屬私宴之坐案朝士職掌治朝之位王南面此西序東鄉者以此諸坐並陳避牖閒南嚮覲諸保之坐故也王肅謂四坐皆與孔同○傳豐莞至之坐○正義曰釋草云莞苻蘺郭璞曰今之西方人呼蒲為莞用之為席也又云蒲鼠莞樊光曰詩云下莞上簞郭璞曰似莞而織細今蜀中所出莞席是也王肅亦云豐席莞鄭玄云豐席刮陳竹席考工記云畫績之事雜五色是彩色為畫蓋以五彩色畫帛以為緣鄭玄云似雲氣畫[illegible]為緣釋器云玉謂之彫金謂之鏤木謂之刻是彤為刻鏤之類故以刻鏤解彫蓋雜以金玉刻鏤為飾也○傳西牖至質飾○正義曰下傳云西房西夾坐東東房東牖夾室然則房與夾室實同而異名天子之室有左右房房卽室也以其夾中央之大室故謂之夾室此坐在西廂夾室之前故繫夾室言之釋草云筍竹萌孫炎曰竹初萌生謂之筍是筍為弱竹取筍竹之皮以為席也紛則組之小別鄭玄周禮注云紛如綬有文而狹者也然則紛綬一物小大異名故傳以玄紛為黑綬鄭於此注云以玄組為之緣周禮大宗伯云以飲食之禮親宗族兄弟鄭玄云親者使之相親人君有食宗族飲酒之禮所以親之也文王世子云族食世降一等是天子有宴親屬私宴之事以骨肉情親不事華麗故席几質飾也○傳於

東至器物○正義曰此經爲下揔目下復分別言之越訓於也於者於其處所上云西序東嚮東序西嚮則序旁已有王之坐矣下句陳玉復云在西序在東序者明於東西序坐北也序者牆之別名其牆南北長坐北猶有序牆故言在西序在東序也西序二重東序三重二序共爲列玉五重又陳先王所寶之器物河圖大訓貝鼓戈弓皆是先王之寶器也○傳寶刀至二重○正義曰上言陳寶非寶則不得陳之故知赤刀爲寶刀也謂之赤刀者其刀必有赤處刀一名削故名赤刀削也禮記少儀記執物授人之儀云刀授穎削授拊鄭玄云避用時也穎鐶也拊謂把也然則刀施鐶削用把削似小於刀相對爲異散文則通故傳以赤刀爲赤刀削吳録稱吳人嚴白虎聚衆反遣弟與治孫策策引白削斫虎與體動曰我見刃爲然然赤刃爲赤削白刃爲白削是削爲刀之別名明矣周禮考工記云築氏爲削合六而成規鄭注云曲刃刀也又云赤刀者武王誅紂時刀赤爲飾周正色不知其言何所出也大訓虞書典謨王肅亦以爲然鄭云大訓謂禮法先王德教皆是以意言耳弘訓大也大璧琬琰之圭爲二重則琬琰共爲一重周禮典瑞云琬圭以治德琰圭以易行則琬琰別玉而共爲重者蓋以其玉形質同故不別爲重也考工記琬圭琰圭皆九寸鄭玄云大璧大琰皆度尺二寸者孔

既不分爲二重亦不知何所據也○傳三玉至寶之○正義曰三玉爲三重與上共爲五重也夷常釋詁文禹貢雍州所貢球琳琅玕知球是雍州所貢也常玉天球傳不解常天之義未審孔意如何王肅云夷玉東夷之美玉天球玉磬也亦不解稱天之意鄭玄云大玉華山之球也夷玉東北之珣玗琪也天球雍州所貢之玉色如天者皆璞也未見琢治故不以禮器名之釋地云東方之美者有醫無閭之珣玗琪焉東方實有此玉鄭以夷玉爲彼玉未知經意爲然否河圖八卦是伏羲氏王天下龍馬出河遂則其文以畫八卦謂之河圖當孔之時必有書爲此說也漢書五行志劉歆以爲伏羲氏繼天而王受河圖則而畫之八卦是也劉歆亦如孔說是必有書明矣易繫辭云古者包犧氏之王天下也仰則觀象於天俯則觀法於地觀鳥獸之文與地之宜近取諸身遠取諸物於是始作八卦都不言法河圖也而此傳言河圖者蓋易理寬弘無所不法直如繫辭之言所法已自多矣亦何妨更法河圖也且繫辭又云河出圖洛出書聖人則之若八卦不則河圖餘復何所則也王肅亦云河圖八卦也璧玉人之所貴是爲可寶之物八卦典謨非金玉之類嫌其非寶故云河圖及典謨皆歷代傳寶之此西序東序各陳四物皆是臨時處置未必別有他義下二房各有二物亦應無別意也○傳肩

國至坐東○正義曰以夏有胤侯知胤是國名也胤是前代之國舞衣至今猶在明其所爲中法故常寶之亦不知舞者之衣是何衣也大貝必大於餘貝伏生書傳云散宜生之江淮取大貝如大車之渠是言大小如車渠也考工記謂車罔爲渠大小如車罔其貝形曲如車罔故比之也考工記云鼓長八尺謂之鼖鼓釋樂云大鼓謂之鼖此鼓必有所異周與至此未久當是先代之器故云商周傳寶之西序郎是西夾西夾之前已有南向坐矣西序亦陳之寶近在此坐之西知此在西房者在西夾室東也○傳兌和至夾室○正義曰戈弓竹矢巧人所作垂是巧人知兌和亦古人之巧人也垂舜共工舜典文若不中法郎不足可寶知所爲皆中法故亦傳寶之垂是舜之共工竹矢蓋舜時之物其兌和之所作則不知寶來幾何世也故皆言傳寶之耳東夾室無坐故直言東廂夾室陳於夾室之前也案鄭注周禮宗廟路寢制如明堂明堂則五室此路寢得有東房西房者鄭志張逸以此問鄭荅云成王崩在鎬京鎬京宮室因文武更不改作故同諸侯之制有左右旁也孔無明說或與鄭異路寢之制不必同明堂也○傳大輅至南向○正義曰周禮巾車掌王之五輅王輅金輅象輅革輅木輅是爲五輅也此經所陳四輅必是周禮五輅之四大輅輅之最大故知大輅玉輅也綴輅繫綴於

下必是玉輅之次故爲金輅方知面前皆南向謂轅向南在東○傳先輅至顧命○正大輅綴輅此言先輅次輅二次象故言先輅象其木輅在四輅之名金玉象皆以飾車指木爲名耳鄭玄周禮注云輓以革漆之而已以直漆其革輅不以夾輅爲革輅者禮少一蓋以革輅是兵戎之用以亦輅爲次馬融王肅皆云之孔意或當然也鄭玄以綴之車先輅是金輅也綴輅是陳象輅木輅革輅者土於朝王殯在路寢下云二人執惠門知此陳設車輅皆在路寢塾孫炎曰夾門堂也塾前陳皆北面也左塾者謂門內之言之爲左右所陳坐位器物也其執兵宿衛之人則先東

也面前者據人在堂上面向南也地道尊右故玉輅在西金輅義曰此經四輅兩兩相配上言者各自以前後爲文王輅金即象輅之下故云次輅木也又解三者以飾爲之名木則無飾故革輅輓之以革而漆之木輅不木故以木爲名木輅之上猶有五輅而此四輅於五之內必將於此不必陳之故不云革輅而不陳戎輅者兵事非常故不陳次是從後之言二者皆爲副貳玉輅之貳次輅是金輅之貳不祀而已未知孔鄭誰得經旨成立于畢門之內鄭云畢門路寢之門內也釋宮云門側之堂謂之車必以轅向堂故知左右塾前西右塾者門內之東故以此面背以西爲上由王殯在西序故向後西者以王在東宿衛敬新

王故也顧氏云先輅在左塾之前在寢門內之西北面對玉輅次輅在右塾之前在寢門內之東對金輅也凡所陳列自狄設黼扆已下至此皆象成王生時華國之事所以重顧命也鄭玄亦云陳寶者方有大事以華國也周禮典路云若有大祭祀則出路大喪大賓客亦如之是大喪出輅爲常禮也

二人雀弁執惠立于畢門之內士衛殯與在廟同故雀韋弁惠三隅矛路寢門一名畢門○弁皮彦反徐扶變反**四人綦弁執戈上刃夾兩階戺**綦文鹿子皮弁亦士○堂廉曰戺士所立處○綦音其馬本作騏云青黑色夾徐工洽反戺音俟徐音士廉力占反稜也**一人冕執劉立于東堂一人冕執鉞立于西堂**冕皆大夫也劉鉞屬立於東西廂之前堂**一人冕執戣立于東垂一人冕執瞿立于西垂**戣瞿皆戟屬立于東西下之階上○戣音逵瞿其俱反徐音懼**一人冕執銳立于側階**銳矛屬也側階北下立階上○銳以稅反〔疏〕二人至側階○正義曰禮大夫服冕

士服弁也此所執者凡有七兵立于畢門之內及夾兩階立堂下者服爵弁綦弁者皆士也以其去殯遠故使士爲之其在堂上服冕者皆大夫也以其去殯近皆使大夫爲之先門次階次堂從外向內而叙之也次東西垂次側階又從近向遠而叙之也在門者兩守門兩廂各一人故二○人在階者兩廂各二人故四人禮記明堂位三公在中階之前考工記夏后氏世室九階鄭玄云南面三○三面各二鄭玄又云宗廟及路寢制如明堂則路寢南面亦當有三階矣此惟四人夾兩階不守中階者路寢制如明堂惟鄭玄之說耳路寢三階不○書亦未有明文縱有中階中階無人升降不須以兵衛之○傳士衛至畢門○正義曰士入廟助祭乃服雀弁於此服雀弁者士衛王○殯與在廟同故爵韋弁也鄭玄云赤黑曰○雀言如雀頭色也雀弁制如冕黑色但無藻耳然則雀弁所用當與冕同阮諶二○禮圖云雀弁以三十升布爲之此傳言雀韋弁者蓋以周禮司服云凡兵事韋弁服此人執兵宜以韋爲之異於祭服故言雀韋弁下云綦弁孔言鹿子皮爲弁然則下言冕執兵者不可以韋爲冕未知孔意如何天子五門皐庫雉應路也下云王出在應門之內出畢門始至應門之內如畢門即是路寢之門一名畢門也此經所陳七種之兵惟戈經傳多言之考工記有其形制其餘皆無文傳惟言惠三

隅矛鋭亦矛也戣瞿皆戟屬不知何所據也劉鉞屬者以劉與鉞相對故言屬以似之而別又不知何以爲異古今兵器名異體殊此等形制皆不可得而知也鄭玄云惠狀蓋斜刃宜芟刈戈卽今之句孑戟劉蓋今鑱斧鉞大斧戣瞿蓋今三鋒矛鋭矛屬凡此七兵或施矜或著柄周禮戈長六尺六寸其餘未聞長短之數王肅惟云皆兵器之名也○傳綦文至立處○正義曰鄭玄云靑黑曰綦王肅云綦赤黑色孔以爲綦文鹿子皮弁各以意言無正文也大夫則服冕此服弁知亦士也堂廉曰戺相傳爲然廉者稜也所立在堂下近於堂稜○傳冕皆至前堂○正義曰周禮司服云大夫之服自玄冕而下知服冕者皆大夫也鄭玄云序內半以前曰堂謂序內簷下自室壁至於堂廉中半以前摠名爲堂此立於東堂西堂者當在東西廂近階而立以備升階之人也○傳戣瞿至階上○正義曰釋詁云疆界邊衛圉垂也則垂是遠外之名此經所言冕則在堂上弁則在堂下此二人服冕知在堂上也堂上而言東垂西垂知在堂上之遠地。當於序外東廂西廂必有階上堂知此立于東西堂之階上也○傳鋭矛至階上○正義曰鄭王皆以側階爲東下階也然立于東垂者已在東下階上何由此人復共並立故傳以爲北下階上謂堂北階北階則惟堂北一階而已側猶特也

冕黼裳由賓階隮王及羣臣皆吉服用西階升不敢當主卿士邦君

麻冕蟻裳入卽位公卿大夫及諸侯皆同服亦廟中之禮蟻裳名色玄○蟻魚綺反

太保太史太宗皆麻冕彤裳執事各異裳彤纁也太宗上宗卽宗伯也

太保承介圭上宗奉同瑁由阼階隮大圭尺二寸天子守之故奉以奠康王所位同爵名瑁所以冒諸侯圭以齊瑞信方四寸邪刻之用阼階升由便不嫌○冒莫報反太

史秉書由賓階隮御王冊命太史持冊書顧命進康王故同階

疏王麻至冊命○正義曰此將傳顧命布設位次卽上所作法度也凡諸行禮皆賤者先置此必卿下士邦君卽位既定然後王始升階但以君臣之序先言王服因服之下卽言升階從省文卿士邦君無所執事故直言卽位而已太保太史太宗皆執事之人故別言衣服各自所職不得卽言升階故別言所執各從升階爲文次也卿士王臣故先於邦君太史乃是太宗之屬而先於太宗者太史之職掌冊書此禮主以爲冊命太史所掌事重故先言之○傳王及至當主○正義曰

禮績麻三十升以爲冕故稱麻冕傳絻麻非吉服故言王及
羣羣臣皆吉服也王麻冕者蓋衮冕也周禮司服享先王則
衮冕此禮授王冊命進酒祭王且衮冕是王之上服於此正王
之尊明其服必衮冕也其卿士邦君當各以命服服郎助祭王
之冕冕矣衮鄭玄周禮注云衮之衣五章裳四章則衮衣之裳
非獨有黼言黼裳者以裳之章色黼黻有文故特取爲文詩
采菽之篇言王賜諸侯云玄衮及黼以黼有文故特言之鄭
玄於此注云黼裳者冕服有文者也是言貴文故稱之禮君
升阼階此用西階升者以未受顧命不敢當主也○傳公卿
至邑玄○正義曰卿士卿之有事者公則卿兼之此行大禮
大夫亦與焉略舉卿士爲文公與大夫必在故傳言公卿大
夫及諸侯皆同服言同服吉服此亦廟中之禮也言其如助
祭各服其冕服也禮無蟻裳今云蟻者裳之名也蟻者蚍蜉
蟲也此蟲邑黑知蟻裳邑玄以邑玄如蟻故以蟻名之禮祭
服皆玄衣纁裳此獨云玄裳者卿士邦君於此無事不可全
與祭同改其裳以示變於常也太保太史有所主者則純如
祭服暫從吉也入卽位者鄭玄云卿西面諸侯北面鄭玄惟
據經卿士邦君言之其公亦北面孤東面也○傳執事至宗
伯○正義曰此三官者皆執事俱形裳而言各異裳者各自
異於卿士邦君也形赤也禮祭服纁裳纁是赤邑之淺者故

以形爲纁言是常祭服也太宗與下文上宗一人卽宗伯之卿也○傳大圭至不嫌○正義曰考工記玉人云鎭圭尺有二寸天子守之鎭圭圭之大者介訓大也故知是彼鎭圭天子之所守故奉之以奠康王所位以明正位爲天子也禮又有大圭長三尺知介圭非彼三尺圭者典瑞云王搢大圭執鎭圭以朝日玉人云大圭長三尺天子服之彼搢於紳帶是天子之笏不是天子所守故知非彼三尺之大圭也上宗奉同瑁則下文云天子受同瑁大保必奠於位其奉介圭下文不言受介圭者以同瑁并在手中故不得執之太保必奠於其位但文不見耳禮於奠爵無名同者但下文祭酢皆用同奉酒知同是酒爵之名也玉人云天子執冒四寸以朝諸侯鄭玄注云名玉曰冒者言德能覆蓋天下也四寸者方以尊接卑以小爲貴禮天子所以執瑁者諸侯卽位天子賜之以命圭圭頭邪銳其瑁當下邪刻之其刻闊狹長短如圭頭諸侯來朝執圭以授天子天子以冒之刻處冒彼圭頭若大小相當則是本所賜其或不同則圭是僞作知諸侯信與不信故天子執瑁所以冒諸侯之圭以齊瑞信猶今之合符然經傳惟言圭之長短不言闊狹瑁方四寸容彼圭頭則圭頭之闊無四寸也天子以一瑁冒天下之圭則公侯伯之圭闊狹等也此瑁惟冒圭耳不得冒璧璧亦稱瑞不知所以齊信未

得而聞之也阼階者東階也謂之阼者鄭玄云冠禮注云阼猶酢也東階所以答酢賓客是其義也禮凶事設洗於西階西南吉事設洗於東階東南此太保上宗皆行吉事盥洗在東故用阼階升由便以卑不嫌爲主人也鄭玄云上宗猶太宗變其文者宗伯之長大宗伯一人與小宗伯二人凡三人使其上二人也一人奉同一人奉瑁傳無明解當同於鄭也○傳太史至同階○正義曰訓御爲進大史持策書顧命欲以進王故與王同升西階鄭玄云御猶鄉也王此時正立賓階上少東太史東面於殯西南而讀策書以命王嗣位之事孔雖以御爲進其意當如鄭言不言王面北可知也篇以顧命爲名指上文爲言顧命策書稟王之意爲言亦是顧命之事故傳言策書顧命

曰皇后憑玉几道揚末命命汝嗣訓冊命之辭大君成王言憑玉几所道稱揚終命所以感動康王命汝繼嗣其道言任重因以託戒○憑皮冰反**臨君周邦率循大卞**用是道臨君周國率羣臣循大法○卞皮彥反徐扶變反**燮和天下用荅揚文武之光訓**言用和道和天下用對揚聖祖文武之大教敘成王意

王再拜興荅曰眇

眇予末小子其能而亂四方以敬忌天威言微我淺末小子其能如父祖治四方以敬忌天威德乎謙辭託不能○眇彌小反

【疏】曰皇至光訓○正義曰此卽丁卯命作之冊書也誥康王曰大君成王病困之時憑玉几所道稱揚將終之教命命汝繼嗣其道代爲民主用是道以臨君周邦率羣臣循大法用和道和天下用對揚聖祖文武之大教敘成王之意言成王命汝如此也○傳冊命至託戒○正義曰言憑玉几所道以示不憑玉几則不能言所以感動康王令其哀而聽之不敢忽也以訓爲道命汝繼嗣其道繼父道爲天下之主言所任者重因以託戒也○傳用是至大法○正義曰卞之爲法無正訓也告以爲法之道令率羣臣循之明所循者法也故以大卞爲大法王肅亦同也

乃受同瑁王三宿三祭三咤王受瑁爲主受同以祭禮成於三故酌者實三爵於王王三進爵三祭酒三奠爵告已受羣臣所傳顧命上宗○咤陟嫁反字亦作宅又音妬徐又音託又豬夜反說文作詫丁故反奠爵也馬作詫與說文音義同曰饗祭必受福讚王曰饗福酒太保受同降受王所饗同下堂反於篚盥以

異同秉璋以酢太保以盥手先。異同實酒秉璋以酢祭半圭曰璋臣所奉王已祭太保又祭報祭曰酢。酢才各反授宗人同拜王荅拜宗人小宗伯佐大宗伯大宗供王。宗人供太保拜曰已傳顧命故授宗人同拜王荅拜尊所受命太保受同祭嚌太宗。既拜而祭既祭受福嚌至齒則王亦至齒王言饗太保言嚌互相備。嚌才細反互音戶宅授宗人同拜王荅拜太保居其所授宗人同拜白成王以事畢王荅拜敬所所自。宅如字馬同徐殆故反太保降收太保下堂則王亦可知有司於此盡收徹。徹丑列反又徐直列反〔疏〕乃受至降收。正義曰王受冊命之時立於西階上少東北面太史於柩西南東面讀策書讀冊既訖王再拜上宗於王西南北面奉同瑁以授王王一手受同一手受瑁王又以瑁授宗人王乃執同就樽於兩楹之間酌酒乃於殯東西面立三進於神坐前祭神如前祭凡前祭酒酹地而奠爵訖復位再拜王又於樽所別以同酌酒祭神如前復三祭故云三宿三祭三咤然後酌福酒以授王上宗贊王曰饗福酒王再拜受酒跪而祭先嚌至齒典再拜太保受同降自東階反於篚又盥以異同執璋升

自東階適樽所酌酒至殯東西報祭之欲祭之時授宗人同
拜白王柩云巳傳顧命訖王則荅拜拜柩尊所受命太保乃
於宗人處受同祭柩如王禮但一祭而巳祭訖乃受福祝酌
同以授太保宗人讚太保曰饗福酒太保再拜受同亦祭先
而齊至齒與再拜訖於所居位授宗人同太保更拜自柩以
事畢王又荅拜拜柩敬所自王與太保降階而下堂有司於
是收徹器物○傳王受至顧命○正義曰天子執瑁故受瑁
爲主同是酒器故受同以祭鄭玄云王既對神則一手受同
一于受瑁然既受之後王受同而祭則瑁以授人禮成於三
酌者實三爵於王當是實三爵而續送三祭各用一同非一
同而三反也釋詁云肅進也宿卽肅也故以宿爵而續送祭
各用一同爲一進三宿謂三進爵從立處而三進至神所也
三祭酒三酹酒於神坐也每一酹酒則一奠爵三奠爵於地也
也爲此祭者告神言巳巳受舉臣所傳顧命白神使知也經
典無此咤字咤爲奠爵傳記無文以正以既祭必當奠爵既言
三祭知三咤爲三奠爵也王肅亦以咤爲奠爵鄭玄云徐行
前曰肅却行曰咤王徐行前三祭又三却復本位與孔異也
○傳祭必至福酒○正義曰禮於祭末必飲神之酒受神之
福其人祭則有受嘏之福禮特牲少牢主人受嘏福是受神
之福也其告祭小祀則不得備儀直飲酒而巳此非大祭故

於王三奠爵詫上宗以同酹酒進王讚王曰饗福酒也王取同嚌之乃以同授太保也○傳受王至於篚○正義曰上宗讚王以饗福酒也即云太保受同明是受王所饗同也祭祀飲酒之禮爵未用皆實於篚既飲皆反於篚知此下堂反於篚也○傳太保至曰酢○正義曰祭祀以變爲敬不可即用王同故太保以盥手更洗異同實酒於同中乃秉璋以酢祭於上○祭後更復報祭猶如正祭大禮之亞獻也周禮典瑞云四圭有邸以祀天兩圭有邸以祀地圭璧以祀日月璋邸射以祀山川從上而下遞減其半知半圭曰璋祭統云君執圭瓚大宗執璋瓚亞獻用璋瓚此非正祭亦是亞獻之類故亦執璋若助祭公侯伯子男自得執圭璧也秉璋以酢是報祭之事王已祭太保又報祭也酢訓報也故報祭曰酢飲酒之禮稱獻酢者亦是報之義也○傳宗人至受命○正義曰上宗爲太宗伯知宗人爲小宗伯也太保所以拜者白成王言已已傳顧命訖也將欲拜故先授宗人同拜者自爲拜神不拜康王但白神言已傳顧命之事先告王王已受顧命王荅拜者尊所受之命亦告神使知故荅拜也王既祭則奠同於地太保不敢奠於地故以同授宗人然後拜也太保既酢祭而拜則王之奠爵毋奠必拜於王祭不言拜者祭酒必拜乃是常禮於王不言拜於太保言拜者足以見王拜也○傳太

保至相備○正義曰太保受同者謂太保既拜之後於宗人
邊受前所受之同而進以祭神既祭神之後遂更受福酒嚌
以至齒禮之通例啐入口是嚌至於齒示飲而實不飲也太
保報王之祭事與王祭禮同而史錄其事二文不等故傳辨
其意於太保言嚌至齒則王饗福酒亦嚌至齒也於王言上
宗曰饗則太保亦應有宗人曰饗二文不同互見以相備○
傳太保至所白○正義曰宅訓居也太保居其所於受福酒
之處足不移爲將拜故授宗人同祭祀既畢而更拜者白成
王以事畢也既拜白成王以傳顧命事
畢則王受顧命亦畢王荅拜敬所白也**諸侯出廟門俟**
言諸侯則卿士已下亦可知殯之所
處故曰廟○待王後命○處昌呂反 疏 諸侯出廟門俟○正義曰廟門謂路
寢門也出門待王後命卽作後篇後篇云二伯率諸侯入應
門則諸侯之出應門之外非出廟門而已以其在廟行事事
畢出於廟門不言
出廟門卽止也

附釋音尚書注疏卷第十八　江西鹽法道胡稷栞

尚書注疏挍勘記卷十八　　阮元撰盧宣旬摘錄

尚書注疏卷第十八 宋板題在顧命前周官君陳二篇屬卷第十七古本作尚書卷第十一周官二十二周書孔氏傳山井鼎曰周官以下諸篇無古文尚書四字爲非盧文弨云周官下亦少第字

周官第二十二　周書

及其卽位之後 宋板位作政

六服承德 岳本六服作罔不案六服非也

巡行天下 宋板巡下空一字

家不安則危 纂傳家作邦按浦鏜亦謂家宜作邦

安其國於未危之前 纂傳前作始按上句作前則此句當作始

所以爲正治 古本岳本宋板正作至治下古本有之字

外主大岳之事閩本同毛本太作方

訓蹈其所建官而則之古本岳本宋板訓作順按疏云若與訓俱訓爲順也明傳中兩順字一釋若一釋訓耳

使小大皆協睦葛本閩本明監本纂傳同古本岳本宋板纂傳無皆字古本睦下有之字毛本小大二字倒下疏同

主國禮治天地神祇人鬼之事纂傳天地神祇作天神地祇

及國之吉凶賓軍嘉五禮纂傳賓軍二字倒疏同

夏司馬討惡古本夏下有官字

秋司寇刑姦順時殺古本作秋官司寇刑姦惡順時敎殺之

順蹈其前代建官而法則之閩本明監本同案諸本傳順作訓疏仍作順獨毛本

作訓宋板傳既作順則疏亦必作順不與毛本同山井鼎失校

吉禮之別十有二 閩本作十有三非也

其職主戎馬之事 閩本明監本同毛本其誤以

是主寇賊法禁治姦慝之人 宋板禁下空一字

恒由是與 閩本明監本同毛本由作繇下所由下傳由志由勤竝同

是去而後反也 宋板後作復按後字非也

令暨出口 毛本暨作既案暨字誤

無所覩見 宋板覩作都盧文弨云疑是都無所見

戒汝卿之有事者 宋板之作士按之字非也

而名且美 古本岳本葛本宋板纂傳且作日

弗畏入畏　古本入下衍可字

當思危懼　古本當下有常字懼宋板作惟按當从宋本以惟字下屬

騶麗扶餘馯貌之屬　岳本貌作貊貌字誤也

以幣賄賜肅慎之來賀　古本來賀作夷也亾岳本宋板纂傳作夷亾疏標起訖亦作夷亡史記集解引孔傳云賄賜也孔疏述傳云以幣賜肅慎氏之夷也疏又云王賜以財賄蓋以財賄賜人因訓賄為賜財賄卽幣也言幣帛言賜卽不必更言賄矣竊疑孔傳此句上當有賜賄也三字此句衍賄字

北方曰貉　宋板同毛本作白誤

斥及奄君已定亳姑　古本岳本宋板纂傳斥作并

君陳第二十三　周書

恐天下迴心趣向之　宋板閩本明監本同毛本迴作刃按刃字誤

惟孝友于兄弟　古本孝下有于孝二字山井鼎曰足利所藏古本論語及皇侃義疏本作惟孝于孝足利本論語作孝于惟孝潘岳閒居賦作孝乎惟孝乎于通用固無意義也所引之文少有異耳據斯數者今本尚書脫孝乎二字明矣○按今皇疏本亦作孝于惟孝山井鼎於論語考文亦祇言古本乎作于不言作惟孝于孝與此不合要之閒居賦最爲近之孝乎惟孝者猶言君子人與君子人也故曰美大孝之辭以乎爲于已不可通若作惟孝于孝更無是理古本之謬往往類此

卽畢命所去　毛本去作云案去字誤

所聞之古聖賢之言　古本岳本宋板纂傳之作上古本言下有也字

亦不能用之　古本岳本宋板纂傳同毛本亦誤作而

無乘勢位作威人上　古本人作民下殷人有罪同

爾無忿疾于頑無求備于一夫　古本唐石經岳本葛本宋板閩本明監本同毛本夫誤大

民者眞也宋板眞作寘案嚴杰云宋本是也鄭注論語泰伯可證鄭注呂刑亦可證

言人自然之性敦厚古本人作民下傳人之於上汝治人能敬同

終有辭於永世古本辭作詞

非但我受多福而已古本宋板但作怛非也

見稱誦於長世古本岳本葛本閩本明監本纂傳同毛本見作凡

因見所習之物按傳見上有所字

常在於道德敎之許宗彥云敎之二字因下句誤衍

顧命第二十四　周書宋本下行題尚書注疏卷第十八

禮記曲禮下文云宋板無文字

迴顧而爲語也纂傳爲語作發命

王乃洮頮水　宋板無王字

王大發大命　岳本大作將按疏述注作將其標目仍作大又云顧命羣臣大發大命恐俱因注之誤而誤也續通解及纂傳載此注俱直云王發大命無將字

下至御治事　古本無治字按疏作下及御事殆因下傳而誤

顧命至御事　此下兩段疏一本在篇題下浦鏜云至御事三字誤衍

以上欲指明二公中分天下之事　宋板閩本同毛本二誤作三

傳成王至悅謂　案謂當作懌形近之譌

故待言公　毛本待作特案待字誤也

其餘五國姒姓　案姒當作姬形近之譌

蓋大夫士皆被召也　宋板無士字按續通解亦無士字

故能適殷 毛本適作通通適字誤也

大度於艱難 古本岳本宋板度作渡按續通解亦作渡纂傳作度疏內同

不得結誓出言語 宋板得下空二字盧文弨云此無脫文但結誓疑當作結信誓

昔先君文王武王 毛本君誤作公

代殷爲主 宋板閩本明監本同毛本代作伐

言已常敬迎天之威命 宋板閩本明監本同毛本威作成非也

言當戰慄畏懼 毛本當作常案所改是也

恐死不得結信出言 宋板不上空一字

則不得續志 宋板同毛本得作能

故我詩蓄出言教命汝 毛本詩蓄作詳審案詩蓄無解是形近之譌

言必死也宋板閩本明監本同毛本死作殆

此羣臣已受賜命也古本岳本宋板續通解纂傳賜作顧是

王寢於北墉下陸氏曰墉本亦作牖○按墉牖字相似鄭注喪大記兩存之續通解纂傳引此注俱作牖

還復本位宋板閩本同毛本還復二字倒

下云狄設黼扆綴衣纂傳云作文

帝王在幕居幄中坐上承塵也宋板居作若與周禮注本文合

就干戈以往毛本就作執按續通解作執

君大夫卒於路寢宋板及續通解大夫作夫人按作大夫非也

延之使憂居喪主爲天下宗主也續通解作延使之居憂爲天下喪主也按

兩本疑俱有脫誤

將崩雖口有遺命　宋板將上有王之二字

故以此日作之　宋板以作於按宋本是也

置戶牖間　齊召南云周禮司几筵賈疏引此注曰其置竟戶牖間似賈所見本置字上有其字下有竟字

越七日至癸酉　各本癸酉皆作綴衣癸酉誤也

其餘皆是將欲傳命布設之士　閩本明監本同毛本士作事是也下皆爲喪士同

不言命者　閩本明監本纂傳同毛本不誤下

敷重篾席　孫志祖云玉篇首部蔑字下引書曰布重蔑席

白黑雜繒緣之　陸氏曰緣本或作純

有文之貝飾几 岳本閩本明監本纂傳同毛本貝作具非

元紛黑綬 古本岳本宋板閩本纂傳同毛本紛作粉非

赤刀削 古本岳本宋板續通解刀作刃案刀字非也毛本纂傳並誤

大璧琬玉之珪 古本纂傳珪作圭

球雍州所貢 陸氏曰雍本亦作邕○按說文有雝無雍雝鶍乃鳥名也雍州字當以邕爲正今皆作雍此乃僅見

伏犧王天下 岳本葛本閩本明監本同毛本犧作羲續通解纂傳亦作羲古本蓋作犧犧下古本岳本宋板續通解纂傳俱有氏字

此言篾席黼純 宋板此下空一字

敷三重之席 宋板重作種是也下一重同

必非一重之席敷三坐宋板坐作重按坐字非也

纖蒻苹席監本苹誤作苹

彼在朝宋板朝作廟

莞苻籬宋板纂傳籬作蘺與爾雅釋艸合

故名赤刀削也宋板刀作刃下爲赤刀削同按監本初似亦作刃後刊去一點下赤刀白刀同

遺弟與治孫策宋板閩本同毛本治作詒治字誤

策引白削斫虎宋板閩本同毛本虎誤作虒虒字形近之譌也

我見刃爲然宋板閩本同毛本刃作刀

曲刃刀也閩本同宋板曲刃作白刃毛本作曲刀盧文弨云鄭注考工記但云今之書刀疏云馬氏諸家亦爲偃曲却刃也疑曲字是

東北之珣玕琪也纂傳北作方是也玕毛本作玗案所改亦是閩本纂傳誤下同

古者包犧氏之王天下也閩本同毛本包犧作伏羲

西序亦陳之寶近在此坐之西按亦字疑所字之譌當讀至寶字絕句

亦古人之巧人也宋板無上人字

則不知寶來幾何世也監本寶誤作責幾何世纂傳作何時

有左右旁也閩本同毛本旁作㫄是也

王輅金卽次象閩本明監本同宋板纂傳王作五是也毛本作玉亦誤

革輅輓之以革而漆之宋板輓作鞔是也

先輅是金輅也此句上纂傳有大輅是玉輅五字按大輅爲玉輅孔鄭所同故賈氏不言王氏葢以意增之也

故以此面言之 毛本此作北案此字誤

亦士 古本岳本葛本宋板閩本明監本續通解纂傳同毛本士作仕非也

一人冕執瞿 葛本脫執字

一人冕執鋭 岳珂沿革例曰鋭實鈗字也說文以爲兵器今注中釋爲矛屬而陸德明又音以稅反且諸本皆作鋭獨越中注疏於正文作鈗爾疏中亦皆作鋭案玉篇無鋭字廣韻十七準亦無鋭字則說文古本鋭字有無未可定也

故二人 宋板二作三

南面三 宋板閩本明監本三作二○按攷工記注作三宋板非也

士衞主殯 宋板續通解主作王按主字非也

赤黑白雀 宋板續通解纂傳白作曰是也

雀弁同如冕　宋板續通解同作制按制字不誤

阮諶二禮圖云　宋板纂傳二作三是

戈卽今之句孑戟　宋板孑作子按諸本作子形近之誤他正義中孑字訛作子者十之八九

劉盎今鑱斧　宋板鑱作纔非是

知在堂上之遠地　纂傳知作蓋此句下宋板續通解俱有堂之遠地四字

皆賤者先置　纂傳置作至是也

天子執冒四寸以朝諸侯　閩本明監本續通解纂傳同毛本冒作瑁案冒與攷工記合

鄭元云冠禮注云　宋板上云字作土是也

率循大卞　古本作帥修大辨

告己受羣臣所傳顧命 告下古本有以字盧文弨云己受當作己受〇按疏云告神言己己受羣臣所傳顧命下已字宜作已上已字古通作以今本孔傳既以以爲已遂脫已字疏內又疊出兩已並誤

太保以盥手先異同 閩本葛本同毛本先作洗案先字誤

太宗供主 閩本明監本同毛本主作王案主字誤

拜曰已傳顧命 古本岳本宋板續通解纂傳曰作白按白字是也

太宗既拜而祭 古本岳本宋板續通解纂傳宗作保與疏合

則王亦可知 古岳宋板續通解亦作下是也纂傳毛本並誤

至殯東西報祭之 宋板西下有面字

傳記無文 纂傳文作聞

其人祭則有受嘏之福禮 宋板人作大是也許宗彥曰之福字益誤倒

祭祀以變爲敬纂傳祀作禮

於上祭後宋板上作王

受前所受之同宋板纂傳下受字作授是也

故曰廟待王後命古本廟下有門皆二字岳本宋板續通解纂傳有皆字無門字

二伯率諸侯入應門纂傳伯作公

尚書注疏校勘記卷十八　會昌縣知縣候補知州曾暉春栞

附釋音尚書注疏卷第十九

康王之誥第二十五

周書　孔氏傳　孔穎達疏

康王既尸天子尸主也主天子之正號。馬本此句上更有成王崩三字遂誥諸侯作康王之誥既受顧命羣臣陳戒遂報誥之因事曰遂康王之誥求諸侯之見臣鄭〔疏〕康王既至之誥。正義曰康王既受顧命主天子之位羣臣進戒於王王遂報誥諸侯史敘其事作康王之誥伏生以此篇合於顧命共為一篇後人知其不可分而為二馬鄭王本此篇自高祖寡命已上內於顧命之篇王若曰已下始為康王之誥諸侯告王王報誥諸侯而使告報異篇失其義也

王出在應門之內出畢門立應門內之中庭南面太保率西方諸侯入應門左畢公率東方諸侯入應門右二公為二伯各率其所掌諸侯

隨其方爲位皆北面**皆布乘黃朱**諸侯皆陳四黃馬朱鬣以爲庭實。乘音繩證反鬣力輒反。**賓稱奉圭兼幣曰一二臣衛敢執壤奠**賓諸侯也舉奉圭兼幣之辭言一二見非一也爲蕃衛故曰臣衛來朝而遇國喪遂因見新王敢執壤地所出而奠贄也。壤如丈反見賢遍反下同蕃方袁反朝直遙反喪息浪反贄音至**皆再拜稽首曰王義嗣德答拜**諸侯拜送幣而首至地盡禮也康王以義繼先人明德答其拜受其幣。盡子忍反

〔疏〕王出至答拜。正義曰此敘諸侯見新王之事王出畢門在應門之內立於中庭太保召公爲西伯率西方諸侯入應門左立於門內之西廂也太師畢公爲東伯率東方諸侯入應門右立於門內之東廂也諸侯皆布陳一乘四匹之黃馬朱鬣以爲見新王之庭實諸侯爲王之賓共使一人少前進舉奉圭兼幣之辭言曰一二天子之臣在外爲蕃衛者敢執土壤所有奠之於庭既爲此言乃皆再拜稽首用盡禮致敬以正王爲天子也康王先爲太子以義嗣先人明德不以在喪爲嫌答諸侯之拜以示受其圭幣與之爲主也。傳出畢至南面。正義曰出在門內不言王坐諸侯既拜王即答拜復不言與知

立庭中南面也。傳二公至北面。正義曰二公率領諸侯
知其爲二伯各率其所掌諸侯曲禮所謂職方者此之義也
王肅云畢公代周公爲東伯故率東方諸侯然則畢公是太
師也當太師之名在太保之上此先言太保者於時太保領
冢宰相王室任重故先言西方若使東伯任重亦當先言東
方北面以東爲右西爲左入左入右隨其方爲位嫌東西相
向故云皆北面將拜王明北面也。傳諸侯至庭實。正義
曰諸侯朝見天子必獻國之所有以表忠敬之心故諸侯皆
陳四黃馬朱鬣以爲庭實言實之於王庭也四馬曰乘言乘
黃正是馬色黃矣黃下言朱朱非馬色定十年左傳云宋公
子地有白馬四公嬖向魋魋欲之公取而朱其尾鬣以與之
是古人貴朱鬣知朱者朱其尾鬣也於時諸侯其數必衆衆
國皆陳四馬則非王庭所容諸侯各有所獻必當少陳之也
案周禮小行人云合六幣圭以馬璋以皮璧以帛琮以錦琥
以繡璜以黼此六物者以和諸侯之好鄭玄云六幣所以享
也五等諸侯享天子用璧享后用琮用圭璋者二王之後也
如鄭彼言則諸侯之享天子惟二王之後用馬此云皆陳馬
者下云奉圭兼幣幣即馬是也圭是夾馬之物鄭云此幣圭
以馬葢舉王者之後以言耳諸侯當璧以帛亦有庭實然則
此陳馬者是二王之後享王物也獨取此物以揔表諸侯之

意故云諸侯皆陳馬也圭亦享王之物下言奉圭此不陳圭者圭奉以致命不陳之也案覲禮諸侯享天子馬卓上九馬隨之此用乘黄者因喪禮而行朝故略之○傳賓諸至奠贄正義曰天子於諸侯有不純臣之義故以諸侯爲賓稱訓舉也舉奉圭兼幣之辭以圭幣奉王而爲之作辭辭出一人之口而言一二者見諸侯同爲此意意非一人也鄭玄云釋辭者一人其餘奠幣拜者稽首而已是也扈衛者諸侯之在四方皆爲天子蕃衛故曰臣衛此時成王始崩卽得有諸侯在京師者來朝而遇國喪遂因見新王也諸侯享天子其物甚衆非徒圭馬而已皆是土地所有故云敢執壤地所出而奠贄也然舉奉圭兼幣乃是享禮凡享禮則每一國事畢乃更餘國復入其朝則侯氏揔入故鄭玄注曲禮云春受贄於朝受享於廟是朝與享别此既諸侯揔入而得有庭實享禮者以新朝嗣王因行享禮故鄭注云朝兼享禮也與常禮不同○傳諸侯至其幣○正義曰周禮太祝辨九拜一曰稽首施之於極尊故爲盡禮也義嗣德三字史言王荅拜之意也康王先是太子以義繼先人明德今爲天子無所嫌故荅其拜受其幣自許與諸侯爲王也

太保暨芮伯咸進相揖皆再拜稽首冢宰與司徒皆共羣臣諸侯並進陳戒不言諸

侯以內見外曰敢敬告天子皇天改大邦殷之命大天改大國殷之王命謂誅紂也惟周文武誕受羑若克恤西土言文武大受天道而順之能憂我西土之民本其所起。羑羊久反馬云道也惟新陟王畢協賞罰戡定厥功用敷遺後人休惟周家新升王位當盡和天下賞罰能定其功用布遺後人之美言施及子孫無窮。戡音堪遺唯季反注及下同施以豉反今王敬之哉敬天道務崇先人之美張皇六師無壞我高祖寡命言當張大六師之衆無壞我高德之祖寡有之教命。壞音怪

【疏】太保至寡命。正義曰太保召公與司徒芮伯皆共諸侯並進相顧而揖乃並再拜稽首起而言曰敢告天子大天改大國殷之王命誅殺殷紂惟周家文王武王大受天道而順之能憂我西土之民以此王有天下惟我周家新升王位當盡和天下賞罰戡定其爲王之功用布遺後人之美將使施及子孫無有窮盡之期今王新即王位其敬之哉當張大我之六師令國常強盛無令傾壞我高祖寡有之命

戒王使繼先王之業也。傳冢宰至見外。正義曰召公爲
冢宰芮伯爲司徒司徒位次冢宰故言太保與芮伯咸進芮
伯已下共告羣臣諸侯並皆進也相揖者揖之使俱進也大
保揖羣臣羣臣又報揖太保故言相揖動足然後相揖故相
揖之文在咸進之下。傳言文至所起。正義曰美聲近猷
故訓之爲道王肅云美道也文武所憂非憂西土而已特言
能憂西土之民本其初起於西土故也。傳言當至敎命。
正義曰皇訓大也國之大事在於強兵故令張大六師之衆
高德之祖謂文王也王肅云美
文王少有及之故曰寡有也
王若曰庶邦侯甸男衞
順其戒而告之不言羣臣以外見內。馬本從此以下
爲康王之誥又云與顧命差異敘歐陽大小夏侯同爲
顧命
惟予一人釗報誥 報其戒
昔君文武丕平富不務咎 言先君文武道大政化平美不務咎惡
厎至齊。馬讀絶句
信用昭明于天下 致行至中信之道用顯明於天下言聖德洽。厎之履反
則亦有熊羆之士不二心之臣保乂王家 言文武既聖則亦有勇猛如熊羆之

士忠一不二心之臣共安治王家。熊音雄羆彼皮反用端命于上帝皇天君聖臣良用受端直之命於上天大天用順其道付與四方之用訓厥道付畀四方國王天下。畀必利反徐甫至反王于況反乃命建侯樹屏在我後之人言文武乃施政令立諸侯樹以爲蕃屏傳王業在我後之人謂子孫今予一二伯父尚胥暨顧綏爾先公之臣服于先王天子稱同姓諸侯曰伯父言今我一二伯父庶幾相與顧念文武之道安汝先公之臣服於先王而法循之雖爾身在外乃心罔不在王室言雖汝身在外之爲諸侯汝心常當忠篤無不在王室熊羆之士勵朝臣此督諸侯。督丁木反用奉恤厥若無遺鞠子羞當各用心奉憂其所行順道無自荒怠遺我稚子之羞辱稚子康王自謂也。鞠居六反

〔疏〕王若至子羞。正義曰羣臣諸侯既進戒王王順其戒呼而告之曰衆邦在侯甸男衛諸服內之國君惟我一人釗報誥卿士羣公昔先君文王武王其

道甚大政化平美專以美道教化不務咎惡於人致行至美
中正誠信之道用是顯明於天下言聖道博洽也文武既聖
時臣亦賢則亦有如熊如羆之勇士不二心之忠臣共安治
王家以君聖臣良之故用能受端直之命於上天大天用順
其道付與四方之國使文武受此諸國王有天下言文武得
賢臣之力也文武以得臣力之故乃施政令封立賢臣爲諸
侯者樹之以爲蕃屏令屏衛在我後之人先王所立諸侯郎
今諸侯之祖故舉先世之事以告今之諸侯今我一二伯父
庶幾相與顧念文武之道安汝先公之用臣服於先王之道
而法循之亦當以忠誠輔我天子雖汝身在外土爲國君汝
心常當無有不在王室當各用心奉憂其所行順道無自荒
怠以遺我稚子之羞辱稚子康王自謂戒令匡弼己也○傳
順其至見内○正義曰羣臣戒王使勤王又戒之使輔己是
順其事而告之也上文太保芮伯進言不言諸侯以内見外
此王告庶邦不言朝臣以外見内欲令互相備也周制六服
此惟四服不言采要者略舉其事猶武成云甸侯衛駿奔走
亦略舉之矣○予一人釗○正義曰禮天子自稱予一人不
言名此王自稱名者新即王位謙也○傳言先至咎惡○正
義曰孔以富爲美故云政化平美不務咎惡於人言哀矜下
民不用刑罰之○王肅云文武道大天下以平萬民以富是也

○傳致行至德洽○正義曰孔以齊爲中致行中正誠信之道王肅云立大中之道也○傳天子至循之○正義曰覲禮言天子呼諸侯之禮云同姓大國則曰伯父其異姓則曰伯舅同姓小邦則曰叔父其異姓則曰叔舅計此時諸侯多矣獨云伯父舉同姓大國言之也諸侯先公以臣道服於先王其事有法故令安汝先公之用臣服於先王以臣之道而法循之○傳言雖至諸侯○正義曰王之此誥並誥羣臣諸侯但互相發見其言不備言先王有熊羆之士勵朝臣使用力如先世之臣也此言汝身在外土心念王室督諸侯使然

羣公既皆聽命相揖趨出已聽誥命趨出罷退諸侯歸國朝臣就次**王釋冕反喪服**脫去黼冕反服喪服居倚廬〔疏〕羣公至喪服○正義曰羣公摠謂朝臣與○去羌呂反諸侯也鄭玄云羣公主爲諸侯與王之三公諸臣亦在焉王釋冕反喪服朝臣諸侯亦反喪服禮喪服篇臣爲君諸侯爲天子皆斬衰

畢命第二十六

周書　孔氏傳　孔穎達疏

康王命作冊畢命爲冊書以命畢公分居里成周郊分別民之居里異其善惡成定東周郊境使有保護。別彼列反作畢命言畢公見命之書

〔疏〕康王至畢命。正義曰康王命史官作冊書命畢公使畢公分別民之居里令善惡有異於成周之邑成定東周之郊境史敘其事作畢命。傳命爲至畢公。正義曰周禮內史云凡命諸侯及孤卿大夫則策命之此云命作冊者命內史爲冊書以命畢公故云以冊命畢公。傳分別至保護。正義曰殷之頑民遷居此邑歷世化之已得純善恐其變改故更命畢公分別民之居里異其善惡即經所云旌別淑慝表厥宅里彰善癉惡樹之風聲殊厥井疆俾克畏慕皆是也分者令其善惡分別使惡者慕善非分別其處使之異居也此邑本名成周欲以成就周道民不純善則是未成故命畢公教之成定東周郊境即經申畫郊圻慎固封守是其使有保護

惟十有二年六月庚午朏康王即位十二年六月三日庚午。朏普忽反徐芳尾反又芳憤反越三日壬申王朝步自宗周至于豐於朏三日壬申王朝行自宗周至于

以成周之衆命畢公保豐宗周鎬京豐文王所都○朝直遙反鎬戸老反

釐東郊用成周之民衆命畢公使安理治正成周東郊令得所○釐力之反治直吏反一本作治政則依字讀令力呈反〔疏〕惟十至東郊○正義曰惟康王即位十有二年六月三日庚午月光朏然而明也於朏後三日壬申王早朝行從宗周鎬京至於豐邑就文王之廟以成周之民衆命太師畢公使安理東郊之民令得其所○傳康王至庚午○正義曰漢初不得此篇有僞作其書以代之者漢書律厤志云康王十二年六月戊辰朔三日庚午故畢命豐刑曰惟十有二年六月庚午朏王命作策書豐刑此僞作者傳聞舊語得其年月不得以下之辭妄言作豐刑耳亦不知豐刑之言何所道也鄭玄云今其逸篇有冊命霍侯之事不同與此序相應非也鄭玄所見又似異於豐刑皆妄作也說文云朏月未盛之明也此日未有事而記此庚午朏者爲下言壬申張本猶如記朔望與生魄死魄然也

王若曰嗚呼父師惟文王武王敷大德于天下用克受殷命王順其事歎告畢公代周公爲大師爲東伯命之代君陳言文武布大德於天下故天佑

之用能受殷王之命○大音泰

惟周公左右先王綏定厥家言周公助先王安定其家毖殷頑民遷于洛邑密邇王室式化厥訓惟殷頑民恐其叛亂故徙於洛邑密近王室用化其教○毖音秘近如字又附近之近既歷三紀世變風移四方無虞予一人以寧言殷民遷周已經三紀世代民易頑者漸化四方無可度之事我天子用安矣十二年曰紀父子曰世○度待洛反舊作待路反道有升降政由俗革不臧厥臧民罔攸勸天道有上下交接之義政教有用俗改更之理民之俗善以善養之俗有不善以法御之若乃不善其善則民無所勸慕○上時掌反更古衡反惟公懋德克勤小物弼亮四世正色率下罔不祗師言言公勉行德能勤小物輔佐文武成康四世爲公卿正色率下下人無不敬仰師法○懋音茂嘉績多于先王予小子垂拱仰成公之善功

多大先人之美我小子爲王垂拱仰公成理言其上【疏】王
顯父兄○下施子孫○拱九勇反仰如字徐五亮反若
至仰成○正義曰康王順其事歎而呼畢公曰嗚呼父師惟
文王武王○布大德於天下用此能受殷之王命代殷爲天子
惟周公佐助先王安定其家慎彼殷之頑民恐其或有叛逆
故遷於洛邑令之北近王室用使化其教訓自爾已來既歷
三紀人世既變風俗亦移四方無可度之事我天子一人用
是而得安寧但天道有上下交接之義政教有用俗改更之
理今日雖善或變爲惡若不善其善則民無所勸慕更須選
賢教之舉善勸之宜此任者莫先於公惟公勉力行德能勤
小事輔佐四世正色率下無有不敬仰師法公言者公之善
功多於先王我小子垂衣拱手仰公成理將欲任之故盛稱
其德也○傳王順至王命○正義曰畢公代周公爲太師故
王呼爲父師率東方諸侯○是爲東伯也蓋君陳卒命之使代
君陳也○傳言周至其家○正義曰釋詁云左右助也言周
公先王安定其家伐殷之時周公已有其功復能遷殷頑
民言助其功者多也○傳言殷至日世○正義曰周公以攝政
七年營成周成王元年遷殷頑民成王在位之年雖未知其
實當在三十左右至今應三十六年是殷民遷周已歷三紀
十二年者天之大數歲星太歲皆十二年而一周天故十二

年曰紀父子易人爲世大禹謨云賞延于世謂緣父及子也○傳天道至勸慕○正義曰天氣下降地氣上騰而有寒暑生焉刑新國用輕典刑亂國用重典輕重隨俗而有寬猛異焉天道有上下交接之義故寒暑易節政教有用俗改更之理故寬猛相濟天道有寒暑遞來政教以寬猛相濟民之風俗善惡無常或善變爲惡或惡變爲善不可以其旣善謂善必不變民之俗善須以善養之令善遂不變人之俗有不善當以善法御之使變而爲善若乃不善其善則下民無所勸慕民無所慕則變爲惡矣殷民今雖已善更當以善教之欲以屈畢公之意○傳言公至師法○正義曰小物猶小事也能勤小事則大事必能勤矣故舉能勤小事以爲畢公之善釋詁云亮佐也晉語說文王之事云詢于八虞訪于辛尹重之以周召畢榮則畢公於文王之世已爲大臣是輔佐文武成康四世爲公卿也正色謂嚴其顏色不惰慢不阿諂以此率下下民無不敬仰師法之○傳公之至子孫○正義曰先王之功無由可及言公之善功多大先人之美方欲委之以事盛言之重其功美矣

王曰嗚呼父師今予祗命公以周公之事往哉今我敬命公以周公所爲之事往爲之哉言非周公所爲不敢枉公往治○治直吏

反旌別淑慝表厥宅里彰善癉惡樹之風聲言當識別頑民之善惡表異其居里明其爲善病其爲惡立其善風揚其善聲○別音彼列反癉音丁但反弗率訓典殊厥井疆俾克畏慕其不循教道之常則殊其井居田界使能畏爲惡之禍慕爲善之福所以沮勸○俾必爾反沮辭汝反又慈呂反申畫郊圻愼固封守以康四海郊圻雖舊所規畫當重分明之又當謹愼堅固封疆之守備以安四海京圻安則四海安矣○守徐始救反重直用反政貴有恆辭尚體要不惟好異政以仁義爲常辭以理實爲要故貴尚之若異於先王君子所不好○好呼報反商俗靡靡利口惟賢餘風未殄公其念哉紂以靡靡利口惟賢覆亡國家今殷民利口餘風未絕公其念絕之○覆芳服反

〔疏〕王曰至念哉○正義曰王更歎而呼畢公曰嗚呼父師今日我敬命公以周公所爲之事公其往爲之哉公往至彼當識別善之與惡表異其善者所居之里彰明

其爲善病其爲惡其爲善之人當立其善風揚其善聲其有不循道教之常者則殊其井田疆界使之能畏爲惡之禍慕爲善之福更重畫郊圻境界謹慎牢固其封疆守備以安彼四海之內爲政貴在有常言辭尚其體實要約當不惟好其奇異商之舊俗靡靡然好相隨順利口辯捷阿諛順旨者惟以爲賢餘風至今未絶公其念絶之哉戒畢公以治殷民之法○傳言當至善聲○正義曰旌旗所以表識貴賤故傳以旌爲識淑善也慝惡也言當識別頑民之善惡知其善者表異其所居之里若今孝子順孫義夫節婦表其門閭者也表其善者則惡者自見明具爲善當褒賞之病其爲惡當罪罰之有善人立其善風不令邑里使放倣之揚其善聲告之疏遠使聞知之○傳其不至沮勸○正義曰孟子云方里爲井井九百畝使民死徙無出鄉鄉田同井出入相友守望相助疾病相扶持則百姓親睦然則先王制之爲井田也欲使民相親愛生相佐助死相殯葬不循道教之常者其人不可親近與善民雜居或染善爲惡故殊井田居界令民不與來往猶今下民有大罪過不肯服者則擯出族黨之外吉凶不與交通此之義也亦旣殄其井田必當思自改悔使其能畏爲惡之禍慕爲善之福所以沮止爲惡勸勉爲善者○傳郊圻至安矣○正義曰郊圻謂邑之境界境界雖舊有規畫

而年世久遠或相侵奪當重分明畫之以防後相侵犯雖樂邑之郊境爲言其民田疆畔亦令更重畫之不然何以得殊其井疆也王城之立四郊以爲京師屏障預備不虞又當謹愼牢固封疆之守備以安四海之内此是王之近郊牢設守備惟可以安京師耳而云安四海者京師安則四海安矣○傳紂以至絕之○正義曰韓宣子稱紂使師延作靡靡之樂靡靡者相隨順之意紂之爲人拒諫飾非惡聞其短惟以靡靡相隨順利口捷給能隨從上意者以之爲賢商人效之遂成風俗由此所以覆亡國家殷民利口餘風至今不絕公其念絕之欲令其變惡俗也

我聞曰世祿之家鮮克由禮以蕩陵德實悖天道特言我聞自古有之世有祿位而無禮教少不以放蕩陵邈有德者如此實亂天道○鮮息淺反悖布内反敝化奢麗萬世同流言敝俗相化車服奢麗雖相去萬世若同一流○敝步寐反茲殷庶士席寵惟舊怙侈滅義服美于人此殷衆士居寵日久怙恃奢侈以滅德義服飾過制美於其民言僭上○怙音戸驕淫矜侉將由惡終

雖收放心閑之惟艱言殷衆士驕恣過制矜其所能以自侉大如此不變將用惡自終雖今順從周制心未厭服以禮閑禦其心惟難資富能○侉音苦瓜反壓於葉反又於甲反又於豔反訓惟以永年惟德惟義時乃大訓不由古訓于何其訓以富資而能順義則惟可以長年命矣惟有德義是乃大順若不用古訓典籍於何其能順乎王曰嗚呼父師邦之安危惟兹殷士不剛不柔厥德允修言邦國所以安危惟在和此殷士而已治之不剛不柔寬猛相濟則其德政信修立惟周公克慎厥始惟君陳克和厥中惟公克成厥終周公遷殷頑民以消亂階能慎其始君陳弘周公之訓能和其中畢公闡二公之烈能成其終三后協心同底于道道洽政治澤潤生民三君合心爲一終始相成同致于道道至普洽政化治理其德澤惠施乃浸潤生民言三君之功不可不尚○

治直吏反施始豉反浸子鴆反四夷左衽罔不咸賴予小子永膺多福言東夷西戎南蠻北狄被髮左衽之人無不皆恃賴三君之德我小子亦長受其多福○衽而甚反又而鴆反公其惟時成周建無窮之基亦有無窮之聞公其惟以是成周之治爲周家立無窮之基業於公亦有無窮之名以聞於後世○爲于僞反子孫訓其成式惟乂言後世子孫順公之成法惟以治嗚呼罔曰弗克惟既厥心人之爲政無曰不能惟在盡其心而已罔曰民寡惟慎厥事無曰人少不足治也惟在慎其政事無敢輕之○少詩照反欽若先王成烈以休于前政敬順文武成業以美於前人之政所以勉畢公

（疏）我聞至其訓○正義曰我聞古人言曰世有祿位之家恃富驕恣少能用禮以放蕩之心陵邈有德之士如此者實悖亂天道敝俗相化奢侈華麗雖相去萬世而共同一流此殷之衆士皆是富貴之家居處寵勢惟已久矣怙恃奢侈以滅德義身卑而

僭上飾其服美於其人驕恣過制矜能自侈行如此不變將用惡自終令以法約之雖收斂其放佚之心恒防閑之惟大艱難資財富足能順道義則惟可以長年命矣惟能用德惟能行義是乃爲大順德也若不用古之訓典則於何其能順乎欲令畢公以古之訓典教殷民也○傳特言至天道○正義曰凡以善言教化無非古之訓典於此特言我聞者言此事自古有之所以尤須嚴禁故也世有祿位財多勢重縱恣其心而無禮教如此之人少能不以放蕩之心陵邈有德者天道以上臨下以善率惡今乃以下慢上以惡陵善如此者實亂天道也○傳此殷至僭上○正義曰席者人之所處故爲居之義舊久也殷士多是世貴之家故爲怙寵日久怙恃己之奢侈自謂奢侈爲賢德義廢而不行故爲以滅德義以以人輕位卑美服盛飾是服飾過度美於其人言僭上服服勝人也○傳言殷至惟難○正義曰淫過也故爲過制强梁者不得其死好勝者必遇其敵故矜伐不變將用惡自終言雖收放心則已收之矣雖令順從周制思感自止故怨猶在心未壓服故以禮閑禦其心惟難也閑謂防閑禦止也○傳敬順至畢公○正義曰美於前人之政訓光前人之政所以勉勵畢公

君牙第二十七

周書　孔氏傳　孔穎達疏

穆王命君牙爲周大司徒穆王康王孫昭王子。穆王名滿君牙或作君雅作君牙君牙臣名命以其名遂以名篇王若曰嗚呼君牙順其事而歎稱其名而命之惟乃祖乃父世篤忠貞服勞王家厥有成績紀于太常言汝父祖世厚忠貞服事勤勞王家其有成功見紀錄書于王之太常以表顯之王之旌旗畫日月曰太常。畫胡卦反惟予小子嗣守文武成康遺緒亦惟先正之臣克左右亂四方惟我小子繼守先王遺業亦惟父祖之臣能佐助我治四方言己無所能心之憂危若蹈虎尾涉于春冰言祖業之大己才之弱故心懷危懼虎尾畏噬春冰畏陷危懼之甚

○蹈徒報反噬市制反陷陷沒之陷（疏）穆王至春冰○正義曰穆王命其臣名君牙者爲周大司徒之卿以策書命之史録其策書作君牙○傳言汝至太常○正義曰周禮司勳云凡有功者銘書於王之太常祭於大烝鄭玄云銘之言名也生則書于王旌以識其人與其功也死則於烝先王祭之是有功者書於王之太常以表顯之也周禮司常云日月爲常王建太常是王之旌旗畫日月名之曰太常也

今命爾予翼作股肱心膂今命汝爲我輔翼股肱心體之臣言委任○膂音旅

纘乃舊服無忝祖考弘敷五典式和民則纘汝先祖故所服忠勤無辱累祖考之道大布五常之教用和民令有法則○累劣僞反令力呈反

爾身克正罔敢弗正民心罔中惟爾之中言汝身能正則下無敢不正民心無中從汝取中必當正身示民以中正

夏暑雨小民惟曰怨咨夏月暑雨天之常道小人惟曰怨歎咨嗟言心無中也

冬祁寒小民亦惟曰怨咨冬大寒亦天之常道民猶怨咨

厥惟艱

天不可怨民猶怨嗟治民其惟難哉

哉思其艱以圖其易民乃寧

當思慮其難以謀其易民乃寧○易以豉反〔疏〕今命至乃寧○正義曰王言我以危懼之故今命汝爲大司徒汝當作我股肱心膂言將任之如已身也繼汝先世舊所服行亦如父祖忠勤無爲不忠辱累汝祖考當須大布五常之教用和天下兆民令有法則凡欲率下當先正身汝身能正則下無敢不正民心無能中正惟取汝之中正汝當正身心以率之夏月大暑大雨天之常也小民惟曰怨恨而咨嗟冬月大寒亦天之常也小民亦惟曰怨恨而咨嗟天不可怨民尚怨之治民欲使無怨其惟難哉思慮其難以謀其易爲治不違道不逆民民乃安矣○傳今命至委任○正義曰股足也肱臂也膂背也汝爲我輔翼當如我之身故舉四支以喻爲股肱心體之臣言委任如身也傳以膂爲體以見四者皆體非獨膂爲體也禮記緇衣云民以君爲心君以民爲體此舉四體今以臣爲心者君臣合體則亦同心詩云赳赳武夫公侯腹心是臣亦爲君心也○傳冬大至怨咨○正義曰傳以祁爲大故云冬大寒寒言大則夏暑雨是大雨於此言祁以見之上言暑雨此不言寒雪者於上言雨以見之互相備也

嗚呼丕顯哉文王謨

歎文王所謀大顯明**丕承哉武王烈**言武王業美大可承奉**啓佑我後人咸以正罔缺**文武之謀業大明可承奉開助我後嗣皆以正道無邪缺○缺苦穴反**爾惟敬明乃訓用奉若于先王**汝惟當敬明汝五教用奉順於先王之道**對揚文武之光命追配于前人**言當答揚文武光明之命君臣各追配於前令名之人〔疏〕嗚呼至前人○正義曰王又歎言嗚呼大是顯明哉文王之謀也大可承奉哉武王之業也文王之謀武王之業開道佑助我在後之人皆以正道無邪缺言先王之道易可遵也汝惟敬明汝之五教用奉順於先王之道汝當答揚文武光明之命追配於前世令名之人令其順先王之道同古之大賢也○傳言武至承奉○正義曰文王未克殷始謀造周故美其謀武王以殺紂功成業就故美其業謀則明白可遵業則功成可奉故謀言顯烈言承詩周頌武篇曰於皇武王無競維烈亦美武王業之大也○傳文王至邪缺○正義曰文始謀之武卒成之文謀大明武業可奉言先王以此成功開道佑助我之後人使我得安其事而奉行之以正道見其無邪罔缺失見其周備故傳言無

邪鋏王若曰君牙乃惟由先正舊典時式民之治亂在茲汝惟當奉用先正之臣所行故事舊典文籍是法民之治亂在此而已用之則民治廢之則民亂○治直吏反下注同率乃祖考之攸行昭乃辟之有乂言當循汝父祖之所行明汝君之有治功○辟必亦反〔疏〕王若至有乂○正義曰王順而呼之曰君牙汝爲大司徒惟當奉用先世正官之法諸臣所行故事舊典於是法則之民之治亂在此而已汝必奉而用之循汝祖考之所行明汝君之有治功汝君王自謂也

冏命第二十八

周書　孔氏傳　孔穎達疏

穆王命伯冏爲周太僕正伯冏臣名也太僕長太御中大夫○冏九永反字亦作臩長詠丈反作冏命冏命以冏見命名篇〔疏〕穆王至冏命○正義曰穆王命其臣

名伯冏者爲周太僕正之官以策書命之史録其策書作冏命○傳伯冏至大夫○正義曰正訓長也周禮太御中大夫太僕下大夫孔以此言太僕正則官高於太僕故以爲周禮太御者知非周禮太僕若是周禮太僕則此云太僕是矣何須云正乎且此經云命汝作大正正于羣僕案周禮太馭中大夫而下有戎僕齊僕道僕田僕太御最爲長既稱正于羣僕故以爲太御中大夫且與君同車最爲親近故春秋隨侯寵少師以爲車右漢書文帝愛趙同命之爲御凡御者最爲密昵故此經云汝無昵於憸人充耳目之官故以爲太御中大夫掌御王輅之官戎僕雖中大夫以戎事爲重敘在太御之下故以太御爲長太僕雖掌燕朝非親近之任又是下大夫不得爲長

王若曰伯冏惟予弗克于德嗣先人宅丕后 順其事以命伯冏言我不能於道德繼先人居大君之位人輕任重 怵惕惟厲中夜以興思免厥愆 言常悚懼惟危夜半以起思所以免其過悔○怵勑律反惕他歷反 昔在文武聰明齊聖小大之臣咸懷忠良 聰明視聽遠齊通無滯礙臣雖官有尊卑無不忠良

○礙五代反

其侍御僕從罔匪正人雖給侍進御僕役從官官雖微無不用中正之人○御如字一音禦從才用反注及下注侍從同

以旦夕承弼厥辟出入起居罔有不欽小臣皆良僕役皆正以旦夕承輔其君故君出入起居無有不敬

發號施令罔有不臧下民祇若萬邦咸休言文武發號施令無有不善下民敬順其命萬國皆美其化

［疏］王若至咸休○正義曰王順其事而呼之曰伯冏惟我不能於道德而繼嗣先人居大君之位人輕任重終常悚懼心內怵惕惟恐傾危中夜以起思望免其愆過昔在文王武王聰無所不聞明無所不見齊中也每事得中聖通也通知諸事其身明聖如此又小大之臣無不皆思忠良其左右侍御僕從無非中正之人以旦夕承輔其君故其君出入起居無有不敬文武發號施令無有不善以此之故下民敬順其命萬邦皆美其化由臣善故也○傳言常至過悔○正義曰禮記祭義云春雨露既濡君子履之必有怵惕之心怵惕是心動之名多憂懼之意也厲訓危也言常悚懼惟恐傾危易稱夕惕若厲即此義也○傳聰明至忠良○正義曰

聰發於耳明發於目故爲視聽遠也齊訓通也動必得中通而先識是無滯礙也**惟予一人無**

良實賴左右前後有位之士匡其不及惟我一人無善實恃左右前後有職位之士匡正其不及言此責羣臣正己**繩愆糾謬格其非**

心俾克紹先烈言侍左右之臣彈正過誤檢其非妄之心使能繼先王之功業○繩市陵反俾必爾反

［疏］惟予至先烈○正義曰王言惟我一人無善亦既無知實恃賴左右前後有職位之臣匡正其智所不及者責羣臣使正己也即言正己之事繩其愆過糾其錯謬格其非妄之心心有妄作則格正之使能繼先王之功業言得臣匡輔乃可繼世也○傳言恃至功業○正義曰木不正者以繩正之繩謂彈正糾謂發舉有愆過則彈正之有錯謬則發舉之格謂檢括其有非理枉妄之心檢括使妄心不作臣當如此匡君使能繼先王之功業言己無能責臣使如此也

今予命汝作大正正于羣僕侍御之臣欲其教正羣僕無敢佞僞**懋乃后德交修不逮**言侍御之臣無小大親疎皆當勉汝君爲

德更代修進其所不及○更古衡反**愼簡乃僚無以巧言令色便**

辟側媚其惟吉士當謹愼簡選汝僚屬侍臣無得用巧言無實令色無質便辟足恭側

媚諂諛之人其惟皆吉良正士○便婢緜反辟匹亦反徐扶亦反足將住反諛徐以朱反

【疏】今予至吉士○正義曰今我命汝作太僕官大正汝當教正於羣僕侍御之臣勸勉汝君爲德汝與同僚交更修進汝君智所不及之事汝爲僕官之長當愼簡汝之僚屬必使皆得正人無得用巧言令色便辟側媚之人其惟皆當用吉良善士令○選其在下屬官小臣僕隸之等皆用善人○傳欲其至佞僞○正義曰作大正正長也作僕官之長正於羣僕令教正之二正義不同也羣僕雖官有小大皆近天子近人主者多以諂佞自容今大僕教正羣僕明使教之無敢佞僞也案周禮太馭中大夫掌御玉輅戎僕中大夫掌御戎車齊僕下大夫掌馭金輅道僕上士掌馭象輅田僕上士掌馭田輅羣僕謂此也○傳當謹至正士○正義曰府史已下官長所自辟除命士以上皆應人主自選此令太僕正謹愼簡選僚屬者人主所用皆由臣下臣下銓擬可者然後用之故令太僕正愼簡僚屬也論語稱巧言令色足恭左丘明恥之便辟是巧言令色之類知是

彼足恭也巧言者巧爲言語以順從上意無情實也令色者善爲顔色以媚說人主無本質也便僻者前却俯仰以是爲恭側媚者爲僻側之事以求媚於君此等皆是諂諛之人不可用爲近官也媚愛也襄三十年左傳云鄭子產謂子皮曰誰敢求愛於子知此爲側媚者爲側行以求愛非是愛前人也若能愛在上則忠臣也不當禁其無用

僕臣正厥后克正僕臣諛厥后自聖言僕臣皆正則其君乃能正僕臣諂諛則其君乃自謂聖**后德惟臣不德惟臣**君之有德惟臣成之君之無德惟臣誤之言君所行善惡專在左右**爾無昵于憸人充耳目之官迪上以非先王之典**汝無親近於憸利小子之人充備侍從在視聽之官道君上以非先王之法○昵女乙反憸息廉反徐七漸反利口也本亦作思近附近之近道導也**非人其吉惟貨其吉**若非人其實吉良惟以貨財配其吉良以求入於僕侍之臣汝當清審**若時瘝厥官**若用是行貨之人則病其官職○瘝故頑反**惟爾大弗克祗厥辟**

惟予汝辜用行貨之人則惟汝大不能敬其君惟我則亦以此罪汝言不忠也王曰嗚呼欽哉永弼乃后于彝憲歎而勑之使敬用所言當長輔汝君於常法此穆王庶幾欲蹈行常法

呂刑第二十九

周書　孔氏傳　孔穎達疏

呂命呂侯見命爲天子司寇穆王訓夏贖刑呂侯以穆王命作書訓暢夏禹贖刑之法更從輕以布告天下○贖音蜀註及下同作呂刑後爲甫侯故或稱甫刑〔疏〕呂命至呂刑○正義曰呂侯得穆王之命爲天子司寇之卿穆王於是用呂侯之言訓暢夏禹贖刑之法呂侯稱王之命而布告天下史録其事作呂刑○傳呂侯至司寇○正義曰呂侯得王命必命爲王官周禮司寇掌刑知呂侯見命爲天子司寇鄭玄云呂侯受王命入爲三公引書說云周穆王以呂侯爲相書說謂書緯刑將得放之篇有此言也以其言相

知爲三公卽如鄭言當以三公領司寇不然何以得專王刑也○傳呂侯至天下○正義曰名篇謂之呂刑其經皆言王曰知呂侯以穆王命作書也經言陳罰贖之事不言何代之禮故序言訓夏以明經是夏法王者代相革易刑罰世輕世重殷以變夏周又改殷夏法行於前代廢已久矣今復訓暢夏禹贖刑之法以周法傷重更從輕以布告天下以其事合於當時故孔子録之以爲法經多說治獄之事是訓釋申暢之也金作贖刑唐虞之法周禮職金掌受士之金罰貨罰入于司兵則周亦有贖刑而遠訓夏之贖刑者周禮惟言士之金罰人似不得贖罪縱使亦得贖罪贖必異於夏法以夏刑爲輕故祖而用之罪實則刑之罪疑則贖之故當並言贖刑非是惟訓贖罰也周禮司刑掌五刑之法以麗萬民之罪墨罪五百劓罪五百宮罪五百剕罪五百殺罪五百五刑惟有二千五百此經五刑之屬三千案刑數乃多於周禮而言變從輕者周禮五刑皆有五百此則輕刑少而重刑多此經墨劓皆千剕刑五百宮刑三百大辟二百輕刑多而重刑少變周用夏是改重從輕也然則周公聖人相時制法而使刑罰太重令穆王改易之者穆王遠取夏法殷刑必重於夏夏承堯舜之後民淳易治故制刑近輕輕則民慢故殷刑稍重自湯已後世漸苛酷紂作炮烙之刑明知刑罰益重周承暴虐

之後不可頓使太輕雖減之輕猶重於夏法成康之間刑措不用下及穆王民猶易治故呂侯度時制宜勸王改從夏法聖人之法非不善也而不以經遠呂侯之智非能高也而法可以適時苟適於時事即可爲善亦不言呂侯才高於周公法勝於前代所謂觀民設教遭時制宜刑罰所以世輕世重爲此故也○傳後爲至甫刑○正義曰禮記書傳引此篇之言多稱爲甫刑曰故傳解之後爲甫侯故或稱甫刑知後爲甫侯者以詩大雅崧高之篇宣王之詩云生甫及申揚之水爲平王之詩云不與我戍甫明子孫改封爲甫侯不知因呂國改作甫名不知别封餘國而爲甫號然子孫封甫穆王時未有甫名而稱爲甫刑者後人以子孫之國號名之也猶若叔虞初封於唐子孫封晉而史記稱晉世家然宣王以後改呂爲甫鄭語史伯之言幽王之時也乃云申呂雖衰齊許猶在仍得有呂者以彼史伯論四嶽治水其齊許申呂是其後也因上申呂之文而云申呂雖衰呂卽甫也

惟呂命王享國百年耄荒。

言呂侯見命爲卿時穆王以享國百年耄亂荒忽穆王卽位過四十矣言百年大期雖老而能用賢以揚名○耄本亦作薹毛報反韻莫報反切

度作刑以詰四方

度時世所宜訓作贖刑以治天下四方之

民○度待洛反註同馬如字云法度也詰起一反【疏】惟呂至四方○正義曰惟呂侯見命爲卿於時穆王享有周國已積百年王精神耄亂而荒忽矣王雖老耄猶能用賢取呂侯之言度時世所宜作夏贖刑以治天下四方之民也○傳言呂至揚名○正義曰史述呂侯見命而記王年知其得命之時王已享國百年也曲禮云八十九十曰耄是耄荒爲年老精神耄亂荒忽也穆王即位之時已年過四十矣此至命呂侯之年未必已有百年言百年者美大其事雖則年老而能用賢以揚名故記其百年之耄荒也周本紀云甫侯言於王作脩刑辟是脩刑法者皆呂侯之意美王能用之穆王即位過四十者不知出何書也周本紀云穆王即位春秋已五十矣立五十五年崩司馬遷若在孔後或當各有所據無逸篇言殷之三王及文王享國若干年者皆謂在位之年此言享國百年乃從生年而數意在美王年老能用賢而言其長壽故舉從生之年以耄荒接之美其老之意也文不害意不與彼同

王曰若古有訓蚩尤惟始作亂延及于平民

順古有遺訓言蚩尤造始作亂惡化相易延及於平善之人九黎之君號曰蚩尤○蚩尺之反尤有牛反馬云少昊之末九黎君名

罔不寇賊

鴟義姦宄奪攘矯虔平民化之無不相寇賊爲鴟梟之義以相奪攘矯稱上命若固有之亂之甚○鴟尺之反鴟梟惡鳥馬云鴟輕也義本亦作誼宄音軌攘如羊反矯居表反虔其然反苗民弗用靈制以刑惟作五虐之刑曰法三苗之君習蚩尤之惡不用善化民而制以重刑惟爲五虐之刑自謂得法蚩尤黃帝所滅三苗帝堯所誅言異世而同惡殺戮無辜爰始淫爲劓刵椓黥三苗之主頑凶若民敢行虐刑以殺戮無罪於是始大爲截人耳鼻椓陰黥面以加無辜故曰五虐○劓魚器反刵徐如志反椓丁角反黥其京反越茲麗刑并制罔差有辭苗民於此施刑并制無罪無差有直辭者言淫濫○麗力馳反并必政反民興胥漸泯泯棼棼罔中于信以覆詛盟三苗之民瀆於亂政起相漸化泯泯爲亂棼棼同惡皆無中于信義以反背詛盟之約○泯面忍反徐音民棼芳云反徐扶云反覆芳服反徐敷目反詛側助反背音佩約如字又於妙反虐威庶戮方

告無辜于上上帝監民罔有馨香德刑發聞惟腥三苗虐政作威衆被戮者方方各告無罪於天天視苗民無有馨香之行其所以爲德刑發聞惟乃腥臭○聞音問又如字注同腥音星行下孟反

皇帝哀矜庶戮之不辜報虐皇帝帝堯也哀矜衆被戮者之不辜乃報爲虐者以威誅遏絶苗民使無世位在下國也○君帝君宜作皇字帝堯也遏於葛反

以威遏絶苗民無世在下

疏 王曰至在下 正義曰呂侯進言於王使用輕刑又稱王之言以告天下說重刑害民之義王曰順古道有遺餘典訓記法古人之事昔炎帝之末有九黎之國君號蚩尤者惟造始作亂惡化遞相染易延及末平善之民平民化之亦變爲惡無有不相寇盜相賊害爲鴟梟之義鈔掠良善外姦內宄劫奪人物攘竊人財矯稱上命以取人財若己固自有之然蚩尤之惡已如此矣至於高辛氏之末又有三苗之國君習蚩尤之惡不肯用善化民而更制重法惟作五虐之刑乃言曰此得法也殺戮無罪之人於是始大爲四種之刑刵截人耳劓截人鼻劅椓人陰黥割人面苗民於此施刑之時幷制無罪之人對獄有罪者無辭無

罪者有辭苗民斷獄並皆罪之無差簡有直辭者言濫及無
罪者也三苗之民慣瀆亂政起相漸染皆化爲惡泯泯爲亂
棼棼同惡小大爲惡民皆乃詐無有中于信義以此無中于
信反背詛盟之約雖有要約皆違背之三苗虐政作威衆被
戮者方方各告無罪於上天上天下視苗民無有馨香之行
其所以爲德刑者發聞於外惟乃皆腥臭無馨香也君帝帝
堯哀矜衆被殺戮者不以其罪乃報爲暴虐者以威止絶苗
民使無世位在於下國言以刑虐故滅之也○傳順古至蚩
尤○正義曰古有遺訓順而言之故爲順古有遺訓也蚩尤
造始作亂其事往前未有蚩尤今始造之必是亂民之事不
知造何事也下說三苗之主習蚩尤之惡作五虐之刑此章
主說虐刑之事蚩尤所作必亦造虐刑也以峻法治民民不
堪命故惡化轉相染易延及於平善之民亦化爲惡也九黎
之君號曰蚩尤當有舊說云然不知出何書也史記五帝本
紀云神農氏世衰諸侯相侵伐蚩尤最爲暴虐莫能伐之黄
帝乃徵師諸侯與蚩尤戰於涿鹿之野遂擒殺蚩尤而諸侯
咸尊軒轅爲天子如本紀之言蚩尤是炎帝之末諸侯君也
應劭云蚩尤古天子鄭云蚩尤霸天下皇帝所伐者漢書音
義有臣瓚者引孔子三朝記云蚩尤庶人之貪者諸說不同
未知蚩尤是何人也楚語曰少昊氏之衰也九黎亂德顓頊

受之使復舊常則九黎在少昊之末非蚩尤也韋昭云九黎氏九人蚩尤之徒也韋昭雖以九黎爲蚩尤要史記蚩尤在炎帝之末國語九黎在少昊之末二者不得同也九黎之文惟出楚語孔以蚩尤爲九黎下傳又云蚩尤黃帝所滅言黃帝所滅則與史記同矣孔非不見楚語而爲此說蓋以蚩尤是九黎之君黃帝雖滅蚩尤猶有種類尙在故下至少昊之末更復作亂若其不然孔意不可知也鄭玄云學蚩尤爲此者九黎之君在少昊之代也其意以蚩尤當炎帝之末九黎當少昊之末九黎學蚩尤九黎非蚩尤也○傳平民至之甚正義曰蚩尤作亂當是作重刑以亂民以峻法酷刑民無所措手足困於苛虐所酷人皆苟且故平民化之無有不相寇賊攘行攻劫曰寇殺人曰賊言攻殺人以求財也鴟梟貪殘之鳥詩云爲梟爲鴟梟是鴟類鄭玄云盜賊狀如鴟梟鈔掠良善劫奪人物傳言鴟梟之義如鄭說也釋詁云虔固也若固有之言取得人物如己自有也○傳三苗至同惡○正義曰上說蚩尤之惡卽以苗民繼之知經意言三苗之君習蚩尤之惡靈善也不用善化民而制以重刑學蚩尤制之用五刑而虐爲之故爲五虐之刑不必皐陶五刑之外別有五也曰法者述苗民之語自謂所作得法欲民行而畏之如史記之文蚩尤黃帝所滅下句所說三苗帝堯所誅楚語云三苗

復九黎之惡是異世而同惡也鄭玄以爲苗民即九黎之後顓頊誅九黎至其子孫爲三國高辛之衰又復九黎之惡堯興又誅之堯末又在朝舜臣堯又竄之後禹攝位又在洞庭逆命禹又誅之穆王深惡此族三生凶德故著其惡而謂之民孔惟言異世同惡不言三苗是蚩尤之子孫韋昭云三苗炎帝之後諸侯共工也○傳三苗至五虐○正義曰三苗之主實國君也頑凶若民故謂之苗民不於上經爲傳者就此惡行解之以其頑凶敢行虐刑以殺戮無罪釋詁云淫大也於是大爲截人耳鼻椓陰黥面苗民爲此刑也椓陰即宮刑也黥面即墨刑也康誥周公戒康叔云無或劓刵人即周世有劓刑之刑非苗民別造此刑也以加無辜故曰五虐鄭玄云刵斷耳劓截鼻椓謂椓破陰黥爲羈黥人面苗民大爲此四刑者言其特深刻異於皐陶之爲鄭意蓋謂截耳截鼻多截之椓陰苦於去勢黥面甚於墨頟孔意或亦然也○傳三苗至之約○正義曰三苗之民謂三苗國内之民也瀆謂慣瀆苗君久行虐刑民慣見亂政習以爲常起相漸化泯泯相似之意棼棼擾擾之狀泯泯爲亂習爲亂也棼棼同惡共爲惡也中猶當也皆無中於信義言爲行無與信義合者詩云君子屢盟亂是用長亂世之民多相盟詛既無信義必皆違之以此無中於信反背詛盟之約也○傳三苗至腥臭○正

義曰方方各告無罪於上天言其處處告也天矜於下俯視
苗民無有馨香之行馨香以喻善也其所以爲德刑苗民自
謂是德刑者發聞於外惟乃皆是腥臭腥臭喻惡也○傳君
帝至下國○正義曰釋詁云皇君也此言遏絶苗民下句即
云乃命重黎重黎是帝堯之事知此滅苗民亦帝堯也此滅
苗民在堯之初與使無世位在於下國而堯之末年又有竄
三苗者禮天子不滅國擇立其次賢者此爲五虐之君自無
世位在下其紹立者復得在朝但此族數生凶德故歷代每
被誅耳

乃命重黎絶地天通罔有降格 重卽羲黎卽和堯命羲和世掌天地四時之官使人神不擾各得其序是謂絶地天通言天神無有降地地祇不至於天明不相干○重直龍反黎力分反

羣后之逮在下明明棐常鰥寡無蓋 羣后諸侯之逮在下國皆以明明大道輔行常法故使鰥寡得所無有掩蓋○棐音匪又芳鬼反鰥居頑反

皇帝清問下民鰥寡有辭于苗 帝堯詳問民患皆有辭怨於苗民○清問馬云清訊

德威惟畏德明惟明 言堯監苗民之見怨則又增修其德行威

則民畏服明明賢則德
明人所以無能名焉〔疏〕乃命至推明○正義曰三苗亂德
民神雜擾帝堯既誅苗民乃命重
黎二氏使絕天地相通令民神不雜於是天神無有下至地
地民無有上至天言天神地民不相雜也羣后諸侯相與在
下國羣臣皆以明明大道輔行常法鰥寡皆得其所無有掩
蓋之者君帝帝堯清審詳問下民所患鰥寡皆有辭怨於苗
民言誅之合民意堯視苗民見怨則又增修其德以德行威
則民畏之不敢爲非以德明人人皆勉力自修使德明言堯
所行賞罰得其所也○傳重即至相干○正義曰楚語云昭
王問於觀射父曰周書所謂重黎實使天地不通者何也若
無然民將能登天乎對曰非此之謂也古者民神不雜少昊
氏之衰也九黎亂德家爲巫史民神同位禍災荐臻顓頊受
之乃命南正重司天以屬神命火正黎司地以屬民使復舊
常無相侵瀆是謂絕地天通其後三苗復九黎之德堯復育
重黎之後不忘舊者使復典之彼言主說此事而堯典云乃
命羲和欽若昊天即所謂育重黎之後使典之也以此知重
即羲也黎即和也言羲是重之子孫和是黎之子孫能不忘
祖之舊業故以重黎言之傳言堯乃命羲和掌天地四時之
官堯典文也民神不擾是謂絕地天通楚語文也孔惟加各
得其序一句耳楚語又云司天屬神司地屬民令神與天在

上民與地在下定上下之分使民神不雜則祭享有度災厲不生經言民神分別之意故言罔有降格言天神無有降至於地者謂神不干民孔因互文云地民不有上至於天者言民不干神也乃捴之云明不相干卽是民神不雜也地民或作地祇學者多聞神祇又民字似祇因妄改使謬耳如楚語云乃命重黎是顓頊命之鄭玄以皇帝哀矜庶戮之不辜至罔有降格皆說顓頊之事乃命重黎卽是命重黎之身非羲和也皇帝淸問以下乃說堯事顓頊與堯再誅苗民故上言遏絕苗民下云有辭於苗異代別時非一事也案楚語云少昊氏之衰也九黎亂德又云其後三苗復九黎之德則九黎三苗非一物也顓頊誅九黎謂之遏絕苗民於鄭義爲不愜楚語言顓頊命重黎解爲帝堯命羲和於孔說又未允不知二者誰得經意也○傳言堯至名焉○正義曰此經二句說帝堯之德事也而其言不順文在苗民之下故傳以爲堯監苗民之見怨則又增修其德敦德以臨之以德行其威罰則民畏之而不敢爲非明賢則德明人者若凡人雖欲以德明賢者不能照察今堯德明賢者則能以德明識賢人故皆勸慕爲善明與上句相互則德威者凡人雖欲以德行威不能威肅今堯行威罰則能以德威罰罪人故人皆畏威服德也

乃命三后恤功于民

伯夷降典折民惟刑禹平水土主名山川稷降播種農殖嘉穀伯夷下典禮教民而斷以法禹治洪水山川無名者主名之后稷下教民播種農畝生善穀所謂堯命三君憂功於民○折之設反下同馬鄭王皆音悊馬云智也種音章用反殖承力反斷丁亂反下同三后成功惟殷于民各成其功惟所以殷盛於民言禮教備衣食足士制百姓于刑之中以教祗德言伯夷道民典禮斷之以法皐陶作士制百官於刑之中助成道化以教民爲敬德○祗止而反【疏】乃命至祗德○正義曰堯既誅苗民乃命三君伯夷禹稷憂施功於民使伯夷下禮典教民折斷下民惟以典法伯禹身平治水土主名天下山川其無名者皆與作名后稷下教民布種在於農畝種殖嘉穀三君者各成其功惟以殷盛於民使民衣食充足乃使士官制御百官之姓於刑之中正以教民爲敬德言先以禮法化民民既富而後教之非苟欲刑殺也○傳伯夷至於民○正義曰伯夷與稷言降禹不言降降可知降下也從上而下於民也舜典伯夷主禮典教民而斷以法卽論語所謂齊之以禮也山川與天地並

生民應先與作名但禹治水萬事改新古老既死其名或滅故當時無名者禹皆主名之言此者以見禹治山川爲民於此耕稼故也此三事者皆是爲民故傳既解三事乃結上句此即所謂堯命三君憂功於民憂欲與民施功也此三事之次當禹功在先先治水土乃得種穀民得穀食乃能行禮管子云衣食足知榮辱倉廩實知禮節是言足食足衣然後行禮也此經先言伯夷者以民爲國之本禮是民之所急將言制刑先言用禮刑禮相須重禮故先言之也○傳言伯至敬德○正義曰此經大意言禹稷教民使衣食充足伯夷道民使知禮節有不從教者乃以刑威之故先言三君之功乃說用刑之事言禹稷教民稼穡衣食既已充足伯夷道民典禮又能折之以法禮法既行乃使臯陶作士制百官於刑之中令百官用刑皆得中正使不僭不濫不輕不重助成道化以教民爲敬德言從伯夷之法敬德行禮也

穆穆在上明明在下灼于四方罔不惟德之勤堯躬行敬敬在上三后之徒秉明德明君道於下灼然彰著四方故天下之士無不惟德之勤故乃明于刑之中率乂于民棐彝天下皆勤立德故乃能明於用刑之中正循道以治

於民棐成常教〔疏〕穆穆至棐彝○正義曰言堯躬行敬敬之道在於上位三后之徒躬秉明德明君道在於下君臣敬明與德灼然著於四方故天下之事無不惟德之勤悉皆勤行德矣天下之士皆勤立德故乃能明於用刑之中正循大道以治於民輔成常教美堯君臣明德能用刑得中以輔禮教○傳堯躬至之勤○正義曰釋訓云穆穆敬也明明重明則穆穆重敬當敬天敬民在於上位也明明在下則是臣事知是三后之徒秉明德明君道於下也彰著于四方四方皆法効之故天下之士無不惟德之勤○傳天下至常教○正義曰刑者所以助教而不可專用非是身有明德則不能用刑以天下之大萬方之衆必當盡能用刑天下乃治此美堯能使天下皆勤立德故乃能明於用刑之中正言天下皆能用刑盡得中正循治民之道以治於民輔成常教伯夷所典之禮是常行之教也

○治直吏反

典獄非訖于威惟訖于富 言堯時主獄有威有德有恕非絶於威惟絶於富世治貨賂不行○賂來故反

敬忌罔有擇言在身 堯時典獄皆能敬其職忌其過故無有可擇之言在其身

惟克天德自作元命配享在下 凡明於刑之中無擇

言在身必是惟能天德自爲大命配享天意在於天下

【疏】典獄至在下○正義曰堯時典獄之官非能止絶於威有犯必當行威威刑不可止也惟能止絶於富受貨然後得富無貨富自絶矣言於時世治貨賂不行堯時典獄之官皆能敬其職事忌其過失無有可釋之言在於其身天德平均惟能爲天之德志性平均自爲長久大命配當天意在於天下言堯德化之深於時典獄之官皆能賢也○傳言堯至不行○正義曰堯時主獄之官有威嚴有德行有怨心有犯罪必罪之是有威也無罪則赦之是有德也有威有德有怨心行之不受貨賂是怨心也訖是盡也故傳以訖爲絶不可能使民不犯非絶於威能使不受貨賂惟絶於富言以怨心行之世治則貨賂不行故獄官無得富者○傳凡明至天下○正義曰惟克天德言能效天爲德當謂天德平均獄官效天爲平均凡能明於刑之中正矣又能使無可擇之言在身者此人必是惟能爲天平均之德斷獄必平矣皇天無親惟德是輔若能斷獄平均者必壽長久久命大命由己而來是自爲大命享訓當也是此人能配當天命在於天之下鄭云大命謂延期長久也

王曰嗟四方司政典獄非爾惟作天牧主政典獄謂諸侯也非汝惟爲天牧民乎言任重是汝○

爲于僞反任而鴆反重輕重之重 今爾何監非時伯夷播刑之迪言當視是伯夷布刑之道而法之 其今爾何懲惟時苗民匪察于獄之麗其今汝何懲戒乎所懲戒惟是苗民非察於獄之施刑以取滅亡○麗力馳反 罔擇吉人觀于五刑之中惟時庶威奪貨言苗民無肯選擇善人使觀視五刑之中正惟是衆爲威虐者任之以奪取人貨所以爲亂 斷制五刑以亂無辜上帝不蠲降咎于苗苗民任奪貨姦人斷制五刑以亂加無罪天不潔其所爲故下咎罪謂誅之○蠲吉緣反咎其九反 苗民無辭于罰乃絕厥世言罪重無以辭於天罰故堯絕其世申言之爲至戒

疏 王曰至厥世○正義曰王呼諸侯戒之曰咨嗟汝四方主政事典獄訟者諸侯之君等非汝惟爲天牧養民乎言汝等皆爲天養民言任重也受任既重當觀古成敗今汝何所監視乎其所視者非是伯夷布刑之道也言當效伯夷善布刑法受令名也其今汝何所懲創乎其所創者惟是苗民非察

於獄之施刑乎言當創苗民施刑不當取滅亡也彼苗民之爲政也無肯選擇善人使觀視於五刑之中正惟是衆爲威虐者任之以奪取人之貨賂任用此人使斷制五刑以亂加無罪之人上天不絜其所爲故下咎惡於苗民苗民無以辭於天罰堯乃絶滅其世汝等安得不懲創乎○傳言當至法之○正義曰伯夷典禮臯陶主刑刑禮相成以爲治不使視臯陶而令視伯夷者欲其先禮而後刑道之以禮禮不從乃刑之則刑亦伯夷之所布故令視伯夷布刑之道而法之王肅云伯夷道之以禮齊之以刑○傳共今至滅亡○正義曰上言非時此言惟時文異者非時者言豈非是事也惟時者言惟當是事也雖文異而意同惟是苗民非察於獄之施刑以取滅亡也言其正謂察於獄之施刑不當於罪以取滅亡○傳苗民至誅之○正義曰以亂加無罪者正謂以罪加無罪是亂也蠲訓絜也天不絜其所爲者鄭玄云天以苗民所行腥臊不絜故下禍誅之

王曰嗚呼念之哉念以伯夷爲法苗民爲戒**伯父伯兄仲叔季弟幼子童孫皆聽朕言庶有格命**皆王同姓有父兄弟子孫列者伯仲叔季順少長也舉同姓包異姓言不殊也聽從我言庶幾有至命○聽如

字又他經反少詩照父長丁丈反今爾罔不由慰日勤爾罔或戒

不勤今汝無不用安自居曰當勤之汝無有徒念戒而不勤○日人實反一音曰天齊于民

俾我一日非終惟終在人天整齊於下民使我爲之一日所行非爲天所終惟

爲天所終在人所行○天齊于民絕句馬云齊中也俾我絕句俾必爾反馬本作矜矜哀也爾尚敬逆

天命以奉我一人雖畏勿畏雖休勿休汝當庶幾敬逆

天命以奉我一人之戒行事雖見畏勿自謂可敬畏雖見美勿自謂有德美惟敬五刑以成

三德一人有慶兆民賴之其寧惟永先戒以勞謙之德次

教以惟敬五刑所以成剛柔正直之三德也王曰至惟

天子有善則兆民賴之其乃安寧長久之道〔疏〕永○正義

曰王言而歎曰嗚呼汝等諸侯其當念之哉念以伯夷爲法

苗民爲戒既令念此法戒又呼同姓諸侯曰伯父伯兄仲叔

季弟幼子童孫等汝皆聽從我言依行用之庶幾有至善之

命命必長壽也今汝等諸侯無不用安道以自居曰我當勤

之哉汝已許自勤即當必勤汝無有徒念我戒許欲自勤而
身竟不勤戒使必自勤也上天欲整齊於下民使我爲之合
我爲天子整齊下民也我一日所行失其道非爲天所終一
日所行得其理惟爲天所終此事皆在人所行言已當慎行
以順天也我已冀欲順天汝等當庶幾敬逆天命以奉用我
一人之戒汝所行事雖見畏勿自謂可敬畏雖見美勿自謂
有德美欲令其謙而勿自取也汝等惟當敬慎用此五刑以
成剛柔正直之三德以輔我天子我天子一人有善事則億
兆之民蒙賴之若能如此其乃安寧惟久長之道也○傳皆
王至至命○正義曰此摠告諸侯不獨告同姓知舉同姓包
異姓也格訓至也言庶幾有至命至命當謂至善之命不知
是何命也鄭玄云格登也登命謂壽考者傳云至命亦謂壽
考○傳今汝至不勤○正義曰由用也慰安也人之行事多
有始無終從而不改王旣殷勤教誨恐其知而不行或當曰
欲勤行而中道倦怠故以此言戒之今汝等諸侯無不用安
道以自居言曰我當勤之安道者謂勤其職是安之道若不
勤其職是危之道也○傳天整至所行○正義曰天整齊於
下民者欲使之順道依理以性命自終也以民不能自治故
使我爲之使我爲天子我旣受天委付務欲稱天之心墜失
天命是不爲天所終保全祿位是爲天所終我一日所行善

之與惡非爲天所終惟爲天所終皆在人所行王言已冀欲使爲行稱天意也○傳汝當至德美○正義曰逆迎也上天授人爲主是下天命也諸侯上輔天子是逆天命也言與天意相迎逆也汝當庶幾敬逆天命以奉我一人之戒欲使之順天意而用已命凡人被人畏必當自謂已有可畏被人譽必自謂已實有德美故戒之汝等所行事雖見畏勿自謂可敬畏雖見美勿自謂有德美教之令謙而不自恃也○傳先戒至之道○正義曰上句雖畏勿畏雖休勿休是先戒以勞謙之德也勞謙易謙卦九三爻辭謙則心勞故云勞謙天子有善以善事教天下則兆民蒙賴之

王曰吁來有邦有土告爾祥刑吁歎也有國土諸侯告汝以善用刑之道○吁況于反馬作于於也**在今爾安百姓何擇非人何敬非刑何度非及**在今爾安百姓兆民之道當何所擇非惟吉人乎當何所敬非惟五刑乎當何所度非惟及世輕重所宜乎○度待洛反註同馬云造謀也**兩造具備師聽五辭**兩謂因證造至也兩至具備則衆獄官共聽其入五刑之辭○造七報反注同**五辭簡孚正于**

五刑五辭簡核信有罪驗則正之於五刑○核幸革反五刑不簡正于五罰不簡核謂不應五刑當正五罰出金贖罪○應應對之應下同五罰不服正于五過不服不應罰也正於五過從赦免五過之疵惟官惟反惟內惟貨惟來五過之所病或嘗同官位或詐反囚辭或內親用事或行貨枉法或舊相往來皆病所在○疵才斯反來馬本作求云有求請賕也其罪惟均其審克之以病所在出入人罪使在五過罪與犯法者同其當清察能使之不行五刑之疑有赦五罰之疑有赦其審克之刑疑赦從罰罰疑赦從免其當清察能得其理簡孚有衆惟貌有稽簡核誠信有合衆心惟察其貌有所考合重刑之至無簡不聽具嚴天威無簡核誠信不聽理具獄皆當嚴敬天威無輕用刑墨辟疑赦其罰百鍰閱實其罪刻其顙而涅之曰墨刑疑則赦從罰六兩曰鍰鍰黃鐵也閱實其罪

使與罰各相當○辟婢亦反鍰徐戶關反六兩也鄭及爾雅同說文云六鋝也鋝十一銖二十五分銖之十三也馬同又云賈逵說俗儒以鋝重六兩周官劒重九鋝俗儒近是閱音悅顙素黨反涅乃結反

劓辟疑赦其罰惟倍閱實其罪截鼻曰劓刑倍百爲二百鍰

剕辟疑赦其罰倍差閱實其罪刖足曰剕倍差謂倍之又半爲五百鍰

宮辟疑赦其罰六百鍰閱實其罪宮淫刑也男子割勢婦人幽閉次死之刑序五刑先輕轉至重者事之宜

大辟疑赦其罰千鍰閱實其罪死刑也五刑疑各入罰不降相因古之制也

墨罰之屬千劓罰之屬千剕罰之屬五百宮罰之屬三百大辟之罰其屬二百五刑之屬三千別言罰屬合言刑屬明刑罰同屬互見其義以相備○見賢遍反

疏

王曰至天威○正義曰凡與人言必呼使來前呼歎聲也王歎而呼諸侯曰吁來有邦國有土地諸侯國君等告汝以善

用刑之道在於今日汝安百姓兆民之道何所選擇非惟選擇善人乎何所敬慎非惟敬慎五刑乎何所謀度非惟度及世之用刑輕重所宜乎卽教諸侯以斷獄之法凡斷獄者必令囚之與證兩皆來至囚證具備取其言語乃與衆獄官共聽其入五刑之辭其五刑之辭簡核信實有罪則正之於五刑以五刑之罪罪其身也五刑之辭不如衆所簡核不合入五刑則正之於五罰罰謂其取贖也於五罰論之又有辭不服則正之於五過過失可宥則赦宥之從刑入罰從罰入過此五過之所病者惟嘗同官位惟詐反囚辭惟內親用事惟行貨枉法惟舊相往來以此五病出入人罪其罪與犯法者均其當清證審察能使五者不行乃爲能耳五刑之疑有赦赦從罰也五罰之疑有赦赦從過也過則赦之矣其當清證審察使能之勿使妄入人罪妄得赦免既得囚辭簡核誠信有合衆心或皆可刑或皆可放雖云合罪惟更審察其貌有所考合謂貌又當罪乃決斷之無簡不聽者謂雖似罪狀無可簡核誠信合罪者則不聽理其獄當放赦之皆當嚴敬天威天威勿輕聽用刑也○傳在今至宜乎○正義曰何度非及其言不明以論刑事而言度所及知所度者度及世之用刑輕重所宜王肅云度謀也非當與主獄者謀慮刑事度世輕重所宜也○傳兩謂至之辭○正義曰兩謂兩人謂囚與

證也凡競獄必有兩人爲敵各言有辭理或時兩皆須證則囚之與證非徒兩人而已兩人謂囚與證不爲兩敵至者將斷其罪必須得證兩敵同時在官不須待至且兩人競理或並皆爲囚各自須證故以兩爲囚與證也兩至具備謂囚證具足各得其辭乃據辭定罪與衆獄官共聽其辭觀其犯狀斟酌入罪或入墨劓或入宫剕故云聽其入五刑之辭也○傳五辭至五刑○正義曰既得囚證將入五刑之辭更復簡練核實知其信有罪狀與刑書正同則依刑書斷之應墨者墨之應殺者殺之○傳不簡至贖罪○正義曰不簡核者謂覆審囚證之辭不如簡核之狀既囚與證辭不相符合則是犯狀不定謂不應五刑不與五刑書同獄官疑不能決則當正之於五罰令其出金贖罪依準五刑疑則從罰故爲五罰卽下文是也今律疑罪各依所犯以贖論虛實之證等是非之理均或事涉疑似旁無證見或雖有證見事非疑似如此者皆爲疑罪○傳不服至赦免○正義曰不服不應罰者欲令贖罪而其人不服獄官重加簡核無服疑似之狀本情非罪不可强遣出金如是者則正之於五過雖事涉疑似有罪乃是過失過則可原故從赦免下文惟有五刑五罰而無五過亦稱五者緣五罰爲過故謂之五過五者之過皆可原也○傳五過至所在○正義曰釋詁云疵病也此五過之所病

皆謂獄吏故出入人罪應刑不刑應罰不罰致之五過而赦免之故指言五過之疵於五刑五罰不赦其罪未有此病故不言五刑之疵五罰之疵應刑而罰亦是其病於赦免言病則赦刑從罰亦是病可知揜害王道於政爲病故謂之病惟官謂嘗同官位與吏舊同僚也或詐反囚辭拒諱實情不承服也或內親用事因有親戚在官吏或望其意而曲筆也或行貨於吏吏受財枉法也或因與吏舊相往來此五事皆是病之所在五事皆是枉法但枉法多是爲貨故於貨言枉餘皆枉可知○傳以病至不行○正義曰以五病所在出入人罪不罰不刑使得在於五過妄赦免之此獄吏之罪與犯法者同諸侯國君清證審察能使之不行乃爲善也此以病所在惟出人罪耳而傳并言入者有罪而妄出與無罪而妄入獄吏之罪等故以出入言之今律故出入者與同罪而此是也○傳刑疑至其理○正義曰刑疑有赦赦從罰也罰疑有赦赦從免也上云五罰不服正於五過即是免之也不言五過之疑有赦者知過則赦之不得疑也其當清察能得其理不使應刑妄得罰應罰妄得免也舜典云眚災肆赦大禹謨云宥過無大易解卦象云君子以赦過宥罪論語云赦小過是過失之罪皆當赦放故知過即是赦之鄭玄云不言五過之疑有赦者過不赦也禮記云凡執禁以齊衆者不赦過如

鄭此言五罰不服正於五過者五過皆當罪之也五刑之疑赦刑取贖五罰疑者反使服刑是刑疑而輸贖罰疑而受刑不疑而更輕可疑而益重事之顛倒一至此乎謂之祥刑豈當若是然則不赦過者復何所謂執禁以齊衆非謂平常之過失也人君故設禁約將以齊整大衆小事易犯人必輕之過犯悉皆赦之衆人不可復禁是故不赦小過所以齊整衆人令其不敢犯也今律和合御藥誤不如本方御幸舟舡誤不牢固罪皆死乏軍興者斬故失等皆是不赦過也○傳簡核至之至○正義曰簡核誠信有合衆心或皆以爲可刑或可以爲赦未得即斷之惟當察其囚貌更有所考合考合復同乃從衆議斷之重刑之至也察其貌者即周禮五聽辭聽色聽氣聽耳聽目聽也鄭玄以爲辭聽觀其出言不直則煩色聽觀其顏色不直則赧然氣聽觀其氣息不直則喘耳聽觀其聽聆不直則惑目聽觀其眸子視不直則眊然是察其貌有所考合也○傳無簡至用刑○正義曰無簡核誠信者謂簡核之於罪無誠信效驗可簡核即是無罪之人當赦之○傳刻其至相當○正義曰五刑之名見於經傳唐虞已來皆有之矣未知上古起在何時也漢文帝始除肉刑其刻顙截鼻刖足割勢皆法傳於先代孔君親見之說文云顙額也墨一名黥鄭玄周禮注云墨黥也先刻其面以墨窒之言刻額爲瘡

以舉塞瘡孔令變色也六兩曰鍰蓋古語存於當時未必有明文也考工記云戈矛重三鋝馬融云鋝量名當與呂刑鍰同俗儒云鋝六兩爲一川不知所出耳鄭玄云鍰稱輕重之名今代東萊稱或以太半兩爲鈞十鈞爲鍰鍰重六兩太半兩鍰鋝似同也或有存行之者十鈞爲鍰二鍰四鈞而當一斤然則鍰重六兩三分兩之二周禮謂鍰爲鋝如鄭玄之言一鍰之重六兩多於孔王所說惟挍十六銖爾舜典云金作贖刑傳以金爲黃金此言黃鐵者古者金銀銅鐵揔號爲金今別之以爲四名此傳言黃鐵舜典傳言黃金皆是今之銅也古人贖罪悉皆用銅而傳或稱黃金或言黃鐵謂銅爲金爲鐵爾閱實其罪撿閱核實其所犯之罪使與罰名相當然後收取其贖此既罪疑而取贖疑罪不定恐受贖參差故五罰之下皆言閱實其罪慮其不相當故也○傳刖足至百鍰正義曰釋詁云剕刖也李巡云斷足曰刖說文云刖絶也是刖者斷絶之名故刖足曰剕贖劓倍墨剕應倍劓而云倍差倍之又有差則不啻一倍也下句贖宮六百鍰知倍之又半之爲五百鍰也截鼻重於黥頟相校猶少刖足重於截鼻所校則多刖足之罪近於宮刑故使贖剕不啻倍劓而多少近於贖宮也○傳宮淫至之宜○正義曰伏生書傳云男女不以義交者其刑宮是宮刑爲淫刑也男子之陰名爲勢割去

其勢與椓去其陰事亦同也婦人幽閉閉於宮使不得出也本制宮刑主爲淫者後人被此罪者未必盡皆爲淫昭五年左傳楚子以羊舌肸爲司宮非坐淫也漢除肉刑除墨劓剕耳宮刑猶在近代反逆緣坐男子十五已下不應死者皆宮之大隋開皇之初始除男子宮刑婦人猶閉於宮宮是次死之刑宮於四刑爲最重也人犯輕刑者多犯重刑者少又以鍰數以倍相加序五刑先輕後重取事之宜○傳死刑至制也○正義曰釋詁云辟罪也死是罪之大者故謂死刑爲大辟經歷陳罰之鍰數五刑之疑各自入罰不降相因不合死疑入宮宮疑入剕者是古之制也所以然者以其所犯疑不能決故使贖之次刑非其所犯故不得降相因○傳別言至相備○正義曰此經歷言二百三百五百者各是刑之條也每於其條有犯者實則刑之疑則罰之刑屬罰屬其數同也別言罰屬五者各言其數合言刑屬但揔云三千明刑罰同其屬數互見其義以相備也經云大辟之罰其屬二百文異於上四罰者以大辟二字不可云大辟罰之屬故分爲二句以其二字足使成文

上下比罪無僭亂辭勿用不行上下比方其罪無聽僭亂之辭以自疑勿用折獄不可行○僭子念反

惟察惟法其審克之

惟當清察罪人之辭附以法理其當詳審能之**上刑適輕下服**重刑有可以虧減則之輕服下罪**下刑適重上服輕重諸罰有權**一人有二罪則之重而輕并數輕重諸刑罰各有權宜○并必政反數色住反**刑罰世輕世重惟齊**

非齊有倫有要言刑罰隨世輕重也刑新國用輕典刑亂國用重典刑平國用中典凡刑所以齊非齊各有倫理有要善

〔疏〕上下至有要○正義曰此又述斷獄之法將斷獄訟當上下比方其罪之輕重乃與獄官衆議斷之其囚有僭亂之虛辭者無得聽之勿用此辭斷獄此僭亂之辭言不可行也惟當清察罪人之辭惟用當附以法理其當詳審使能之勿使僭失爲不能也上刑適輕者謂一人雖犯一罪狀當輕重兩條據重條之上有可以虧減者則之輕條服下罪也下刑適重者謂一人之身輕重二罪俱發則以重罪而從上服令之服上罪或輕或重諸所罪罰皆有權宜當臨時斟酌其狀不得雷同加罪刑罰有世輕世重當視世所宜權而行之行罰者所以齊非齊者有倫理有要善戒令審量之○傳上下至可行○正義曰罪條雖有多數犯者未必當條當取故事並之上下比方其罪之輕

重上比重罪下比輕罪觀其所犯當與誰同獄官不可盡賢其間或有阿曲宜預防之僭不信也獄官與囚等或作不信之辭以惑亂在上人君無得聽此僭亂之辭以自疑惑勿即用此僭亂之辭以之斷獄此僭亂之言不可行用也○傳一人至權宜○正義曰一人有二罪則之重而輕并數者謂若一人有二罪則應兩罪俱治今惟斷獄以重條而輕者不更別數與重并數爲一劉君以爲上刑適輕下刑適重皆以爲一人有二罪上刑適輕者若今律重罪應贖輕罪應居作官當者以居作官當爲重是爲上刑適輕下刑適重者謂若二者俱是贓罪罪從重科輕贓亦備是爲而輕并數也知不然者案經旣言下刑適重上服則是重上服而已何得爲輕贓亦備又今律云重罪應贖輕重應居作官當者以居作官當爲重者此即是下刑適重之條而以爲上刑適輕之例實爲未允且孔傳下經始云一人有二罪則上經所云非一人有二罪者也劉君妄爲其說故今不從○傳言刑至要善○正義曰刑罰隨世輕重言觀世而制刑也刑新國用輕典刑亂國用重典刑平國用中典周禮大司寇文也鄭玄云新國者新辟地立君之國用輕法者爲其民未習於教也平國承平守成之國用中典者常行之法也亂國篡弑叛逆之國用重典者以其化惡伐滅之也

罰懲非死

人極于病刑罰所以懲過非殺人欲使惡人極于病苦莫敢犯者非佞折獄惟良折獄罔非在中非口才可以斷獄惟平良可以斷獄無不在中正○察辭于差非從惟從察囚辭其難在於差錯非從其偽辭惟從其本情哀敬折獄明啟刑書胥占咸庶中正當憐下人之犯法敬斷獄之害人明開刑書相與占之使刑當其罪皆庶幾必得中正之道○當丁浪反其刑其罰其審克之其所刑其所罰其當詳審能之無失中正獄成而孚輸而孚斷獄成辭而信當輸汝信於王謂上其鞫劾文辭○上時掌反下註同鞫九六反劾亥代反玉篇胡得反其刑上備有并兩刑其斷刑文書上王府皆當備具有并兩刑亦具上之

疏罰懲至兩刑正義曰言聖人之制刑罰所以懲創罪過非要使人死也欲使惡人極於病若莫敢犯之而已非口才辯佞之人可以斷獄惟良善之人乃可以斷獄言斷獄無非在其中正佞人即不能然也察囚之辭其難在於言辭差錯斷獄者非從其偽辭惟從其本

情斷獄之時當哀憐之。下民之犯法敬慎斷獄之害人勿得
輕耳斷之必令與獄諸官明開刑書相與占之皆無幾得中
正之道其所刑罰其當詳審能之勿使失中其斷獄成辭得
其信實又當輸汝信實之狀而告於王其斷刑文書上於王
府皆使備具勿有疏漏其囚若犯二事罪雖從重有并兩刑
上之者言有兩刑亦具上之恐獄官有所隱沒故戒之○傳
當憐至之道○正義曰論語云陽膚爲士師曾子戒之云如
得其情則哀矜而勿喜是斷獄者於斷之時當憐下民之犯
法也死者不可復生斷者不可復續當須敬慎斷獄之害人
勿得輕耳卽決之五刑之屬三千皆著在刑書使斷獄者依
案用之宜合斷獄諸官明開刑書相與占之使刑書當其罪
令。人之所犯不必當條須探測刑書之意比附以斷其罪若
卜筮之占然故稱占也皆庶幾必得中正之道合獄官同心
思使中也此言明啟刑書而左傳云昔先王議事以制不爲
刑辟者彼鑄刑書以宣示百姓故云臨事時宜不預明刑辟
人有犯罪原其情之善惡斷定其輕重乃於刑書比附而罪
之故彼此各據其一義不相違也○傳斷獄至文辭○正義
曰孚信也輸寫也下而爲汝也斷獄成辭而得信實當輸寫
汝之信實以告於王勿藏隱其情不告王也由必隱情直則
無隱令其不隱情者欲使之無阿曲也漢世問罪謂之鞫斷

獄謂之劾謂上其鞫劾文辭也○傳其斷至上之○正義曰其斷刑文書上王府皆當備具若今曹司寫案申尚書省也有并兩刑謂人犯兩事刑有上下雖罪從重斷有兩刑者亦并具上之使王知其事王或時以下刑爲重改下爲上故并亦上之

王曰嗚呼敬之哉官伯族姓朕言多懼敬之哉告使敬刑官長諸侯族同族姓異姓也我言多可戒懼以儆之○儆音景**朕敬于刑有德惟刑**我敬於刑當使有德者惟典刑**今天相民作配在下明清于單辭**今天治民人君爲配天在下當承天意聽訟當清審單辭單辭特難聽故言之○相如字馬息亮反**民之亂罔不中聽獄之兩辭**民之所以治由典獄之無不以中正聽獄之兩辭兩辭棄虛從實刑獄清則民治○治直吏反**無或私家于獄之兩辭**典獄無敢有受貨聽詐成私家於獄之兩辭**獄貨非寶惟府辜功報以庶尤**受獄貨非家寶也惟聚罪之事其報則以衆人見罪**永畏惟罰非天不**

中惟人在命當長畏懼惟爲天所罰非天道不中惟人在教命使不中不中則天罰之**天**天道罰不中令衆民無有**罰不極庶民罔有令政在于天下**善政在於天下由人主不中將亦罰之。令力呈反【疏】王曰至天下。正義曰王歎而呼諸侯曰嗚呼刑罰事重汝當敬之哉謂諸侯官之長此同族異姓等我言多可戒懼我敬於刑當刑命有德者惟典刑事今上天治民命人君爲天子配天在於下承天之意爲事甚重其聽獄訟當明白清審於獄之單辭民之所以治者由獄官無有不用中正聽訟之兩辭由以中正之故下民得治汝獄官無有敢受貨賂成私家於獄之兩辭勿於獄之兩家受貨致富治獄受貨非家寶也惟是聚罪之事言汝身多違則不違虛言戒行急惡疏非虛論矣多聚罪則天報汝以衆人見被九怨而罰責之汝當長畏惟天所罰天罰汝者非是天道不中惟人在於自作教命使不中爾教命不中則天罰汝天道罰不中也若令衆民無有善政在於天下則是人主不中天亦將罰人主諸侯爲民之主故以天罰懼之。傳敬之至微之。正義曰此篇主多戒諸侯百官之長故知官長卽諸侯也襄十二年左傳哭諸侯之例云異姓臨於外同族於禰廟是相對則族爲同

姓姓爲異姓也告之以我言多可戒懼者以儆戒之也下言民無善政則天罰人主是儆戒諸侯也。傳我敬至典刑。言正義曰當使有德者惟典刑言將選有德之人使爲刑官刑官不用無德之人也。傳今天至言之。正義曰傳以相爲治今天治民者天有意治民而天不自治使人治之人君爲配天在下當承天意治民治之當使稱天心也欲稱天心聽獄當清審單辭單辭謂一人獨言未有與對之人訟者多直已以曲彼搆辭以誣人單辭特難聽故言之也孔子美子路云片言可以折獄者其由也與片言即單辭也子路行直聞於天下不肯自道已長妄稱彼短得其單辭即可以斷獄者惟子路爾凡人少能然故難聽也。傳民之至民治。正義曰此獄之兩辭謂兩人競理一虛一實實者枉屈虛者得理則此民之所以不得治也民之所以得治者由典獄之官其無不以有中正之心聽獄之兩辭棄虛從實實者得理虛者受刑虛者不敢更訟則刑獄清而民治矣孔子稱必也使無訟乎謂此也。傳典獄至兩辭。正義曰典獄知其虛受其貨而聽其詐詐者虛而得理獄官致富成私家此民之所以亂也故戒諸侯無使獄官成私家於獄之兩辭。傳受獄至見罪正義曰府聚也功事也受獄貨非是家之寶也惟最聚近罪之事爾罪多必有惡報其報則以衆人見罪也衆人見罪者

多天必報以禍罰故下傳戒令畏天罰之○傳當長至罰之正義曰衆人見罪者多天必報以禍罰汝諸侯等當長畏懼爲天所罰天之罰人非天道不得其中惟人在其教命自使不中教命不中則天罰之諸侯一國之君施教命於民者也故戒以施教命中否也○傳天道至罰之○正義曰天道下罰罰不中者令使衆民無有善政在於天下由人主不中爲人主不中故無善政天將亦罰人主人主謂諸侯此言戒諸侯也

王曰嗚呼嗣孫今往何監非德于民之中尚明聽之哉嗣孫諸侯嗣世子孫非一世自今已往當何監視非當立德於民爲之中正乎庶幾明聽我言而行之哉哲人惟刑無疆之辭屬于五極咸中有慶言智人惟用刑乃有無窮之善辭名聞於後世以其折獄屬五常之中正皆中有善所以然也○屬音燭受王嘉師監于茲祥刑有邦有土受王之善衆而治之者視於此善刑欲其勤而法之爲無疆之辭

疏王曰至祥刑○正義曰戒之既終王又言而歎曰嗚呼汝諸侯嗣世子孫等從自今已往當何所監視非當視立德於民而爲之中正乎言諸

侯并嗣世惟當視此立德於民為之中正之事汝必視此庶幾明聽我言而行之哉有智之人惟能身刑乃有無疆境之善辭得有無疆善辭者以其折獄能屬於五常之中正皆中其理而法有善政故也汝有邦有土之君受王之善衆而治之之當視於此善刑從上已來舉善刑以告之欲其勤而法之使有無窮之美譽○傳言智至以然○正義曰屬謂屬著也極中也慶善也五常謂仁義禮智信人所常行之道也言得有善辭名聞於後世者以其斷獄能屬著於五常之中正皆得其理而法之有善所以得然也知五是五常者以人所常行惟有五事知是五常也

附釋音尚書注疏卷第十九

江西鹽法道胡稷栞

尚書注疏挍勘記卷十九　　阮元撰盧宣旬摘錄

康王之誥第二十五　周書

主天子之正號　古本正作政

羣臣陳戒　纂傳陳作進

太保率西方諸侯　古本率作帥下同

若使東伯任重　纂傳伯作方

圭是文馬之物　宋板纂傳同齊召南云舊本作文馬非也据覲禮賈疏皆以璧帛致之監本作致字是下文命同

馬卓上　閩本明監本纂傳同毛本卓作阜按阜字誤覲禮作匹馬卓上

史言王荅拜之意也　宋板言作原按纂傳已作言

自許與諸侯爲王也 纂傳同 毛本王作主

皆再拜稽首 古本皆作並

誕受羑若 古本受下有厥字

務崇先人之美 纂傳美作業

文武所憂 宋板閩本同 毛本武作王

言聖德治 毛本治作治 案治字誤

用端命于上帝 石經補缺于誤作弓

乃命建侯樹屏 侯上古本有諸字

樹以爲蕃屏 岳本纂傳同 毛本蕃作藩 疏同

安汝先公之臣服於先王而法循之 古本公作君 循作修

言雖汝身在外之爲諸侯 古本岳本宋板纂傳之作士與疏合

畢命第二十六　周書 古本首題尙書卷第十二畢命第二十六周書孔氏傳

今其逸篇有冊命霍侯之事不同與此序相應非也 此與序相應漏鐙從埤傳作與此不應○按不同謂異於豐刑也漢志豐刑本異於序逸篇冊命霍侯又與漢志不同亦不與序相應故知其非也與字上宜更有不字或衍同字亦通埤傳似不可從

用能受殷王之命 岳本宋板纂傳王之二字倒與疏標目合

惟殷頑民 古本岳本宋板纂傳惟作愼是也岳本考正云愼字正釋毖字義孔疏云愼彼殷之頑民諸本作惟字非

令之北近王室 毛本北作比案北字誤

彰善癉惡 孫志祖云此彰字亦開元中所改也古彰字影字皆作章字景字不加彡禮記章義癉惡可證

辭以理實爲要 按正義當作以體

紂以靡靡利口惟賢 古本惟下有爲字纂傳有爲無惟按作爲是也若惟爲疊見則惟字當在紂字下

心未厭服 古本岳本宋板厭作壓按釋文有壓字音纂傳作厭疏同

惟公克成厥終 古本公上有畢字誤

不可不尙 古本下有道字

亦有無窮之聞 古本亦作其

以聞於後世 古本岳本宋板纂傳俱無以字

傳敬順至畢公 浦鏜云自邦之安危以下凡九節僅存一條當有脫落

所以尅勸畢公 宋板勸作勵按宋本是也

君牙第二十七　周書　宋板下行題尙書注疏卷第十九

作君牙　陸氏曰君牙或作君雅○按禮記緇衣作君雅注云書序作牙假借字也然則記自作雅經自作牙陸言或作君雅自指記言非謂經之別本或作雅也但無顯證或僞孔本有作雅者姑存以俟攷

王若曰嗚呼君牙　毛本嗚呼作嗚呼誤

亦惟先正之臣　正唐石經古岳宋板蔡本俱作王按本篇下文及說命文侯之命言先正皆無之臣二字則此正字當屬王字之譌先王之臣猶言先正爾

小民惟曰怨咨　古本曰作日下同

民猶怨咨　古本岳本宋板咨作嗟與疏標目合

厥惟艱哉　古本艱作難

以謀其易民乃寧　古本岳本宋板寧作安○按安字正釋經文寧字

故今命汝爲大司徒　宋板大司徒作我輔翼

汝當正身心以率之　宋板正身心作爲中正

啓佑我後人　古本佑作佐

文武之謀業　古本岳本葛本宋板閩本明監本纂傳同毛本武誤作王○按疏標目各本俱誤作王毛本遂併改傳非

傳文王至邪缺　按王當作武各本皆誤

王若曰君牙乃惟由先正舊典時式　山井鼎曰正永懷堂本作王古本作生並非

汝惟當奉用先正之臣所行故事　盧文弨云經當作先正傳當作先王之臣先王之臣乃解先正二字

冏命第二十八　周書

穆王命伯冏爲周太僕正　陸氏曰冏字亦作㷗○今按史記周本紀正義引尚書序云穆王令伯㷗爲大僕正蓋此字自魏晉以前俱作㷗僞孔亦必作㷗後人始改爲冏耳集解引孔安國曰伯冏名也冏字疑亦後人所改非裴氏原文

故以爲周禮太御者知非周禮太僕　浦鏜云者字疑在太僕下

則此云太僕是矣　纂傳是作足按足是也

故以太御爲長　宋板同毛本御作僕

齊訓通也　岳本閩本明監本毛本通上有中也聖訓四字案此誤脫

言侍左右之臣　毛本侍作特按特字不誤

今予命汝作大正　古本正上有僕字按疏云命汝作太僕官大正則大字作如字讀不讀爲太古本非也

今選其在下屬官 毛本今作令案今字誤

襄三十年左傳云 宋板十下有一字按有者是也

非是愛前人也 宋板同毛本前作側

爾無眠于憸人 眠古本作暱陸氏曰憸本亦作思

呂刑第二十九 周書

謂書緯刑將得放之篇 盧文弨云刑將得放當作刑德放是也

何以得專王刑也 宋板同毛本王作主

刖罪五百 宋板纂傳同毛本刖作荆○按周禮司刑是刖字

令穆王改易之者 毛本令作今

惟呂命王享國百年耄荒 陸氏曰耄本亦作𦒿○按說文當作薹此薹字正說文薹字之譌也

言百年大期古本大期作大其屬下讀按疏云美大其事則作其是也

度作刑以詰四方石經考文提要云坊本詰譌誥

北至命呂侯之年宋板北作比是也毛本作此亦非

罔不寇賊鴟義陸氏曰義本亦作誼

殺戮無辜古本辜作罪

越茲麗刑并制古本刑作戮

罔差有辭古本辭作詞按山井鼎按下鰥寡有辭于苗云古文辭作詞下師聽五辭五辭簡孚無僭亂辭察辭于差獄之兩辭無疆之辭並同傳中辭字皆同今本

民興胥漸古本胥作匹

上帝監民古本民作人

皇帝哀矜庶戮之不辜陸氏曰皇宜作君字○按陸氏因傳有君帝之語遂謂經之皇字宜作君不知經自作皇傳自作君傳以君帝釋經皇帝以別於秦之所謂皇帝也皇之爲君自是常訓故傳不特釋之下經官伯傳作官長亦將謂經之伯字當作長乎考單本釋文乃大書君帝二字注云君宜作皇字尤爲舛誤注疏本所載不誤也

皇帝帝堯也岳本葛本同毛本皇作君山井鼎曰宋板君作皇正嘉同古本萬歷崇禎本俱作君今按岳葛十行閩本纂傳亦俱作皇疏引釋詁以解傳則傳宜作君明矣陸德明所據之本蓋亦作君也

乃報爲虐者以威誅遏絶苗民古本絶下有滅字按如古本則誅字宜屬下讀

蚩尤是炎帝之末諸侯君也閩本同毛本君作名按君字誤

皇帝所伐者毛本皇作黃案所改是也

學蚩尤爲此者浦鏜云亂誤此是也

三生凶德孫志祖云禮緇衣疏引鄭注作凶惡

必皆違之　宋板皆作背按宋本是也

傳君帝至下國　山井鼎曰注文古本萬歷崇禎本作君帝其餘注疏本皆作皇帝而疏所引諸本皆作君帝未知所適從耳○按十行本亦作君益知傳文宜作君帝

使人神不擾　古本人作祇按祇乃民之訛

地民不至於天　疏云地民或作地祇學者多聞神祇又民字似祇因妄改使謬耳毛居正曰祇作民誤○按此傳全本楚語楚語民神對言故傳亦以神民對言疏說甚明毛氏不從何也岳本纂傳及明刻注疏諸本俱作祇蓋爲毛氏所誤惟此本不誤

禹治洪水　宋板治下空一字按治上疑有平字

今爾罔不由慰曰勤　按段玉裁云曰勤釋文作日月字人實反一音曰音曰當作音越正義作子曰字云言曰我當勤之王鳴盛云孔傳今汝無不用安自居曰當勤之按曰當勤之下文所謂徒念戒而不勤也孔本本作

曰字今定作曰唐石經作日非也

欲令其謙而勿自取也　閩本同毛本取作恃

或當曰欲勤行　宋板閩本同毛本曰作日

當何所度　史記集解度作居按度與宅古字通用宅訓居故史記作居若孔意則當與王肅同訓度爲謀故疏云何所謀度非惟度及世之用刑輕重所宜乎是也裴氏所引殆有意遷就非孔氏本文

其罪惟均　岳本均作鈞

使與罰各相當　古本岳本宋板史記集解各作名與疏合按纂傳亦誤作各

刖足曰剕　古本剕下有刑字按以上兩節傳例之當有刑字

必令內之與證　毛本內作因按內字誤

其當清證審察　盧文弨云證當作澄楚辭不清澂其然否下同

或記可刑　宋板閩本同毛本記作旹盧文弨云作記非

皆當嚴敬天威天威勿輕聽用刑也　毛本天威二字不重此誤重也閩本誤同

覰其犯狀　閩本同毛本覰作觀案覰字誤

或雖有證見事非疑似　閩本同毛本非作涉

無服疑似之狀　宋板服作復是也

捐害王道　閩本同毛本捐作損是也

因有親戒在官吏　閩本同毛本戒作戚

而此是也　宋板而作卽

今律和合御藥　宋板倒和合二字山井鼎曰見于唐律十惡之條作合和爲是

或可以爲赦 閩本同毛本作或以爲可赦案所改是也

正義曰釋詁云 宋板詁作言按言字不誤

此經歷言二百三百五百者 山井鼎曰正嘉二本同閩本同宋本三百作二百毛本二百作一百案宋本二百似複衍毛本一百亦訛誤

輕重應居官當者 毛本重作罪案重字誤

有要善 岳本纂傳善作義與疏不合俟攷

謂上其鞫劾文辭 古本岳本宋板鞫作鞠岳本考證云說文窮理罪人曰鞫中應從言爲是

當哀憐之下民之犯法 宋板憐下無之字

故云臨事時宜 宋板時作制按時字非也

言汝身多違則不達處言戒行急惡疏非虛論矣 浦鏜云一

十九字當誤衍盧文弨云刪此十九字義無不足定是衍文無疑○按此數句疑是他節疏文誤入于此而又多誤字遂不可解

惟最聚近罪之事爾　宋板最作是

故下句戒令畏天罰之　宋板之作也是也

尚明聽之哉　葛本聽誤作德

尚書注疏校勘記卷十九

會昌縣知縣候補知州曾暉春栞

附釋音尚書注疏卷第二十

文侯之命第三十

周書　孔氏傳　孔穎達疏

平王錫晉文侯秬鬯圭瓚以圭爲杓柄謂之圭瓚○平王馬無平字錫星歷反馬本作賜秬音巨鬯勑亮反瓚才但反杓上灼反柄彼病反作文侯之命所以名篇幽王爲犬戎所殺平王立而東遷洛邑晉文侯迎送安定之故錫命焉文侯之命平王命爲侯伯

〔疏〕平王至之命○正義曰幽王嬖褒姒廢申后逐太子宜臼奔申申侯與犬戎旣殺幽王晉文侯與鄭武公迎宜臼立之是爲平王遷於東都平王乃以文侯爲方伯賜其秬鬯之酒以圭瓚副焉作策書命之史錄其策書作文侯之命○傳以圭至圭瓚○正義曰祭之初酌鬱鬯之酒以灌尸圭瓚者酌鬱鬯之杓杓下有槃瓚卽槃之名也是以圭爲杓之柄故謂之圭瓚周禮典瑞云祼圭有瓚以肆先王以祼賓客鄭司農云於圭頭爲器可以挹鬯祼祭謂之瓚以肆先王灌先王

祭也鄭玄云肆解牲體以祭因以爲名爵行曰祼漢禮瓚槃大五升口徑八寸下有槃口徑一尺詩云瑟彼玉瓚黃流在中毛傳云玉瓚圭瓚也黃金所以飾流鬯也鄭云黃流秬鬯也圭瓚之狀以圭爲柄黃金爲勺青金爲外朱中央是說圭瓚之形狀也禮無明文而知其然者祭統云君執圭瓚祼尸大宗執璋瓚亞祼鄭云圭瓚璋瓚祼器也以圭璋爲柄酌鬱鬯曰祼然則圭瓚璋瓚惟柄以圭璋爲異其瓚形則同考工記玉人云祼圭尺有二寸有瓚以祀廟大璋中璋九寸邊璋七寸厚寸黃金勺青金外朱中鼻寸鄭云鼻勺流也凡流皆爲龍口也三璋之勺形如圭瓚是鄭以璋形如此知圭瓚亦然毛傳又云九命然後錫以秬鬯圭瓚則晉文侯於時九命爲東西大伯故得受此賜也秬鬯從經爲傳故此惟解圭瓚○傳所以至命焉○正義曰周本紀云幽王嬖褒姒生子伯服幽王廢申后并去太子用褒姒爲后伯服爲太子申侯怒乃與西夷犬戎共攻殺幽王於是諸侯乃與申侯共立太子宜臼是爲平王東徙於洛邑避戎寇隱六年左傳周桓公言於王曰我周之東遷晉鄭焉依鄭語云晉文侯於是乎定天子是迎送安定之故平王錫命焉○傳平王命爲侯伯○正義曰伯長也諸侯之長謂之伯也僖元年左傳云凡侯伯救患分災討罪禮也是與諸侯之長爲侯伯王肅云幽王

既滅平王東遷晉文侯鄭武公夾輔王**王若曰父義和**
室者爲大國功重故平王命爲侯伯
顯其功而命之文侯同姓故稱曰父義和字也稱父者非一
人故以字別之。義和馬云能以義和諸侯義本作誼別彼
列反**丕顯文武克慎明德**大明乎文王武王之道能詳慎顯用有德**昭升**
于上敷聞在下惟時上帝集厥命于文王更述
文王所以王也言文王聖德明升于天而布聞在下居惟
以是故上天集成其王命德流子孫。聞音問王于況反**亦**
惟先正克左右昭事厥辟言君既聖明亦惟先正官賢臣能左右明事其
君所以然。辟必亦反**越小大謀猷罔不率從肆先祖懷**
在位文王君聖臣良於小大所謀道德天下無不循從其化故我後世先祖歸在王位〔疏〕王若至在
位。正義曰平王順文侯之功親之敬而呼其字曰父義和
既呼其字乃告以上世之事大明乎文王武王之道能詳順
顯用有德之人以爲大臣文王之爲王也聖德明升於天言
其道至天也又布聞於在下言其德被民也惟以是故上天

成其大命於文王使之身爲天子澤流後世文武聖明如此亦惟先世長官之臣能左右明事其君君聖臣賢之故於小大所謀道德天下無有不循從其化故我之先祖文武之後諸王皆得歸在王位言先世聖王得賢臣之力將說已無賢臣故言此也○傳順其至別之○正義曰覲禮說天子呼諸侯之義曰姓大國則曰伯父其異姓則曰伯舅同姓小國則曰叔父其異姓則曰叔舅鄭玄禮注云稱之以父與舅親親之辭晉文侯唐叔之後與王同姓故稱曰父曲禮天子謂二伯爲伯父伯舅計文侯爲侯伯天子當呼爲伯父此不云伯而直稱父者九親之也左傳以文侯名仇今呼曰義和知是字也天子於同姓諸侯皆呼爲父稱父者非一人若不稱其字無以知是文侯故以字別之鄭玄讀義爲儀儀仇皆訓匹也故名仇字儀古人名字不可皆令相配不必然也○傳文王至王位○正義曰後世先祖謂文武之後在令王之先祖成康以至宣幽皆是也懷歸也歸在王位者王位是其所有也若歸向家然故稱歸也

嗚呼閔予小子嗣造天丕愆歎。而自痛傷也言我小子。而遭天大罪過父死國敗祖業隤隕○予如字又音與愆去虔反隤杜回反隕于敏反

殄資澤于下民侵戎我國

家純言周邦喪亂絕其資用惠澤於下民侵兵傷我國及卿大夫之家禍甚大○殄大見反卽我所以遇禍卽我治事

御事罔或耆壽俊在厥服予則罔克

之臣無有耆宿壽考俊德在【疏】鳴呼至罔克○正義曰王其服位我則材劣無能之致又歎而自傷鳴呼疲病者是我小子繼嗣先王之位遭天大罪過於我周家父死國敗傾覆祖業致使周邦喪亂絕其資用惠澤於下民言下民資用盡致使而王澤竭也西夷犬戎侵兵傷我國及卿大夫之家其禍亦甚大也所以遇此禍者卽我治事之臣無有耆宿壽考俊德之人在其服位我則材弱無能之致自恨已弱不能致得賢臣恐又不能自立也○傳言周至甚大○正義曰此經所言追敘幽王滅事民不自治立君以養之民之資用是王者佑助以得之言周邦喪亂不能撫佑下民絕其資用惠澤於下民也幽王之滅由夷狄交侵兵傷我國及卿大夫之家其禍甚大諸言國家者皆謂國爲國家傳意欲見君臣俱被其害故以家爲卿大夫之家王肅云遭天之大愆謂幽王爲犬戎所殺殄絕其先祖之澤於下民侵犯兵寇傷我國家甚大謂犬戎也○傳所以至之致○正義曰此經亦是追敘往事言幽王所以遇禍者卽我周家治事之臣無有耆宿

壽考俊德之人在其服位致使有犬戎之禍亦是我材劣無能之致幽王之時平王被逐在外國之興亡非平王所知言我無能之致者引過歸己自懼將來復然故下句思得賢臣**曰惟祖惟父其伊恤朕躬嗚呼有績予一人永綏在位**王曰同姓諸侯在我惟祖惟父列者其惟當憂念我身嗚呼能有成功則我一人長安在王位言恃諸侯**父義和汝克紹乃顯祖**重稱字親之不稱名尊之言汝能明汝顯祖唐叔之道獎之**汝肇刑文武用會紹乃辟追孝于前文人**言汝今始法文武之道矣當用是道合會繼汝君以善使追孝於前文德之人汝君平王自謂也繼先祖之志爲孝○辟扶亦反**汝多修扞我于艱若汝予嘉**戰功曰多言汝之功多甚修矣乃扞我於艱難謂救周誅犬戎汝功我所善之○扞下且反注同

〔疏〕曰惟至予嘉○正義曰王又言我以無能之致私爲言曰同姓諸侯惟我祖之列者惟我父之列者其惟當憂念我身又自傷歎嗚呼此諸侯等若有能助我有功則我一人長安在王位言已無能惟

將賴諸侯也又呼文侯字曰父義和汝能明汝顯祖唐叔之道汝始法文武之道用是道合會繼汝君以善追孝於前世文德之人救周之國汝功爲多甚修矣乃能扞禦我於艱難謂救周誅犬戎也如汝之功是我所善陳其前功以勸勉之○傳王曰至諸侯○正義曰文侯是同姓諸侯王言已未得文侯之時常望同姓助已王私爲言曰同姓諸侯在我惟祖惟父列者惟當憂念我身伊訓惟也望得同姓之間有憂已者以思謂未得更歎而爲言嗚呼同姓諸侯若有能助我有功則我一人長得安在王位言已恃賴諸侯思得其人在後果得文侯告文侯以此言言已思文侯之功○傳重稱至奬之○正義曰天子之於諸侯當稱父舅而已旣呼其父又稱其字所以别他人也初則别於他人重則可以已矣重稱其字者親之也禮君父之前曰名朋友之交曰字是名重於字也輕前人則斥其名尊前人則避其重故不稱其名尊之也不於上文作傳於此言尊之者就此親之并解之也昭乃顯祖不知所斥以晉之上世有功名者惟有唐叔耳故知明汝顯祖唐叔之道所以勸奬之令其繼唐叔之業也○傳言汝至爲孝○正義曰以其初有大功終當不殞其業故言始法文武之道當用是文武之道合會繼汝君以善令以功德佐汝君使汝君繼前世追行孝道於前世文德之人汝君者乎

王自謂也先祖之志在於平定天下故子孫繼父祖之志爲孝也○傳戰功至所善○正義曰戰功曰多者周禮司勳文又云王功曰勳國功曰功民功曰庸事功曰勞治功曰力戰功曰多彼有此六功也言功多殊於他人故云汝之功多甚修矣言其功修整美其功之善也文侯之功在於誅犬戎立平王王言乃扞蔽我於艱難知謂救周誅犬戎也若訓如也如汝之功我所嘉也王肅云云如汝之功我所善也

王曰父義和其歸視爾師寧爾邦 遣令還晉國其歸視汝眾安汝國內上下○令力呈反 **用賚爾秬鬯一卣** 黑黍曰秬釀以鬯草不言圭瓚可知卣中罇也當以錫命告其始祖故賜鬯○賚力代反卣音酉又音由釀女亮反 **彤弓一彤矢百盧弓一盧矢百** 彤赤盧黑也諸侯有大功賜弓矢然後專征伐彤弓以講德習射藏示子孫○彤徒冬反 **馬四匹** 馬供武用四匹曰乘侯伯之賜無常以功大小爲度○供音恭 **父往哉柔遠能邇惠康小民無荒寧** 父往歸國哉懷柔遠人必以文德能柔遠者必能柔近然後國安安小人之道必以順撫荒廢人事而自安

簡恤爾都用成爾顯德當簡核汝所任憂治汝都鄙之人人和政治則汝顯用有德之功成矣不言鄙由近以及遠○核尹革反治直吏反疏王曰至顯德○正義曰王既陳其功乃賚賜之王曰父義和其當歸汝晉國視汝衆民安汝國內上下用賜汝秬鬯之酒一卣鐏歸以告祭汝之始祖又賜汝彤弓一彤矢百旅弓一旅矢百馬四匹父往歸國哉必以文德安彼遠人欲安遠必能安近是遠近乃得安耳當以順道安汝之小民無得荒廢人事以自安逸簡核汝所任之臣憂治汝都鄙之人民用成汝顯明之德戒使歸國善治民也○傳黑黍至賜鬯○正義曰釋草云秬黑黍李巡曰黑黍一名秬周禮鬯人掌和鬱鬯以實彝而陳之鄭云鬱鬱金香草也築鬱金煮之以和鬯酒鄭衆云鬱爲草若蘭又有鬯人掌供秬鬯鄭玄云鬯釀秬爲酒芬香調暢於上下也如彼鄭說釀黑黍之米爲酒築鬱金之草煮以和之此傳言釀以鬯草似用鬯草合釀不同者終是以鬯和黍米之酒或先或後言之耳詩美宣王賜召穆公云釐爾圭瓚秬鬯一卣告于文人知賜秬鬯者必以圭瓚副焉此不言圭瓚明并賜之可知也卣中尊也釋器文孫炎云樽彝爲上罍爲下卣居中郭璞曰在罍彝之間郎犧象壺著大山等六尊是也周禮司尊彝云春祠夏禴祼

用雞彝鳥彝秋嘗冬烝祼用斚彝黃彝則祭時實鬯酒於彝此用卣者未祭則盛於卣及祭則實於彝此初賜未祭故盛以卣也詩稱告于文人毛傳云文人文德之人也鄭玄云王賜召虎以鬯酒一尊使以祭其宗廟告其先祖諸有德美見記也○然則得秬鬯之賜當偏告宗廟此傳惟言告始祖者舉祖之尊者言之耳○傳彤赤至子孫○正義曰彤字從丹旅字從玄故彤赤旅黑也是諸侯有大弓賜弓矢然後專征伐禮記王制文也周禮司弓矢掌六弓其名王弧夾庾唐大鄭玄云六者弓異體之名也往體寡來體多曰王弧往體多來體寡曰夾庾往體來體若一曰唐大經又云唐弓大弓以授學射者使者勞者鄭云學射者弓用中後習強弱則易也使者勞者弓亦用中遠近可也勞者勤勞王事若晉文侯受弓矢之賜者鄭玄以此彤弓旅弓爲周禮唐弓大弓唐大是弓強弱之名彤旅是弓赤黑之色孔意亦當然也此傳及毛傳皆云彤弓以講德習射用周禮爲說也唐弓大弓以授學射者是習射也授使者勞者是講德也講論知其有德乃賜之耳襄八年左傳云晉范宣子來聘季武子賦彤弓宣子曰城濮之役我先君文公受彤弓于襄王以爲子孫藏杜預云藏之以示子孫○傳馬供至爲度○正義曰六畜特以馬賜之者爲馬供武用故也周禮校人云乘馬一師四圉圉養一馬

是四匹曰乘乘車必駕四馬故也司勳云凡賞無常輕重視功是侯伯之賜無常以功大小爲度○傳父往至相安○正義曰論語云遠人不服則修文德以來之是懷柔遠人必以文德也能柔遠者必能柔近遠近俱安然後國安惠順也康安也言順安小民者安小民之道必以順道安之故言順安也順者順小民之心爲其政也論語云因民之所利而利之是順安也○傳當簡至及遠○正義曰簡恤者共有爾都之文當簡核汝都內善人而任之令以德憂治汝都鄙之人人和政治則汝顯用有德之功成矣言用賢之名既成國君之治亦成也鄭云都國都也鄙邊邑也言都不言鄙由近以及遠也

費誓第三十一

周書　孔氏傳　孔穎達疏

魯侯伯禽宅曲阜。治封之國居曲阜○伯禽魯侯名徐夷並興東郊不開。徐戎淮夷並起爲寇於魯故東郊不開○開舊讀皆作闢馬本作闢作費誓。

魯侯征之於費地而誓衆也諸侯之事而連帝王孔子序書以魯有治戎征討之備秦有悔過自誓之戒足爲世法故錄以備王事猶詩錄商魯之頌○費音祕

費誓

費魯東郊之地名

〔疏〕魯侯至費誓○正義曰魯侯伯禽於成王即政元年始就封於魯居曲阜之地於時徐州之戎淮浦之夷並起爲寇於魯東郊之門不敢開闢魯侯時爲方伯率諸侯征之至費地而誓戒士衆史錄其誓辭作費誓○傳徐戎至不開○正義曰經稱淮夷徐戎序言徐夷略之也此戎夷在魯之東諸侯之制於郊有門恐其侵逼魯境故東郊之門不開○傳費魯至地名○正義曰甘誓牧誓皆至戰地而誓知費非戰地者東郊不開則戎夷去魯近矣此誓令其治兵器具糗糧則是未出魯境故知費是魯東郊地名非戰處也

公曰嗟人無譁聽命

伯禽爲方伯監七百里內之諸侯帥之以征歎而勑之使無喧譁欲其靜聽誓命○譁戶瓜反監工銜反

徂茲淮夷徐戎並興

今往征此淮浦之夷徐州之戎並起爲寇此戎夷帝王所羈縻統敘故錯居九州之內秦始皇逐出之

善敹乃甲胄敿乃干無敢不弔

言當善簡汝甲鎧胄兜鍪施汝楯紛無敢不令至攻堅使可用

○敹了彫反敿居表反弔音的鎧苦代反兜丁侯反鏊音矛楯常準反又音允紛芳云反令力呈反**備乃弓矢鍛乃戈矛礪乃鋒刃無敢不善**備汝弓矢弓調矢利鍛錬戈矛磨礪鋒刃皆使無敢不功善

〔疏〕公曰至不善○正義曰魯侯將征徐戎召集士衆歎而勑之公曰嗟在軍之人無得喧譁皆靜而聽我誓命在○往征此淮浦之夷徐州之戎以其並起爲寇故也汝等善簡擇汝之甲胄施汝楯紛無敢不令至攻極堅備汝弓矢一弓百矢令弓調矢利鍛錬汝之戈矛磨礪汝之鋒刃無敢不使皆善戒之使善言不善將得罪也○傳伯禽至誓命○正義曰禮諸侯不得專征伐惟州牧於當州之內有不順者得專征之於時伯禽爲方伯監七百里內之諸侯故得師之以征戎夷王制云千里之外設方伯以八州八伯是州別立一賢侯以爲方伯卽周禮大宗伯云八命作牧是也禮記明堂位云封周公於曲阜地方七百里孔意以周之大國不過百里禮記云七百里者監此七百里內之諸侯非以七百里地并封伯禽也下云魯人三郊三遂指言魯人明於時軍內更有諸侯之人故知帥七百里內諸侯之人以之共征也鄭云人謂軍之士衆及費地之民案下句令填塞坑穽必使

軍旁之民塞之或當如鄭言也○傳今往至出之○正義曰詩美宣王命程伯休父率彼淮浦省此徐土知淮夷是淮浦之夷徐戎是徐州之戎也四海之名東方曰夷西方曰戎謂在九州之外此徐州淮浦中夏之地而得有戎夷者此戎夷帝王之所羈縻而統敘之不以中國之法齊其風俗故得雜錯居九州之內此伯禽之時有淮浦者淮浦之夷並起詩美宣王命召穆公平淮夷則戎夷之處中國久矣漢時內地無戎夷者秦始皇逐出之始皇之崩至孔之初惟可三四十年古老九在及見其事故孔得親知之也○王肅云皆紂時錯居中國經傳不說其事無以知紂時來也○傳言當至可用○正義曰世本云杼作甲宋仲子云少康子杼也說文云胄兜鍪也兜鍪首鎧也經典皆言甲胄秦世已來始有鎧兜鍪之文古之作甲用皮秦漢已來用鐵鎧鍪二字皆從金蓋用鐵爲之而因以作名也甲胄爲有善有惡故令敿簡取其善者鄭云敿謂穿徹之謂甲繩有斷絕當使敿理穿治之干是楯也敿乃干必施功於楯但楯無施功之處惟繫紛於楯故以爲施汝楯紛紛如綬而小繫於楯以持之且以爲飾鄭云敿猶繫也王肅云敿楯當有紛繫持之是相傳爲此說也弔訓至也無敢不令至極攻堅使可用鄭云至猶善也○傳備汝至功善○正義曰備訓具也每弓百矢弓十矢千使其數備

足令弓調矢利案毛傳云五十矢爲束或臨戰用五十矢爲束凡金爲兵器皆須鍛礪有刃之兵非獨戈矛而已云鍛鍊戈矛磨礪鋒刃令其文互相通稱諸侯兵器皆使無敢不功善令皆利快也

今惟淫舍牿牛馬今軍人惟大放舍牿牢之牛馬言軍所在必放牧也○牿工毒反**杜乃擭斂乃穽無敢傷牿牿之傷汝則有常刑**擭捕獸機檻當杜塞之穽穿地陷獸當以土窒斂之無敢令傷所以牿牢之牛馬牛馬之傷汝則有殘人畜之常刑○杜本又作敵擭華化反徐戶覆反斂徐乃協反又乃結反穽在性反檻戶減反窒珍栗反畜許六反又丑六反

【疏】今惟至常刑○正義曰此戒軍旁之民也今軍人惟欲大放舍牿牢之牛馬令牧於野澤杜汝捕獸之擭塞汝陷獸之穽無敢令傷所放牿牢之牛馬牛馬之傷汝則有殘害人畜之常刑○傳今軍至放牧○正義曰淫訓大也周禮充人掌繫祭祀之牲牷祀五帝則繫于牢芻之三月鄭玄云牢閑也校人掌王馬之政天子十有二閑馬六種然則養牛馬之處謂之牢閑牢閑是周衞之名也此言大舍牿牛馬則是出之牢閑牧於野澤令其逐草而牧之故謂此牢閑之牛馬爲牿牛馬而知牿卽閑牢之謂也故言大放

舍牿牢之牛馬言軍人所在必須放牧此告軍旁之民也既言牛馬在牿遂以牿爲牛馬之名下云無敢傷牿謂傷牛馬牿之傷謂牛馬傷也鄭玄以牿爲桎梏之梏施梏於牛馬之脚使不得走失○傳擭捕至常刑○正義曰周禮冥氏掌爲阱擭以攻猛獸知穽擭皆是捕獸之器也檻以捕虎豹穿地爲深坑又設機於上防其躍而出也穽以捕小獸穿地爲深坑入必不能出其上不設機也穽以穿地爲名擭以得獸爲名擭亦設於穽中但穽不設機爲異耳杜塞之窒斂之皆閉塞之義使之塡坑廢機無敢令傷所放牿牢之牛馬牛馬之傷汝則有殘人畜之常刑今律文施機槍作坑穽者杖一百傷人之畜產者償所減價王肅云杜閉也擭所以捕禽獸機檻之屬斂塞也穽穿地爲之所以陷墮之恐害牧牛馬故使閉塞之鄭玄云山林之田春始穿地爲穽或設擭其中以遮獸擭作㓹也

馬牛其風臣妾逋逃勿敢越逐馬牛其有風佚臣妾逋亡勿敢棄越壘伍而求逐之役人賤者男曰臣女曰妾○逋布吳反佚音逸**祗復之我商賚爾**衆人其有得佚馬牛逃臣妾皆敬還復之我則商度汝功賜與汝○商如字徐音章賚力代反徐音來度待洛反**乃越逐不復汝則**

有常刑越逐爲失伍不還爲攘盜汝則有此常刑○攘如羊反無敢寇攘踰垣牆軍人無敢暴劫人踰越人垣牆物有自來者無敢取之○垣音袁竊馬牛誘臣妾汝則有常刑軍人盜竊馬牛誘偷奴婢汝則有犯軍令之常刑甲戌我惟征徐戎誓後甲戌之日我惟征之峙乃糗糧無敢不逮汝則有大刑皆當儲峙汝糗糒之糧使足食無敢不相逮及汝則有乏軍興之死刑○峙直里反爾雅云具也糗去九反一音昌紹反糧音良糒音備魯人三郊三遂峙乃楨榦甲戌我惟築總諸國之兵而但稱魯人峙具楨榦道近也題曰楨旁曰榦言三郊三遂明東郊距守不峙甲戌日當築攻敵壘距堙之屬○楨徐音貞榦工翰反築陟六反守手又反堙音因無敢不供汝則有無餘刑非殺峙具楨榦無敢不供不供汝則無有餘之刑刑者非一也然亦非殺汝○供音恭魯人三郊三遂峙乃芻茭無敢不多汝則有

大刑郊遂多積芻茭供軍牛馬不多汝則亦有之軍興之大刑○芻初俱反茭音交疏馬牛至大刑○
正義曰馬牛其有放佚臣妾其有逋逃汝無敢棄越壘伍而
遠求逐之其有得逸馬牛逃臣妾皆敬還復之歸於本主我
則商度汝功賞賜汝汝若棄越壘伍遠求逐馬牛臣妾及有
得馬牛臣妾不肯敬還復歸本主者汝則有常刑○傳馬牛
至曰妾○正義曰僖四年左傳云唯是風馬牛不相及也賈
逵云風放也牝牡相誘謂之風然則馬牛風佚因牝牡相逐
而遂至放佚遠去也逋亦逃也軍士在軍當各守部署止則
有壘壁行則有隊伍勿敢棄越壘伍而遠求逐之周禮太宰
以九職任萬民八曰臣妾聚斂疏材僖十七年左傳云晉惠
公之妻梁嬴孕過期卜招父與其子卜之其子曰將生一男
一女招曰然男爲人臣女爲人妾是役人賤者男曰臣女曰
妾也古人或以婦女從軍故云臣妾逋逃也○傳皆當至死
刑○正義曰峙具也預貯米粟謂之儲峙鄭衆云糗熬大豆
及米也說文云糗熬米麥也鄭玄云糗擣熬穀也謂熬米麥
使熟又擣之以爲粉也糒乾飯也糗糒是行軍之糧皆當儲
峙汝糗糒之糧使在軍足食無敢不相逮及謂儲糧少不及
衆人汝則有乏軍興之死刑與軍征伐而有乏少謂之乏軍
興今律乏軍興者斬○傳摠諸至之屬○正義曰指言魯人

明更有他國之人揔諸國之兵而但謂魯人峙具楨榦爲道近故也峙具楨榦以擬築之用題曰楨謂當牆兩端者也旁曰榦謂在牆兩邊者也釋詁云楨榦也舍人曰楨正也築牆所立兩木也榦所以當牆兩邊障土者三郊三遂謂魯人三軍周禮司徒萬二千五百家爲鄉司馬法萬二千五百人爲軍小司徒云凡起徒役無過家一人是家出一人一鄉爲一軍天子六軍出自六鄉則諸侯大國三軍亦當出自三鄉也周禮又云萬二千五百家爲遂遂人職云以歲時稽其人民簡其兵器以起征役則六遂亦當出六軍鄉爲正遂爲副耳鄭衆云六遂之地在王國百里之外然則王國百里爲郊鄉在郊內遂在郊外釋地云邑外謂之郊孫炎曰邑國都也設百里之國去國十里爲郊則諸侯之制亦當鄉在郊內遂在郊外此言三郊三遂者三郊謂三鄉也蓋使三鄉之民分在四郊之內三遂之民分在四郊之外鄉近於郊故以郊言之鄉遂之民分在國之四面當有四郊四遂惟言三郊三遂者明東郊令留守不令峙楨榦也上云甲戌我惟征徐戎此云甲戌我惟築期以至日即築當攻敵之壘距堙之屬兵法攻城築土爲山以闞望城內謂之距堙襄六年左傳云晏弱城東陽而遂圍萊甲寅堙之環城傳於堞杜預云堞女牆也堙土山也周城爲土山及女牆宣十五年公羊傳楚子圍宋

使司馬子反乘堙而闚宋城宋華元亦乘堙而出見之何休云堙距堙上城具也是攻敵城壘必有距堙知築者築距堙之屬也○傳峙具至殺汝○正義曰上云無敢不逮此云無敢不供下云無敢不多文異者糗糧難備不得偏少故云無敢不逮楨榦易得惟恐闕事故云無敢不供芻茭賤物惟多爲善故云無敢不多量事而爲文也不供汝則有無餘之刑者言刑者非一謂合家盡刑之王肅云汝則有無餘刑父母妻子同産皆坐之無遺免之者故謂無餘之刑然入於罪隸亦不殺之鄭玄云無餘刑非殺者謂盡奴其妻子不遺其種類在軍使給厮役反則入於罪隸舂槀不殺之周禮司厲云其奴男子入於罪隸女子入於舂槀鄭玄云奴從坐而沒入縣官者男女同名鄭衆云輸於罪隸舂人槀人之官也然不供楨榦雖是大罪未應緣坐盡及家人蓋亦權以脅之使勿犯耳○芻茭○正義曰鄭云茭乾芻也

秦誓第三十二

周書　孔氏傳　孔穎達疏

秦穆公伐鄭 遣三帥帥師往伐之○事見僖公三十三年三帥謂孟明視西乞術白乙丙帥色

類反下注同

晉襄公帥師敗諸崤崤晉要塞也以其不假道伐而敗之囚其三帥○崤戶交反塞悉代反假工下反**還歸作秦誓**晉舍三帥還歸秦穆公悔過作誓**秦誓**貪鄭取敗悔○而自誓

【疏】秦穆至秦誓○正義曰秦穆公使孟明視西乞術白乙丙三帥帥師伐鄭未至鄭而還晉襄公帥師敗之於崤山囚其三帥後晉舍三帥得還歸於秦秦穆公自悔已過誓戒羣臣史錄其誓辭作秦誓○傳遣三至伐之○正義曰左傳僖三十年晉文公與鄭穆公圍鄭鄭使燭之武說秦伯秦伯竊與鄭人盟使杞子逢孫揚孫戍之乃還三十二年杞子自鄭使告于秦曰鄭人使我掌其北門之管若潛師以來國可得也穆公訪諸蹇叔蹇叔曰不可公辭焉召孟明西乞白乙使出師伐鄭是遣三帥帥師往伐之事也序言穆公伐鄭嫌似穆公親行故辨之耳○傳崤晉至三帥○正義曰杜預云殽在弘農澠池縣西築城守道謂之塞言其要塞盜賊之路也崤山險阨是晉之要道關塞也從秦嚮鄭路經晉之南境於南河之南崤關而東適鄭禮征伐朝聘過人之國必遣使假道晉以秦不假道故伐之左傳僖三十二年晉文公卒三十三年秦師及滑鄭商人弦高將市於周遇之犒鄭伯之命以牛十二犒師孟明曰鄭有備矣不

可冀也攻之不克圍之不繼吾其還也滅滑而還晉先軫請伐秦師襄公在喪墨縗絰夏四月敗秦師于殽獲百里孟明視西乞術白乙丙以歸是襄公親自帥師伐而敗之凶其三帥也春秋之例君將不言帥師舉其重者此言襄公帥師依實爲文非彼例也又春秋經書此事云晉侯及姜戎敗秦師于殽實是晉侯而書晉人者杜預云晉侯諱背喪用兵通以賤者告也是言晉人告魯不言晉侯親行而云大夫將兵大夫賤不合書名氏故稱人也直言敗秦師于殽不言秦之將帥之名亦諱背喪用兵故言辭略也○傳晉舍至作誓○正義曰左傳又稱晉文公之夫人文嬴秦女也請三帥曰彼實構吾二君寡君若得而食之不厭君何辱討焉使歸就戮于秦以逞寡君之志若何公許之秦伯素服郊次鄉師而哭曰孤違蹇叔以辱二三子孤之罪也不替孟明孤之過也是晉舍三帥而得還還秦穆公於是悔過作誓序言還歸謂三帥還也嫌穆公身還故辨之公羊傳說此事云匹馬隻輪無反者左傳稱秦伯鄉師而哭則師亦少有還者

公曰嗟我士聽無譁誓其羣臣通稱士也**予誓告汝羣言之首**衆言之本要**古人有言曰民訖自若是多盤**言民之行已盡用順

道是多樂稱古人言悔前不順忠臣。樂音洛**責人斯無難惟受責俾如**

流是惟艱哉人之有非以義責之此無難也若已有非惟受人責即改之如水流下是惟艱哉。

俾必爾反下同**我心之憂日月逾邁若弗云來**言我心之憂欲改過自新如日月並行過如不復云來雖欲改悔恐死及之無所益。復扶又反

【疏】公曰至云來。正義曰穆公自悔伐鄭召集羣臣而告之公曰咨嗟我之朝廷之士聽我告於汝無得喧嘩我誓告汝衆言之首誥汝以言中之最要者古人有言曰民之行已盡用順道是多樂言順善事則身大樂也見他有非理以義責之此無難也惟已有非理受人之責即能改之使如水之流下此事是惟難哉言已已往之前不受人言故自悔也今我心憂欲自改過自新但日月益爲疾行如似不復云來恐已老死不得改悔也。傳誓其至稱士。正義曰士者男子之大號故羣臣通稱之鄭云誓其羣臣下及萬民獨云士者舉中言之。傳言民至忠臣。正義曰訖盡也自用若順盤樂也盡用順道則有福有福則身樂故云是多樂也稱古人言者悔前不用古人之言不順忠臣之謀故也昔漢明帝問東平王劉蒼云在家何者爲樂對曰

爲善最樂是其用順道則多樂○傳言我至所益○正義曰
逾益邁行也員即云也言日月益爲疾行並皆過去如似不
復云來畏其去而不復來夜而不復明言已年老前途稍近
雖欲改悔恐死及之不得修改身無所益也王肅云年已衰
老恐命將終日月遂往若不云來將不復見日月雖
欲改過無所及益自用改過遲晚深自咎責之辭

惟古之謀人則曰未就予忌惟爲我執古義之謀人謂忠賢蹇叔等也則曰未成我所欲反忌之耳○爲于僞反下爲我謀同

惟今之謀人姑將以爲親惟指今事爲我所謀之人我且將以爲親而用

〔疏〕惟古至爲親○正義曰此穆公自說已之前過之悔前違古從今以取破敗我欲伐鄭之時羣臣共爲謀計惟爲我執古義之謀人我則曰未成我之所欲反猜忌之惟指今事爲我所謀之人我且將以爲親已而用之悔前違古從今自取破敗也其古之謀人當謂忠賢之臣若蹇叔之等今之謀人勸穆公使伐鄭者蓋謂杞子之類國内亦當有此人

雖則云然尚猷詢茲黃髮則罔所愆言前雖則有云然之過今我庶幾以道謀此黃髮賢老則行事無所過矣

番番良

士旅力既愆我尚有之勇武番番之良士雖衆力已過老我今庶幾欲有此人而用之。番音波仡仡勇夫射御不違我尚不欲仡仡壯勇之夫雖射御不違我庶幾不欲用自悔之至。仡許乞反惟截截善諞言俾君子易辭我皇多有之昧昧我思之惟察察便巧善爲辨佞之言使君子迴心易辭我前多有之以我昧昧思之不明故也。截才節反馬云辭語截削省要也諞音辨徐敷連反又甫淺反馬本作偏云少也辭約損明大辨佞之人易羊石反昧音妹如有一介臣斷斷猗無他伎其心休休焉其如有容如有束脩一介臣斷斷猗然專一之臣雖無他伎藝其心休休焉樂善其如是則能有所容言將任之。介音界馬本作界云一介耿介一心端慤者字又作个音工佐反斷丁亂反又音短猗於綺反又於宜反技其綺反本亦作伎他本亦作它吐何反樂音洛

【疏】雖則至不欲。○正義曰言我前事雖則有云然之過我今庶幾以道謀此黃髮賢老受用其言則行事無所過也番番然勇武之善

士雖衆力既過老而謀計深長我庶幾欲有此人而用之仡仡然壯勇之夫雖射御不有違失而智慮淺近我庶幾不欲用之自悔往前用壯勇之計失也○惟截截至有容○正義曰惟察察然便巧善爲辯佞之言能使君子迴心易辭我前大多有之昧昧然我思之不明故也如有一心耿介之臣斷斷守善猗然雖無他技藝而其心樂善休休焉其如是則能有所含容如此者我將任用之悔前用巧佞之人今將任寛容善士也○傳惟察至故也○正義曰截截猶察察明辯便巧之意諞猶辯也由其便巧善爲辯佞之言使君子聽之迴心易辭皇訓大也我前大多有之謂杞子之等及在國從己之人以我昧昧而闇思之不明故有此輩在我側也○傳如有至任之○正義曰孔注論語以束脩爲束帶脩飾此亦當然一介謂一心耿介斷斷守善之貌休休好善之意如有束帶脩飾一心耿介斷斷然守善猗然專一之臣雖復無他技藝休休焉好樂善道其心行如是則能有所含容言得此人將任用之猗者足句之辭不爲義也禮記太學引此作斷斷兮猗是兮之類詩云河水清且漣猗是也王肅云一介耿介一心端慤斷斷守善之貌無他技能徒守善而已休休好善之貌其如是人能有所容忍小過寬則得衆穆公疾技巧多端故思斷斷無他技者

人之有技若

己有之人之彥聖其心好之不啻若自其口出是能容之人之有技若己有之樂善之至也人之美聖其心好之不啻如自其口出心好之至也是人必能容之○好呼報反啻失豉反以保我子孫黎民亦職有利哉用此好技聖之人安我子孫眾人亦主有利哉言能興國〔疏〕人之至利哉○正義曰此說大賢之行也大賢之人見人之有技如似己自有之見人之有美善通聖者其心愛好之不啻如自其口出愛彼美聖口必稱揚而薦達之其心愛之又甚於口言其愛之至也是人於民必能含容之用此愛好技聖之人安我子孫眾民則我子孫眾民亦主有利益哉言其能興邦也人之有技冒疾以惡之人之彥聖而違之俾不達見人之有技藝蔽冒疾害以惡之人之美聖而違背壅塞之使不得上通○冒莫報反惡烏路反背音佩壅於勇反塞先得反是不能容以不能保我子孫黎民亦曰殆哉冒疾之人是不能容人用之不能安我子孫眾人亦曰危殆哉

○殆唐在反〔疏〕人之至殆哉○正義曰此說大佞之行也大佞之人見人之有技蔽冒疾害以惡之見人之有美善通聖者而違背壅塞之使不達於在上是人之不能含容人也用此疾惡技聖之人不能安我子孫衆民則我子孫衆民亦曰危殆哉言其必亂邦也○傳見人至上通○正義曰傳以冒爲覆冒之冒謂蔽障掩蓋之也疾謂疾惡之謂憎疾患害之也見人之美善通聖而違背之不從其言壅塞之使不得上通皆是佞人害賢之行也

邦之杌隉曰由一人杌隉不安言危也一人所任用國之傾危曰由所任不用賢○杌五骨反隉五結反徐語折反

邦之榮懷亦尚一人之慶國之光榮爲民所歸亦庶幾其所任用賢之善也穆公陳戒背賢則危用賢則榮自誓改前過之意〔疏〕邦之至之慶○正義曰既言賢佞行異又言用之安否邦之杌隉危而不安曰由所任一人之不賢也邦之光榮爲民所歸亦庶幾所任一人之有慶也言國家用賢則榮背賢則危穆公自誓將改前過用賢人者也

附釋音尚書注疏卷第二十　江西鹽法道胡稷栞

尚書注疏挍勘記卷二十　　阮元撰盧宣旬摘錄

尚書注疏卷第二十　宋板同古本作尚書卷第十三文侯之命第三十周書孔氏傳

文侯之命第三十　周書

所以名篇　古本篇下有也字按纂傳移此四字於篇題傳末文義較妥但未必孔氏元文爾

課之瓚　宋板纂傳課作謂毛本作祼○案作謂山井鼎曰與周禮注合

晉文侯鄭武公夾輔王室者爲大國　宋板者作晉按者字非也

王若曰父義和　義古本作誼注同今本按陸氏曰義本亦作誼與古本合作誼者葢古文也作義者今文也馬云能以義和諸侯則馬本作誼鄭氏讀義爲儀則鄭本作義古文與馬本同今文與鄭本同

而布聞在下居　古本岳本宋板纂傳居作民

曰姓大國　毛本曰作同是也○按宋板上句之末有曰字此遂誤同爲曰耳

在令王之先祖　毛本令作今案所改是也

而遭天大罪過　按而字上疑有缺文傳依經釋訓無所遺漏此經有嗣字傳未釋

即我御事　唐石經古本岳本閩本葛本毛本即作既○按作即是也王鳴盛曰傳及疏亦皆言即及按漢書成帝紀鴻嘉元年詔曰書不云乎即我御事文穎注云即尚書文侯之命篇中辭也

無有耆宿壽考俊德　古本俊作儁

非乎王所知　閩本明監本纂傳同毛本王誤作生大謬

其惟當憂念我　纂傳惟作誰

嗚呼能有成功　古本嗚呼作於乎

汝克紹乃顯祖　唐石經古本岳本宋板蔡傳紹作昭紹字非也毛本亦誤石經考文提要云孔安國傳汝能明汝顯祖唐叔之道明訓昭也○按疏云昭乃顯祖不知所斥是宜作昭明矣此殆因下紹乃辟而誤

汝功我所善之　古本汝下有之字岳本善下無之字與疏標目合

以思謂未得　浦鏜云謂當惟字誤按浦云是也

更歎而爲言　宋板更下有復字是也

不於上文作傳　宋板不字闕

王肅云云　古本云字不重按云云疑當作亦云

盧弓一盧矢百　古本盧並作玈傳同○按正義中玈字凡六見且曰彤字從丹玈字從元故彤赤玈黑也據此則可知尚書經文傳文皆本作玈今經傳皆作盧者未知正義本與陸氏釋文本所據有異抑陸氏本亦作玈天寶三載改作盧音義中玈字爲宋開寶中所刪周禮司弓矢疏云文侯之命賜之彤弓玈弓此段玉裁說也其詳在尚書撰異

告其先祖諸有德美見記也　浦鏜云者誤也

是諸侯有大功　浦鏜云是當衍文

傳父往至相安　宋板相作自與注合

費誓第三十一　周書

魯侯伯禽宅曲阜　史繩祖學齋佔畢云今文尚書費誓首句云魯侯命伯禽宅曲阜予嘗疑魯侯即伯禽也如何更自出命此字極害義諸家注解咸莫能剖析今觀古文尚書元無命字止曰炗戾柏禽厇凸𨸏則今文衍字漁然冰釋矣○按注疏及諸家本俱無命字匡謬正俗引此序亦無命字惟薛氏書古文訓有之史氏謂惟古文無命字殊不可解

東郊不開　開唐石經初作闢後磨改匡謬正俗曰費誓序云魯侯伯禽宅曲阜徐夷並興東郊不闢孔安國注云徐戎淮夷並起爲寇於東故東郊不開徐邈音開按許氏說文解字及張揖古今字詁闢古開字闢古闢字但闢既訓開故孔氏釋云東郊不開爾不得徑讀闢爲開○按古文作閞則今文自宜作闢先儒以閞闢相似故誤讀閞爲開而今

文尚書亦徑改爲開失之遠矣

並起爲寇於魯　古本並上有以字似誤魯下古本有東字按疏云此戎夷在魯之東似釋傳魯東之義匡謬正俗引此有東字無魯字

作費誓　按史記魯世家云作肹誓集解駰案尚書作柴孔安國曰魯東郊之地名也索隱亦云尚書作柴葢並據古文尚書也

公曰嗟人無譁聽命　古本命上有予字

善敹乃甲胄○山井鼎曰宋板敹作敿疏同考字書宋板爲是按毛本作敹不作敿也唐石經岳本俱作敹考說文宜作敹諸本並誤

在往征此淮浦之夷　宋板作今在

其以爲飾　浦鏜云且誤其

今軍人惟大放舍牿牢之牛馬山井鼎曰古本後人旁注牢一作牿下注牿牢古本作牿穽旁注穽一作牢

杜乃擭陸氏曰杜本又作敜○按說文敜閉也讀若杜孫志祖云周官雍氏注引作敜

然則養牛馬之處宋板同毛本養作掌

檻以捕虎豹纂傳檻作擭按經文擭穽相對疏下云穽以捕小獸則此當作擭明矣浦鏜未見纂傳亦云檻當作擭

今律文施機搶作坑穽者杖一百浦鏜云槍誤搶是也

王肅云杜閉也宋板閉作閇按閇字非也

擭作剫也浦鏜云柞鄂誤作剫

馬牛其風臣妾逋逃勿敢越逐石經考文提要云勿敢坊本作無敢

峙乃楨榦　唐石經岳本葛本閩本明監本榦作幹不誤

總諸國之兵　古本岳本宋板纂傳同與宋本注合毛本國誤作侯疏同

惟是風馬牛不相及也　毛本是誤作有與僖四年傳不合

謂儲糧少　宋板同毛儲糧誤倒

萬二千五百家爲遂　宋板纂傳同毛本家作人

秦誓第三十二　周書

悔而自誓　宋板悔下有過字

若弗云來　古本云作員下雖則云然同山井鼎曰傳文共同今本盧文弨云疏云員卽云也則本是員字○按傳以云釋員作云來故正義曰員卽云也衛包依之改員爲云下文雖則員然同

無所及益　孫志祖云益疑當作盍屬下讀

自用改過遲曉 宋板用作假是也

雖則云然尚猷詢茲黃髮則罔所愆 按漢書李尋傳注師古引此經云雖則員然尚猷詢茲黃髮則罔所諐云爲員猷爲猶愆爲諐又韋賢傳注亦引此經唯諐作愆餘同

我今庶幾欲有此人而用之 古本欲上有敬字似誤

俾君子易辭 辭古本作詞

使君子迴心易辭 岳本纂傳迴作回是也

我前多有之 按疏前下當有大字

斷斷猗無他伎 斷古本作鮎注同按說文𢇍古文作㫁引此句爲證然則古本鮎字殆㫁字之誤歟陸氏曰他本亦作它按本亦作伎伎按唐石經宋板葛本伎俱作技與釋文合至監本始從人其所載釋文亦誤倒下文人之有技仍從手舛錯之甚此節傳中伎字葛本亦從人宋板從手

○按它他古今字技正字伎假借字

自悔往前用勇壯之計失也宋板勇壯二字倒按宋本是也否則與注不合與上文亦異

惟截截至有容宋板截字不重

明辯便巧之意宋板同毛本意作善

以束脩爲束帶脩節毛本節作飾案節字誤

禮記太學引此毛本太作大案太字誤

河水清且漣漪許宗彥曰此引詩以證猗字作漪者蓋誤○按毛詩釋文猗本亦作漪同蓋六朝以後有以漣猗爲漣漪者猶鸒斯之爲鸒鷽也在此疏則不可耳

用此好技聖之人古本技下有美字

安我子孫黎人古本人作民下是不能容人同

尚書注疏挍勘記卷二十　會昌縣知縣候補知州曾暉春栞

傳古樓景印

圖書在版編目（CIP）數據

阮刻尚書注疏 /（清）阮元校刻 ; 蔣鵬翔主編 . —
杭州 : 浙江大學出版社, 2014.11（2025.1 重印）
ISBN 978-7-308-13454-5

Ⅰ. ①阮… Ⅱ. ①阮… ②蔣… Ⅲ. ①中國歷史－商周時代②《尚書》－注釋 Ⅳ. ①K221.04

中國版本圖書館 CIP 數據核字 (2014) 第 143093 號

阮刻尚書注疏
(清) 阮元　校刻　　蔣鵬翔　主編

責任編輯　張　鴿 (zgzup@zju.edu.cn)
特約編輯　解旬靈
封面設計　溫華莉
出版發行　浙江大學出版社
（杭州市天目山路 148 號　郵政編碼 310007）
（網址：http://www.zjupress.com)
排　　版　杭州尚文盛致文化策劃有限公司
印　　刷　浙江海虹彩色印務有限公司
開　　本　850mm×1168mm　1/32
印　　張　41.25
字　　數　607 千
印　　数　2201—3000
版 印 次　2015 年 5 月第 1 版　2025 年 1 月第 3 次印刷
書　　號　ISBN 978-7-308-13454-5
定　　價　200.00 元

浙江大學出版社發行部聯系方式：（0571）88925591；http://zjdxcbs.tmall.com